동아시아 문명교류사 4

고조선과 위만조선의 연구쟁점과 대외교류

- 동아시아 문명교류사 4 -
고조선과 위만조선의 연구쟁점과 대외교류

2015년 3월 27일 초판 1쇄 인쇄
2015년 3월 31일 초판 1쇄 발행

글쓴이 서영수, 김정배, 조진선, 송호정, 조법종, 이종수, 이후석, 이청규, 박준형, 박대재, 박경철, 박선미, 왕페이신
엮은이 단국대학교 동양학연구원 · 고조선사연구회
펴낸이 권혁재

편집 권이지
출력 엘렉스프린팅
인쇄 한영인쇄

펴낸곳 학연문화사
등록 1988년 2월 26일 제2-501호
주소 서울시 금천구 가산동 371-28 우림라이온스밸리 B동 712호
전화 02-2026-0541~4
팩스 02-2026-0547
E-mail hak7891@chol.net

책값은 뒷표지에 있습니다.
잘못된 책은 바꾸어 드립니다.

ISBN 978-89-5508-324-8 94910
* 이 책은 2013년도 '동북아역사재단'의 지원으로 개최된
'동양학국제학술회의-동아시아의 문명교류4'의 성과를 정리한 것이다.

동아시아 문명교류사 4

고조선과 위만조선의 연구쟁점과 대외교류

서영수, 김정배, 조진선, 송호정, 조법종, 이종수, 이후석
이청규, 박준형, 박대재, 박경철, 박선미, 왕페이신

단국대학교 동양학연구원

학연문화사

간행사

　단국대학교 동양학연구원은 1970년 출범이래 다양한 시각에서 한국 문화 전통의 여러 국면을 조명하고 연구를 수행하여 왔다. 나아가 '동아 시아의 정체성'을 밝히는 일과 '동아시아의 문화교류' 현상을 지속적으로 연구하였다.

　이러한 연구를 통해 우리문화의 정체성을 밝히는 한편, 한·중·일 3국 학계를 중심으로 동양학연구의 국제화를 지속적으로 추진하여왔다. 그 목표를 달성하기 위하여 본 연구원에서는 매년 다양한 형태의 학술대회 를 개최하여왔는데, 지난 40년 동안은 <한국문화의 특징>이라는 대 주 제를 설정하고 우리나라 전시대에 걸쳐 문학, 역사, 철학, 예술, 민속문화 등 주제별 연구 발표를 통해 괄목할 만한 학술적 성과를 올린 바 있다.

　또한 2010년에는 동양학연구원 개원 40주년을 맞이하여 그동안의 학 술적 성과를 정리하고, 학술대회의 위상을 동아시아 인문학의 발전과 동 아시아 학문 교류의 장으로 확대시키고자 새로운 주제의 국제학술대회 를 기획하게 되었다. 여기에는 객관적이고 균형 잡힌 시각에서 동아시아 주변국들 간에 화해와 교류를 위한 초석을 마련하고, 나아가 동아시아의 평화와 번영에 기여하고자 기획시리즈의 대 주제를 <동아시아의 문명교 류>로 설정하였다. 이에 2015년 현재까지 모두 4차례의 국제학술대회가 진행되었고 이중 2010년~2012년까지 진행된 회의 자료집은 <동아시아 의 문명교류 I ~ III>으로 출간되었다.

　올해 간행하게 된 『동아시아문명교류사 IV - 고조선과 위만조선의 연 구쟁점과 대외교류』는 2013년 11월 단국대와 동북아역사재단에서 공동 주최로 열린 제 43회 <동양학국제학술회의 – 고조선·위만조선과 동아시 아의 고대문화>를 정리한 것이다. 여기에는 한국과 중국, 일본, 몽골 등 4개국의 전문가들이 함께 모여 그동안 쟁점이 되어 왔던 고조선과 이를 계승한 위만조선이 동아시아의 고대문화 속에서 어떻게 국가를 형성하고 발전하였는지를 보다 심층적으로 분석한 논문들이 발표되었다.

이 책은 학술회의에서 발표된 연구 성과를 보완한 것으로 책이 나오기까지 많은 분들의 도움과 수고가 있었다. 국제학술대회를 개최할 수 있도록 물심양면으로 도움을 주신 단국대학교 장호성총장님께 먼저 고마움을 전하며, 학술회의를 기획하신 서영수 전 원장님과 발표문의 출판을 허락해주신 김정배 교수님을 비롯한 국내외 학자 여러분에게 감사의 말씀을 드린다. 또한 학술대회 개최 때마다 도움을 주신 동북아역사재단 관계자 여러분과 학술대회의 진행과 책의 편집 및 교정에 힘써준 동양학연구원 식구들에게도 감사의 말씀을 드린다. 아울러 어려운 출판여건에도 불구하고 이 책의 출간에 기꺼이 응해주신 학연문화사 권혁재 사장님과 편집부 직원 여러분께도 감사의 인사를 올린다.

2015년 3월
단국대학교 동양학연구원장 한시준

차례

Part 2 위만조선의 형성과정과 역사적 성격

제6장 요하평원지역 "연유적"의 특징과 사용집단에 대한 재검토 – 연 유 이민집단의 물질문화와 관련하여 · 이종수

제7장 요동~서북한지역의 세형동검문화와 고조선 – 위만조선 물질문화의 형성과정과 관련하여 · 이후석

제8장 요동 · 서북한의 초기철기문화와 위만조선 · 이청규

집필자 사진과 약력

서영수

서울대학교 동양사학과 졸, 단국대학교, 동국대학교 대학원 졸. 문학박
사. 고구려연구회 회장, 고조선사연구회 회장, 동양학연구원 원장 역임,
현) 단국대학교 사학과 초빙교수

주요저서: 『중국정사조선전 역주1~4』(주편), 『고대한중관계사의 연구』(공
저), 『고조선의 역사를 찾아서』(공저), 『고조선사 연구 100년』
(공저), 『광개토왕비의 재조명』(공저))

김정배

고려대학교 사학과 및 동대학원 졸, 문학박사. 한국 고대학회 회장, 한국
학중앙연구원 원장, 고려중앙학원 이사장 역임.
현) 문화재청 문화재위원장

주요저서: 『한국민족문화의 기원』, 『한국고대의 국가기원과 형성』, 『고조
선에 대한 새로운 해석』, 『한국고대사와 고고학』

조진선

전남대학교 사학과 졸, 전북대학교 대학원 졸. 문학박사
현) 전남대학교 인류학과 교수

주요저서: 『세형동검문화의 연구』, 『요하문명의 확산과 중국 동북지역의
청동기 문화』, 『전남지역의 마한사회와 백제』(공저), 『유적, 유
물로 본 마한』(공저), 『한국역사민속학 강의』(공저)

송호정

서울대학교 국사학과 및 동대학원 졸업, 문학박사, 한국고대사학회 연구
이사 및 총무이사 역임.
현) 한국교원대학교 역사교육과 교수

주요저서: 『한국고대사속의 고조선사』, 『고조선, 단군, 부여』(공저), 『한국
문화와 유물, 유적』(공저), 『미래를 여는 한국의 역사1』(공저)

조법종

고려대학교 사학과 및 동대학원 졸, 문학박사. 한국고대사학회 연구이사, 한일역사공동연구위원회(2기) 위원

현) 우석대학교 역사교육과 교수, 박물관장

주요저서: 『고조선고구려사연구』, 『이야기 한국고대사』(공저), 『한국사2』(공저)

이종수

단국대학교 역사학과, 吉林大學 대학원 고고학 및 박물관학과 졸업. 역사학박사.

현) 동양학연구원 역사문화연구소 소장, 단국대학교 사학과 교수

주요저서: 『송화강유역 초기철기문화와 부여의 문화기원』, 『요하유역의 초기청동기문화』(공저), 『동북아시아의 문명 기원과 교류』(공저)

이후석

숭실대학교 사학과 및 동대학원 졸, 문학석사.

현) 숭실대학교 사학과 강사, 한국고고인류연구소 선임연구원

주요논저: 『백제와 주변세계』(공저), 「중국 동북지역 세형동검 연구」, 「세형동검 단계 중국 동북지역의 동과와 동모」

이청규

서울대학교 고고미술사학과 및 동대학원 졸. 문학박사. 제주대학교 교수, 한국상고사학회 회장, 한국청동기학회 회장 역임.

현) 영남대학교 문화인류학과 교수.

주요저서: 『제주도고고학연구』, 「고조선과 요하문명」, 『고조선 단군 부여』(공저), 『요하유역의 초기 청동기문화』(공저), 「고조선과 요하문명」, 『한국 고고학강의』(공저), 『고대문명의 이해』(역저)

박준형

연세대학교 사학과 및 동대학원 졸, 문학박사.

현) 연세대학교 동은의학박물관 학예연구사.

주요저서: 『고조선사의 전개』, 「중국의 동북공정과 한국고대사』(공저),
『고조선사 연구 100년』(공저), 『고조선의 역사를 찾아서』(공저)

박대재

고려대학교 한국사학과 및 동대학원 졸, 문학박사.

현) 고려대학교 한국사학과 교수

주요저서: 『의식과 전쟁』, 『고대한국 초기국가의 왕과 전쟁』, 『중국 고문
헌에 나타난 고대 조선과 예맥』

박경철

고려대학교 법학과 및 동 대학원 사학과 졸, 문학박사

현) 강남대학교 교양학부 교수

주요저서: 『고구려의 국가형성연구』, 『동북아시아 선사 및 고대사 연구의
방향』(공저), 『고조선사 연구 100년』(공저), 『고조선, 단군, 부여』
(공저)

박선미

서울시립대학교 대학원 국사학과 및 동대학원 졸, 문학박사.

현) 동북아역사재단 연구위원

주요저서: 『고조선과 동북아의 고대 화폐』, 『한국상고문화 기원연구』(공
저), 『고조선사 연구 100년』(공저), 『고조선의 역사를 찾아서』(공
저)

왕페이신(王培新)

지린대학 역사계 및 동대학원 졸, 역사학박사.

현) 중국 지린 대학 변강고고연구센터 교수

주요논저 : 『樂浪文化──以墓葬爲中心的考古學研究』, 「奉節寶塔坪』,
「樂浪文化與周邊地區的聯系」

책머리에

동양학연구원은 2010년 개원 40주년을 맞이하여 그동안의 학술성과를 정리하고 동아시아 인문학의 발전을 위해 '동아시아 문명교류'라는 새로운 국제학술회의를 기획, 개최하게 되었다. 최근 동아시아는 활발한 교류를 통해 보다 가까운 사이가 되어가는 반면 '동북공정'등 자국사 중심의 폐쇄적인 연구 경향도 나타나고 있으며, 이는 영토 분쟁 등 국가와 민족 간의 갈등을 초래하게 되었다. 이를 해소하기 위해서는 갈등과 대립보다는 동아시아 연구자들의 상호 이해와 연구증진을 위한 공동의 장이 자주 마련될 필요가 있다. 이러한 의미에서 그동안 진행된 '동양학 국제학술회의'는 객관적이고 균형 잡힌 시각에서 동아시아를 바라보는 학문적 효과를 얻는 동시에 동아시아 주변국들 간에 화해와 교류를 위한 초석이 될 것으로 기대된다.

첫 번째 학술회의는 2010년 10월 <동아시아 문명의 기원과 교류>라는 주제로 중국, 일본, 러시아, 몽골 등의 해외석학들과 국내의 관련 저명학자들이 참석하여 북방초원지역, 요서, 요동, 송눈평원, 연해주, 한반도, 일본열도 등으로 구분하여 각 지역의 문명 기원과 주변지역과의 교류관계에 대한 발제와 토론이 이루어졌다. 그 연구결과는 『동아시아문명교류사 Ⅰ - 동북아시아의 문명기원과 교류』로 간행된바 있다.

두 번째 학술회의는 2011년 11월 <동아시아 청동기문화의 교류와 국가형성>이라는 주제로 한국, 중국, 일본, 러시아, 몽골 등의 국내외 전문가들이 참석하여 쟁점이 되어왔던 동아시아 청동기문화의 기원과 교류에 대한 발제와 토론이 이루어졌다. 여기에서 한반도는 물론 시베리아의 미누신스크 지역으로부터 몽골초원지역, 중국의 황하유역과 요서 및 요동, 일본열도의 청동기문화의 양상과 주변지역과의 교류 현상이 체계적으로 검토되었다. 이를 통해 동아시아 청동기문화의 교류현상은 물론 한국을 비롯한 동아시아 여러 민족의 국가형성 계기가 밝혀지게 되었다. 그 연구 결과는『동아시아문명교류사 Ⅱ - 동아시아 청동기문화의 교류와 국가형성』으로 간행되었다.

세 번째 학술회의는 2012년 11월 <동아시아의 철기문화와 고조선>이라는 주제로 한국, 중국, 일본, 몽골, 러시아의 학자가 참여하였으며, 한반도를 둘러싼 몽골초원, 요서, 요동, 송화강 유역, 연해주, 서북한, 남한, 일본 등 동아시아 제 지역의 철기문화의 발생과 교류현상 및 이를 바탕으로 한 고조선, 부여 등 한국 초기사회가 어떻게 발전하였는지를 다룬 논문들이 발표되었다. 그 결과는『동아시아문명교류사 Ⅲ - 동아시아의 철기문화와 고조선』으로 간행되었다.

올해 간행하게 된『동아시아문명교류사 Ⅳ - 고조선과 위만조선의 연구쟁점과 대외교류』는 2013년 11월 단국대에서 열린 제 43회 <동양학국제학술회의 – 고조선, 위만조선과 동아시아의 고대문화>를 정리한 것이다. 여기에는 한국과 중국, 일본, 몽골의 학자가 참여하여 고조선 및 위만조선의 연구 쟁점, 고조선으로부터 위만조선, 낙랑군과 중원문화를 비롯한 주변문화와의의 관계 등 최근 학계의 쟁점이 되는 사안들을 심도 깊게 토론하였다.

이 책은 학술회의 성과를 정리 보완한 것으로 "고조선사 연구의 쟁점", "위만조선의 형성과정과 역사적 성격", "고조선과 위만조선의 대외교류"로 구성되어 있다.

첫 번째 "고조선사 연구의 쟁점"편에는 서영수의 <고조선사연구의 쟁점과 흐름>, 김정배의 <고조선과 위만조선의 역사적 위치>, 조진선의 <

중국 동북지역의 청동기문화와 고조선의 위치 변동>, 송호정의 <청동기시대 대동강 유역 팽이형토기문화와 고조선>, 조법종의 <고조선의 중심지 및 도읍관련 논의와 쟁점> 등 5편의 글을 실었다.

서영수는 남북한 학계의 고조선사 연구를 3기로 구분하여 그 연구의 추이를 조감한 뒤, 고조선사 연구의 쟁점이 되어 왔던 국가형성시기, 중심지의 위치와 강역의 변동, 기자조선과 위만조선 및 낙랑문제에 대해 그간의 연구 성과와 앞으로의 연구를 전망하였다. 제1기는 식민사학을 극복하고 새로운 고조선사상(古朝鮮史像)을 수립하고자 노력한 시기이고, 제2기부터 남북학계의 고조선사 연구는 궤도를 달리하였으며, 제3기에는 남북한학계의 연구가 서로 소개되고 중국현지의 고고학적 자료가 속속 전해지면서 우리학계의 고조선사 연구는 중국의 동북지역에서 북한과 한반도에 걸친 문화 전반을 대상으로 확대되고 질적이나 양적인 면에서 괄목할 만한 진전이 이루어졌음에 비해, 북한의 경우 단군릉 발굴이후 대동강중심설로 선회하여 고조선의 초기 중심지를 요동으로 보기 시작한 우리학계와는 입장이 바뀌게 되었으며, 역사연구가 정치이념에 매몰되기에 이르러 고조선사 연구는 침체기에 들어감을 지적하였다.

고조선사 연구 중에서도 단군과 국가 형성 시기 문제를 비롯하여 그 중심지와 강역에 대한 논의가 초점이 되어왔으며, 중심지의 위치에 대한 대동강중심설, 요동중심설, 이동설을 소개하고 주변국가와의 역학관계 속에 변동한 강역문제와 기자조선, 위만조선, 낙랑문제에 대한 우리학계의 최근 연구성과를 소개하고 앞으로 새로운 연구를 전망하였다.

김정배는 기존의 단군-기자-위만으로 구성된 삼조선설의 문제점을 비판하고 고조선사를 고조선과 위만조선으로 구분하고, 고조선의 경우도

전후시기를 구분하여 단군조선과 예맥조선으로 보는 새로운 인식체계가 필요함을 지적하였다. 고조선의 지표문화인 비파형동검 문화의 기원지가 요서, 요동이 아니라 중앙아시아 일대임을 재천명하고, 비파형동검은 예맥족이 주로 사용한 문화이지만 모든 유형을 예맥족의 것으로만 간주해서는 안되며, 유목문화와 관련된 비파형동검이 요하이동에서 우리나라에 분포하는 지석묘 사회에 어떻게 융합하고 조화하였는지 세심한 분석이 필요하다고 하였다. 새로 발견된 낙랑목간은 위만조선 당시의 사회구조와 국가적 성격을 밝힐 수 있는 중요 자료임을 지적하고 새로운 연구방법을 전망하였다.

조진선은 중국 동북지역의 청동기문화, 특히 비파형동검문화와 변형비파형동검문화를 통해 고조선의 위치와 강역문제에 접근하였다. 그는 고고학적으로 보는 고조선에 대한 논의는 기원전 1000년기에 중국 동북지역부터 한반도에 걸쳐 분포한 비파형동검문화를 토대로 이루어져야 한다고 보았다. 당시의 문화는 대능하유역의 십이대영자문화, 요동반도의 강상유형, 요동 북부~길림성 중남부의 이도하자유형으로 구분되는데 이 중 기원전 9세기대의 십이대영자문화와 여기에서 분지된 기원전 6세기 전후의 정가와자유형을 고조선과 관련된 것으로 보고 강상유형은 "발(發)"로 비정한 점에 주목된다. 또한 변형비파형동검문화는 요동 남부의 윤가촌유형, 요동 북부·서북한지역의 상보유형, 길림성 중부의 서황산둔유형으로 구분한 후, 윤가촌유형은 전국~진·한대의 요동군(遼東郡)과 관련된 것으로, 상보유형과 서황산둔유형은 각각 진개침입 이후의 고조선 및 위만조선, 그리고 부여와 관련된 것으로 논증하였다.

송호정은 대동강 유역에서 최근에 조사된 주거지와 무덤 자료를 종합하여 이를 초기 고조선 주민집단의 문화로 비정하였다. 주목되는 점은 팽이형토기문화를 그 문화 요소의 밀집도로 보아 일정한 정치체 및 종족집단과 연결시킬 수 있는데, 이를 바로 청동기 시대의 고조선으로 논증한 점이다. 더불어 팽이형토기문화가 요동 지역의 미송리형토기문화와 일정한 차이를 갖고 있는 독자적인 청동기문화로서 요령지역 비파형동검문화와도 밀접한 연관성이 있음을 피력하였다. 더불어 이를 바로 요동지역에서 한반도 서북지방에 걸쳐 동일한 계통의 주민집단이 거주했음을 말해주는 하나의 증거로 제시하였다.

조법종은 고조선의 중심지와 도읍에 대한 기왕의 논의를 고조선 재요동설, 재한반도설, 중심지 이동설로 정리하고 논의의 쟁점에 대해 심층적으로 분석하였다. 최근 우리학계의 대표적인 연구성과를 분석 소개하고 새로운 고조선연구를 위해 위약등 문헌사료의 정확한 해석과 왕검성의 위치와 실재유적을 확인할 필요를 지적하였다.

더불어 자의적인 해석이 우려되는 중국학계의 기자조선 관련 연구를 비롯한 고조선 연구에 적극적으로 대응할 필요가 있음을 역설하였다. 이는 일본에 의한 낙랑중심의 연구와 대비되는 상황으로 고조선의 실체 파악이 상대적으로 미약한 상황에서 일본 및 중국적 관점의 논의가 자가 발전하듯 확대되기 때문이라는 주장은 경청할 견해이다.

두 번째 "위만조선의 형성과정과 역사적 성격"편에는 이종수의 <요하평원지역 "연유적"의 특징과 사용집단에 대한 재검토>, 이후석의 <요동~서북한지역의 세형동검문화와 고조선>, 이청규의 <요동·서북한의 초기철기문화와 위만조선>, 박준형의 <위만조선의 영역과 인구> 등 4편의 글을 실었다.

이종수는 요하평원지역에 확인되는 연 유적의 현황을 분석하여 그 특징과 편년 및 문화적 변화양상에 대한 새로운 견해를 제시하였다. 그는 요하유역에서 확인되는 전국 연 관련 유적은 연계 유이민 집단이 요하유역까지 이동해 와 안착한 후에 기존의 토착민들과 융합되는 과정에서 형성된 것으로 파악하였다. 이러한 연문화와 토착문화의 공반은 중원계 유이민집단과 기존의 토착집단 상호간에 공존과 화합 혹은 투쟁과 갈등 관계의 연속선상에서 만들어진 새로운 문화적 융합의 결과임을 지적하였다.

이후석은 고조선의 물질문화와 상관성이 높은 지역으로 요동과 북한의 세형동검문화에 주목하여 유형·계통·편년 관계 등을 정리하였다. 더불어 두지역 세형동검문화와의 교류 또는 상호 관계를 추론하여 고조선사의 변천 과정을 설명하였다. 그에 따르면 고조선에 대한 고고학적 연구들은 주로 한반도의 세형동검문화에 집중되어 왔는데 고조선의 중심지 이동설을 고려하면 요동지역의 세형동검문화 요소들이 서북한지역에 출현하는 양상들이 주목된다고 한다. 또한 서북한지역에서 요동계와 한국계의 세형동검문화 요소들이 복합되며, 이와 함께 연·진·한계 철기문화 요소들이 추가되는 것을 위만조선 물질문화의 형성 과정으로 파악하였다.

이청규는 요동 및 서북한지역 철기갖춤새의 전개과정을 정리하여 위만조선의 물질문화와 그 변천양상을 시간적으로 5단계(기원전 3~1세기 사이), 공간적으로 6개의 하위지역으로 세분하여 설명하였다. 대체로 요동-서북한의 일정 공간에 자리 잡은 기원전 2세기대에 농기구와 공구는 물론 철제 무기의 보급과 제작이 이루어졌을 가능성이 높은데 바로 이시기 철기문화를 위만조선과 연관 지었다. 지리적으로 볼 때 위만조선을 요동과 서북한에 걸쳐 있다고 하면 다양한 유형의 유물갖춤새가 동일한 정치체 내에 분포한다고 할 수 있는데, 그러할 경우 상대적으로 복잡한 단계의 국가사회로 볼 수 있다고 논증하였다.

박준형은 위만조선의 국가적 성격을 파악하기 위해 그 영역과 인구 문제에 주목하였다. 먼저 위만조선의 영역으로 직접지배대상이었던 낙랑은 평안도 일대이고, 지배·복속 관계에 있었던 진번은 황해도와 경기북부 일대, 임둔은 단단대령(單單大嶺)을 중심으로 함경남도와 강원도 북부 일대로 보았다. 또한 위만조선의 인구는 <낙랑군 호구부>의 호구증가율을 역으로 계산해 본 결과, 멸망 직전(기원전 108년)에 왕검성『조선현』은 5,978호, 35,360구 정도이었으며, 낙랑·진번·임둔 지역은 전체적으로는 27,082호, 177,923구로 파악하였다. 여기에 혼하~압록강 지역의 호구를 더하여 위만조선 전체의 인구는 보다 컸을 것으로 추정하였다.

세 번째 "고조선과 위만조선의 대외교류"편에는 박대재의 <고조선과 제(齊)의 해상교류와 요동(遼東)>, 박경철의 <고조선 대외관계 진전과 위만조선>, 박선미의 <완충교역모델에 대한 이론적 검토>, 왕페이신(王培新)의 <낙랑군(樂浪郡)과 중국내지(中國內地)의 문화관계> 등 4편의 글을 실었다.

박대재는 사서『관자』에 보이는 제와 발조선의 교류에 대해 집중분석하였다. 기왕의 학계에서는『관자』의 기록을 근거로 기원전 7세기 춘추시대 제와 고조선 사이에 문피 교역이 있었던 것으로 이해하는 입장이 많았는데 사실『관자』의 발조선 기록은 춘추시대의 사정을 반영하기 어렵다고 보았다. 전국시대 제와 교류하던 요동의 발조선은 조선의 '서방'으로 조선의 영향력 아래에 있던 지역세력으로 본 것이다. 여기서 조선의 서방이란 연장 진개의 침공을 받은 지역으로,『산해경』해내서경에서 연에게 멸망당한 '맥국'의 다른 이름이라는 설명이다. 더불어 요동은 조선-연-제에게 전략적으로 중요한 지역이었고 요동을 경유해 조선과 제가 서로 연결될 수 있었는데, 기원전 280년대 말 연이 조선의 서방인 요동을 공략한 배경에는 이러한 요동의 지정학적 성격이 작용되었던 것으로 해석하였다.

박경철은 고조선사의 대외 관계 진전의 흐름 속에서 여기에 내제된 대내외적 계기와 위만조선의 대외 관계 진전상을 더불어 검토하였다. 그에 따르면 B.C. 12~7C 경 대릉하 유역 예맥 청동기 문화의 중심지는 십이대영자문화로 추정되며 B.C. 7C 제 환공의 북벌을 기점으로 제와 연등의 중원 세력이 예맥에 관한 구체적 지식·정보와 적극적 관심을 갖게 되었다. B.C. 6~5C 발조선의 실체는 요동 정가와자 유형으로 보이며 이들은 심양 일대를 중심으로 활동한 예맥계 주민집단으로 추정된다. B.C. 4C 말 고조선은 본격적인 국가단계로 발전하는데 이시기 연 및 진과의 대립과 분쟁을 통해 그 중심지의 변화상이 관찰된다. 이후 B.C. 194년 위만이 고조선의 왕권을 장악하게 되고 한 무제의 세계정책을 통해 한-흉노를 기축으로 한 이원적 동아시아 국제질서가 재편된다. 이러한 과정 중 한은 자국의 '외신'에서 '흉노좌비(匈奴左臂)'로 전신한 조선에 대한 응징과 흉노와의 소강기에 그들을 간접적이며 우회적으로 공격하고자 전쟁을 도발한 것으로 보았다.

박선미는 위만조선을 완충교역모델의 테스팅 모델로 하여 이에 대한 이론적 접근을 시도하였다. 논점을 요약하면 기원전 2세기, 동북아시아에는 물자와 재화가 들어오고 나가는 문류 흐름의 중심지로서 한(漢)이 존재하였으며, 그 동북쪽에 이웃한 정치체들은 한과의 공적 및 사적 교역을 통해 한에서 제작한 문물이나 혹은 서역 문물을 간접적으로 받아들

이고 있었다. 이 과정에서 한에 인접한 위만조선은 준중심지로서 물자의
흐름을 통제하면서 세력을 확장해 나가는데 기원전 3~1세기 한반도의
고고학 자료는 준중심지로서 위만조선이 완충교역을 수행하였음을 보
여준다고 한다.

왕페이신(王培新)은 낙랑문화와 중국 중원지역의 문화관계를 분석하였
다. 그에 의하면 낙랑문화에는 현지의 전통문화와 변군(边郡)과 중원본토
의 연계를 통해 끊임없이 전입되어진 한·위·진 문화요소가 모두 포함된
다. 낙랑문화와 관련된 유적으로는 무덤유적이 가장 대표적인데 이러한
무덤의 형태와 구조 변화 등에 근거하여 낙랑문화를 전체 6시기로 구분
하였다. 제1기, 무덤양식은 단인장을 한 목곽묘 위주이다. 제2기는 여전
히 단인 목곽묘 위주이며, 시신이 안치된 관의 측면부에 부장품을 놓을
수 있는 공간을 두거나 혹은 상자(边箱)를 설치한 형식이 새롭게 등장한
다. 제3기는 부장품을 담아두는 두상(頭箱)이 있고 변상(边箱) 혹은 관상(棺
箱) 윗부분과 옆쪽에 부장품을 놓아두는 합장 목곽묘가 유행한다. 제4기
는 무덤의 형태와 구조는 제3기와 기본적으로 서로 같으며, 매장방식은
다인동곽합장(多人同槨合葬)으로 변한다. 제5기는 목곽묘가 소실되고, 묘
실의 네벽이 외호궁륭정(外弧穹窿顶)한 단실묘(单室墓)와 전후 2실의 전실
묘(砖室墓)가 유행한다. 제6기는 장방형의 단실 전실묘가 유행하고, 매장
방식은 2인 합장이었다. 시대는 조위 정시(正始) 연간(AD 240~248년)에서 낙
랑과 대방군이 고구려에 점령당한 이후까지로, 약 AD 3세기 중반~4세기
전후로 편년하였다.

이번에 간행하는 『동아시아문명교류사 IV - 고조선과 위만조선의 연구
쟁점과 대외교류』는 그동안 동양학연구원에서 개최한 '동아시아문명교

류사'국제학술회의 제1부 동아시아 상고문화를 총결산한 책이라고 보아도 좋을 것이다.

『동아시아문명교류사 I – 동북아시아의 문명기원과 교류』(2011년 간행)에서는 중국학계에서 '홍산문화'를 비롯한 요하유역의 여러 문화를 <요하문명>으로 명명하는 동시에 중국역사의 한축으로 설정하여 동아시아 상고 역사연구에 새로운 갈등을 불러일으키고 있음을 지적하고, 동북아시아 신석기·청동기시대의 고고학 자료를 객관적인 입장에서 지역별, 특성별로 정리하고 그 것을 토대로 그 담당자 및 종족문제를 세부적으로 파악하여 동북아시아 일대에서 펼쳐진 고대역사의 실체를 보다 분명히 밝힐 수 있는 균형적인 역사인식의 자료를 제공해준 동시에 한국고대문화가 동북아시아에서 어떠한 위상을 갖고 있는가를 밝혔다.

『동아시아문명교류사 II - 동아시아 청동기문화의 교류와 국가형성』(2012년)에서는 청동기문화가 한반도를 중심으로 동북아시아 지역에서 어떻게 교류되었으며 이 지역의 국가발생과 형성에 어떠한 영향을 끼쳤는가를 구명하였다. 우리 민족문화의 기원과 관련된 중앙아시아의 스키타이문화, 몽골초원과 오로도스의 초원 청동기문화, 황하유역의 청동기문화, 요서와 요동지역의 청동기문화, 한반도 청동기문화, 일본열도 청동기문화의 발생과 이들 지역 간의 교류 관계를 세부적으로 고찰하였다. 이를 통해 한국의 고대문화가 동북아시아에서 어떠한 위상을 갖고 있었는가와 한민족의 국가형성계기에 대한 폭넓은 이해가 가능해졌으며, 한국고대문화를 고립된 단위에서 벗어나 동아시아사 전체 속에서 생각할 수 있는 계기가 되었다.

『동아시아문명교류사 III – 동아시아의 철기문화와 고조선』(2013년)에서는 철기문화가 한반도를 중심으로 동북아시아 지역에서 어떻게 수용 발전되었으며, 이 지역의 국가 형성과 발전에 어떠한 영향을 끼쳤는지가 구명되었다. 특히 요서와 요동지역에서 연·진·한 등 중원의 동진세력에 맞섰던 고조선의 실체와 위만조선의 국가적 성격이 보다 분명한 모습으로 들어났으며, 위만조선의 철기문화가 한반도 남부에 어떻게 수용되어 문화적 변용을 일으켰는지를 조감하였다. 종래 한국고대사 연구의 사각지대였던 부여사의 경우도 송화강 유역의 다양한 고고학적 유적을 심층적으로 분석한 결과 그 해명의 실마리를 찾았다. 또한 변방지역이었던 동예와 옥저의 경우도 고고학적 연구를 통해 그 모습이 들어나기 시작하였다. 뿐만 아니라 중국의 동북지역과 몽골초원, 연해주 및 일본 열도 등 동북아시아 지역 철기시대의 고고학 자료를 객관적인 입장에서 지역별, 특성별로 검토하고, 그것을 토대로 그 문화유형과 담당자 문제를 구체적으로 파악함으로써 한국고대사회의 철기문화를 보다 객관적으로 이해할 수 있는 자료를 제시한 것도 큰 성과라고 할 수 있다.

그동안에 개최하였던 동양학국제학술회의에는 한국은 물론 중국, 일본, 러시아, 몽골등 동북아시아의 전문연구자들이 모두 참가하였으며 주옥같은 논문들을 발표하였다. 동아시아의 신석기, 청동기, 철기문화와 한국고대문화의 교류 연구를 통해 축적된 연구 성과가 바탕이 되어 올해 '고조선과 위만조선'에 관한 연구쟁점과 그 정체성, 주변민족과의 대외교류를 망라한 연구서를 간행하게 되었다.

이 책은 "고조선사 연구의 쟁점", "위만조선의 형성과정과 역사적 성격", "고조선과 위만조선의 대외교류"로 구성되어 있으며 13편의 글이 실려 있는데, 소개한 바와 같이 그동안 쟁점이 되어온 고조선사의 여러 문제들이 폭넓게 논의 되었다. 이제 이러한 학술회의와 지속적인 연구를 기반으로 우리학계는 중국의 요하문명론에 대응, 요서와 요동의 청동기 시대 고대 유적지의 발굴성과를 구체적으로 분석하여 이른 시기부터 이 지역에 복합사회가 등장하였음을 밝혀내는 동시에 드디어 고고 자료들을 토대로 요서와 요동의 청동기문화 담당자를 고조선으로 보는 견해가 유력해지고 있다. 또한 이러한 고고학적 연구 성과와 문헌사료에 보이는 당시 주변 제 민족과의 역학관계에 따른 고조선 국가의 성장과 변화를 정밀히 추적한다면 생동하는 고조선의 구체적 실체를 밝힐 수 있으리라는 기대가 높아지고 있다.

고조선은 민족사의 원류로서 인식되었던 까닭에 역사학자나 일반인 모두의 높은 관심 속에 지속적으로 조명되어 왔으나 지속적인 연구에도 불구하고 일반인의 궁금증을 불러일으키는 숱한 의문점에 대해 명쾌한 답변을 준비하지 못하고 있는 실정이었다. 이 책이 조금이나마 그러한 의문에 대한 해답이 될 것으로 믿으며, 이를 통해 현재 우리학계의 고조선연구가 어디까지 왔는가를 조망할 수 있고, 앞으로의 연구방향을 전망해 줄 수 있으리라 기대된다.

동양학국제학술회의에 참가하시고 논문의 출판을 허락해주신 김정배 교수님을 비롯한 국내외 학자들과 학술회의와 책의 간행에 도움을 주신 고조선사 연구회 여러분에게 다시한 번 깊은 감사의 말씀을 드린다

2015년 3월
집필자를 대표하여 서 영 수

Part I. 고조선사 연구의 쟁점

고조선사 연구의 쟁점과 흐름

徐 榮 洙

서영수 (徐榮洙)

서울대학교 동양사학과 졸. 단국대학교,동국대학교 대학원 졸. 문학박사.
고구려연구회 회장, 고조선사연구회 회장, 동양학연구원 원장 역임,
현) 단국대학교 사학과 초빙교수

주요저서 :『중국정사조선전 역주1~4』(주편),『고대한중관계사의 연구』(공저),『고조선의 역사를 찾아서』(공저),
        『고조선사 연구 100년』(공저),『광개토왕비의 재조명』(공저))

Ⅰ. 머리말

고조선은 우리에게 어떠한 의미를 갖는가? 그 실체는 무엇인가?

고조선은 일연(一然)이 『삼국유사(三國遺事)』〈기이편〉에서 '고조선-왕검조선(古朝鮮-王儉朝鮮)'이란 편목을 정하고 『위서(魏書)』의 '단군왕검이 아사달에 도읍하여 나라를 세우고 그 이름을 조선이라고 했다.'라는 기록과 『고기(古記)』의 '환웅과 웅녀의 아들인 단군왕검이 평양성에 도읍을 정하고 처음으로 조선이라고 하였다.'는 전승을 소개한 이후 민족사의 원류로서 인식되었던 까닭에 역사학자나 일반인 모두의 높은 관심 속에 지속적으로 조명되어 왔다. 고조선은 언제 어디서 어떻게 형성되었으며 얼마나 큰 나라였는가?

고조선에 관한 지속적인 연구에도 불구하고 현재 우리는 일반인의 궁금증을 불러일으키는 숱한 의문점에 대해[1] 명쾌한 답변을 준비하지 못하고 있는 실정이다. 오히려 고조선사에 대한 인식체계와 연구방법의 차이에 의해 백가쟁명의 견해가 표명되고 있다.

고조선의 중심을 요동에 두었던 북한학계는 단군릉 조영을 계기로 급선회하여 평양을 고조선의 도읍으로 보는 동시에 대동강 문화론을 강조하는 반면[2], 중국학계는 동북공정(東北工程)을 통해 해묵은 기자동래설(箕子東來說)을 다시 끄집어내어 고조선문화의 독자성을 부정하는 실정이며[3], 최근에는 이를 확대한 '요하문명

---

* 이 글은 제42회 '동양학국제학술회의-동아시아의 철기문화와 고조선'(2012)에서 기조강연한 〈고조선사연구의 쟁점-고고문화를 중심으로〉를 수정 보완한 것이다.

1) 고조선 전문연구자가 아닌 이른바 재야학계의 저서가 문정창의 『고조선사연구』(1964,백문당) 이래로 끊임없이 나오고 있는데, 최근 일반인의 궁금증을 대변한 저서로는 성삼제의 『고조선, 사라진역사』(2005,동아일보사)와 이덕일·김병기의 『고조선은 대륙의 지배자였다』(2006,역사의 아침)가 있다.

2) 이순진·장수진·서국태·석광준, 2001, 『大同江文化』, 평양, 외국문출판사. 단군릉 발굴이후 발표된 글은 이형구, 1995, 『단군과 단군조선』, 살림터 참조.

3) 최근 중국학계의 기자조선에 대한 대표적인 연구는 동북공정의 일환으로 진행된 張碧波의 기자조선연구를 들 수 있다. (주66 참조) 이에 대하여는 서영수, 2006, 「동북공정의 고조선 연구 결과에 대한 평가-기자와 기자조선 연구를 중심으로」, 『중국의 동북공정 연구 성과에 대

론'을 전개하여 고조선의 요람이었던 요서, 요동의 모든 문화를 중국문화의 원류로 보는 새로운 이론을 전개하고 있다. 우리학계 일각에서도 고조선은 한국사도 아니고 중국사도 아닌 요동사의 일환으로 보아야 한다는 견해[4]가 나오고 있는 반면, 신석기문화인 요서의 홍산문화(紅山文化)를 고조선으로 이해하려는 경향도 있다. 이러한 극단적인 인식의 차이는 어디에서 오는 것일까?

우리학계의 경우 고조선사 연구 중에서도 단군을 비롯한 국가 형성 문제를 비롯하여 그 중심지와 강역에 대한 논의가 초점이 되어왔다. 특히 그 중심지에 대한 견해는 대동강중심설, 요동중심설, 이동설 등으로 엇갈려 있어 아직까지 뚜렷한 결론에 이르지 못하고 있다. 고조선의 정체성(正體性) 뿐 아니라 고조선사 연구의 기본이 되는 역사 지리적 문제에 대해서도 해답을 찾지 못하고 논쟁을 거듭하고 있는 일차적인 원인은 물론 고조선에 관한 자료가 소략하고 고대 우리민족의 활동무대가 오늘의 우리와 일치하지 않았기 때문이기도 하지만 한·중(韓 中) 문헌에 산견되는 고조선 사료에 대한 체계적인 이해가 부족한 탓이라고 해도 좋을 것이다.

다행히 최근에 이르러 남북한은 물론 중국의 요녕(遼寧)이나 내몽고(內蒙古), 길림성(吉林省) 등지에서 고조선과 관련된 유적지가 속속 발견되고 있다. 따라서 종래에 단편적으로 밖에 이해할 수 없었던 문헌사료를 고고학의 연구 성과와 관련하여 보다 넓은 시각에서 체계화 할 수 있다면 고조선의 중심위치나 고조선의 국가적 발전과정에 따른 강역의 문제도 수수께끼의 베일을 벗고 그 윤곽이 밝혀 질 것으로 기대된다.

여기서는 이러한 점들을 염두에 두고 고조선사의 인식체계와 남북한 학계의 고조선사 연구 성과를 조감하는[5] 동시에 그 쟁점은 무엇인지를 검토하여 앞으로

한 분석과 평가』고구려연구회, 오강원, 2005, 「현대중국의 고조선연구와 그 맥락』, 장석호, 2005, 「기자조선에 대한 중국의 최근 입장과 비판」, 『중국의 한국고대사연구』고구려연구재단, 조우연, 2012, 「중국학계의 기자조선 연구와 그 비판에 대한 검토」, 『고조선단군학』26.

4) 김한규, 2004, 『요동사』, 문학과 지성사.

5) 고조선사 연구에 대한 상세한 연구사적 검토는 김정배, 1997, 「고조선」, 『한국사』4, 국사편찬위원회. 서영수 외, 2009, 『고조선사연구 100년』, 고조선사연구회, 학연문화사. 참조. 고조선

의 연구 진전을 전망하고자 한다.

Ⅱ. 고조선사의 인식체계와 연구의 흐름

1. 고조선사의 인식체계와 대상

고조선사 연구는 일반적으로 단군조선, 기자조선, 위만조선의 체계로 포괄적으로 이해하거나, 위만조선 이전의 단군조선만을 대상으로 하는 경우가 있다.[6] 3조선 모두를 고조선으로 보는 경우는 사료가 부족한 한계를 극복하기 위한 연구방편이기는 하나 이럴 경우 고조선 국가의 정체성은 모호하게 된다. 반면 단군조선만을 대상으로 하는 경우도 고조선을 단선적으로 이해하여 고조선의 국가체제를 신정국가로 오인할 여지가 있다.

과거에는 고조선의 호칭을 건국자나 족명을 붙여 단군·기자·한씨·예맥·위만(檀君·箕子·韓氏·濊貊·衛滿) 조선으로 불러왔으나, 이는 사료적 의미를 지닐 뿐 고조선사(古朝鮮史)를 체계적으로 이해하기 위한 사회적 성격을 나타내는 용어는 되지 못한다. 고조선은 세계의 유수한 고대 문명국가와 마찬가지로 초기에는 '아사달(阿斯達)'로 불리어진 초기국가로부터 출발하여 진한(秦漢) 등 중원의 통일제국(統一帝國)과 정면으로 맞섰던 '대고조선왕국(大古朝鮮王國)' 시대로 발전한 생동하는 구체적인 실체이다.

단지 시간적인 표준을 세우기 위해서라면 우리는 『삼국유사』나 『제왕운기』의 체제에 따라 위만조선[7] 이전의 조선을 고조선으로 부르는 것이 옳을 것이다. 그

사연구회, 2009, 『고조선사연구 100년』, 학연문화사. 참조.

6) 삼조선설의 문제점을 비롯하여 고조선의 인식체계에 대한 상세한 검토는 김정배, 2010, 『고조선에 대한 새로운 해석』(고려대 민족문화연구원) 제1부 고조선연구의 논점과 연구방향. 참조.

7) 일반적으로 위만조선을 건국한 만왕은 위만이라는 이름으로 알려져 왔다. 그러나 동시대의 자료인 『史記』에는 "朝鮮王 滿은 故燕人이다." 라고만 되어있을 뿐 만왕의 성씨에 대해서는

러나 이것만으로는 생동하는 고조선 사회를 정확히 설명할 수는 없으며, 고조선 국가의 성격이나 성장과정 및 강역의 범위도 체계적으로 이해될 수 없다. 여기에서 우리는 고조선에 대한 새로운 시대구분의 필요성을 느낀다.

그동안 우리학계에서는 고조선사를 단군-기자(한씨, 또는 예맥)-위만조선으로, 북한학계에서는 전조선, 후조선, 만조선으로 보는 것이 일반적이나, 필자는 통치자의 칭호와 사회발전단계를 고려하여 신정국가 시대의 통치자였던 단군왕검이 다스리던 단군조선(단군왕검-아사달사회, 성읍국가)- 신정이 분리된 후 한(韓-칸)으로 불리던 대군장이 지배하던 연맹국가시대인 한조선(칸-한예맥사회, 성읍연맹체 국가)- 왕호를 쓰던 영역국가시대인 고조선왕국(검, 왕-대고조선, 왕국)/ 후조선; 만(위만)조선으로 볼 것을 제안한 바 있다.[8] 다만 이러한 군장호칭의 변화를 통한 시대구분은 고조선사를 체계적으로 이해하는 기준이 되는 것은 사실이나 현재로서는 그 사회상을 구체적으로 복원하기가 어려운 한계가 있다.

이는 고조선연구의 어려움을 보여주는 일례이나 고조선의 정체성과 관련하여 보다 체계적인 고조선사의 시대구분이 필요할 것으로 보인다. 고조선은 엄밀히 말한다면 '조선'이라는 국호를 쓰던 우리가 세운 국가 중 하나라고 한다면, 우리가 알고 있는 상고문화 전부를 고조선에 매몰시킬 수는 없을 것이다. 이는 오히려 우리 역사의 지평을 좁히는 결과가 된다. 고조선 연구의 혼선은 일반인은

아무런 설명도 없다. 司馬遷도 알지 못하였던 만왕의 성을 후대의 학자들은 어떻게 알았을까? 원래 滿이나 右渠등은 조선에서 임금을 존칭하던 고유어의 借字 표기일 것인데, 조선의 고유문화에 대한 이해가 부족하였던 중국학자들이 만왕을 중국계 유민으로 단정하고 후대에 동북지역에서 가장 흔한 중국계 성이었던 衛氏를 임의로 冠한 것으로 일종의 역사왜곡이라 할 것이다. 따라서 만왕이 세운 조선을 위씨조선으로 부를 수는 없으며, 만조선이나 후조선으로 불러야 마땅할 것이지만 혼란을 피하기 위하여 본고에서는 위만조선을 병칭한다. (서영수, 1996, 「위만조선의 형성과정과 국가적 성격」, 『한국고대사연구』9)

8) 서영수, 1988「고조선의 위치와 강역」, 『한국사시민강좌』2. 및 1999, 「고조선의 대외관계와 강역의 변동」, 『동양학』29. 필자의 이러한 시대구분에 대한 타당성과 문제점이 동시에 제기된 바 있는데(최성락, 1992, 「철기문화를 통해서 본 고조선」, 『국사관논총』33.), 필자의 가설은 고조선사의 체계적인 이해를 위하여 그 대강을 제시한 것으로 각각의 시대가 갖는 사회의 구체적 성격에 대해서는 검토하지 못하였기 때문에 이에 대한 비판은 당연한 결과라고 할 것이다.

물론 학계에서 조차 고조선사를 체계적으로 인식하지 못하였던 데 기인한다. 즉, '조선'이란 국호를 쓰던 국가로서의 고조선 왕국과 고조선 국가 형성이전의 고대 사회는 물론 왕조교체로 성립된 위만조선 및 위만조선 멸망이후의 낙랑사회를 포괄하는 고조선사는 구별되어야 할 것이다.

이러한 문제점을 염두에 두고 최근의 고고학적 연구 성과를 감안하여 고조선사를 선고조선시대-고조선 왕국(초기,중기,후기)시대-후(위만)조선 시대로 나누어 볼 것을[9] 다시한번 제안하는 바이다.

2. 고조선사 연구의 흐름

고조선사 연구는 고려나 조선왕조 등 전근대 시대에도 단군의 국가 성립시기를 비롯하여 단군조선을 계승한 기자조선, 위만조선 등 3조선의 체계, 강역문제 등이 중요 관심사였으며, 근대 역사학에서는 단재 신채호가 1908년 대한매일신보에 「단군시대(檀君時代)」를 게재한 이후 본격적으로 시작되었다고 볼 수 있다.[10]

이후 한국 학계의 연구는 크게 1945년 광복을 전환점으로 남북학계가 분리되어 연구가 진행되었는데, 대체로 북한의 경우는 제1기 1945~1960, 제2기 1960-1993, 제3기 1993년 이후 현재로 분기 할 수 있고[11], 우리 학계의 경우 제1기 1945-1969, 제2기 1970-1986, 제3기 1987년 이후 현재로 나누어 볼 수 있다.

1945년 이후 남북학계의 고조선사 연구는 생각보다 활발하였으며 괄목할 만한 연구의 진전이 이루어졌다. 우리학계의 경우 제1기는 식민사학을 극복하고 새로운 고조선사상(古朝鮮史像)을 수립하고자 노력한 시기이다. 그러나 방법론적인 면에서는 앞 시기를 답습하여 여전히 문헌 고증 및 해석 위주로 연구가 진행되었

---

9) 서영수, 2005,「고조선의 국가형성계기와 과정」,『북방사논총』6.
10) 단군에 대한 다양한 견해들은 윤이흠 편, 1994,『檀君』, 서울대 출판부, 참조
11) 북한학계의 연구 동향에 대해서는 이기동, 권오영, 조법종, 노태돈, 오강원, 윤용구 등에 의해 지속적인 검토가 이루어져 왔으며, 최근에는 하문식의 연구사적 정리가 상재된 바 있다. 하문식, 2006,「북한학계의 고조선 연구경향」,『白山學報』74,

다. 북한의 경우 제1기는 고조선 요동설이 정설화 되지 않은 상태에서 식민사학 또는 일제 관학을 극복하는 대안으로서 모색되던 시기였는데, 주목되는 것은 이후 북한학계의 정설이 된 요동중심설이 이미 등장하고 있다는 점이다.[12]

제2기부터 남북학계의 고조선사 연구는 점차 궤도를 달리하였다. 북한의 경우 리지린이 한중문헌의 고조선사료를 망라 집성하여 요동중심설을 확립하고 이후 고고학적 연구의 현실적 이점을 살려 이를 입증하고자 하였으며[13], 나아가 요서 지역의 비파형동검 관련유적과 서북한지역의 세형동검~낙랑유적을 고조선사의 체계로 흡수하려던 시기이다. 우리학계의 경우 제2기는 고조선사 연구에 고고학과 인류학 이론을 도입하고 이에 따라 다양한 연구가 시작되었다. 특히 인류학과 고고학의 연구 성과를 고대사연구에 원용한바 있는 김정배의 일련의 연구는[14] 고조선사연구의 질적 전환이 이루어지는 계기가 되었다. 이처럼 우리학계의 경우 고고학과 인류학의 연구 성과를 고대사 연구에 접목시켜 연구의 질적 전환을 꾀하였으나, 이 시기까지는 북한의 요동중심설에 이론적 무리는 있었으나[15] 전반적인 고조선사 연구는 한 발 앞서 갔다고 보아도 좋을 것이다.

제3기에는 남북한학계의 연구가 서로 소개되고 중국현지의 고고학적 자료가

---

12) 북한학계에서는 리지린의 요동중심설이 정립되기 이전에 이미 정세호(1950, 「고조선의 위치에 대한일고찰」, 『역사제문제』16호), 이여성(1955, 『조선미술사개요』)등에 의해 고조선 요동설이 제기된 바 있으나 이들의 배후 인물로 지목된 김두봉을 비롯한 연안파의 숙청으로 다시 도유호의 평양 중심설이 일시간 등장하게 된다. 조법종, 1994, 「북한학계의 고조선연구-1945부터 1960년대 초반까지의 연구동향을 중심으로」, 『북한의 고대사 연구와 성과』, 대륙연구소 출판부.

13) 리지린, 1963, 『고조선연구』, 과학원출판사. 리지린 김석형 등, 1963, 『고조선에 관한 토론 논문집』, 과학원출판사. 리지린의 고조선연구에서는 그 남쪽 영역을 청천강을 계선으로 하고 대동강유역의 경우는 마한지역으로 보고 있으나 1970년대에 들어와 수정되어 고조선의 남쪽 경계는 예성강유역으로 확대되었다. 사회과학원 고고연구소, 1977, 『고조선문제연구논문집』, 사회과학원출판사.

14) 김정배, 1968, 「濊貊族에 關한 硏究」, 『白山學報』 5; 1973, 『한국민족문화의 기원』, 고려대출판부.

15) 리지린의 연구에 대한 비판은 이순근, 1988, 「고조선은 과연 만주에 있었는가」, 『역사비평』3, 역사문제연구소.

속속 전해지면서 고조선사 연구가 질적이나 양적인 면에서 괄목할 만한 진전이 이루어졌다. 우리학계에 북한학계의 고조선 및 고고학 연구 성과가 소개되어 큰 반향을 불러 일으켰다.[16] 그 중에서도 중국 동북지역과 한반도에서 발견되는 비파형동검을 고조선과 연결시켜 고찰한 북한학계의 『비파형단검문화에 관한 연구』[17]가 국내에 소개되면서 학계의 관심이 본격적으로 중국 동북지역으로 확대되었으며, 우리학계의 고조선사 연구도 주제와 방법론에서 보다 구체화되었다.[18] 특히, 고조선의 초기 중심지는 요동지역이었는데 기원전 4~3세기에 그 중심지를 대동강유역으로 이동하였다는 중심지이동설(中心地 移動說)이 발표되면서[19] 고조선사 연구는 중국의 동북지역은 물론 북한과 한반도에 걸친 문화 전반을 대상으로 확대되었다. 또한 1980년대 후반에 조직된 각 전문 학회들의[20] 연구발표회 개최 등에 힘입어 연구의 질적, 양적인 면에서 진전을 보였으며, 연구 인력도 대폭적인 확충이 이루어졌다.

이에 비하여, 북한의 경우 제3기는 단군릉 발굴과 재조영 이후 고조선 평양설로 급선회하는 시기이다. 외형상으로는 역사연구가 정치이념에 매몰 형해화 되기에 이르러 고조선연구는 낙랑유적의 발굴 등 현실적 이점에도 불구하고 오히려 침체기에 들어간다.[21]

---

16) 윤내현, 1986, 『한국고대사신론』, 일지사. 이에 대한 비판, 이순근(1988, 위의 글)과 서영수 (1988, 「고조선의 위치와 강역」)의 글 참조.

17) 박진욱·황기덕·강인숙, 1987, 『비파형단검문화에 관한 연구』, 과학백과사전출판사.

18) 우리학계의 연구사적 검토는 박선미, 2006, 「근대사학이후 고조선사 연구의 현황과 쟁점」, 『한국사학보』 23, 참조.

19) 주50 참조

20) 대표적인 학회는 한국고대사학회, 한국상고사학회, 한국고대학회, 고구려발해학회, 고조선사연구회, 고조선단군학회 등이다.

21) 다만 최근 낙랑목간을 소개한 손영종의 연구에서 보는 바와 같이 북한 학계가 단군릉 조영 이후 공개적으로 설정된 고조선의 실사 년대 모두를 심중으로 인정하는 것은 아니라고 여겨지므로 북한학계의 평양일대의 지속적인 고고학적 발굴과 연구 성과의 집적에 보다 유의할 필요가 있다. 손영종은 평양남부 통일거리 조성 중에 발견된 漢대 간독자료를 요동의 락랑군에서 평양지역의 락랑국으로 도망온 사람이 남긴 자료라고 기술하고 있으나, 오히려 낙랑25현 자료를 학계에 소개하는 데 주목적이 있지 않았을까 생각된다. 손영종, 2006, 「락랑

최근 우리학계는 중국의 요하문명론에 대응하여 요서와 요동의 청동기시대 고대 유적지의 발굴성과를 구체적으로 분석하기 시작하여[22] 이른 시기부터 이 지역에 복합사회가 등장하였음을 밝혀내는 동시에 드디어 고고 자료들을 토대로 요서의 십이대영자문화나 요동의 정가와자문화 담당자를 고조선으로 보는 견해가 제기되기 시작하였다.[23] 다만 대릉하유역의 정치집단이 요동으로 이주한 것인지, 독자적인 세력이 지역별로 각기 발전한 것인지는 새로운 쟁점으로 떠오르고 있는데, 앞으로 보다 많은 고고자료를 통해 세밀한 검토가 필요하리라 생각된다.

이제 이러한 고고학적 연구 성과와 문헌사료에 보이는 당시 주변 제 민족과의 역학관계에 따른 고조선 국가의 성장과 변화를 정밀히 추적한다면 생동하는 고조선의 구체적 실체를 밝힐 수 있으리라 생각된다.

Ⅲ. 고조선의 국가형성 시기

1. 고조선의 건국시기

우리민족의 역사는 얼마나 오래되었을까 하는 물음에 누구나가 아는 답이 있는데, 바로 '반만년의 유구한 역사를 지녔다.'고 하는 대답일 것이다. 이는 모두 『삼국유사』 고조선조에 보이는 단군의 고조선 건국시기를 염두에 둔 말이다.

군 남부지역의 위치-'락랑군 초원 4년 현별 호구다소' 통계자료를 중심으로」, 『력사과학』198. 윤용구, 2007, 「새로 발견된 낙랑목간」, 『한국고대사연구』46. 권오중, 윤용구 등, 2010, 『낙랑호구부연구』, 동북아역사재단.

22) 복기대, 2002, 『요서지역의 청동기시대 문화연구』; 오강원, 2006, 『비파형동검문화와 요령지역의 청동기문화』; 이청규 외, 2009, 『요하유역의 초기 청동기문화』, 동북아역사재단; 이청규 외, 2010, 『요하문명의 확산과 중국 동북지역의 청동기문화』 동북아역사재단; 동양학연구원, 2012, 『동아시아문명교류사2-동아시아 청동기문화의 교류와 국가형성』, 학연문화사; 동양학연구원, 2013, 『동아시아문명교류사3-동아시아 철기문화와 고조선』, 학연문화사.

23) 박준형, 2012, 「대릉하~서북한지역 비파형동검문화의 변동과 고조선의 위치」, 『한국고대사연구』66;2014, 『고조선사의 전개』, 서경문화사; 오현수, 2014, 『고조선의 형성과 변천과정연구』한국학중앙연구원 박사학위논문.

그림 1 강동 단군릉과 문흥리 고인돌(서영수, 2002)

즉, 『삼국유사』에서 '단군(檀君)의 개국은 중국의 요(堯)임금 대와 같다.'고 한 이래 고조선의 건국 시기는 민족의 자존심과 관련되는 문제로 인식되어 왔다. 이에 따라 오늘의 학계에서도 기원전 3,000년 기에 이미 고조선이 건국되었다고 보는 견해에서부터 기원전 4~3세기에 건국되었다는 대립되는 학설이 제기되었다. 즉, 북한 학계의 경우 이전에는 요동반도의 강상·루상(崗上·樓上)유적을 통하여 노예제국가로서의 고조선 건국시기를 기원전 1,000년기 전반으로 보아오다가,[24] 단군릉(檀君陵) 발굴과 평양일원에 산재해 있는 14,000여기에 달하는 고인돌조사를 통하여[25] 고조선의 개국 시기를 기원전 3,000년기로 보고 있으며, 이를 발전시켜 대동강문화론을 주장하기에 이르렀다.

우리 학계 일각에서는 신석기 시대인 요서의 우하량 등 홍산문화 시기에 고조

---

24) 리지린, 1963, 앞의 책.
25) 석광준, 2002, 『조선의 고인돌무덤연구』, 사회과학원, 평양; 도서출판 중심, 서울.

그림 2 우하량 4지점 금자탑, 또는 天壇(지름 100m, 서영수, 2004)

선이 건국되었으리라는 추론이 제기되고 있으나 이를 학문적 연구의 결과로 보기는 어렵다. 사료가 희소한 시대를 무분별하게 해석한다면 고조선은 다시 구름 속에 묻힐 것이다. 예를 들면 홍산문화의 여신을 단군조선의 웅녀(熊女)나 웅녀족의 문화로 해석하는 견해가 제시되고 있는데 이는 논리적으로 모순된다. 홍산문화는 고조선의 배경문화로 깊은 연구가 진행될 필요가 있으나,[26] 그 자체가 고조선 국가의 문화는 아니다. 『삼국유사』의 단군전승에는 환웅(桓雄)이 새로운 문화를 가지고 남하하여 웅녀로 대표되는 토착인과 결합하여 단군이 탄생하고 고조선이 건국되었다고 한다.

즉, 환웅은 청동기문화를 대표하는 문화영웅이지만 기원전 3천년 기에 해당되는 홍산문화보다는 최소한 1천여년 이후의 인물이다. 동북아지역에서 가장 이른

---

26) 홍산문화에 대한 객관적인 고고학적 분석은 이제 막 시작하는 형편으로 그 문화의 성격에 대한 결론은 좀 더 기다릴 필요가 있다. 오대양, 2014, 「요서지역 적석총문화의 기원과 형성과정」 『동북아역사논총 45집』, 2014, 「홍산문화 적석총유적의 특징과 발전과정」 『동양학』 57집.

시기의 청동기문화는 홍산문화를 계승하여 기원전 2천년대에 개화하기 시작한 하가점하층문화이다. 따라서 환웅은 홍산문화 여신의 먼 후손으로 환웅이 남하하여 결합한 웅녀가 환웅의 먼 조상인 홍산의 여신이 될 수 없음은 자명하다. 오히려 환웅은 하가점하층문화의 붕괴에 따라 그 남쪽으로 이동하여 토착세력을 정복, 융합한 인물일 개연성이 높으며, 웅녀 또는 곰 숭배로 대표되는 종족은 바로 남쪽의 토착족이라고 생각된다.

우리학계의 경우 일반적으로는 중국 동북지역 및 한반도에서 나타나는 비파형동검문화를 토대로 조선 명칭이 처음 나타나는『관자』의 기술에 의거 기원전 8~7세기경으로 보는 견해와『위략』의 조선후가 칭왕하는 기원전 4세기 이후나 기원전 3 · 2세기경 건국된 위만조선을 최초의 국가로 보는 견해로 나누어진다.[27]

이와는 달리 국가형성시기를 소급하여 단군조선은 신석기에서 청동기로의 변환단계에 성립한 것으로 보거나[28], 요녕(遼寧)지역의 비파형동검문화에 주목하여 은주(殷周)유민이 동래한 기원전 1100년경이나[29] 요동지역에서 청동기문화가 개화한 기원전 1,500년기 이전으로 보는 견해가 제기되기에 이르렀으나.[30] 충분히 검증된 견해로 보기는 어려운 실정이다.

가장 큰 문제는 고조선사회의 중심으로 상정되는 지역에서 중심 도성이나 대읍의 유적을 확인하지 못하고 있다는 점인데[31], 최근 평양이나 삼한지역에서 다수의 토성이 존재한다는 사실이 알려지고 있어 앞으로의 고고학적 조사가 진행되면 그 외형적 형태도 밝혀지리라 기대된다.

---

27) 고조선 국가형성에 대한 제견해는 최몽룡·최성락, 1997,『한국고대국가형성론』, 서울대 출판부; 서영수, 2005, 앞의 글 참조.
28) 김정배, 1986,『한국고대의 국가기원과 형성』고려대 출판부.
29) 이종욱, 1993,『고조선연구』, 일조각. 서영수, 1999, 앞의 글.
30) 한창균, 1992,「고조선의 성립배경과 발전단계시론」,『국사관논총』33.
31) 북한학계는 평양성 동쪽의 청암리 토성을 왕검성으로 보고 있으나(남일룡, 1999,『대동강류역 고대 성곽의 성격』『조선고고연구』), 현재 확실한 유적이 나온 것은 아니며, 발굴조사가 불가능한 금수산장 일대도 유력하다고 한다.

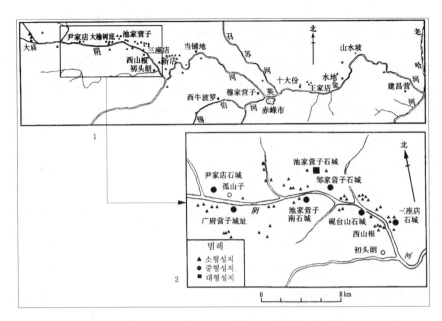

그림 3 영금하, 음하 유역 하가점하층문화 성지 분포도

2. 동북아 청동기 문화의 중심과 고조선

그러한 가운데 최근 우리학계는 고조선이 태동하였던 요서와 요동의 청동기 문화에 대한 구체적인 분석에 착수하여 각 문화의 성격은 물론 계승관계, 다른 지역 문화와의 네트워크 등을 검토하고 있다. 이 지역의 전기 청동기 문화를 대표하는 것은 요서의 하가점하층문화(夏家店下層文化)와 위영자문화(魏營子文化), 요동북부의 고태산문화(高台山文化)이며, 후기 청동기문화를 대표하는 것이 요서의 하가점상층문화와 비파형동검문화인데, 비파형동검문화는 요서 대능하 유역의 십이대영자문화와 요동의 정가와자 유형 및 서북한 지역의 문화로 구분된다.

이러한 청동기문화의 성격이 밝혀지면 후대 문헌사료에 보이는 고조선의 실체에 조금 더 다가갈 수 있을 것으로 생각된다. 여기서는 종래 고조선과 관련지어 거론 되었던 하가점하층문화와 십이대영자 문화에 대한 논쟁점들을 살펴보기로 한다.

하가점하층문화는 현재까지 동북아 지역에서 발견된 가장 이른 시기의 청동기

그림 4 적봉 삼좌점 성터 (2006, 서길수)

문화로 북으로 서랍목륜하(西拉木倫河), 남으로 연산산맥(燕山山脈) 이북, 서로는 칠로도산(七老圖山), 동으로는 의무려산(醫巫閭山)에 이르는 광대한 지역에 분포하며 대체로 기원전 2000년경부터 기원전 1500년경까지 존속된 것으로 이해되며[32], 선행 발전한 후기 신석기문화, 즉 홍산문화(紅山文化)에서 소하연(小河沿)문화로 이어지는 문화계보를 계승하여 발생한 것으로 이해하는 견해가[33] 유력하다.

하가점하층문화는 풍부한 출토 유물로 보아 이 문화의 주인공들이 농업을 생업으로 하여 오랜 시간 동안 한 곳에 정착 생활하였음을 알 수 있으며, 청동기, 옥기, 일부 토기 등에 보이는 기술적 성취는 전문화된 장인집단이 이 문화의 사회에 존재하고 있었음을 암시한다[34]. 특히 이 문화에서 취락을 둘러싼 석성(石城)의

---

32) 궈다순·장싱더(저), 김정열(역), 2008, 『동북문화와 유연문명』, 동북아역사재단, 545~547쪽.

33) 궈다순·장싱더(저), 김정열(역), 위의 책, 615~618쪽.

34) 이청규, 2010, 「신석기-청동기시대의 요서지역 무덤의 부장유물과 그 변천」, 『요하문명의 확산과 중국 동북지역의 청동기문화』, 동북아역사재단. 54~57쪽.

존재는 주목받아 왔다.[35] 이러한 이유로 하가점하층문화 자체를 고조선문화로 보아 단군조선의 건국 년대를 소급해야 한다는 설이 제기되었다.[36] 그러나 현재로서는 그 문화가 복합사회의 등장을 의미하는 것이긴 하나 이를 국가단계로 볼 수 있는가 하는 문제와 담당주민의 족원(族源)이 분명치 않아 그 문화권의 범위 모두를 고조선의 정치권이라고 보기에는 무리가 있다.[37] 현재 하가점하층 문화는 뒤이은 하가점상층문화와 약 500년간의 시간적 공백이 있으며[38] 요녕지역의 다른 청동기 문화와의 계승관계도 분명치 않다. 따라서 이를 고조선과 관련시켜 생각하자면 이러한 문제가 먼저 선결 검토되어야 할 것이다.

대·소릉하 유역에서 위영자문화의 뒤를 이어 번영한 것이 십이대영자문화(十二臺營子文化)인데, 일찍부터 우리학계에서 요녕식 동검의 출토지로 주목되어 왔으며 조양을 아사달로 비정하는 견해도 제시된 바 있다.[39] 십이대영자문화는 특히 조양을 중심지로 한 대릉하 중류 일대를 중심으로 발달하였으며, 당초 이 유형의 문화에 속하는 유적에서 하가점상층문화와 동일한 유형의 유물이 출토되어 하가점상층문화의 한 하위 유형인 '릉하유형(凌河類型)'으로 인식되기도 하였

---

35) 서길수, 2006, 「고구려석성의 시원에 관한 연구」, 『고구려연구』23 ;2008, 「하가점하층문화의 석성연구」, 『고구려발해연구』31.

36) 한창균, 1992, 앞의 글; 이재현, 2009, 「하가점하층문화기 방어취락의 성격연구」, 『요하유역의 초기 청동기 문화』, 동북아역사재단.

37) 하가점하층문화의 선행문화인 홍산문화 말기에 이미 神殿건축이 나타나며, 중국학계에서는 하가점하층문화기에는 '古文化古城古國'단계로 진입한다고 한다. 필자는 이 문화가 고조선건국의 한 축인 환웅족의 고문화로 고조선 건국의 배경문화로 생각하고 있다. 앞으로 보다 정밀한 분석이 필요하리라 생각한다.

38) 김정열, 2012, 「遼西 지역의 청동기문화와 복합사회의 전개」, 『동양학』52.

39) 임병태는 단군조선 최초의 도읍지인 '아사달'을 대릉하유역의 조양으로 비정한 바 있는 데(임병태, 1990, 「고고학상으로본 예맥」, 『한국고대사논총』1.), 단군조선의 도읍이동을 염두에 둔다면, 후대의 정치적 중심지일 뿐 만아니라 고조선 관련 유적이 집중 분포하는 심양,요양 등이 모두 아사달의 후보지라고 하여도 좋을 것이다.
     반면, 이병도는 아사달을 평양부근으로 보고 있으며(이병도, 1975, 『한국고대사연구』, 박영사), 최근 신용하는 신증동국여지승람 등 조선시대의 문헌을 근거로 평양 동쪽 강동현으로 비정하였다. (신용하, 2010, 『고조선국가형성의 사회사』, 지식산업사.)

으나[40], 주영강(朱永剛)이 이문화가 하가점상층문화와는 구별되는 특징을 가지고 있다는 점을 분명히 밝히고 이를 독립된 청동기문화로 설정한 이후[41], 십이대영자문화로 부르는 것이 일반적이다. 십이대영자문화의 문화퇴적층은 위영자문화와 전국시대(戰國時代) 중기문화 사이에 개재되어 있기 때문에 대체로 기원전 10세기경에 시작되어 기원전 4세기경까지 존속된 것으로 이해되고 있다. 우리학계의 경우도 하가점상층문화의 지방유형으로 보는 견해도 있고 능하문화로 부르기도 하지만 대체로 십이대영자문화로 보는 견해가 우세하다.

십이대영자문화의 주민은 농경에 바탕을 둔 정주생활을 영위하였고 청동기 제작 기술이 상당한 정도의 수준을 유지하였으므로 그 주민들 가운데는 매우 전문화된 장인이 존재하였다. 이청규는 십이대영자 M1호 무덤에서 거울이 출토된 것을 근거로 해서 이 문화기의 수장층이 무력을 권력의 바탕으로 하고, 그 가운데서도 보다 상위에 위치한 자는 신권(神權)을 통해 권력을 보장받고 있었다고 해석하였다[42]. 오강원은 십이대영자문화는 기원전 8세기에 전문적인 수공업과 사회적 위계화가 진행된 군장사회였다고 볼 수 있으며, 이러한 양상이 대릉하 유역에서 기원전 4세기까지 지속적으로 확인되고 있는 것을 통해 군장사회가 이후에도 계속적으로 유지되었던 것으로 보았다.[43] 강봉원은 『관자』 규탁편과 경중갑편의 춘추 제(齊)와 문피교역을 했던 고조선은 복합사회 형성의 한 지표가 되는 원거리 교역[44]을 수행하고 있었다고 하였다. 최근 박준형은 대릉하~서북한지역의 전기 비파형동검문화의 주체를 예맥으로 보고, 십이대영자문화 단계를 소국단계로 보아 『관자』에 언급된 고조선은 자체적으로 대외교역권을 갖는 정치단위라고 볼 수

40) 郭大順, 「西遼河流域靑銅文化硏究的新進展」, 『中國考古學會第四次年會論文集』, 文物出版社, 1985, 187~189쪽.
41) 朱永剛, 1987, 「夏家店上層文化的初步硏究」, 『考古學文化論集』 1, 文物出版社.
42) 이청규, 2002, 「靑銅器를 통해 본 古朝鮮과 주변사회」, 『북방사논총』 6, 2002, 26~29쪽.
43) 吳江原, 2004, 「遼寧地域의 靑銅器文化와 地域間 交涉關係」, 『동북아시아 선사 및 고대사 연구의 방향』, 학연문화사, 2004b, 162~169쪽.
44) 강봉원, 1998, 「원거리 무역의 이론과 방법론-복합사회 형성 과정 연구와 관련하여-」, 『한국고고학보』 39.

그림 5 십이대영자 2호묘 출토 비파형동검

그림 6 조양 십이대영자 3호묘 출토 다뉴경

있다고 하였다.[45]

　이와 같이 십이대영자문화의 담당자를 고조선으로 보는 견해가 점증하고 있
다. 다만 십이대영자문화의 어느 단계가 국가단계로 진입하는지의 문제는 보다

---

45)　박준형, 2012, 앞의 글.

그림 7 심양 정가와자의 청동대묘

정밀한 검토가 필요할 것이다. 또한 십이대영자문화와 요동의 정가와자 유형의 전승관계는 어떤지는 보다 구체적 검토가 필요하다. 십이대영자문화와 정가와자 유형의 문화가 독자적인 것인지, 아니면 그 담당자가 요서에서 요동으로 이동하였는지,[46] 십이대영자문화가 요서 객좌 지역의 남동구유형과 심양(沈陽)을 중심으로 하는 요하(遼河) 유역의 정가와자유형으로 분화되었는지 하는 문제는[47] 요서와 요동의 정치세력-고조선의 향배와 관련하여 새로운 쟁점으로 떠오르고 있다.

한편, 요녕지역의 물질문화와 인구가 한반도로 전이된 과정을 구체적으로 검

---

46) 필자도 한예맥계가 대능하유역에서 정치적 통합을 이루고 요동의 조선지역으로 이동하여 고조선왕국이 성립되었다는 견해를 발표한 바 있으나(1987,한국문화연구소 주최 공개학술발표회-고조선왕국의 형성과 이동),구체적인 검토는 숙제로 남겨둔 바 있다.
47) 요서 객좌지역의 남동구 유역의 청동기문화에 대해서는 오강원, 2013,「청동기~철기시대 요령·서북한 지역 물질문화의 전개와 고조선」,『동양학』53;『동아시아문명교류사』3, 단국대 동양학연구원.

토한 연구가 제시되었는데,[48] 이는 고조선의 정치적 동향은 물론 고조선과 삼한 등 한반도 남부의 정치체 와의 관계를 파악하는데도 유효하다고 생각된다. 아무튼 이와 같은 연구의 진전으로 고조선 국가의 형성과정은 물론 고조선 건국이전 사회나 고조선의 성장과 이동 및 붕괴 과정도 문헌자료와 관련하여 보다 분명한 모습을 들어 낼 것으로 기대된다.

Ⅳ. 고조선 중심지의 위치와 강역

1. 중심지의 위치

고조선사중에서도 고조선의 위치와 강역에 대한 문제가 논쟁의 가장 큰 초점이 되어 왔다. 때로는 고조선의 중심을 대동강(大同江)유역으로 볼 것인가, 아니면 요동(遼東)으로 볼 것인가 하는 역사지리적 논쟁이 학문적 차원을 떠나서 애국심 논쟁으로까지 확대되었는데, 대체로 대동강중심설, 요동중심설, 이동설로 대별된다.[49]

대동강중심설은 종래 우리 학계의 오래된 통설인 데, 이러한 설에 동조하는 경우 마치 식민사관에 젖은 것처럼 오해되는 경우가 있었다. 그 이유는 일본관학자(日本官學者)들이 고조선의 중심을 대동강유역으로 고정함으로써, 그들에 의해 우리역사의 무대가 반도(半島)로 축소·왜곡되었을 것이라는 생각에서 나온 것이다. 그러나 고조선의 중심을 대동강 유역으로 보기 시작하였던 것은 고려 시대부터이며, 조선 시대에 들어와 보다 체계화되어 오늘의 학계에 계승된 것이다.

최근 북한학계도 그간 주장하였던 요동중심설을 포기하고 대동강 중심설로 선회하여, 고조선의 초기 중심지를 요동으로 보기 시작한 우리학계와는 입장이 전

---

48) 이청규, 2011, 「요동과 한반도 청동기문화의 변천과 상호교류」, 『한국고대사연구』63.
49) 서영수, 1988. 앞의 글.

도되기에 이르러 고조선사 연구는 새로운 국면에 돌입하게 되었다.

요동중심설의 경우 북한학계의 견해가 1980년대에 우리학계에 소개된 이후 현재까지 일반인에게 가장 환영받는 학설로 고조선은 건국기부터 멸망시까지 그 중심을 요동 지역에 두었다는 것이다. 이 설은 1920년대의 민족주의 사학자들에서부터 비롯된 것으로 이해되어 오늘날 고조선의 중심을 만주 지역으로 주장하는 경우, 마치 민족주의 사학을 계승한 것처럼 오해되는 경우가 있다. 그러나 고조선의 요동중심설이 처음으로 제기된 것은 조선시대부터이며, 민족주의 사학자들이 이를 계승하고, 60년대 이후 90년대 중반 대동강중심설로 선회하기 이전까지 북한학계의 주류를 이루던 학설이다. 요동중심설을 신봉하던 북한학계가 오히려 고조선의 초기 중심지조차 대동강 지역으로 봄에 따라 고조선의 초기 중심지를 요동지역으로 보기 시작한 우리학계와 입장이 바뀌게 되어 순수한 의미에서의 요동중심설은 폐기된 견해라고 해도 좋을 것이다.

요녕지역의 고고학적 성과와 북한학계의 요동중심설에 자극을 받아 우리학계의 경우도 비파형동검, 다뉴문경, 미송리형토기(琵琶型銅劍, 多紐紋鏡, 美松里型土器) 등 유물과 서북한 지역과 중국의 요녕성과 길림성 등에 분포하고 있는 고인돌 유적 등 고고학적 연구성과와 문헌사료의 전면적인 재검토를 통하여 고조선의 초기 중심지는 요동에 있었으나 4 · 3세기경에 대동강 유역으로 이동하였다는 이른바 이동설(移動說)이 제시되어 80년대 이후 대표적인 견해로 자리 잡아 가고 있다.[50] 그러나, 대동강 중심설도 생명력을 잃은 것은 아니다.[51]

---

50) 이동설은 신채호를 필두로 천관우, 김정학, 김정배의 선구업적이 뒤를 이었으며, 80년대 이후 서영수, 노태돈, 이종욱의 연구에서 보다 체계화되었다.(서영수, 1988, 「고조선의 위치와 강역」, 노태돈, 1990, 「古朝鮮중심지의 변천에 대한 연구」, 『韓國史論』23, 서울대國史學科. 李鍾旭, 1993, 『古朝鮮史硏究』, 一潮閣). 한편 이동설을 민족 자생설의 입장에서 오해하는 경우가 있는데, 이 경우의 이동이란 동일 민족의 활동무대 내부의 이동을 의미하는 것이다. 즉, 한반도만을 우리민족의 무대로 생각하는 경우 대흥안령이나 요동에서 대동강이나 한강 유역으로 이동하는 경우 異民族의 이동이 되겠지만 우리민족의 역사적 활동무대를 요동은 물론 대흥안령 일원까지로 보는 경우 단지 민족사 내부의 중심지 이동이 되는 것이다.

51) 송호정, 2003, 『한국 고대사 속의 고조선사』

다만 오늘의 학계에서 고조선의 중심지 비정이 차이를 갖게 된 것은 과거 연구와는 달리 단순히 위치문제에서 비롯된 것이라기보다는 고조선을 국가로 생각할 때 그 국가의 물질문화의 기반이 무엇이며, 어느 단계의 문화를 고조선국가로 보느냐 하는 관점의 차이에서 비롯된 것이라고 생각된다. 중국의 경우 고대국가의 기원과 계보를 정립하기 위해 역사학자뿐 아니라 각계의 전문가와 엄청난 비용을 들여 '하상주단대공정(夏商周斷代工程)'을 진행한바 있는데 유의할 필요가 있다.

표 1 고조선의 중심지 비정과 강역에 대한 견해[52]

	학자	주장	문헌	비고
대동강 중심설	이병도	대동강을 중심으로 성립, 강성할 때는 요하를 경계로 동호 · 연과 인접(浿水=청천강, 列水=대동강, 滿潘汗=박천강일대)	『三國遺事』,『東國通鑑』, 『東國輿地勝覽』,「東史綱目」,『星湖集』,『史記索隱』薛瓚云,『漢書』地理志,『括地志』등	「浿水考」, 1933 『한국고대사연구』, 1983.
	송호정	고조선의 중심지는 처음부터 대동강이었음(浿水=청천강)		『고조선 국가 형성과정 연구』 1999
요동 중심설 (遼寧說)	신채호	하얼빈 일대에서 단군조선 흥기, 만주 일대를 아우름(浿水=遼寧 해성근처 軒芋濼, 滿潘汗=遼寧 양평)		「檀君時代」, 1908 (1972, 전집)
	정인보	백두산 · 송화강일대에 단군조선 흥기, 요동방면까지 영역 확대(浿水=遼寧해성근처 高麗河, 沛水=大凌河)	『應制詩註』,『東國通鑑提綱』,「疆界考」,「東史」,「史記集解」徐廣云 등	「한국사연구」상, 1946 (1983, 全集)
	윤내현	灤河를 西邊으로 하다가 秦開침략으로 大凌河까지 후퇴, 北邊은 길림성 일대, 南邊은 한반도 전체(浿水=灤河, 列水=灤河)		「韓國古代史新論」, 1986/『古朝鮮研究』, 1995
중심지 이동설	천관우	요서→요동→대동강으로 箕子族團 東來	『史記』,『三國志』,『염철론』등	「箕子攷」, 1974 「古朝鮮·三韓史研究」, 1989
	서영수	초기 西邊은 大凌河, 秦開 침략이후 대동강변으로 이동 (浿水=渾河, 洌水=遼河, 列水=대동강, 滿潘汗=千山山脈 서남)		「고조선의 위치와 강역」, 1988
	노태돈	요동 중심에서 秦開 침략이후 한반도로 이동(浿水=압록강, 列水=대동강, 滿潘汗=어니하 · 청하 하류와 성수산을 잇는 일대)		「고조선 중심지의 변천에 대한 연구」, 1990

---

52)　박선미, 2006, 앞의 글 41쪽 표5.

앞에서 검토한 바와 같이 최근 요서와 요동 지역의 청동기 문화와 복합사회의 등이 구체적으로 분석되고 있어 초기 고조선의 중심지도 이 지역일 가능성이 높아지고 있다.

다만 고조선 강역에 대해서도 그동안 논의는 무성하였으나 문헌사학과 고고학적 연구가 별개로 이루어진 탓에 그 성과는 생각보다 미진한 편이다. 따라서 고조선 중심지와 강역의 문제는 최근의 고고학적 연구 성과와 관련하여 지금부터 정밀히 재검토되어야 할 것이다.

2. 강역의 범위

고조선의 중심위치 못지않게 고조선은 얼마나 큰 나라였을까 하는 점이 일반인의 관심거리다. 고조선은 아테네와 같은 도시국가였는가, 아니면 로마와 같은 대제국이었는가? 일부에서는 고조선은 출발부터 광활한 영역을 지배하였던 국가라는 견해까지 나오고 있다. 그러나 이와 같은 견해가 성립하기 위해서는 사회의

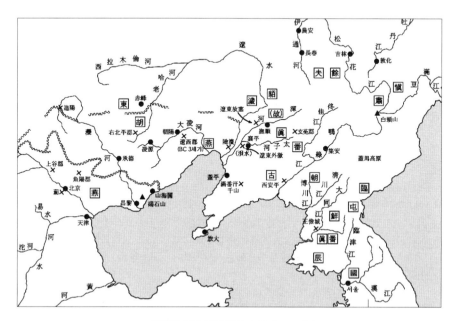

그림 8 고조선 강역도(기원전 7~3세기)

성격에 대한 설명이 전제되어야 한다. 영역의 크기는 그 사회의 문화수준과 사회 구성 능력에 따라 달라지기 때문이다.

단군왕검이 다스리던 아사달 사회는 아사달을 중심으로 하는 작은 성읍국가였을 것이지만 현재 그 위치나 영역의 크기를 정확히 알기는 어렵다.

기원전 8~7세기경에 제와 '조선'국명으로 교역을 하던 고조선 왕국시기에 이르면 어느 정도의 강역을 형성하며 발전하였으리라 생각되는데, 서쪽은 연과 동호, 동쪽은 숙신, 임둔, 북쪽은 부여, 남쪽으로는 진국과 경계를 이루는 지역 안쪽에서 발전하였을 것으로 추정된다.[53]

3. 강역의 변동

고조선은 건국기부터 멸망기 까지 동일한 지역에서 성장 발전하던 국가가 아니라 동북아시아의 국제정세의 변화에 따라 그 영역의 변동이 심하였다. 그 대강의 추이를 살펴보면 다음과 같다.[54]

1) 연과의 전쟁 및 고조선의 중심지 이동

동아시아에 철기가 보급되는 전국시대에 들어와 고조선은 연과 각축하게 되는데, 기원전 3세기 초 연나라의 침공으로 서쪽 1천여 리의 땅을 상실하고 그 중심지를 대동강유역으로 옮기게 된다.

고조선과 대립하고 있던 연의 동방진출이 본격화된 것은 연의 전성기인 소왕

---

53) 현존하는 사료를 통해 고조선의 강역을 정확히 추적한다는 것은 어려운 일이나 고조선왕국과 교섭하였던 주변 제국의 위치를 고려하여 살펴보면, 전성기 고조선의 강역은 대체로 요동반도를 중심으로 서쪽으로는 大凌河유역에서 東胡와 만나고, 남쪽으로는 大同江 유역을 경계로 辰國과 이웃하며 북쪽과 동쪽으로는 예맥 · 부여 · 진번 임둔 · 숙신과 접하는 것으로 이해된다.

54) 이 부분은 기왕에 발표한 내용을 토대로 그 대강을 설명하였다. 서영수, 1999, 「고조선의 대외관계와 강역의 변동」 및 2007, 「고조선의 발전과정과 강역의 변동」, 『고조선의 역사를 찾아서』, 고조선사연구회편, 학연문화사.

(昭王;B.C.311~279)때이다. 『사기』조선전에는 "燕나라의 전성기에 처음으로 眞番 · 朝鮮을 침략하여 복속시키고 障塞(長城과 要塞)를 쌓았다."[55]라고 간단히 기록되어 있으나, 이와 관련된 『사기』와 『위략(魏略)』, 『염철론(鹽鐵論)』의 고조선 관계기사를 종합해보면, 연(燕)이 장군 진개(秦開)를 파견하여 동쪽으로 동호(東胡)와 조선(朝鮮)을 치자 결국 고조선은 연에게 패하여 만번한(滿番汗)에 이르는 서쪽 땅 1천리를 상실하고, 요동반도를 남북으로 가르는 유일한 자연계선인 천산(千山)산맥을 경계로 연과 대치하였음을 알 수 있다.[56]

여기에서 『사기』조선전의 연이 복속시켰다는 조선은 고조선 전체가 아니라 고조선 영토의 일부임을 알 수 있으며, 이로부터 거꾸로 추정하면 B.C.3세기 이전 고조선의 강역은 서쪽으로 대릉하 유역에까지 미쳤음을 알 수 있다. 다만 이러한 과정에서 고조선은 대동강유역으로 중심지를 이동하지 않을 수 없었던 것으로 보인다.

2) 진(秦)의 동방진출과 고조선

통일제국 진이 등장하자 고조선은 진과 요동을 두고 맞서게 되었다. 『사기』에는 진의 동방진출에 대해 "진이 연을 멸한 뒤 (연이 공취한 진번과 조선의 고토를 새로 건설한) 요동외요(遼東外徼)에 속하게 하였다."[57]고 기술하였으며, 『위략』에는 당시 고

---

55) 『史記』卷115「朝鮮傳」第55 "自是全燕時,嘗略屬眞番 朝鮮,爲置吏,築障塞."

56) 상곡에서 요동에 이르는 지역에 5군을 설치하였다고 하면서 燕의 요동진출 지역이 이와 같이 모호하게 기술된 것은 사실상 燕代에는 아직 요동에 대한 군현지배가 이루어지지 않았음을 의미한다(『한서』지리지에도 요동군은 진대에 설치되었다고 한다). 즉, 연은 전성기인 소왕이후 국력이 쇠퇴하여 원거리의 군현을 유지할 수 없었을 뿐 만 아니라, 원래 연의 5군도 후대의 한군현처럼 광역의 행정구역을 의미하는 것이 아니라 군사보급로를 잇는 일종의 군사적 목적의 요새지라고 생각된다. 일반적으로 세죽리-연화보유적을 근거로 요동에 진출한 연의 세력이 점차 청천강유역에까지 진출하였던 것으로 생각하는 경향이 있으나(노태돈, 1990, 「고조선중심지의 변천에 대한 연구」), 당시 중국내부에서 연이 처한 상황으로 보아 그러한 가능성은 매우 희박하다고 생각된다.

57) 『사기』권115, 「조선전」55, "秦滅燕,屬遼東外徼.—滿亡命,渡浿水,居秦故空地上下障."

조선의 부왕(否王)이 진의 습격을 두려워하여 복속할 것을 약속하였다고 한다.[58] 그러나 고조선이 중원의 통일제국 진의 강요에도 불구하고 끝내 조회(朝會)에 응하지 않았다는 점으로 보아 당시 고조선의 국력이 상당하였음을 알 수 있다. 진도 이러한 고조선에 대하여 더 이상의 진출을 포기하고 고조선으로부터 새로 빼앗은 땅에 『사기』의 표현대로 상하장이라는 이중의 요새를 쌓아 고조선의 반격에 대비 하였던 것으로 짐작된다.

다만 고조선은 이러한 과정에서 연과의 경계선인 요동에서 후퇴할 수밖에 없었다. 당시 고조선이 진에게 상실한 영역은 대체로 만번한, 즉 천산 산맥에서 압록강에 이르는 땅으로 보아 무방할 것으로 생각된다.

3) 고조선의 요동수복과 한제국과의 대립

진의 요동진출에 따라 고조선은 연과의 경계였던 만번한 이동의 일부 영토를 포기하고 압록강 선으로 후퇴하여 진에 대한 유화 외교정책을 구사했으나, 고조선이 중원세력에 맞서 항상 후퇴만 하였던 것은 아니었다.

진한의 교체와 흉노의 등장에 따른 대륙정세를 이용하여 고조선은 한초에 압록강이서의 요동의 고토 일부를 수복하고 다시 한제국에 대한 강경외교책으로 전환하였다. 『사기』에는 "한이 건국하여서는 그 곳(진의 요동외요에서 관할하던 지역)이 멀어 지키기 어려우므로 다시 요동의 고새(故塞)를 수리하고 패수(浿水)에 이르는 곳 까지를 경계로 삼아 연(한 후국)에 소속시켰다."[59]라고 하여 한초에 진대에 점령하였던 고조선 지역이 거리가 멀어 연(전국시대)이 설치한 요동의 옛 요새를[60] 수리하여 패수에 이르는 지역만을 연 후국에 속하게 하였다고 하였으나, 이는 문

---

58) 『三國志』권30 위서동이전 「韓傳」所引 『魏略』 "及秦幷天下, 使蒙恬築長成, 到遼東. 時朝鮮王否立, 畏秦襲地, 略服屬秦, 不肯朝會"

59) 『史記』권115 「朝鮮傳」 "漢興, 爲其遠難守, 復修遼東古塞, 至浿水爲界, 屬燕."

60) 漢興이란 한의 건국초를 의미한다. 따라서, 한 건국초의 옛요새란 한이 건설한 요새가 아니다. 「조선전」에서 이에 해당하는 것은 연의 장새와 진의 외요뿐이다. 새와 요의 성격이 다르다는 점을 이해한다면, 요동고새는 곧 연의 장새를 가리키는 것임을 알 수 있다.

그림 9 종래에 패수로 비정한 북한의 청천강(서영수, 2002)

면 그대로 거리가 멀어 후퇴한 것이 아니라 고조선에 의해 진대에 건설하였던 요동외요가 함락되었던 사실을 감추기 위한 중국적 표현에 불과하다.

『염철론』의 "조선이 요(徼; 秦의 요동외요)를 넘어 연의 동쪽 땅을 강취(强取)하였다."[61]는 기록에서 고조선이 진한 교체기인 B.C.208~202년 사이에 패수동쪽에 진이 새로 설치한 국경요새인 요동 외요를 유린하고 진에게 상실했던 패수이동의 땅 즉, 연(漢 侯國)의 동쪽 지역을 탈환한 사실을 알 수 있다. 흉노의 공세를 막기에 급급하였던 건국초의 한으로서는 자연계선인 패수에 의지하여 옛(전국시대) 연의 영토를 지키는 것으로 만족할 수밖에 없었으며, 이후 고조선은 요동의 패수를 경계로 한과 첨예한 대립관계로 들어가게 된다. 『전한기(前漢紀)』에도 당시 한이 요동지역으로 후퇴하고 요수(소요수)를 국경으로 삼은 정황을 전해 주고 있다.

고조선과 한의 국경이었던 '패수'를 청천강이나 압록강에 비정해 왔으나, 앞에

---

61) 『鹽鐵論』권7 「備胡」제38 "朝鮮踰徼, 劫燕之東地."

그림 10 패수로 추정되는 무순의 혼하

서 검토한 바와 같이 '패수'는 한이 진의 요동외요에서 연의 요동고새로 후퇴한 뒤의 국경이므로 요동지역의 강일 수밖에 없으며, 이 점은 최근에 발견된 <천남산(泉男産)묘지>의 '옛날에 동명은 하늘의 기에 감응하여 태어나 사천을 건너 나라를 세웠으며, 주몽은 해를 품어 태어나 패수(浿水)에 임해 나라를 열었다'[62]라는 기록에서도 분명히 확인된다. 후한시기의 요수 명칭은 대체로 소요수와 혼용되었던 것으로 보아 당시의 패수는 오늘날의 혼하(渾河)에 비정된다.

　문헌사료를 중심으로 고조선의 강역 변동의 추이를 조감하였는데, 이처럼 고조선은 일정한 지역에서 정체된 국가이거나 시종일관 광역의 지역을 지배한 국가가 아니라 변화하는 동북아의 국제정세에 따라 그 강역이 변동한 생동하는 구체적 실체이다. 최근의 고고학적 연구 성과와 관련하여 이를 보다 구체적으로 검토할 필요가 있다.

---

62) "君諱男産, 遼東朝鮮人也. 昔者東明感氣, 踰虒川而開國, 朱蒙孕日, 臨浿水而開都. … 君其後也."

V. 기자조선과 위만조선의 문제

1. 기자조선의 허구

상주(商周)교체기에 기자(箕子)가 조선으로 가서 왕이 되었다는'기자동래설'은 전한시기에 편찬된『상서대전(尚書大傳)』에 처음으로 나타난 이후 지금까지 해결되지 않은 숙제로 남아있다. 우리학계의 기자조선에 관한 연구는 주로 1980년대 중반 이전에 집중되었으나, 이후 다소 부진한 상태를 보였다.

문헌사의 입장에서 본다면 기자의 시대와 보다 가까운 선진시대의 문헌에는 기자와 조선이 관련된 기록을 찾아보기 힘들고 조선을 최초로 입전한『사기』<조선전>에도 기자와 관련된 기록이 없는 까닭에 우리학계에서 전통적인 기자의 조선봉국설(朝鮮封國說)은 부인된 지 오래이나, 요서 등 중국에서 출토된 청동유물로 인하여 새로운 연구들이 나오고 있다.

갑골문(甲骨文)과 청동유물 등 신사료를 토대로 대릉하유역에 기자조선이 실재하였다는 주장과[63] 춘추전국(春秋全國)시대에서 진한제국(秦漢帝國)의 성립에 이르는 중국사의 변동에도 불구하고 기자국(箕子國)은 단군조선과는 별개로 난하(灤河)유역에 의연히 존재 하였으며 우리가 알고 있는 고조선의 준왕(準王)이 바로 기자국의 마지막 왕이라는[64] 상반되는 견해가 제기되어 새로운 혼란을 가져오고 있으며, 최근 중국의 '동북공정'과 맞물려 다시 논쟁의 중심 주제로 떠오를 전망이다.

그간의 연구를 대별하면 첫째 기자의 동래와 기자조선의 실체를 그대로 인정하는 견해, 둘째 기자조선은 역사적으로 성립될 수 없으나 고조선 변방에 국한된 정권이나 세력이라면 동래 자체는 가능하다는 견해, 셋째 기자의 동래는 부정하

---

63) 이형구, 1991,「대릉하유역의 은말주초 청동기문화와 기자 및 기자조선」,『한국상고사학보』5,한국상고사학회.

64) 윤내현, 1983,「기자신고」(『한국사연구』41;1986,『한국고대사신론』,일지사).

지만 이 전설에서 고대 한중간의 교류 사실이나 고조선 내부의 정권교체 등의 역사적인 사건이 반영되어 있다고 보는 견해, 넷째 전설 자체가 후대에 조작된 것으로 여기서 어떠한 역사적인 사실을 찾는 것은 무의미하며 다만 사상사로서의 의미만 있다는 견해로 정리된다

우리 학계의 기자조선연구는 조우연의 지적대로 전문연구서가 아직 없는 실정이다. 다만 최근 문헌자료와 위영자문화 속에 보이는 청동예기에 대한 구체적 분석이 이루어지고 있다.

문헌사료 연구의 경우 보다 체계화되어 기자 전승의 원형은 기자와 주왕(紂王)의 대립으로부터 기자 전승이 파생되어 나와 '箕子와 武王의 대립' → '囚箕子說' → '釋箕子說' → '箕子來朝說' → '洪範敎授說'의 순으로 확대되었으며, 『상서대전』의 찬자가 『주역(周易)』 명이(明夷) 괘사의 "기자지명이(箕子之明夷)"를 원용하여, '명이'를 조선으로 해석하여 '기자동래설'로 발전시킨 것이라는 견해가 제시되었다.[65]

요서의 청동예기에 대해서 중국학계는 요령성 객좌현 북동 2호 유적에서 기자와 관련된 것으로 추정되는 기후방정(箕侯方鼎) 발견을 계기로 기자가 상말주초 요서 지역으로 동래하여 기자조선을 세우고 이후 요서—요동—평양으로 이동했다는 견해를 제시하였다.[66] 이에 대해 우리학계에서도 송호정, 조원진, 김정열, 박대제 등의 심층적인 분석과 연구가 지속적으로 나오고 있는데[67], 특히 요서지역의 청동예기가 상주유민에 이해 이루어진 것이 아니라 약탈품일 가능성을 제기한 김정열의 새로운 견해는 음미해 볼 필요가 있다.

---

65) 오현수, 2012, 「기자전승의 확대과정과 그 역사적 맥락」, 『대동문화연구』 79.

66) 張博泉, 1985, 『東北地方史稿』, 吉林大學出版社 楊軍, 1999, 「箕子與古朝鮮」, 『吉林大學社會科學學報』1999年第3期 閻海, 2001, 「箕子東走朝鮮探因」, 『北方文物』2001年第2期.

67) 宋鎬晸, 2005, 「大凌河流城 殷周 靑銅禮器 사용 집단과 箕子朝鮮」, 『韓國古代史硏究』 38; 조원진, 2010, 「遼西地域 出土 商周靑銅器와 箕子朝鮮 問題」, 『白山學報』 88; 박대재, 2010, 「箕子 관련 商周靑銅器 銘文과 箕子東來說」, 『先史와 古代』 32, 한국고대학회; 2010, 김정열, 2009, 「요서지역 출토의 상주 청동예기의 성격에 대하여」, 『요하유역의 청동기문화』, 동북아역사재단.

그림 11 요서 객좌 2호갱 출토 '箕侯' 銘 方鼎.

　이와 같이 요서지역에서 발견된 상주 관련 유물은 기자조선 문제가 다시 활성화되는 계기가 되었으나 일부 유물을 근거로 기자조선의 존재를 인정하거나 일찍부터 요서지역에 상주(商·周)의 세력이 미친 것처럼 지나치게 확대 해석하는 것은 경계해야 될 것으로 생각된다.

　아울러 지적해 둘 것은 최근 '동북공정'으로 대표되는 중국학계의 한국고대사 왜곡이 고구려를 중국사로 편입시키는 단계를 넘어 우리 민족의 뿌리인 고조선조차 중국사로 보려는 시도가 진행되고 있다는 점이다. 즉, 중국학계에서는 단군조선을 부정하고 기자조선을 부각시켜 기자조선에서 발해까지 만주와 한반도의 국가들이 모두 중국사의 범주에 속하는 것이지 한국사에 포함되는 것이 아니라고 주장하고 있다. 따라서 기자조선의 실존여부는 다시 국제적으로 중요한 쟁점으로 떠오르고 있는데 이에 대한 근본적인 대응은 고조선사 연구의 범주를 떠나서 중국고대사를 비롯한 북방민족의 청동기 문화에 대한 검토 등 우리학계의 보다 종합적인 연구가 있어야 될 것으로 생각된다.

2. 위만조선의 쟁점

철기가 청동기를 대체하기 시작한 것은 히타이트(Hittite) 제국(기원전 1450년~기원전 1200년) 때부터이며, 동아시아세계에 있어 북방 초원 지역은 스키타이 문화의 영향을 받아 기원전 7~6세기경, 중원대륙은 춘추말 전국초인 기원전 5세기 전후로 알려지고 있다. 우리나라의 철기문화의 수용루트는 북방초원, 전국시기의 중국, 아무르강에서 두만강유역에 이르는 뽈체, 끄로우노프까 등으로 이론상으로는 기원전 5~4세기 경 고조선이 칭왕하고 연과 각축을 하던 시기까지 올라갈 수 있으나, 대체로 기원전4~2세기로 보고 있다.

북한의 경우 세죽리유적의 명도전 출토, 위원군 용연동, 영흥군 소라리 토성의 철기 등을 근거로 서북한의 철기사용 개시를 늦어도 연의 철기시대 개시와 대체로 대응될 것으로 보고 있다.[68] 최근 우리학계도 새로운 발굴성과를 토대로 그 상한 년대가 올라가는 중이다.

이러한 시기에 고조선왕국의 이동과 붕괴에 이어 후조선(위만조선)이 성립되었다.[69] 고조선사 연구가 혼선을 빚게 된 원인 중의 하나는 고조선과 위만조선을 독립된 역사체로 구분하지 않고 편의적으로 막연히 고조선으로 이해한 데에도 원인이 있었다. 이러한 이유로『사기』등 비교적 확실한 문헌 사료가 있음에도 불구하고 위만조선에 관한 연구는 미진한 편이었다.

그동안 쟁점이 되어 온 것은 주로 건국자인 위만(만왕)의 출자와 관련하여 그 국가가 고조선을 계승한 국가인지, 아니면 식민정권인가 하는 문제들이었다. 위만조선을 세운 만왕을 고조선계 유민으로 보는 견해와[70] 한계 연인으로 보는 견

---

68) 정백운, 1958,「우리 나라에서 철기 사용의 개시에 관하여」,『문화유산』3, pp.52-58.
69) 주67. 참조.
70) 이병도, 1976,「위씨조선흥망고」,『한국고대사연구』,78~82쪽.

해가[71] 대립되어 왔으며, 극단적으로 만왕을 은(殷)의 후예로 보거나[72] 아예 한국사의 주류에서 제외하고자 하는 견해도 등장하고 있다.[73] 최근에는 위만조선의 도성인 왕검성을 고구려의 초기 중심지인 환인 등지에서 찾는다던지,[74] 그 교역체계[75], 정치구조[76] 및 대한 전쟁에 대한 새로운 연구가[77] 나오기도 하였다.

여기에서 『사기』<조선전>의 기사를 재음미해보면 만왕의 출자와 관련하여 『사기』에는 '조선왕 滿은 故燕人이다.'라는 단한줄의 기사가 있는데, 이 사료에 나오는 '故'자는 원래 古(옛)와 本(본래)의 뜻이 있으나 사기에서는 '옛(古)'의 뜻으로만 사용되었다. 즉 만왕은 전국시대 연이 일시적으로 점령하고 후퇴하였던 요동 지역에서 세력을 키운 인물로 '고연인(故燕人)'이란 사마천이 한 후국(漢 侯國)의 연인과 구별하기 위해 사용한 표현이다. 따라서 만왕은 한 후국의 연왕 노관과는 무관한 인물이며[78], 단순한 망명객이 아니라 요동지역에서 장기간에 걸쳐서 이미

---

71) 三上次男, 1966, 「衛氏朝鮮の政治,社會的性格」(『中國古代史の諸問諸』, 1954;『古代東北アジア史研究』吉川弘文館, 1966)

72) 김철준, 「고조선연구의 회고와 전망」,『제1회 한국학국제학술회의논문집』,인하대학교 한국학연구소, 1987.

73) 윤내현, 「위만조선의 재인식」(『사학지』,19,단국대 사학회, 1985;앞의 책, 1986).

74) 김남중, 2001, 「위만조선의 영역과 왕검성『한국고대사연구』 22

75) 박선미, 2009,『고조선과 동북아의 고대화폐』,학연문화사.

76) 노태돈, 1998, 「위만조선의 정치구조」,『산운사학』8. 송호정, 2002, 「위만조선의 정치체제와 삼국초기의 부체제」『국사관논총 』98.

77) 조법종, 2000, 「위만조선의 대한전쟁과 항한제후국의 검토」,『선사와 고대』14. 본서에 수록된 박경철(고조선 대외관계 진전과 위만조선),이청규(요동·서북한의 초기철기문화와 위만조선), 이종수(요하평원지역 "연유적"의 특징과 사용집단에 대한 재검토 - 연 유이민집단의 물질문화와 관련하여-), 이후석(서북한지역의 세형동검문화와 고조선-위만조선 물질문화의 형성과정과 관련하여-), 박준형(위만조선의 영역과 인구), 박선미(완충교역모델에 대한 이론적 검토-위만조선의 교역양식 복원을 위한 시론-)의 논문은 모두 위만조선에 관한 최근 연구 성과이다.

78) 일반적으로 '만왕이 연왕 노관이 흉노로 도망갈 시에 동쪽으로 패수를 건너 조선으로 망명하였다'는 기사에서 만왕을 노관의 부하로 이해하여 왔는데(이병도, 위씨조선흥망고), 이는 사기가 기전체 사서라는 점을 간과하였던 때문이다. 그렇다면 만왕은 왜 노관이 흉노로 도망갔던 시기에 조선으로 망명하였을까? 사기는 紀傳體 사서로 모든 기사를 한군데 몰아서 기술하지 않는다. 여후본기, 노관열전을 보면 한고조의 친구인 노관이 고조의 문병차 장안으로 가다가 도중에서 한고조의 부음을 듣고 흉노로 도망가자 이에 여후가 대노하여 대군

●現地名
×古地名

그림 12 위만조선 강역도

상당한 정치세력을 형성하고 거느리던 고조선계 인물로 보인다.[79] 단순한 망명객과 일정한 지역에서 세력을 키우던 정치집단의 성격은 물론 다를 것이다.

　만왕의 출자가 한(漢)계인지 고조선계인지 그리 큰 문제 될 것이 없다고 보는 견해도 있으나 위만조선의 정체성과 관련하여 생각하면 중요한 문제이며, 만왕의 등장 시기도 대략 20년의 차이가 나는데 이는 위만조선의 세력기반과 관련하여 보다 유의할 필요가 있다. 이러한 점에서 최근 명도전(明刀錢) 등 동북아 고대 화폐유적을 전면재검토하여 위만조선이 중원과 한반도 남부의 진국(辰國) 사이에

　을 파견하여 노관의 잔당을 소탕케 하고 그 군세가 요동에까지 미치었다고 한다. 이에 요동 지역에서 웅거하던 만왕이 조선으로 망명하였던 것인데 조선전에는 이러한 사실이 생략되었을 뿐이다.
　태사공자서에도 '燕丹散亂遼間,滿收其亡民'이라하여 만왕이 세력을 형성한 시점을 기술하였는데, 즉, 본전의 '故燕人'과 종합해보면 만왕은 전국말엽에 요동지역에서 세력을 형성한 인물로 漢人인 노관과는 무관한 사이라고 해도 좋을 것이다.

79)　서영수, 1996, 『위만조선의 형성과정과 국가적 성격』

서 완충교역을 수행한 교역국임을 지적한 박선미의 연구가[80] 주목된다. 우세한 철기문화를 바탕으로 새로운 왕조를 세운 위만세력은 대동강유역의 토착문화인 세형동검문화를 흡수 발전시켜 성장하였으며, 어느 정도 관료제를 갖춘 국가로 생각된다.

이처럼 위만조선은 중국 사서에 처음으로 입전되어 비교적 구체적인 기록이 남아 있으나, 한제국과의 전쟁과정에서 멸망하고 그 자리에 낙랑군이 자리 잡은 까닭에 그간의 연구에서는 그 국가의 위상에 대해 적극적으로 검토하지 않은 느낌을 준다. 그러나 중국 측의 입장을 전한『사기』에서 조차 전성기 위만조선의 강역을 '방수천리(方數千里)'의 대국으로 기술하고 있다는 점에서 위만조선이 한제국과 맺은 외교와 흉노와의 군사적 제휴, 한제국과의 전쟁과정 등 당시 동북아시아의 국제 사회에서 위만조선이 보여주었던 국가적 위상을 새롭게 조명할 필요가 있어 보인다.

3. 낙랑군의 위치와 성격

한국고대사의 발전과정에서 낙랑군은 어떠한 의미를 지니고 있는 것인가.

낙랑군을 비롯한 한군현에 대한 연구는 군현의 위치에 대한 논쟁이 무성하였을 뿐 최근에 이르기까지 그 존재형태에 대한 구체적인 검토는 이루어지지 못하여[81] 한군현의 문제는 오히려 한국고대사의 사각지대였다고 할 수 있을 것이다.

이러한 이유는 일차적으로 낙랑군을 비롯한 한군현의 지배력과 통치 범위를 과대평가하여 한반도 북부 전역이 군현의 지배하에 들어간 것으로 파악하고자 한 일본 관학의 역사왜곡에서 기인하는 것이다. 마찬가지로 한군현의 성립이 한

---

80) 박선미, 2009,『古朝鮮과 동북아의 고대화폐』, 학연문화사.
81) 한군현에 관한 많은 연구가 있어왔으나 이러한 문제를 검토한 논고로는 김원룡, 「삼국시대
      개시에 관한 일고찰-삼국사기와 낙랑군에 대한 재검토」(『동아문화』7, 서울대 동아문화연구소,
      1967);권오중, 1992,『낙랑군연구』, 일조각. 등 몇 편에 불과하다.

그림 13 대동강 남안에 재조영한 낙랑고분(2002, 서영수)

국사를 단절시킨 것으로 오해하여 이에 대한 반작용으로 한군현의 소재지를 요동과 요서에 위치한 것으로 보거나 아예 한국사와 무관한 것으로 보고자 하는 견해가 간헐적으로 제시되고 있으나,[82] 주지하다시피 고조선 말기의 중심지와 이를 계승한 위만조선의 중심지가 대동강 유역의 확실하므로 이러한 견해는 성립되기 힘들다.

타율성사관에 입각하여 한군현의 지배력과 세력의 범위를 사실 이상으로 확대하여 한국사의 주체적 발전을 왜곡하고자 한 것은 비판되어야 마땅하나, 이에 단선적으로 대응하여 낙랑군을 비롯한 한군현을 한반도 밖에서 찾음으로써 문제를 회피하고자 하는 것도 정당한 이해라고 볼 수 없다.

최근 고조선의 요동중심설을 끈질기게 주장하였던 북한학계의 경우 이를 포기하고 대동강 중심설로 급선회하고 있으며 요동중심설을 주장하던 우리학계의 일

---

82) 리지린, 1963, 『고조선사연구』, 윤내현, 1986, 『한국고대사신론』.

그림 14 낙랑전축분 내부(2002)

부 학자들도 여기에 동조하여,[83] 고조선의 초기 중심지를 요동으로 보기 시작한 우리학계와는 입장이 전도되기에 이르러 고조선사 연구는 새로운 국면에 돌입하게 되었다. 이에 따라 낙랑군에 대한 견해도 수정이 불가피할 것으로 보이나 아직까지 이렇다 할 견해는 제시되지 않고 있다.

위만조선 성립기의 한국고대사회에는 조선만이 유일한 국가였던 것은 아니었다. 따라서 위만조선의 붕괴가 곧, 한국사의 단절을 의미하는 것은 아니었다. 위만조선기에는 이미 성장을 시작한 한예맥의 제국가의 압력과 중국내부의 사정에 의해 한군현의 토착사회에 대한 지배는 그리 순탄하지 않았으며 세력의 범위도 생각보다 그렇게 컸던 것은 아니었다. 한국사에서 한군현이 갖는 역사적 의미는 오히려 이러한 점을 고려하여 한국고대사의 발전과정의 입장에서 그 성격이나 구조에 대한 검토가 이루어져야 할 것이다.

---

83) 이에 대한 학설사적인 검토는 오강원, 1996, 「최근 제기된 북한학계의 고조선=평양설에 관하여」(『백산학보』 46,) 참조.

한제국과 위만조선의 전쟁과정을 상세히 기술한『사기』「조선전」을 재음미 해보면 한과 조선의 전황이 한제국에 유리하게 전개된 것이 아니었으며, 전쟁 이후에도 한제국 자체의 재정적 위기와 한·예맥사회의 성장으로 위만조선 중심부에 대한 군현지배도 순조로웠던 것이 아님을 알 수 있다. 여기에서 우리는 한이 처음부터 위만조선의 전 지역을 토대로 질서 정연하게 군현을 조직한 것이 아니라는 의심을 갖게 되었다. 이러한 문제의식 위에 한군현 설치와 관련된 사료를 면밀히 검토해 보면 한사군(漢四郡)으로 통칭되던 한군현 중 진번군과 임둔군의 경우는 한서 지리지에 아무 내용이 없는 것으로 보아 실제 활동하였던 군이 아니라 도상의 계획이거나 낙랑의 동부도위와 남부도위로부터 거꾸로 추출된 후대의 사료적 윤색에 불과한 허구일 가능성이 높다.

따라서 한이 위만조선을 평정하고 설치한 군현으로 확실한 것은 4군이 아니라 낙랑군뿐이라고 보아도 좋을 것이다. 낙랑군의 명칭과 군현설치 초기의 상황을 살펴보면 이러한 의문은 더욱 짙어진다. 일반적으로 한군현은 위만조선의 토착사회를 단위로 하여 설치되었던 것으로 믿어왔다. 진번과 임둔 물론 고조선시대부터 있었던 나라이름으로 위만조선에 이르러 조선에 편입된 지역이며, 현도군의 경우에는 명확하지 않으나 고구려의 도읍성인 '환도(丸都)'에서 비롯되었을 것이라는 견해가 유력하다.[84]

그러나 낙랑군의 경우 '진번·임둔'과 달리 위만조선 붕괴 이전에는 지역이나 국명으로 나타나는 경우가 보이지 않는다. 이는 낙랑이 '나라'를 의미하는[85] 보통명사에서 유래하였기 때문으로 생각된다. 즉, 낙랑은 중국사서에 산견되는 '조선낙랑(朝鮮樂浪;조선나라), 낙랑조선(樂浪朝鮮;나라조선)'에서 알 수 있듯이 '위만조선' 자체를 의미하는 용어로 다른 군현의 명칭과는 성격이 다르다. 만약 한군현이 지역단위로 편제된 것이라면 이러한 명칭을 군현명으로 삼지는 않았을 것이다. 여기에서 우리는 한이 처음부터 위만조선의 전 지역을 토대로 질서 정연하게 군현

---

84) 이병도, 1976,「현도군고」(『한국고대사연구』, 박영사), 189쪽.
85) 이병선, 1982,『한국고대국명지명연구』, 형설출판사, 152~153쪽.

을 조직한 것이 아니라는 의심을 갖게 된다.[86]

낙랑군은 중원제국의 흥망성쇠에 따라 본국에서 태수가 파견되어 군현적 성격을 지니기도 하였지만, 중국내부의 사정과 고구려와 백제의 성장 등 동아정세의 변화에 따라 본국의 지원이 자주 끊기게 되어 중국계 유이민의 자치도시적 성격을 갖는 경우가 보다 많았으며, 군현지배의 경우에도 초기를 제외하면 광역의 지역을 통치하였다기보다는 대동강 남안과 황해연안을 중심으로 한 조계지의 성격에 불과한 경우가 일반적이었다.

또한 중원세력의 팽창에 따라 군현적 기능을 갖는 경우에도 독자적으로 토착사회를 지배하였다기 보다는 토착 국읍(土着 國邑)과의 이원적 질서에 의존하는 경우가 보통이었으며, 경우에 따라서는 토착 국읍의 낙랑왕(樂浪王)이 지배력을 행사한 경우도 있었다. 낙랑공주와 호동왕자의 사랑 이야기로 유명한 최리(崔理)의 낙랑국 등이 바로 그러한 토착왕국이다. 일부에서는 최씨 낙랑국의 존재를 이유로 낙랑군을 요동에서 찾고자 하는 시도가 있으나, 로마제국의 유다왕국 지배에서 보는 바와 같이 식민지 군현과 토착국읍은 오히려 같은 지역에 있는 것이 일반적이다.

한편, 한반도에서 낙랑·대방 등의 중국 군현이 소멸한 이후에도 중국사서에 낙랑·대방·현도·요동 등의 군현 명칭이 보이고 있어 이를 토대로 일부 학자들이 낙랑군의 원래 위치를 한반도 밖에서 찾고자 하는 경향이 있음을 알 수 있다. 그러나 남북조시대의 중국사서에 보이는 동방 군현은 원래 그 지역에 설치되었던 군현이 아니라, 당시의 특수한 시대적 상황 속에서 중국 내지로 이치되어 명맥을 유지하였던 것으로 북방 오호국가의 종실적 군사봉건제하의 교주(僑州)와 허군(虛郡)으로 한국사와는 전혀 무관한 존재이다.[87]

최근 북한에서 대동강 남안에서 발굴한 <초원 4년명 현별 호구부>를 공개하였

---

86) 서영수, 1996, 앞의 글
87) 서영수, 1998, 「대외관계사에서 본 낙랑군」, 『사학지』 31.

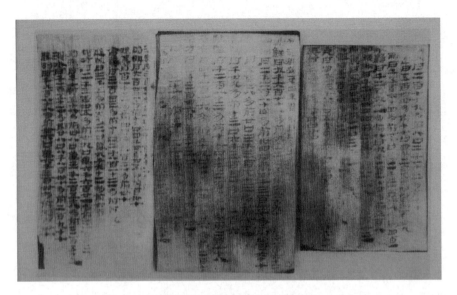

그림 15 '初元四年 縣別 戶口簿' 木牘

는데, 여기에는 한서지리지의 낙랑 25개 속현이 모두 등장하고 있어[88] 낙랑군이
평양에 있었음은 움직일 수 없는 사실이 되었다.

다만 낙랑군을 비롯한 한군현은 고구려와 백제를 축으로한 한예맥(韓濊貊)사회
의 급속한 성장으로 한국고대사에서 차지하는 정치적 비중이 그리 높았던 것이
아니므로 낙랑군의 출현과 존속기간을 곧 한국사의 단절로 인식하였던 종래의
제 견해는 수정되어야 마땅할 것이다.

다만, 군현이 설치되었던 지역에는 다수의 중국계 유이민이 흡수되어 이들을
통하여 대륙의 선진 문화가 한국고대사회 전역에 중개 되었던 까닭에 이후 한국
사의 전개에 미친 문화사적 의의는 적지 않았다고 생각된다. 따라서 낙랑을 비롯
한 한군현의 문제는 단순한 위치논쟁보다는 이러한 관점에서 재검토되어야 할
것이다. 그런 점에서 최근 '낙랑인'이라는 개념에 주목해 낙랑군을 종족융합의 공
간으로 해석한 오영찬의 연구가 주목된다.[89]

---

88) 손영종, 2006, 윤용구, 2007; 주 21 참조.
89) 오영찬, 2006, 『낙랑군 연구(고조선계와 한(漢)계의 종족 융합을 통한 낙랑인의 형성)』, 사계

Ⅵ. 맺음말

고조선사 연구는 사료적 한계에도 불구하고 광복이후 남북한 학계에서 지속적으로 이루어져 왔으며, 그 연구단계를 크게 3기로 구분할 수 있다.

제1기는 식민사학을 극복하고 새로운 고조선사상(古朝鮮史像)을 수립하고자 노력한 시기이다. 제2기부터 남북학계의 고조선사 연구는 궤도를 달리하였는데, 북한의 경우 요동중심설을 정립하였으며, 우리학계의 경우도 고조선사 연구에 고고학과 인류학 이론을 도입하여 다양한 연구가 시작되었다. 제3기에는 남북한학계의 연구가 서로 소개되고 중국현지의 고고학적 자료가 속속 전해지면서 우리학계의 고조선사 연구는 중국의 동북지역에서 북한과 한반도에 걸친 문화 전반을 대상으로 확대되고 질적이나 양적인 면에서 괄목할 만한 진전이 이루어졌다. 이에 비하여, 북한의 경우 단군릉 발굴이후 대동강중심설로 선회하여 고조선의 초기 중심지를 요동으로 보기 시작한 우리학계와는 입장이 바뀌게 되었으며, 외형상으로는 역사연구가 정치이념에 매몰되기에 이르러 고조선사 연구는 낙랑유적의 발굴 등 현실적 이점에도 불구하고 오히려 침체기에 들어가고 있다.

최근 우리학계는 그간의 연구 성과를 바탕으로 중국의 요하문명론에 대응하여 요서와 요동의 청동기시대 고대 유적지의 발굴성과를 구체적으로 분석하기 시작하여 그 문화 담당자를 고조선으로 보는 견해가 유력해 지고 있다.

이러한 연구의 흐름 속에 고조선사 연구 중에서도 단군과 국가 형성 시기 문제를 비롯하여 그 중심지와 강역에 대한 논의가 초점이 되어왔다.

먼저 고조선의 건국 시기는 민족의 자존심과 관련되는 문제로 인식되어 오늘의 학계에서도 기원전 3,000년 기에 이미 고조선이 건국되었다고 보는 견해에서부터 기원전 4~3세기에 건국되었다는 대립되는 학설이 제기되었다. 현재 그 시점을 정확하게 논단할 수 없는 형편이지만 대체로 요동지역에서 청동기문화가

절. 이 연구에 대한 서평으로 김병준, 「낙랑군 연구의 새로운 이해 틀, '낙랑인'」(2007, 《한국고대사연구》48), 이 참고가 된다.

만개한 기원전 1,000년기 전반으로 보는 견해가 점증하고 있다. 가장 큰 문제는 고조선사회의 중심으로 상정되는 지역에서 중심 도성이나 대읍의 유적을 확인하지 못하고 있다는 점인데, 최근 평양이나 요동에서 당시의 주거지나 성(城)으로 추정되는 유지가 발견되고 있어 앞으로 고고학적 발굴과 조사가 더욱 진전되면 그 외형적 형태도 밝혀지리라 기대된다.

　고조선의 중심지에 대해서는 대동강중심설, 요동중심설, 이동설이 대립하고 있는데, 우리학계에서는 대체로 고조선의 초기 중심지는 요동지역이었는데 기원전 4~3세기에 그 중심지를 대동강유역으로 이동하였다는 중심지이동설 유력해지고 있다. 고조선의 중심위치 못지않게 고조선은 얼마나 큰 나라였을까 하는 점이 관심거리이나, 고대국가의 영역은 그 사회의 문화수준과 사회구성 능력에 따라 달라지기 때문에 현재 그 범위를 명확히 설정하기는 어려운 형편이다. 고조선은 일정한 지역에서 정체된 국가이거나 시종일관 광역의 지역을 지배한 국가가 아니라 변화하는 동북아의 국제정세에 따라 그 강역이 변동한 생동하는 구체적 실체라는 점을 인식하고 중원의 고대국가는 물론 북방민족과의 교류, 국제적 역학관계 속에서 그 범위를 모색하는 연구가 진행되고 있다.

　최근 중국학계는 기자동래설을 비롯하여 요하문명론을 전개하여 고조선의 독자성을 부정하고 있는데, 기자조선의 경우 문헌자료와 동북아지역의 청동기문화 연구를 통해 그 허구성을 입증해 가고 있다. 위만조선과 낙랑문제의 경우 종래에는 그 위치 문제를 둘러싸고 논쟁이 되어 왔으나, 낙랑목간의 발굴이후 현재는 위치 비정 뿐 아니라 그 존재형태에 대한 구체적인 분석이 이루어지고 있다.

　다만, 고조선 역사의 중심이 있었던 요녕지역이나 북한의 경우 현실적 장벽으로 인하여 우리 학계의 연구는 한계를 가질 수밖에 없는 형편이다. 이에 따라 우리학계의 고조선사에 대한 체계적 이론의 정립도 늦어지고 있다. 따라서 고조선사의 해명과 체계화를 위해, 고조선은 물론 그 전사(前史)와 관련된 한중일 3국문헌의 자료수집과 정밀한 역주, 중국과 북한 등 고조선의 역사현장에 대한 조사와 고고학적 자료의 수집과 정리, 남북한 학계의 지속적인 학술교류가 필요할 것으로 생각한다.

| 참고문헌 |

■ 한국어

김원룡, 1967,「삼국시대 개시에 관한 일고찰-삼국사기와 낙랑군에 대한 재검토」,『동아문화』7, 서울대 동아문화연구소.

김정배, 1968,「濊貊族에 關한 硏究」,『白山學報』5.

　　　　1973,『한국민족문화의 기원』, 고려대출판부.

　　　　1986,『한국고대의 국가기원과 형성』 고려대 출판부.

　　　　1997,「고조선」,『한국사』4, 국사편찬위원회.

　　　　2010,『고조선에 대한 새로운 해석』,고려대 민족문화연구원.

이병도, 1976,『한국고대사연구』,박영사.

이병선, 1982,『한국고대국명지명연구』, 형설출판사.

윤내현, 1983,「기자신고」,『한국사연구』41.

　　　　1985,「위만조선의 재인식」,『사학지』19.

　　　　1986,『한국고대사신론』, 일지사.

서영수, 1987, <고조선왕국의 형성과 이동>, 한국문화연구소 주최 공개학술발표회.

　　　　1988,「고조선의 위치와 강역」,『한국사시민강좌』2.

　　　　1996,「위만조선의 형성과정과 국가적 성격」,『한국고대사연구』9.

　　　　1998,「대외관계사에서 본 낙랑군」,『사학지』31.

　　　　1999,「고조선의 대외관계와 강역의 변동」,『동양학』29.

　　　　2005,「고조선의 국가형성계기와 과정」,『북방사논총』6.

　　　　2006,「동북공정의 고조선 연구 결과에 대한 평가-기자와 기자조선 연구를 중심으로」,『중국의 동북공정 연구 성과에 대한 분석과 평가』,고구려연구회.

김철준, 1987,「고조선연구의 회고와 전망」,『제1회 한국학국제학술회의논문집』,인하대 한국학연구소.

이순근, 1988,「고조선은 과연 만주에 있었는가」,『역사비평』3, 역사문제연구소.

천관우, 1989,『고조선사, 삼한사연구』, 일조각.

노태돈, 1990, 「古朝鮮중심지의 변천에 대한 연구」, 『韓國史論』23, 서울대國史學科.

　　　　1998, 「위만조선의 정치구조」, 『산운사학』8.

　　　　2000, 『단군과 고조선사』, 사계절.

임병태, 1990, 「고고학상으로본 예맥」, 『한국고대사논총』1.

이형구, 1991, 「대릉하유역의 은말주초 청동기문화와 기자 및 기자조선」, 『한국상고사학보』5.

　　　　1995, 『단군과 단군조선』, 살림터.

최성락, 1992, 「철기문화를 통해서 본 고조선」, 『국사관논총』33.

한창균, 1992, 「고조선의 성립배경과 발전단계시론」, 『국사관논총』33.

권오중, 1992, 『낙랑군연구』, 일조각.

이종욱, 1993. 『고조선연구』, 일조각.

윤이흠 편, 1994, 『檀君』, 서울대 출판부.

조법종, 1994, 「북한학계의 고조선연구-1945부터 1960년대 초반까지의 연구동향을 중심
　　　　으로」, 『북한의 고대사 연구와 성과』, 대륙연구소 출판부.

　　　　2000, 「위만조선의 대한전쟁과 항한제후국의 검토, 「선사와 고대」 14.

오강원, 1996, 「최근 제기된 북한학계의 고조선=평양설에 관하여」, 『백산학보』46.

　　　　2004, 「遼寧地域의 靑銅器文化와 地域間 交涉關係」, 『동북아시아 선사 및 고대사
　　　　연구의 방향』, 학연문화사.

　　　　2005, 「현대중국의 고조선연구와 그 맥락」, 『중국의 한국고대사연구』, 고구려연구재단.

　　　　2006, 『비파형동검문화와 요령지역의 청동기문화』, 청계.

최몽룡·최성락, 1997, 『한국고대국가형성론』, 서울대 출판부.

강봉원, 1998, 「원거리 무역의 이론과 방법론-복합사회 형성 과정 연구와 관련하여-」, 『한
　　　　국고고학보』39.

김남중, 2001, 「위만조선의 영역과 왕검성」, 『한국고대사연구』 22.

송호정, 2002, 「위만조선의 정치체제와 삼국초기의 부체제」, 『국사관논총 』,98.

　　　　2003, 『한국 고대사 속의 고조선사』, 푸른역사.

　　　　2005, 「大凌河流城 殷周 靑銅禮器 사용 집단과 箕子朝鮮」, 『韓國古代史研究』38,

복기대, 2002, 『요서지역의 청동기시대 문화연구』, 백산자료원.

김한규, 2004, 『요동사』, 문학과 지성사.

장석호, 2005, 「기자조선에 대한 중국의 최근 입장과 비판」, 『중국의 한국고대사연구』, 고구려연구재단.

성삼제, 2005, 『고조선, 사라진역사』, 동아일보사.

이덕일·김병기, 2006, 『고조선은 대륙의 지배자였다』, 역사의 아침.

오영찬, 2006, 『낙랑군 연구(고조선계와 한(漢)계의 종족 융합을 통한 낙랑인의 형성)』, 사계절.

하문식, 2006, 「북한학계의 고조선 연구경향」, 『白山學報』 74.

박선미, 2006, 「근대사학이후 고조선사 연구의 현황과 쟁점」, 『한국사학보』 23.

　　　　2009, 『고조선과 동북아의 고대화폐』, 학연문화사.

　　　　2014, 「완충교역모델에 대한 이론적 검토-위만조선의 교역양식 복원을 위한 시론」, 『동양학』, 57.

서길수, 2006, 「고구려석성의 시원에 관한 연구」, 『고구려연구』 23.

　　　　2008, 「하가점하층문화의 석성연구」, 『고구려발해연구』 31.

김병준, 2007, 「낙랑군 연구의 새로운 이해 틀, '낙랑인'」, 《한국고대사연구》 48.

윤용구, 2007, 「새로 발견된 낙랑목간」, 『한국고대사연구』 46.

고조선사연구회, 2007, 『고조선의 역사를 찾아서』, 학연문화사.

고조선사연구회, 2009, 『고조선사연구 100년』, 학연문화사.

김정열, 2009, 「요서지역 출토의 상주 청동예기의 성격에 대하여」, 『요하유역의 청동기문화』, 동북아역사재단. 2012, 「遼西 지역의 청동기문화와 복합사회의 전개」, 『동양학』 52.

이재현, 2009, 「하가점하층문화기 방어취락의 성격연구」, 『요하유역의 초기 청동기 문화』, 동북아역사재단.

이청규 외, 2009, 『요하유역의 초기 청동기문화』, 동북아역사재단.

　　　　2010, 『요하문명의 확산과 중국 동북지역의 청동기문화』, 동북아역사재단.

　　　　2011, 「요동과 한반도 청동기문화의 변천과 상호교류」, 『한국고대사연구』 63.

　　　　2014, 「요동·서북한의 초기철기문화와 위만조선」, 『동북아역사논총』 44.

신용하, 2010, 『고조선국가형성의 사회사』, 지식산업사.

권오중, 윤용구 등, 2010, 『낙랑호구부연구』, 동북아역사재단.

조원진, 2010, 「遼西地域 出土 商周靑銅器와 箕子朝鮮 問題」, 『白山學報』 88.

박대재, 2010, 「箕子 관련 商周靑銅器 銘文과 箕子東來說」, 『先史와 古代』 32.

조우연, 2012, 「중국학계의 기자조선 연구와 그 비판에 대한 검토」, 『고조선단군학』 26.

박준형, 2012, 「대릉하~서북한지역 비파형동검문화의 변동과 고조선의 위치」, 『한국고대 사연구』 66.

　　　　2014, 『고조선사의 전개』, 서경문화사.

　　　　2014, 「위만조선의 영역과 인구」, 『백산학보』 99.

동양학연구원, 2012, 『동아시아문명교류사2-동아시아 청동기문화의 교류와 국가형성』, 학 연문화사.

동양학연구원, 2013, 『동아시아문명교류사3-동아시아 철기문화와 고조선』, 학연문화사.

오현수, 2012, 「기자전승의 확대과정과 그 역사적 맥락」, 『대동문화연구』 79.

　　　　2014, 『고조선의 형성과 변천과정연구』, 한국학중앙연구원 박사학위논문.

박경철, 2014, 「고조선 대외관계 진전과 위만조선」, 『동북아역사논총』 44.

이종수, 「요하평원지역 "연유적"의 특징과 사용집단에 대한 재검토 -연 유이민집단의 물 질문화와 관련하여-」, 『동북아역사논총』 44.

이후석, 「서북한지역의 세형동검문화와 고조선-위만조선 물질문화의 형성과정과 관련하 여」, 『동북아역사논총』 44.

오대양, 2014, 「요서지역 적석총문화의 기원과 형성과정」, 『동북아역사논총 45집』; 2014, 「홍산문화 적석총유적의 특징과 발전과정」, 『동양학』 57집.

정세호, 1950, 「고조선의 위치에 대한일고찰」, 『역사제문제』 16호.

이여성, 1955, 『조선미술사개요』

정백운, 1958, 「우리 나라에서 철기 사용의 개시에 관하여」, 『문화유산』 3.

리지린, 1963, 『고조선연구』, 과학원출판사.

리지린 김석형 등, 1963, 『고조선에 관한 토론 논문집』, 과학원출판사.

사회과학원 고고연구소, 1977, 『고조선문제연구논문집』, 사회과학원출판사.

박진욱 · 황기덕 · 강인숙, 1987, 『비파형단검문화에 관한 연구』, 과학백과사전출판사.

남일룡, 1999,『대동강류역 고대 성곽의 성격』,조선고고연구.

이순진·장수진·서국태·석광준, 2001,『大同江文化』, 평양, 외국문출판사.

석광준, 2002,『조선의 고인돌무덤연구』,사회과학원, 평양;도서출판 중심,서울.

손영종, 2006,「락랑군 남부지역의 위치-'락랑군 초원 4년 현별 호구다소-통계자료를 중심
　　　으로」,『력사과학』198.

張博泉, 1985,『東北地方史稿』, 吉林大學出版社

郭大順, 1985,「西遼河流域靑銅文化硏究的新進展」『中國考古學會第四次年會論文集』,
　　　文物出版社.

朱永剛, 1987,「夏家店上層文化的初步硏究」『考古學文化論集』1, 文物出版社.

楊軍, 1999,「箕子與古朝鮮」『吉林大學社會科學學報』1999年第3期

閻海, 2001,「箕子東走朝鮮探因」『北方文物』2001年第2期.

張碧波, 2004,「箕子論東-兼走논중국고대제일대문화인제문제」,『北方論叢』2004-1.

郭大順·張星德(저), 김정열(역), 2008,『동북문화와 유연문명』, 동북아역사재단. .

Issues and Trend of Old Joseon history Research

Seo,Youngsoo

Old Joseon(古朝鮮) history data are also continuing the study was done in the south and north Korea since the liberation nowhere near academia. The study is divided into three time steps.

The first is when efforts to overcome the colonial Historiography and establish a new form of Old Joseon. From the second period of the Old Joseon history of the Civil academic research was divided largely. North Korean Academic was established Liaodong centered theory(遼東中心說), South Korea Academic is also a variety of archaeological and anthropological research by introducing the theory of Old Joseon history research began. The third period, were introduced to each other is the study of the south and north Korea academia, also known archaeological resources of the Northeast China. South Korea's Old Joseon history of academic research has been expanded to target all cultures ranging from Northeast China and the Korean Peninsula. Qualitative and quantitative great progress has been made. In contrast, in the case of North Korean Academic turned to Daedong River centric theory(大同江中心說) after discovering the Tangun's tomb(檀君陵). View the Old Joseon initial capital to start swinging academics and we were in a position change. The study of history is buried in political ideology Old Joseon research has been stagnant.

Recently, South Korean academia in response to China's Liao civilization theory(遼河文明論), based on research results in the meantime started to analyze the performance of the Bronze Age archeological excavations in the Northeast China specifically. As a result, the theory to understand the culture of Old Joseon became influential representatives of the Liaoning area(遼寧地域).

Among the Old Joseon Research Tangun(檀君) and state formation period problems, such as research centers, and territory was judoe study.

First time of the founding of Old Joseon issue opinions that the founding 3000 years BC, the opinion that such founding in 4-3 century BC was raised in a large amount. Current research results is difficult to know the accurate time. There are many theories to understand more advanced BC 1000 machine-wide Bronze Age culture of Liaodong area(遼東地域). The problem is greatest in the central city of Old Joseon was not found, find hope in the future we expect over the ruins unearthed in Pyeongyang or Liaodong.

The theory of the Old Joseon's center is divided into the Daedong River centric theory(大同江中心說), Liaoning centric theory(遼東中心說), movement theory(移動說). In the South Korea Academic there are many theories that Old Joseon moved the capital to the Daedong River basin(大同江流域) in 4-3 century BC at the beginning of the Liaodong area(遼東地域). Is difficult to clearly understand the Old Joseon territory. The territory is in accordance with the changing international situation in Northeast Asia has changed. Chinese ancient country with a study to find an area in the relationship with the Northern Peoples have been made.

Recently, Chinese academics argue Kijajoseon theory(箕子朝鮮說) again, and also deny the uniqueness of Old Joseon through the Liao civilization theory. For a Kijajoseon theory(箕子朝鮮說) has found to be fiction through literature studies and cultural studies Bronze Northeast Asia. In the case of WimanJoseon(衛滿朝鮮) and Lolang(樂浪) problem in the past, there were various doctrinal issues that location. Lolang Wooden Records(樂浪木簡) unearthed since the current analysis consisted of a variety. Established procedures and national identity of Wiman Joseon(衛滿朝鮮), is about the structure and nature of the Nakrang(樂浪) culture.

However, because the Old Joseon capital of Liaoning area or North Korea, South Korea Academic research is bound to have a limit. Accordingly, South Korea Academic to establish a theory systematically delayed for Old Joseon history. Therefore, three things are needed to organize and explain the history of Old Joseon. First, Old Joseon and recorded the previous day in Korea, China, Japan, three more translations and annotations about the literature of the country is necessary. Second, the Old Joseon sites in China and North Korean Regions, and should continue to collect and organize the archaeological data. Third, there is a need for ongoing academic exchanges of the two Koreas academics.

[Keywords] Old Joseon(古朝鮮), the Daedong River centric theory(大同江中心說), Liaoning centric theory(遼東中心說), movement theory(移動說), Kijajoseon(箕子朝鮮), Wiman Joseon(衛滿朝鮮), Lolang commandery(樂浪郡), Lolang Wooden Records(樂浪木簡)

고조선과 위만조선의 역사적 위치

金 貞 培

김정배 (金貞培)

고려대학교 사학과 및 동대학원 졸, 문학박사.
고려대학교 총장, 고구려연구재단 이사장, 한국학중앙연구원 원장, 문화재청 문화재위원장
현) 가산불교문화연구원 이사장.

주요저서 : 『한국민족문화의 기원』, 『한국고대의 국가기원과 형성』,
『고조선에 대한 새로운 해석』, 『한국고대사와 고고학』

Ⅰ.머리말

우리나라 역사에서 고조선만큼 논란이 많고 관심이 높은 대상은 없을 듯싶다. 사실 조선시대에는 삼조선설(三朝鮮說)[1]이 분명히 존재하여 적어도 시간적, 공간적으로 거대한 역사의 물줄기는 균형 있게 잡혀 있었다. 그러나 일제강점기를 거치면서 사료비판이라는 미명하에 원래의 사료를 훼손하거나 임의로 평가절하 하는 연구 분위기가 나타났다. 근대 역사학의 도입이 우리나라 고대사연구에 기여한 공로가 크지만 반면에 위의 방법으로 고조선의 역사가 제 위치를 확고하게 잡지 못하는 비운도 겪게 되었다. 고조선에 대한 지금까지의 연구사를 일별해 보면 우선 삼국유사의 고조선조를 기본적으로 신뢰하고 연구하는 분위기가 아주 미흡하였던 시기가 있었다. 그 때문에 단군조선의 실체가 희미해지거나 부정되는가 하면 고조선과 위만조선의 시기를 분명하게 구분하지 않아 혼란을 초래하기도 하였다. 고조선의 역사범위에 위만조선까지 포함시켜 고조선이라고 한다면 뒤에 한(漢) 무제(武帝)가 멸망시킨 대상은 위만조선이 아니라 예맥조선(기자조선)이 되어 버리는 역사의 혼란상이 일어난다.

삼국유사의 고조선조에는 단군조선과 기자조선의 내용이 실려 있고 위만조선은 별개의 단위로 설정 되어 있다. 필자는 고조선 연구가 삼국유사의 사료를 중시해서 있는 그대로 취급해야 기본 틀이 서게 되고 때로는 사료 비판이 필요해서 다른 견해가 도출되는 것은 그 나름으로 바람직한 현상이라고 본다. 사실 문헌사료대로 역사순서를 배열해야 시대별 골격이 서게 된다. 사료가 영세하지만 각 시기별로 연구 성과를 도입해서 피와 살을 붙여 가면 역사와 문화가 모습을 드러내게 된다. 근년에 많은 성과를 내고 있는 고고학의 업적[2]이 여기에 접목되면 보다

---

* 이 글은 제43회 '동양학국제학술회의-고조선, 위만조선과 동아시아의 고대문화'(2013)에서 기조강연한 <고조선과 위만조선의 역사적 위치>를 수정 보완한 것이다.

1) 高麗史, 卷58, 地理3, 西京留守官.

2) 송호정, 2003, 『한국 고대사속의 고조선사』, 푸른역사 ; 오강원, 2006, 『비파형동검문화와 요령지역의 청동기 문화』, 청계 ; 서영수 등, 2009, 『고조선사 연구100년-고조선사 연구의 현황

탄탄한 입론을 이루게 된다. 그러나 고고학의 성과를 고조선 역사에 도입할 때 비파형동검과 같이 특정 유물을 처음부터 예맥족의 문화이고 우리나라의 역사 대상이라고 단언하고 출발하면 많은 난관에 부딪칠 가능성이 있다. 문화는 창조의 산물이지만 때로는 모방과 교류가 창조 못지않은 영향력을 발휘한다는 사실을 잊지 말아야 한다. 비파형동검은 우리나라를 비롯해서 중국의 내몽고 러시아의 동남부 동쪽까지 광범위하게 분포하고 있다. 필자는 비파형동검의 기원지로 요동설, 요서설을 넘어 카자크스탄의 카라간다 일원으로 시각을 넓혀야 한다고 본바 있다. 이 문화의 본질은 농경문화가 아니고 유목문화이며 말(馬)이 일상화된 기마문화가 기본을 차지하고 있음을 상기해야 한다.

Ⅱ. 삼국유사의 고조선조 해석문제

이제는 우리나라 역사학계가 좀 더 당당하게 고조선 역사를 높게 평가해야 한다. 고조선의 실체를 여전히 알 수 없다는 식의 두루 뭉실한 입장을 취하는 것은 그동안 이 방면에서 이루어 놓은 업적과도 어울리지 않는다. 삼국유사의 고조선조에는 단군조선과 그 뒤를 이었다는 소위 기자조선의 기사가 있다. 필자는 이 두 거대한 역사의 실체에 대해서 긍정적으로 보는 입장이다. 다만 기자조선의 존재는 부인하지만 그 존속기간은 기자가 아닌 예맥조선의 기간으로 대체할 것을 주장한 바 있다.[3] 이병도의 한씨조선설도 존속기간을 인정한다는 판단위에서 입론이 나타났다. 우리는 고조선 연구에서 종종 문헌비판이라는 학문기준을 뛰어넘어 아주 자의적인 기준으로 중요한 역사를 재단하는 연구들을 보곤 한다. 단군조선을 언급하지 않으면서 단군을 운위하고 소위 기자조선의 존속기간을 논의도 않고 넘어가려 하고 위만조선의 역사도 고조선이라는 이름으로 포장되는 이상한

과 쟁점』, 학연문화사 ; 김정배, 2010, 『고조선에 대한 새로운 해석』, 고려대 출판부.
3) 김정배, 2010, 앞의 책 참조.

현상이 나타난다. 한나라 무제의 침략으로 멸망한 것은 위만조선이지 고조선이 아니다. 삼국유사 고조선조와 위만조선조는 이 같은 양자의 역사를 분명하게 항목을 달리해서 서술하였다. 그럼에도 불구하고 귀중한 사료는 살려서 복구하려 하지 않고 존속한 역사의 기간을 그리고 공간을 임의로 제거하는 것은 역사연구의 기본에서 한참 벗어난 자세이다.

주지하는 바와 같이 일연(一然)은 삼국유사 고조선조를 기술하면서 아주 분명하게 3가지 사서(史書)를 각각 인용해서 근거를 삼고 있다. 어떤 항목도 자신이 임의로 역사를 쓰지 않고 사서를 인용해서 주요 부분을 적기하였다. 이것은 고조선 역사를 기술하면서 기왕의 사서를 근거로 서술한다는 신뢰와 자신감을 당당히 표현하고 있다는 사실을 뜻한다. 사서를 인용해서 고조선조를 기술한 것이 삼국유사의 특징이자 일연 자신의 기본 정신이다.

이기백은 일찍이 다음과 같은 견해를 밝힌 바 있다.

「이 글에서는 고조선과 국가형성 문제에 한해서 이를 몇 가지 측면에서 정리해 보겠다. 여기서 말하는 고조선은 단군조선인 것이다. 삼국유사가 위만조선(혹은 기자조선과 위만조선)과 구별하는 뜻에서 단군조선을 고조선이라고 부른 이후에 우리는 종래 이 견해에 따라 왔다. 고씨 고구려니 왕씨 고려니 이씨조선이니 하는 표현이 낡은 관념의 산물인 것과 같이 단군조선이라는 표현도 바람직스러운 것이 못되게 느껴진다. 그러므로 단군조선을 고조선이라고 부르는 것은 적절한 표현인 것으로 생각한다. 어떻든 이 글에서 논의하는 조선은 곧 단군조선을 말한다는 사실을 이해하여 주기 바란다.」[4]

이 견해는 단군조선을 고조선이라고 부른다는 점에서 수긍이 가는 점이 있다. 그러나 이 사실을 좀 더 확대하게 되면 몇 가지 점에서 문제점이 나타난다. 첫째, 고조선이 포괄하는 범위와 역사적 기간이 조선시대에 언급하던 삼조선을 지칭하는 의미로 통하기 때문에 각 시기의 역사성이 매몰되는 위험성이 있다. 단군조선

---

4) 이기백, 1988, 「고조선의 국가형성」, 『한국사 시민강좌』, 2, p2.

의 역사성과 그 시대의 생활상을 밝힐 때 까지 추구하는 것이 바람직한 연구 자세이다. 이 각각의 시기는 사서에서 언급하였기 때문에 부족한 점은 고고학의 성과를 끊임없이 보완을 하여야 한다. 풍부해지는 고고학의 유물·유적은 역사의 상한선과 하한선을 얼마든지 성과에 따라 적용할 수 있다. 역사의 뼈대는 확고하게 자리를 잡도록, 그리고 더 역사성이 풍부해지도록 심혈을 기울여야 한다.

둘째, 기자조선과 위만조선까지를 고조선에 포함시킬 경우 역사의 계승성에 중대한 문제가 야기된다. 소위 말하는 기자조선 천년의 역사성을 어떻게 설명할 것이며 또 다른 역사와 의미를 지니는 위만조선을 어떻게 이해하여야 하는가 하는 문제가 대두된다. 위만(衛滿)은 준왕(準王)을 내쫓고 위만조선을 건국하였으며 준왕은 남쪽으로 내려와 삼한(三韓)의(특히 마한에) 왕이 되어 삼한정통론[5]이 도출된 바 있다. 여기서 분명하게 언급해야 할 것은 준왕은 필자가 주장하는 예맥조선(소위 기자조선)의 마지막 왕이지 단군조선의 왕이 아니다. 더구나 기자조선의 기간만큼은 인정해야 준왕의 입지가 그대로 살아난다. 위만조선까지 고조선 범위에 삽입할 경우 한무제가 멸망시킨 대상은 위만조선임에도 불구하고 삼국유사에서 언급한 고조선에 해당되어 역사사실의 심각한 오도가 발생한다. 이 모든 사실들은 사료에 나타나는 역사의 실체기간을 부정하고 역사와 신화를 혼동하기 때문에 나타난 결과이다. 단군조선의 역사기간, 예맥조선(기자조선)의 역사기간, 위만조선의 역사기간을 모두 인정할 때 삼조선의 역사성이 선명하게 복원된다.

여기서 가장 심각한 문제는 「위서(魏書)」를 인용한 단군의 건국기사 등은 인정하고 크게 무시하지 않으면서 「고기(古記)」를 인용한 단군의 탄생 등의 이야기는 신화라고 의미를 축소하거나 외면하면서 단군조선의 실체를 부정하고 의심하고 있다. 학계에서는 그 동안 「고기」의 성격에 대해서 사서의 이름으로 보는 경우와 전문된 옛 이야기라는 두 가지 견해가 있었다. 아마도 단군을 신화의 대상으로 간주하는 자세는 후자의 입장에 서기 때문인 듯싶다. 필자는 앞에서 일연이 고조

---

5) 이우성, 1966, 「李朝후기 근기학파에 있어서의 정통론의 전개」, 『역사학보』31.

선조를 쓰면서 3가지 사서를 근거로 고조선조를 기술하였다고 언급하였거니와 이 가운데 「고기」의 성격에 대해서는 일찍이 역사책명[6]이라고 본 바 있다. 최근에 이「고기」에 대해서 더 진전된 견해를 표명한 김상현은 다음과 같이 언급하였다.

「고려전기에 편찬된 「고기」는 고려 및 조선시대에 유통되었지만 특히 삼국사기와 삼국유사 편찬 시에 참고 되고 활용되었다는 점에서 그 역사적 의미는 적지 않다. 특히 단군신화를 비롯하여 각국의 건국신화와 관련된 「고기」의 자료는 종래의 연구를 재검토할 필요성과 그 자료의 약간을 제공하고 있다. 특히 삼국사기나 삼국유사 단계에 머물러 있던 한국 고대사에 대한 인식체계의 일부를 고려전기인 11세기 전반까지 끌어올릴 수 있다는 점에서도 「고기」가 갖는 의미는 적지 않다.」[7]

그는 「고기」가 삼국사기와 삼국유사의 편찬에 참고 되고 활용되었다고 보면서 시기도 고려 전기인 11세기 전반기에 단군기사가 「고기」에 수록되었다고 보았다. 필자가 다시 주목하는 사실은 고조선조의 기사는 모두 사서에 근거해서 일연이 저술하였다는 점이고 이러한 관점에서 「고기」가 책명(冊名)이라는 것은 분명하다. 위만조선조 역시 마찬가지로 「전한조선전운(前漢朝鮮傳云)」이라고 근거를 대놓고 일연은 위만의 역사를 기술하고 있다. 따라서 「고기」라는 책은 단군의 탄생 등을 고대의 여타 건국신화에서 나타나는 특성들을 표현하였기 때문에 오히려 특이한 역사성을 대표하고 있다고 보아야 한다. 「고기」의 내용을 빌미로 「위서」의 건국사실을 부정하는 것은 매우 잘못된 연구 자세이다. 구체적인 사실의 구축은 고고학의 성과로 구석구석 실상을 밝히는 작업이 주어진 과제이다.

---

6) 金貞培, 1987, 「檀君記事와 관련된 "古記"의 性格」, 『韓國上古史의 諸問題』, 韓國 精神文化研究院.
7) 金相鉉, 2012, 「古記의 史學史的 檢討」, 『한국고대사학회 125회 정기발표회』 47쪽.

Ⅲ. 비파형청동검문화의 본질과 범위

비파형동검 문화는 한국의 선사문화에서 가장 커다란 획을 긋는 문화의 상징이다. 우선 이 동검의 분포지가 내몽고, 중국 동북지방, 우리나라 그리고 러시아의 연해주 일부까지 아우르는 광대한 지역이라는 사실에 우리는 주목해야 한다. 이 비파형동검의 변화과정을 추적하면서 기원지로 요동설[8], 요서설[9] 등이 나오고 이 문화의 담당 주민으로 동호족(東胡族)[10], 예맥족(濊貊族)[11] 등이 등장한 것은 다 아는 사실이다. 이러한 연구경향은 비파형동검문화 출토지역과 주민의 거주지역을 동일시하거나 적어도 상호연관성이 있다는 전제에서 도출된 견해였다. 그런데 시간이 지나면서 동검의 분포지역이 위에서 언급한바와 같이 광대한 지역으로 확대되면서 다른 견해가 나타났다. 이른바 이동설이 연구의 영역으로 자리 잡으면서 논쟁이 일어났다. 요동에서 요서로 영향을 주었다는 견해와 요서에서 요동으로 문화의 전파가 이루어졌다는 입장이 대립을 이루었다. 문제는 문화의 담당자가 항상 동일한 존재인가 아니면 문화만 전파되어 영향을 받았는가 하는 문제가 심각하게 논의되지 않고 동일문화가 동일주민이라는 논조가 기저를 이루었다.

필자는 비파형동검 시기가 예맥조선기에 해당하는 문화이므로 자연 사서에 나오는 기자조선이라는 명칭은 잘못이라는 관점을 갖고 있으며 그 기간도 사서에 나오는 데로 인정하려고 한다. 이병도의 한씨조선설은 성이 한씨인지 여부는 더 연구해야 하지만 기자조선설을 비판하고 역사의 기간을 존중하였다는 점에서는 필자도 의견을 같이한다. 이 예맥조선의 마지막 왕이 준왕이며 위만에게 나라를 빼앗기고 삼한의 마한지역[익산(益山)]으로 와서 왕이 되었다고 삼국지(三國志) 동

---

8) 林沄, 1978, 「關于我國地方的 靑銅短劍」, 『考古』5.

9) 斯楓毅, 1982, 「論中國東北地區含曲刀靑銅短劍的文化遺存」(上), 『考古學報』4.

10) 朱貴, 1960, 「遼寧十二臺營子靑銅短劍墓」, 『考古學報』1.

11) 金貞培, 1973, 『韓國民族文化의 起源』, 高麗大學校 出版部.

이전(東夷傳)은 그 시말을 적고 있다. 한국의 고대사에서 왕을 칭했다는 이 기사는 처음으로 국가의 모습을 출현시켰다는 점에서 아주 중요하다.

필자는 최근에 비파형동검의 기원지는 요동이나 요서가 아니고 중앙아시아 카자크스탄(Kazakhstan)의 카라간다(Karaganda)지역이라는 견해를[12] 밝힌 바 있다.

훼드롭(Fedrov)청동기문화는 BC15~BC14세기이며, 종래에는 안드로노보(Andrenovo)시기에 해당하는 기간이다. 비파형동검의 원형에 가까운 동검은 물론 요서지역에서 출토되는 파인형동검(波刃形靑銅劍)의 형태가 그대로 나오고 있다. 묘제(墓制)는 석관묘가 기본을 이루고 있으며 이 형식은 요서나 한국, 그리고 중국의 동북지방에서 나오는 형태와 동일하다. 이 북방의 초원문화는 유목문화가 기저에 자리 잡고 있다. 일찍이 필자는 이 석관묘를 카라스크(Karasuk)문화의 일부라고 보았으나 연대가 더 올라가는 훼드롭문화에서 광범위하게 나타나고 있어 이 지역범위와 연대가 옳다고 본다. 남산근(南山根) M102에서는 각문골판(刻文骨板)[13]이 나온바 있는데 여기에는 말(馬)과 마차, 사슴, 사람이 조각되어 있다. 이 골판에 조각된 그림은 바로 카자크스탄의 암각화와 알타이 지역의 암각화에서 나타나는 전형적인 마차의 그림이며 이것이 남산근102호 석곽묘에서 그대로 조각이 되어 출토 되었다.[14] 이 사실은 청동기 문화가 내몽고지역에 일정 영향을 주었음을 의미한다. 그 뿐만 아니라 내몽고 백차하(白岔河)변의 각노영자(閣老營子) 암각화(巖刻畵)에서는 등에 뾰족한 혹이 나 있고 긴 머리뿔은 등위를 따라 세련되게 조각[15]되어 있다. 이 암각화 역시 알타이 지역에서 스키타이 문화의 전형적인 양식으로 알려진 문화가 영향을 끼친 예증이 된다.

여기서 이러한 사례를 거론하는 것은 비파형동검을 포함한 일련의 석관묘와

---

12) 金貞培, 2010, 『고조선에 대한 새로운 해석』, 高麗大學校 民族文化硏究院.

13) 安志敏, 鄭乃武, 1981, 「內蒙古寧城縣南山根102號 石槨墓」, 『考古』 4.

14) 林沄, 1991, 「对南山根M102出土刻纹骨板的一些看法」, 『内蒙古东部区考古学文化研究文集』, 海洋出版社 ; 烏 恩, 1994, 「論古代戰車及其相關問題」, 『内蒙古文物考古文集』, 中國大百科全書出版社.

15) 金貞培, 2006, 「內蒙古克什克騰旗閣老營子岩刻畵」, 『先史와 古代』 26 韓國古代學會.

암각화가 중앙아시아 지역의 청동기 문화의 영향과 밀접한 관련이 있다는 사실을 적시하려는데 있다. 따라서 우리나라의 비파형동검문화가 요서지역과만 관계가 있는 것이 아니라 더 넓은 시각에서 관련 사실을 추구해야 올바른 방향을 잡게 된다. 또한 이 문화는 기본적으로 유목문화이며 광범위한 지역으로 문화가 전파되는데는 기마문화가 자리를 잡고 있다. 말(馬)을 사용한 일상의 생활양식이 바로 암각화로 나타났고 이 말의 사육 등도 카자크스탄 지역이 가장 오랜 지역 가운데 하나이다. 초기의 말을 탈 때 안장이 없었으며 등자는 뒤에 나타난 것이다. 비파형동검문화는 이 같은 문화의 기반위에 각지로 퍼지면서 지역에 따라 다른 양식[16]으로 나타났지만 우리나라의 비파형동검문화는 석관묘와 함께 북방문화의 영향과 밀접한 관계가 있다.

우리나라의 예맥족도 이 비파형청동검을 사용하였지만 내몽고로부터 중국 동북지방에 이르는 비파형동검 모두를 예맥족만 사용하였다고 볼 수는 없다. 예맥조선의 영역을 어디까지로 보아야 하며 그 중심지가 어디인가 하는 것도 학자에 따라 다를 수는 있다.

여기서 우리는 비파형동검, 석관묘와 더불어 우리나라 청동기문화 연구에서 중요한 위치를 점하는 지석묘를 언급하지 않을 수 없다. 지석묘의 분포는 한국이 중심지이고 중국의 요하이서로는 넘어가지 않아[17] 거의 문화경계가 확연하게 나타난다. 요동반도 등 동북지역에도 많이 분포하고 있어 이 문화의 담당자가 예맥족이라는 것은 이제 다 아는 사실이다. 일본의 구주(九州)에도 지석묘가 있어 우리나라에서 건너간 문화임을 쉽게 간취하게 된다. 예맥조선의 영역과 문화의 분포가 지석묘 문화의 경계선을 따라가면 요하이동으로 그 윤곽이 드러난다. 요동반도와 우리나라 남해안에 거대한 지석묘가 분포하는 것은 지역에 따라 군장들

---

16)　吳江原, 2004,「中國東北地域 靑銅短劍文化의 文化地形과 交涉關係」,『先史와 古代』20 ,
　　韓國古代學會.
17)　金貞培, 1995,「韓國和遼東半島的支石墓」,『韓國學論文集』4 , 北京大學校 韓國學硏究中
　　心 ; 許玉林, 1994,『遼東半島的石棚』, 遼寧科學技術出版社; 支石墓연구에는 李亨求, 河文
　　植, 李榮文 등의 연구가 있다.

이 존재하였다는 것을 암시한다. 우리나라의 비파형동검 문화는 이 영역을 기본으로 해서 문화의 범위를 잡아야 하고 예맥족의 근거도 이 기반위에서 활동의 역사를 검토해야 한다. 비파형동검 문화와 관련이 있을 동호족, 산용 등의 존재도 검토해야 상대적인 역사와 문화의 평형성이 성립한다. 비파형동검 가운데 시대가 올라가는 요서지역의 청동기 문화가 예맥조선에 영향을 주었다면 이것은 문화를 수용한 결과일 수 있고, 또는 일부 주민이 이동해서 올 수도 있다. 경우에 따라 예맥조선의 강력한 통치력이 요서를 넘어 영역을 넓히는 때가 있었을 가능성도 있다. 그러나 우리는 비파형동검이 갖는 초원의 유목문화가 농경문화와 어느 경우는 갈등과 교섭을 통해 발전하였다는 사실을 직시해야 한다. 역사와 문화가 갖고 있는 이동설은 어느 것이 장점이고 단점인지 구분해야 한다.

제왕운기(帝王韻紀)에서 예맥조선(기자조선)을 후조선으로 표기한 것은 단군조선이 전조선(前朝鮮)이란 의미를 내포하는 것으로 보아야 한다. 사서에서 엄연히 중요 역사로 기록된 사실을 임의로 재단해 전조선, 후조선을 고조선으로 구분 없이 취급하면 우리가 주장하는 장구한 역사가 반 토막이 나고 우리 스스로가 역사를 왜곡한다는 점을 곰곰이 생각해야 한다. 예맥조선 시기에 서쪽 경계에서 연(燕)과 제(齊), 동호(東胡)와의 전쟁기사, 그리고 지명고증 등 더 연구할 부분들이 다수 있다. 군장사회에서 국가로 발전해 가는 과정에서 중심과 그 주변의 사회가 어디이고, 어떤 관계인지 논점을 추구해야 한다. 이점에서 위만이 준왕을 몰아내고 위만조선을 건국한 시기의 역사는 국가의 면모가 한층 분명하게 부각되고 있다.

Ⅳ. 위만조선의 인구수 추정문제

삼국지 동이전 한전(韓傳)과 위략(魏略) 등에서 위만의 건국관계를 일부 확인할 수 있다. 그러나 사기(史記) 조선전(朝鮮傳)에 정확하게 위만조선의 시작과 한 무제와의 전쟁, 그리고 패망과 한사군 설치 등이 일목요연하게 서술되어 있다. 그럼에도 불구하고 위만조선의 위치문제, 한사군의 위치설정 문제 등이 여전히 논란에 휩싸여 있었다. 이 모든 의구심을 일거에 제거한 것이 평양에서 출토된 「樂浪郡初元四年縣別戶口多少△△ 樂浪郡 木簡」이다. 평양 정백동 364호 목곽묘에서 출토된 호구부는 낙랑군 25개 현의 호구수가 기재되어 있어 낙랑군 전후 시기의 역사 연구에 귀중한 자료로 평가된다. 우선 이 자료의 출토로 낙랑군의 위치비정 문제가 더 이상 논의의 대상이 되지 못하게 되었다. 그 뿐만 아니라 위만조선이 망한 후 낙랑군의 속현명(屬縣名)으로 조선현의 호구가 보이는데 이것은 위만조선의 호구를 파악할 수 있는 사회사적인 귀중한 자료이다. 더 나아가 전 시대인 예맥조선 말기의 호구수와 주변 지역과의 통치영역 관계를 추정하는데도 결정적인 도움이 되는 문건이다.

시원(始元) 2년(AD2)에 편찬된 한서(漢書) 지리지(地理志)에는 낙랑군의 호(戶)가 62,812, 인구가 406,748로 나올 뿐 낙랑군 25개 현별 호구가 밝혀진 것은 이것이 처음이다. 이번에 출토된 목간은 초원(初元) 4년(BC45)에 작성된 호구로 낙랑군 25개 현의 호구가 자세히 기록되어 있는바 특히 필자가 주목하는 조선현의 호구는 호가 9,678, 인구가 56,890으로 나온다. 이 조선현의 호구는 여타 24개현의 호구와 비교할 수 없을 정도로 큰 규모이어서 대방현(帶方縣)의 호 4,346, 인구 28,941명과는 거의 2배가량 차이가 난다. 여타 작은 현의 호가 200~500호 가량 되는 것과 대비해도 대방현의 호는 비교적 크다.

필자가 호구수에 크게 관심을 갖는 것은 위만조선시기의 호구수를 알아야 사회규모를 파악할 수 있고 이 사실은 다른 자료와 비교할 때 군장사회에서 국가단계로 발전해 가는 과정을 추적할 수 있기 때문이다. 위만에게 망한 준왕이 이미 왕을 칭했기 때문에 이때 이미 국가로의 면모를 갖춘 것은 사실이다. 위만조선이 국가의 기반을 닦은 것은 이의가 없다. 다만 호구수가 얼마가 되는 국가였는가를 파악하는 것은 사회규모와 성격을 이해하는 데 결정적인 요인이 된다.

초원4년(BC45) 낙랑군 25개현의 규모가 호수 43,825이고 인구가 280,561명인데 47년 후인 시원2년(AD2) 한서 지리지에는 낙랑군 25개현의 호수는 62,812이고 인구는 406,748명이다. 이 숫자는 전한대 인구증가율 0.7~0.8에 부합하는 수치이다. 이 가운데는 한족의 호구도 보이고 있으나 토착민과 한족의 비율은 86.5%대

13.5% 정도가 되고 있다. 위만이 정권을 세울 때 진승(陳勝)·오광(吳廣)의 난을 피해 연(燕), 제(齊), 조민(趙民) 수만명이 조선으로 피난하였다고 하였으므로 위만조선이 멸망했어도 한인의 수는 큰 변화가 없었으리라고 본다. 그런데 낙랑군 25개현의 호구를 살펴보면 삼국지 동이전 한전에서 보이는 '大國萬餘家 小國數千家'라는 규모와 거의 비슷하다는 사실을 알게 된다. 대국에서 왕이 나오면서 소국에 영향을 주었다는 것은 주지의 사실이다. 낙랑군 25개 현의 규모와 삼한의 국은 규모가 비슷해서 결국 군장사회에서 국가로 발전해가는 과정[18]을 이해 할 수 있다.

조선현의 규모가 호가 9,678이고 인구가 56,890명인데 이것은 대국만여가(大國萬餘家)에 해당하는 숫자와 유사하다. 이 조선현이 바로 위만조선의 기본을 이루는 기본영역의 단위이다. 사기 위만전에는 위만의 세력이 커지자 진번과 임둔도 와서 복속하였다고 전하는 바 통합보다는 부용관계가 아닌 듯 싶다. 논자에 따라서는 한사군이 설치되면서 진번, 임둔 등이 등장하는 듯 이해하고 있는데 사군설치전에 이미 진번, 임둔이 존재하고 있었으며 적어도 이들은 군장사회 단계에 있으면서 위만의 세력권에 편입되어 있었다. 위만이 주변의 군장사회들을 장악하면서 영향력을 행사한 것은 낙랑군이 원래 11개 현[19]이 있던 영역이었을 것이다. 이병도가 지적하듯 진번이 낙랑군에, 그리고 임둔이 현토군에 편입되면서 낙랑군이 25개 현으로 개편된 것이다. 위만조선이 망하면서 조선현이 되었지만 특히 낙랑군의 11개 속현들은 결국 위만조선의 영향력 하에 있었을 것이다. 초원4년(BC45) 호구부에 나타난 낙랑군 11개현의 호구수를 보면 호가 29,866이고 인구는 184,376명이다. 조선현의 호가 9,678이고 인구가 56,890명이므로 조선현의 호는 낙랑 11개현 인구의 30.85%로 3분의 1에 가까운 비율을 점하고 있다. 그렇다고

---

18) 손영종, 2006a, 「료동지방 전한군현들의 위치와 그 후의 변천」, 『력사과학』198 ; 손영종, 2006b, 「락랑군 남부지역(후의 대방군 지역)의 위치-<락랑군 초원4년 현별호구다소△△>통계자료를 중심으로-」, 『력사과학』199 ; 손영종, 2008, 『조선단대사』(고구려사5), 과학백과사전출판사.

19) 金貞培, 1986, 『韓國古代의 國家起源과 形成』, 高麗大學校 出版部.

하면 초원4년(BC45) 낙랑군 25개 현의 인구수가 280,561명이고 한인이 약 38,000명이므로 13.5%의 상수를 갖고 63년전인 BC108년의 인구수를 계산하면 총 인구 173,230명 가운데서 토착민이 86.5%인 149,767명이고 한인이 13.5%인 23,463명이 된다. 예맥조선 말기와 위만조선시기에 많은 한인들이 우리나라에 들어와 있었다는 것을 알 수 있다. 초원4년 자료를 근거로 해서 상수를 갖고 기원전 200년 예맥조선 말기의 인구를 보면 56,297명이 되고 기원전 108년 위만조선 말기의 인구는 113,836명이 된다. 준왕이 패망하고 쫓겨 갈 때 인구, 그리고 위만조선이 한무제와 전쟁을 수행하던 인구가 각각 위에서 살핀 숫자이다.

마지막으로 조선현은 호가 9,678이고 인구가 56,890명이므로 이를 상수로 계산하면 기원전 200년 예맥조선말기 중심인 조선현 지역은 인구가 17,387명이다. 이것이 준왕 전후 시기의 인구이며 군장사회에서 발전해 왕을 칭했던 당시 국가의 규모였다. 사기 서남이열전(西南夷列傳)의 전국(滇國) 기사는 "전왕지인(滇王之印)'이 출토되어 예맥조선과 위만조선의 역사발전과정을 해명하는데 좋은 자료가 된다.

V. 맺음말

삼국유사에서 운위하는 고조선은 단군조선과 기자조선(필자의 예맥조선)을 포괄하는 역사성을 갖고 있다. 단군조선을 배제하고 고조선을 언급할 수 없고 기자조선(예맥조선)기간을 인정하지 않고 고조선을 지칭하는 것도 사리에 맞지 않는다. 고대의 역사에서 건국과정에는 항상 신이한 신화가 있기 마련이고 이것은 역사와 함께 동전의 앞뒤와 같다. 역사 사료가 부족하면 부족한대로 연구하고 고고학 연구 성과가 풍부해져 가는 자료를 근거로 상한선을 설정해 가야 한다. 사료가 부족해도 연구하고 보충해 나가야지 역사기록을 부정하는 것은 학문의 도리를 벗어난 행위이다. 특정 선입관을 갖고 역사를 부정하는 것 역시 신성한 학문의 영역을 오염시키는 행동이다. 그 점에서 삼조선설은 다시 꼼꼼하게 되돌아보아야 하고 전조선, 후조선이 왜 나왔는지도 고구해야 한다. 고조선의 건국이 꼭 청동기시대여야만 하는 근거는 어디에도 없다. 국(國)은 읍(邑), 방(邦)처럼 사회를 뜻하는 의미가 있어 개국(開國)이라면 새로운 사회가 열렸다는 뜻으로 보면 된다. 청동기시대에 무슨 행정조직 등이 있었는지 사서를 잘 고찰해야 한다. 중국이 청동기시대 이전에도 수많은 문화와 사회가 있고 나라를 다스린 사실이 있다는 점을 눈여겨보아야 한다. 비파형동검은 예맥족도 사용한 문화이지 전부 예맥족의 문화가 아니다. 유목문화의 소산인 비파형동검이 요하이동에서 우리나라에 분포하는 지석묘 사회에 어떻게 융합하고 조화하였는지 세심한 분석 검토가 필요하다. 세력범위를 잃은것과 이동설은 별개인바 역사의 중심축을 재고해야 할 것 같다.

초원 4년(BC45)의 호구부는 위만조선과 낙랑군의 관계, 예맥조선과 위만조선 간의 인구를 분석해서 사회의 규모를 분석하는데 더 없는 자료이다. 이것은 군장사회에서 국가로 발전해 가는 과정을 가장 명확하게 밝혀줄 것이다. 그런 점에서 사기(史記) 서남이열전(西南夷列傳)과 전국(滇國)의 예를 비교해 보는 것이 좋다.

| 참고문헌 |

■ 한국어

金貞培, 1973,『韓國民族文化의 起源』, 高麗大學校 出版部.

金貞培, 1986,『韓國古代의 國家起源과 形成』, 高麗大學校 出版部.

金貞培, 1987,「檀君記事와 관련된 "古記"의 性格」,『韓國上古史의 諸問題』, 參照, 韓國精神文化研究院.

金貞培, 1995,「韓國和遼東半島的支石墓」,『韓國學論文集』4, 北京大學 韓國學研究中心.

金貞培, 2006,「內蒙古克什克騰旗閣老營子岩刻畵」,『先史와 古代』26 韓國古代學會.

김정배, 2010,『고조선에 대한 새로운 해석』, 고려대 출판부.

金相鉉, 2012, 「古記의 史學史的 檢討」, 『한국고대사학회 125회 정기발표회』.

서영수 등, 2009, 『고조선사 연구100년-고조선사 연구의 현황과 쟁점』, 학연문화사.

손영종, 2006a, 「료동지방 전한군현들의 위치와 그 후의 변천」, 『력사과학』198.

손영종, 2006b, 「락랑군 남부지역(후의 대방군 지역)의 위치-<락랑군 초원4년 현별호구다소
△△>통계자료를 중심으로-」, 『력사과학』199.

손영종, 2008, 『조선단대사』(고구려사5), 과학백과사전출판사.

송호정, 2003, 『한국 고대사속의 고조선사』, 푸른역사.

吳江原, 2004, 「中國東北地域 靑銅短劍文化의 文化地形과 交涉關係」, 『先史와 古代』20, 韓國
古代學會.

오강원, 2006, 『비파형동검문화와 요령지역의 청동기 문화』청계.

이기백, 1988, 「고조선의 국가형성」, 『한국사 시민강좌』2.

이우성, 1966, 「李朝후기 근기학파에 있어서의 정통론의 전개」, 『역사학보』31.

李丙燾, 1976, 『韓國古代史研究』, 博英社.

■ 중국어

靳楓毅, 1982, 「論中國東北地區含曲刀靑銅短劍的文化遺存」(上), 『考古學報』4.

朱貴, 1960, 「遼寧十二臺營子靑銅短劍墓」, 『考古學報』1.

安志敏, 鄭乃武, 1981, 「內蒙古寧城縣南山根102號 石槨墓」, 『考古』4.

烏恩, 1994, 「論古代戰車及其相關問題」, 『內蒙古文物考古文集』, 中國大百科全書出版社.

林沄, 1978, 「關于我國地方的 靑銅短劍」, 『考古』5.

林沄, 1991, 「对南山根M102出土刻纹骨板的一些看法」, 『内蒙古东部区考古学文化研
究文集』, 海洋出版社.

許玉林, 1994, 『遼東半島的石棚』, 遼寧科學技術出版社.

The historical position of Gojoseon and Wiman-joseon

Kim, Jeongbae

Gojoseon referred in Samgugyusa possesses historicity covering Dangun-joseon and Gija-joseon (Yemaeck-joseon by the author). It is impossible to discuss Gojoseon within setting aside Dangun-joseon, and it is not reasonable to refer Gojoseon without recognizing Gija-joseon. Throughout ancient history, there are mysterious myths in the processes of founding countries, and history and myth are two sides of the same coin. If there are not enough historical records, researches have to be done within the limits; and historical upper limits have to be set based on materials from the results of archaeological researches. Even if there are not enough historical records, researches should supplement them; and denial of historical records is out of the right way.

Denial of history based on certain prejudice pollutes the sacral academic area. From the perspective, the tri-Joseon theory must be carefully reflected on, and also why pre-Joseon and post-Joseon were theorized should be examined. There is no reason that Gojoseon must have been founded in the bronze age. 'Guk(國)'has a meaning of society, like 'eup(邑)'and 'bang(邦)', so 'gaeguk(開國)'can be understood as 'opening of a new society.'

Historical texts should be carefully studied to examining what kinds of administrative institutions existed. It is very noticeable that in Chinese history were many cultures, societies, and countries before the bronze age. The mandolin-shaped bronze dagger is the culture of Yemaeck people but not that solely of them. It is necessary to analyze how the mandolin-shaped bronze dagger, which is the production of nomadic cultures, got mixed and harmonized with the dolmen culture throughout liaodong to korean peninsula area. As the theory of the loss of influential sphere and the migration theory are discrete, the central axis of history should be reexamined.

The 'hogubu'of the 4th year of Chuyuan(初元), that is BC45, is the very important material for examining the relation between Wiman-joseon and Nakranggun(lelangjun; 樂浪郡) and for analyzing the scale of societies by comparing the population of Yemaeck-joseon with that of Wiman-joseon. The analysis can clearly verify the process of the development from a chiefdom society to a country. From the perspective, it is good to compare examples in "Xinanyiliezhuan"(「西南夷列傳」) of Shiji(『史記』) with those of Jeonguk(滇國).

[Keywords] Gojoseon, Dangun-joseon, Gija-joseon, Yemaeck-joseon, Wiman-joseon, the tri-Joseon theory

중국 동북지역의 청동기문화와 고조선의 위치 변동

趙 鎭 先

조진선 (趙鎭先)

전남대학교 사학과 졸, 전북대학교 대학원 졸. 문학박사.
현) 전남대학교 인류학과 교수

주요저서 :『세형동검문화의 연구』, 『요하문명의 확산과 중국 동북지역의 청동기 문화』,
　　　　　『전남지역의 마한사회와 백제』(공저), 『유적, 유물로 본 마한』(공저), 『한국역사민속학 강의』(공저)

Ⅰ. 머리말

고조선은 한국사상 최초의 국가이지만 강역이나 중심지가 어디인지조차 의견의 일치를 보지 못하고 있다. 고조선의 중심지에 대한 논의는 대동강중심설, 요동중심설, 이동설로 구분할 수 있는데, 지금까지의 연구들이 고조선의 강역과 중심지에 대한 궁금증을 모두 풀어주었다고 하기는 어렵다.[1] 역사학계에서 고조선의 중심지 문제를 논의할 때 주요 근거로는 낙랑군 조선현의 위치가 평양 일대이므로 위만조선 때의 왕검성(王險城)도 현재의 평양 일대라는 것, 왕검성을 험독(險瀆)으로 보고 요하(遼河) 이동~천산(千山) 이서의 어느 지역,[2] 또는 좀 더 구체적으로 개평(蓋平) 일대[3]로 비정한 것을 들 수 있다. 따라서 후대의 역사적 사실이나 전승을 토대로 지명을 비정하는 방법이 주를 이루고 있다.

하지만 왕검성을 험독으로 보는 계기를 마련한 응소(應劭)는 후한 말의 사람이어서 위만조선이 멸망한지도 300년가량 흐른 뒤이며, 그 이전의 고조선은 이보다 몇백년 전에 해당한다. 지명 비정에 의한 고조선의 중심지 연구가 타당성을 확보하기 위해서는 수백년~천여년이 흐른 뒤에 채록된 전승을 충분히 신뢰할 수 있는지? 험독에 대한 위치 비정은 논란의 여지가 없는지? 천년에 이르는 시간 동안의 고조선 중심지 변화를 제대로 설명할 수 있는지? 등의 문제에 대하여 타당성을 확보했을 때 객관성을 담보할 수 있을 것이다.

본고에서는 중국 동북지역의 청동기문화, 특히 비파형동검문화와 변형비파형동검문화를 통해 고조선의 위치와 강역에 대하여 접근해 보고자 한다. 고고학 자료는 당대의 물질자료이기 때문에 지명비정과 같이 후대에 왜곡될 가능성이 거

---

* 이 글은 「중국 동북지역의 청동기문화와 고조선의 위치 변동」(조진선, 2014, 『동양학』56)을 일부 수정·보완한 것임.

1) 서영수, 1988, 「고조선의 위치와 강역」, 『한국사시민강좌』 2, 20쪽.

2) 위의 글, 45~49쪽.

3) 리지린, 1963, 『고조선연구』, 과학원출판사; 노태돈, 1990, 「고조선 중심지의 변천에 대한 연구」, 『한국사론』 23, 49~54쪽.

의 없다. 특히 청동기는 당시 사회의 기술적 수준은 물론, 다른 유물보다 정치적 색채를 잘 드러낼 수 있는 물질자료여서 고고학적 측면에서 고조선을 논의할 때 우선적으로 고려되었다.[4] 본고는 기원전 1000년기의 청동기문화, 즉 중국 동북지역 비파형동검문화의 분포양상과 변천과정을 토대로 고조선의 위치와 강역을 추정해 볼 것이다. 그리고 이러한 고고학 자료를 신빙성이 비교적 높다고 여겨지는 몇몇 문헌자료들과 비교하여 시기별로 고조선의 위치와 강역의 변천 양상을 좀 더 구체적으로 접근해보고자 한다.

Ⅱ. 중국 동북지역의 청동기문화

1. 기원전 1000년기의 동아시아 청동기문화

고조선이 문헌에 등장하는 시기는 기원전 7세기경부터 기원전 2세기까지이므로 고고학적 측면에서 고조선을 논의하기 위해서는 기원전 1000년기의 자료들을 살펴보아야 할 것이다. 동아시아의 청동기문화는 크게 3개의 권역으로 구분할 수 있다. 북방초원지역의 북방식청동기문화, 중원지역의 중원식청동기문화와 함께 중국 동북지역부터 한반도와 일본열도에는 비파형동검문화와 세형동검문화가 분포하고 있다.[5] 비파형동검문화는 중국 동북지역부터 한반도 남부지역까지 분

---

4) 김정학, 1987, 「고고학상으로 본 고조선」, 『한국상고사의 제문제』, 한국정신문화연구원; 이청규, 1993, 「청동기를 통해 본 고조선」, 『국사관논총』 42, 국사편찬위원회; 이청규, 2005 「청동기를 통해 본 고조선과 주변사회」, 『북방사논총』 6; 송호정, 2003, 『한국고대사 속의 고조선사』, 푸른역사; 조진선, 2010, 「요서지역 청동기문화의 발전과정과 성격」, 『요하문명의 확산과 중국 동북지역의 청동기문화』, 동북아역사재단; 박준형, 2012, 「고조선의 성립과 발전에 대한 연구」, 연세대학교 대학원 박사학위논문; 오강원, 2013, 「청동기~철기시대 요령·서북한 지역 물질문화의 전개와 고조선」, 『동양학』 53.

5) 필자는 양 문화를 통칭하여 동북아식청동기문화로 명명하였다. 또한 필자는 결입부가 특징적으로 형성되어 있는 동검만을 세형동검으로 부르고 있기 때문에 세형동검문화 역시 이와

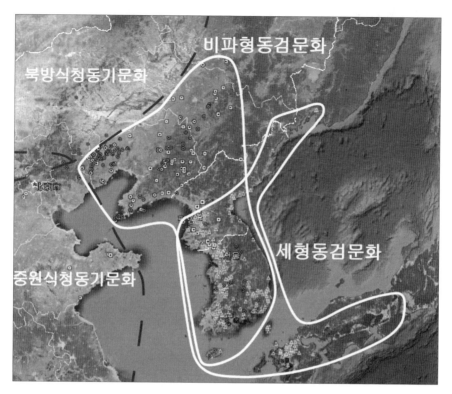

그림 1 동아시아 청동기문화와 비파형·세형동검문화권(바탕사진은 구글어스)

포하고 있으며, 세형동검문화는 한반도를 중심으로 하면서 동북쪽으로는 러시아 연해주까지, 동남쪽으로는 일본열도의 서부지역까지 분포하고 있다. 따라서 동북아식청동기문화는 동서 약 1200㎞, 남북 약 1500㎞에 이르는 넓은 지역에서 확인되고 있다. 물론 내몽고 동남부의 하가점상층문화, 하북성[6]이나 산동성[7] 일대,

---

관련된 청동기문화로 규정한다. 그리고 중국 동북지역과 한반도에서 확인되는 직인화·세신화된 일군의 동검은 변형비파형동검으로 부르도록 한다.

6) 鄭紹宗, 1975, 「河北省發現的靑銅短劍」, 『考古』4, 226~227쪽.
7) 오강원, 2001, 「춘추말 동이계 내족 목곽묘 출토 비파형동검」, 『한국고대사연구』 23, 200~204쪽; 王靑, 2007, 「山東發現的幾把東北系靑銅短劍及相關問題」, 『考古』8, 57~61쪽.

내몽고 호룬패이시(呼倫貝爾市),[8] 흑룡강성 쌍성시(雙城市)[9] 등에서도 비파형동검이 출토되고 있다. 그러나 이러한 사례들은 비파형동검문화가 중원지역이나 북방초원지역과 직간접적인 관계를 맺고 있었음을 보여주는 것으로 생각된다.

이상과 같이 동북아식청동기문화는 중국 동북지역과 러시아 연해주부터 한반도와 일본열도의 서부지역에 걸쳐 폭넓게 분포하고 있다. 그중 중국 동북지역에서는 비파형동검문화만 확인되며, 한반도에서는 비파형동검문화와 세형동검문화가 모두 확인되고 있다. 그리고 한반도 동북부~연해주와 일본열도의 서부지역에는 세형동검문화만 확인되고 있다. 따라서 고조선의 위치는 동북아식청동기문화권 중에서도 비파형동검문화권(변형비파형동검문화권 포함)을 중심으로 찾아져야할 것이다.

2. 요서지역 청동기문화의 형성과 변천

요서지역은 기원전 2000년기 전반에 해당하는 하가점하층문화부터 청동기시대로 들어선다. 이 시기 유적들은 노합하(老哈河)유역과 대능하(大凌河)유역을 중심으로 분포하며, 청동기는 귀걸이, 반지와 같은 소형 장식품 위주이다. 하지만 역(鬲), 언(甗), 정(鼎)과 같은 삼족기가 발달하였고 채도가 중심을 이루고 있기 때문에 우리의 고대문화와 얼마나 관련되는지는 불분명하다. 의무려산(醫巫閭山)과 요하 사이에는 고대산문화(高臺山文化)가 자리하고 있는데, 그 시기는 대체로 하가점하층문화 후기와 평행한다. 청동귀걸이와 청동소도 등이 출토되었다. 기원전 2000년기 후엽에 이르면 위영자문화(魏營子文化)가 등장한다. 화상구(和尙溝) A점의 무덤에서 출토된 동호(銅壺)와 동유(銅卣) 등으로 보아 요서지역에서 확인된 상주교체기(商周交替期)의 청동기매납유적과 밀접하게 관련되는 것으로 생각된다. 이 청동기들에는 언후(匽侯), 기후(箕侯), 고죽(苦竹), 백구(伯矩), 성주(成周) 등의

---

8) 王成, 1996, 「內蒙古伊敏河煤礦出土曲刃靑銅短劍」『考古』9, 94쪽.
9) 陳家本·范淑賢, 1991, 「黑龍江省雙城市出土曲刃靑銅短劍」『北方文物』1, 25쪽.

명문이 새겨져 있기도 해서 이 지역이 고죽국(孤竹國)이나 기후(箕侯) 또는 연후(燕侯)와 직간접적인 관계를 갖고 있었을 것으로 보인다.[10]

　기원전 1000년기에 들어서면 비파형동검문화가 시작된다. 요서지역에서 비파형동검은 노합하유역의 하가점상층문화와 대·소능하유역의 십이대영자문화에서 출토된다.[11] 십이대영자문화를 하가점상층문화의 한 유형으로 보기도 하지만[12] 하가점상층문화와는 달리 북방초원문화의 요소를 거의 찾아볼 수 없다. 하가점상층문화는 서랍목륜하와 노합하 유역을 중심으로 분포하며, 연대는 기원전 12~5세기경으로 추정된다. 무덤은 토광묘와 석곽묘이며, 임서현(林西縣) 대정(大井)에서는 동광유적이 조사되었다.[13] 북방식청동기만 출토되는 용두산유형(龍頭山類型)과 북방식청동기를 토대로 하면서 중원문화계와 십이대영자문화계 청동기들이 함께 출토되는 남산근유형(南山根類型)으로 구분된다. 용두산유형은 서랍목륜하유역을 중심으로, 남산근유형은 노합하 상류지역을 중심으로 분포하고 있다. 기원전 1000년기 후엽에 이르면, 이 지역의 청동기문화는 소강상태에 접어든다. 남산근유형을 계승하는 청동기문화는 불분명하지만 소흑석구(小黑石溝)유적을 보면,[14] 전국시대 연문화(燕文化)가 이를 대신하였을 가능성이 크다. 하지만 서랍목

---

10)　이형구, 1991, 「대능하유역의 은말주초 청동기문화와 기자 및 기자조선」, 『한국상고사학보』 5, 7~54쪽; 송호정, 2005 「대능하유역 은주 청동예기 사용 집단과 기자조선」, 『한국고대사연구』 38, 5~36쪽; 김정열, 2009, 「요서지역 출토 상주 청동예기의 성격에 대하여」, 『요하유역의 초기 청동기문화』, 71~122쪽; 박대재, 2010, 「기자 관련 상주청동기 명문과 기자동래설」, 『선사와 고대』 32, 111~148쪽.

11)　중국 동북지역부터 한반도에 걸쳐 분포하는 비파형동검문화의 지역문화 혹은 지역유형에 대한 명칭은 연구자마다 다양하게 부여하고 있다. 그러나 대부분 대표적인 유적 명칭에 문화 혹은 유형을 붙여 명명하기 때문에 명칭들이 서로 비슷하다. 그래서 동일한 명칭이라도 범위와 성격이 다른 경우가 많다. 이러한 이유는 비파형동검문화에 대한 연구가 아직 충분하지 않기 때문일 것이다. 따라서 본고에서 사용하는 비파형동검문화의 지역문화 혹은 지역유형의 명칭과 성격 및 범위는 본고에서 제시하는 내용과 지도를 참고해서 이해하길 바란다.

12)　靳楓毅, 1982, 「論中國東北地區含曲刃靑銅短劍的文化遺存(上)」, 『考古學報』 4, 386~426쪽; 靳楓毅, 1983, 「論中國東北地區含曲刃靑銅短劍的文化遺存(下)」, 『考古學報』 1, 39~54쪽.

13)　王剛, 1994, 「林西縣大井古銅鑛遺址」, 『內蒙古文物考古』 1, 45~50쪽.

14)　內蒙古自治區文物考古硏究所·寧城縣遼中京博物館, 2009, 『小黑石溝·夏家店上層文化

륜하유역에서는 정구자(井溝子)유적이 발굴되어[15] 비중원계 토착문화가 지속되고 있는 것을 볼 수 있다.

십이대영자문화(十二臺營子文化)는 대능하(大凌河)와 소능하(小凌河) 유역을 중심으로 분포하고 있다. 십이대영자문화는 석곽묘와 토광묘가 유행하고 있는 점에서는 하가점상층문화와 비슷하지만 북방계 청동기 대신 비파형동검과 다뉴조문경이 중심을 이루고 있는 점에서 뚜렷하게 구분된다. 십이대영자문화에서는 비파형동검을 비롯한 청동기들이 다량으로 출토되었지만 대부분 정식 발굴조사를 거친 것이 아니어서 무덤의 구조나 유물 공반관계를 제대로 파악하기 어렵다. 하지만 기원전 1000년기 전·중엽에 걸쳐 십이대영자문화가 지속되고 있는 것은 틀림없다. 다만 요서지역에서도 좀 더 서남쪽에 위치한 능원, 객좌, 건창 등 대능하 상류지역에서는 중원계 유물들이 공반되는 사례들이 있다. 이는 중원지역과 지리적으로 가깝다는 점과 더불어 위영자문화 이래로 이어지는 이 지역의 문화적 전통과 관련될 것이다.

기원전 1000년기 후엽에 이르면 대능하 중류지역에서 비파형동검문화는 급격하게 쇠퇴하며, 이를 전국시대 연문화가 대신하고 있다. 하지만 십이대영자문화의 변두리에 해당하는 요령성 건창현(建昌縣)과 객좌현(喀左縣), 내몽고 오한기(敖漢旗) 일대에는 여전히 비파형동검문화의 요소들이 남아있다. 이 시기에 이르면 비파형동검은 돌기부와 융기부가 미약해지거나 사라져서 검신이 세신화·직인화된 변형비파형동검으로 변화된다.

동대장자유형은 대능하 상류의 객좌, 능원, 건창 일대에서 확인된다. 이 지역은 기원전 1000년기 전·중엽부터 십이대영자문화가 번성하였던 곳이지만 중원계 유물들이 자주 공반되어 십이대영자문화 속에서도 나름대로의 지역색을 갖고 있다. 이러한 양상은 기원전 1000년기 후엽에 이르러 더욱 심화되었다. 동대장자유

遺址發掘報告』, 科學出版社.
15) 王立新·塔拉·朱永剛, 2010, 『林西井溝子 · 晚期靑銅時代墓地的發掘與綜合硏究』, 科學出版社.

적에서는 토광목관(槨)묘가 발굴되었는데, 무덤들은 대부분 2단(생토이층대, 生土二層臺)) 토광을 파고 1단부에 강자갈을 0.6~0.8m 두께로 깔았다. 출토유물로는 청동기가 가장 많으며, 철기는 거의 확인되지 않았다. 청동기로는 돌기부와 융기부가 미약해진 비파형동검과 함께 중원식동검, 중원식동과, 중원계 청동예기, 당로(當墟)·재갈·절약 등의 거마구(車馬具)가 확인된다.[16] 거마구는 전국시대 거마구들과 동일한 것들이다.[17] 또한 한국식동과의 발생 단서가 되는 요녕식동과(遼寧式銅戈)도[18] 출토되었다.

수천(水泉)유형은 대능하의 지류인 노호산하(老虎山河) 상류지역에 분포하고 있다. 무덤은 주로 장방형 토광묘이며 소, 돼지, 개, 말을 순장하였다. 부장품은 토기가 중심을 이루며 비파형동검, 중원식동과 등의 청동기도 확인된다. 철기로는 철도, 철곽, 철대구 등이 있다.[19]

3. 요동지역 청동기문화의 형성과 변천

요동지역의 기원전 2000년기 청동기문화로는 태자하(太子河) 상류지역의 마성자문화(馬城子文化)와 요동반도의 쌍타자문화(雙砣子文化)를 들 수 있다. 마성자문화는 석부, 석착 등의 석기들이 발달하였지만 장가보(張家堡) A동의 무덤에서 동환(銅環), 동식(銅飾), 동이환(銅耳環)이 출토되었다. 쌍타자하층문화는 기원전 2000년을 전후한 시기이며, 쌍타자상층문화는 기원전 2000년기 후엽에 해당한다. 쌍타자하층문화에 속하는 대취자(大嘴子)유적 하층에서 동과(銅戈)로 추정되는 청동

---

16) 方殿春, 2001, 「遼寧建昌東大杖子戰國墓地的勘探與試掘」, 『2000年中國考古重要發現』, 文物出版社, 57~61쪽; 華玉冰·徐韶鋼·孫建軍·萬欣·高振海, 2012, 「遼寧建昌東大杖子墓地 M40」, 『211年中國重要考古發現』, 文物出版社, 72~78쪽.

17) 손로, 2011, 「중국 동북지역 선진시대 거마구의 등장과 변천」, 『한국고고학보』 81, 5~37쪽.

18) 조진선, 2009, 「한국식동과의 등장배경과 신장두 30호묘」, 『호남고고학보』 32, 11~14쪽.

19) 郭治中, 2000, 「水泉墓地及相關問題之探索」, 『中國考古學跨世紀的回顧與前瞻』, 科學出版社, 297~309쪽.

기편이 출토되었으며, 상층에서는 동촉이 확인되었다.[20] 따라서 요동반도에서는 기원전 2000년기 초부터 청동기를 사용하기 시작하였으며, 기원전 2000년기 후엽에는 좀 더 보편화된 것으로 생각된다. 이 지역의 초기 청동기문화는 산동반도와 관계가 깊은데, 신석기시대부터 이어지는 문화전통이라고 할 수 있다.

기원전 1000년기에 들어서면 요동지역에도 비파형동검문화가 등장하는데, 비파형동검과 동부가 주로 출토된다. 요동반도의 비파형동검문화는 적석묘(積石墓)와 밀접한 관계를 갖고 있으며, 요동반도 남단부터 압록강 하구 쪽으로 이어지며 분포하고 있다. 적석묘에는 여러 기의 무덤들이 함께 조영되어 있으며 대부분 다장(多葬)을 한 화장묘(火葬墓)이다. 그래서 23기의 무덤이 조사된 강상(崗上) 적석묘는 한 무덤당 피장자가 2~18인에 이르며,[21] 10기의 무덤이 발굴된 누상(樓上) 적석묘도 한 무덤당 피장자가 2~15인이다.[22] 청동기로는 비파형동검·동모·동촉 등의 무기류, 동부·동착 등의 공구류가 중심을 이루며, 장식품과 거마구가 출토되기도 한다. 필자는 이 지역의 청동기문화를 강상유형(崗上類型)으로 명명하였다.

요동 북부부터 길림성 중남부지역은 천산과 길림합달령(吉林哈達嶺)이 이어지는 산악지역으로 비파형동검문화는 석관묘, 지석묘와 밀접한 관계를 갖고 있다. 본계(本溪) 양가촌(梁家村)처럼 비파형동검과 다뉴조문경이 공반되기도 하지만 주로 비파형동검, 비파형동모, 동촉 등의 무기류와 동부, 동착 등의 공구류만 출토되고 있다. 비파형동검은 검신이 짧은 것이 특징인데, 이는 주조 당시의 속성이라기보다는 사용과정에서 봉부 쪽이 닳아져서 짧아졌기 때문이다. 필자는 이 지역의 청동기문화를 이도하자유형(二道河子類型)으로 명명하였다.[23]

---

20) 郭大順·張星德, 2005, 『東北文化與幽燕文明』, 江蘇敎育出版社, 342~361쪽.

21) 中國社會科學院考古硏究所, 1996, 『雙砣子與崗上·遼東史前文化的發現與硏究』, 科學出版社, 72~75쪽.

22) 위의 책, 101~103쪽.

23) 쌍방유형이라고도 하지만 쌍방유적이 요동반도 남단 가까이에 위치할 뿐 아니라 늦은 시기의 유적이어서 대표성을 갖는데 한계가 있다. 오히려 遼陽 二道河子 석관묘가 이 지역 비파형동검문화의 특색을 잘 반영하고 있는 것으로 생각된다.

기원전 1000년기 중엽에 이르면, 검신 상부와 하부의 비율이 비슷하면서 좀 더 세신화된 비파형동검들이 요양(遼陽), 심양(瀋陽), 무순(撫順), 동요(東遼)와 같이 요 동평야가 시작되는 지역들에서 출토되고 있다. 이러한 형식의 비파형동검은 요 서지역의 십이대영자문화에서 확인되는 것이며, 흑룡강성(黑龍江省) 쌍성시(雙城市) 오가촌(吳家村)이나 내몽고(內蒙古) 호륜패이시(呼倫貝爾市)에서도 출토되었다. 심양 정가와자 6512호는 토광목관묘로 두향을 서쪽으로 향한 인골 1구가 확인되 었고 42종 797점의 유물이 출토되었다. 유물은 주로 청동기로 비파형동검·동촉 등의 무기류, 동부·동착·동도·동추 등의 공구류, 경형식·동포 등의 장신구와 다뉴 조문경이 있다. 재갈·절약·나팔형동기와 같은 거마구도 출토되었다.[24] 따라서 이 러한 양상은 십이대영자문화를 계승하고 있는 것이 분명하다. 필자는 이를 정가 와자유형(鄭家窪子類型)으로 명명하였다. 기원전 1000년기 후엽의 요동지역 청동 기문화는 3개의 유형으로 세분할 수 있다.

윤가촌유형(尹家村類型)은 요동반도 남단부터 심양지역에서 주로 확인된다. 검 신이 세신화되고 돌기부가 미약한 윤가촌식 변형비파형동검이 특징적이며, 중원 계 유물들이 빈번하게 공반되고 있다. 윤가촌식 변형비파형동검은 하북성의 탁 현(涿縣), 고비점(高碑店), 망도(望都)에서도 출토되었고 산동성에서 출토된 비파형 동검들도 이 형식에 가깝다. 윤가촌 12호묘는 단인 신전장의 토광석곽묘로 상부 에 부석을 깔고 있어 적석목관묘의 형태를 띠고 있다.[25] 따라서 이전의 적석묘와 는 전혀 다른 구조이며, 오히려 동대장자유형에서 확인되는 봉석묘(封石墓)와 유 사하다. 무기류로는 윤가촌식 변형비파형동검이 대표적이며 중원식 동검·동과· 동모가 자주 출토되지만 다뉴경이나 거마구는 확인되지 않는다.

상보유형(上堡類型)은 요령성 본계, 단동, 무순, 철령 지역과 길림성 일부지역에 서 확인되고 있다. 상보유형의 유물 공반관계는 본계(本溪) 상보(上堡) 유적과 창

---

24) 瀋陽市故宮博物館·瀋陽市文物管理辦公室, 1975, 「瀋陽鄭家窪子的兩座靑銅時代墓葬」, 『考古學報』 1, 141~156쪽.

25) 中國社會科學院考古硏究所, 1996, 앞의 책, 119~140쪽.

도(昌圖) 적가촌(翟家村) 유적이 잘 보여준다. 상보 M1호에서는 대청산식 변형비파형동검과 함께 철착, 승문호, 점토대토기 저부편 등이 출토되었다.[26] 적가촌 유적에서는 대청산식 변형비파형동검과 함께 중원식동검, 유공삼익동촉, 철곽 등이 출토되었다.[27] 즉, 상보유형에서는 대청산식 변형비파형동검, 다뉴조문경, 점토대토기와 같은 재지계와 중원식동검, 철곽, 승문호와 같은 중원계 유물들이 함께 출토되고 있다. 무덤은 석관묘 위주이지만 토광묘와 적석묘도 조사된다. 청동무기류로는 동검, 동모, 동과, 동촉 등이 있다. 동검은 대청산식 변형비파형동검과 중원식동검으로 구분된다. 변형비파형동검은 청동제 T자형 검병이나 검파두식, 또는 검초금구 등을 공반하기도 한다. 촉각식동검(觸角式銅劍)이나 촉각식동병철검(觸角式銅柄鐵劍)도 출토된다. 동모는 엽맥문(葉脈文)이 있는 유엽형동모(柳葉形銅矛)가 특징적이며, 요서지역의 요령식동과와 한국식동과의 중간 형태를 띠는 요령식동과가 단동시(丹東市) 망강촌(望江村)과 관전현(寬甸縣) 쌍산자(雙山子)에서 출토되었다.[28] 공구류로는 선형동부가 있으며, 의기류로는 다뉴조문경이 있다. 철기로는 철곽, 철부, 철서, 철겸, 철착, 철도, 철추와 같은 공구류가 주로 출토된다. 명도전도 출토되고 있다.

서황산둔유형(西荒山屯類型)은 길림성 중부의 제2송화강유역을 중심으로 분포하고 있다. 이 지역의 청동기는 대청산식 변형비파형동검과 촉각식동검이 특징적이다. 대청산식 변형비파형동검은 대부분 검신 하부나 검신 기부 쪽에 구멍이 2개 혹은 4개 뚫려 있다. 청동무기류로는 대청산식 변형비파형동검, 촉각식동검, 동촉 등이 있으며, 공구류로는 병부에 엽맥문이 주조된 동도가 있다. 의기류로는 다뉴경이 있다. 철부, 철겸, 철도를 비롯한 철기들이 출토되며, 재지계 토기들과 함께 중원계 승문토기도 출토된다.

---

26) 魏海波·梁志龍, 1998, 「遼寧本溪縣上堡靑銅短劍墓」, 『文物』 6, 18~22쪽.
27) 李矛利, 1993, 「昌圖發現靑銅短劍墓」 『遼海文物學刊』 1, 16~18쪽
28) 이후석, 2013, 「세형동검 단계 중국 동북지역의 동과와 동모 -요령식동과와 유엽형동모·세신형동모를 중심으로-」, 『한국고고학보』 87, 18~25쪽.

마지막으로 서북한지역에서도 비파형동검문화 관련 유물들이 적지 않게 출토되었는데, 주로 석관묘와 지석묘에서 확인되고 있다. 그러나 현재까지 알려진 비파형동검은 주로 곡인이 미약해진 변형비파형동검이다. 곡인이 뚜렷한 전형비파형동검이 연안 금곡동유적에서 출토되었지만[29] 해서정맥 이남, 즉 중부지역에 가까운 지역이다. 따라서 대동강유역에서는 아직까지 전형비파형동검이 출토되지 않았다. 그래서 전체적인 양상을 보면 서북한지역의 기원전 3~2세기 청동기문화는 상보유형에 속하는 것으로 생각된다.

Ⅲ. 중국 동북지역 비파형동검문화의 편년과 전개과정

1. 중국 동북지역 비파형동검의 형식분류와 편년

(1) 비파형동검의 형식분류

중국 동북지역의 청동기 자료들은 채집되거나 간단하게 조사된 것이 많으며, 그나마 보고서의 내용이 간략해서 정보를 충분하게 파악하기 어려운 경우가 많다. 따라서 유구의 구조와 유물의 공반관계를 파악하기 어렵기 때문에 본고에서는 가장 많이 출토되고 있는 비파형동검을 중심으로 논의하면서 다뉴경과 거마구를 함께 살펴보고자 한다.

중국 동북지역 비파형동검에 대한 형식분류는 일찍부터 이루어졌다. 임운(林澐)의 연구는 중국 동북지역에서 비파형동검의 전체적인 형식변천의 맥락을,[30] 근풍의(靳楓毅)의 연구는 종합적이고 세밀한 형식변천안을 제시하였다.[31] 지금까

---

29) 황기덕, 1974, 「최근에 새로 알려진 비파형단검과 좁은놋단검 관계의 유적유물」, 『고고학자료집 4』, 사회과학출판사, 157~158쪽.
30) 林澐, 1980, 「中國東北系銅劍初論」, 『考古學報』 2., 139-161쪽
31) 靳楓毅, 1982, 앞의 글, 386~426쪽; 靳楓毅, 1983, 앞의 글, 39~54쪽

지 연구들을 종합해보면, 첫째, 비파형동검은 곡인의 형태가 뚜렷한 것에서 세신화·직인화된다. 둘째, 요동지역에서 출토된 비파형동검은 검신이 짧은 것이 많다는 것이다. 필자 역시 이러한 점들은 고려하면서 십이대영자문화를 중심으로 비파형동검을 형식분류한 바 있다.[32] 본고에서는 이를 토대로 중국 동북지역의 비파형동검을 형식분류하였다.

중국 동북지역의 비파형동검은 공개된 자료의 특성상 주형속성과 연마속성을 모두 파악하기가 어렵기 때문에 본고에서는 주형속성을 중심으로 형식분류하였다. 비파형동검의 주형속성으로는 봉부의 장단, 검신 기부의 형태, 돌기부와 융기부의 형성 정도 등을 들 수 있다. 이 중 가장 눈에 띄는 속성은 봉부의 장단으로 3㎝ 이하의 단봉형, 4㎝ 내외의 중봉형, 5㎝ 이상의 장봉형으로 구분할 수 있다. 검신 기부 형태는 검엽이 등대로 마무리되는 형태를 의미하는데, 호상으로 마무리되는 호형(弧形), 호상으로 내려오다 사선으로 꺾여 마무리되는 사절형(斜折形), 호상으로 내려오다 거의 직각에 가깝게 마무리되는 직절형(直折形)으로 구분할 수 있다. 돌기부는 비파형동검의 특징인 곡인을 형성하게 하는 것이다. 따라서 비파형동검은 돌기부가 뚜렷해서 곡인이 뚜렷한 것, 돌기부가 미약해져 곡인이 미약해진 것, 돌기부가 사실상 사라져 검신 상부가 직인화된 것으로 구분할 수 있다. 융기부는 돌기부에 대응되는 등대에 형성되어 있는 것으로 뚜렷한 것, 미약해진 것, 사라진 것으로 구분할 수 있다. 그러나 본고에서는 관련 정보를 확인하기 어렵기 때문에 융기부의 유무만을 기준으로 삼았다. 이상과 같은 제속성을 토대로 필자는 비파형동검을 6개 형식으로 구분하였다(표 1, 그림 2).

A식 비파형동검은 봉부는 단봉형이며, 기부는 호형이고, 돌기부와 융기부가 뚜렷해서 비파형동검의 모든 특징을 갖추고 있다. 십이대영자 2호묘 출토 비파형동검을 표지유물로 한다. 오한기 산만자(山灣子) 거푸집과 같은 형식에서 생산된 것으로 판단된다.

---

32) 조진선, 2010,「요서지역 청동기문화의 발전과정과 성격」,『요하문명의 확산과 중국 동북지역의 청동기문화』, 동북아역사재단, 169~172쪽.

속성	봉부 길이	단봉형		단봉 or 중봉형	중봉 or 장봉형	장봉형	
	기부 형태	호형	사절형	사절 or 직절형		직절형	
	돌기부 유무	뚜렷				미약	없음
	융기부 유무	있음				없음	
형식	형식	A식	B식	C식	D식	E식	F식
	대표유적	십이대영자 2호	십이대영자 1호	정가와자 6512호	남동구	과목수영자	Fa식 : 대청산식 Fb식 : 윤가촌식
	편년	BC9~8	BC8~7	BC6~5	BC5~4	BC4~3	BC3~1
분기		전기		중기		후기	
		(전형)비파형동검문화				변형비파형동검문화	

표 1 중국 동북지역 비파형동검의 형식과 편년 및 분기 설정

B식 비파형동검은 A식과 비슷하지만 검신 기부가 사절하는 것이 특징이다. 십이대영자 1호묘와 영성 남산근 101호묘 출토품이 대표적이다. 조양(朝陽) 황화구(黃花溝) 거푸집과 같은 형식에서 생산된 것으로 판단된다.

C식 비파형동검은 봉부는 중봉형이 많으며, 기부형태는 사절형과 직절형이 모두 확인된다. 곡인의 형태는 여전하지만 돌기부가 밋밋해지고 결입부가 넓어지면서 전체적으로 검신이 좁아들었다. 등대의 융기부는 뚜렷하지만 A식과 B식 비파형동검보다는 미약해졌다. 정가와자 6512호묘 출토품을 표지유물로 한다.

D식 비파형동검은 C식과 유사하지만 좀 더 세신화되었다. 가장 큰 차이는 봉부가 중봉형이나 장봉형으로 길어진 것이다. 돌기부와 융기부는 미약하지만 여전히 곡인의 형태를 띠고 있다. 객좌(喀左) 남동구(南洞溝)나 북표(北票) 하가구(何家溝) 출토품이 대표적이다. 요양 탑만촌(塔灣村) 거푸집과 같은 형식에서 생산된 것으로 보인다.

E식 비파형동검은 외형상 D식과 유사하지만 돌기부가 거의 사라져서 곡인의 형태를 찾아보기 어려우며, 등대의 융기부도 사라졌다. 봉부는 장봉형이며, 기부도 대부분 직절형이다. 따라서 E식에 이르면 비파형동검의 특징적인 속성들이 사실상 사라졌기 때문에 이 형식부터 변형비파형동검으로 분류할 수 있다. 객좌 과

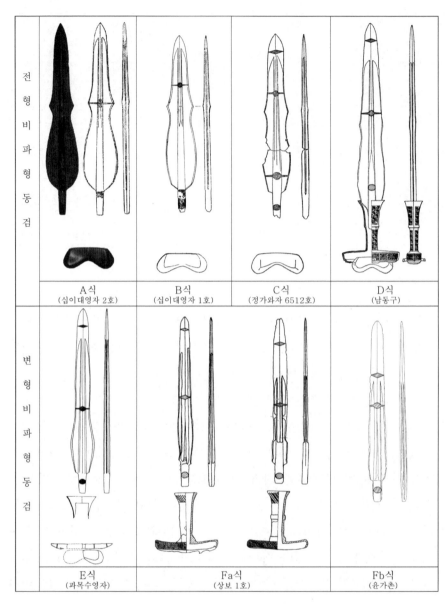

전형비파형동검

| A식
(십이대영자 2호) | B식
(십이대영자 1호) | C식
(정가와자 6512호) | D식
(남동구) |

변형비파형동검

| E식
(파목수영자) | Fa식
(상보 1호) | Fb식
(윤가촌) |

그림 2 중국 동북지역 비파형동검의 형식분류

목수영자(果木樹營子)나 건창(建昌) 동대장자(東大杖子) 출토품이 대표적이다.

　F식 비파형동검은 대청산식(大靑山式)이나 윤가촌식(尹家村式)으로 불리는 변형 비파형동검이다. 곡인의 형태를 벗어나 직인화되었으며, 등대에서 융기부도 찾

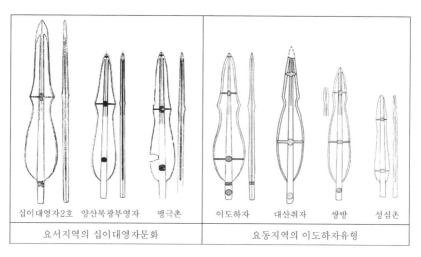

십이대영자2호	양산북광부영자	맹극촌		이도하자	대산취자	쌍방	성심촌
요서지역의 십이대영자문화				요동지역의 이도하자유형			

그림 3 십이대영자문화와 이도하자유형의 비파형동검 비교

아볼 수 없다. 대청산식을 Fa식, 윤가촌식을 Fb식으로 명명하였다.

다음으로 이도하자유형에서 출토되는 검신이 짧은 비파형동검에 대하여 살펴보자. 이도하자식 비파형동검은 봉부가 1㎝ 내외인 단봉형이며, 기부는 호형이다. 그래서 A식 비파형동검의 특징을 가지고 있다. 이러한 현상은 한반도 중남부지역에서도 마찬가지여서 요동 북부와 한반도의 비파형동검은 요서지역과 구분되는 자체적인 변천과정을 걷고 있는 것으로 판단된다. 이도하자식 비파형동검은 A식 비파형동검을 조형으로 등장한 것으로 보인다. 본계 양가촌유적은 요동지역에 위치하지만 비파형동검과 검파두식 모두 십이대영자 2호묘 출토품과 유사하며, 다뉴조문경은 십이대영자 3호묘 출토품과 동일한 문양구성을 가지고 있다. 필자는 이도하자식 비파형동검의 검신이 짧아지게 된 것은 동검의 연마와 사용방법 때문으로 본다. 즉 이도하자식 비파형동검은 봉부를 중심으로 연마되기 때문에 검신 상부가 닳아져 짧아지게 되는 것이다. 그런데 요서지역의 십이대영자문화에서도 검신 상부가 짧은 비파형동검들이 확인된다(그림 3 참고). 이러한 동검들 역시 봉부는 1㎝ 내외로 아주 짧은 단경식이다. 비파형동검은 속성상 봉부

쪽이 일정 이상으로 연마되면 봉부가 1㎝ 내외로 아주 짧아지게 되는데,[33] 요동과 요서를 막론하고 검신 상부가 짧은 비파형동검들은 봉부가 1㎝ 내외에 불과하다.

보란점(普蘭店) 쌍방(雙房)유적이나 철령(鐵嶺) 대산취자(大山嘴子)유적의 비파형동검은 검신 하부가 좁아들어 상당히 세신화되었으며 서풍(西豐) 성신촌(誠信村)유적 출토품은 더욱 세신화되었다. 따라서 이도하자유형에서는 A식 비파형동검이 보급된 이후 자체적인 변천과정을 거치지만 요서지역에 비해 청동기의 보급이 원활하지 않았던 것으로 생각된다. 상한연대는 본계 양가촌유적으로 보아 요서지역 십이대영자문화의 A식 비파형동검과 크게 차이나지 않을 것으로 추정된다. 또한 하한연대는 이도하자유형에서 B식 비파형동검이 전혀 확인되지 않는 대신 쌍방이나 대산취자 비파형동검과 같이 검신폭이 좁아든 동검들이 출토된다는 점에서 B식이나 C식 비파형동검 단계까지 지속된 것으로 생각된다.

주지하다시피 비파형동검의 가장 큰 특징은 돌기부가 형성되어 곡인이 뚜렷하고 등대에 융기부가 형성되어 있는 점이다. 필자는 돌기부와 융기부가 뚜렷하게 형성되어 있는 A~D식을 전형비파형동검으로, 돌기부와 융기부가 미약해지거나 사라진 E식과 F식을 변형비파형동검으로 분류하였다.[34]

이러한 비파형동검 형식분류는 공반유물과의 비교를 통해서 그 타당성을 확인할 수 있다. 비파형동검과 자주 공반되는 유물로는 다뉴조문경과 거마구를 들 수 있다. 전형비파형동검과 공반되는 다뉴조문경은 경판이 두툼하고 배면에는 뇌문이 베풀어져 있으며 주연부는 평연이나 방연이다. 배면의 뇌문은 3형식을 구분할

---

33) 비파형동검이나 세형동검 모두 등대는 봉부로 가면서 점차 얇아지고 검엽은 반대로 두꺼워진다. 봉부는 반비례하는 등대와 검엽이 연마되는 과정에서 자연스럽게 형성된다(조진선 2001). 최근 세형동검에 대한 실험고고학에서도 봉부가 검신의 일정 부분 이하로 내려오면 아주 짧게 형성된다는 것을 확인하였다(吉田廣 외 2013).

34) 필자의 C식 비파형동검을 변형비파형동검으로, E식과 F식을 초기세형동검으로 분류한 연구자도 있다(박준형 2012). 그러나 모든 E식과 F식이 한반도 세형동검의 조형이 될 수 없다는 점에서 초기세형동검이라는 명칭은 적절하지 않다. 또한 C식과 D식은 비파형동검의 특징적인 속성들이 뚜렷하기 때문에 전형비파형동검으로 분류해야 한다.

그림 4 뇌문의 형식분류

수 있는데, a식 뇌문은 직각변이 길고 예각변이 짧은 것이며, b식은 반대로 직각변이 짧고 예각변이 긴 것이고, c식은 예각변이 연속된 변형 뇌문이다(그림 4).[35]

A식 비파형동검이 출토된 조양 십이대영자와 본계 양가촌유적에서 a식 뇌문의 다뉴조문경이 출토되고 있어 서로 밀접한 관계임을 보여준다. B식 비파형동검이 출토된 대랍한구(大拉罕溝) 851호묘와 포수영자(炮手營子) 881호묘, C식 비파형동검이 출토된 정가와자(鄭家窪子) 6512호묘에서는 모두 b식 뇌문의 다뉴조문경이 출토되었다. 다만, 대랍한구 851호묘와 포수영자 881호묘의 다뉴조문경은 뇌문이 3조 이상이지만 정가와자 6512호묘의 다뉴조문경은 2조이다. 평양 신성동에서는 E식 또는 F식 변형비파형동검과 b식 뇌문의 다뉴조문경이 공반되었는데 뇌문은 1조뿐이다. 또한 주연부가 삼각연이고 경판이 얇아져서 이전의 다뉴조문경과는 차이를 보이고 있다. 주연부가 삼각연이고 경판이 얇으며 배면에 태양문이나 엽맥문이 베풀어진 다뉴조문경은 Fa식(대청산식) 변형비파형동검들과 자주 공반되고 있다.[36] 따라서 중국 동북지역에서 다뉴조문경은 순차적으로 형식변천을 하고 있으며, 그것이 비파형동검의 형식변천과 궤를 같이한다.

이러한 변천양상은 거마구에서도 확인된다. 거마구는 하가점상층문화 남산근유형의 여러 유적들에서 많이 출토되며, 십이대영자문화에서도 적지 않게 출토되었다. 중국 동북지역 거마구의 변천양상에 대해서는 이미 자세한 연구가 이루

---

35) 조진선, 2008, 「다뉴조문경의 형식변천과 지역적 발전과정」, 『한국상고사학보』 62, 36~39쪽.
36) 앞의 글, 2008, 27~54쪽.

어졌다.[37] A식과 B식 비파형동검이 출토된 십이대영자(十二臺營子) 1호묘와 2호묘, 원대자(袁臺子) 122호묘, 대랍한구 851호묘, 오금당(烏金塘) 유적에서는 청동제, 또는 골제 표(鑣)만 출토되고 함(銜)이 확인되지 않는데, 함은 가죽과 같은 유기물을 사용한 것으로 보았다. 청동제 함은 C식 비파형동검이 출토된 정가와자 6512호묘에서 확인되기 시작하는데, 조합식(組合式) 직간함(直杆銜)과 조합식 이절함(二節銜)이 공반된다. 또한 뱀모양 표는 앞선 시기의 십이대영자문화 유적들에서 출토된 것과 비슷해서 정가와자 6512호묘가 요서지역 십이대영자문화에서 기원한 것을 알 수 있다. D식 비파형동검이 출토된 삼관전(三官甸)유적에서도 조합식 직간함과 조합식 이절함이 출토되어 정가와자 6512호묘를 계승하며 동물형 절약과 표도 그러한 양상을 반영하고 있다. 그러나 D식 비파형동검이 출토된 남동구유적에서는 이절함만 출토되었다. 중심연대가 E식 변형비파형동검의 시기로 추정되는 동대장자유적에서도 이절함만 출토되고 있어 비파형동검의 형식과 거마구의 변천양상이 서로 일치하는 것을 볼 수 있다.

따라서 거마구를 보면 A식과 B식 비파형동검 단계에서는 재지적인 특징이 우선시되며, C식 비파형동검 단계에서는 재지적인 특징을 중심으로 하면서 중원문화적 요소가 도입되기 시작한다. D식 비파형동검 단계에는 앞 단계의 양상이 이어지지만 중원적인 색채가 좀 더 강해졌으며, E식 변형비파형동검 단계에 이르면 중원문화적 색채가 더욱 강해진 것을 알 수 있다.

(2) 비파형동검의 편년과 분기 설정

전형비파형동검 가운데 B식 비파형동검의 연대는 비교적 확실하다. 그 이유는 하가점상층문화의 유적들에서 B식 비파형동검이 중원계 청동예기와 공반되고 있기 때문인데, 이 유적들은 대체로 기원전 8~7세기로 편년되고 있다.[38] 따라서 B

---

37) 손로, 2011, 앞의 글, 5~38쪽.
38) 김정열, 2011, 「하가점상층문화에 보이는 중원식 청동예기의 연대와 유입 경위」, 『한국상고사학보』 72, 61~85쪽.

식 비파형동검의 연대는 기원전 8~7세기로 볼 수 있으며, 이보다 이른 A식 비파형동검은 기원전 9~8세기로 설정할 수 있을 것이다. C식 비파형동검은 공반된 거마구로 보아 기원전 6~5세기로 편년할 수 있으며,[39] 이보다 후행하는 D식 비파형동검은 기원전 5~4세기로 볼 수 있는데, 공반된 중원식동과의 연대와도 부합된다.[40] 그리고 E식 변형비파형동검의 연대는 공반된 중원계 거마구와 중원식동과로 보아 기원전 4~3세기로 편년되며, F식 변형비파형동검은 기원전 3~2세기가 중심을 이루지만 일부는 기원전 1세기까지도 내려올 것이다.[41] 이를 토대로 중국 동북지역 비파형동검문화의 발전과정은 크게 3단계로 구분할 수 있다.

전기는 A식과 B식 비파형동검이 유행하는 시기이다. 비파형동검과 다뉴조문경은 형식이 달라지지만 거마구가 차이를 보이지 않기 때문에 한 시기로 묶을 수 있다. 연대는 기원전 9~7세기경으로 편년된다.

중기는 C식과 D식 비파형동검이 유행하는 시기이다. 비파형동검은 검신이 좁아들면서 세신화되기 시작하며 봉부도 길어진다. 뇌문의 다뉴조문경이 여전히 유행하고 있지만 b식 뇌문만 남아있으며 그나마도 2조 이하로 간략화되었다. 중기에는 재지계 청동기들이 중심을 이루고 있지만 중원계 문물들이 유입되기 시작한다. 연대는 기원전 6~4세기로 편년된다.

후기는 변형비파형동검이 등장해서 유행하는 시기이다. E식 변형비파형동검은 중원계 유물과 빈번하게 공반되는데 비교적 짧은 시간동안 유행한 것으로 보인다. F식 변형비파형동검은 다뉴조문경이나 점토대토기와 같은 재지적인 유물들이 많이 공반되는 Fa식(대청산식)과 중원계 유물이 빈번하게 공반되는 Fb식(윤가촌식)으로 구분할 수 있다. F식은 상당히 긴 시간 동안 지속되었기 때문에 세부적

---

39) 손로, 2011, 앞의 글, 5~38쪽.

40) 趙鎭先·成璟瑭, 2007, 「關于中國東北地區和朝鮮半島銅戈的考察-以中原式銅戈爲中心-」, 『內蒙古文物考古』 37, 內蒙古自治區文化廳·內蒙古考古博物館學會, 53~71쪽.

41) 이후석, 2008, 「중국 동북지역 세형동검문화 연구-요녕식세형동검을 중심으로-」, 『숭실사학』 21, 5~135쪽.

인 형식분류도 가능하다.[42] 후기의 연대는 기원전 3~2세기가 중심을 이루고 있지만 E식 일부는 기원전 4세기 후반까지 올라갈 수도 있으며, F식 일부는 기원전 1세기까지도 내려올 것으로 생각된다.

이상을 정리하면, 기원전 9~7세기의 전기에는 재지계 문화가 중심으로 이루고 있으며, 기원전 6~4세기의 중기에는 여전히 재지계 문화가 중심을 이루고 있지만 중원계 문화가 유입되기 시작한다. 기원전 3~2세기의 후기에는 재지계 문화가 급격하게 축소되면서 지역에 따라 중원계 문화가 대세를 이루기도 한다.

2. 중국 동북지역 비파형동검문화의 전개과정

(1) 전기와 중기의 비파형동검문화(전형비파형동검문화)

중국 동북지역에서 비파형동검문화의 전기와 중기 유적들은 요서지역부터 요동의 천산 이서지역에 주로 분포하고 있다(그림 5). 현재까지 확인된 유적들을 보면, 요서지역, 요동반도, 요동 북부~길림성 중남부지역의 3개 권역으로 구분할수 있다. 요서지역은 노합하유역에 분포하는 하가점상층문화 남산근유형을 제외하면 대부분 십이대영자문화에 해당한다. 요동반도에는 다장의 화장 적석묘를 중심으로 하는 강상유형이 분포하며, 요동 북부~길림성 중남부지역에는 석관묘와 적석묘를 중심으로 하는 이도하자유형이 분포하고 있다.

이와 같이 비파형동검문화는 전기부터 요서와 요동지역에 폭넓게 분포하고 있다. 다만 A식 비파형동검이라도 요서의 십이대영자문화 비파형동검은 30㎝ 내외인 것이 많지만 요동의 이도하자유형 비파형동검은 25㎝ 내외로 짧다. 이 때문에 비파형동검의 기원을 요동지역으로 보기도 하지만 이 경우 십이대영자문화에서 확인되는 다양한 종류의 청동기들을 설명하는데 한계가 있다. 또한 비파형동검의 검신이 짧은 것은 주조 당시부터 짧았기 때문이 아니라 사용과 연마가 반복

---

42) 위의 글, 5~135쪽.

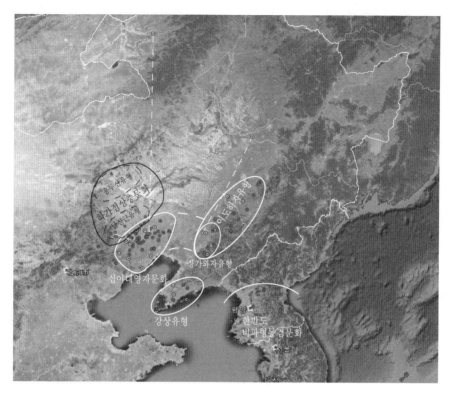

그림 5 중국 동북지역 비파형동검문화의 전기·중기 문화권(바탕사진은 구글어스)

되면서 봉부 쪽이 닳아졌기 때문이다. 따라서 이도하자유형에서 청동기는 기종이 단순하고 비파형동검도 상대적으로 긴 시간 동안 사용되었을 것이라는 점에서 요서지역에 비해 청동기의 보급이 제한적이었던 것으로 생각된다. 요동반도의 강상유형에서는 A식에 이어 B식 비파형동검들이 출토되며, 실제 사용했는지 여부는 불분명하지만 거마구도 확인된다. 이러한 차이는 강상유형이 묘제와 출토유물에서 모두 이도하자유형과 구분되는 것을 나타낸다.

따라서 비파형동검문화는 기원전 1000년기 초에 대능하유역을 중심으로 등장·발전하였으며, 이른 시기부터 요동지역으로 파급되어 이도하자유형과 강상유형의 형성 계기가 되었다. 강상유형은 묘제와 장제에서는 십이대영자문화와 뚜렷하게 구분되는지만 A식에 이어 B식 비파형동검이 등장하고 있어서 초기부터 밀접한 관계를 맺고 있었던 것으로 생각된다. 하지만 이도하자유형에서는 B식 비파형동검 대신에 자체적으로 변천하는 쌍방이나 대산취자 출토품과 같은 동검들이 확인되고 있어서 발전과정이 서로 구분된다.

비파형동검문화는 중기에 들어서도 기본적으로 전기의 양상을 유지하고 있다. 즉, 대·소능하유역에서는 십이대영자문화가 지속되며, 요동반도의 강상유형에서도 와룡천(臥龍泉)유적에서 보는 것처럼 C식 비파형동검이 이어지고 있다. 하지만 이도하자유형이 분포하는 요동 북부지역에서는 큰 변화가 확인된다. 가장 큰 변화는 심양 정가와자 6512호묘와 같은 토광(목곽)묘가 확인되고 있는 점인데, 이를 정가와자유형으로 부르기로 한다. 정가와자유형은 묘제뿐 아니라 비파형동검과 다뉴조문경, 다양한 종류의 거마구 등이 모두 요서의 십이대영자문화를 계승하고 있어서 일찍이 지적된 것처럼[43] 십이대영자문화의 연장선상으로 이해된다. 더구나 이러한 비파형동검이 이도하자유형의 범위를 벗어난 흑룡강성 남부의 쌍성시나 내몽고자치구 호륜패이시에서도 출토되는 점을 생각하면 그 성격이 더욱 분명해진다. 즉, 십이대영자문화는 중기에 들어서 요동지역으로 보다 적극적으로 확산되는 것은 물론, 북방초원지역과도 교류의 폭을 넓혀가고 있는 것이다.

(2) 후기의 비파형동검문화(변형비파형동검문화)

비파형동검문화는 후기에 이르러 큰 변화를 보이는데, 비파형동검의 특징들이 모두 사라진 변형비파형동검을 표지로 하는 점에서 변형비파형동검문화로 부를 수 있다. 이 시기의 가장 큰 특징은 요서지역에서 십이대영자문화가 급격하게 쇠퇴하는 것이다. 물론 대능하 상류지역에서 동대장자유형(東大杖子類型)이, 노호산하 상류지역에서 수천유형(水泉類型)이 확인되고 있지만 이미 중원문화가 깊숙하게 침투해 있으며, 그나마 E식 변형비파형동검을 끝으로 더 이상 비파형동검문화가 발전하고 못하고 있다.

하지만 요동지역에서는 E식에 이어 F식 변형비파형동검이 확인되고 있다. F식

---

43) 靳楓毅, 1982, 앞의 글, 386~426쪽; 靳楓毅, 1983, 앞의 글, 39~54쪽.

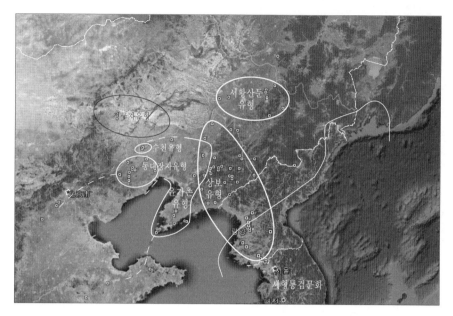

그림 6 중국 동북지역 비파형동검문화의 후기 문화권(바탕사진은 구글어스)

변형비파형동검은 요동 북부~길림성 중부지역에 걸쳐 분포하는 Fa식(대청산식)과 요동반도~심양지역을 중심으로 분포하는 Fb식(윤가촌식)으로 구분된다. Fa식 변형비파형동검은 다뉴조문경과 점토대토기 등이 공반되는 등 재지적인 성격이 강하지만 Fb식은 재지계 유물을 거의 찾아볼 수 없는 대신 중원식 동검·동과와 중원계 도기가 자주 공반된다.[44) Fb식이 출토되는 지역은 비파형동검문화 전·중기에 강상유형과 정가와자유형이 집중 분포하는 지역이라는 점에서 시사하는 바가 크다. 또한 요서지역은 물론 하북성과 산동성에서 E식이나 Fb식 변형비파형동검이 출토되고 있는 점도 Fb식 변형비파형동검문화의 성격을 짐작하게 하는 단서가 된다.

　Fa식 변형비파형동검은 요동 북부~길림성 중부지역에 걸쳐 분포하고 있다. 따라서 이전 시기의 이도하자유형 분포권을 포괄하면서 동남쪽으로는 천산을 넘어

---

44) 조진선, 2008, 앞의 글, 27~54쪽.

압록강유역은 물론 서북한지역까지, 북쪽으로는 흑룡강성 남부까지 파급되고 있어 주변지역으로 훨씬 넓게 확대되었다. Fa식 변형비파형동검권은 요동 북부지역을 중심으로 하는 상보유형과 길림성 중부지역을 중심으로 하는 서황산둔유형으로 구분할 수 있다. 서황산둔유형에서 출토되는 Fa식 변형비파형동검은 검신 기부 쪽에 구멍이 2~4개가 뚫려 있어서 그렇지 않은 상보유형의 Fa식 변형비파형동검들과 차이를 보인다. 상보유형은 다뉴조문경이나 점토대토기와 같은 재지적인 문화가 유지되면서도 토광묘와 같은 새로운 묘제가 유입되고 중원계 유물들도 출토된다. 그러나 서황산둔유형은 지석묘나 석관묘 계통의 묘제에서 다장의 화장 전통이 유지되는 등 재지적인 문화전통이 훨씬 강하다. 늦은 시기에 이르면 중원계 유물들이 유입되며, 촉각식동검이 서황산둔유형의 특징적인 유물로 등장하고 있다.

이상과 같이, 기원전 1000년기 후엽의 변형비파형동검문화는 크게 3개의 유형으로 구분된다. 첫째, 윤가촌유형은 요동반도~심양 일대를 중심으로 하면서 요서지역으로 이어진다. E식과 Fb식(윤가촌식) 변형비파형동검이 특징적이다. 둘째, 상보유형은 Fa식(대청산식) 변형비파형동검, 다뉴조문경, 점토대토기와 같은 재지 문화가 중심을 이루지만 중원계 유물들도 공반된다. 서북한지역에서도 E식과 Fa식 변형비파형동검이 출토되고 있어서 상보유형은 요동 북부지역부터 서북한지역에 걸쳐 분포하고 있는 것으로 판단된다. 셋째, 서황산둔유형은 Fa식(대청산식) 변형비파형동검, 다뉴조문경이 확인되며, 묘제와 유물이 좀 더 재지적인 특징을 띠고 있다.

Ⅳ. 중국 동북지역의 청동기문화와 고조선

1. 기원전 1000년기 전엽의 청동기문화와 고조선

중국 동북지역의 비파형동검문화는 전기, 중기, 후기로 구분할 수 있다. 전기에는 요서지역의 십이대영자문화, 요동지역의 강상유형과 이도하자유형으로 구분되는데, 이 중 십이대영자문화가 가장 중심적인 문화를 이루고 있다. 중기에도 이러한 상황은 크게 달라지지 않지만 십이대영자문화가 심양과 요양 일대까지 깊숙하게 침투한다. 또한 전기에는 서북쪽의 하가점상층문화와의 교류가 중심을 이루고 있지만 중기에는 동북쪽의 북방초원지역과 교류가 이루어지고 있다. 이와 같은 양상의 변화는 중기에 이르러 하가점상층문화가 쇠퇴하였기 때문일 것이다. 비파형동검문화는 후기에 이르러 커다란 변화를 보이게 된다. 요서지역에서 십이대영자문화가 급속하게 쇠퇴하지만 요동지역에서는 변형비파형동검문화가 윤가촌유형, 상보유형, 서황산둔유형으로 분리되면서 지속되고 있다.

고조선의 강역, 또는 중심지는 이러한 중국 동북지역 비파형동검문화의 전개과정 속에서 찾아야 할 것이다. 중국에서는 기원전 7세기경에 이미 고조선의 실체를 인식하고 있으며, 기원전 4~2세기에는 서로 갈등하며 충돌하기도 한다. 문헌에서 확인되는 고조선의 시기는 중국 동북지역 비파형동검문화의 연대와 대체로 부합된다. 그러나 대동강유역은 대부분 E식이나 F식 변형비파형동검만 출토되고 있어서 고조선의 전 기간을 포괄하기 어렵다. 연안 금곡동유적 출토품을 이 지역을 대표하는 비파형동검으로 언급하기도 하지만 연안 금곡동은 대동강유역보다는 중부지역에 가까운 지역이다. 또한 한반도의 세형동검문화를 고조선과 연결시키기에는 분포지역과 연대에서 차이가 있다.[45]

지금까지 중국 문헌에 남아있는 고조선 관련 기록들은 많지 않다. 필자는 이 중 반영시기가 비교적 분명한 기록들과 중국 동북지역 비파형동검문화의 전개과정을 비교하여 대체적인 고조선의 위치와 강역을 파악해 보고자 한다.

우선 비파형동검문화의 전기에 해당하는 기록으로는 『관자(管子)』에서 확인되는 제환공(齊桓公)(기원전 685~643년)과 관중(管仲)의 대화를 들 수 있다. 『관자』가 성책된 시기가 늦기 때문에 그 당시를 반영하는지 의문이 없지는 않지만,[46] 제나라

---

45) 조진선, 2005, 「북한지역 세형동검문화의 발전과 성격」, 『한국상고사학보』 47, 59~87쪽.
46) 노태돈, 1990, 앞의 글, 31~32쪽.

환공 때라는 시대적인 배경, 신석기시대부터 초기 청동기시대까지 지속된 산동
반도와 요동반도 사이의 교류관계,[47] 기원후 3세기에 요동반도에 있던 현(縣)이
산동반도로 이치되고 있는 점[48] 등을 고려하면, 요동반도와 산동반도는 신석기시
대부터 역사시대에 이르기까지 긴밀한 관계를 유지해 온 것으로 판단된다. 이러
한 측면을 고려하면 산동에 있던 제나라는 일찍부터 요동반도 지역에 대한 정보
가 적지 않았을 것으로 짐작된다. 따라서『관자』의 기록이 기원전 7세기경의 상황
을 반영하고 있는 것으로 보아도 큰 문제는 없을 것이다.

　　○『管子』「揆度」‘桓公問管子曰 吾聞海內玉幣七筴 可得而聞乎 管子對曰
　　　…… 燕山之紫山白金一筴也 發朝鮮之文皮一筴也’
　　○『管子』「輕重甲」‘管子對曰 …… 發朝鮮不朝 請文皮 毤服而以爲幣乎
　　　…… 豹之皮容金而金也 然後八千里之發朝鮮可得而朝也’

　　위의 기록을 통해 기원전 7세기경 산동반도에 있는 제나라의 인식 범위 안에
‘발조선(發朝鮮)’, 또는 고조선이 있었다는 것을 알 수 있다. 또한 발과 조선이 연칭
되어 있어서 2개의 집단이 서로 관련되는 지역에 있었을 것으로 생각된다. 필자
는 전기의 비파형동검문화를 대·소능하유역의 십이대영자문화, 요동반도의 강상
유형, 요동 북부~길림성 중남부의 이도하자유형으로 세분하였다. 그러므로 ‘발조
선’은 이 중 2개를 지칭한 것으로 추정해 볼 수 있다.

　　‘발조선’의 순서에는 제나라와의 지리적인 원근(遠近)이 반영되어 있을 가능성
이 크므로 제나라와 가까운 지역 집단이 ‘발(發)’, 그 배후에 있는 집단이 ‘조선(朝
鮮)’으로 지칭되었을 가능성이 클 것이다. 산동반도와 요동반도는 신석기~초기청
동기시대는 물론 역사시대에도 교류가 활발하였다는 점을 고려하면, 요동반도에
위치한 강상유형이『관자』에 언급된 ‘발’로, 그 배후에 있는 이도하자유형이나 십

---

47)　곽대순·장성덕, 2005, 앞의 책, 224~233 · 350~361쪽.
48)　노태돈, 1990, 앞의 글, 49~50쪽.

그림 7 기원전 1000년기 전엽의 고조선 위치 비정(바탕사진은 구글어스)

이대영자문화가 '조선'으로 인식되었을 가능성을 생각해 볼 수 있다. 강상유형과 지리적으로 가까운 것은 이도하자유형이지만 필자는 강상유형의 비파형동검이 십이대영자문화의 비파형동검과 형식변천의 궤를 같이 하고 있는 점을 중시해서 『관자』에 언급된 고조선은 십이대영자문화를 지칭할 가능성이 크다고 생각한다. 이러한 상황은 기원전 1000년기 중엽의 문헌기록들과 고고학 자료들을 살펴보면 더욱 뚜렷해진다.

2. 기원전 1000년기 중엽의 청동기문화와 고조선

기원전 1000년기 중엽의 문헌기록으로는 소진(蘇秦)과 관련된 『전국책(戰國策)』과 『사기(史記)』의 기록을 들 수 있다. 소진이 연나라의 문후(文侯)(또는 소왕(昭王))에게 연나라의 사방과 국력을 언급하고 있는 것으로 보아 그 배경이 되는 시기는 기원전 4세기 후반일 것이므로 비파형동검문화의 중기와 관련된 문헌기록으로 생각된다.

○『戰國策』「燕策」"蘇秦將爲從 北說燕文侯曰 燕東有朝鮮遼東北有林胡樓
煩西有雲中九原南有嘑沱易水地方二千餘里"

○『史記』「蘇秦列傳」"去遊燕, 歲余而後得見. 說燕文侯曰 "燕東有朝鮮遼
東, 北有林胡樓煩, 西有雲中九原, 南有溥沱易水, 地方二千余里, 帶甲數十
萬, 車六百乘, 騎六千匹, 粟支數年. 南有碣石, 雁門之饒, 北有棗栗之利, 民
雖不佃作而足于棗栗矣. 此所謂天府者也."

위의 기록으로 알 수 있는 것은 기원전 4세기경에 연나라의 동쪽에는 '조선요
동(朝鮮遼東)'이 있었다는 것이다. 또한 연나라의 강역이 방 2000여리라 하였으므
로 고조선의 강역도 이와 비슷했을 가능성을 생각해 볼 수 있다.[49] 소진은 연의
동쪽에 "조선요동"이 있다했으므로 '조선'이 '요동(遼東)'보다 연나라에 가까웠을
가능성도 있지만 이에 대해서는 회의적인 의견이 대부분이다.[50] 그 이유는 남쪽
에 있는 '호타이수(嘑沱易水)'가 연의 도읍이었던 북경지역을 기준으로 보면 역순
이 되기 때문이다. 하지만 이 말을 한 주체는 소진이고, 그는 연나라 사람이 아니
라 낙양 사람이라는 점을 주목할 필요가 있다. 즉, 소진은 중원을 기준으로 연의
사방을 표현했을 가능성이 크다. 이러한 가능성은 다음 기록으로도 그 타당성을
유추해 볼 수 있다.

○『史記』「匈奴列傳」"以晉北有林胡樓煩之戎 燕北有東胡山戎"

○『史記』「匈奴列傳」"而趙武靈王亦變俗胡服 習騎射 北破林胡樓煩 築長城
自帶并陰山下 至高闕爲塞而置雲中雁門代郡."

○『史記』「趙世家」"攘地北至燕代, 西至雲中九原."

첫 번째 기록은 기원전 7세기 후엽의 상황을 기록한 것인데, 진(晉)나라 북쪽에

---

49) 조진선, 2010, 앞의 글, 185쪽.
50) 서영수, 2008, 「요동군의 설치와 전개」, 『요동군과 현도군 연구』, 동북아역사재단, 20~21쪽.

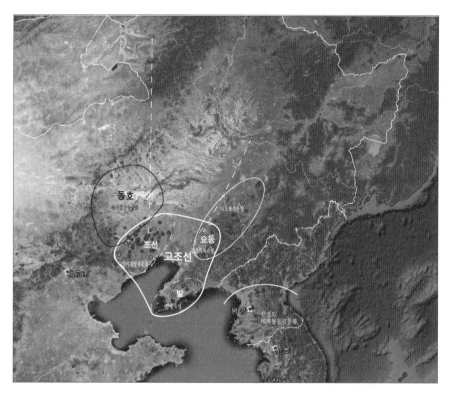

그림 8 기원전 1000년기 중엽의 고조선 위치 비정(바탕사진은 구글어스)

임호누번(林胡樓煩)이 있다는 것이다. 두 번째와 세 번째 기록은 조(趙)나라 무령왕 (武靈王)과 관련된 기록으로 조나라의 북쪽에 '임호누번'이 있고 서쪽에 '운중구원 (雲中九原)'이 있다는 것이다. 춘추시대 진이나 전국시대 조는 모두 중원에 있는 나라인데, 이 기록들의 순서가 소진이 연나라의 북쪽과 서쪽을 언급했을 때와 동일하다. 따라서 소진이 언급한 연나라의 사방 나열 순서는 춘추전국시대에 중원지역에서 관용적으로 행해진 표현일 가능성이 크다. 이러한 점을 고려하면, '호타이수'는 중원지역(낙양)을 기준으로 하는 지리적인 순서이며, '조선요동' 역시 중원지역을 기준으로 하는 지리적인 원근의 순서일 것이다. 그래서 낙양을 기준으로 하면, 서남쪽에서 동북쪽 순으로 호타(嘑沱)·이수(易水)·연(燕)·조선·요동이 있게되므로 '조선'이 '요동'보다 연나라 가까이에 있는 것이 하등의 문제가 없게 된다.

그러므로 기원전 1000년기 중엽의 비파형동검문화 전개양상과 비교해보면, 고조선은 요서지역의 십이대영자문화와 심양·요양지역에 새로 형성된 정가와자유형을 포괄하는 지역에 자리하고 있었을 가능성이 크다. 또한 요동반도의 강상유형은 적석묘가 지속되면서도 십이대영자문화나 정가와자유형에서 새로 등장하는 형식의 비파형동검이 확인되고 있어서 긴밀한 관계를 엿볼 수 있다. 따라서 강상유형 역시 기원전 1000년기 전엽 이래로 고조선의 영향권 안에 있었을 것으로 생각된다.

3. 기원전 1000년기 후엽의 청동기문화와 고조선

기원전 1000년기 후엽의 기록으로는 우선,『삼국지(三國志)』에 인용된『위략(魏略)』과『사기』「흉노열전(匈奴列傳)」의 기록이 있는데, 기원전 4세기 후엽부터 기원전 3세기 전엽까지의 사건들을 순차적으로 기록하고 있다. 따라서 이 기록들은 비파형동검문화의 후기, 즉 비파형동검문화가 변형비파형동검문화로 전환되어가는 시기와 관련될 것으로 생각된다.

　○『魏略』'昔箕子之後朝鮮侯 見周衰 燕自尊爲王 欲東略地 朝鮮侯亦自稱爲王 欲興兵逆擊燕以尊周室 其大夫禮諫之 乃止 使禮西說燕 燕止之 不攻 後子孫稍驕虐 燕乃遣將軍秦開攻其西方 取地二千餘里 至滿番汗爲界 朝鮮遂弱'

　○『史記』「匈奴列傳」'其後燕有賢將秦開 爲質於胡 胡甚信之 歸而襲破走東胡 東胡卻千餘里 …… 燕亦築長城 自造陽至襄平 置上谷漁陽右北平遼西遼東郡而拒胡'

위의 기록들을 종합해보면, 연의 동북쪽에는 동호(東胡)와 고조선(古朝鮮)이 있었다. 진개(秦開)의 공격 이후에 연은 5군을 설치하였는데, 하북성 북부에 설치된 상곡군(上谷郡)과 어양군(漁陽郡)을 제외한 우북평군(右北平郡), 요서군(遼西郡), 요동군(遼東郡)은 동호를 1000여리 밖으로 몰아내고 얻은 땅과 고조선을 쳐서 빼앗은

2000여리의 땅에 설치되었을 것이다. 동호에서 1000여리, 고조선에서 2000여리를 빼앗았으므로 산술적으로 우북평군과 요서·요동 2군이 여기에 상응할 가능성이 크다. 우북평군은 노합하유역에, 요서군은 대·소능하유역에, 요동군은 요양과 심양지역을 중심으로 설치되었을 것이다.[51] 따라서 진개 침입 이전의 고조선, 즉 기원전 4세기까지의 고조선은 연이 요서군과 요동군을 설치한 지역이었을 가능성이 크다.[52] 이 경우 대·소능하유역의 십이대영자문화와 십이대영자문화의 한 지류인 정가와자유형의 분포권과 대체로 일치한다. 그리고 요동반도의 강상유형 분포권도 이때 빼앗긴 2000여리에 포함될 가능성이 크다. 강상유형은 적석묘라는 독특한 묘제를 채택하고 있음에도 불구하고 비파형동검은 일찍부터 요서지역의 십이대영자문화와 동일한 변천양상을 보이고 있다. 그뿐만 아니라 기원전 3~2세기에 유행하는 윤가촌유형이 요동반도 남단부터 요양·심양 일대를 중심으로 분포하고 있는 것도 이러한 사정을 반영하고 있는 것으로 생각된다.

그러므로 기원전 4세기 후반에 소진이 언급한 '조선요동'은 나중에 연이 설치한 요서·요동 2군과 대비될 가능성이 크다. 따라서 필자는 기원전 4세기 후엽까지 고조선의 중심지는 대·소능하유역의 십이대영자문화권에 있었을 것으로 본다.[53] 요동반도의 강상유형은 비파형동검문화 전기부터 십이대영자문화와 직간접적인 관계를 맺고 있었으며, 심양·요양지역은 비파형동검문화의 중기에 이르러 정가와자유형이 형성되면서 좀 더 직접적인 관계를 맺게 된다. 이러한 일련의 과정은 소진이 언급한 '조선'과 '요동'의 형성과정을 반영하는 것으로 이해된다.

마지막으로 기원전 3세기 후엽 진나라 때의 상황은 『삼국지』에 인용된 『위략』과 『사기』「진시황본기(秦始皇本紀)」를 통해 알 수 있다. 그리고 그 이후의 상황은 『사기』「조선열전(朝鮮列傳)」을 통해서 파악할 수 있다.

---

51) 배진영, 2005, 「연국의 오군 설치와 그 의미-전국시대 동북아시아의 세력관계-」, 『중국사연구』 36, 1~44쪽.
52) 서영수, 2008, 앞의 글, 33쪽.
53) 조진선, 2010, 앞의 글, 180~186쪽.

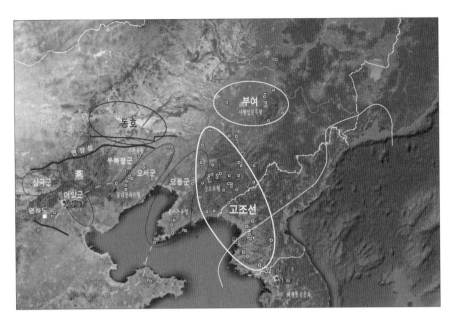

그림 9 기원전 3세기경의 고조선 위치 비정(바탕사진은 구글어스)

○『魏略』"及秦幷天下 使蒙恬築長城 到遼東 時朝鮮王否立 畏秦襲之 略服

屬秦 不肯朝會 否死 其子準立 二十餘年以陳項起 天下亂 燕齊趙民愁苦 稍

稍亡往準 準乃置之於西方"

○『史記』「秦始皇本紀」"地東至海暨朝鮮 西至臨兆羌中 南至北嚮戶北據河

爲塞 竝陰山至遼東"

위 기록을 통해, 기원전 3세기 후엽에도 고조선은 여전히 존속하고 있으며, 진

나라가 요동까지 세력을 미쳤고, 그 동쪽에 고조선이 접경하고 있었다는 것을 알

수 있다. 요동군은 현재의 요양 일대라는 견해[54]가 일반적이므로, 이를 고려하면

서 기원전 1000년기 후엽의 변형비파형동검문화와 비교해 본다면 이 문제에 접

근해 볼 수 있을 것이다. 요동지역의 변형비파형동검문화는 3개 유형으로 구분된

다. 윤가촌유형은 요동반도부터 요양·심양지역을 중심으로 분포하고 있어서 3

---

54) 서영수, 2008, 앞의 글, 29~30쪽.

개 유형 중 가장 남서쪽에 위치한다. Fb식(윤가촌식) 변형비파형동검이 출토되고 있지만 중원계 유물들이 빈번하게 출토되고 있다. Fb식(윤가촌식) 변형비파형동검은 요서는 물론 하북성과 산동성 일대에서도 출토되고 있다. 요동군의 중심이 요양 일대라는 점, 기원전 1000년기 중엽에는 강상유형과 정가와자유형이 분포하고 있었던 지역이라는 점을 고려하면 윤가촌유형의 분포권이 대체로 전국시대 연나라에 의해 설치되어 진한대(秦漢代)로 이어지는 요동군의 세력범위에 해당할 가능성이 크다. 또한 소진이 말했던 요동이 이 지역이었던 것으로 생각된다.

요동 동북부지역에는 상보유형이 자리하고 있는데, Fa식(대청산식) 변형비파형동검, 다뉴조문경, 점토대토기와 같이 재지적인 청동기문화가 중심을 이루고 있으면서도 중원계 유물들이 출토되고 있다. 상보유형을 대표하는 Fa식(대청산식) 변형비파형동검은 형식학적으로 이도하자유형의 비파형동검을 계승하고 있는 것이 아니라 십이대영자문화, 또는 정가와자유형의 비파형동검을 계승하고 있다. 이것은 이 지역에서 E식 변형비파형동검들이 출토되고 있는 점, 청동제 검병과 검파두식도 이도하자유형에서는 찾아볼 수 없는 것이라는 점에서 분명하다. 다뉴조문경 또한 십이대영자문화의 다뉴조문경을 계승하고 있다. 상보유형은 요동군 권역으로 추정되는 윤가촌유형의 동쪽에 위치할 뿐 아니라 분포 범위가 서북한지역까지 이어지고 있는 점을 고려하면 진개 침입 이후부터 준왕(準王) 때까지의 고조선과 그 이후의 위만조선(衛滿朝鮮)은 상보유형의 분포권 안에 자리하고 있었던 것으로 추정된다. 위만조선이 멸망하고 나서 설치된 한사군 가운데 비교적 오랫동안 존속한 현도군과 낙랑군의 범위와 대체로 일치하는 점도 이러한 가능성을 높여준다. 길림성 중부에는 서황산둔유형이 자리하고 있는데, 이 지역은 일반적으로 부여와 관련시켜 이해하고 있다.[55] 필자 역시 서황산둔유형이 부여와 관련될 것으로 본다.

마지막으로 비파형동검문화기에 해당되지는 않지만 상주교체기의 기자전승

---

55) 이종수, 2009, 『송화강유역 초기철기문화와 부여의 문화기원』, 주류성.

(箕子傳承) 문제도 언급해 둘 필요가 있다. 기자는 기원전 11세기경의 인물이므로 그의 생존 시기는 비파형동검문화의 상한연대를 벗어난다. 필자는 기자전승이 고조선과 관련되게 된 것을 중국 동북지역 청동기문화의 전개과정 속에서 살펴볼 수 있을 것으로 생각한다. 이와 관련해서 주목되는 지역이 객좌, 능원, 건창 등 대능하 상류지역이다. 현재까지 이 지역에서는 비파형동검문화 유적들이 많이 확인되었지만 전형적인 A식 비파형동검은 확인되지 않았다. 이것은 이 지역에서 비파형동검문화가 전기 후반부터 시작된 것을 의미하는데, 인접해 있는 노합하 유역의 하가점상층문화에서도 모두 B식 비파형동검만 출토되는 것을 고려하면 대능하 중류지역에서 발생한 십이대영자문화가 대능하 상류와 노합하유역으로 확산되는 시기는 전기 후반경으로 판단된다.

그런데 대능하 상류지역에서는 위영자문화와 상주교체기의 청동기매납유적이 빈번하게 확인되고 있다. 이를 토대로 국내 학계에서는 기자조선이 실재했다고 보거나[56] 그렇다고 기자조선이 대능하유역에 있었다고 보기는 어렵다는 견해,[57] 연나라가 객좌지역에 단기간 진출해서 남긴 것,[58] 또는 상쟁과정[59]이나 다양한 문화접촉과 교류관계의 산물[60]이라는 견해 등이 있다. 어느 경우이건 공통점은 상말주초(商末周初)에 이 지역이 중원문화의 영향을 받았다는 것이다. 그뿐 아니라 이 지역은 십이대영자문화에 편입된 이후에도 중원문화의 색채를 어느 정도 유지하고 있으며, 후기에 등장한 동대장자유형에서는 그 정도가 더욱 심화되었다. 더구나 후기에는 전기와 중기의 중심지였던 대능하 중류지역을 제치고 요서지역 최고의 중심지로 부상하고 있다.

이러한 점을 고려하면, 기원전 1000년을 전후한 시기부터 중원문화적 전통을

56) 이형구, 1991, 앞의 글, 7~54쪽.
57) 송호정, 2005, 앞의 글, 5~36쪽.
58) 박대재, 2010, 앞의 글, 111~148쪽.
59) 김정열, 2009, 앞의 글, 71~122쪽.
60) 오강원, 2011, 「상말주초 대능하 유역과 그 주변 지역의 문화 동향과 대능하 유역의 청동예기 매납유구」, 『한국상고사학보』 74, 5~44쪽.

강하게 지니고 있었던 대능하 상류지역의 집단이 기원전 1000년기 전엽에 십이 대영자문화, 즉 고조선의 체제[61]에 편입되고 나서도 중원문화의 전통을 어느 정도 유지하고 있었던 것으로 보인다. 그리고 연나라의 고조선 침입 이후에는 자신들의 문화적 전통을 기반으로 요서지역의 중심 집단으로 성장하게 되는데, 동대장자유형은 이와 관련된 산물로 이해된다. 그래서 기자전승은 중원문화의 전통이 강한 동대장자유형의 집단이 자신들을 고조선의 중심 집단으로 윤색하면서 만들어진 전승일 가능성을 생각해 볼 수 있다.

V. 맺음말

중국 동북지역, 러시아 연해주, 한반도, 일본열도에는 비파형동검문화와 세형동검문화로 대표되는 특징적인 청동기문화가 발달하였는데, 필자는 이를 동북아식청동기문화로 명명하였다. 기원전 1000년기 전·중엽의 비파형동검문화는 기원전 1000년기 후엽에 이르면 큰 변화를 보이는데, 중국 동북지역과 서북한지역에서는 변형비파형동검문화로, 청천강 이남의 한반도에서는 세형동검문화로 각기 발전하게 된다. 고조선에 대한 논의는 당연히 동북아식청동기문화의 범위 안에서 이루어져야 하며, 시·공간적인 상황을 감안하면, 한반도 중남부지역을 중심으로 분포하는 세형동검문화보다는 중국 동북지역을 중심으로 분포하는 비파형동검문화 및 변형비파형동검문화와 결부시켜 이해해야 할 것이다.

그중에서도 십이대영자문화는 기원전 9세기경에 대능하 중류지역에서 발생하여 기원전 8~7세기경에는 대능하 상류지역으로 확산하며, 기원전 6~4세기에는 요동지역까지 확산한다. 이 시기의 비파형동검문화를 전형비파형동검문화라고 부를 수 있는데, 요동반도에는 다장의 화장 적석묘를 중심으로 하는 강상유형이,

---

61) 고조선의 국가체제가 어느 정도인지는 알 수 없다. 본고에서는 정치적인 의미보다는 문화적으로 동일 문화권에 편입된 것을 의미한다.

요동 북부~길림성 중남부에는 석관묘와 지석묘를 중심으로 하는 이도하자유형이 자리하고 있다. 중국 동북지역의 청동기문화를 문헌기록상의 고조선과 관련시킬 때 고려해야 할 사항은 문헌상에서는 적어도 기원전 4세기 이후에는 고조선이 항상 전국시대의 연나라, 또는 진·한제국의 요동군과 아주 가깝거나 접경하고 있는 것처럼 기록되어 있는 점이다. 이러한 측면에서 필자는 대·소능하유역의 십이대영자문화와 심양·요양지역의 정가와자유형이 고조선과 관련될 것으로 보았다. 그리고 강상유형은 요동반도가 신석기시대부터 산동반도와 교류관계를 지속하였다는 점을 고려해서『관자』에 언급된 "발"로 비정하였다.

　기원전 1000년기 후엽에 이르면, 중국 동북지역의 비파형동검문화는 커다란 변화를 보이는데, 가장 큰 특징은 중원문화의 확장과 비파형동검문화의 급격한 쇠퇴 및 변형비파형동검문화로의 전환이라고 할 수 있다. 요동지역의 변형비파형동검문화는 크게 3유형으로 구분되는데 요동반도 남단부터 심양·요양지역을 중심으로 하는 윤가촌유형, 요동 북부~서북한지역에 이르는 상보유형, 길림성 중부를 중심으로 분포하는 서황산둔유형으로 구분된다. 윤가촌유형은 중원문화적 성격이 강하고 윤가촌식 변형비파형동검이 요서지역은 물론, 하북성과 산동성 일대에서도 발견되는 것으로 보아 전국~진한대의 요동군과 관련될 물질문화로 보았다. 그리고 상보유형은 십이대영자문화 또는 정가와자유형을 계승하는 청동기문화이면서도 중원계 유물들이 공반되고 있는 점, 분포권이 요동 북부~서북한지역에 이른 점, 위만조선이 멸망하고 나서 설치된 한사군 중 비교적 오랫동안 존속한 현도군과 낙랑군이 설치된 지역이라는 점을 토대로 진개 침입 이후의 고조선 및 위만조선과 관련될 것으로 보았다. 마지막으로 서황산둔유형은 길림시 일대를 중심으로 분포하는 재지문화라는 점에서 부여와 관련될 것으로 추정하였다.

　본고는 동북아시아 청동기문화의 발전과정과 소수의 문헌자료를 토대로 고조선의 위치와 강역을 살펴보았지만 지나치게 단순화해서 이해하고 있기 때문에 비판의 여지가 많다. 그러나 지명비정과 같은 전통적인 방법에 의한 고조선의 위치와 강역에 대한 논의도 더 이상 진전을 보기 어려운 현실에서 고고학적인 돌파구를 찾는 것도 하나의 방법이 될 것이다. 최근 들어 중국 동북지역에서 고고학 자료가 증가하고 있기 때문에 향후 이 지역 청동기문화의 특징과 발전과정이 보다 뚜렷해질 것이다. 앞으로 좀 더 활발한 논의가 이루어지기를 기대한다.

| 참고문헌 |

■ 한국어

김정학, 1987, 「고고학상으로 본 고조선」, 『한국상고사의 제문제』, 한국정신문화연구원.

김정열, 2009, 「요서지역 출토 상·주 청동예기의 성격에 대하여」, 『요하유역의 초기 청동기 문화』.

김정열, 2011, 「하가점상층문화에 보이는 중원식 청동예기의 연대와 유입 경위」, 『한국상고사학보』 72.

노태돈, 1990, 「고조선 중심지의 변천에 대한 연구」, 『한국사론』 23.

리지린, 1963, 『고조선연구』, 과학원출판사.

박대재, 2010, 「기자 관련 상주청동기 명문과 기자동래설」, 『선사와 고대』 32.

박준형, 2012, 「고조선의 성립과 발전에 대한 연구」, 연세대학교 대학원 박사학위논문.

배진영, 2005, 「연국의 오군 설치와 그 의미-전국시대 동북아시아의 세력관계-」, 『중국사연구』 36.

서영수, 1988, 「고조선의 위치와 강역」, 『한국사시민강좌』 2.

서영수, 2008, 「요동군의 설치와 전개」, 『요동군과 현도군 연구』, 동북아역사재단.

손로, 2011, 「중국 동북지역 선진시대 거마구의 등장과 변천」, 『한국고고학보』 81.

송호정, 2003, 『한국고대사 속의 고조선사』, 푸른역사.

송호정, 2005, 「대능하유역 은주 청동예기 사용 집단과 기자조선」, 『한국고대사연구』 38.

오강원, 2001, 「춘추말 동이계 래족 목곽묘 출토 비파형동검」, 『한국고대사연구』 23.

오강원, 2011, 「상말주초 대능하 유역과 그 주변 지역의 문화 동향과 대능하 유역의 청동예기 매납유구」, 『한국상고사학보』 74, 5~44쪽.

오강원, 2013, 「청동기~철기시대 요령·서북한 지역 물질문화의 전개와 고조선」, 『동양학』 53.

이종수, 2009, 『송화강유역 초기철기문화와 부여의 문화기원』, 주류성.

이청규, 1993, 「청동기를 통해 본 고조선」, 『국사관논총』 42, 국사편찬위원회.

이청규, 2005, 「청동기를 통해 본 고조선과 주변사회」, 『북방사논총』 6.

이형구, 1991, 「대능하유역의 은말주초 청동기문화와 기자 및 기자조선」, 『한국상고사학보』 5.

이후석, 2008, 「중국 동북지역 세형동검문화 연구-요령식세형동검을 중심으로-」, 『숭실사학』 21.

이후석, 2013, 「세형동검 단계 중국 동북지역의 동과와 동모-요령식동과와 유엽형동모·세신형동모를 중심으로-」, 『한국고고학보』 87.

조진선, 2001, 「세형동검의 제작과 기능변천」, 『호남고고학보』 13.

조진선, 2005, 「북한지역 세형동검문화의 발전과 성격」, 『한국상고사학보』 47.

조진선, 2008, 「다뉴조문경의 형식변천과 지역적 발전과정」, 『한국상고사학보』 62.

조진선, 2009, 「한국식동과의 등장배경과 신장두 30호묘」, 『호남고고학보』 32.

조진선, 2010, 「요서지역 청동기문화의 발전과정과 성격」, 『요하문명의 확산과 중국 동북지역의 청동기문화』, 동북아역사재단.

황기덕, 1974, 「최근에 새로 알려진 비파형단검과 좁은놋단검 관계의 유적유물」, 『고고학자료집 4』, 사회과학출판사.

■ 중국어

郭大順·張星德, 2005, 『東北文化與幽燕文明』, 江蘇敎育出版社.

郭治中, 2000, 「水泉墓地及相關問題之探索」, 『中國考古學跨世紀的回顧與前瞻』, 科學出版社.

靳楓毅, 1982, 「論中國東北地區含曲刃靑銅短劍的文化遺存(上)」, 『考古學報』 4.

靳楓毅, 1983, 「論中國東北地區含曲刃靑銅短劍的文化遺存(下)」, 『考古學報』 1.

內蒙古自治區文物考古研究所·寧城縣遼中京博物館, 2009, 『小黑石溝-夏家店上層文化

遺址發掘報告』, 科學出版社.

方殿春, 2001, 「遼寧建昌東大杖子戰國墓地的勘探與試掘」, 『2000年中國考古重要發現』, 文物出版社.

瀋陽市故宮博物館·瀋陽市文物管理辦公室, 1975, 「瀋陽鄭家窪子的兩座靑銅時代墓葬」, 『考古學報』1.

王剛, 1994, 「林西縣大井古銅鑛遺址」, 『內蒙古文物考古』1.

王立新·塔拉·朱永剛 2010, 『林西井溝子-晚期靑銅時代墓地的發掘與綜合研究』, 科學出版社,.

王成, 1996, 「內蒙古伊敏河煤礦出土曲刃靑銅短劍」, 『考古』9.

王靑, 2007, 「山東發現的幾把東北系靑銅短劍及相關問題」, 『考古』8.

魏海波 · 梁志龍, 1998, 「遼寧本溪縣上堡靑銅短劍墓」, 『文物』6.

李矛利, 1993, 「昌圖發現靑銅短劍墓」, 『遼海文物學刊』1.

林澐, 1980, 「中國東北系銅劍初論」, 『考古學報』2.

鄭紹宗, 1975, 「河北省發現的靑銅短劍」, 『考古』4.

趙鎭先·成璟瑭, 2007, 「關于中國東北地區和朝鮮半島銅戈的考察-以中原式銅戈爲中心-」, 『內蒙古文物考古』37, 內蒙古自治區文化廳·內蒙古考古博物館學會.

中國社會科學院考古研究所, 1996, 『雙砣子與崗上-遼東史前文化的發現與研究』, 科學出版社.

陳家本·范淑賢, 1991, 「黑龍江省雙城市出土曲刃靑銅短劍」, 『北方文物』1.

華玉冰·徐韶鋼·孫建軍·萬欣·高振海, 2012, 「遼寧建昌東大杖子墓地M40」, 『211年中國重要考古發現』, 文物出版社.

Culture of Bronze Ware in Northeastern China and Change of Location on Gojoseon

Jo, Jinsun

Associate Professor, Chonnam National University

Mandolin-shaped Dagger Culture(琵琶形銅劍文化) is the culture of Bronze ware from Northeastern China to the Korean Peninsula. Mandolin-shaped Dagger Culture in Northeastern China by 900 to 300 B.C. is divided to: Shiertaiyingzi Culture(十二臺營子文化) of Daling river(大凌河), Gangshang Culture(崗上類型) of Liaodong Peninsula and Erdaohezi Culture(二道河子類型) from northern Liaodong to south central Jilin. Shiertaiyingzi Culture is the most advanced Culture of Bronze ware, among others. It is estimated that Shiertaiyingzi Culture is "Gojoseon(古朝鮮)"and Gangshang Culture is "Bal(發)".

Mandolin-shaped Dagger Culture in 300 B.C. was converted to Atrophied Mandolin-shaped Dagger Culture(變形琵琶形銅劍文化) through a major change. Atrophied Mandolin-shaped Dagger Culture is divided to: Yinjiacun Culture(尹家村類型) of Liaodong Peninsula, Shangbu Culture(上堡類型) of southern Jilin – central Liaodong – northwest region and Xihuangshantun Culture(西荒山屯類型) of north central Jilin. It is considered that Yinjiacun type having strong Chinese culture is related to Liaodong commandery(遼東郡). Also Shangbu type is related to Gojoseon(古朝鮮) and Wimanjoseon(衛滿朝鮮). Xihuangshantun type is related to Buyeo(扶餘).

[Keywords] Gojoseon, Mandolin-shaped Dagger Culture, Atrophied Mandolin-shaped Dagger Culture, Shiertaiyingzi Culture, Shangbu type

청동기시대 대동강 유역 팽이형토기문화와 고조선

宋 鎬 晸

송호정 (宋鎬晟)

서울대학교 국사학과 및 동대학원 졸업, 문학박사,
한국고대사학회 연구이사 및 총무이사 역임
현) 한국교원대학교 역사교육과 교수

주요저서 : 『한국고대사속의 고조선사』, 『고조선, 단군, 부여』(공저),
          『한국문화와 유물,유적』(공저), 『미래를 여는 한국의 역사1』(공저)

Ⅰ. 머리말

'고조선사'란 남만주, 즉 중국 동북지방에서 청동기문화가 개화하여 발전하기 시작하는 기원전 10세기 이후부터 한나라 군대에 의해 멸망하는 시기까지의 역사를 말한다.[1] 당시 고조선 사람들은 남만주의 요동(遼東) 일대와 한반도 서북부 일대를 중심으로 살았다. 이곳의 주민은 주로 예족(濊族)과 맥족(貊族)으로, 점차 이 지역에서 작은 정치 집단이 생겨나 그중 우세한 세력을 중심으로 다른 집단이 정복당하거나 통합되는 과정에서 고조선이 출현하게 된다.

따라서 우리 역사상 첫국가인 고조선의 실상에 다가가기 위해서는 문헌 자료를 바탕으로 하면서, 중국 동북지방 및 대동강 유역의 청동기 시대 무덤유적 및 주변의 주거지 등 고고학 자료를 함께 검토해야 한다. 그래야만 당시 사회관계 및 생활상에 대해 명확하고 많은 정보를 얻을 수 있다.

그 동안 청동기시대 초기 고조선 사회와 관련해서는 중국 동북지방, 특히 대릉하(大凌河) 유역과 요동 지역의 청동기문화, 예를 들어 십이대영자문화(十二台營子文化)[2]와 미송리형토기문화[3] 등에 대해 많은 관심을 가졌다. 그러나 대동강유역 평양 지역의 청동기문화에 대한 이해 노력은 별로 없었다.

---

* 이 글은 「청동기시대 대동강유역 팽이형토기문화와 고조선」(송호정, 2014.12, 『東洋學』 55)을 일부 수정·보완한 것임.

1) 고조선사는 고조선의 성립부터 기원전 3세기 초 연나라 장수 진개의 침략 시기까지를 전기 고조선, 이후부터 기원전 2세기초 위만의 정변까지를 후기 고조선, 나머지 시기인 기원전 108년 멸망 시점까지를 위만조선으로 구분하는 것이 가장 일반적이다(노태돈, 2000, 『단군과 고조선사』, 사계절).

2) 烏恩岳斯圖, 2007, 「十二台營子文化」『北方草原』考古學文化硏究, 科學出判社 ; 오강원, 2006, 『비파형동검문화와 요령지역의 청동기문화』, 청계.

3) 鄭漢德, 1989, 「美松里型土器の生成」『東北アジアの考古學』天池 ; 1996, 「美松里型土器形成期に於ける若干の問題」『東北アジアの考古學』第二; 황기덕, 1989, 「비파형단검문화의 미송리유형」『력사과학』 89: 3; 송호정, 1991, 「요동지역 청동기문화와 미송리형토기에 관한 고찰」『한국사론』 24, 서울대 국사학과; 김미경, 2006, 「요동지역 미송리형토기 연구」 충남대 석사학위논문; 송호정, 2007, 「미송리형토기문화에 대한 재고찰」『한국고대사연구』 47.

초기 고조선의 주요 지역으로 청동기문화가 발전하였던 대동강 유역에 대한 관심이 소홀하였던 것은 유적에 대한 접근의 어려움과 북한 학계의 연구 성과와 보고 자료가 소략하고 신뢰하기가 쉽지 않다는 데 있다. 대동강 유역에는 고조선 전기의 대표 유물인 비파형동검과 비파형투겁창, 팽이형토기, 묵방리형토기, 청동활촉 등이 지석묘와 석관묘, 그리고 집자리 등에서 자주 나온다. 그리고 가장 이른 형식의 무덤뿐 아니라 시대적 변천 과정을 보여주는 각이한 유형, 다양한 형식의 무덤들이 이 지역에 집중적으로 분포되어 있다.

이를 통해 청동기 시대에 대동강유역을 중심으로 한 서북한 지역에는 지석묘와 팽이형토기를 사용하는 주민집단이 거주하면서 독자적인 문화권을 이루고 있었음을 알 수 있다. 이를 두고 일찍이 각형토기문화(角形土器文化) 또는 팽이형토기문화[4]라 불러왔다.

청동기 시대의 팽이형토기 문화는 후기 고조선 단계에 이르면 대동강 유역에 위치한 왕검성을 중심으로 한반도 서북지방 일대에 걸쳐 독자적인 문화로 변화된다. 토광묘에 이어 나무곽 무덤을 조영하고, 고조선만의 독특한 세형동검문화로 발전하였다.[5]

이러한 대동강 유역의 고대문화에 대해 전통적으로는 고조선의 중심 문화로 이해하였다. 전통시대 이래 고조선의 중심지가 평양이었다는 주장이 있어왔다.[6] 그 주장은 지금까지도 계속되고 있다.[7] 이른바 재평양설은 남한 학계의 일부 학

---

4) 황기덕, 1984, 『조선의 청동기시대』, 사회과학출판사; 한영희, 1985, 「각형토기고」, 『한국고고학보』 14·15합집; 송호정, 2003, 『한국 고대사 속의 고조선사』, 푸른역사, 196~208쪽

5) 안병찬, 1983, 「우리나라 서북지방의 이른 시기 좁은놋단검 관계 유적유물에 관한 연구」, 『고고민속론문집』 8; 송호정, 2003, 앞의 책, 355~386쪽.

6) 한백겸, 『동국지리지』, 전한서조선전 ; 정약용, 『아방강역고』 권1, 조선고 ; 今西龍, 1929, 「洌水考」, 『朝鮮古史の硏究』; 이병도, 1933, 「패수고」, 『청구학총』 13.

7) 고조선 중심지 평양설은 기본적으로 『삼국유사』에 고조선의 도읍(아사달)이 평양이라는 주장을 받아들인 것이다. 그리고 고조선의 경계 기록에 등장하는 '요수'는 현재의 '요하', '패수'는 청천강 또는 압록강을 가리킨다고 보며, '열수'는 대동강, '왕검성'은 평양을 의미한다고 본다. 특히 대동강 연안에서 고조선 멸망 후 설치된 한사군 중 낙랑군의 속현인 '점제현신사비'를 비롯하여 기와·벽돌·봉니 등을 발견하여 낙랑군이 있었던 것으로 주장한다(이병도,

사진 1 미송리형토기(상단)와 팽이형토기(하단: 남경유적 출토)

자, 일본 학계의 대부분과 최근의 북한학계가 단군릉 개건을 계기로 이러한 입장을 보이고 있다. 특히 북한에서는 1990년대 초 단군릉을 개건하고 '대동강문화[8]'라는 새로운 문명관을 제시하면서 대동강 유역과 평양을 중심으로 고조선이 만주에 걸친 광대한 영토국가를 형성하였다고 주장한다.[9]

이처럼 대동강 유역은 선사시대 이래 주요 지역집단의 거주지로, 고조선사와 관련해 일차적으로 검토가 필요한 지역임을 알 수 있다.

1976, 「고조선문제의 연구」, 『한국고대사연구』, 박영사).

8) 허종호, 1999, 「조선의 대동강문화는 세계 5대 문명의 하나」, 『력사과학』 1, 61~65쪽; 리순진, 장우진, 서국태, 석광준, 2001, 『대동강문화』, 외국문출판사(대동강문화 책은 영어, 일어, 중국어판의 세 언어로 출간되었다.).

9) 장우진, 2000, 『조선 민족의 발상지 평양』, 사회과학출판사; 허종호 외, 2001, 『고조선 력사 개관』, 사회과학출판사.

이 글은 단군릉 개건 이후 북한학계에서 많은 조사가 이루어진 대동강 유역의 청동기문화를 중심으로 살펴보고자 한다. 초기 고조선사에서 주요 지역이었던 평양 대동강유역의 고대문화, 특히 청동기문화에 대한 고찰을 통해 고조선사와 관련해 가장 논란이 되어왔던 초기 고조선의 위치와 사회 성격 문제의 일단을 파악하고자 한다.

Ⅱ. 청동기시대 대동강 유역의 팽이형토기문화

한반도 서북지역, 특히 대동강 유역은 땅이 기름지고 기후가 따뜻해서 일찍부터 문화가 발전된 곳이었다. 이 지역에는 평양시 남강유역의 금탄리 및 입석리를 비롯하여 서성 구역, 삼석 구역 남경, 황해북도 봉산읍, 황주군 침촌리, 송림시 석탄리 등에서 팽이형토기를 특징적으로 사용하던 주거 유적이 발견되었다.

한편 대동강 유역에서는 같은 시기에 많은 지석묘(支石墓)와 석관묘(石棺墓)가 조영되고 있다. 그리고 주변에서 초기 고조선사와 관련해 성터 유적이 조사 보고되고 있다.[10] 특히 대동강유역의 청동기시대 유적에서는 대부분 팽이형토기가 함께 공반되고 있다.[11]

---

10) 북한 학계에서는 단군릉 개건 이후 조사된 토성 유적을 고조선과 관련 있는 방어 시설로 해석하면서 기존의 견해를 수정하고 있다. 특히 성의 축조시기를 단순히 성벽에서 출토되는 팽이형토기나 지석묘와 같은 유물에 근거하여 설정하고 있지만, 그것이 축성 당시에 함께 사용된 것인지에 대한 명확한 검증을 하기가 쉽지 않다(남일룡, 1995, 「평양지방의 고대 토성」, 『조선고고연구』 2, 16~20쪽;1996, 「평양 일대 고대 토성의 축조 연대에 대하여」, 『조선고고연구』 1, 16~19쪽; 1996, 「평양 일대 고대 성곽의 특징에 대하여」, 『조선고고연구』 3, 24~26쪽).

11) 팽이형 토기는 口沿을 두겹으로 겹쌓았으며 밑창에는 작은 굽이 달려 있는 것이 특징이다. 이것과 팽이처럼 생긴 그릇 밑창에 구멍을 낸 시루가 공반하는데, 일괄하여 팽이형토기라고 부른다(「유물과 용어」, 『고고민속』 67: 1, 1967, 44쪽; 김원룡, 『한국고고학개설』 일지사, 1973, 77쪽; 윤무병, 「무문토기 형식분류 시고」, 『진단학보』 39, 1975, 11~14쪽).

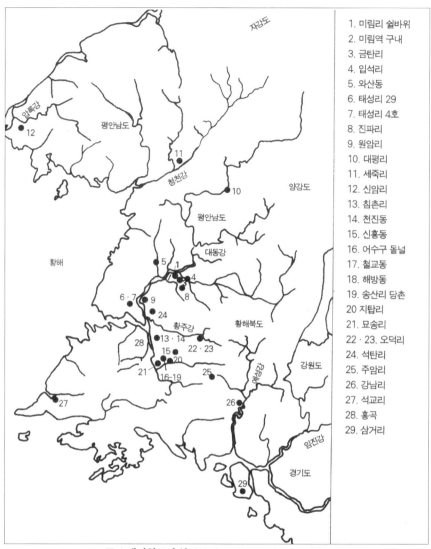

도 1 팽이형토기 분포도(송호정, 1999년 논문 인용)

1. 미림리 쉴바위
2. 미림역 구내
3. 금탄리
4. 입석리
5. 와산동
6. 태성리 29
7. 태성리 4호
8. 진파리
9. 원암리
10. 대평리
11. 세죽리
12. 신암리
13. 침촌리
14. 천진동
15. 신흥동
16. 어수구 돌널
17. 철교동
18. 해방동
19. 송산리 당촌
20. 지탑리
21. 묘송리
22 · 23. 오덕리
24. 석탄리
25. 주암리
26. 강남리
27. 석교리
28. 홍곡
29. 삼거리

1. 팽이형토기의 분포와 지역성

팽이형 토기는 태토에 활석을 섞어 만들었는데, 이것은 신석기시대부터 청동기시대에 이르기까지 서북한 및 요동반도 일대의 토기에서 보이는 특징이다.[12] 팽이형 토기는 청천강을 북방경계로 하여 그 이남의 대동강 유역과 황해도 일대에 집중되어 있다. 대체로 대동강 유역에 전형적인 팽이형 토기가 집중되어 있는데, 지석묘문화의 확산에 따라 압록강을 넘어 요동 지역 남쪽까지 영향이 미쳤을 가능성도 배제할 수 없다. 그러나 현재의 고고학 자료에 따르면 대개 팽이형 토기문화가 북상하여 도달한 곳은 청천강을 넘는 정도에 그쳤으리라 생각된다. 그것은 북방계 문화의 전래에 밀려 더 이상 압록강을 넘지 못했기 때문이 아닌가 생각한다. 팽이형 토기문화의 북방한계선 이북 지역에는 일찍이 공귀리형 토기문화가 발전하였고 더 이북에는 미송리형 토기 문화가 발전하고 있었다.

서북한 지역에 집중하는 팽이형 토기는 무문 협사홍도 단지(壺)와 물동이(罐)가 함께 사용된 것이 특징이다.[13] 요동반도 지역의 지석묘가 소재한 유적에서 나오는 토기들도 거의 대부분 무늬 없는 협사홍도 단지와 물동이를 특징으로 하고 있다.[14] 예를 들어 요령성 개주시 노우태산의 화가와보(伙家窩堡)에서 지석묘 20기가 조사되었는데, 이 중 5기가 1988년에 발굴되었다. 그 가운데 1호 · 3호에서 출토된 구순각목문(口脣刻目紋) 토기는 서북한 지역 출토 팽이형토기와 유사하다.[15] 석기는 한쪽에만 날을 세운 자귀[사인부(斜刃斧)]·활촉·반월형석도·돌창·곤봉두 등이 출토하는데, 요동 지역과 서북한 지역이 거의 동일하다.

팽이형 토기의 출현 배경은 확실하지 않으나 기본적으로 토착 빗살무늬토기의

---

12) 황기덕, 앞의 책, 1984, 44쪽.

13) 팽이형 토기의 형식 분류는 학자마다 조금씩 차이가 있으나, 기본적으로 甕과 壺로 구분하고 문양과 형태에 따라 세부적으로 1, 2형식을 나누고 있는 점 등에서 기본적으로 형식분류는 동일하다(田村晃一, 1963, 「朝鮮半島の角形土器とその石器」 『考古學研究』 38, 考古學研究會, 9쪽; 한영희, 1985, 「각형토기고」 『한국고고학보』 14·15합집; 藤口健二, 1982, 「朝鮮·コマ土器の再檢討」 『森貞次郎博士古稀記念古文化論集』 上卷).

14) 陳大爲, 1991, 「試論遼寧"石棚"的性質及其演變」 『遼海文物學刊』 91: 1, 82~89쪽.

15) 東潮·田中俊明, 1995, 「靑銅器·鐵器時代の東アジア」 『高句麗の歷史と遺蹟』 中央公論社, 61쪽.

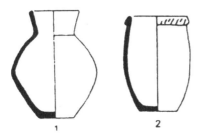

도 2 화가와보 석관묘 출토 토기　　　　**사진 2** 쌍타자 제2기 토기 구연부

(송호정, 1999년 논문 인용)

전통을 잇고 있는 것은 분명하다.[16] 특히 두 겹으로 겹 싼 팽이형 토기의 구연은 기원전 2000년 기 전반기에 속하는 당산(堂山) 조공가(肇工街) 또는 쌍타자(雙砣子) 유적에서 출토된 토기의 이중구연(二重口沿) 특징을 계승한 것이었다.[17]

　요동 지역 가운데도 요동반도 일대에 분포하는 지석묘 유적에서 나오는 토기는 미송리형 토기와 달리 지역성이 강하다. 예를 들어 신금현(新金縣) 고려채(高麗寨) 하층 및 당산 조공가 또는 쌍타자 유적 제2문화층에서 기원전 천년 기를 전후한 시기에 유행한 토기의 겹아가리에는 빗금(/// 문양)이 그어져 대동강 유역 팽이형 토기의 구연부 수법과 매우 유사하여 주목된다.

　요동의 상마석 상층문화 또는 상마석 동검묘 문화 중에도 비슷한 이중구연 토기가 있고,[18] 변형 팽이형 토기라고 불리는 이중구연 장경호도 미송리형 토기 속에 섞여 있어 요동 지역 토기와 관련이 있는 것으로 보고 있다.[19] 특히 구연에 시문하는 수법이나 팽이형 토기가 나오는 지석묘가 요동반도 지역을 통해 서북한 지역으로 전해졌다는 주장[20]을 염두에 두면 요동 지역과도 어느 정도 관련성이

16)　사회과학원 고고학연구소 편, 1977, 『조선고고학개요』, 85쪽.

17)　사회과학원 고고학연구소 편, 1977, 위의 책, 85쪽; 황기덕, 1984, 앞의 책, 43쪽.

18)　김원룡, 1973, 앞의 책, 77쪽.

19)　許玉林·許明綱·高美璇, 1982, 「旅大地區新石器文化和靑銅時代文化槪述」, 『東北考古與歷史』 1, 23~41쪽.

20)　東潮, 1997, 「中國 東北地方の支石墓」, 『高句麗考古學研究』, 吉川弘文館, 30~34쪽.

있었다고 생각된다.

팽이형 토기가 나오는 유적 가운데 청동기가 출토된 대표적인 곳은 서북한의 신흥동(新興洞)이다.[21] 신흥동 유적의 연대는 기원전 6세기보다 앞선 것으로 추정된다.[22] 또 신흥동보다 약간 이른 침촌리(沈村里) 유적까지 거슬러 올라가보면 팽이형 토기가 나오는 초기 유적들은 요령 지역에서 청동기문화가 개화되기 시작하는 기원전 8~7세기경에 비정된다. 이 지역 신석기의 하한연대나 청동기문화의 시작연대를 고려한다면 팽이형 토기는 가장 빠른 경우 이미 기원전 1000년기 부터 사용되고 있었다고 보인다.

대개 신석기시대 빗살무늬토기의 요소가 남아 있는 조기를 거쳐 팽이형 토기가 완전히 생활의 기본 토기로 사용되면서 순수한 팽이형 토기문화로 완성되는 시기는 비파형 동검문화가 개화된 기원전 8~7세기로 볼 수 있다. 기원전 8~7세기에 확립된 전기 팽이형 토기문화는 지역성이 강하고 대동강 유역에서만 번성하였다.

팽이형 토기는 한반도 서북지방의 지석묘와 일부 요동반도의 지석묘에서 대부분 나온다. 따라서 팽이형 토기가 사용된 시기는 전형적인 지석묘 조영 단계와 거의 동일한 시기임을 알 수 있다.

대체로 지석묘를 중심문화로 하는 팽이형 토기문화는 한반도 서북지방에 집중되어 있는 점으로 미루어 일찍부터 지역집단이 존재하였음을 보여주는 독자성이 강한 문화이다. 그러나 이 문화는 석관묘와 청동기를 중심으로 하는 새로운 혼하 유역의 미송리형 토기문화의 영향을 받아 대체로 기원전 8~7세기경부터는 비파형 동검문화권에 포함된다.[23] 비파형 동검이 한반도에 유입되는 시기, 즉 기원전

---

21) 서국태, 1964, 「신흥동 팽이그릇 집자리」, 『고고민속』 64: 3, 40쪽; 황기덕, 1966, 「서부지방 팽이그릇유적의 연대에 대하여」, 『고고민속』 66: 4.
22) 그 근거는 그곳에서 출토된 동포로, 미송리형 토기보다 이른 시기로 편년되는 제3지점 2문화층에서 동도자, 굽접시, 유경호 등과 공반 출토되었던 것에 의한다.
23) 한영희, 1983, 앞의 논문, 113~128쪽; 정한덕, 1989, 앞의 논문, 126~130쪽.

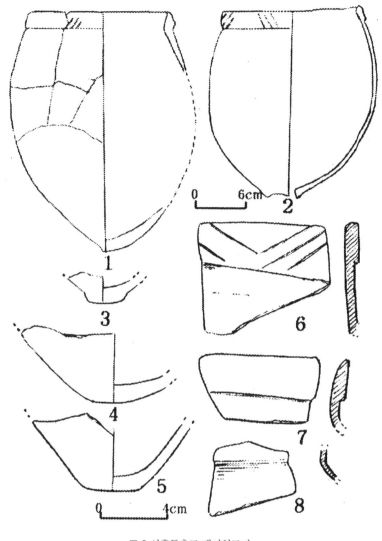

도 3 신흥동출토 팽이형토기

6~5세기[24]는 팽이형 토기문화가 가장 성행하였던 시기이다. 이것은 비파형 동검과 미송리형 토기 외에 이중구연에 심선문(深線紋) 한 줄 돌린 토기가 반출되는 세

---

24) 이 연대는 송국리 석관묘에서 나온 동검의 연대 측정치에 기준한 것이다(국립부여박물관, 1995, 『국립부여박물관』 도록, 15쪽).

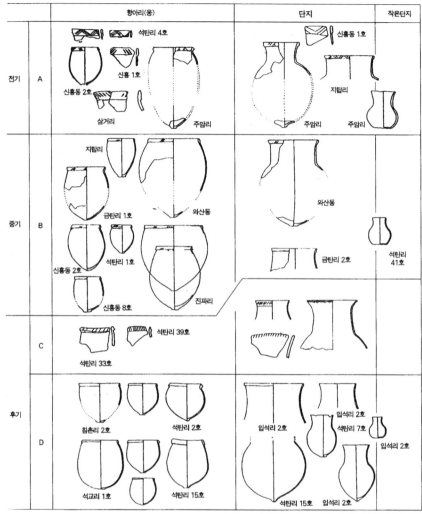

		항아리(옹)		단지		작은단지
전기	A	석탄리 4호 신흥 1호 신흥동 2호 삼거리	주암리	신흥동 1호 지탑리	주암리 주암리	
중기	B	지탑리 금탄리 1호 신흥동 2호 석탄리 1호 신흥동 8호	와산동 진파리	와산동 금탄리 2호		석탄리 41호
	C	석탄리 33호	석탄리 39호			
후기	D	침촌리 2호 석탄리 2호 석교리 1호 석탄리 15호		입석리 2호 입석리 2호 석탄리 7호 석탄리 15호 입석리 2호		입석리 2호

표 1 팽이형토기 시기별 유형 변천표(송호정, 1999년 논문 인용)

죽리Ⅱ식 주거지에서 확인할 수 있다.[25]

이처럼 팽이형토기 문화는 강한 문화적 요소의 통일성을 가지고 대동강 유역에 집중 분포하고 있다. 특히 팽이형토기는 호(壺)와 옹(甕)이 조합되어 있는 점이

25) 김영우, 1964,「세죽리유적 발굴 중간보고(2)」,『고고민속』64-4.

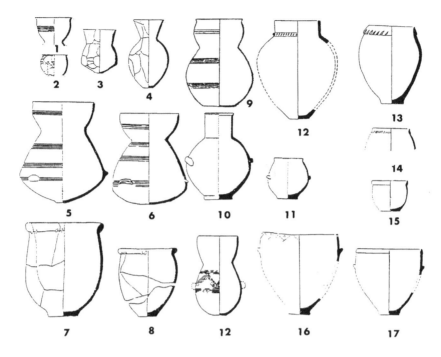

도 4 평양 남경(5, 13) 및 영변 세죽리 토기(16, 17)

나 그 형태에서 요동에 집중하는 미송리형토기와 일정한 연관이 보인다. 다만, 미송리형토기[현문단경호(弦紋短頸壺)]와 옹(甕) 및 동검(銅劍)·동부(銅斧) 등 여러 면에서 약간 구별되는 독자성을 보인다.

2. 대규모 주거지와 무덤의 분포

(1) 주거지

1990년대에 들어와 평양 일대에서 고대 도읍을 방불케 하는 대규모 집단 취락 유적들이 여러 곳에서 발굴되었다. 새로운 유적이 발굴된 것도 있지만 이전에 조사된 유적의 보고도 있었다. 주목되는 점은 대규모의 발굴 조사 결과, 한 곳에서

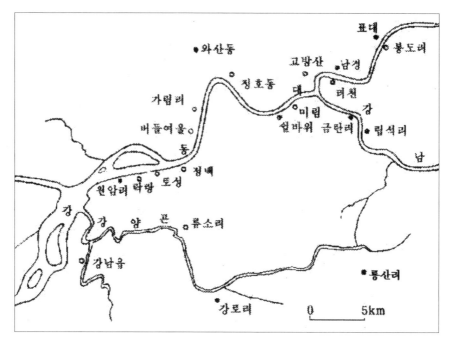

도 5 평양시 일대 고대 주거지 분포도(<조선고고학전서>에서 인용)

마을로 해석할 수 있는 많은 집터가 조사되었다는 점이다.[26]

대동강 유역 청동기시대 마을 유적은 대동강을 따라 일정한 거리에 자리하고
있었다. 마을 유적은 동서 30km, 남북 20km되는 범위에 있으며, 가장 많이 조사
된 곳은 중류지역이다. 그리고 집터 사이의 거리는 1~3km 정도 되어 가까운 편
이다. 대표적인 유적으로는 평양시 삼석구역 표대 유적과 남경 유적, 평안남도
덕천시 남양리 유적과 북창군 대평리 유적,[27] 황주 석정리 유적[28]과 고연리 유
적,[29] 송림시 석탄리 유적, 청단 소정리 유적, 영변 구룡강 유적, 봉산 마산리 유적

---

26) 김종혁, 2009, 『평양시 고대 집자리』, 사회과학원 고고학연구소.

27) 김종혁·박철, 2009, 『평안남북도 고대 집자리』, 사회과학원 고고학연구소.

28) 리경철, 1996, 「석정리 집자리유적에 대하여」, 『조선고고연구』 4; 류충성, 2009, 『황해남북도
     고대 집자리』, 사회과학원 고고학연구소.

29) 석광준, 2003, 「고연리 유적 발굴 보고」, 『강안리 고연리 구룡강유적 발굴보고』, 사회과학출
     판사.

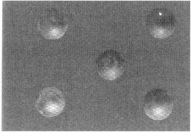

사진 3 남양주거지 출토 창끝 및 동포 　　　　　　　　　　표대출토 청동 창끝

등이다.[30)]

　유적들은 일반적으로 100~150개의 팽이형토기 시기의 주거지들로 이루어졌다. 현재 1지점만을 발굴 조사한 표대 유적에서는 200여 개의 주거지가 확인되었으며, 규모도 대동강 유역에서 최대 규모라고 한다.[31)] 대부분 네 시기의 문화층과 주거지가 층서관계를 이루고 있었다.[32)] 특히 1지점에서 발굴된 팽이형토기 주거지와 유물은 양적으로 많고 매우 다종다양하다. 예를 들어 주춧돌이 있는 주거지와 각이한 짜임새와 크기의 주거지, 비파형 투겁창, 여러 유형의 묵방리형토기(조롱박형 단지), 벼와 콩, 조 등 희귀한 낟알 자료가 나왔다.

　몇 년 전부터 계속 발굴하고 있는 남양유적에서도 이미 확인된 집자리가 100여 개인데, 이는 전체 부락규모의 20분의 1밖에 해당되지 않는다.[33)] 북한 학계에서는 4기에 해당하는 집터에서 출토된 목이 달린 납작밑 배부른 단지를 묵방리형 토기가 발달한 것으로 이해하고 있으며, '남양형 단지'라는 새로운 유형 설정

---

30)　김종혁, 1999, 「대동강유역일대의 고대부락터유적에 대하여」, 『조선고고연구』 1999년 제1호, 28~32쪽.

31)　김종혁, 1995, 「표대부락터에 대하여」, 『동아시아에 있어서 원시·고대 문명의 재검토—5000년 전의 동아시아—』(이형구 엮음, 2000, 『단군과 고조선』, 살림터, 353~361쪽 재수록); 김종혁, 2003, 「표대유적 제1지점 팽이그릇 집자리 발굴 보고」, 『마산리 반궁리 표대유적 발굴 보고』, 215~388쪽.

32)　김종혁, 1999, 앞의 논문, 28~32쪽; 1999, 「단군조선 시기 대동강류역 일대의 부락 구조에 대한 고찰」, 『조선고고연구』 3, 2~6쪽.

33)　서국태·지화산, 2003, 『남양리 유적 발굴 보고』, 사회과학출판사, 24~247쪽.

을 한 점이 주목된다. 이밖에도 2기의 16호 집터에서는 비파형 투겁창이, 4기에 해당하는 집터에서는 청동 방울 거푸집이 출토되었다. 이 비파형 투겁창은 표대 10호 집터와 상원 방울뫼 5호 지석묘에서도 출토되었다.[34]

이처럼 큰 규모의 부락터 유적들이 평양을 중심으로 한 그 주변 일대에 집중적으로 분포되어 있는 것은 바로 이 지역이 사람들이 많이 모여 산 번창한 지역으로, 정치, 경제, 문화의 중심지였다는 것을 말해 준다.[35]

② 무덤

대동강 유역의 대단위 집자리 주변에서는 많은 지석묘와 석관묘가 알려졌다. 지석묘는 보통 5~6기 또는 10여 기를 단위로 한 고장에 수십 기가 연이어 있으며, 전체적으로는 수백 기를 헤아린다. 이러한 상황은 요동 지역도 비슷하다. 특히 평양 일대의 대동강 유역에는 이른 시기의 지석묘뿐만 아니라 우리나라에서 알려진 지석묘의 모든 유형이 다 존재하며 그것이 또한 집중적으로 분포되어 있다.[36]

평양시 중심 지역에서는 10,000여기(그 가운데 500여 기 발굴조사)가 조사되었다고 한다. 상원 문흥리와 만경대 일대에 200여기 이상이 조사되었고, 황주군과 연탄군 일부를 포괄하는 황주천 유역의 침촌리 및 사리원시 황석리 일대와 정방산 차일봉 일대의 지석묘만 해도 1,100여 기에 이른다.[37]

특히 용강군 석천산 주변 일대를 비롯하여 태성호에 침수된 지석묘까지 합하면 250여 기에 이른다고 한다. 이외에 황해북도 연탄군 두무리에 150여 기가 군

---

34) 강승남, 1995,「고조선 시기의 청동 및 철 가공 기술」,『조선고고연구』2, 21~25쪽.
35) 북한학계에서는 청동기 시대 대동강 유역처럼 대단위 취락을 이루고 생활할 수 있는 지역 집단이라면 초기 고조선과 관련된 세력밖에는 없다고 생각한다(박진욱, 1999,「단군조선의 국가적 성격에 대한 고고학적 고찰」,『조선고고연구』1999년 제1호).
36) 석광준, 1979,「우리나라 서북지방 지석묘에 관한 연구」,『고고민속론문집』7; 1994,「평양은 고대문화의 중심지」,『조선고고연구』1994년 제1호, 17~20쪽.
37) 석광준, 1994, 앞의 논문, 17~20쪽.

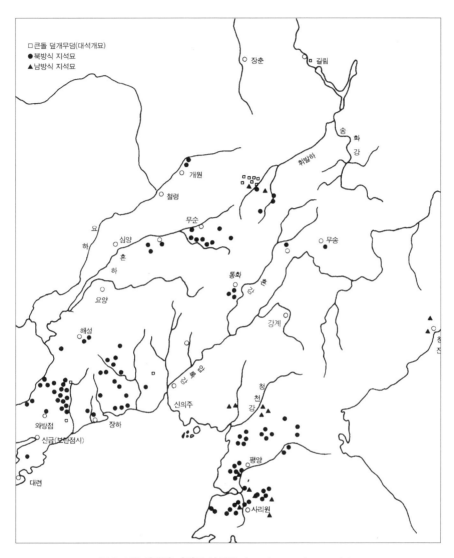

도 6 요동-서북한 지석묘 분포도(송호정, 1999년 논문 인용)

집하고 있으며, 연탄군 오덕리에도 이른바 북방식 지석묘가 230여 기 집중하고 있다. 전체적으로 북한지역에만 1만 4천기가 존재하고 있다고 한다.[38]

---

38) 齊藤忠, 1996, 「古代朝鮮半島の文化と日本」, 『北朝鮮 考古學の新發見』, 雄山閣, 188~189 쪽.

사진 4 평양 만경대구역 1호 지석묘 　　　　　**사진 5** 평양 문흥리 2호 지석묘

　이 엄청난 수자는 지금까지 겨우 100여기밖에 알려지지 않은 요동 지방의 지석묘를 비롯하여 100기미만의 함경남북도의 지석묘, 약 20기 밖에 안 되는 양강도 일대의 지석묘에 비하면 그 분포에서 너무도 대조적인 차이를 보여준다.

　한편 큰 무덤군은 몇 기 또는 10여 기를 단위로 하는 작은 군들로 구성되어 있다. 예를 들어 황주군 침촌리의 신대동, 극성동, 천진동, 긴동에서는 3~4기 내지 10여 기로 구성된 작은 지석묘군을 이루고 있는데, 이것은 모두 정방산 서록 일대 지석묘군의 일부이다.[39]

　무덤방 칸 나누기는 집체무덤처럼 황주천 유역의 연탄 오덕리 지역인 연탄 평촌, 송신동, 석장골 지석묘에서 조사되었다. 이러한 무덤방 구조는 묻기에 따라 이루어진 복장묘(複葬墓)로 여겨지며, 굽혀묻기나 두벌묻기를 하였을 가능성이 많다.[40] 이 지석묘에 묻힌 이들은 동일시기에 대동강 유역과 황주천 유역 일대에 분포하는 팽이형 토기 주거지에 살았던 사람일 것이다.[41] 그리고 하나의 묘역시설 안에 줄지어 있는 작은 무덤군은 그곳에 속한 가족 단위의 무덤군으로 볼 수

---

39)　석광준, 1979, 앞의 논문, 119~122쪽.

40)　하문식, 2005, 「대동강문화론에서 본 북한학계의 연구 경향」, 『단군학연구』 14, 16쪽.

41)　석천산의 경우는 120여 기의 지석묘 군이 3개의 그룹으로 나누어져 분포한다. 만일 이 세 그룹의 축조연대가 병행하고 있다면 석천산에도 3개의 유력한 지배적 家系가 존재하였다고 상정할 수 있다(황기덕, 1965, 「무덤을 통하여 본 우리나라 청동기시대 사회관계」, 『고고민속』 65-4).

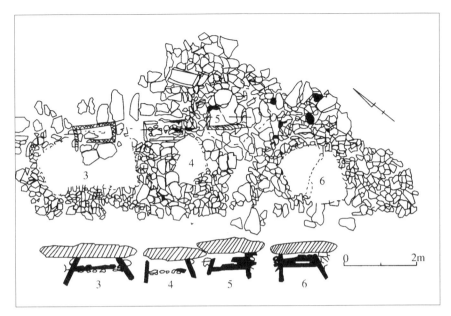

도 7 침촌리 긴동 지석묘군

있을 것이다.[42]

　석광준은 묘역을 설정하고 적석을 한 무덤을 침촌리 1·2·3유형으로 분류[43]했
는데, 이 단계의 지석묘에서는 같은 무덤구역 안에 있는 지석묘간에 차이가 그리
뚜렷하지 않다. 또 이 유형은 황주군 침촌리 긴동 지석묘군과 천진동·극성동·석교
리 등 몇 개 지역에 국한되고 있다. 이는 당시에 지석묘를 쓴 주민들 사이에 빈부
차이가 크지 않았음을 반영하는 것이다.

　생산력의 발달 및 인구 증가와 함께 지석묘의 숫자가 늘어나고 그것의 분포범
위 또한 요동 및 한반도 전역으로 확대된다. 이 과정에서 나타난 가장 큰 변화는
남방식(침촌리형) 지석묘가 개별 무덤구역화하고, 같은 시기의 한 지석묘군 가운
데 유달리 큰 지석묘가 등장하는 점이다. 이른바 북방식 대지석묘의 출현은 이러

42)　황기덕, 1965, 앞의 논문, 11~13쪽; 1987, 「우리나라 청동기시대의 사회관계에 대하여」(1)
　　　『조선고고연구』 87-2, 3쪽.
43)　석광준, 1979, 앞의 논문, 114~124쪽.

한 사정을 말해준다. 연탄군 두무리의 도동 10호, 금교동 5호, 사리원시 광석리 4호 지석묘들은 그 구조로 보아 이웃 지석묘와 본질적인 차이는 없지만 개석의 크기 및 매장부의 크기가 크고 정교하게 손질되어 있다.[44] 이 중에는 덮개돌이 8미터 넘을 정도로 커다란 것들도 존재하는데 이것은 지석묘 조영자 가운데 매우 강한 세력을 보유한 자가 등장하였음을 증명하는 것이다.

이처럼 같은 지석묘 묘역 내에서도 웅장한 개석이 있는 무덤과 그런 것이 없는 보통의 무덤이 있고, 개석이 있는 무덤에는 부장품이 비교적 많다는 사실 등은 지석묘 사회 후기 단계에 이르면 공동체 주민들 사이에 지배자가 출현하고, 피장자 사이에도 어느 정도 신분상 차이가 생기게 되었음을 반영한다.[45]

표 2 대형 지석묘 일람표

지역	유적	크기
요동 반도	은현 허가둔	8.42×5.65m, 두께 0.50m
	해성현 석목성 1·2호	6.00×5.10m
	개현 석붕산 1호	8.48×5.45m, 두께 0.50m
	영구현 석붕욕	8.00×6.00m
	장하 대황지	7.5~8.1×5.00m
서북한	황해남도 은율군 관산리1호	8.75×4.50m, 두께 0.31m
	황해남도 안악군 로암리1호	7.90×6.00m, 두께 0.64m
	황해북도 연탄군 오덕리1호	8.30×6.30m, 두께 0.50m
	평안남도 숙천군 평산리	6.00×3.15m, 두께 0.40m

---

44) 석광준, 1979, 앞의 논문, 181쪽.

45) 석광준도 4·5유형의 침촌리형 고인돌이 발생하면서 오덕형 고인돌이 등장하였다고 보았다. 이때 대형의 오덕형고인돌은 부의 축적과 함께 지배자들이 더 넓은 지역을 지배하는 과정에서 분화되어 나온 것으로 보고 있다(석광준, 1979, 앞의 논문, 180~182쪽).

사진 6 황해도 관산리 1호 지석묘

기본적으로 지석묘의 소재지는 상당히 장기에 걸친 지석묘사회의 존재를 보여
줌과 동시에 유력한 우두머리 또는 족장들의 소재지였다고 추정된다.[46] 겨우 정
치적 사회가 성립되어가는 지석묘 조영시기에 한 지점에서 수십, 백여 기 이상의
지석묘가 존재한다고 한다면, 이것은 이 지역에 커다란 지역집단이 존재하였고,
그들이 수백 년간에 걸쳐 조성한 결과라고 볼 수 있다.

지석묘는 요동 및 한반도 지역에 집중적으로 분포하고 있다. 특히 요동 지역에
서 한반도 서북지방에 걸쳐 분포하는 이른바 대형 북방식 지석묘는 유사한 특징
을 많이 보여준다. 전형적인 북방식 지석묘는 한반도의 서북부를 제외한 요동반
도의 여순·금현·신금현·복현·장하현·신빈현 등 요남지구 일대에서 발견되고 있다.
또 길림성에 접하는 지역, 즉 혼강(渾江) 유역 일대에서도 지석묘 분포가 보인다.
이러한 동일 묘제(墓制)의 분포와 토기·석기 등 제작기법상의 유사성은 양 지역에

---

46) 三上次男, 1966, 「西北朝鮮の支石墓」 『古代東北アジア史研究』, 14~15쪽.

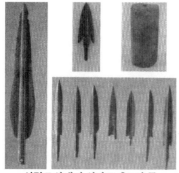
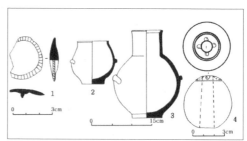

사진 7 상매리 석관묘 출토유물 　　　　　**도 8** 시중군 풍룡리 석관묘 출토 유물'

동일 계열의 주민집단이 거주하고 있음을 말해준다. 그리고 그 분포 지역과 조영 시기상 초기 고조선의 정치세력과 연관될 가능성이 높다.

　서북한 지역에서는 지석묘 조영시기와 비슷한 시기에 석관묘가 조영된다. 석 관묘는 지석묘처럼 대체로 무리를 지어 나타나지만 지금까지 발견된 것이 그리 많지 않으며, 한 무리 안에 10기 이상 발견된 예가 드물다.[47] 대표적으로 평안남 도 북창군 대평리, 황해북도 사리원시 상매리, 은파군 은파읍, 연산군 공포리, 자 강도 시중군 풍룡리 등지에 존재한다.

　최근 평양 주변에서 석관묘 150여기가 확인되었다고 한다.[48] 그 가운데 팽이 형토기와 함께 이른바 묵방리형토기[조롱박형단지]가 나오는 석관묘가 남경, 공 포리, 황대성 등지에서 알려졌다. 판돌이나 막돌을 상자처럼 두는 이들 석관묘의 구조는 요동지역과 유사하고 그 내부에서는 석검·석촉 등 무기류와 관옥(管玉)·곡 옥(曲玉) 등 장식품이 나오고 있다.[49] 사리원시 상매리에서는 마제석촉, 동촉, 바다 조개 껍질 출토하고, 시중군 풍룡리에서는 청동 거푸집, 파수부광구호(把手附廣口 壺), 백옥제 관옥, 마뇌제 소옥, 마제석촉, 구슬형 유공석기 등 출토하였다. 이것은 서북한 지방에서 지석묘와 함께 성행한 팽이형토기문화의 기본유형과 일치한다.

47)　사회과학원 고고학연구소 편, 1977, 앞의 책, 84쪽.

48)　김동일, 2009, 「북부 조선지역의 고대 무덤」, 사회과학원 고고학연구소, 26~36쪽.

49)　송호정, 1999, 「고조선 국가형성 과정 연구」, 서울대학교 박사학위논문, 112~115쪽.

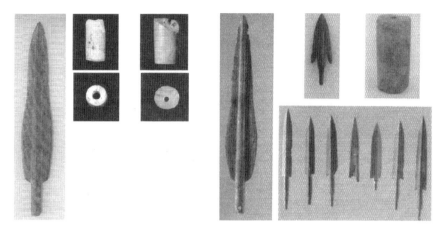

사진 8 선암리 석관묘 출토 유물　　　　　　　**사진 9** 대아리 석관묘 출토 동검 및 동촉

따라서 그 사회단계 또한 지석묘 단계와 같다고 볼 수 있다.

　조금 후대의 것으로 보이는 황해북도 신평군 선암리,[50] 황해북도 배천군 대아리[51]의 경우 단독으로 조영되었고, 구조형식상 청동기시대의 것과 똑같은 석관묘에서는 전성기 비파형동검문화에 특징적인 청동제 비파형 동검이 나왔다.[52] 이는 석관묘의 후기양식으로 당시 대동강 일대의 고조선 세력과 관련된 지배자들의 무덤으로 볼 수 있다. 문제는 최근 북한 학자들이 그 시기를 상당히 올려 본다는 데 있다.

　석관묘에는 토기·동검 외에 금동이식·반지 등 장신구가 출토하고 합장(合葬)에 의한 것도 많다는 것이 알려졌다. 석관묘에서 나온 토기들은 대부분 연질이지만 형태와 바탕흙, 경도 등에서 매우 발전된 양상을 잘 보여준다.[53] 그런데 이들 석관묘에서 출토된 금제이식(金製耳飾)[54]과 토기는 그 형태가 고구려 금제이식 및 토

50)　정용길, 1979, 「신평군 선암리 돌상자무덤」, 『고고학자료집』 6, 170~172쪽.

51)　리규태, 1979, 「배천군 대아리 돌상자무덤」, 『고고학자료집』 6, 175~177쪽.

52)　박진욱, 1988, 앞의 책, 41~42쪽.

53)　金榮擇, 1996, 「發掘された古朝鮮初期の陶器」, 『朝鮮民族と國家の源流』, 雄山閣, 116~126쪽.

54)　평양시 강동군과 평안남도 평성시, 성천군의 9개의 석관묘에서 금귀걸이 등 모두 13점의 금

기와 매우 유사하다.[55] 또한 석관묘에서는 금동 제품과 철제 유물이 제법 많이 출토되어 절대연대 측정값과 마찬가지로 기존의 문화 성격과 차이가 많으며 그 결과를 이해하는 데 어려움이 따른다.

이상의 지석묘와 석관묘 유적에서는 많은 유물, 특히 청동기 유물이 공반하고 있는 점이 주목된다. 상원군 용곡리 4호 지석묘의 청동단추와 5호 지석묘의 청동투겁창, 장리 지석묘의 청동장식품과 청동방울, 평성시 경신리 석관묘의 청동띠고리, 덕천시 남양유적 제16호 집자리에서 청동 투겁창 등이 출토되었다.[56] 한반도의 지석묘에서 이러한 다양한 청동의기(靑銅儀器)가 찾아진 것은 매우 이례적이며 청동기시대 지석묘 사회의 성격을 이해하는 데 매우 중요하다. 특히 청동의기는 기본적으로 청동기시대 지석묘를 조성한 공동체 집단이 제의(祭儀)를 중시하였고, 그것을 주제한 지배자가 제사장으로서의 역할이 중요하였음을 짐작케 한다.

III. 팽이형토기문화의 변천과 고조선

1. 팽이형토기문화와 미송리형토기문화의 관계

대동강 중류 금탄리를 비롯하여 북창군 대평리, 개천군 묵방리, 평양 남경 유적 등 지석묘와 팽이형 토기 관계 주거지에서 미송리형 토기가 출토되었다.[57] 최

제품이 나왔는데, 이 가운데 5기의 연대를 측정하였더니 그 가운데 4,000년 전에 해당하는 것이 3기나 되었다고 한다(韓仁浩, 1996, 「古朝鮮初期の金製品」, 『朝鮮民族と國家の源流』, 雄山閣, 107~115쪽).

55) 李殿福 著·西川宏 譯, 1991, 『高句麗·渤海の考古と歷史』, 學生社, 44~46쪽; 東潮, 1997, 『高句麗考古學硏究』, 吉川弘文館, 402~406쪽, 도면 65참조.

56) 朴晋煜, 1996, 「古朝鮮の琵琶形銅劍文化の再檢討」, 『朝鮮民族と國家の源流』, 雄山閣, 100~106쪽.

57) 북한학계에서는 후기 미송리형토기를 묵방리형토기라고 부른다. 최근에는 형태를 중시해

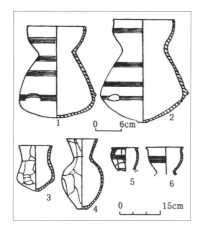

도 9 남경유적 출토 묵방리형토기

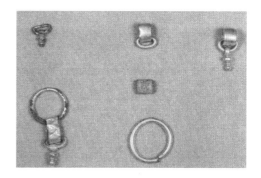

사진 10 태잠리, 송석리, 용산리 석관묘출토 금제품

도 10 신암리 유적 출토 유물

근 평양시 강동군 순창리, 송석리, 태잠리 등에서 발굴된 고대 무덤에서도 묵방리형토기[북한학계의 조롱박형단지]가 많이 나왔다. 순창리 진계동 1호 무덤에서 나온 합과 송석리 5호무덤에서 나온 뚜껑 있는 단지가 대표적이다.

이들 묵방리형토기들은 청동기시대부터 고대에 걸쳐 평양 일대에서 많이 만들어 쓴 팽이형토기편과 함께 나온 점이 주목된다. 황해북도 황주군 고연리 유적의 제4호 주거지에서는 팽이형 토기와 미송리형 토기가 공반되어 출토하였다.[58] 팽이형 토기 후기 단계의 유적이지만 영변군 세죽리 유적의 제2문화층에서는 묵방리형 토기가 공반되었고, 동일시기 주거지들에서는 팽이형 토기와 유사한 이중구연토기

조롱박형단지라고 부른다(鄭漢德, 1989, 앞의 논문; 황기덕, 1989, 「비파형단검문화의 미송리 유형」, 『력사과학』89: 3).

58) 도유호, 1960, 『조선원시고고학』, 144쪽.

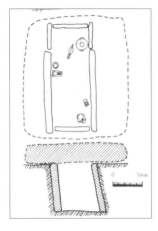

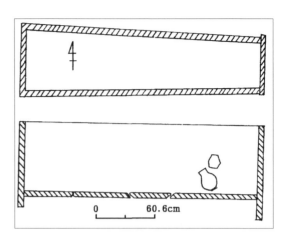

도 11 쌍방2호 지석묘　　　　　　　**도 12** 시중군 풍룡리 석관묘

들이 상하 양 층에 걸쳐 함께 출토되었다. 특히 구연부를 이중으로 처리하는 수
법으로 제작된 토기는 공귀리,[59] 심귀리,[60] 신암리, 장성리 등 압록강 유역과 요령
지방의 목양성[61] 등에서 많이 보이고 있다.

특히 묵방리형토기(조롱박형토기)가 발견된 무덤들은 점판암돌이나 석회암돌들
로 판이나 상자형으로 만든 것이다. 큰 것은 길이 212~230cm, 폭 100~120cm 정
도로 초기 비파형동검이 나온 이가보(李家堡) 무덤이나 쌍방(雙房) 무덤의 형태와
크기가 대체로 비슷하다는 점이 주목된다.

물론 이것은 단순한 문화의 영향에 의한 것이라고도 볼 수 있다. 그러나 당시
청동기문화의 흐름이나 주민 이동의 흐름은 요동 지역에서 요하이남 및 서북한
지방이나 길림 일대로 전해지는 과정을 밟았다. 따라서 양 문화가 동시에 나타나
는 것은 주민집단의 이동과정에서 발생한 현상으로 해석해도 틀리지 않을 것이
다.

이처럼 고고학 자료를 보면 서북한 지역에는 지석묘 문화 중기 이후에 미송리

---

59)　김용간, 1985, 「강계시 공귀리 원시유적발굴보고」, 『유적발굴보고』 6.
60)　정찬영, 1961, 「자강도 시중군 심귀리 원시유적발굴 중간보고」, 『문화유산』 61: 2.
61)　原田淑人, 1931, 『牧羊城』, 東亞考古學叢刊 第二册 東亞考古學會, 24쪽 및 44쪽.

동굴 상층문화가 팽이형 토기문화 속으로 들어왔다. 대개 미송리형 토기 사용집단이 팽이형 토기문화 주민집단과 교류하여 팽이형 토기문화에 흡수되었음을 알 수 있다.

미송리형 토기 사용 집단이 서북한 지역으로 이동하는 계기는 중국 연(燕) 세력의 진출과 관련이 있다고 생각한다. 즉 기원전 5~4세기 이래 요동 지역에서 성장하던 미송리형토기 사용 집단은 기원전 3세기 경 연 세력의 요동 지역 진출과 함께 많은 주민들이 서북한 지역으로 내려오게 되고, 두 지역의 문화와 주민집단이 융합하게 된 것이다. 물론 두 문화의 융합과정에서 집단 간에 물리적 충돌이 일어나는 것은 필연적이었을 것이다. 이 점은 바로 서북한 지역 팽이형 토기 주거지가 대부분 불탄 채로 조사되고 있는 점에서 알 수 있다.[62]

2. 토광묘의 등장과 청동단검문화의 소멸

기원전 5~4세기 단계에 이르면 서북한 지역 지석묘 사회 내에서 강력한 지배자가 등장한다. 더불어 북쪽으로부터 밀려 내려오는 비파형동검 문화·미송리형 토기 문화의 영향으로 새로운 청동기문화 단계에 들어가게 되는 것으로 보인다. 이러한 문화적 변화 과정에서 새롭게 성장한 집단과 지배세력들은 바로 후기 고조선 사회의 중심세력으로 활동하게 되는 것이다.

세형동검 문화가 형성되기 전 한반도 서북 지방에는 비파형동검과 관계된 유적·유물과 함께 지석묘, 석관묘를 비롯하여 팽이형토기와 관계된 유적·유물이 널리 보급되어 있었다. 반면 요동 지역에는 비파형동검 관계 유적·유물이 지배적인 자리를 차지하고 있었다.

지석묘와 석관묘를 비롯한 팽이형토기 관계 유적·유물은 기원전 2천년 기 이래로 세형동검 문화가 형성되기 전까지 오랜 시기에 걸쳐 내려오는 한반도 서북

---

62) 도유호, 1960, 앞의 책, 221쪽.

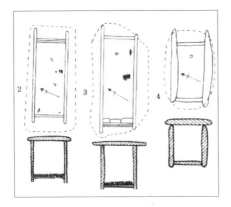
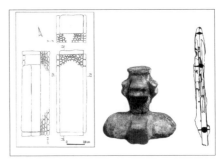

도 13 북창 대평리 석관묘　　　　　　**도 14** 서흥 천곡리 위석묘 및 청동유물

지방 고유의 청동기문화이다. 지석묘나 석관묘를 중심으로 한 팽이형토기 문화는 그 이후 세형동검 문화에 그대로 계승되었다. 그에 대한 예로는 주검 곽을 강돌로 두 번 돌려 올려쌓고 그 위에 큰 판돌을 몇 개 맞물려 뚜껑을 덮은 북창군 대평리 3호 지석묘[63]와 신계군 정봉리 무덤[64]의 주검곽 시설이 공통되고, 북창 대평리 4호 석관묘의 구조가 서흥군 천곡리 무덤[65]의 주검곽과 공통되는 것에서 볼 수 있다.

　이른 시기 서북한 지방의 세형동검 관계 무덤과 지석묘나 석관묘의 공통성은 부장품의 내용에서도 찾을 수 있다. 지석묘나 석관묘에서 드러난 부장품은 석검을 비롯한 무기류들인데, 이른 시기 세형동검 관계 무덤의 부장품도 역시 무기류를 기본으로 하고 있다. 부장품 가운데 토기가 없는 점도 공통된다. 또한 이른 시기 세형동검 관계 무덤에서 세형동검이 예외 없이 드러나는 것처럼 지석묘나 석관묘에서는 석검이 거의 모든 무덤에서 나온다. 이러한 사실들이 지석묘나 석관묘와 이른 시기 세형동검 관계 무덤 부장품의 주요한 공통점이라 할 것이다.

---

63)　정찬영, 1974, 「북창군 대평리유적 발굴보고」, 『고고학자료집』 4, 135~139쪽.
64)　안병찬, 1983, 앞의 논문, 59~98쪽.
65)　북창 대평리4호 석관묘는 큰 판돌로 장방형의 주검 곽을 마련하고 그 안에 주검과 부장품을 넣은 석관묘이다. 이 무덤이 서흥 천곡리무덤과 공통되는 점은 두 무덤의 주검곽이 다 같이 판돌로 되어 있고 바닥시설이 같다는 것이다(안병찬, 1983, 앞의 논문, 71~75쪽).

부장품의 종류와 형태, 그리고 무덤 구조에서 이른 시기 세형동검 관계 무덤과 지석묘 및 석관묘 사이에 깃들어 있는 이러한 몇 가지 공통성은 팽이형토기 문화를 남긴 주민들의 매장풍습이 이른 시기 세형동검 문화를 보급한 주민들에게 계승되었다는 것을 말해 준다.[66] 이와 같이 세형동검 관계 유적·유물에는 서북지방에서 널리 존재하던 문화적 잔재가 깃들게 됨으로써 일정한 독자성을 가지게 되었다.

또 이것은 후에 형성되는 서북한 지방과 요동 지방을 아우르는 고대 정치집단과 그 구성상의 특징과 연관되어 있다. 크게 보면 양 지역은 모두 중국 전국시대 초기 철기문화에 영향을 받아 새로운 문화 단계로 나아가지만, 각 지역의 문화는 그곳에서 성장한 토착 청동기문화를 그대로 계승하고 있다. 이것은 다른 두 주민집단이 토착문화를 계승하면서 전체적으로 선진문화의 영향 속에서 문화적 동질성을 갖게 되는 모습이다. 이것은 요동 지역의 지역집단과 서북한 지역 예맥(濊貊) 계통 고조선 주민집단의 성장 과정을 반영하는 것이라고 이해할 수 있다.

지석묘가 자체적으로 계승·발전되어 초기 세형동검문화의 토대를 이룬 서북한 지역의 경우는 고조선의 영역으로 볼 수 있다. 요동 지역의 경우도 탁자식 지석묘와 미송리형토기, 팽이형토기가 서북한 지역 청동기문화와 동질성이 강한 것으로 보아 한반도 서북지역과 동질의 주민집단과 정치체가 남긴 문화로 볼 수 있다. 그 이북의 요중(遼中)지방·심양(瀋陽), 요양(遼陽) 일대도 토착문화의 계승관계로 보아 고조선을 형성한 예맥족 계통 주민집단들이 성장하고 있었을 것이다.

기원전 5~4세기 단계에 이르러 초기 세형 동검문화가 발전했던 요중 지역의 경우 심양 정가와자(鄭家窪子)나 요양 이도하자(二道河子) 무덤의 주인공은 요동 일대를 배경으로 상당한 세력을 지녔던 예맥 계통 정치집단의 지배자였을 것으로 보아도 좋을 것이다.[67] 이는 기원전 5~4세기 단계의 토광묘(土壙墓)들이 이전부터

66) 안병찬, 1983, 앞의 논문, 91~98쪽.

67) 오강원, 2006, 『비파형동검문화와 요령지역의 청동기문화』, 청계; 이청규, 2008, 「중국 동북지역과 한반도 청동기문화 연구의 성과」, 『중국 동북지역 고고학 연구현황과 문제점』, 동북

존재한 돌무덤의 문화적 전통을 충분히 계승하고 있는 점에서 알 수 있다. 그리고 이러한 선진 문화요소와 주민집단은 서북한 지역에 계속 영향을 미쳐 이곳에서도 새로운 지배세력이 형성되기에 이르렀다.

IV. 팽이형 토기문화의 담당자와 고조선

1. 청동기 시대 대동강 유역 관련 문헌 기록

대동강 유역이 고대문화의 발원지, 그 중심지로 논의된 것은 우리나라의 첫 고대국가인 고조선의 중요한 지역이었다는 데 있다. 그러나 대동강 유역을 명확히 고조선의 중심 무대로 기록한 문헌 기록은 매우 드물다. 대개 황해(黃海) 이북 연안과 요동 지역은 중국인의 시각에서 볼 때 동이족(東夷族)이 살고 있었던 지역으로, 일찍이 "오랑캐족인 예족의 고향[이예지향(夷穢之鄉)]"으로 표기되었다.[68] 그곳은 정치 집단으로 말하면 '조선(朝鮮)'으로 표현되는 세력의 거주 지역이라고 볼 수 있다.

한반도 서북 지방을 초기 고조선과 관련해 해석할 수 있는 문헌 기록으로는 『전국책(戰國策)』과 『염철론(鹽鐵論)』의 기록이 주목된다.

『전국책』 권29 「연책(燕策)」에는 소진(蘇秦)이 연나라 문후(文侯:기원전 361~333)에게 당시 연의 주변 상황을 말하면서 "연의 동쪽에는 조선 요동이 있고, 북쪽에는 임호(林胡)와 누번(樓煩)이 있다."고 기록되어 있다.[69]

위 기록은 소진이 연 문후를 달래면서 하는 이야기를 적은 것으로서 연 문후

아역사재단.

(68) 『여씨춘추』 권20, 시군람 제8 "非濱之東[朝鮮樂浪之縣 箕子所封 濱於東海也] 夷穢之鄉 大解陵魚"(중화서국 『제자집성』 본 참조)

(69) 『전국책』 권29, 연책1 "蘇秦將爲從 北說燕文侯曰 燕東有朝鮮遼東 北有林胡樓煩 西有雲中九原 南有嚧沱易水 地方二千餘里 帶甲數十萬 車七百乘 騎六千匹 粟支十年"

때인 기원전 4세기의 사실을 말한 것이다. 그런데 『전국책』 기록에서는 조선의 위치를 『관자』보다 더 사실적으로 기술하고 있어, 고조선 중심지의 위치와 관련하여 주목의 대상이 되어왔다. 특히 똑같은 기록이 『사기(史記)』 「소진열전(蘇秦列傳)」에 그대로 실려 있어[70] 사실성을 더해주고 있다.

『전국책』과 『사기』 소진열전의 기록에서는 지명·족명 혹은 물 이름으로 두 지역을 분별하여 연나라의 사방에 이르는 곳을 설명하고 있다. 그 내용을 자세히 보면 '조선·요동'은 '임호·누번'등과 병렬되고 있어, 연의 동쪽에 조선과 요동이 있었다는 의미로 해석할 수 있다. 이 내용은 다른 두 사서에서 동일한 기록이 나오는 것으로 보아 매우 신빙성이 있는 것으로 보인다. 그런데 이 기록에는 분명 요동이 조선과 병렬되고 있으며, 요동 지역이 연나라에 속하지 않았음을 말해준다.

이 기록 내용을 혹자는 요동 왼쪽에 조선이 있는 것으로 보거나 조선과 요동을 같은 뜻으로 해석하기도 하는데, 그렇게 쉽게 생각하기에는 기사가 너무 단편적이다. 여기서는 단지 요동과 조선의 인접 관계만을 알 수 있을 뿐이며, 연의 동방에 조선과 요동이 따로 존재하고 있었다는 의미로 해석할 수 있다.[71]

『전국책』의 기록을 문자의 기록 순서에 따라 조선이 연나라 쪽에 가까운 지역에 있는 것이라고 이해하는 경우가 있다. 물론 『전국책』에 기록된 순서대로 조선이 연 쪽에 가까운 지역에 있었다고 이해할 수도 있다. 그러나 연나라 남쪽 경계강인 호타수(呼沱水)에 대한 기록에는 호타수·역수(易水)의 순서로 되어 있으나 실제 호타수는 역수보다 더 남쪽에 있다는 점으로 보아 이는 꼭 지리적 순서에 따라 기술된 기록이 아님을 알 수 있다. 대개 기록의 전후 문장을 보면 요동 동남쪽인 한반도(韓半島) 서북지방에 조선이 위치하고 있다고 해석하는 것이 자연스럽다.

한대(漢代)에 출간된 『염철론』벌공편(伐功篇)에는 "연이 동호(東胡)를 습격하여 달아나게 하고, 땅을 천리 개척하였다. 계속해서 요동을 건너 조선을 공격하였

---

70) 『사기』 권69, 소진열전 제9 "說燕文侯曰燕「燕東有朝鮮 遼東 北有林胡 樓煩…"
71) 서영수, 1988, 「고조선의 위치와 강역」, 『한국사시민강좌』 2권, 일조각, 22~23쪽.

다."고 기록하고 있다.[72]

　기록을 자세히 보면 요서(遼西) 지역은 영지(令支) 고죽(孤竹) 도하(屠何) 등 산융(山戎)과 동호 세력이 존재하고 있었고, 산융과 동호 동쪽에 조선이 위치하고 있었다. 여기서 연이 건넜다고 하는 '요동'을 '요하(遼河)'로 해석하기도 하나, 요동 땅으로 해석하는 것이 자연스럽다. 따라서『염철론』벌공편 기록을 본다면 요동 동남쪽에 조선이 위치하고 있었다고 보이며, 그곳은 지금의 한반도 서북지방을 가리키는 것이라 할 수 있다.

　일찍부터 대동강 유역의 청동기시대 주민집단을 고조선으로 인식하였던 것은『삼국유사(三國遺事)』와『삼국사기(三國史記)』에 기록되어 있다.

　『삼국유사』기이(紀異) 고조선조(古朝鮮條)에서는 고기(古記)를 인용하여 고조선이 평양에 도읍하였다고 기록하고 있다.[73]『삼국유사』에서 고조선이 평양에 도읍했다고 기록한 것은 평양 지역의 지역신앙으로 내려오던 단군 신앙이 고조선 건국과 함께 고조선의 건국 신화로 자리 잡은 것이라 볼 수 있다.[74] 단군신화를 고조선의 건국 중심지에 대한 직접적인 자료로 이용하기는 어렵지만 건국신화의 배경 무대가 평양 일대이므로, 건국하기 전부터 평양 대동강 지역은 고조선을 세우는 주요한 정치집단이 존재하였던 지역으로 볼 수 있다.

　한편,『삼국유사』기이 고조선조에서는「위서(魏書)」를 인용해 단군왕검이 도읍했다는 아사달을 황해도 구월산으로 비정하고 있다. 그리고 환웅이 무리 3천명을 거느리고 태백산 꼭대기 신단수 아래 내려왔다[75] 하는데, 여기서 태백산 꼭대기를 일연은 지금의 묘향산으로 보고 있다. 황해도 구월산과 평안남도 묘향산은 평양에서 그리 멀지 않고 160여km 떨어져 있으며 청천강 상류에 있어 사실상 평양 대동강과 같은 권역으로 볼 수 있다.

---

72)　『염철론』벌공 제45 "齊桓公越燕伐山戎 破孤竹 殘令支 趙武靈王踰句注 過代谷 略滅林胡 樓煩 燕襲走東胡 辟地千里 度遼東而攻朝鮮".

73)　『삼국유사』권1, 기이 고조선 "唐高卽位五十年庚寅 都平壤城 始稱朝鮮"

74)　노태돈, 2000,「역사적 실체로서의 단군」,『한국사 시민강좌』27, 일조각, 1~20쪽.

75)　『삼국유사』권1, 기이 고조선 "桓雄率徒三千降於太白山頂"

그리고 『삼국사기』 고구려본기(高句麗本紀) 동천왕 21년(247년)조에서 위나라 장수 관구검의 침략군에 의해 수도 환도성이 파괴되어 다시 도읍할 수 없는 조건에서 평양성(平壤城)을 쌓고 거기에 백성들과 종묘사직을 옮긴 사실에 대하여 수록하고, 그 "평양이라고 하는 곳은 본래 선인왕검(仙人王儉)이 살던 곳인데, 혹은 임금의 도읍이었던 왕험(王險)이라고도 한다."[76]고 기록하고 있다. 이 내용 역시 『삼국사기』에 단군에 관하여 언급하고 있는 유일한 예로서, 초기 고조선인 단군조선의 중심지가 평양 대동강 지역임을 말하고 있는데, 『삼국사기』를 편찬할 당시 대동강 지역이 고조선의 수도로서 인식되어 왔음을 말해준다.

2. 팽이형토기문화의 담당자와 사회 성격

소형 지석묘가 집중적으로 묘역을 이루고 있고, 그 가운데서 대형 지석묘가 등장하는 지역은 옛 기록들에 보이는 소국(小國)의 읍락(邑落) 또는 국읍(國邑)의 전신인 우세 집단이 자라난 곳으로 짐작된다.

현재까지의 고고학 자료 조사 결과, 요동~서북한 지역 청동기문화의 중심은 혼하~압록강 일대의 석관묘·미송리유형 문화권과 서북한 지역의 지석묘·팽이형토기 문화권, 그리고 요동반도 지역이 독자적으로 문화권을 이루고 있음을 알았다. 다만 요동~서북한 지역은 전체적으로는 지석묘와 석관묘라는 동일 계열의 묘제를 사용하는 것으로 보아 같은 계통의 주민집단이 살고 있었고, 다만 지리적인 차이로 인해 문화유형의 차이가 있게 된 것이라고 생각한다.

묘제로서 지석묘와 석관묘가 일정 지역에 집중 분포하는 것은 그 일대에 하나의 유사한 계통의 종족과 주민집단이 있었음을 말해준다. 그런데 지석묘문화가 미송리형 토기 분포권의 외연에 해당하는 지역에서 수용된 묘제라는 견해들이

---

76) 「삼국사기」권17, 고구려본기 제5 동천왕조 "二十一年…築平壤城 移民及廟社 平壤者本仙人王儉之宅也 或云王之都王險".

제기되었다.[77] 그리고 이러한 현상은 종족집단의 차이, 즉 예족과 맥족의 문화 차이를 반영하는 것이라고 본다.[78]

요동 지역과 서북한 지역의 문화 특징의 차이를 주민집단과 연결시켜 본 점은 매우 주목된다. 그러나 팽이형토기와 지석묘의 집중 지역이 미송리형 토기문화의 중심세력권에서 벗어나 있지만, 전체적으로는 비파형동검문화와 미송리형 토기문화라는 범위에 포괄되고 있다는 점을 염두에 두어야 한다. 그리고 양 문화 간의 지역 차이가 종족집단의 차이로까지 연결할 수 있는 문헌자료는 현재로서는 명확하지 않다.

최근 몇몇 논자들은 요동반도(遼東半島) 지역의 지석묘가 한반도 서북 지방의 지석묘와 유사한 점에 주목하여 두 지역이 동일한 문화권을 이루었고, 단일한 정치체에 속해 있었다는 주장을 조심스럽게 제기하고 있다.[79] 즉 전형적인 북방식 지석묘를 조영하던 예맥 계통의 주민집단이 황해 이북 연안 지역을 끼고 분포하고 있는데, 이것이 일정한 국가나 정치집단을 이루고 있었다는 것이다.

황해 이북 연안 지역은 중국인의 시각에서 볼 때 동이족이 살고 있었던 것으로 믿어지는 지역으로 일찍이 "오랑캐족인 예족의 고향(夷穢之鄉)"[80]으로 표기되었다. 그곳은 정치집단으로 말하면 '조선'으로 표현되는 세력의 거주지역이라고 볼 수 있다. 그러나 요동반도 지역과 서북한 지역 사이에는 문화적 공백이 있어 뚜렷한 입장을 제시하기는 어렵다. 우선, 압록강 유역에서 청천강에 이르는 지역에서 아직까지 지석묘 유적이 거의 확인되지 않았다는 점, 또한 압록강 일대 단동 지구에는 이른바 공귀리형 토기를 사용하는 집단이 존재하고 있었다는 점을 짚고 넘어가야 한다.

요동~서북한 지역 초기 세형동검 단계의 무덤과 부장품에서 공통적으로 보이

---

77) 東潮·田中俊明, 1995, 앞의 논문, 67쪽; 정한덕, 1990, 앞의 논문, 130~131쪽.
78) 정한덕, 1990, 앞의 논문, 130~131쪽; 東潮, 1997, 앞의 논문, 32~34쪽.
79) 정한덕, 1990, 앞의 논문, 131~132쪽; 東潮, 1997, 앞의 논문, 28~34쪽.
80) 『여씨춘추』권20, 시군람 제8 "非濱之東[朝鮮樂浪之縣 箕子所封 濱於東海也] 夷穢之鄉 大解陵魚"

는 특성은 고조선 지배세력의 모습을 추론할 수 있는 중요한 단서가 된다. 요동 지역 미송리형 토기 문화의 담당자는 '예맥'으로 규정할 수 있다.[81] 『관자(管子)』를 비롯해 일부 선진문헌(先秦文獻)에서는 요동 지역을 '예맥'이나 '조선'으로 구분하여 기록하고 있는데,[82] 크게 보면 이는 '조선'의 정치세력이 거주하였던 곳으로 볼 수 있다.

이러한 점을 전제하고 두 문화의 유사성과 차이점을 생각하면 팽이형 토기 문화의 담당자 또한 같은 예맥 계통의 종족이라 볼 수 있다. 다만 미송리형토기 문화가 주로 석관묘을 사용한다는 점과 달리 팽이형토기 문화는 지석묘를 주로 사용했다는 점 외에 토기양식이 보여주는 일정한 차이 등을 고려해보면 지역적, 주민집단 간에 구별되는 문화로 볼 수 있다. 따라서 팽이형 토기의 담당자는 선진문헌에서부터 '예맥'과 대비되어 등장하는 '조선'을 형성한 집단으로 보는 것이 합리적이다.

문헌에서는 이 당시 요동 및 서북한 지역에서 성장한 세력에 대해 '조선후국(朝鮮侯國)'[83]이라 표현하고, 이들이 성장하여 '칭왕(稱王)'하는 등 교활해졌다고 기록하고 있다.[84] 이러한 기록으로 요동 및 서북한 지역의 청동기문화를 바탕으로 고조선, 즉 조선후국이 주변지역을 일정하게 아우를 수 있는 상당히 강한 지배 권력을 수립했음을 표현한 것이라 볼 수 있다.

81) 송호정, 2003, 앞의 책, 푸른역사, 193~196쪽.
82) 『관자 경중』 권13, 경중갑 "管子曰 陰王之國有三…楚有汝漢之黃金 而齊有渠展之鹽 燕有遼東之煮 此陰王之國 桓公曰 四夷不服 恐其逆攻 游於天下而傷寡人…管子對曰 吳越不朝 珠象而以爲幣乎 朝鮮不朝 請文皮毤服而爲幣乎…然後八千里之發朝鮮 可得而朝也"
83) 『삼국지』 권30, 위서30 오환선비동이전 소인『위략』왈 "昔箕子之侯朝鮮侯見周衰 燕自尊爲王 欲東略地 朝鮮侯亦自稱爲王 欲興兵逆擊燕以尊周室 其大夫禮諫之 乃止"
84) 『삼국지』 권30, 위서30 오환선비동이전 소인 한조『위략』"昔箕子之後朝鮮侯 見周衰 燕自尊爲王 欲東略地 朝鮮侯亦自稱爲王…後子孫稍驕虐

Ⅴ. 맺음말

청동기시대에 대동강 유역의 팽이형토기문화를 고조선과 관련하여 해석한 연구는 많지 않다. 단군릉 개건 이후 북한학계를 중심으로 '대동강문화'라는 새로운 문명관이 제시되면서 대동강 유역과 평양을 중심으로 고조선이 만주에 걸쳐 광대한 영토국가를 형성하였다는 주장이 대동강유역의 청동기문화에 대한 가장 적극적인 해석이라 할 수 있다.

『삼국유사』에는 고조선의 건국신화인 단군신화의 무대가 대동강 유역의 평양일대로 나온다. 그리고 멸망 당시 고조선의 수도 왕검성 지역에 설치된 낙랑군 조선현의 위치가 문헌 및 고고 자료를 통해 대동강 유역임이 분명해졌다.

이상의 기본적인 연구 성과를 바탕으로 필자는 일찍부터 대동강 유역이 고조선의 중심지였다고 생각해 왔다. 그리고 초기 고조선 주민들이 남긴 문화 역시 대동강 유역의 팽이형토기문화라는 생각을 갖고 있다.

본고에서는 이러한 생각을 구체적으로 논증하기 위해 대동강 유역에서 최근에 조사된 주거지와 무덤 자료를 종합 분석하고, 그것이 초기 고조선 주민집단의 문화임을 입증하고자 노력하였다. 결과 대동강 유역의 팽이형토기문화는 그 문화 요소의 밀집도로 보아 일정한 정치체와 연결할 수 있는 문화로 볼 수 있고, 그 정치체는 다름 아닌 청동기 시대의 고조선으로 볼 수밖에 없다고 해석하였다.

대동강 유역의 팽이형토기문화는 요동 지역의 미송리형토기문화와는 일정한 차이를 갖고 있는 독자적인 청동기문화이다. 한편으로 팽이형토기문화는 요동 지역의 미송리형토기문화와 함께 요령지역 비파형동검문화 범주 안에서 유사성을 갖고 있다. 이는 요동 지역에서 한반도 서북지방에 걸쳐 동일한 계통의 주민 집단이 거주했음을 말해주는 하나의 증거라고 생각한다.

앞으로 서북한 지역 고고자료에 대한 면밀한 조사 연구가 증대되고, 특히 요동 지역의 청동기 고고 자료와 비교 고찰하여 의미 있는 성과가 나오기를 기대한다. 나아가 이들 고고 자료를 문헌 자료와 종합하여 일정한 정치체와 관련지어 해석하는 노력 역시 필요하다 하겠다.

| 참고문헌 |

『삼국유사』

『삼국사기』

『삼국지』

『관자』

한백겸, 『동국지리지』

정약용, 『아방강역고』

今西龍, 1929, 「洌水考」, 『朝鮮古史の硏究』.

藤口健二, 1982, 「朝鮮·コマ土器の再檢討」, 『森貞次郎博士古稀記念古文化論集』 上卷.

烏恩岳斯圖, 2007, 「十二台營子文化」, 『北方草原』, 考古學文化硏究, 科學出判社.

許玉林·許明綱·高美璇, 1982, 「旅大地區新石器文化和靑銅時代文化槪述」, 『東北考古與歷史』 1.

齊藤忠, 1996, 「古代朝鮮半島の文化と日本」, 『北朝鮮 考古學の新發見』, 雄山閣.

東潮·田中俊明, 1995, 「靑銅器·鐵器時代の東アジア」, 『高句麗の歷史と遺蹟』, 中央公論社.

田村晃一, 1963, 「朝鮮半島の角形土器とその石器」, 『考古學硏究』 38, 考古學硏究會.

陳大爲, 1991, 「試論遼寧"石棚"的性質及其演變」, 『遼海文物學刊』 91: 1.

李殿福 著·西川宏 譯, 1991, 『高句麗·渤海の考古と歷史』, 學生社.

東潮, 1997, 『高句麗考古學硏究』, 吉川弘文館.

三上次男, 1966, 「西北朝鮮の支石墓」, 『古代東北アジア史硏究』.

原田淑人, 1931, 『牧羊城』, 東亞考古學叢刊 第二冊 東亞考古學會.

강승남, 1995, 「고조선 시기의 청동 및 철 가공 기술」, 『조선고고연구』 2.

김동일, 2009, 『북부 조선지역의 고대 무덤』, 사회과학원 고고학연구소.

김미경, 2006, 「요동지역 미송리형토기 연구」, 충남대 석사학위논문.

김영우, 1964, 「세죽리유적 발굴 중간보고(2)」, 『고고민속』 64: 4.

金榮搢, 1996, 「發掘された古朝鮮初期の陶器」, 『朝鮮民族と國家の源流』, 雄山閣.

김용간, 1985, 「강계시 공귀리 원시유적발굴보고」, 『유적발굴보고』 6.

김원룡, 1973, 『한국고고학개설』, 일지사.

김종혁, 1999, 「대동강 류역 일대의 고대 부락터 유적에 대하여」, 『조선고고연구』 1.

김종혁, 1999, 「단군조선 시기 대동강류역 일대의 부락 구조에 대한 고찰」, 『조선고고연구』 3.

김종혁·박 철, 2009, 『평안남북도 고대 집자리』, 사회과학원 고고학연구소.

김종혁, 1999, 「대동강유역일대의 고대부락터유적에 대하여」, 『조선고고연구』 1999년 제1호.

김종혁, 2009, 『평양시 고대 집자리』, 사회과학원 고고학연구소.

김종혁, 1995, 「표대부락터에 대하여」, 『동아시아에 있어서 원시·고대 문명의 재검토-5000년 전의 동아시아-』.

김종혁, 2003, 「표대유적 제1지점 팽이그릇 집자리 발굴 보고」, 『마산리 반궁리 표대유적 발굴 보고』.

남일룡, 1996, 「평양 일대 고대 성곽의 특징에 대하여」, 『조선고고연구』 3.

남일룡, 1996, 「평양 일대 고대 토성의 축조 연대에 대하여」, 『조선고고연구』 1.

남일룡, 1995, 「평양지방의 고대 토성」, 『조선고고연구』 2.

노태돈, 2000, 「역사적 실체로서의 단군」, 『한국사 시민강좌』 27, 일조각.

도유호, 1960, 『조선원시고고학』.

류충성, 2009, 『황해남북도 고대 집자리』, 사회과학원 고고학연구소.

리규태, 1979, 「배천군 대아리 돌상자무덤」, 『고고학자료집』 6.

리경철, 1996, 「석정리 집자리유적에 대하여」, 『조선고고연구』 4.

박진욱, 1999, 「단군조선의 국가적 성격에 대한 고고학적 고찰」, 『조선고고연구』 1999년 제1호.

朴晋煜, 1996, 「古朝鮮の琵琶形銅劍文化の再檢討」, 『朝鮮民族と國家の源流』, 雄山閣.

사회과학원 고고학연구소 편, 1977, 『조선고고학개요』.

서국태, 1964, 「신흥동 팽이그릇 집자리」, 『고고민속』 64: 3.

서국태 지화산, 2003, 『남양리 유적 발굴 보고』, 사회과학출판사.

서영수, 1988, 「고조선의 위치와 강역」, 『한국사시민강좌』 2권, 일조각.

석광준, 2003, 「고연리 유적 발굴 보고」, 『강안리 고연리 구룡강유적 발굴보고』, 사회과학출판사.

석광준, 1979, 「우리나라 서북지방 지석묘에 관한 연구」, 『고고민속론문집』 7.

석광준, 1994, 「평양은 고대문화의 중심지」, 『조선고고연구』 1994년 제1호.

송호정, 1991, 「요동지역 청동기문화와 미송리형토기에 관한 고찰」, 『한국사론』 24.

송호정 2007, 「미송리형토기문화에 대한 재고찰」, 『한국고대사연구』 47,.

송호정, 2003, 『한국 고대사 속의 고조선사』, 푸른역사.

송호정, 1999, 「고조선 국가형성 과정 연구」, 서울대학교 박사학위논문.

안병찬, 1983, 「우리나라 서북지방의 이른 시기 좁은놋단검 관계 유적유물에 관한 연구」, 『고고민속론문집』 8.

오강원, 2006, 『비파형동검문화와 요령지역의 청동기문화』, 청계.

윤무병, 1975, 「무문토기 형식분류 시고」, 『진단학보』 39.

이병도, 1976, 「고조선문제의 연구」, 『한국고대사연구』, 박영사.

이병도, 1933, 「패수고」, 『청구학총』 13.

장우진, 2000, 『조선 민족의 발상지 평양』, 사회과학출판사.

정용길, 1979, 「신평군 선암리 돌상자무덤」, 『고고학자료집』 6.

정찬영, 1974, 「북창군 대평리유적 발굴보고」, 『고고학자료집』 4.

정찬영, 1961, 「자강도 시중군 심귀리 원시유적발굴 중간보고」, 『문화유산』 61: 2.

鄭漢德, 1989, 「美松里型土器の生成」, 『東北アジアの考古學』, 天池.

정한덕, 1996, 「美松里型土器形成期に於ける若干の問題」, 『東北アジアの考古學』 第二.

하문식, 2005, 「대동강문화론에서 본 북한학계의 연구 경향」, 『단군학연구』 14.

한영희, 1985, 「각형토기고」, 『한국고고학보』 14·15합집.

韓仁浩, 1996, 「古朝鮮初期の金製品」, 『朝鮮民族と國家の源流』, 雄山閣.

허종호 외, 2001, 『고조선 력사 개관』, 사회과학출판사.

황기덕, 1966, 「서부지방 팽이그릇유적의 연대에 대하여」, 『고고민속』 66: 4.

황기덕, 1965, 「무덤을 통하여 본 우리나라 청동기시대 사회관계」, 『고고민속』 65: 4.

황기덕, 1989, 「비파형단검문화의 미송리유형」, 『력사과학』 89: 3.

황기덕, 1987, 「우리나라 청동기시대의 사회관계에 대하여(1)」, 『조선고고연구』 87: 2.

황기덕, 1984, 『조선의 청동기시대』, 사회과학출판사.

The Top-type Pottery Culture in the Daedong River Basin and the Gojoseon in the Bronze Age

Song, Hojung

Professor, Korea National University of Cultural Heritage

There are not many studies that interpret the Top-type Pottery Culture developed in the Daedong River basin in the Bronze Age associating it with Gojoseon. By and large, mainly the North Korean academic circles argue that Gojoseon formed a vast ancient country putting the center in the Daedong River basin and the whole area of Pyongyang and extending its territory up to Manchuria.

In 『Samguk yousa』, the stage of the myth of Dangun that is the birth myth of the nation Gojoseon is the whole area of Pyongyang in the Daedong River basin. And it became apparent that the location of Nanglanggun Joseonhyeon installed in the area of Wanggeomseong which was the capital of Gojoseon at the time of the fall of the country is the Daedong River basin through the contemplation of the literatures and archeological materials.

In this article, in order to demonstrate such thought specifically, the materials of the residential areas and tombs recently investigated in the Daedong River basin were put together and analyzed and efforts were made to prove that these are the culture of resident group of the early Gojoseon. As a result of the efforts, the Top-type Pottery Culture in the Daedong River basin can be connected with a certain political body and an ethnic group considering the density of the cultural elements, and it was interpreted that the political body can be no other than Gojoseon in the Bronze Age.

The Top-type Pottery Culture in the Daedong River basin is an independent

Bronze Age culture which has a certain difference from the MiSongRi-type pottery Culture in the Liaodong area. On the other hand, the Top-type Pottery Culture has similarity to the MiSongRi-type pottery Culture in the Liaodong area within the category of the Mandolin-type Bronze knives Culture in the Liaodong area. It is thought that this is one of the proofs which tell that resident group of the same system dwelled over the Liaodong area and the northwest area of the Korean Peninsula.

[Keywords] Gojoseon, the Top-type Pottery Culture, the MiSongRi-type pottery Culture, the Mandolin-type Bronze knives Culture, the Daedong River basin

고조선의 중심지 및 도읍관련 논의와 쟁점

趙 法 鍾

조법종 (趙法鍾)

고려대학교 사학과 및 동대학원 졸, 문학박사. 한국고대사학회 연구이사,
한일역사공동연구위원회(2기) 위원
현) 우석대학교 역사교육과 교수, 박물관장

주요저서 : 『고조선고구려사연구』, 『이야기 한국고대사』(공저), 『한국사2』(공저)

Ⅰ. 머리말

고조선관련 논의는 전통 역사학계에서 고조선 영역의 범위와 중심지 특히, 도읍의 위치 등이 핵심적 쟁점으로 진행된 이래 현재까지 끊임없이 진행되고 있다. 고조선의 위치와 도읍에 대한 논의내용을 보면 패수(浿水), 만번한(滿番汗), 왕검성(王儉城) 등 역사지리적 공간 명칭에 대한 논의가 문헌검토를 통해 진행되었다. 특히, 일제 강점기 일본의 낙랑유적 발견과 낙랑고분 발굴을 통한 중국계 유물의 확인은 낙랑군의 평양 고정과 함께 고조선 중심지 및 도읍 논의를 한반도내에서 구하는 입장을 중심으로 진행되게 하였다. 그러나 민족사학자들의 논의와 1950-1970년대 북한학계에 의한 고조선 요동중심설의 확산, 1980년대 일부 한국학계에서의 수용은 재야의 관심과 함께 고조선 중심지 논의를 더욱 다변화시켰다. 한편, 1980년대 말 고조선 중심지 이동설이 제기되고 1993년 북한학계의 단군릉 발굴을 통한 고조선 중심 왕검성=평양설의 재등장과, 대동강문화론의 전개 등은 기존 고조선 중심지 논의를 평양설, 요동설, 이동설 등으로 더욱 다기화 하였다.

한편, 1992년 한중수교 이후 적극 수용된 중국 고고학계의 성과는 고조선 논의에 대한 문헌사적 입론을 현장 확인을 진행하며 요동, 요서지역과 관련된 고고학적 체계를 바탕으로 문헌사와의 결합을 통해 고조선의 영역과 중심지 논의를 보다 입체적으로 제시하게 되었다.

본 발표에서는 이같은 고조선의 중심지와 도읍에 대한 기왕의 논의를 바탕으로 시기별 내용과 특성을 정리하고 고조선 논의의 쟁점에 대한 검토를 진행하고자 한다.[1]

---

* 이 글은 제43회 '동양학국제학술회의-고조선, 위만조선과 동아시아의 고대문화'(2013)에서 발표한 <고조선의 중심지 및 도읍관련 논의와 쟁점>을 수정ㆍ보완한 것이다.

1) 본 발표문은 연구사적 쟁점 검토를 중심으로 진행하여 기존 발표내용을 중심으로 재정리하였음.
   조법종, 1999,「고조선 관계 연구의 현황과 과제」,『단군학연구』1 ; 조법종, 2002,「고조선의 영역과 그 변천」,『韓國史論』34, 국사편찬위원회 ; 조법종, 2006,「중국학계의 고조선연구검토 -

Ⅱ. 고조선 중심지논의에 대한 기왕의 인식

고조선은 학자들에 따라 차이는 있지만 일반적으로 전조선(단군조선), 후조선(기자,예맥) 및 위만조선으로 구분되어 파악되고 있다. 이같은 고조선관련 연구[2]의 핵심적 쟁점사항은 각 시기별 영역과 도읍지관련 내용으로 전통사학이래 평양 중심설, 요령중심설, 요령-평양이동설 등 세 가지 입장으로 나뉘어 진행되었다.[3] 그런데 고조선 중심지에 대한 인식이 체계화되는 과정에서 근대 일본학계는 낙랑문제[4]와 연결지어 한반도설을 체계화하려 하였고 북한학계는 자체 위치논쟁 이후 요령설[5]을 견지하다[6] 단군릉 발굴이후[7] 평양지역에서 요녕지역으로 확장하였다는 인식으로 급변하였다. 한편, 중국학계는 기본적으로 '기자조선'문제를 중심으로 중국계 세력에 의한 고조선 사회구성을 주로 검토하며 이들 세력의 범위

동북공정 전후시기 연구를 중심으로 -」,『韓國史學報』제25호 ; 조법종, 2011,「식민주의적 고조선사 인식의 비판과 과제」,『한국고대사연구』61, 한국고대사학회.

2) 노태돈, 1989,「고조선사 연구의 현황과 과제」,『한국상고사-연구현황과 과제-』, 185~192쪽 ; 김정배, 1997,『한국사』4, 국사편찬위원회 ; 조법종, 1999,「고조선 관계 연구의 현황과 과제」,『단군학연구』1 ; 김정배, 2003,「고조선 연구의 현황과 과제」,『단군학연구』9 ; 박선미, 2006,「근대사학 이후 고조선사 연구의 현황과 쟁점」,『한국사학보』23 ; 동북아역사재단·고조선사연구회 편, 2009,『고조선사 연구 100년-고조선사 연구의 현황과 쟁점-』.

3) 서영수, 1988,「고조선의 위치와 강역」,『한국사시민강좌』2 ; 노태돈, 1990,「고조선의 중심지의 변천에 대한 연구」,『한국사론』23 ; 오강원, 1996·1997,「고조선 위치비정에 관한 연구사적 검토(1·2)」,『백산학보』48·49; 조법종, 2002,「고조선의 영역과 그 변천」,『韓國史論』34, 국사편찬위원회 ; 송호정, 2010,「고조선의 위치와 중심지 문제에 대한 고찰」,『한국고대사연구』58 ; 박준형, 2012,「대릉하-서북한지역 비파형동검문화의 변동과 고조선의 위치」,『한국고대사연구』66.

4) 조법종, 1992,「樂浪問題(平壤地域文化)에 대한 일본역사학계의 인식검토」,『송갑호선생화갑기념사학논총』, 2006,『고조선 고구려사연구』, 신서원 ; 오영찬, 2006,『낙랑군 연구』,사계절 ; 조법종, 2011,「식민주의적 고조선사 인식의 비판과 과제」,『한국고대사연구』61, 한국고대사학회.

5) 리지린, 1963,『고조선연구』.

6) 사회과학원력사연구소, 1991,『조선전사』2,

7) 박진욱, 1994,「단군릉 발굴정형에 대하여」,『조선고고연구』.

문제 등과 연결하여 요령, 평양설 등을 제기하고 있다.[8]

이같은 논의를 파악하기 위해서는 기존 연구검토를 바탕으로 각 국가 및 시기별 연구내용을 압축적으로 검토하여 핵심 쟁점사항에 대한 검토를 정리할 필요가 있다.

1. 고조선 재한반도설

고조선의 영역을 한반도를 중심으로 대동강 유역에서 찾는 견해는 크게 중국측 학자들이 유지한 견해와 대부분의 우리나라 전통 학자들 및 일본학자에게서 발견할 수 있다.

먼저 북위(北魏) 역도원(酈道元:469-527)은 『수경주(水經注)』를 통해 평양(平壤)=낙랑군(樂浪郡) 조선현(朝鮮縣)=왕검성(王險城)인식을 부각시켰다.[9] 또한 『사기색은(史記索隱)』에 인용된 설찬(薛瓚)도 왕험성과 낙랑군을 연결짓고 있으며[10] 이후 당대(唐代)에 편찬된 『괄지지(括地志)』 등에서 이와 같은 이해를 고착하고[11] 두우(杜佑)의 『통전(通典)』에서 정설로서 자리잡게 되었다.[12]

한국측 기록은 『삼국유사』를 기록한 일연의 견해가 첫 견해로 나타나고 있다. 일연은 단군조선에 대한 기록에서 대부분의 지명을 평양을 중심한 지역과 연결

---

8) 조법종, 2006, 「중국학계의 고조선연구검토 - 동북공정 전후시기 연구를 중심으로 -」, 『韓國史學報』제25호 ; 이성규, 2011, 「중국사학계에서 본 고조선」, 『한국사시민강좌』49.

9) 『水經注』 浿水, "浿水出樂浪鏤方縣東南過臨浿縣東入於海····余訪蕃使 言城在浿水之陽 其水西流逕故樂浪朝鮮縣 卽樂浪郡治 漢武帝置 而西北流 故地理志曰 浿水西至增地縣 入海".

10) 『史記』 朝鮮傳, "臣瓚云 王險城在樂浪郡浿水之東也"『漢書』地理志 "臣瓚曰 王險城在樂浪郡浿水之東 此自是險瀆也 師古曰 瓚說是也".

11) 『正義』潮仙二音·括地志云 高驪都平壤城 本漢樂浪郡王險城 又古云朝鮮地也.

12) 『通典』邊防典凡十六卷 卷一百八十五 邊防一 東夷上 序略. "秦并天下 其淮 泗夷皆散爲人戶·其朝鮮歷千餘年 至漢高帝時滅·武帝元狩中 開其地 置樂浪 等郡 … 高麗本朝鮮地 漢武置縣 屬樂浪郡 時甚微弱·後漢以後 累代皆受中 國封爵 所都平壤城 則故朝鮮國王險城也".

시키고 있다.[13] 또한 조선초기에 편찬된 『동국통감』이나 『동국여지승람』[14]에서도 고조선의 중심지는 압록강 이남으로 비정되고 있다.

고조선의 대동강 중심설은 일제강점기를 통해 일본인 연구자 및 이병도에 의해 체계화되었다.[15] 일본역사학자들의 고조선 이해는 전한(前漢) 무제(武帝)가 위만조선을 붕괴시키고 세운 '한사군'이 중심이 된 내용이다. 따라서 일본학자들의 고조선에 대한 구체적인 개별연구는 거의 전무한 대신 낙랑 등을 중심한 '한사군의 력사'가 고조선사를 완전히 대치한 내용을 보여주고 있다. 한편, 고조선 및 낙랑의 역사지리문제와 관련된 논의는 단군 및 고조선의 역사공간을 한반도내에 국한시켜 이해하려는 인식이 투영되어 가급적 한반도내에 관련 지역을 설정하는 인식내용을 보여주었다.

역사지리 문제로서 제기된 것은 진의 장성이 끝나는 곳이 어디인가 라는 점이다. 이는 위만이 "패수(浿水)를 건너 진나라의 옛 공지의 상하장에 거하였다."라는 『사기』 조선전의 기사내용을 설명하기 위해서는 패수와 함께 진나라의 옛 장성 흔적이 발견되어야하기 때문에 이에 대한 논의가 진행되었으나 구체적 유적에 대한 이해나 조사 검토가 진행되지 않고 이들 장성을 한반도내에서 찾는 기왕의 논의내용에 부합하는 연구만이 진행되었다.[16] 가장 많은 쟁점으로 등장하였던 것이 패수(浿水)와 열수(洌水)의 위치문제였다. 먼저 열수(洌水)의 경우 1916년 금서룡(今西龍)에 의해 발견된 것으로 보고된 '점선현비(粘蟬縣碑)'의 발견위치가 평안남도 용강군(龍岡郡)으로서 이것의 존재가 대동강을 열수로 보게 한다는 점에서 더 구체적인 논의가 진행되지는 않았으나[17] 패수의 경우 예성강, 대동강, 청천

13) 『三國遺事』 권1, 紀異 古朝鮮. 일연은 阿斯達은 開城 주변, 太白山은 妙香山으로 비정하고 檀君이 도읍한 平壤城을 西京 즉 현재의 平壤으로 지적하고 있다.

14) 『東國輿地勝覽』 51, 平壤府 建置沿革.

15) 권오중, 2010, 「낙랑군 연구의 현황과 과제」, 『낙랑군 호구부 연구』, 동북아역사재단 ; 조법종, 2011, 「식민주의적 고조선사 인식의 비판과 과제」, 『한국고대사연구』61.

16) 松井等, 1909, 「秦長城東部の位置」, 『歷史地理』 13卷 3號 ; 稻葉岩吉, 1910, 「秦長城東端及 王險城考」, 『史學雜誌』 21編2號.

17) 今西龍, 1929, 「洌水考」, 『朝鮮支那文化の研究』 ; 1937, 『朝鮮古史の研究』, 近澤書店.

강, 압록강 등으로 파악하는 다양한 견해가 제시되었다. 패수는 연장성의 동단문제와 위만의 고조선진입 및 전한 무제와의 전쟁과정에서 계속 등장한 중국세력과 고조선의 경계로서 일본학자들도 많은 논의를 진행하였다.

패수의 위치에 대해서는 나가통세(那珂通世)가 대동강설을 제시한 이래[18] 도엽암길(稻葉岩吉)도 이를 따랐다.[19] 그러나 진전좌우길(津田左右吉),[20] 백조고길(白鳥庫吉)[21]은 한위(漢魏)시대는 압록강, 수당(隋唐)시대는 대동강이라는 설을 제시하였고 금서룡(今西龍)은 점선비 발견을 근거로 패수=청천강, 열수=대동강설[22]을 제시하고 있다.

이와 함께 한군현의 위치문제에 대한 논의는 낙랑의 경우 대동강일대로 고분유적 등에 의해 확정된 상황에서 진번군의 위치문제가 주요 쟁점으로 논의되었다.

나가통세(那珂通世)는 진번군(眞番郡) 치소(治所) 삽현(霅縣)을 압록강 상류로 설정하였다.[23] 백조고길(白鳥庫吉)은 전한 무제가 설치한 창해군이 진번국에 설치되었던 것으로 파악해[24] 진번군 재북설을 주장하였다. 한편, 도엽암길(稻葉岩吉)은 진번군을 충청도지역으로 단정하여[25] 재남설을 구축하여 이후 진번군이 한강이남지역에 위치한 것으로 논의가 진행되었다. 특히, 금서룡(今西龍)은 진번과 진국과의 관련성을 강조하여 진번군은 충청, 전라북도지역까지 내려오는 견해를 제기하여 진번재남설을 확정지었다.[26] 이 견해는 이후 일본학계의 기본입장으로 유

---

18) 那珂通世, 1894,「朝鮮樂浪玄菟帶方考」『史學雜誌』5-4, 東京大學文學部內史學會.

19) 稻葉岩吉, 1910,「秦長城東端及王險城考」『史學雜誌』21-2, 東京大學文學部內史學會.

20) 津田左右吉, 1912,「浿水考」『東洋學報』2卷 2號.

21) 白鳥庫吉, 1912,「漢の朝鮮四郡疆域考」『東洋學報』2-2, 東洋學術協會.

22) 今西龍, 1916,「眞番郡考」『史林』1-1 史學研究會 ; 1937,『朝鮮古史の研究』近澤書店.

23) 那珂通世, 1894,「朝鮮古史考2」『史學雜誌』5-4, 東京大學文學部內史學會.

24) 白鳥庫吉, 1912,「漢の朝鮮四郡疆域考」『東洋學報』2-2, 東洋學術協會.

25) 稻葉岩吉, 1914,「眞番郡の位置」『歷史地理』24-6, 日本歷史地理學會.

26) 今西龍, 1916,「眞番郡考」『史林』1-1 史學研究會 ; 1937,『朝鮮古史の研究』近江書店.

지된다.[27]

이같이 일본학자들의 식민사학적 연구의 기본방향은 한반도 문명의 여명은 중국계 이주민의 식민정권인 위만왕조와 뒤이은 한군현 설치에서 비롯되어 식민지적 역사로 부터 시작하였다는 점과 한반도내에서 관련된 역사공간을 설정하는 역사지리연구를 주로한 검토가 중심이 되었다.[28]

일본인 학자들은 이를 식민지배의 역사적 설명도구로 활용하기도 하였는데 특히, 1930년대 집중적으로 발굴된 낙랑유적의 중국계 유물, 유적을 결정적 근거로 활용하였다.[29]

한편, 북한학계에서는 도유호를 중심으로 일련의 고고학 관련 학자들이 60년대 초반 평양지역의 유적 유물에 입각하여 평양중심설을 주장하였으나 요동설로 공식적 입장이 정리된 이후 이같은 견해가 제기되지 못하다가 최근 단군릉 발견이 공식적으로 공표되면서 새로운 입장으로 재등장하고 있다.[30] 즉, 북한학계는 단군조선의 초기영역이 평양을 중심으로 한반도에서 시작하여 요하, 송화강 상류로 확대되었다고 보았다. 이후 후조선('기자조선')시기에는 중국과의 경계선이 란하유역으로 확대된 후 연과의 갈등, 진과의 갈등이 지속되었고 한대에는 현재의 대릉하를 패수로 파악하여 이를 경계로 한과 대립한 것으로 보았다. 또한 한이 침공한 곳은 부수도인 요동지역의 왕검성으로 이곳에 한사군이 설치된 것으로 보았다.[31]

한편 2005년 낙랑구역에서 발견된 낙랑군의 계부(計簿)라고 이해되어지는 '樂

27) 池內宏, 1948, 「眞番郡の位置について(上)(下)」, 『史學雜誌』57-2, 3, 史學會.

28) 노태돈, 2000, 앞의 논문, 29쪽.

29) 조법종, 「한사군문제(平壤지역문화)에 대한 일본역사학계의 인식검토」, 『송갑호선생화갑기념사학논총』, 1992).

30) 북한의 사회과학원은 평양의 근교에 있는 강동군 강동읍의 대박산에 존재한 무덤에 대하여 1993. 10. 2. 「단군릉 발굴보고」를 발표하고 10월 12일 「단군 및 古朝鮮에 관한 학술 발표회」를 개최하여 이 무덤이 단군릉임을 확정지웠다(이형구 편, 『단군을 찾아서』, 1993, 살림터 ; 북한문제연구소편, 『북한의 단군릉 발굴관련 자료』, 1993).

31) 사회과학출판사, 1999, 『고조선력사개관』.

浪郡 初元四年 縣別戶口簿 木簡'의 발견은 마지막 도읍지 왕검성의 평양설을 확인시켜주는 자료로 파악되고 있다.[32]

2. 고조선 재요동설

고조선 요동중심설은 중국측 기록중 위만조선의 수도인 왕험성이 험독(險瀆)에 위치하고 있다는 견해로 대표된다. 즉, 배인(裵駰)의 『사기집해(史記集解)』에서는 후한대 서광(徐廣)의 견해를 인용하여 창려(昌黎)에는 험독현이 있다고 하였다.[33] 한편, 당대(唐代) 사마정(司馬貞)이 찬술한 『사기색은(史記索隱)』에서는 서광의 말과 후한대 응소(應昭)의 주를 인용하여 요동의 험독현이 조선왕의 구도읍이라고 기록하고 있다.[34]

이러한 이해는 왕험성이 요동지역의 험독현 지역에 있으며 이곳이 조선왕의 구도읍이라는 인식으로 요약된다.

한국측 기록 중 고조선의 중심지를 요동지역에 설정하는 견해는 권람의 『응제시주』에 나타나고 있다. 이후 홍여하는 『동국통감제강』에서 진번을 요양에 비정하고 패수도 요하로 비정하여 요동 중심설을 보여주었다. 이와 함께 신경준, 이익 등이 고조선의 중심을 요동지역으로 비정하고 있다.[35] 이러한 견해는 신채호, 최남선, 안재홍, 정인보로 이어지고 있다. 이같은 고조선의 요동 중심설은 1960년

---

32) 손영종, 2006, 『조선단대사-고구려사1-』, 과학백과사전출판사, 118-124쪽.
　　손영종은 초원4년 락랑군 현별 호구수에 관한 목간이 락랑구역 귀틀무덤에서 나온 것은 락랑군 아전인 피장자가 락랑군에서 문제가 있어 락랑국으로 망명하여 묻힌 것이라고 설명하고 있다.
　　윤용구, 2007, 「새로 발견된 樂浪木簡 - 樂浪郡 初元四年 縣別戶口簿」, 『韓國古代史硏究』 46, 한국고대사학회 ; 윤용구, 2009, 「평양 출토 「樂浪郡初元四年縣別戶口簿」 연구」, 『목간과 문자연구』3, 한국목간학회 ; 권오중 외, 2010, 『낙랑군 호구부 연구』, 동북아역사재단.

33) 『集解』徐廣曰 昌黎有險瀆縣也.

34) 『漢書』志 卷二十八下 地理志第八下 索隱 韋昭云「古邑名」·徐廣曰「昌黎有險瀆縣」·應劭 注「地理志遼東險 瀆縣 朝鮮王舊都」應劭曰 朝鮮王滿都也·依水險 故曰險瀆.

35) 韓永愚, 1989, 『朝鮮後期 史學史硏究』, 一志社.

대 초 이후 북한학계에서 정설로 받아들이고 있다.[36] 요동설과 관련된 북한학계의 일련의 연구과정은 요동설, 평양설 및 이동설로 나뉘어 진행된 논쟁의 기간을 거쳐 리지린으로 대표되는 요동설로 정착되었다.[37]

북한학계가 파악한 중국 진한대 요수=난하, 패수=대릉하, 왕검성위치는 대릉하와 요하사이 의무려산 이남 반산[38]으로 보거나 요동 개평[39]으로 보는 견해로 나뉜다.

한편, 북한학계에서는 1970년대에는 고고학적 연구성과를 바탕으로 고조선의 역사상을 보다 구체화하였다. 특히, 고조선의 실체에 대한 접근에 있어 고고학적 성과를 문헌연구성과와 결합하여 고조선의 공간에 대한 체계화를 시도하였다. 이를 통해 기원전 2세기 고조선서변=패수=대릉하로, 열수=요하로 이해하였다. 그리고 왕검성은 요하하류 해성과 개평사이의 지역으로 상정하였는 바 이는 이미 리지린 등에 의해 제시되었던 것을 반복한 것이다. 결국 이같은 고조선 인식틀은 요동중심설이 고고학적으로 확립되었음을 보여주는 것이다. 또한 기존 평양지역의 낙랑문화를 '마한의 문화'로 새롭게 설정하여 이해하였다.[40] 그러나 이 견해는 북한이 가장 중시해야할 평양의 성격이 모호해지는 문제를 야기하였고 따라서 1970년대 주체사관이 강조되며 평양이 부각되자 평양을 고조선과 연결

---

36) 徐榮洙, 1988, 앞의 논문, 28-32쪽.
37) 조법종, 1991, 「북한의 古朝鮮史 인식체계에 대한 고찰」, 『북한의 우리고대사 인식』 I, 대륙연구소.
38) 림건상, 1963, 「고조선의 위치에 대한 고찰」, 『고조선토론논문집』, 과학원출판사.
39) 리지린, 1963, 『고조선연구』, 학우서방.
40) 리순진·장주협, 1973, 『고조선문제연구』.
      이같은 인식은 요동중심설의 입장에서 위만에게 쫓긴 준왕이 망명한 지점으로서 평양을 상정하여 청천강-예성강을 계선으로 갖는 지역에 독자적인 馬韓의 문화가 존속되었음을 주장한 견해로 고조선인식에서 가장 큰 난제였던 평양지역문화를 새롭게 이해한 독특한 견해라고 할 수 있다. 이같은 견해는 이미 신채호의 『전후삼한고』에 나타나고 있는 전삼한 북삼한의 인식체계와 대비될 수 있는 견해로 북한학계의 고조선인식체계의 기본구도가 민족주의 역사학자로 운위되는 신채호의 견해를 기본적으로 계승하고 있는 일면을 보여준다고 생각된다.

지어 고조선의 부수도 개념을 부각하는 인식으로 다시 수정되었다.[41] 또한 고조선을 포함한 예, 맥, 한족의 공통기반문화로서 비파형단검문화를 구체화하여 비파형단검이 중국동북지방의 요동지방, 요서지방; 길림. 장춘지방 ; 한반도 서북부 .서남부 등에서 발견되어 비파형단검문화가 고조선 한 나라의 문화일 뿐만 아니라 전체 고대 조선족의 문화라는 인식을 제시하였다.[42] 이같이 고조선의 요동중심과 평양지역을 재 강조하는 북한학계의 요동 중심설은 1993년 「단군릉」발굴 및 재건을 기화로 고조선 평양중심+요동지역 확장설로 완전히 새롭게 재구성되었다.[43]

한편, 평양일대 낙랑유적에 대해서는 고조선 종말이후 고조선유민의 독자적 중심지이며[44] 2600여개의 발굴된 묘는 나무곽무덤,[45] 귀틀무덤,[46] 벽돌무덤[47] 등으로 이들은 중국의 것과는 명확히 구별되는 독자적인 무덤양식임을 강조하였다. 특히, 일본인들에 의해 낙랑군 재평양설의 논거가 되었던 봉니와 점제현비석에 대한 기왕의 위조설을 비석과 봉니의 성분분석으로 통해 재천명하였고[48] 무덤

---

41) 사회과학원 고고학연구소, 1977, 『고조선문제연구론문집』, 사회과학출판사.
    이는 고조선의 영역을 요동지역을 중심으로 설정하는 것은 같으나, 그 남쪽경계선에 대해서는 청천강이 아닌 예성강으로 바뀌고 있는 점이다. 즉, 종래 마한의 문화로 이해하였던 평양지역의 문화를 고조선과 일정하게 구별되는 독자문화로 파악하였던 인식이 수정되었던 것이다.

42) 사회과학원 고고학연구소 력사고고학연구실, 1987, 『비파형단검문화에 관한 연구』과학백과사전출판사.

43) 「반만년의 유구한 력사와 민족의 단일성에 대한 확증 단군릉발굴보고」, 『조선고고연구』93-4 ; 허종호 등, 1999, 『고조선력사개관』, 사회과학출판사 ; 리순진·장우진·서국태·석광준, 2001, 『大同江文化』, 외국문출판사 ; 장우진, 2002, 『조선민족의 원시조 단군의 유골 감정보고』, 사회과학출판사 ; 조법종, 1999, 앞의 논문 ; 하문식, 2009, 「북한학계의 고조선 연구성과와 과제」, 『고조선사 연구100년』, 학연문화사.

44) 안병찬, 1995, 「평양일대 락랑유적의 발굴정형에 대하여」, 『조선고고연구』95-4.

45) 리순진, 1996, 「평양일대 나무곽무덤의 성격에 대하여」, 『조선고고연구』96-1.

46) 리창언, 1996, 「귀틀무덤을 남긴 정치세력에 대하여」, 『조선고고연구』96-1.

47) 한인덕, 1995, 「서북조선의 벽돌무덤의 성격에 대하여」, 『조선고고연구』95-4.

48) 김교경·정강철, 1995, 「물성분석을 통하여 본 점제비와 봉니의 진면모」, 『조선고고연구』95-4 ; 점제비 : 1913.

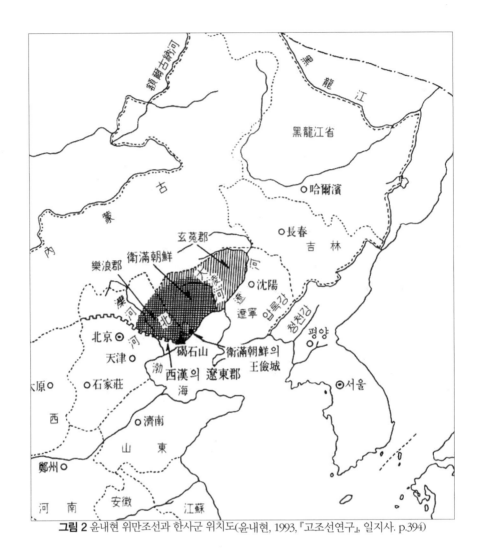

그림 2 윤내현 위만조선과 한사군 위치도(윤내현, 1993, 『고조선연구』, 일지사. p.394)

반출 도장에 대해서는 교역과 포로의 유류품으로 파악하는 전통견해를 답습하였다.[49] 또 발굴된 성곽유적과[50] 비단유물도 중국식이 아님을 강조하여[51] 이 지역의 문화와 주민이 중국과는 구별되는 존재임을 주장하였다.

---

49) 박진욱, 1995, 「락랑유적에서 드러난 글자있는 유물에 대하여」, 『조선고고연구』 95-4.
50) 남일룡, 1996, 「평양일대 고대토성의 축조연대에 대하여」, 『조선고고연구』 96-1.
51) 조희승, 1996, 「평양 락랑유적에서 드러난 고대 비단에 대하여」, 『조선고고연구』 96-1.

이 같은 인식은 기존 식민사학적 인식의 중요 논거들에 대한 초기적 비판을 방법을 달리하여 진행한 것으로 낙랑군 재요동설에 입각한 인식에 부응하기 위한 논리라는 점에서 근본적인 한계와 문제점을 갖고 있다.

북한학계는 요령설 입증을 위해 요서, 요동지역 청동기문화 전체를 고조선의 영역으로 인식하였고[52] 이같은 견해는 단군릉 발굴이전까지는 북한의 공식입장으로 유지되었다.[53] 그러나 1993년 단군릉 발굴이후 평양중심설로 급선회되고 요동지역은 발전과정에서 확대된 것으로 이해하는 혼란을 보여주고 있다.

한편, 한국학계에서는 윤내현이 북한학계의 요동설에 일부 내용을 변화시킨 입장을 표방하였다.[54] 특히, 낙랑군=위만조선=기자조선으로 파악하는 인식을 전제로 기자 일족이 난하 하류유역으로 망명해 고조선의 거수국이 되었고 위만이 그 자리에 위만조선을 세웠다고 보아 위만조선 건국지를 난하 하류지역으로 보았다.[55]

그런데 최근 2005년 낙랑구역에서 발견된 낙랑군 초원사년 현별호구부 목간의 발견은 위만조선이 끝까지 요동지역에 존재하였다는 인식에 논란을 제기하고 있다.[56]

52) 박진욱, 1988,『조선고고학전서』, 과학백과사전출판사.
53) 사회과학원력사연구소, 1991,『조선전사』2.
54) 尹乃鉉, 1995,『古朝鮮研究』一志社,
55) 윤내현, 1993,『고조선연구』, 일지사, 360-367쪽.
56) 손영종, 2006,『조선단대사-고구려사1-』, 과학백과사전출판사, 118-124쪽(손영종은 초원4년 락랑군 현별 호구수에 관한 목간이 락랑구역 귀틀무덤에서 나온 것은 락랑군 아전인 피장자가 락랑군에서 문제가 있이 락랑국으로 망명하여 묻힌 깃이라고 설명하고 있다.) ; 尹龍九, 2007,「새로 발견된 樂浪木簡 - 樂浪郡 初元四年 縣別戶口簿 -」『韓國古代史研究』46, 한국고대사학회 ; 윤용구, 2009,「평양 출토「樂浪郡初元四年縣別戶口簿」연구」『목간과 문자연구』3, 한국목간학회.

3. 고조선 중심지 이동설

고조선 중심지 이동설은 요동설과 평양설의 절충적 측면이 강한 견해로서 두 지역에 공존하는 고조선 관련 문헌 및 고고학적 자료의 해석을 위한 방안으로 제시되었다. 즉, 전기 고조선의 중심지는 요동지역으로 설정하고 후기에는 중국세력의 확장에 따른 영역축소라는 이유로서 한반도 서북지역으로 이동하였다는 논리이다.

북한학계에서는 1950년대 이같은 인식이 제기되었다. 정세호는 고조선 요동-한반도 이동인식을 문헌자료 검토를 통해 제시하고 있다.[57] 즉,『사기(史記)』조선 열전(朝鮮列傳), 소진렬전(蘇秦列傳), 하우본기(夏禹本紀) 등을 근거로 고조선의 서계가 갈석산(碣石山)임을 지적하고, 흉노열전(匈奴列傳)에 나타난 진개의 고조선침략에 의해 서기전 108년경에는 예맥조선의 종족이 대릉하 연안 및 양평 이동지역에 존재하였음을 강조하였다. 또한, 패수(浿水)를 대릉하로 이해하고 요수(遼水) 명칭의 변동을 지적하면서 고대의 요수는 난하(灤河)임을 지적하고 고조선 영역의 변화를 지적하였다.

첫째, 연나라 소왕(昭王)시기 이전(서기전 323-서기전 281)은 상곡(上谷), 난하 중심-동해안 압록강까지의 지역.

둘째, 진개침략에 의한 서변 1,2천리 상실후(서기전 281-서기전 202)에는 상곡을 상실하고 양평이동부터 압록강에 이르는 지역.

셋째, 진나라가 연나라를 멸하고 난후 한나라가 일어나던 시기(서기전 202-서기전 194)는 대릉하 이동에서 부터 서부 조선지역.

넷째, 서기전 194년 위만조선이 고조선의 서계인 대릉하부터 압록강이서 지역을 침략하여 고조선은 압록강 이동지역에 국한되고 한무제가 서기전 108년에 위만조선지역을 략취하여 그곳에 한4군을 설치한 것으로 파악하였다.

---

57) 정세호<자료>, 1956,「사기를 중심한 고조선의 위치에 관하여」,『력사과학』2호.

이같은 견해는 이후 전개되는 고조선관련 논쟁에서 제시되는 주요 논점들을 거의 망라하고 있음이 주목된다. 즉, 고조선 요동중심설이 근거로 활용되는『사기』등의 자료분석과 정치상황변화에 따른 영역변화 인식은 고조선의 영역변화에 대한 기본적 인식의 체계가 거의 완성되어 있음을 보여 준다.

한편, 한국학계에서는 기자 족단의 존재를 중시한 견해로서 천관우는 사료에 나타난 기자 동래설을 중시하여 이를 기자족의 이동이란 관점에서 이해하였다.[58] 김정학은 요녕지방 청동기문화의 담당자는 조선족인데 연의 침략으로 고조선의 세력이 약해져서 동쪽으로 이동하게 되었고 기원전 4~3세기경에는 고조선의 영역이 요동에서 한반도의 서북부에 걸쳐 있게 되었다고 하였다.[59] 이형구는 은말·주초에 대릉하유역에 주족으로부터 밀려난 은왕족인 기자를 대표로 하는 은의 유민들이 기자조선을 건국하였다고 보았다. 그리고 기자조선은 기원전 12-11세기경 기자의 이주로부터 기원전 2세기초 조선왕 준에 이르기까지 거의 천 년을 이어 왔다고 하였다.[60]

서영수는 고조선사를 선고조선(왕국) / 고조선왕국 초기-중기-후기/ 후조선(위만조선)으로 체계화하고 전성기의 고조선의 강역은 대체로 요동반도를 중심으로 서쪽으로는 대릉하 유역에서 동호와 만나고 남쪽으로는 대동강 유역을 경계로 진국과 이웃하며 북쪽과 동쪽으로 예맥, 부여, 진번, 임둔, 숙신과 접하는 것으로 보았다. 또한 고조선 중기 기원전 3세기 초 연과의 전쟁에서 패해 만번한 즉 오늘날의 천산-대릉하 영역을 상실하고 진번과 함께 남하하여 중심지를 대동강으로 옮긴 것으로 파악하였다.[61]

노태돈은 기원전 3세기 초까지 고조선의 중심부는 요동에 있었다고 하였다.

---

58) 천관우, 1989,『古朝鮮 · 三韓史硏究』, 一潮閣, 10~13쪽.
59) 김정학, 1990,『韓國上古史硏究』, 범우사, 177쪽.
60) 이형구, 1990,「韓國民族文化의 시베리아起源說에 대한 再考」,『東方學志』69, 12쪽.
61) 서영수, 1988,「古朝鮮의 位置와 彊域」,『韓國史市民講座』2, 45-49쪽 ; 서영수, 1999,「古朝鮮의 對外關係와 彊域의 變動」,『東洋學』29, 동양학연구소 ; 서영수, 2007,「고조선의 발전과정과 강역의 변동」,『고조선의 역사를 찾아서』, 학연문화사, 49-50쪽.

전기 고조선의 중심지는 해성현(海城縣)의 서남쪽과 개평현(蓋平縣)을 포괄하는 지역의 어느 곳에 있었고 연의 기습적인 공격을 받은 고조선은 그 중심지를 한반도 지역으로 이동하게 되었다고 파악하였다.[62]

4. 중국학계의 「기자조선」 중심 연구

중국학계는 단군조선을 부정하고 고조선사가 실질적인 역사로 시작된 시점을 기자조선부터 구한다는 점에서 거의 대부분 동일한 태도를 보여주고 있다. 이 같은 입장은 중국사서에 기본적으로 전제가 된 기자 동래와 주 무왕의 기자조선 봉국(封國)이란 관점에서 형성된 관점을 부연한 것으로서 고조선인식의 대전제로 제시되고 있다. 이 같은 중국학계의 입장은 기자 동래가 부정되는 한국 및 북한학계의 대다수 연구성과와는 가장 극명하게 대립된다는 점에서 양 입장의 차이 극복이 쉽지 않은 분야이다. 따라서 중국학계의 연구는 기자의 동래를 부정하는 한국,[63] 일본학계[64]를 의식하여 기자의 역사성을 기반으로 기자동래의 역사적 사실성을 문헌, 고고학적으로 입증하고자 노력하고 있다.

그런데 중국학계연구에서 주목되는 점은 기자 동래지역 및 고조선과의 경계에 대한 입장이 다양하게 제기되었다.

김육불(金毓黻)의 『동북통사(東北通史)』에서 제시된 연장 진개가 만번한을 경계로 한 사실과 연결된 압록강설, 장박천(張博泉)이 『동북지방사고(東北地方史考)』에서 제시한 대릉하유역설, 손진기(孫進起), 풍영겸(馮永謙)의 『동북역사지리(東北歷史地理)』에서 기자조선은 한반도에 존재하고 그 서계는 청천강서쪽 압록강지역으로

---

62) 노태돈, 1990, 「古朝鮮 중심지의 변천에 대한 연구」, 『韓國史論』23, 42-53쪽.
63) 기자조선관련 논의에 대한 정리는 다음 참조
　　송호정, 2003, 『한국고대사속의 고조선사』, 푸른역사, 63-77쪽.
64) 李健才, 2000, 「評『箕子朝鮮傳說考』」, 『高句麗歸屬問題研究』, 吉林文史出版社. 여기서는 今西龍에 의해 제기된 기자전설이 중국학에 의해 만들어졌다는 견해에 대해 집중 반론을 제기하고 있다.

196　　고조선과 위만조선의 연구쟁점과 대외교류

보는 견해 등이 존재한다. 이 가운데 장박천(張博泉)에 의해 제기된 기자조선 요서설[65]은 내용적으로는 이동론인데 최근까지도 중국의 전통적 입장인 평양설[66]과 함께 중국학계의 양대 논의축으로 진행되고 있다.

중국학계 이동론의 핵심은 기씨조선이 기원전 12세기부터 기원전 2세기 초까지 그 중심지와 강역이 대릉하 유역(객좌 중심), 요하 유역(요동 중심), 대동강 유역(평양 중심)으로 변천하는 가운데 존속한 것으로 보았다. 한편 준왕의 조선후(侯) 정권은 기원전 2세기 초 준왕 조선의 양해 아래 압록강(패수)과 청천강 사이의 '진고공지'에서 세력을 키우던 위만 집단에 의해 무너지게 되고 대신 중원의 한족 정권에 대해 지방 정권으로서의 성격이 더욱 강화된 위씨조선이 세워지게 되었는데, 위씨조선 또한 중앙 정부(西漢)와의 갈등으로 기원전 108년 서한의 직접적인 관할 아래 들어간 것으로 보았다.

이같은 인식에 연 장성유적과 명도전 관계 유적의 예를 통해 연 장성의 동단을 황해도 용강에까지 이른 것으로 보아 전국시대 중국과 기씨조선의 경계는 청천강이었던 셈이 되는데, 이와 같은 경계는 위만을 중심으로 한 중국 망명인 집단이 세운 '위씨조선'때에도 큰 변동이 없었다고 한다. 기씨조선과 위씨조선의 도읍(王驗城)은 평양으로 보았다. 이같은 인식은 양군(楊軍),[67] 염해(閻海)[68] 등으로 이어지며 제기되었다.

한편, 장벽파는 기자의 피봉지를 평양으로 보는 입장에서 이들 기자조선 이동설 주장자에 대해 비판하기도 하였다.[69]

---

65) 張博泉, 1985, 『東北地方史稿』, 吉林大學出版社, 41~42쪽.
66) 평양설을 대표하는 최근의 입장은 孫進己·馮永謙, 『東北歷史地理』에 잘 나타나 있다.
67) 楊軍, 1999, 「箕子與古朝鮮」, 『吉林大學社會科學學報』 1999年 3期, 22~26쪽.
68) 閻海, 2001, 「箕子東走朝鮮探因」, 『北方文物』 2001年 2期.
69) 張碧波, 1999, 「古朝鮮研究中的誤區─東北史評之一」, 『黑龍江民族叢刊』 1999年 4期 ; 張碧波, 2000, 「關于箕子與古朝鮮幾個問題的思考」, 『吉林大學社會科學學報』 2000年 3期 ; 張碧波, 2001, 「古朝鮮銅鏡性質初探」, 『黑龍江社會科學』 2001年 3期 ; 碧波, 2002, 「關于箕子東走朝鮮問題的論爭─與閻海先生商榷─」, 『北方文物』 2002年 4期.

이에 대한 국내학계의 기자동래문제에 대한 비판은 이병도의 비판[70] 이래 다양하게 개진되었다.[71] 특히, 요서지역 청동예기가 기자조선과는 관련 없다는 연구성과를 감안할 때 더욱 그러하다.[72] 특히, 요서출토 기후 청동기의 기자와의 무관성, 명이(明夷)가 국명이나 지명으로 해석될 수 없어 기자동래를 설명할 수 없는 점,『시경』상송구절을 활용한 하대 은의 해외 식민지 조선 입증불가 등의 문제 등을 확인하고 중국학자들의 대중화 민족주의 역사관에 집착한 기자조선 강조의 고조선연구의 문제점이 지적[73]된 것을 보다 유념할 필요가 있다.

5. 고조선 관련 최근 연구동향

고조선과 관련된 최근의 견해는 기왕의 견해를 강화하는 한편 새로운 입론과 논쟁이 제기되고 있다. 김정배는 기존에 진행된 고조선관련 연구성과를 바탕으로 고조선에 대한 고고학 및 문헌에 대한 종합적 정리를 진행하였다. 이를 통해 동북아 청동기문화 및 지석묘문화 등 중국, 한국, 일본학계의 고고학적 연구성과에 대한 검토와 비판을 통해 고조선사에 대한 체계적 인식틀을 제시하였다. 특히, 동북아 비파형동검문화에 대한 종합적 검토를 통해 지석묘와 석관묘의 전통이 위주가 된 요동지역의 묘제에서 전형적인 비파형동검과 미송리형토기(橫耳附

---

70) 李丙燾, 1976,「箕子朝鮮'의 正體와 所謂 '箕子八敎條'에 대한 新考察」『韓國古代史硏究』, 박영사, 44~64쪽.

71) 崔南善, 1943,「箕子는 支那의 箕子가 아니다」『半島史話와 樂土滿洲』, 滿鮮學海社, 東京 ; 沈璊俊, 1965,「箕子東來與否와 曩侯에 대하여」『淑大史論』2 ; 金貞培, 1972,「古朝鮮의 住民構成과 文化의 複合」『白山學報』12(1973,『韓國民族文化의 起源』) ; 金貞培, 1976,「準王 및 辰國과 '三韓正統論'의 諸問題─盆山의 靑銅器文化에 관련하여─」『韓國史硏究』13 ; 千寬宇, 1974,「箕子攷」『東方學志』15 ; 尹乃鉉, 1983,「箕子新考」『韓國史硏究』41 ; 今西龍, 1922,「箕子朝鮮傳說考」『支那學』2卷 10贊號, 弘文堂書房(1937,『朝鮮古史의 硏究』, 近澤書店, 東京).

72) 宋鎬晸, 2005,「大凌河流域 殷周 靑銅禮器 사용집단과 箕子朝鮮」『韓國古代史硏究』38, 28~32쪽.

73) 이성규, 2011,「중국사학계에서 본 고조선」『한국사시민강좌』49.

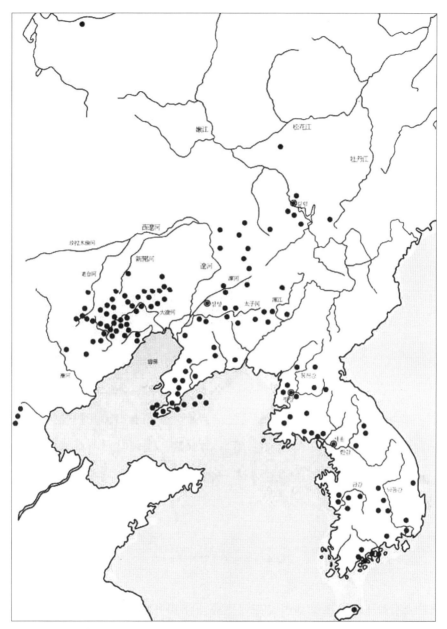

그림 3 김정배,2000,「동북아의 비파형동검문황에 대한 종합적 고찰」,『국사관논총』88, p.82

鼓頸壺) 등이 함께 나타나므로 이 지역에서 고조선 가운데 예맥조선(소위 '기자조선')
의 위치를 찾고 중심지를 거론해야함을 강조하였다. 또한, 단군릉 발견 이후 진

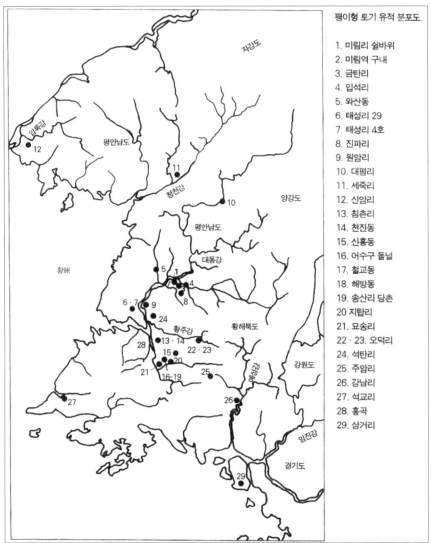

팽이형 토기 유적 분포도.

1. 미림리 쉴바위
2. 미림역 구내
3. 금탄리
4. 입석리
5. 와산동
6. 태성리 29
7. 태성리 4호
8. 진파리
9. 원암리
10. 대평리
11. 세죽리
12. 신암리
13. 침촌리
14. 천진동
15. 신흥동
16. 어수구 돌널
17. 철교동
18. 해방동
19. 송산리 당촌
20 지탑리
21. 묘송리
22 · 23. 오덕리
24. 석탄리
25. 주암리
26. 강남리
27. 석교리
28. 홍곡
29. 삼거리

그림 4 송호정,2003,앞의 책 p.199

행된 북한학계의 고조선 관련 연구내용에 대한 비판과 문제점을 제시하여 고조
선사에 대한 포괄적 이해와 구체적 역사체에 대한 이해의 방향을 정리하였다.[74]

---

74) 金貞培, 1999,「東北亞의 琵琶形銅劍文化에 대한 綜合的 硏究」,『國史館論叢』88.

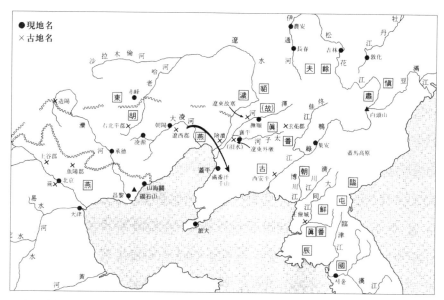

그림 5 서영수, 「古朝鮮의 對外關係와 彊域의 變動」(『東洋學』29, 동양학연구소, 1999) ; 2007, 「고조선의
발전과정과 강역의 변동」, 『고조선의 역사를 찾아서』, 학연문화사 ,p.44 ,<연의 동진과 만번한>.

　　한편, 비파형동검의 기원지에 대한 요서, 요동설에 대해 카자흐스탄의 서북부
와 남부 러시아 지역의 훼도롭 청동기문화와 연결 짓고 석관묘 문화 또한 훼도롭
– 카라스크 – 내몽고 – 만주, 한반도로 영향이 미쳤음을 제기하였다. 또한 요서
의 하가점상층문화는 예맥족의 소산이 아닌 유목적 성격을 띤 산융, 동호족의 문
화로 파악하고 요동의 비파형동검과 미송리형토기, 지석묘, 석관묘의 분포가 요
하 - 의무려산을 넘지 않는다는 범위를 고조선과 연결지어 파악할 것을 제안하였
다.[75] 그리고 이동론적 인식의 근간인 『위략』기사의 문제점을 제기하고 한반도 중
심론적 입장을 제기하였다.

　　송호정은 대릉하 - 요하를 경계로 요서지역 하가점 상층문화의 담당자는 산융
족의 문화이고 요동지역 요령식 동검문화의 담당자는 예맥족 계통의 문화로 규

---

75) 김정배, 2010, 『고조선에 대한 새로운 해석』, 고대 민족문화연구원, 452, 520-537쪽.

정한 뒤 요동지역 청동기 문화를 고조선과 관련된 문화로 보았다.[76] 특히, 지석묘, 미송리형 토기 및 팽이형토기로 특징되는 이 지역 문화 중 미송리형토기문화는 예맥계통의 문화이고 서북한을 중심으로 분포한 팽이형토기문화는 조선의 문화라고 보고 연과의 관계 속에서 기원전 4세기경 고조선은 예맥족에 대한 통제력을 확보하였고 기원전 3세기 연의 공략에 의해 청천강 이남지역에서 고조선은 국가적 성장을 지속한 것으로 파악하였다.[77] 이후 이 같은 입장을 재확인하는 논고를 통해 고조선 평양기원 및 중심설을 유지하고 있다.[78]

서영수는 앞서 제기한 고조선사를 선고조선(왕국) / 고조선왕국 초기-중기-후기/ 후조선(위만조선)으로 체계화하고 전성기의 고조선의 강역은 대체로 요동반도를 중심으로 서쪽으로는 대릉하 유역에서 동호와 만나고 남쪽으로는 대동강 유역을 경계로 진국과 이웃하며 북쪽과 동쪽으로 예맥, 부여, 진번, 임둔, 숙신과 접하는 것으로 보았다. 또한 고조선 중기 기원전 3세기 초 연과의 전쟁에서 패해 만번한 즉 오늘날의 천산-대릉하영역을 상실하고 진번과 함께 남하하여 중심지를 대동강으로 옮긴 것으로 파악하였다.[79]

조법종은 위만조선의 완전한 붕괴시점이 기원전 108년이 아닌 기원전 107년이며 이같은 사실은 위만조선의 도읍인 왕험성이 함락되기 전에 낙랑군이 왕험성과는 다른 곳에 설치되어 왕험성과 낙랑군이 병존하였다는 사실을 주장하였다.[80] 이는 낙랑군이 왕험성에 설치되었다는 기존 통설에 배치되는 것으로 왕험성은 기원전 107년 설치된 현토군 설치지역과 관련되었을 가능성이 오히려 높다고 파악하였다. 한편, 김남중은 연화보 세죽리문화에 대한 검토를 통해 왕험성이 현

---

76) 宋鎬晸, 1999,「古朝鮮 國家形成 過程 研究」, 서울대 박사학위논문.

77) 송호정, 2003,「한국고대사 속의 고조선사」, 푸른역사, 193-208쪽.

78) 송호정, 2010,「고조선의 위치와 중심지 문제에 대한 고찰」, 『한국고대사연구』58.

79) 徐榮洙, 1988,「古朝鮮의 位置와 彊域」, 『韓國史市民講座』2, 45-49쪽 ; 徐榮洙, 1999,「古朝鮮의 對外關係와 彊域의 變動」, 『東洋學』29, 동양학연구소 ; 서영수, 2007,「고조선의 발전과정과 강역의 변동」, 『고조선의 역사를 찾아서』, 학연문화사, 49-50쪽.

80) 趙法鍾, 2000,「衛滿朝鮮의 崩壞時點과 王險城, 樂浪郡의 位置」, 『韓國史研究』110 및 2000,「衛滿朝鮮의 對漢戰爭과 降漢諸侯國의 性格」, 『先史와 古代』14.

재의 평양지역이 아닌 압록강 유역 고구려 발생 지역인 환인지역으로 제시하였다.[81] 그런데 이같이 환인지역, 또는 현도군지역에 왕검성을 비정한 인식은 이 지역과 연결되는 청동기문화에 대한 실상규명이 필요하며 서북한 지역의 고고학적 현상에 대한 설명이 필요하다는 지적이 제기되고 있다.[82]

한편, 박선미는 그동안 연의 강역을 나타내는 표지적 유물로 파악되었던 명도전에 대해 중국 동북부와 한반도에 국한하여 적봉지구는 전국시대 중기 이전 동호에 속하였다가 진개침략으로 연-진-한의 관할구역이 된 것으로 보았다. 나타난 유적들을 지역적으로 구분하여 대릉하유역권은 노노아호산-의무려산 구역으로 기원전 5-4세기 비파형동검문화가 소멸된 것으로 보아 연에 상실된 고조선 서변 2천리지역으로 파악하였다. 또 요하-혼하유역은 위만이 초기 세력을 키웠던 서변 1백리 권역으로 보았다. 한편 요동반도권은 고조선의 교역거점으로 보았고 압록강-대동강유역은 비파형동검-세형동검을 발전시킨 집단의 문화로 파악해 요하이동에서 한반도 서북부의 화폐유적은 고조선 주민의 문화로 파악하였다.[83]

박준형은 대릉하-서북한지역의 고고문화 변동과정을 고조선의 위치문제와 관련시켜 전기 비파형동검문화의 중심은 대릉하유역의 십이대영자 유형으로 중심지는 조양지역이며 기원전 5세기전후 후기 비파형동검문화 중심은 심양지역으로 이동하였다고 보았다. 이같은 변화는 연의 공격에 의한 2천리상실로서 이곳은 대릉하에서 천산산맥이서 만번한까지로 보았다.[84]

조진선은 배진영의 연 5군 설정지역과 서영수의 5군중 요서, 요동군지역이 고조선이 상실한 영토라는 인식[85]을 수용해 하가점상층문화와 십이대영자문화의

81) 金南中, 2001, 「衛滿朝鮮의 領域과 王儉城」, 『韓國古代史研究』 22 ; 김남중, 2006, 「고조선의 도성 -王儉城의 위치에 대하여-」, 『國史館論叢』 第108輯.
82) 오영찬, 2007, 「고조선 중심지 문제」, 『한국고대사연구의 새 동향』, 서경문화사.
83) 박선미, 2009, 『고조선과 동북아의 고대 화폐』, 학연문화사, 357-362쪽.
84) 박준형, 2012, 「대릉하-서북한지역 비파형동검문화의 변동과 고조선의 위치」, 『한국고대사연구』 66, 203-204쪽.
85) 배진영, 2005, 「연국의 오군설치와 그 의미-전국시대 동북아시아의 세력관계」, 『중국사연구』 36.

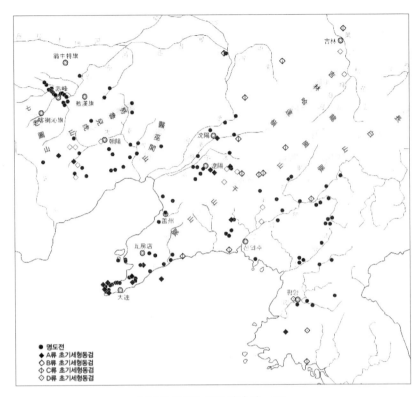

그림 6 박선미, 2009, 앞의 책, p.270

갑작스런 종말은 진개의 동호, 고조선 침입과 결부되며 하가점상층이 동호, 십이
대영자문화가 고조선과 연결되는 것으로 보았다.[86]

　이청규는 하가점 상층문화는 동호 또는 산융 혹은 넓은 의미의 예맥집단의 것
으로 보고 십이대영자문화를 고조선 또는 예맥의 문화로 파악해 동방계 청동기
를 표지로 볼 경우 고조선의 중심지는 대릉하 상류로 볼 수 있다고 보았다. 한편,
요동지역의 지석묘와 대석개묘 축조집단을 고조선으로 볼 경우 이 문화는 비파
형청동기문화의 핵심이 아니라고 보았다. 결국 고조선의 역사실체에 대응하는
문화는 기원전 1천년기 중반 심양 정가와자문화로서 이는 이중구연점토대토기

---

86)　조진선, 2010, 「요서지역 청동기문화의 발전과정과 성격」, 『요하문명의 확산과 중국 동북지
　　　역의 청동기문화』, 동북아역사재단, 184-186쪽.

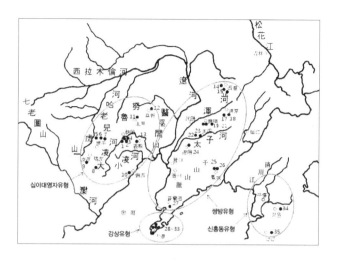

그림 7 박준형, 2012, 「대릉하-서북한지역 비파형동검문화의 변동과 고조선의 위치」
『한국고대사연구』 66. p.175

와 흑도장경호를 공반하며 동경을 공반해 서북한 평양 신성동유적과 연결되는데 이 문화가 고조선의 중심집단의 것으로 파악될 수 있다고 보았다.[87]

이 같은 논점은 앞서 다뉴경을 표지로 한 청동기문화의 위치변화를 고조선 중심지 이동론과 연결해 파악하려는 입장과 연결된다. 즉, 기원전 8세기 대릉하유역에 조문경 전기, 기원전6-5세기 요하중류에 조문경 후기가 그리고 기원전 4-3세기 조세문경이 압록강 – 대동강 - 금강으로 마지막으로 세문경이 기원전2 세기 대동강 – 영산강 - 일본 구주에서 등장하는 양상과 연결지어 보았다.[88]

오강원은 청동기-철기시대 전기 요령-서북한지역의 물질문화가 기원전 3세기 전국의 연문화가 요서전역과 요동 심양지구에서 토착문화를 대체하고 대련에서는 토착문화와 공존하였으나 태자하 – 혼하 – 소자하 - 혼강유역과 대동강 - 재령강유역에서는 토착전통이 유지되었다고 보고 대동강 - 재령강유역의 정백동유형 전기의 문화가 준왕조선과 위만조선의 문화라고 보았다. 이를 토대로 정가와자

---

87) 이청규, 2011, 「고조선과 요하문명」 『한국사시민강좌』49, 85-91쪽.
88) 이청규, 2007, 「청동기를 통해서 본 고조선과 주변사회」 『고조선의 역사를 찾아서』, 112쪽.

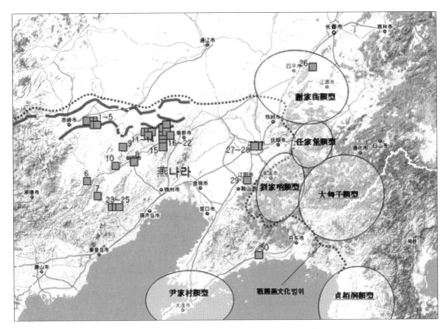

그림 9 기원전 3세기 요령-서북한 지역의 전국연문화 범위와 토착 유형의 분포(오강원, 2013, 「청동기-철기시대 요령, 서북한 지역 물질문화의 전개와 고조선」, 『동양학』53. 단국대 동양학연구원.p.204)

유형이 준왕 이전의 고조선이며 기원전 4세기 요서 객좌지역의 남동구문화가 위략에 등장하는 조선후 기사와 부합하는 존재로 보았다. 또 심양의 정가와자 유형도 고조선의 문화인데 이들 두 개의 조선이 별도로 존재하며 기원전 3세기 초 진개의 공격과정에서 모두 복속되었다고 보았다.[89]

한편 북한학계는 단군릉 발굴이후 평양설로 정리된 기존 논의를 유지하여 고조선의 영역변화를 다음과 같이 제시하였다.

고조선을 전조선(B.C.30세기 초 ~ B.C.15세기 중엽) - 후조선(B.C.15세기 중엽 ~ B.C.194년) - 만조선(B.C.194 ~ B.C.108)으로 구분하고 각 시기별 영역을 설정하고 있다.

전조선의 경우 초기영역은 평양을 중심으로 북변은 청천강 – 압록강유역, 동

---

89) 오강원, 2013, 「청동기-철기시대 요령,서북한 지역 물질문화의 전개와 고조선」, 『동양학』53.

쪽은 북대봉산 줄기,아호비령 산줄기, 마식령 산줄기 계선이고 남쪽은 한강하류 유역으로 설정하였다. 이 시기 대표유적으로 고인돌(오덕리형 및 묵방리형 고인돌), 돌관무덤 및 팽이형그릇, 조롱박 1유형단지(미송리형단지)로 보았다.

또한 B.C.3000년기 중엽에는 한반도 영역으로 영역이 확대되었고 B.C.3000년기 말엽에는 요동지구, 길장지구, 및 두만강유역, 연해변강 남부지역 등이 포괄되었다고 보았다.[90]

B.C.15세기 중엽 고조선내 왕조교체에 따라 후조선이 성립되었고 부여, 구려 등의 분립되어 북쪽은 부여, 고구려와 접해 철령일대로 남변은 예성강-임진강계선 동변은 강원도 등지로 보았다. 한편, 서쪽은 난하계선까지 확대된 것으로 보았다. B.C.3세기 초 연장 진개의 공격으로 영토의 축소가 있었다고 보았다.

즉, 연장 진개의 공격으로 서변 2000여리를 상실하였는 데 그가 차지한 2000여리의 영역을 난하중류로 부터 요하하류(서쪽 계선 요양하)에 이르는 지역으로 보고 경계가 된 만번한은 압록강 남쪽에 연진한의 장성이 없기 때문에 반한현의 한수가 새에서 나온다는 응소주를 이용해 이에 대응되는 반한현을 용양하 하류 반산지역에 비정하였다. 또한 문현은 모용황 형제의 싸움이 있었던 문성으로 보아 신민 서남 요양하 좌우로 보았다.[91] 이같이 연의 전성기에 후조선의 영역은 요하서쪽 요양까지 후퇴하였으나 다시 연의 쇠퇴할 시점에 패수(대릉하)계선을 회복하였다고 보았다.

B.C.222년 연 붕괴 후 진과 후조선의 접경은 패수(沛水)인데 이는 대릉하이며 이것이 한나라에도 연결되어 패수(대릉하)가 고조선과 한과의 경계로 되었다고 보았다. 여기서 북한학계는 만리장성의 동단을 현재의 산해관지역으로 보았으며 열수는 요하로 보고 열구 또한 열수의 하구로 보았다.[92]

---

90) 박득준, 1999, 『고조선력사개관』사회과학출판사, 49-58쪽 ; 전대준·최인철, 2010, 『조선단대사』, 8-9쪽.

91) 전대준·최인철, 2010, 앞의 책, 83-84쪽.

92) 전대준·최인철, 2010, 앞의 책, 83-87쪽.

이 같은 고조선 영역에 대한 내용을 표시한 지도를 보면 다음과 같다.

이같은 북한학계의 인식을 검토하면 고조선 발원지를 평양으로 설정한 이후 이에 부응하는 역사공간 설정이 일방적 확대지향에서 신축적인 내용을 보여주고 있는 점이다. 물론 만왕조 영역표시 내용을 보면 요령지역에 대한 공간을 포기한 것은 아니지만 과거 일방적으로 난하까지 확대한 공간 영역을 고집하던 입장에서 일부 변동을 보여주고 있다.

Ⅲ. 맺음말

고조선 중심지와 도읍문제에 대한 연구성과에서 나타난 논점을 정리하는 것으로 결론을 대신하고자 한다.

고조선의 중심지와 영역 문제에 대한 견해를 검토해 보면 결국 고조선의 위치 관련 자료의 대부분이 중국과의 접촉에 관련된 지명들에 관한 것으로서 이들 자료를 어떻게 이해하는 가에 따른 해석 차이가 중심문제로 나타나고 있다. 이 같은 중국세력과의 관계에서 대표적으로 부각되는 지명은 전국시대 연과 고조선의 관계, 연대 요동의 위치, 진장성의 위치, 만번한, 패수의 위치, 왕험성의 위치 및 한에 의해 설치된 한사군 특히, 낙랑군의 위치문제 등에 집중되어 논의가 진행되어야 함을 보여주고 있다.

먼저 왕험성의 구체적 비정 또는 관련 유적의 확인문제이다.

현재 학계의 연구추세로 보면 일부 요동설을 주장하는 입장 등을 제외하고는 평양설 및 이동설은 결국 고조선 후기 및 위만조선시기 왕검성은 동일하며 그 공간은 낙랑군으로 연결되었다고 파악하고 있다. 그런데 문제는 한의 5만이상의 군대와 1년 가까이 격전을 벌였던 위만조선의 왕검성 실체가 구체적으로 밝혀진 것이 없다는 점이다. 이는 동시기 한무제에 의해 공략된 남월(南越) 궁전과 왕릉

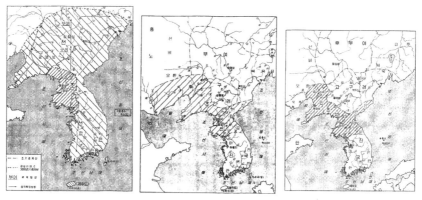

그림 10 북한학계의 최근 고조선영역도: 전조선(단군조선)(p.70), 후조선(p.82), 만조선(p.87)

전대준,최인철, 2010,『조선단대사(고조선사)』과학백과사전출판사.

이 발굴되어 그 역사적 실체가 확인되고 있는 상황과 대비된다.[93] 현재 확인된 낙랑 토성유적은 정황상 대동강 북쪽에 존재해야할 공간이며 한과의 전쟁을 치룬 구체적 방어체계가 전제된 공간인데 현재 이에 부응하는 유적은 평양에서 확인되지 않고 있다. 이 문제는 단지 유적이 확인되지 않아서 구체적으로 알 수 없다라고하기에는 평양주변 역사공간에 대한 이해가 어느 정도 진행된 지금의 상황에서는 보다 구체적인 유적에 대한 검토와 논의가 필요하다고 생각된다. 현재 대동강 주변에서 확인된 토성유적은 왕검성유적으로 파악하기에는 문제가 있다는 점에서 보다 면밀한 연구가 요청된다.

둘째, 고조선의 중심지 이동을 설명하는 문헌인 『위략』의 연장 진개의 2천리 공취 기사문제이다. 즉, 이동설의 핵심은 고조선을 전기고조선과 후기고조선으로 나누고 이 구분의 계기를 기원전 3세기 초 연장 진개에 의한 고조선 서변 2천리 공취사건에서 찾고 있다는 점에서 『위략』기록을 수용하는 가 또는 부정적으로

---

93) 특히, 廣東省 廣州 구 도심에서 확인된 남월궁유적 및 남월 2대왕릉 유적 내용은 당시 비슷한 국력을 보유한 위만조선의 왕성 및 왕릉의 규모를 유추케 한다는 점에서 상당한 규모를 추정케 한다.
南越王宮博物館編, 2010,『南越國宮署遺址』, 廣東人民出版社 ; 中國秦漢史硏究會·西漢南越王博物館·中山大學歷史系編, 2005,『南越國史迹硏討會論文選集』, 文物出版社.

한국식 동검 문화기 토성 유적 지도.

1. 낙랑 토성
2. 성현리 토성
3. 지탑리 토성
4. 청신리 토성
5. 운성리 토성
6. 소라리 토성

그림 11 송호정,2003,p.445

보는 가에 따라 입장이 달라질 수 있음을 보여주고 있다. 이를 긍정적으로 보는 시각[94]과 2,000여리가 실상은 고조선 공격전 동호를 물리치고 빼앗은 1,000여리가 어환 등의 착각으로 고조선으로부터 빼앗은 1,000여 리와 합산되었다든지[95] 1,000여리를 오기한 것이거나 '많은 땅'을 의미하는 표현이거나[96] 부정확한 이문(異聞)을 수록한 것[97]으로 보는 견해들이 제시되어 있다. 또한 이를 인용 수록한 배송지주에 대한 검토를 통해『위략』인용이 무비판적으로 이루어진 것이 아니며 인용한 것은 『위략』의 내용은『동관한기』「지리지」의 고조선 관계 기사를 참고하였던 것으로 보기도 한다.[98]

특히, 2천리라는 표현은 고조선이 거의 붕괴될 정도의 큰 규모라고 생각된다. 만일, 2천리를 연에게 공탈 당한 상황에서 고조선이 의연 유지되었다

94) 리지린, 1963,『고조선 연구』, 과학원출판사, 22쪽 ; 리상호, 1963,「고조선 중심을 평양으로 보는 견해들에 대한 비판(하)」,『력사과학』3, 60쪽 ; 張博泉 , 1985,『東北地方史稿』吉林大學出版社, 45쪽 ; 千寬宇, 1987,「古朝鮮의 몇 가지 問題 」,『韓國上古史의 諸問題 』, 韓國精神文化硏究院, 132쪽 ; 李鍾旭, 1993,『古朝鮮史硏究』, 一潮閣, 166쪽 ; 張碧波, 1999,「古朝鮮硏究中的誤區 · 東北史評之一 」,『黑龍江民族叢刊 』1999年4期, 45쪽 ; 程妮娜主編, 2001,『東北史』吉林大學出版社 ; 李德山·欒凡, 2003,『中國東北古民族發展』, 中國社會科學出版社 ; 오강원, 2012,「삼국지 배송지주와 위략 고조선 관련 기사」,『정신문화』35권 3호.
95) 이병도, 1983,「衛氏朝鮮興亡考」,『韓國古代史硏究』, 博英社, 70쪽 ; 노태돈, 1990,「고조선 중심지의 변천에 대한 연구」,『韓國史論』23, 서울대 국사학과 ; 李健才, 1998,「公元前 3·公元前 2世紀古朝鮮西部邊界的探討 」,『社會科學戰線』1998年5期 ; 서영수, 1999,「古朝鮮의 對外關係와 疆域의 變動」,『東洋學』29 ; 박대재, 2006,「古朝鮮과 燕·齊의 상호관계·기원전 4세기 말-3세기초 전쟁기사를 중심으로-」,『史學硏究』83.
96) 尹乃鉉, 1986,『韓國古代史新論 』, 一志社.
97) 김정배, 2010,『고조선에 대한 새로운 해석』, 高麗大學校 民族文化硏究院.
98) 오강원, 2012,「삼국지 배송지주와 위략 고조선 관련 기사」,『정신문화』35권 3호.

면 고조선의 공간적 규모와 국가적 역량은 대단한 것으로 파악된다는 점에서 현재 상정한 고조선의 실상과 이 같은 내용이 대응하는 지 확인할 필요가 있다.

한편 고고학계에서는 이 문제를 긍정적으로 보는 입장이 상대적으로 많은 편이다. 즉, 요동 요서지역 비파형동검문화와 연문화의 상호관계를 검토할 때 비파형동검문화가 점차 동쪽으로 축소되어 가는 상황이 나타나고 있음을 강조하고 있다. 따라서 비파형동검문화 및 연문화의 상관성을 검토할 때 연문화의 요령지역으로의 확산과 비파형동검문화와 토착문화의 영역축소양상이 고고학적 검토에서 대부분 제기하는 입장이다.

셋째, 고조선의 고고학적 실체에 대한 학자들간의 입장 조율이 요청된다. 이는 고조선의 실체를 언제부터 무엇을 근거로 보느냐의 문제와 관련되지만 적어도 묘제, 청동기 내용, 토기문화 등 고조선의 실체와 연결되는 물질문화의 구체내용에 대한 정리와 합의가 필요하다. 특히, 석관묘, 지석묘 등 관련묘제와 토기문화의 구체적 양상이 앞서 2천리 공파내용과 연결되어 설명될 필요가 있다.

이같은 입장에서 최근 발견 보고된 낙랑호구 목간을 분석을 통해 낙랑군현 등의 인구를 바탕으로 한 위만조선의 국가적 구성방식과 성격, 규모의 재구성이 시도되었는데 이 문제에 대한 심도 있는 논의가 요청된다.

한편, 중국학계의 고조선연구 및 관련 연구내용에 대한 대응 문제이다. 한국학계의 연구성과가 거의 교류되지 않고 진행되는 중국학계의 기자조선 중심의 파상적인 연구내용에 대한 체계적 대응이 요청된다. 이는 일본에 의한 낙랑중심의 연구와 대비되는 상황으로 고조선의 실체 파악이 상대적으로 미약한 상황에서 일본 및 중국적 관점의 논의가 자가 발전하듯이 확대되는 문제를 야기한다는 점에서 적극 대응이 요청된다.

| 참고문헌 |

■ 한국어

권오중 외, 2010, 『낙랑군 호구부 연구』, 동북아역사재단.

김교경·정강철, 1995, 「물성분석을 통하여 본 점제비와 봉니의 진면모」, 『조선고고연구』
95-4.

金南中, 2001, 「衛滿朝鮮의 領域과 王儉城」, 『韓國古代史研究』22.

김남중, 2006, 「고조선의 도성 -王儉城의 위치에 대하여-」, 『國史館論叢』108輯.

金貞培, 1972, 「古朝鮮의 住民構成과 文化的 複合」, 『白山學報』12.

金貞培, 1976, 「準王 및 辰國과 '三韓正統論'의 諸問題—益山의 靑銅器文化에 관련하
여—」, 『韓國史研究』13.

김정배, 1997, 『한국사』4, 국사편찬위원회.

金貞培, 1999, 「東北亞의 琵琶形銅劍文化에 대한 綜合的 研究」, 『國史館論叢』88.

김정배, 2003, 「고조선 연구의 현황과 과제」, 『단군학연구』9.

김정배, 2010, 『고조선에 대한 새로운 해석』, 高麗大學校 民族文化研究院.

남일룡, 1996, 「평양일대 고대토성의 축조연대에 대하여」, 『조선고고연구』96-1.

노태돈, 1989, 「고조선사 연구의 현황과 과제」, 『한국상고사-연구현황과 과제-』.

노태돈, 1990, 「古朝鮮 중심지의 변천에 대한 연구」, 『韓國史論』23.

동북아역사재단·고조선사연구회 편, 2009, 『고조선사 연구 100년-고조선사 연구의 현황과
쟁점-』.

리상호, 1963, 「고조선 중심을 평양으로 보는 견해들에 대한 비판(하)」, 『력사과학』3.

리지린, 1963, 『고조선연구』, 학우서방.

리순진·장주협, 1973, 『고조선문제연구』.

리순진, 1996, 「평양일대 나무곽무덤의 성격에 대하여」, 『조선고고연구』96-1.

리창언, 1996, 「귀틀무덤을 남긴 정치세력에 대하여」, 『조선고고연구』96-1.

림건상, 1963, 「고조선의 위치에 대한 고찰」, 『고조선토론논문집』, 과학원출판사.

박대재, 2006, 「古朝鮮과 燕·齊의 상호관계-기원전 4세기 말-3세기초 전쟁기사를 중심으

로-」, 『史學硏究』 83.

박선미, 2006, 「근대사학 이후 고조선사 연구의 현황과 쟁점」, 『한국사학보』 23.

박선미, 2009, 『고조선과 동북아의 고대 화폐』 학연문화사.

박준형, 2012, 「대릉하-서북한지역 비파형동검문화의 변동과 고조선의 위치」, 『한국고대사연구』 66.

박진욱, 1988, 『조선고고학전서』, 과학백과사전출판사.

박진욱, 1994, 「단군릉 발굴정형에 대하여」, 『조선고고연구』.

박진욱, 1995, 「락랑유적에서 드러난 글자있는 유물에 대하여」, 『조선고고연구』 95-4.

북한문제연구소편, 『북한의 단군릉 발굴관련 자료』, 1993.

배진영, 2005, 「연국의 오군설치와 그 의미-전국시대 동북아시아의 세력관계」, 『중국사연구』 36.

사회과학원 고고학연구소, 1977, 『고조선문제연구론문집』, 사회과학출판사.

사회과학원 고고학연구소 력사고고학연구실, 1987, 『비파형단검문화에 관한 연구』 과학백과사전출판사.

사회과학원력사연구소, 1991, 『조선전사』 2.

사회과학출판사, 1999, 『고조선력사개관』.

서영수, 1988, 「古朝鮮의 位置와 彊域」, 『韓國史市民講座』 2.

서영수, 1999, 「古朝鮮의 對外關係와 彊域의 變動」, 『東洋學』 29, 동양학연구소.

서영수, 2007, 「고조선의 발전과정과 강역의 변동」, 『고조선의 역사를 찾아서』, 학연문화사.

손영종, 2006, 『조선단대사-고구려사 1-』 과학백과사전출판사.

宋鎬晸, 1999, 「古朝鮮 國家形成 過程 硏究」, 서울대 박사학위논문.

송호정, 2003, 『한국고대사속의 고조선사』, 푸른역사.

宋鎬晸, 2005, 「大凌河流域 殷周 靑銅禮器 사용집단과 箕子朝鮮」, 『韓國古代史硏究』 38.

송호정, 2010, 「고조선의 위치와 중심지 문제에 대한 고찰」, 『한국고대사연구』 58.

沈暘俊, 1965, 「箕子東來與否와 箕侯에 대하여」, 『淑大史論』 2.

조법종, 1991, 「북한의 古朝鮮史 인식체계에 대한 고찰」, 『북한의 우리고대사 인식』 I, 대륙연구소.

조법종, 1992,「樂浪問題(平壤地域文化)에 대한 일본역사학계의 인식검토」,『송갑호선생화
　　　갑기념사학논총』.

조법종, 1999,「고조선 관계 연구의 현황과 과제」,『단군학연구』1.

조법종, 2002,「고조선의 영역과 그 변천」,『韓國史論』34, 국사편찬위원회.

조법종, 2006,「중국학계의 고조선연구검토 - 동북공정 전후시기 연구를 중심으로 -」,『韓
　　　國史學報』제25호.

조법종 , 2006,『고조선 고구려사연구』, 신서원.

조법종, 2011,「식민주의적 고조선사 인식의 비판과 과제」,『한국고대사연구』61, 한국고대
　　　사학회.

조진선, 2010,「요서지역 청동기문화의 발전과정과 성격」,『요하문명의 확산과 중국 동북
　　　지역의 청동기문화』, 동북아역사재단.

조희승, 1996,「평양 락랑유적에서 드러난 고대 비단에 대하여」,『조선고고연구』96-1.

장우진, 2002,『조선민족의 원시조 단군의 유골 감정보고』, 사회과학출판사.

안병찬, 1995,「평양일대 락랑유적의 발굴정형에 대하여」,『조선고고연구』95-4.

오강원, 1996·1997,「고조선 위치비정에 관한 연구사적 검토(1·2)」,『백산학보』48·49.

오강원, 2012,「삼국지 배송지주와 위략 고조선 관련 기사」,『정신문화』35권 3호.

오강원, 2013,「청동기-철기시대 요령,서북한 지역 물질문화의 전개와 고조선」,『동양학』53.

오영찬, 2006,『낙랑군 연구』,사계절.

오영찬, 2007,「고조선 중심지 문제」,『한국고대사연구의 새 동향』,서경문화사.

尹乃鉉, 1983,「箕子新考」,『韓國史研究』41.

윤내현, 1993,『고조선연구』, 일지사.

尹乃鉉, 1995,『古朝鮮研究』, 一志社.

윤용구, 2007,「새로 발견된 樂浪木簡 - 樂浪郡 初元四年 縣別戶口簿 」,『韓國古代史研
　　　究』46, 한국고대사학회.

윤용구, 2009,「평양 출토「樂浪郡初元四年縣別戶口簿」연구」,『목간과 문자연구』3, 한국
　　　목간학회.

李丙燾, 1976,「箕子朝鮮'의 正體와 所謂 '箕子八教條'에 대한 新考察」,『韓國古代史研

究』, 박영사.

이병도, 1983, 「衛氏朝鮮興亡考」, 『韓國古代史研究』, 博英社.

이성규, 2011, 「중국사학계에서 본 고조선」, 『한국사시민강좌』49.

이청규, 2007, 「청동기를 통해서 본 고조선과 주변사회」, 『고조선의 역사를 찾아서』.

이청규, 2011, 「고조선과 요하문명」, 『한국사시민강좌』49.

이형구 편, 『단군을 찾아서』, 1993, 살림터.

이형구, 1990, 「韓國民族文化의 시베리아起源說에 대한 再考」, 『東方學志』69.

千寬宇, 1974, 「箕子攷」, 『東方學志』15.

천관우, 1989, 『古朝鮮·三韓史研究』, 一潮閣.

하문식, 2009, 「북한학계의 고조선 연구성과와 과제」, 『고조선사 연구100년』, 학연문화사.

韓永愚, 1989, 『朝鮮後期 史學史研究』, 一志社.

한인덕, 1995, 「서북조선의 벽돌무덤의 성격에 대하여」, 『조선고고연구』95-4.

허종호 등, 1999, 『고조선력사개관』, 사회과학출판사.

■ 중국어

南越王宮博物館編, 2010, 『南越國宮署遺址』, 廣東人民出版社.

楊軍, 1999, 「箕子與古朝鮮」, 『吉林大學社會科學學報』1999年3期.

閣海, 2001, 「箕子東走朝鮮探因」, 『北方文物』2001年2期.

張碧波, 1999, 「古朝鮮研究中的誤區—東北史評之一」, 『黑龍江民族叢刊』1999年4期.

張碧波, 2000, 「關于箕子與古朝鮮幾個問題的思考」, 『吉林大學社會科學學報』2000年3
        期.

張碧波, 2001, 「古朝鮮銅鏡性質初探」, 『黑龍江社會科學』2001年3期.

中國秦漢史研究會·西漢南越王博物館·中山大學歷史系編, 2005, 『南越國史迹研討會論
        文選集』, 文物出版社.

■ 일본어

今西龍, 1916, 「眞番郡考」, 『史林』1-1史學研究會.

今西龍, 1929,「洌水考」『朝鮮支那文化の研究』.

今西龍, 1937 ,『朝鮮古史の研究』, 近澤書店.

那珂通世, 1894,「朝鮮樂浪玄菟帶方考」『史學雜誌』5-4, 東京大學文學部內史學會.

那珂通世, 1894,「朝鮮古史考2」『史學雜誌』5-4, 東京大學文學部內史學會.

稻葉岩吉, 1910,「秦長城東端及王險城考」『史學雜誌』21-2, 東京大學文學部內史學會.

稻葉岩吉, 1914,「眞番郡の位置」『歷史地理』24-6, 日本歷史地理學會.

白鳥庫吉, 1912,「漢の朝鮮四郡疆域考」『東洋學報』2-2, 東洋學術協會.

松井等, 1909,「秦長城東部の位置」『歷史地理』13卷 3號.

池內宏, 1948,「眞番郡の位置について(上)(下)」『史學雜誌』57-2, 3, 史學會.

津田左右吉, 1912,「浿水考」『東洋學報』2卷 2號.

Research on the discussions and issues about Old-Chosun's capital and region.

Cho, Bup Jong

Professor, History Education of Woosuk University

The views of the center of the area Old-Chosun problem is as follows. Old-Chosun related problems are concentrated in capital issues and it's areas.

Most of the locations about Old-Chosun Resources related to the China Historical materials. Typical problems are the location of the jinjangseong(秦長城), manbunhan(滿番汗), the position of the paesu(浿水) and wanggeomsung(王儉城).

Special issue of the Lelang Commandery has a lot of controversy.

View of the position of the area of Old-Chosun and Lelang Commandery is divided into three. The first is a point of view from Pyongyang region. The second is the center point of view from the Manchuria region. The third is the center has moved to the Pyongyang region from Manchuria. In the current academic opinion is getting a lot of support the last. But it is a problem that the related remains are not identified in the Pyongyang region. This issue should be resolved through archaeological excavations in the future. In particular, there is a need for a comprehensive review of the related artifacts, including tombs and ruins and artifacts related to the Bronze age. On the other hand, a comprehensive study on the research of Chinese academics are required. Unlike past research by Japanese scholars in China academics are focusing on Kija-Chosun problems.

Future studies are needed for academic exchange and local resources between South Korea, North Korea, China and Japan.

[Keywords] Old-Chosun(古朝鮮), wanggeomsung(王儉城), paesu(浿水), Bronze mirror, Lelang Commandery, Bronze daggers, Dolmen, Kija-Chosun(箕子朝鮮)

Part 2. 위만조선의 형성과정과 역사적 배경

요하평원지역 "연유적"의 특징과 사용집단에 대한 재검토
-연 유이민집단의 물질문화와 관련하여-

李 鍾 洙

이종수 (李鍾洙)

단국대학교 역사학과, 吉林大學 대학원 고고학 및 박물관학과 졸업. 역사학박사.
현) 동양학연구원 역사문화연구소 소장, 단국대학교 사학과 교수.

주요논저: 『송화강유역 초기철기문화와 부여의 문화기원』,
          『요하유역의 초기청동기문화』(공저), 『동북아시아의 문명 기원과 교류』(공저)

Ⅰ. 머리말

　요하평원지역은 중원 세력의 동북방 진출 교두보 역할을 담당하고 있다는 점에서 지정학적으로 매우 중요한 위치를 차지하고 있다. 특히 기원전 3세기경 연이 이 지역에 진출한 이후부터 중국과 한국의 역사적 대립의 접점이 되고 있다.[1]

　고조선과 연의 교류는 문헌기록을 통해 볼 때 대략 4세기 후반부터 나타나기 시작한다. 이 시기에 들어 요하평원지역의 물질문화도 점차 변화를 보이기 시작하는데, 심양 정가와자 6512호 무덤을 대표로 하는 비파형동검문화가 점차 쇠퇴하기 시작하고, 점차 연의 철기문화가 유입되고 있다. 특히 기원전 3세기대에 들어 진개의 고조선 침략과 연의 멸망(기원전 222년)으로 인한 중원 유민집단의 대거 유입은 이 지역 물질문화가 커다란 변동을 겪게되는 단초를 제공하고 있다.

　기원전 2세기 초에 들어 연에서 망명한 위만은 중원의 유이민 세력을 규합하여 준왕을 몰아내고 위만조선을 세우고 있다. 위만조선 성립에 핵심적 역할을 담당했던 유이민 집단의 구성내용을 살펴보면, 먼저 위만과 함께 망명한 천여명의 무리가 있고, 두 번째는 연의 멸망과정에서 고조선으로 들어온 유이민 집단, 세 번째는 진말한초(秦末漢初) 혼란기에 넘어온 연(燕), 제(齊), 조(趙) 유민집단 등을 들 수 있다.

　일반적으로 고의적인 집단 이주자들일 경우 문화 중 생업경제, 종교, 묘제, 일상생활에서 빼 놓을 수 없는 요소들이 이주자들과 같이 이동하였기에 그런 문화요소들은 고고학 자료에 나타나게 된다.[2] 이는 위만조선의 핵심세력인 중원 유이민 집단의 물질문화가 연 문화와 밀접한 관련이 있을 것이란 추정을 가능케 한다.

　요하평원지역 연 유적에 대해 중국학계에서는 일반적으로 진개의 조선 정벌

---

　* 이 글은 「요하평원지역 "연유적"의 특징과 사용집단에 대한 재검토 -연 유이민집단의 물질문화와 관련하여-」(이종수, 2014, 『동북아역사논총』44)를 일부 수정 · 보완한 것임.
1)　서영수, 2008, 「요동군의 설치와 전개」, 『요동군과 현도군 연구』, 동북아역사재단, 15쪽.
2)　이송래, 2002, 「복합사회의 발전과 지석묘문화의 소멸」, 『전환기의 고고학 Ⅰ』, 학연문화사, 217~119쪽.

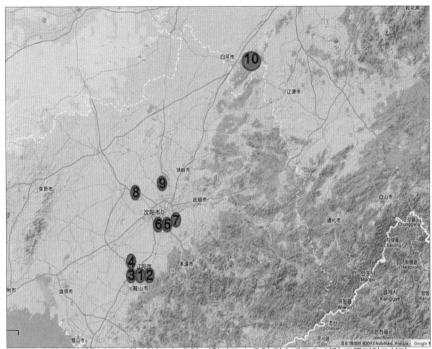

1. 요양 양평성유지 2. 요양 신성묘 3. 요양 서왕자묘 4. 요양 망수대묘 5. 심양 고궁지하고성지
6. 심양 열요로묘 7. 심양 신광묘 8. 신민 공주둔 후산성지 9. 철령 구태유지 10. 이수 이용호성지

그림 1 요하평원지역 연 유적 분포도

이후 연이 군현지배 하는 과정에서 조영된 것으로 파악하고 있다. 특히 요양과
심양지역을 중심으로 확인되고 있는 연 유적들은 대부분 군현 중심지에 조성된
유적으로 인식되어 왔고 이러한 견해는 우리 학계도 그대로 받아들이고 있다.

그렇다면 연의 멸망으로 유입된 유민집단, 진한교체기의 유민집단, 위만과 함
께 들어 온 유민집단 이들이 사용한 물질문화의 흔적은 무엇일까? 라는 의문이
제기된다. 이와 관련하여 그동안 우리가 연 군현세력이 조영한 것으로만 인식하
고 있었던 요하평원지역 연 유적의 사용집단에 대한 재검토가 필요하다. 이에 본
고에서는 먼저 요하평원지역에 확인되는 연 유적의 현황을 살펴보고, 이들 유적
을 중원지역 연 유적과의 비교를 통해 이 지역 연 유적만의 특징과 편년을 새롭
게 정립해 볼 것이다. 이를 통해 요하평원지역 연 유적의 문화적 변화양상과 사
용집단에 대한 새로운 해석을 시도해 보고자 한다.

Ⅱ. 유적현황

2009년도에 중국 국가문물국에서 발행한 『중국문물지도집(中國文物地圖集): 요녕분책(遼寧分册)』에 수록된 자료를 분석해 보면, 지금까지 요하평원지역에서 확인된 전국시대 유적은 대략 41곳에 이른다. 지역별로 심양시, 영구시가 10개소를 넘고 있고, 기타 지역은 8~4개소 내외이다. 성격별로는 생활유적이 31개소, 매장유적이 10개소이다.[3]

표 1 요하평원지역 전국시기 유적 현황

지역	생활유적	매장유적	합계	비고
요양시	3(1)	2(2)	5	
영구시	10	4	14	
반금시	8		8	
심양시	8(2)	2(2)	10	
철령시	2(1)	2(2)	4	
합 계	31(4)	10(6)	41	

* ( )안은 시·발굴 유적 수

그러나 이 자료에 소개된 유적은 10곳을 제외하고 모두 지표조사를 통해 확인된 것들이다. 또한 전국시대라는 시간적 범위 안에 연 혹은 연계 유적뿐만 아니라 토착문화 유적까지 모두 포함시키고 있다는 점에서 모든 유적을 분석의 자료로 활용하기에는 어려움이 있다. 이로 인해 본문에서는 연 혹은 연계 유물이 출토되었다 하더라도 무순(撫順) 연화보유적(蓮花堡遺蹟)과 같이 토착문화 전통이 강

---

3) 國家文物局 主編, 2009, 『中國文物地圖集: 遼寧分册(上)』, 西安地圖出版社.
   國家文物局 主編, 2009, 『中國文物地圖集: 遼寧分册(下)』, 西安地圖出版社.

하게 내재되어 있는 유적은 제외하고, 일반적으로 순수 연으로 인식되는 유적들만을 분석대상으로 하였다. 대략 25곳에 이르는 유적 중 지표조사를 통해 확인된 유적을 제외한 발굴 혹은 수습조사가 이루어진 유적은 대략 10여 곳에 불과하다.

이들 유적을 지역별로 나누어 살펴보면, 먼저 요양일대에서 확인된 연 유적으로는 양평성유적(襄平城遺蹟),[4] 신성묘(新城墓),[5] 서왕자묘(徐往子墓),[6] 망수대묘(望水臺墓) 등이 있다. 양평성유적은 지금의 요양시 시내 중심의 사대묘(四大廟), 금은고(金銀庫) 일대에 위치해 있던 것으로 추정된다. 현재 성곽이 위치한 지역에는 도심이 형성되어 있어 정확한 성의 형태와 규모를 파악하는데 어려움이 있다. 최근 사대묘 부근에 방공호를 구축하는 과정에서 지하 9m 아래에서 전국시대 토기로 제작된 우물 2기가 발견되었는데, 우물 내에서 전국시대 관(管) 형태의 청동제 수레 부속품, 양평포(襄平布), 명도전(明刀錢), 관(罐) 등이 출토되었다.

서왕자묘는 요양시(遼陽市) 백탑구(白塔區) 철서가도(鐵西街道) 서왕자촌(徐往子村)에 위치해 있는데, 1982년 도로 보수 과정에서 발견되었다. 장방형의 수혈식으로 길이 1.50m, 너비 1.10m, 잔존 높이는 0.6m이다. 묘광은 도로를 내는 과정에서 대부분 훼손되었다. 부장품은 모두 30여점으로 토기 16점, 기문(蘷紋)[7] 활석편 13점, 청동대구(靑銅帶鉤) 1점 등이 있다. 망수대묘는 요양시 북부 교외의 망수대촌(望水臺村) 동남부에 위치해 있다. 1983년에 화력발전소를 건설하는 과정에서 발견되었다. 무덤은 지표에서 3m 깊이의 모래층에서 확인되었는데, 장방형의 수혈식에 목관을 사용하고 있다. 무덤은 전신주를 설치하는 과정에서 심하게 훼손되었다. 부장품으로는 소량의 토기와 기문 활석편 등이 있다.

신성묘는 요양시 태자하구(太子河區) 동경능향(東京陵鄕) 신성촌(新城村)내의 구릉상에 위치해 있다. 1983년 7월에 도자기 가마 작업장에서 흙을 파는 과정에서

---

4) 邹寶庫, 2012,『遼陽考古紀略』, 遼寧民族出版社, 11쪽.
5) 李慶發, 1984,「遼陽市新城戰國墓」,『中國考古學年鑒』, 文物出版社.
    遼寧省地方志編纂委員會辦公室 主編, 2001,『遼寧省志-文物志-』, 遼寧人民出版社, 121쪽.
6) 邹寶庫, 2012,『遼陽考古紀略』, 遼寧民族出版社, 56쪽.
7) 고대 전설에 나오는 다리가 하나이고 용과 비슷한 상상의 동물 문양.

발견되었다. 두 기의 무덤이 발견되었는데 모두 장방형의 수혈식으로 동서로 나란히 배치되어 있으며, 두 무덤의 간격은 2.6m이다. 장구는 두 개의 곽과 하나의 관이 사용되고 있다. 관 내부에서 인골 1구가 확인되었는데 두개골과 대퇴골만 일부 남아 있다. 두향은 북쪽을 향해 있으며, 앙신직지 장법이 사용되고 있다. 관 북단의 내외곽 사이에 전상(前箱)이 만들어져 있는데 벽면에 "구성(口城)"두 글자가 새겨져 있다. 유물은 주로 전상과 관 내부에서 확인되는데, 수습된 유물의 수는 대략 100여점에 이른다. 대부분 실용기로 칠기(漆器), 토기, 청동기 등이 주를 이루고 있다. 이 무덤은 이혈부부 합장묘로 부장품의 종류로 볼 때 1호 무덤은 여성, 2호 무덤은 남성일 가능성이 높다.

심양지역에서 조사된 연 유적으로는 고궁지하고성지(故宮地下古城址),[8] 열요로묘(熱鬧路墓),[9] 신광묘[新光墓:401고묘(庫墓)][10] 등이 있다. 고궁지하고성지는 심양시 고궁 지하와 그 주변에 위치해 있다. 상가를 조성하는 과정에서 한대(漢代) 성벽의 기저부로 이용된 전국시기 성벽 일부가 발견되었다. 성벽은 황토 판축으로 이루어져 있으며, 층의 두께는 13cm 내외이며, 잔고는 2.3m, 너비는 24m이다. 한대에도 지속적으로 보축하여 사용되고 있으며, 성벽 북측에 해자 흔적이 확인된다. 1차에 축성된 전국시대 성벽과 2차에 보축된 한대 성벽의 토층에서 다량의 전국시대 반식 와당, 기와 편, 토기 잔편이 수습되었다. 또한 1971년 심양 고궁 동로원(東路院), 1972년 심하구(沈河區) 공안분국원(公安分局院) 발굴에서 판축대지가 발견되어 성내 건축물의 존재가 확인되었다. 이밖에도 벽돌로 쌓은 우물과 대형 토기를 제작된 우물 2기도 함께 발견되었다.

열요로묘는 심양시(沈陽市) 심하구 열요로(熱鬧路) 열애리(熱愛里) 1호에 위치해

---

8) 遼寧省文物考古研究所, 1996, 「近年來遼寧考古新收穫」, 『遼海文物學刊』1期, ; 李曉鍾, 2007, 「沈陽地區戰國秦漢考古初步研究」, 『沈陽考古文集』1, 科學出版社, 231쪽 ; 劉長江, 2010, 「沈陽宮后里遺址及相關發現」, 『遼寧考古文集(二)』, 科學出版社. 57쪽.

9) 金殿士, 1959, 「沈陽市南市區發現戰國墓」, 『文物』4期 ; 李曉鍾, 2007, 「沈陽地區戰國秦漢考古初步研究」, 『沈陽考古文集』1, 科學出版社, 231쪽 ;

10) 李曉鍾, 2007, 「沈陽地區戰國秦漢考古初步研究」, 『沈陽考古文集』1, 科學出版社, 232쪽.

있다. 1958년 5월 주민이 하수도를 파는 과정에서 발견되었다. 무덤은 장방형의 수혈식 토광묘로 묘광의 길이는 2.2m, 너비 1.4m 깊이 1.2m이다. 관곽은 부식되어 두 줄의 흔적만 남아 있으며, 곽의 북벽에 감실이 설치되어 있다. 인골은 부식되어 잘 남아 있지 않으나, 두향은 북쪽을 향해 있다. 부장품은 토기 위주로 명기로 제작되어 감실에 안치되어 있다. 신광묘는 심양시 대동구(大東區) 동탑가(東塔街) 신광기계창(新光機械廠) 401공장 보일러실 남측에 위치해 있다. 1980년 11월에 발견되어 정리가 이루어졌으며, 발견 당시 이미 후대의 건축물에 의해 파괴되어 있었다. 무덤은 장방형의 수혈식 토광묘로 형식은 분명하지 않다. 부장품으로는 소량의 토기가 확인되었다.

요북지역 연 유적으로는 철령(鐵嶺) 구태유적(邱台遺蹟),[11] 이수(梨樹) 이용호성지(二龍湖城址),[12] 신민(新民) 공주둔(公主屯) 후산성지(後山城址)[13]등이 있다. 구대유적은 철령시의 남쪽 심양과 경계지점인 철령현 신태자(新台子) 경제기술개발구(經濟技術開發區)에 위치해 있다. 유적은 심양과 철령의 경계인 만천하(萬泉河)의 북쪽 나지막한 구릉상에 입지해 있다. 1973년 벽돌공장에서 유적내의 흙을 파내가는 과정에서 대량의 전국시기 화폐저장구덩이가 발견되면서 확인되었다. 1982년에 철령시 문물조사팀에 의해 두 차례 발굴이 이루어졌으며, 1993년에는 이 지역이 경제기술개발구로 지정되면서 긴급 구제 발굴이 이루어졌다. 발굴결과 주거지 5기, 저장구덩이 7기, 무덤 4기 등이 확인되었다. 주거지는 평면 말각 방형으로 대부분 파괴되어 주거면, 주공, 노지 일부만 확인되었다. 출토유물은 토기위주로 협사(夾砂)와 니질(泥質) 두 종류로 나눌 수 있으며, 이밖에도 석기, 철기, 청동기, 골

11) 遼寧省地方志編纂委員會辦公室 主編, 2001,『遼寧省志-文物志-』, 遼寧人民出版社, 39쪽 ; 鐵嶺市文管辦, 1996,「遼寧鐵嶺邱台遺址試掘簡報」,『考古』2期 ; 周向永, 許 超 著, 2010,『鐵嶺的考古與歷史』, 遼海出版社, 79쪽.
12) 四平地區博物館·吉林大學考古專業, 1988,「吉林省梨樹縣二龍湖古城址調查簡報」,『考古』6期 ; 王洪峰, 2008,「二龍湖古城」,『田野考古集粹-吉林省文物考古研究所成立二十五周年紀念』, 文物出版社, 39쪽.
13) 李曉鍾, 2007,「沈陽地區戰國秦漢考古初步研究」,『沈陽考古文集』1, 科學出版社, 231쪽.

기, 기와편, 유리기 등 다양한 종류의 유물이 수습되었다.

이용호성지는 길림성(吉林省) 이수현 석령향(石嶺鄉) 이용산촌(二龍山村) 북외자 둔(北崴子屯) 남쪽에 위치해 있다. 1983년 사평지구(四平地區) 박물관에서 실시한 문물조사에서 확인되었으며, 1987년 길림대학(吉林大學) 고고전업(考古專業)과 사 평지구 박물관이 연합으로 성곽 전체에 대한 측량과 더불어 일부 지역에 대한 시 굴이 이루어졌고, 2002년에는 길림성문물고고연구소(文物考古研究所)에 의해 성 내부 동남쪽에 대한 발굴이 이루어져 주거지 8기가 조사되었다. 성의 평면은 방 형으로 전체 길이는 800m이다. 성벽은 모두 토석혼축이며, 현재 서북부의 성벽 을 제외한 나머지 부분은 비교적 잘 남아 있다. 성내의 지세는 서쪽이 높고 동쪽 이 약간 낮게 되어 있다. 성문은 남쪽에 1개가 설치되어 있다. 주거지는 모두 수 혈식에 실내에 화덕이 설치된 구조이며, 주공이 일정하게 배열되어 있다. 출입문 은 동쪽 혹은 남쪽을 향해 있다. 출토유물은 토기와 철기가 대다수를 점하고 있 으며, 소량의 청동제 장식품과 연 도폐(刀幣)등이 발견되고 있다.

공주둔 후산성지는 신민시 공주둔진 후산(後山)에 위치해 있으며, 1980년 문 물조사시에 처음 확인되었다. 성지의 평면은 방형이며, 한 변의 길이는 250m× 300m이다. 유적의 동측에서 판축 성벽을 확인하였는데, 잔존 높이는 2.8m, 판축 층의 두께는 0.1~0.12m이다. 1984년 성 내부에 대한 발굴조사를 실시하여 두 곳 의 건축유구를 발견하였다. 건물지 상부에서 완형의 승문 기와 편이 산재해 있으 며, 옹, 관, 분 등의 토기 잔편도 함께 출토되었다.

Ⅲ. 유적의 특징과 편년

1. 유적의 특징

지금까지 조사된 연유적은 그 성격에 따라 성지 및 생활유적과 분묘유적으로 나눌 수 있다. 먼저 성지와 생활유적의 입지적 특징을 분석해 보면, 요양 양평성

유적의 경우 태자하의 서쪽 대지상에 위치해 있다. 성의 동, 북, 서 삼면은 태자하가 흐르고, 그 주변으로 넓은 충적평원이 펼쳐져 있으며, 남쪽은 천산산맥이 가로막고 있다. 심양 고궁지하고성지는 남쪽으로 5km 거리에 혼하(渾河)가 흐르고, 성지 주변으로 넓은 개활지가 형성되어 있다. 공주둔 후산성지는 역시 동쪽으로 요하의 지류인 수수하(秀水河)가 북에서 남으로 흐르고 있고, 그 주변으로 넓은 평야가 펼쳐져 있다. 구대유적은 구릉과 평야가 만나는 접경지역에 위치해 있는데, 유적 남쪽에는 만천하가 동남쪽에서 북서쪽으로 흐르고 있고, 동남쪽으로 천산산맥이 지나며, 서북쪽은 넓은 평야가 펼쳐져 있다. 이용호성지는 대흑산산맥의 서남쪽 끝자락에 위치해 있다. 성이 위치한 지역은 분지 지형으로 성 동쪽으로 동요하가 흐르고 북서쪽은 넓은 평원이 형성되어 있다. 특히 이 지역은 요양에서 부여의 중심지인 길림시로 통하는 요동로의 주요 거점지에 해당된다.[14]

전체적으로 모든 유적들이 하천이나 강을 끼고 그 주변으로 넓은 충적평원이 펼쳐진 지역에 입지해 있는 특징을 보이고 있다. 이는 두 가지 측면에서 해석이 가능한데, 하나는 농경 정착생활과 밀접한 관련이 있는 것으로 볼 수 있으며, 다른 하나는 방어적인 측면이 고려된 것으로 판단된다.

성곽의 형태와 축성방법상의 특징을 살펴보면, 성곽은 모두 방형 혹은 방형에 가까운 형태를 하고 있으며, 축성방법은 대부분 판축으로 층의 두께는 대략 10~13cm 내외이다. 연의 도성인 연하도유적과 요서지역 냉수당성지의 판축 방법과 비교해 볼 때 거의 유사하다는 점에서 이들 성의 축조집단이 연과 밀접한 관련이 있는 것으로 판단된다.[15] 다만 이용호성지의 경우 성벽을 대량의 자갈을 섞은 황토를 다져 축조하고 있다는 점에서 중원지역의 전형적인 판축법과는 차이를 보이고 있다.

성내 시설물로는 건축대지, 주거지, 회갱, 우물 등이 확인되고 있다. 건축대지는 심양 고궁지하고성지와 공주둔 후산성지 등에서 조사되었는데, 대부분 판축

---

14) 이종수, 2003, 「부여의 대외교류와 교통로 연구」, 『백산학보』96호, 86쪽.
15) 이한상, 2010, 「연북장성의 주향에 대한 논의」, 『고고학탐구』, 고고학탐구회.

1. 연하도 　　　　　 2. 냉수당성지(이한상,2010) 　　　　　 3.이용호성지

도 2 중원, 요서, 요북지역 연계 성지 성벽 단면 비교

으로 이루어져 있으며, 규모는 성에 따라 차이를 보이고 있다. 이들 판축대지에 대한 구체적인 내용이 보고서로 발표되지 않아 정확한 성격을 파악하는데 어려움이 있으나, 건축대지 상부에 다량의 기와편이 산재해 있다는 점을 통해 볼 때, 성내 주요 건축물의 기저부로 추정할 수 있다.

성내 시설물 중 특히 주목할 만 한 것은 양평성과 심양 고궁지하고성지에서 토기 혹은 벽돌로 쌓은 우물이 발견된다는 점이다. 양평성에서 확인된 우물의 경우 승문이 장식된 4개의 대형 토기를 이어서 만들고 있는데, 구경 75cm, 각각의 높이 35cm이다. 이러한 종류의 우물은 중원지역 연 유적에서도 자주 확인되고 있다.

다음으로 분묘유적의 특징을 살펴보면, 지금까지 확인된 무덤유적은 모두 6기[16]로 대부분 요양과 심양지역에서 발견되고 있다. 무덤의 입지적 특징을 살펴보면, 요양지역의 경우 모두 양평성 주변에 위치해 있는데, 서왕자묘는 서쪽, 망수대묘는 북쪽, 신성묘는 태자하를 건너 동쪽에 입지해 있다. 서왕자묘와 망수대묘는 강의 서쪽에 위치해 있고, 평지에 무덤이 조성되고 있는 반면, 신성묘는 강의 동

---

16) 신성묘 2기, 서왕자묘 1기, 망수대묘 1기, 열요로묘 1기, 신광묘 1기 등 모두 6기이다. 이밖에도 구대유적에서 4기, 이용호성지에서도 4기가 조사되었으나 발굴보고서가 미간되어 분석에서 제외하였다.

四大庙出土的战国时期陶井

도 3 요양성 출토 우물(『遼陽考古紀略』재인용)

쪽에 그리고 구릉상에 입지해 있다는 점에서 차이를 보이고 있다. 이러한 차이점은 무덤 주인의 신분상 차이에서 기인하거나 혹은 무덤 조영시기의 시간적인 차이에 의한 것으로 파악할 수 있다.

심양지역의 경우도 요양과 마찬가지로 심양 고궁지하고성지를 중심으로 열요로묘는 성의 남쪽에, 신광묘는 성의 동쪽에 위치해 있다. 성곽과 무덤의 거리는 대략 1~3km 내외이며, 신광묘만 5km가 넘는 거리에 위치해 있다. 일반적으로 연의 무덤과 취락유적은 성곽 주변에 입지하는 특징을 보이고 있는데, 요양과 심양지역 연 무덤 역시 모두 성곽 주변에서 확인되고 있다는 점에서 중원지역과 동일한 입지적 특징을 보이고 있다.

다음으로 무덤의 규모를 살펴보면 요하평원지역에서 발견된 무덤 중 규모가 가장 큰 신성묘는 묘광이 남북 6.3m, 동서 3.3m, 깊이 3.4m이다. 서왕자묘와 열요로묘는 묘광의 규모가 대략 길이 2.2~1.5m, 너비 1.4~1.1m, 깊이 1.2~0.6m이다.

중원지역의 연 무덤은 규모면에서 대략 4가지 유형으로 구분할 수 있다. 첫 번째는 두 개의 묘도를 가지고 있는 대형묘이다. 이 종류의 무덤은 묘광의 면적이 매우 큰데, 80㎡에서 350㎡에 이르며, 거마갱과 대량의 거마구를 갖추고 있다. 이 종류의 무덤은 지금까지 연하도에서만 발견되고 있다. 두 번째는 청동기가 매납된 중형 무덤이다. 묘광의 크기는 3.5㎡~50㎡까지 다양하며, 대부분은 10여㎡ 내외이다. 세 번째는 소수의 부장품이 매납된 중소형 무덤이다. 묘광의 크기는 대부분 2~4㎡ 좌우이다. 네 번째는 부장품이 없는 무덤으로 묘광이 0.7㎡ 내외로 협소하고 대부분 관곽이 확인되지 않는다.[17] 앞에서 살펴 본 무덤을 중원지역 연 무덤 분류에 대입해 보면 신성묘는 두 번째 유형에 속하고, 서왕자묘와 열요로묘는 세 번째 유형에 속하는 것을 알 수 있다.

다음으로 무덤에 사용된 관곽의 특징을 살펴보면, 요하평원지역의 경우 관곽이 모두 사용된 무덤은 신성묘와 열요로묘이고, 망수대묘는 관만 사용되고 있다. 특히 신성묘의 경우 두 개의 곽과 하나의 관이 사용되고 있으며, 1. 2호 무덤이 하나의 봉분으로 이루어져 있는 점이 특징적이다. 중원지역 연 무덤의 경우 관이 없는 무덤에서부터 관만 사용된 무덤, 일곽일관(一槨一棺)이 사용된 무덤, 이곽일관이 사용된 무덤, 삼곽일관(三槨一棺)이 사용된 무덤 등 다양한 종류가 확인되고 있는데, 요하평원지역 역시 중원 연 무덤의 형식에서 크게 벗어나지 않고 있다.

무덤의 방향은 열요로묘가 북향이며, 신성묘의 경우도 무덤이 동서로 병렬 배치되어 있는 점을 통해 볼 때 북향일 가능성이 높다. 중원 연 무덤의 경우도 지금까지 조사된 무덤의 91%가 두향이 북쪽을 향해 있다는 점에서 두 지역 무덤 조영 습속이 일치하는 것을 알 수 있다. 장제의 경우 신성묘에서 앙신직지가 확인되는 것을 제외하고 기타 무덤은 골격이 잘 남아 있지 않아 장식을 확인하는데 어려움이 있다. 중원지역의 경우 전국 조기와 중기 무덤에 일부 굴지장이 보이는 것을 제외하고 나머지는 모두 앙신직지라는 점에서 이 지역 연 무덤 역시 앙신직지장이 사용되었을 가능성이 매우 높다.

부장품 조합의 특징을 살펴보면, 신광묘, 열요로묘, 망수대묘는 토기가 절대다수를 차지하고 있으며, 소량의 기문(夔紋) 활석 장식품과 소형 청동기가 함께 매납되고 있다. 토기조합은 두(豆), 정(鼎), 호(壺)를 기본으로 하며, 일부 무덤에는 관(罐), 발(鉢), 반(盤), 이(匜) 등이 공반되고 있다. 신성묘의 경우 이들 무덤과 달리 다양한 종류의 청동기가 주를 이루고 있으며, 토기는 관, 호 두 종류만 확인되고 있다.

---

17) 張長壽, 殷瑋璋 主編, 2004,『中國考古學(兩周卷)』, 中國社會科學院考古研究所, 中國社會科學出版社.

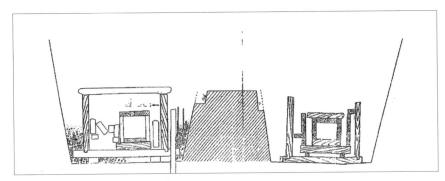

도 4 신성묘 1호, 2호 무덤 단면도(『遼陽考古紀略』도면 재인용)

2. 편년 검토

연 유적의 편년을 검토하는 작업은 요하평원지역 연 유적의 사용집단을 파악하는데 매우 중요한 근거가 될 수 있다. 앞에서 살펴 본 연 유적 중 구대유적[18]과 이용호성지[19]의 경우 유적의 편년을 전국 만기에서 한대까지 연용된 것으로 보고 있는데, 유적과 출토유물의 특징 등을 통해 볼 때 적절한 연대설정으로 판단된다. 때문에 본문에서는 두 유적에 대한 편년분석은 생략토록 하겠다. 다만 무덤유적의 경우 보고된 자료의 편년에 대해서는 재고할 여지가 있어 무덤유적을 중심으로 편년에 대한 재검토를 실시하도록 하겠다.

지금까지 중원지역에서 확인된 연 무덤은 대략 169기에 이른다.[20] 이들 무덤의

---

18) 鐵嶺市文管辦, 1996, 「遼寧鐵嶺邱台遺址試掘簡報」, 『考古』2期.

19) 四平地區博物館·吉林大學考古專業, 1988, 「吉林省梨樹縣二龍湖古城址調査簡報」, 『考古』 6期 ; 吉林省文物考古研究所 編, 2008, 『田野考古集粹』, 文物出版社.

20) 지금까지 발굴조사가 이루어져 보고서가 발간된 중원지역 연 무덤 유적으로는 徐水 大馬各庄, 張家口 白廟, 天津 寶坻牛道口, 河北 新樂 中同村, 天津 南郊 巨葛庄, 天津 東郊 張貴庄, 內蒙古 赤峰市, 北京 豊台區, 北京 通縣, 北京 順義縣, 北京 懷柔城北, 北京 昌平, 豊寧縣 鳳山鎭, 易縣 周仁村, 易縣 燕下都, 三河 大唐迴, 雙村, 唐山 賈各庄, 承德 灤河鎭, 懷來 北辛堡 등이 있다. 요서지역은 喀左 大城子 眉眼溝, 朝陽 袁臺子 등이 대표적이다.
    張長壽, 殷瑋璋 主編, 2004, 『中國考古學(兩周卷)』, 中國社會科學院考古研究所, 中國社

시기별 변화과정을 살펴보면, 초기의 무덤은 모두 수혈식 토광묘로 이층대와 벽감은 아직 출현하지 않고 있다. 중기에는 일부 무덤에서 이층대가 출현하고 있으며, 남북 방향으로 묘도를 가진 "중(中)"자형 대묘(연하도 M16)가 축조되고 있다. 후기에는 이층대와 벽감이 보편화 되고, 새롭게 전상이 출현하고 있다. 이러한 시설들은 모두 전문적으로 부장품을 매납하기 위해 만들어지고 있다.[21]

부장품의 조합과 관련해서도 어느 정도 연대 파악이 가능한데, 청동기의 경우 초기와 중기에 정과 두 각각 1점을 매납하는 경우가 대부분이며, 후기에는 다양한 종류의 청동기가 부장품으로 사용되고 있다. 토기의 경우 고분군에 따라 약간의 차이를 보이고 있으나, 초기에는 준(罇), 정, 두, 관, 호, 반을 조합으로 하고 있으며, 중기에는 정, 두, 호, 반, 이를 기본 조합으로, 후기에는 정, 두, 호, 반, 이, 감(鑒), 격(鬲) 조합이 확인되는데, 중기 조합과 비교하여 감과 격이 추가되고 있다.[22]

이상의 내용을 토대로 요하평원지역 연 무덤의 연대를 파악해 보면, 먼저 서왕자묘의 경우 보고서에서는 무덤에서 출토된 토기 기형이 연하도 동두성(東頭城) 29호 무덤에서 출토된 것과 유사하다는 점을 들어 무덤의 연대를 동두성 29호와 같은 전국시대 조기로 파악하고 있다.[23] 그러나 무덤에 부장된 토기의 특징을 세부적으로 분석해 보면, 무덤의 조영 연대가 보고서와 다른 것을 확인할 수 있다. 즉 토기의 조합부분에서 정, 호, 두, 반, 배(杯) 등과 더불어 격이 포함되고 있다는 점에서 전국 조기로 보는 데는 무리가 있다. 다음으로 토기의 기형을 중원 연 무덤 출토 토기와 비교해 보면, 협사질에 승문이 장식된 회색 격은 저부가 둥글고 복부 하부가 넓게 퍼져 있다는 점에서 대략 전국 중기 이후에 해당된다.[24] 뚜껑이 달린 회색 정(도5-1)의 경우도 뚜껑에 짐승모양이 장식되어 있고, 양 옆의 손잡이가 길게 올라오고 있다는 점에서 북경 창평 송원에서 출토된 정(도5-2)과 비교해

會科學出版社 ; 陳平, 2006,『燕文化』, 文物出版社.

21) 張長壽, 殷瑋璋 主編, 2004, 앞의 책.

22) 張長壽, 殷瑋璋 主編, 2004, 앞의 책.

23) 遼寧省文物考古研究所, 朝陽市博物館, 2010,『朝陽袁台子』, 文物出版社. 208쪽.

24) 陳光, 1998,「東周燕文化分期論(續完)」,『北京文博』2. 22쪽,

보면 형식면에서 거의 유사하다고 할 수 있다. 이 토기를 정군뢰(鄭君雷)의 연 토기 형식 변화 과정 도식[25]에 대입시켜 보면, 연 중기 후반부에 해당된다. 다만 연대가 전국 만기 혹은 서한 초[26]로 비정되는 연하도 신장두(辛庄頭) 30호 무덤에서 출토된 정(XZHM30:206)과 비교해 볼 때, 덮개 장식품의 형태가 짐승모양과 불꽃모양으로 차이를 보이고 있고, 기형에서도 서왕자묘 출토품은 복부가 약간 볼록하고 저부가 둥근 반면에 연하도 출토품은 복부와 저부가 모두 직각으로 이루어져 있다는 점에서 차이를 보이고 있어 전국 만기로 보기에는 어려움이 있다.

뚜껑 구연부에 한 줄의 침선문이 장식된 회색 두(도5-3)의 경우 전국 중기의 창평 송원 출토 두(도5-4)와 역시 전국 중기에 해당되는 연하도 해촌촌(解村村) 동(東)2호묘에서 출토된 두(YNXM2:458)에 비해 뚜껑에 장식된 뿔 장식이 더 길고, 덮개가 약간 편평해 지고 있다는 점에서 차이를 보이고 있으나, 전체적인 기형은 일치하고 있어 편년상에 큰 차이는 없는 것으로 판단된다. 이밖에도 무덤에서 출토된 동대구(銅帶鉤)와 기문 활석 장식물 등도 조양 원대자유적의 연 중기 무덤[27]에서 출토되고 있는 점 등을 통해 볼 때, 서왕자묘 무덤의 연대는 대략 전국시대 중기에서 중기 후반대로 볼 수 있다.

망수대묘의 경우 부장된 토기 조합이 정, 두, 호, 반, 관, 발을 세트로 하고 있고, 일부 토기의 표면에 붉은색으로 그림이 그려져 있다는 점, 승문(繩紋)이 장식되어 있는 점, 기문의 활석 장식품을 공반하고 있다는 점에서 북경 창평 송원에서 출토된 유물[28]과 거의 유사하다. 이를 통해 볼 때, 이 무덤의 연대 역시 전국 중기 후반대로 볼 수 있다.

열요로묘의 경우 묘광의 북벽에 감실이 설치되어 있으며, 부장품이 모두 감실 내에 안치되어 있다는 점에서 전국 만기 무덤의 특징을 보이고 있다. 부장 토기

---

25) 정군뢰, 2001,「전국시기연묘도기적초보분석」,『고고학보』3기. 288쪽 도6 참조

26) 조진선, 2012,「연하도 신장두 30호묘의 연대와 성격」,『한국고고학보』84, 한국고고학회.

27) 遼寧省文物考古硏究所, 朝陽市博物館, 2010,『朝陽袁台子』, 文物出版社. 207쪽.

28) 北京市文物工作隊, 1959,「北京昌平區松園村戰國墓葬發掘記略」,『文物』9期.

1. 정(서왕자묘)   2. 정(창평 송원)   3. 두(서왕자묘)   4. 두(창평 송원)

도 5 서왕자묘와 중원지역 출토 토기 비교

는 정, 호, 반, 이를 기본조합으로 하고 있다는 점에서 전국 연 중기 혹은 만기로
볼 수 있다. 심광묘 역시 두, 정, 호을 기본 조합으로 하고 있고, 죽절형 손잡이 두
형토기가 출토되고 있는 점[29]으로 미루어 보아 전국 중만기에 해당된다.

요하평원지역의 연 무덤 중 가장 특징적인 것이 신성묘이다. 중국 학계에서는
신성묘의 연대를 전국 중만기로 비정하고 있다.[30] 그러나 이에 대한 구체적인 근
거는 제시하지 못하고 있다. 신성묘는 무덤의 규모와 부장유물의 종류 등에서 위
에서 언급한 무덤들과 커다란 차이를 보이고 있다. 무덤의 제작 방법에 있어서
도 중원지역 연 무덤과 차이를 보이고 있는데, 중원지역 만기(晚期) 연 무덤에서
는 이층대와 감실을 확인되고 있는 반면, 신성묘에서는 이런 시설이 전혀 확인되
지 않고 있다. 무덤의 구조 역시 묘광을 사다리꼴 형태로 파고 방형의 목재를 세
워 1차 곽을 만든 후에 그 안쪽에 다시 목재를 가로로 쌓아 2차 곽을 형성하고 있
다. 기본적으로 연 무덤의 형식을 따르면서 이 무덤에서만 보이는 독특한 제작방
식이 사용되고 있다.

출토유물 역시 토기의 경우 전국만기에 유행하던 정, 두, 호, 반, 이, 감, 격의 조
합이 보이지 않고, 관과 호 주 종류만 매납하고 있다. 또한 토기의 기형 역시 연식

---

29) 정군뢰, 2001,「전국시기연묘도기적초보분석」,『고고학보』3기.

30) 李慶發, 1984,「遼陽市新城戰國墓」,『中國考古學年鑑』, 文物出版社,

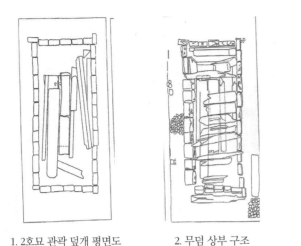

| 1. 2호묘 관곽 덮개 평면도 | 2. 무덤 상부 구조 | 3. 2호묘 유물 분포도 |

도 6 요양 신성묘 2호묘 실측도(도면『遼陽考古紀略』재인용)

토기와 한식 토기의 특징이 모두 나타나고 있다. 이 무덤은 무덤의 형식과 제작 방법, 부장유물의 조합과 토기 형식상의 특징 등을 통해 볼 때, 전형적인 연 무덤의 형식에서 벗어나고 있다는 점에서 그 연대를 전국 말기에서 한초로 비정할 수 있다.

위의 내용을 종합해 보면, 서왕자묘, 망수대묘, 열요로묘, 심광묘 등은 그 연대가 대략 전국 중만기로 비정할 수 있으며, 신성묘는 전국 말기에서 한초로 볼 수 있다.

IV. 유적의 성격과 유이민 집단과의 관계

앞에서 살펴 본 요하평원지역 연 유적에 대한 검토 결과 중원계 유이민 집단의 물질문화와 결부시켜 새로운 분석을 시도할 수 유적으로 신성묘, 구대유적, 이용호고성 등을 들 수 있다. 본 장에서는 이 세 곳의 유적을 대상으로 그 성격과 유이민집단과의 관련성에 대해 세부적인 검토를 실시해 보도록 하겠다.

요양은 일찍부터 연 요동군의 군치로 비정되는 지역이다. 요동군의 군치인 양

| 1. 관 | 2. 호 | 3. 양이호 |

도 7 요양 신성묘 출토 토기

평으로 비정하는 이유는 요양시내에서 연식 토기로 제작된 우물이 발견된 점과 우물 내에서 전국시기 管 형태의 청동제 수레 부속품, 양평포, 명도전 등이 출토되고 있는 점 등을 들 수 있다. 그리고 요양 시내에서 세 곳의 연 무덤이 발견된 점, 양평포가 처음 제작되었던 장소라는 점, 왕망시기에 양평의 다른 이름인 '창평(昌平)'명 토기편이 출토된 점 등도 그 근거로 제시되고 있다. 그러나 지금까지 연과 관련된 어떠한 성곽 흔적 혹은 사람들에게 믿음을 줄 수 있는 군치의 흔적이 확인된 예가 없다. 이로 인해 현재 요양시 시내를 양평성으로 인식하는 견해에 의문을 제기하면서 양평성의 위치를 태자하 동안의 신성묘가 위치한 동경성 일대로 비정하는 견해가 제기되기도 하였다.[31] 이렇듯 신성묘는 요양을 연의 요동군 치소인 양평으로 비정하는데 가장 결정적인 물질적 자료라 할 수 있다.

중국 학계에서는 일반적으로 신성묘의 연대를 전국 중만기로 설정하고, 요동군을 다스리던 관리의 무덤으로 비정하고 있다.[32] 그러나 앞에서 살펴 본 바와 같이 신성묘는 무덤의 구조적 특징과 출토 유물을 통해 볼 때, 전형적인 연 무덤에

---

31) 王成生, 2010, 「從考古資料看西漢遼東等五郡治及都尉治的地望」, 『遼寧考古文集(二)』, 遼寧省文物考古研究所編, 科學出版社, 366쪽.

32) 鄒寶庫, 2012, 『遼陽考古紀略』, 遼寧民族出版社, 58쪽.

서 크게 벗어나 있다. 이로 인해 이 무덤의 주인을 무덤에서 출토된 채색된 목제 악용(樂俑), 목거(木車), 목마(木馬) 등을 부장하는 풍속이 조나라에서 유행하였다는 점을 들어 요동군에 파견된 조나라 출신 관리로 파악하는 견해도 제기되었다. 일부에서는 진의 공격으로 연왕 희가 요동으로 후퇴한 역사적 사실과 관계가 있는 것으로 추정하기도 한다.[33]

이 무덤의 구조와 형식 출토유물 등을 통해 볼 때, 기존 천산산맥 이동지역, 요남지역, 서북한지역에서 발견된 연계 유물이 부장된 토광목관(곽)묘[34]와는 달리 토착문화요소가 전혀 보이지 않는다는 점에서 연과의 직접적인 관련성도 완전히 배제할 수 없지만, 무덤의 사용연대를 고려하면 연 멸망과 秦漢교체기 혼란으로 인해 대량으로 유입된 연, 제, 조 유민집단의 수장이 사용했던 무덤일 가능성도 제기된다.

구대유적에서는 전국 연에서 한대에 걸쳐 유물이 출토되고 있어, 중국학계에서는 일반적으로 연과 한초의 망평현(望平縣) 현성(縣城)으로 비정하고 있다.[35] 그러나 최근에는 유적내에서 연계 유물과 더불어 토착계의 협사도 계통 토기가 공반 출토되고 있다는 점을 들어 이 유적을 다민족문화 교류의 근거로 보고자 하는 견해가 제기되고 있다.[36] 이 유적에서 발굴된 주거지와 저장구덩이, 무덤의 특징을 통해 볼 때, 명확하게 중원의 문화적 영향을 확인할 수 있는 것은 옹관묘 1기에 불과하다. 또한 발견된 3기의 토광묘 중에서 4호 무덤의 경우 성년 남성이 매장되어 있는데, 돼지의 아래턱뼈가 매납되어 있고,[37] 갈색의 단이배(單耳杯)와 삼

---

33) 郭大順, 張星德 著, 2005,『東北文化與幽燕文明』, 江蘇敎育出版社, 606쪽.

34) 박선미, 2013,「고고학 자료로 본 위만조선의 문화 성격-평양일대의 고분을 중심으로」,『동양학』53집, 단국대학교 동양학연구원.

35) 周向永, 許超 著, 2010,『鐵嶺的考古與歷史』, 遼海出版社.

36) 周向永, 2010,「遼北戰國漢時期多民族文化交滙的考古學考察-鐵嶺邱臺遺址例說」,『遼寧考古文集(二)』, 遼寧省文物考古硏究所編, 科學出版社.

37) 돼지 턱뼈의 매납은 주로 길림합달령 주변 청동기와 초기철기시대 무덤에서 주로 나타나는 장례습속이다.

각형의 철기,[38] 소철도, 화살촉 등이 부장되고 있는 점으로 미루어 보아 토착계의 무덤으로 파악할 수 있다. 유물의 경우 전국시기의 반원형 와당을 비롯하여, 명도전과 포전, 중원계통의 청동검 등 다량의 중원계 유물이 출토되고 있다.(도 8-1.2.3) 이와 더불어 후기고조선의 표지적 유물 중에 하나인 점토대토기와 쌍이관, 배 등 협사도 계통의 토착계 유물도 함께 확인되고 있다.(도8-4.5.6) 특히 유적에서 출토된 중원계 유물의 연대가 연 만기에서 한초를 넘지 않고 있다는 점에서 연 유이민집단의 생활터전일 가능성이 매우 높으며, 이들이 주변의 토착민들과 혼합 또는 교류를 통해 문화적 융합이 이루어진 것으로 파악할 수 있다.

이용호성지는 요하평원지역에서 확인된 연 성곽 중 유일하게 발굴조사가 이루어진 유적이다. 이용호성지의 문화내용을 중원지역의 연나라 성곽과 비교해 보면, 먼저 성벽의 축조방법에서 이용호성지는 성벽이 연 성곽 축조방법인 판축이 아니라 자갈이 포함된 토석혼축법이 사용되고 있으며, 어긋문 형식으로 성문을 배치하고 있는 점에서 차이를 보이고 있다.

출토유물 역시 연계 유물이 다수를 차지하고 있으나 굵은 모래가 혼입된 토착계통의 토기도 함께 출토되고 있다. 또한 일반적으로 요서지역과 내몽고 동남부지역에서 확인되는 연나라의 주요 거점 성곽 주변에는 취락지와 고분이 함께 확인되고 있는데, 이 성 주변에서는 이러한 연 관련 유적이 전혀 발견되지 않고 있다는 점 역시 기존의 연나라 성곽과는 차별되는 부분이다.

중국 학계에서는 이용호성지에서 출토된 전국 연계 유물을 근거로 연나라가 요하평원지역에 진출한 이후에 동요하 상류지역까지 세력을 확장하여 성곽을 축조하였고, 이후 한대까지 사용된 것으로 파악하고 있다.[39] 국내에서는 요동군과 동요하 유역 토착집단 간의 일종의 교역 거점으로 파악하는 견해가 제기되었

---

38) 이 철기의 경우 보고서에 심하게 부식되어 그 형태를 파악할 수 없다고 기록되었으나, 당시 이 지역에서 유행하고 있던 반달형 철도일 가능성이 있다.

39) 四平地區博物館·吉林大學考古專業, 1988, 「吉林省梨樹縣二龍湖古城址調査簡報」, 『考古』 6期.

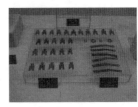

1.발(중원계) 2.반원형와당(중원계) 3.명도전 및 포전(중원계)

4.점토대토기(토착계) 5.쌍이관(토착계) 6.소형토기(토착계)

도 8 철령 구대유적 출토 유물

다.[40] 그러나 이 성이 연의 군현으로 지역 지배를 위해 사용된 성곽이었다고 한다면, 성 내부에서 행정관서 등의 건축유구와 공방 등의 작업장 등이 확인되어야 함에도 불구하고, 주거지와 회갱, 무덤 등만 확인되고 있다는 점에서 이 성은 중원지역의 유이민 집단이 동요하 상류지역까지 이동해 와 안착한 후에 중원지역 성곽을 모방하여 축조한 것으로 파악할 수 있다. 성내 토착유물의 출토는 이후 이 지역의 토착민과 서로 융합해 가는 과정을 설명해주는 단서라고 할 수 있다.

---

40) 오강원, 2010, 「연나라 요동군과 동요하 유역 토착 집단의 독특한 교류 방식, 이용호 성지」, 『백산학보』88호, 백산학회.

1.옹(중원계)　　　　　2. 관(중원계)　　　　　3.호(토착계)

도 9 이용호성지 출토 토기

　이상의 내용을 종합해 보면 연이 요하평원지역으로 이동해 온 초기 즉 기원전 3세기경에는 연의 군현 치소를 중심으로 각각의 유적에 연의 문화내용만 두드러지게 나타나고 있는데, 이러한 예는 서왕자묘, 망수대묘, 열요로묘, 심광묘 등을 통해 확인할 수 있다. 이후 연의 멸망과 진한교체기에 연, 제, 조 등의 중원 유민 집단이 대량으로 이 지역에 유입되면서 다시 한 번 물질문화상에 변화가 나타나게 된다. 이러한 변화상을 가장 잘 설명해 주는 유적이 신성묘이다. 즉 기존의 전형적인 연 문화내용을 가진 무덤이 사라지고 중원의 다양한 문화내용이 융합된 형태의 무덤이 조영되고 있다. 그러나 이 시기에 토착문화와의 문화적 교류는 확인되지 않고 있다.

　이 후 이들 중원 유이민집단이 요하평원지역에 정착하는 과정에서 기존 토착 세력들과 경제적, 문화적 교류가 이루어지면서 또 한 번 물질문화적 변화가 나타나게 된다. 즉 중원문화와 토착문화가 교류를 통해 문화적 융합을 이루게 되는데, 이러한 문화적 융합이 가장 잘 나타나는 유적이 바로 이용호성지와 구대유적이다. 이들 유적은 연의 유이민 집단이 거주하면서 토착문화와의 경계지대라는 지리적 이점을 이용하여 토착민과 쉽게 교류가 진행되었고, 이로 인해 문화적 융합 현상이 가장 빨리 나타나게 된다. 또한 이러한 문화적 융합 현상은 시간이 지남에 따라 점차 주변으로 전파되어 가고 있다. 이러한 예를 가장 잘 설명해 주는 유물이 철제 반달형 칼이다. 토착문화의 특징을 가장 잘 나타내주는 반달형 칼을 철기로 제작하고 있다는 점에서 양자간의 문화 융합 양상을 가장 잘 표현해 주고 있다.

이러한 문화적 융합 현상은 무순 연화보유적[41]과 목양성(牧羊城)유적[42] 등을 통해서도 확인할 수 있다. 즉 연화보유적의 경우 돌담으로 쌓은 원형 주거지와 협사질계통의 토기를 대표로 하는 토착계 문화를 기반으로 중원계의 토기와 주조철기가 함께 공반되고 있다는 점에서 유적의 사용집단이 유이민집단보다는 토착집단일 가능성이 높다. 목양성유적의 경우 성곽의 평면형태와 축조방법 등이 중원의 전형적인 성곽 축조방법과 유사하다는 점, 성내에서 연계 유물과 더불어 한의 유물이 다량 출토되고 있다는 점에서 연계 유이민집단과 관련될 가능성이 높다. 특히 성 주변에서 확인되는 윤가촌(尹家村), 조가촌(刁家村), 유가촌(劉家村) 등 토착문화 요소와 중원문화 요소가 결합된 무덤과 취락유적의 확인은 이 지역이 전국시대부터 교통로상의 중요한 거점지역이었고, 주변의 토착계 집단과 밀접한 교류가 이루어지고 있음을 설명해 주고 있다.

중원 유이민 집단과 토착세력의 융합은 이후 위만의 왕위 찬탈에도 영향을 미치고 있다. 즉 위만이 천여명의 유민을 거느리고 조선으로 망명해 왔을 때, 이미 조선의 서쪽 변경지역에는 다수의 중원 유이민 집단이 거주하고 있었고, 이들이 기존의 토착세력과 문화적 융합을 통해 안정적으로 정착해 있었기 때문에 이들 세력을 기반으로 위만은 점차 준왕을 몰아내고 왕위를 찬탈할 수 있었다. 위만의 왕위 찬탈에도 불구하고, 토착세력이 커다란 저항 없이 위만정권에 편입되고 있다는 사실은 이미 중원 유이민집단과 토착세력간에 정치, 사회, 문화적으로 융합이 비교적 잘 이루어지고 있음을 설명해 주고 있다.

물론 중원문화와 토착문화의 문화적 융합을 두 세력간의 갈등과 투쟁의 표현

---

41) 王增新, 1964,「遼寧撫順市蓮花堡遺址發掘簡報」,『考古』6期.
42) 東亞考古學會, 1931,『牧羊城-南滿洲老鐵山麓漢及漢以前遺蹟-』東方考古學叢刊 甲種 第二冊.

으로 해석할 수도 있으나, 현재로서는 이러한 갈등과 투쟁 양상을 확인할 수 있는 자료가 부족하다는 점에서 본문에서는 두 집단의 문화적 결합을 공존과 융합의 표현으로 이해하였다. 이후 이들 유적에 대한 자세한 보고서가 간행되면 이 부분에 대해서도 세부적인 검토를 시도하도록 하겠다.

V. 맺음말

이상으로 요하평원지역 연유적의 특징과 연 유이민 집단과의 관련성에 대해 살펴보았다. 기원전 2세기 초에 위만은 중국 유이민 세력을 기반으로 준왕을 몰아내고 위만조선을 세우게 된다. 고조선의 왕위를 찬탈하는데 결정적인 역할을 담당했던 유이민집단이 영유했던 물질문화를 이해하는 작업은 결국 위만조선의 문화를 이해하는데 매우 중요한 단서라 할 수 있다. 중국 유이민 집단의 물질문화는 연과 밀접한 관련이 있기 때문에 지금까지 연의 지방지배 거점으로 인식되고 있던 요하평원지역 연유적에 대한 재검토의 필요성이 제기된다.

지금까지 조사된 요하평원지역 연 유적은 대략 41곳에 이르는데, 이 중 시발굴이 이루어진 유적은 요양 양평성유지, 요양 신성묘, 요양 서왕자묘, 요양 망수대묘, 심양 고궁지하 고성지, 심양 열요로묘, 심양 신광묘(401고묘), 신민 공주둔 후산성지, 철령 구태유지, 이수 이용호성지 등 10여 곳에 불과하다.

요하평원지역 성곽유적의 특징은 평면이 방형에 규모는 중소형이 주를 이루며, 축성방법은 대부분 토축으로 이용호성지만 토석혼축이 사용되고 있다. 성내 시설물로는 판축대지와 주거지, 회갱, 우물, 해자 등이 있는데, 주거지는 말각방형의 수혈식으로 불다짐, 노지와 주공 설치, 동쪽 혹은 남쪽에 배치된 출입문 등을 특징으로 하고 있다. 우물은 토기와 벽돌로 이용해 축조되고 있다.

무덤은 모두 토광목곽 혹은 토광목관묘로 이곽일관이 사용된 신성묘가 가장 특징적이며, 기타 무덤은 곽 혹은 관만 확인되고 있다. 규모는 신성묘가 연의 무덤유형 중 두 번째 유형인 중대형 무덤에 속하며, 나머지 무덤은 소형무덤에 해당된다. 일부 무덤에는 부장품 안치를 위한 벽감과 전상이 설치되어 있다. 장식은 대부분 단인앙신직장이며, 두향은 북쪽을 향해 있다. 부장품은 무덤에 따라 차이를 보이는데, 규모가 큰 신성묘의 경우 100점에 이르며, 기타 무덤은 10여점에 불과하다. 청동기, 토기, 칠기, 목기 등 다양한 종류의 부장품이 매납되어 있다.

유적의 편년을 살펴보면, 서왕자묘, 망수대묘, 열요로묘, 심광묘 모두 중원지역 연 무덤 출토유물과 비교해 볼 때, 전국 중만기에 해당되며, 이 유적들은 진개의 동진이후 연의 군현설치와 관련이 있을 것으로 추정된다. 다만 신성묘의 경우 보고서와는 달리 그 연대가 전국 만기에서 한초에 해당되는데, 무덤의 위치와 축조방법, 출토유물이 중원의 전형적인 연 무덤과 차이를 보이고 있다는 점에서 무덤의 주인이 연의 관리보다는 연 멸망 이후 혹은 진한교체기 유민집단과 관련이 있을 가능성이 더 높다.

이용호성지의 경우 성벽 축조방법이 판축이 아니라 자갈이 포함된 토석혼축이란 점, 성문이 어긋나게 배치되어 있고, 건축대지나 수공업 작업 공방이 없다는 점, 출토유물 역시 연계 유물과 더불어 토착계 유물이 공반되고 있다는 점 등에서 기존의 연나라 성곽과 차이를 보이고 있다. 이 성곽은 연계 유이민집단이 동요하 상류지역까지 이동해 와 기존의 토착민들과 융합되는 과정에서 축조하여 사용한 것으로 파악할 수 있다. 구대유적에서는 전국 연에서 한대에 걸쳐 유물이 출토되고 있는데, 중원계 유물과 더불어 토착계의 협사도 계통 토기가 공반되고 있다는 점에서 이 유적 역시 연 유이민집단이 이 지역에 정착한 이후에 기존의 토착집단과 함께 생활했던 터전일 가능성이 매우 높다.

이 글은 요하평원지역에서 조사된 연 관련 고고학 자료의 부족과 부실이라는 한계로 인해 심도 있는 논의가 이루어지지 못하고 있다는 점에서 많은 한계를 내포하고 있다. 다만 이런 시도를 통해 중국학계의 일방적인 주장을 그대로 받아들이는 것이 아니라 체계적, 세부적 분석을 통해 중국측과는 다른 새로운 견해를 제시하고 있다는 점에서 그 의의를 두고자 한다.

| 참고문헌 |

■ 한국어

김남중, 2000, 「위만조선의 영역과 왕검성의 위치」, 전남대학교 대학원 석사학위논문.

김남중, 2001, 「위만조선의 영역과 왕검성」, 『한국고대사연구』22, 한국고대사학회.

김남중, 2004, 「위만조선의 왕권과 지방통치체제」, 『한국고대사연구』33, 한국고대사학회.

김정배, 1977, 「위만조선의 국가적 성격」, 『사총』21·22, 고대사학회.

김정배, 1997, 「고조선의 국가형성」, 『한국사』4, 국사편찬위원회.

김한규, 1980, 「위만조선관계 중국측사료에 대한 재검토」, 『논문집』8, 신라대학교.

노태돈, 1998, 「위만조선의 정치구조-관명 분석을 중심으로-」『산운사학』8, 고려학술문화
　　　재단.

박선미, 2011, 「교역품의 양적 분석을 통한 위만조선의 완충교역 연구」, 『동양학』50, 단국대
　　　학교 동양학연구원.

박선미, 2013, 「고고학 자료로 본 위만조선의 문화 성격-평양일대의 고분을 중심으로」, 『동
　　　양학』53집, 단국대학교 동양학연구원

박시형, 1963, 「만 조선 왕조에 관하여」, 『력사과학』.

배진영, 2009, 『고대 북경과 연문화』, 한국학술정보(주)

서영수, 2008, 「요동군의 설치와 전개」, 『요동군과 현도군 연구』, 동북아역사재단.

서영수, 1996, 「위만조선의 형성과정과 국가적 성격」, 『한국고대사연구』9, 한국고대사학
　　　회.

송호정, 1999, 『고조선 국가형성 과정 연구』, 서울대학교 박사학위논문.

송호정, 2007, 「세죽리-연화보유형 문화와 위만조선의 성장」, 『역사와 담론』48, 호서사학
　　　회.

오강원, 2010, 「연나라 요동군과 동요하 유역 토착 집단의 독특한 교류 방식, 이용호 성
　　　지」, 『백산학보』88호, 백산학회.

윤내현, 1985, 「위만조선의 재인식」, 『사학지』19, 단국사학회.

이병도, 1976, 「위씨조선흥망고」, 『한국고대사연구』, 박영사.

조법종, 2000,「위만조선의 대한 전쟁과 강한제후국의 성격」,『선사와 고대』14, 한국고대학회.

조법종, 2000,「위만조선의 붕괴시점과 왕검성·낙랑군의 위치」,『한국사연구』110, 한국사연구회.

조진선, 2012,「연하도 신장두 30호묘의 연대와 성격」,『한국고고학보』84, 한국고고학회.

조진선, 2011,「동북아시아 청동기~초기철기시대 편년의 열쇠『조양 원대자 -전국서한유지화서주지십륙국시기묘장』(요녕성문물고고연구소·조양시박물관 편, 문물출판사)」,『한국고고학보』80, 한국고고학회.

최몽룡, 1985,「고대국가성장과 무역 -위만조선의 예」,『한국 고대의 국가와 사회』, 역사학회편.

■ 중국어

國家文物局 主編, 2009,『中國文物地圖集: 遼寧分册(上)』, 西安地圖出版社.

國家文物局 主編, 2009,『中國文物地圖集: 遼寧分册(下)』, 西安地圖出版社.

吉林省文物考古研究所 編, 2008,『田野考古集粹』, 文物出版社.

遼寧省地方志編纂委員會辦公室 主編, 2001,『遼寧省志-文物志-』, 遼寧人民出版社.

遼寧省文物考古研究所, 朝陽市博物館, 2010,『朝陽袁台子』, 文物出版社.

周向永, 許 超 著, 2010,『鐵嶺的考古與歷史』, 遼海出版社.

周海峰, 2011,『燕文化研究』, 吉林大學博士學位論文.

陳平, 2006,『燕文化』, 文物出版社.

邹寶庫, 2012,『遼陽考古紀略』, 遼寧民族出版社.

金殿士, 1959,「沈陽市南市區發現戰國墓」,『文物』4期.

方天新, 2010,「遼寧台安縣孫城子漢代城址調査」,『遼寧考古文集(二)』, 科學出版社.

裴耀軍, 2010,「遼北地區燕秦漢時期遺存的發現與研究」,『遼寧考古文集(二)』, 科學出版社.

四平地區博物館·吉林大學考古專業, 1988,「吉林省梨樹縣二龍湖古城址調査簡報」,『考古』6期.

遼寧省文物考古研究所, 1996,「近年來遼寧考古新收穫」,『遼海文物學刊』1期.

劉長江, 2010,「沈陽宮后里遺址及相關發現」,『遼寧考古文集(二)』, 科學出版社.

李慶發, 1984,「遼陽市新城戰國墓」,『中國考古學年鑒』, 文物出版社,

李曉鍾, 2007,「沈陽地區戰國秦漢考古初步研究」,『沈陽考古文集』1, 科學出版社.

鄭君雷, 2001,「戰國時期燕墓陶器的初步分析」,『考古學報』3期.

鄭君雷, 2005,「戰國燕墓的非燕文化因素及其歷史背景 」,『文物』3期.

周向永, 2010,「遼北戰國漢時期多民族文化交滙的考古學考察-鐵嶺邱臺遺址例說」,『遼寧考古文集(二)』, 科學出版社.

陳光, 1998,「東周燕文化分期論(續完)」,『北京文博』2.

鐵嶺市文管辦, 1996,「遼寧鐵嶺邱台遺址試掘簡報」,『考古』2期.

王成生, 2010,「從考古資料看西漢遼東等五郡治及都尉治的地望」,『遼寧考古文集(二)』, 科學出版社.

Review on the Distinction of Yan Remains and its User Group in Plains of Liaohe river
- On the Relation to Yan Immigrants -

Lee, Jong-su

Professor, Dankook University

In order to the material culture of Wiman Joseon(위만조선), this paper try to grasp what is the material culture of Yan immigrants that perform a important role in establishing Wiman Joseon. The material culture of Yan immigrants is equal to or similar to the culture of Yan. The remains of Yan were concentrated to areas in Liaoyang(요양) and Shenyang(심양). The remains of Yan in Liaodong(요동) which have excavated until now were about 25 areas. Of these areas, 10 areas have been excavated and the prospecting survey has been performed in these areas.

On analysis of the peculiarity and characteristic in these remains, the amalgamation the Yan culture and the aboriginal culture has been confirmed through the tomb in Xinsheng(신성), the castle site in Erlonghu(이용호) and the remains in Jiutai(구태). Therefore, the character of these ruins is the amalgamation between the Yan immigrant groups and the indigenous groups. The distinction of culture in plains of Liaohe river(요하) is that the culture of Yan is related to the aboriginal culture. Considering the distinction of culture in plains of Liaohe river, it is reason to estimate that this area is which the indigenous groups of Wiman Joseon and the Yan immigrant groups live.

[Keywords] Wiman Joseon, Liaodong Area, Yan immigrants, The tomb in Xinsheng(신성), The castle site in Erlonghu(이용호), the remains in Jiutai(구태)

요동~서북한지역의 세형동검문화와 고조선
-위만조선 물질문화의 형성과정과 관련하여-

李 厚 錫

이후석 (李厚錫)

숭실대학교 사학과 및 동대학원 졸, 문학석사.
현) 숭실대학교 사학과 강사, 한국고고인류연구소 선임연구원

주요논저 : 『백제와 주변세계』(공저), 「중국 동북지역 세형동검 연구」,
　　　　　　「세형동검 단계 중국 동북지역의 동과와 동모」

Ⅰ. 머리말

전국시대(戰國時代)~전한시기(前漢時期) 또는 초기철기시대 무렵 중국 동북지역에서 한반도를 거쳐 일본 구주(九州)지역까지 광범위한 양상으로 나타나는 세형동검문화는 적석목관묘를 포함하는 토광묘계 묘제, 세형동검·동과·동모 등의 신종 청동무기, 점토대구연토기 등의 유구·유물복합체를 공통으로 하는 문화 개념으로 규정할 수 있다. 또한 이런 관점에서 당시 동북아시아의 문화 변동은 주민집단 간의 교류 혹은 상호작용(interaction)의 맥락에서 다양하게 설명할 수 있다.[1]

역사적인 측면에서 보면 요령지역과 한반도의 서부지역에서 세형동검문화가 성립하는 기원전 4세기경은 고조선이 연나라와 경쟁하며 각축을 벌이다가 중심지가 이동[2]하는 때와 맞물린다. 또한 전국연계 철기문화가 파급되고 세형동검문화가 지역별로 다양하게 발전하는 기원전 3~2세기경은 위만 집단이 준왕 세력을 축출하고 전국계 유이민과 토착민을 아울러서 주변 지역을 통합하는 시기이다.

그러므로 요령~북한지역에서 세형동검문화의 양상을 고찰하는 것은 고조선사의 변천 과정을 이해하기 위한 효과적인 방법 중의 하나라고 할 수 있다.[3] 무엇보다 기원전 3~2세기대 서북한지역의 세형동검문화는 위만조선의 기층문화 혹은 위만조선 지배층의 물질문화와 관련될 가능성이 높으므로 다각적인 검토가 필요하다.[4] 다만 북한 측의 최근 유적 조사 자료가 공개되지 않고 있는 점은 세형동검문화의 구체적인 양상을 규명하기 힘든 결정적인 장애가 되고 있는 것이 사실이

---

* 본고는 「요동~서북한지역의 세형동검문화와 고조선-위만조선 물질문화의 형성과정과 관련하여-」(이후석, 2014,『동북아역사논총』44)를 일부 수정·보완한 것임.

1) 이성주, 2007,「청동기시대 동아시아 세계체계와 한반도의 문화변동」,『청동기·철기시대 사회변동론』, 학연문화사.

2) 서영수, 1988,「고조선의 위치와 강역」,『한국사시민강좌』2; 노태돈, 1990,「고조선 중심지의 변천에 대한 연구」,『한국사론』23.

3) 송호정, 2003,「요동~서북한 지역에서 세형동검문화의 발생과 고조선의 국가형성 연구」,『한국상고사학보』40; 이청규, 2005,「청동기를 통해 본 고조선과 주변사회」,『북방사논총』6.

4) 조진선, 2005,「북한지역 세형동검문화의 발전과 성격」,『한국상고사학보』47.

다.

이와 달리 요령지역의 세형동검문화는 중국 측의 유적 조사 성과와 청동무기류에 대한 연구 성과를 토대로 최근 문화 개념과 내용들에 대한 여러 논의가 진행되고 있다.[5] 특히 요동지역에 분포하는 세형동검문화 단계 고고 자료들에 대해서는 고조선과 관련될 가능성이 높아 서북한지역의 자료 부족 문제를 어느 정도 해소해 줄 것으로 기대한다.

한편 요령지역의 세형동검문화는 시공간적 전개과정에서 여러 지역 유형으로 설정되듯 한반도의 세형동검문화와는 달리 일률적인 체계로서 설명하기 힘든 점이 있다. 이는 요령지역의 세형동검문화가 한반도와 달리 넓은 지역만큼이나 세형동검의 형식학적 특징을 비롯한 동반 유물군의 조합관계 역시 다양한 양상을 나타내기 때문이다.[6] 또한 그와 같은 배경에는 주민집단의 역사적 배경 또는 문화적 성격 차이가 관련되기 때문이다.

그러므로 여기서는 고조선의 물질문화와 상관성이 높은 요동지역과 북한지역의 세형동검문화에 주목하려 한다. 특히 요동반도와 요동 동부지역의 세형동검문화에 중심으로 유형·계통·편년 관계 등을 정리하고 서북한지역의 세형동검문화와의 교류 또는 상호 관계를 추론하여 고조선사의 변천 과정을 이해하는 실마리를 제공하려 한다.

서북한지역의 세형동검문화에는 요령지역의 세형동검문화 요소와 한반도의

---

5) 이청규, 2004,「철기시대 전기의 중국 동북과 한반도의 금속기문화 -세형동검문화를 중심으로-」,『동북아시아 선사 및 고대사 연구의 동향』, 학연문화사; 이후석, 2008,「중국 동북지역 세형동검문화 연구 – 요녕식세형동검을 중심으로 – 」,『숭실사학』21; 이후석, 2013,「세형동검 단계 중국 동북지역의 동과와 동모-요령식 동과와 유엽형동모·세신형동모를 중심으로」,『한국고고학보』87.

6) 요령지역의 세형동검과 그 문화를 한반도의 세형동검 및 세형동검문화와 구별하기 위해 마디와 어임이 있는 한반도의 세형동검들을 '한국식 세형동검'이라 지칭하며, 이에 대비되는 요령지역의 세형동검들은 '요령식 세형동검'으로 명명한다(이후석 2008). 요령식 세형동검은 '중간형동검'(이청규 1993), '중세형동검'(오강원 2002), '초기세형동검'(박순발 1993; 이청규 2000) 등으로도 불리지만 최근에는 한국식 세형동검과 형식학적으로 구별되는 동시기의 지역 형식으로 이해되고 있다(한국고고학회 2010).

세형동검문화 요소가 복합되어 있어 두 계통의 문화요소를 구별하고, 그것들이 전이·변형되는 과정을 검토하는 것이 고조선의 물질문화를 이해하는 효과적인 방법이다. 이를 통해 위만조선 물질문화의 형성 과정을 어느 정도 밝혀낼 수 있으리라 기대한다.

한편 위만조선의 물질문화에는 토착 세형동검문화 외에 연진한(燕秦漢) 등의 중원계 물질문화와 흉노(匈奴)로 대표되는 북방계 물질문화가 함께 수용되어 있었다고 보이므로 세형동검문화의 변동 과정에서 나타나는 외래계 물질자료의 문제에 대해서도 검토가 필요하다. 이를 통해 자료가 부족한 위만조선의 물질문화 양상을 일부나마 드러낼 수 있으리라 생각한다.

Ⅱ. 자료의 분포와 시공간적 단위의 설정

1. 분포와 지역 구분

중국 동북지역은 수계와 지형에 따라 여러 권역으로 구분되며, 지역별로 나타나는 세형동검문화 역시 유적 분포와 유물 조합, 특히 청동무기의 구성과 형식에서 특징적인 양상을 나타낸다. 이에 요령지역과 그 주변 지역의 세형동검문화는 6개 지역으로 구분하여 살펴볼 수 있다.

Ⅰ지역(요서지역)은 노로아호산과 의무려산 사이의 대릉하와 그 주변부를 포괄한다. 토광묘가 주류이나 적석부가 마련된 것도 확인되고 있다. 요령식 세형동검·동과가 처음 나타나며, 토착계 점토대토기발과 평저장경호도 확인되나 중원계(燕式) 청동무기·토기 등과 공반되는 예가 많다.

Ⅱ지역(요동 남단지역)은 요동반도 남부지역으로 해안 도서지역을 포괄한다. 천산산맥 남서쪽의 목양성(牧羊城) 주변에서 유적들이 가장 많이 분포하고 있다. 직인형의 세형동검과 외반구연 무문토기, 두형토기 등을 반출하는 적석목관묘와 무문토기대호와 타날문토기가 조합되는 합구식 옹관묘가 확인된다.

Ⅲ지역(요동 서부지역)은 천산산맥 이서지역으로 하요하의 양안, 혼하·태자하 중하류의 저지대를 포괄한다. 심양 정가와자, 요양 양갑산과과 같은 토착계 분묘유적의 분포 밀도가 낮은 대신 심양 열료로묘, 요양 신성묘와 같은 중원계 유물만이 반출되는 목곽묘도 확인된다. 세형동검은 요서지역의 것과 같이 검신 하부가 불룩한 형태이며, 점토대토기발과 흑도장경호가 공반된다. 전국 말~전한 초 무렵 요동군이 위치했던 지역으로 알려진다.[7]

Ⅳ지역(요동 동부지역)은 천산산맥 이동지역으로 혼강-압록강유역의 길림 남단지역과 서북한 북단지역이 일부 포함된다. 유적의 분포 밀도가 매우 높다. 적석식의 석관묘나 대석개묘에서 검신 하부가 단이 지며 등대 마디가 있는 세형동검이 반출되는 예가 많다. 요령식 동과나 세형동모류가 다수 출토되며, 엽맥문경·성광문경 등의 다뉴경도 적지 않게 출토된다. 명도전 부장묘도 확인된다. 최근 쌍조형검병(雙鳥形劍柄)의 동병철검과 철과 등이 출토되어 주목되고 있다.

Ⅴ지역(길림 중서부지역)은 동요하와 휘발하, 그리고 송화강 중류로 둘러싸인 지역으로 요동 북단지역이 일부 포함된다. 토광묘나 대석개묘에서 T자형검병(T字形劍柄)과 조립되는 단이 진 세형동검 외에 쌍조형검병과 연접되는 세형동검이나 동병철검이 출토된다. 세형동모류와 다뉴경도 일부 확인된다.

Ⅵ지역(서북한지역)은 청천강 중하류에서 한강 중하류에 걸친 서부지역으로 요령식 세형동검은 검신 하부가 단이 진 것(상보촌류)과 함께 직인화된 것(윤가촌류)이 모두 확인된다. 요령식 세형동검과 한국식 세형동검이 공반된다던지 요령식 세형동검과 중원식동검이 함께 출토되는 예가 확인되고 있다.

이외에도 세형동검문화 관련 유물들은 산동지역 일조시와 용구현, 하북지역 연하도(燕下都)와 그 주변의 망도·탁주·고비점, 길림성과 흑룡강성의 접경지역인 아성 상뇌목둔, 연해주의 시니예 스깔르이 등지에서 일부 확인되고 있다. 세형동검문화의 교류나 변동을 반영하는 자료라고 생각된다.

---

7) 서영수, 2008, 「요동군의 설치와 전개」, 『요동군과 현도군 연구』, 동북아역사재단.

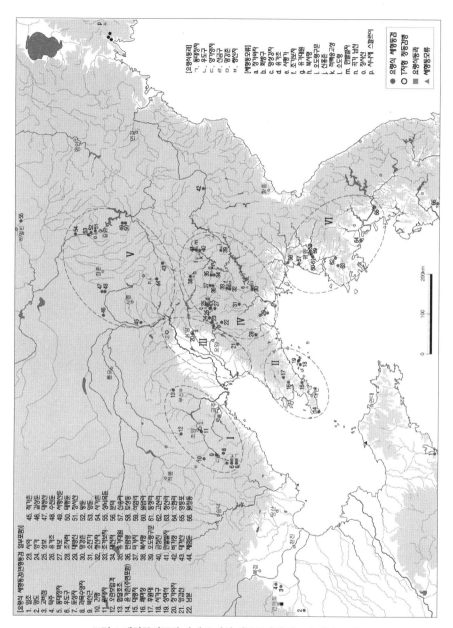

도면 1 세형동검문화 단계 요령식 청동무기의 분포와 지역 구분

2. 단계 설정과 시기 구분

중국 동북지역의 세형동검문화는 세형동검을 비롯한 토착계 청동유물들의 출현과 소멸, 중원계 유물의 조합 관계를 기준으로 5단계 4기로 구분하여 볼 수 있다. 특히 요령식 청동무기는 중원계 유물들과 함께 일정한 시공간성을 띠고 있으므로 자료 부족으로 인한 기원전 4~2세기대 요동~서북한지역 물질문화의 전개과정을 좀 더 분명하게 드러낼 수 있으리라 생각한다.

1단계(요서1기)는 요서지역에서 요령식 세형동검(우도구식)과 요령식 동과(우도구식)가 출현하고, 중원계 청동무기나 예기 등이 부장되는 시기이다. 요동지역에는 아직 세형동검이 등장하지 않았지만 요동 서부지역(요중지역)이나 요동 남단지역의 토광묘로 추정되는 유적에서 검엽 돌기가 퇴화되어 세형동검에 가까워진 것이 확인되고 있다.

2단계(요동1기)는 요동지역에도 요령식 세형동검(양갑산식)과 요령식 동과(망강촌식)가 등장하며, 유엽형동모가 제작되기 시작하는 시기이다. 중원계유물로는 두형토기만이 확인되며, 토착화된 장각두형토기가 널리 유행한다. 적석목관묘형 분묘가 조영되는 점도 특징이다.

3단계(요동2기)는 요서지역과 요동 서부지역은 분포 범위에서 탈락하고 다양한 형식의 세형동검(조가보자식,상보촌식,윤가촌식)과 다뉴동경이 유행한다. T자형검병 외에 쌍조형검병이 연접된 조형병식동검이 등장하며, 유문식의 요령식 동과(쌍산자식)와 유엽형동모 외에 세신형동모가 부장되기 시작한다. 중원계 유물로는 청동무기, 주조철부 등이 부장된다. 명도전 부장묘가 조영되고, 서북한지역에 요령식 세형동검이 전해지기 시작한다.

4단계(요동3기)는 요령식 세형동검은 형식이 고정되고(상보촌식, 신송리식), 조형병식동검이 널리 유행하는 시기이다. 요령식 동과와 세형동모류는 유문식만 부장되며, 중원계 유물로는 승문타날토기, 청동무기, 주조철기, 전국경 등이 부장된다. 서북한지역에는 전국연계 유물들과 합구식옹관묘가 등장하며, 서남한지역까지 요령식 세형동검이 파급된다.

5단계(요동4기)는 요령식 세형동검은 특정 형식(상보촌식,금창진식)의 조형병식동검만이 남게 되는 시기이다. 이때에는 동병철검이나 요령식 철과가 부장되며, 진경(秦鏡)이나 한경(漢鏡)의 부장도 확인된다. 각종 거마구와 철제무기류는 물론 한식 유물을 다량 부장하는 목곽묘가 본격적으로 조영된다.

　이와 같이 중국 동북지역의 세형동검문화는 요동 1기~4기(2~5단계)가 요동지역과 서북한지역의 관계를 검토하는 데에 유효함을 알 수 있다. 또한 요동 2기 이후에는 한국식 세형동검문화와도 교류하고 있는 점이 주목된다. 이와 같은 시기 구분안을 정리하면 다음 표와 같다.

표 1 요령(요동)~서북한지역 세형동검문화의 시기 구분

단계	시기	절대연대 (기원전)	토착 청동무기 형식			중원(계) 공반유물
			세형동검	동과	동모	
1단계	요서1기	4c초엽 ~4c중엽	우도구식	우도구식		두형토기, 연식예기 등
2단계	요서2기 요동1기	4c후엽 ~3c초엽	우도구식 양갑산식 (윤가촌식)	산금구식 망강촌식 (무문)	유엽형 (무문)	두형토기
3단계	요동2기	3c전엽 ~3c후엽	양갑산식 윤가촌식 조가보식 상보촌식	망강촌식 쌍산자식 (무·유문)	유엽형 세신형 (무·유문)	연식타날토기 전국경,명도전 청동무기,철제농공구
4단계	요동3기	3c후엽 ~2c전엽	신송리식 상보촌식	쌍산자식?	유엽형 세신형 (유문)	연식타날토기 전국경, 명도전, 반량전 청동무기,철제농공구 (연식마구·철제무기)
5단계	요동4기 (서북한 포함)	2c중엽 ~1c초엽	연주식검 (상보촌식, 금창진식) 동병철검	철과	철모	연식·한식타날토기 전국경·한경 반량전,오수전 중원계·흉노계거마구, 철제농공구,철제무기

Ⅲ. 요동지역의 세형동검문화와 고조선

1. 요동지역 세형동검문화의 성립 배경

요동지역의 세형동검문화는 요서지역의 세형동검문화가 요동지역으로 파급, 정착되는 과정에서 성립한다. 이는 세형동검이나 이와 공반되는 유물들의 종류와 형식에서 요서지역과의 관련성이 뚜렷하게 나타나기 때문인데, 관련 양상들은 요동 서부지역에서는 심양 정가와자와 요양 양갑산, 요동 남단지역에서는 장해 상마석과 여순 윤가촌, 요동 동부지역에서는 단동 망강촌 등의 유적에서 각각 찾아볼 수 있다.

이를테면 정가와자유형의 주 분포지인 요양~심양 일대 무덤에는 비파형동검의 후기 형식(정가와자식)을 대신하여 요서지역에서 파급된 요령식 세형동검의 초기 형식(우도구-양갑산식)이 부장되며, 이와 공반되는 점토대토기는 요서지역에서 흔히 확인되는 형식이다. 이때에는 요서지역을 통해 전이된 두형토기도 확인된다. 또한 상마석의 토광묘군(M2·M4)에는 우도구-양갑산식 동검이나 외반구연 무문토기가 부장되기 시작하며, 윤가촌의 적석목관묘형 분묘와 직인형의 세형동검(윤가촌식) 역시 요서지역에서 먼저 확인되는 형식이다. 망강촌 토광묘에서도 우도구-양갑산식 동검과 요서지역에서 비롯된 요령식동과가 공반된다.

요동지역에서 세형동검의 등장 무렵에는 요동 서부지역을 중심으로 정가와자유형이 유행하고 있었는데, 전국 중기에는 점토대토기발과 흑도장경호가 조합을 이루면서 부장되고, 적석목관묘형 분묘가 조영된다. 또한 장각두형토기가 사용되는 등의 변화 양상들이 나타난다.[8] 이와 함께 이때에는 정가와자유형의 문화요소들이 주변으로 파급되어 서북한지역(평양 신성동)까지 일정한 관계망에 포함된다.

---

8) 경기도박물관, 2010,『요령고대문물전』(2010년 해외교류 특별전 도록).

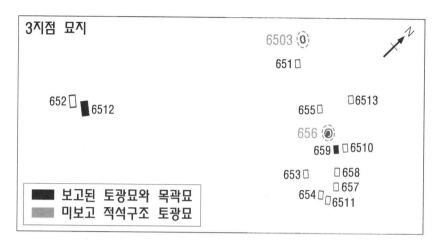

도면 2 요동 서부지역의 적석목관묘형 분묘(심양 정가와자)

즉, 요동지역의 세형동검문화는 토착 문화 위에 요서지역의 세형동검문화가 요동 서부지역으로 전이되어 성립되었으며, 정가와자유형의 교류망(Network)을 통해 주변지역으로 다시 파급, 복합되는 과정에서 지역별로 정착해 간 것으로 이해된다. 요동 서부지역의 세형동검문화는 전국연의 철기문화 파급 이후 거의 소멸되었으나 요동 남단지역의 세형동검문화는 벽류하(碧流河) 이서지역을 중심으로, 요동 동부지역의 세형동검문화는 대양하(大洋河) 이동지역을 중심으로 각기 지역권을 형성하며 지속, 발전한다.[9]

한반도와 관련하여 보면, 요동지역으로부터 요령식 세형동검과 함께 전해지는 적석목관묘형 분묘가 주목된다. 적석목관묘형 분묘는 요서지역과 요동지역은 물론, 한반도의 서부지역에서 일찍부터 등장하고 있어 세형동검문화 단계 신출 묘제의 등장이나 매장문화의 교류와 관련하여 검토해 볼 필요성이 있다. 이에 대해서는 뒤에 다시 자세하게 살펴본다.

---

9) 정가와자유형은 세형동검문화의 성립으로 인해 문화 내용에서 적석목관묘가 등장하고 청동 무기가 발달하며, 전국연계 토기문화 요소가 일부 복합되는 등의 변화상이 확인된다.

2. 요동반도의 세형동검문화와 윤가촌유형

1) 윤가촌유형의 설정

요동 남단지역(혹은 요동반도)의 세형동검문화는 여순 윤가촌(尹家村) 유적으로 대표되는 목양성 일대의 전국시대 유적과 그곳에서 확인되는 특징적인 적석목관묘형 묘제, 직인형의 세형동검, 외반구연의 파수부호(把手附壺)와 두형토기(豆形土器) 등의 유구·유물복합체로 대표된다. 또한 이러한 유구·유물복합체는 '윤가촌유형'이란 하나의 지역단위 문화유형으로 설정 가능하다.[10]

요동반도의 세형동검문화는 1928년과 1963~1964년에 조사된 윤가촌 일대의 유적으로 대표되며, 1970년대 이후 인근 지역에서 확인된 유적들도 함께 검토되고 있다. 관련 유적에서 주목되는 것은 유적 입지와 묘제 혹은 분묘 구조, 그리고 출토유물의 양상에서 공통되는 특징이다.

먼저 세형동검문화 관련 유적들은 주로 강변 충적대지 혹은 둔덕 위에 입지하고 있는 점이 특징이다. 이는 비파형동검 단계 유적이 주변 경관이 탁월한 구릉 능선이나 산기슭에 주로 입지하는 것과 다른 양상이다. 물론 비파형동검 단계에도 충적지의 완사면에 입지하는 유적이 없는 것은 아니지만 일반적인 입지 현상으로 보기에는 소수에 불과하다.

다음으로 분묘에는 적석목관묘형 분묘와 합구식(合口式) 옹관묘(甕棺墓)가 있다. 적석목관묘형 분묘는 묘광 내에 목관을 안치하고 그 측면과 상면에 석재를 채워 넣는 구조가 특징인데, 보고문에 흔히 석곽묘로 기술되어 있긴 하나 이러한 묘제는 대개 적석목관묘로 규정되고 있다.[11] 또한 합구식 옹관묘는 무문토기와 승문 타날토기가 조합되는 것이 특징이다. 이와 같은 옹관묘의 예는 이미 토착집단에

---

10) 이후석, 2012, 「요동반도 세형동검문화의 양상과 변천-윤가촌유형을 중심으로」, 『숭실사학』 28.
11) 이청규, 2005, 앞의 글.

게 합구식 옹관묘가 수용되어 있었음을 보여준다.[12]

출토유물 가운데는 세형동검과 외반구연 무문토기 및 두형토기가 주목된다. 요동반도 남부지역에서 확인되는 세형동검은 거의 예외없이 직인형에 가까워진 세형동검인데, 유사 형태의 세형동검이 하북지역이나 요서지역, 그리고 서북한 지역에서 일부 찾아지고 있어 '윤가촌류동검'으로 통칭된다. 외반구연 무문토기에는 중대형의 파수부호와 외반구연호가 있다. 파수부호는 한반도의 초기철기시대 토기를 대표하는 이른바 명사리식토기(호)의 조형에 해당되는 기종이다. 두형토기는 요하 이동지역에서 가장 널리 유행하는 보편 기종으로 연식 도두(陶豆) 등도 보이지만 주로 장각두형토기가 확인되고 있다.

2) 윤가촌유형 유적의 검토

윤가촌유형의 유적에는 여순 윤가촌 외에 금주(錦州) 대령저(大嶺底), 보란점(普蘭店) 쾌마창(快馬廠)과 후원대(後元臺), 장해(長海) 상마석(上馬石)과 서가구(徐家溝) 등이 알려지고 있다. 대련지구, 특히 벽류하 이서지역에 밀집되어 있고, 북으로는 와방점과 동으로는 장하(庄河)를 연결하는 선을 넘지 않고 있다.

윤가촌유형을 대표하는 윤가촌 유적은 요동반도 최남단의 천변 충적대지에 위치한다. 윤가촌의 북서쪽에 목양성이 위치하며, 현지 조사는 크게 1928년 일본 동아고고학회에 의해, 1963년과 1964년 조중공동고고학발굴대에서 각각 실시한 바 있다. 윤가촌유형과 관련된 유구에는 윤가촌 2기 문화에 속한 수혈과 분묘, 그리고 시대불명으로 기술된 토광묘 3기 등이 포함된다.

윤가촌 2기문화에 속한 수혈유구는 1964년 3호 수혈(H3)과 11호 수혈(H11)이다. 출토유물에는 이중구연심발편과 중소형의 평저단경호, 중대형의 파수부호, 두형토기 등이 확인되었는데, 기본적으로는 분묘 출토품과 동일한 구성을 나타낸다.

---

12) 합구식 옹관묘는 전국시대 이후 燕과 濟의 영역에서 주로 확인되며, 요령지역의 것은 연국의 요령진출 이후 파급된 것으로 이해된다(정대영, 2009, 「중국 고대 옹관묘의 조사현황과 연구-전국진한시기 화북·요령지방을 중심으로」, 『한국의 고대옹관』, 학연문화사).

윤가촌 2기문화에 속한 분묘로는 1928년의 1호 석묘(이하 28M1)와 1963년 4호묘(이하 M4)와 1964년의 12호묘(이하 M12) 등이 있다. 28M1과 M12는 적석 구조의 토광묘로 적석목관묘에 해당된다. M12에서는 세형동검, 이중구연심발, 평저소호, 외반구연호, 두형토기 등이 출토되었는데, 두형토기 중에는 전국연식 도두가 포함되어 있다. 28M1에서도 파수부호를 비롯하여 이중구연심발, 장경호, 두형토기, 완 등이 출토되어 M12와 같은 양상을 나타낸다. 1928년 세형동검편이 수습된 관둔자하(官屯子河) 주변 1개소, 1974년 중원식동검과 세형동검이 함께 수습된 윤가촌 서남쪽의 1개소도 비슷한 구조로 추정된다. M4는 파괴된 옹관묘로 추정되었는데 완과 소호편이 출토되었으며, 손가락뼈가 일부 남아 있었다고 한다.

이 외에도 무덤 규모와 두향이 같아 동시기로 추정되는 소형 토광묘 3기(M7·M8·M13) 역시 윤가촌유형에 속한 무덤으로 추정된다. 특히 M7에서는 철사 또는 철검편이 출토되어 주목된다. 한편 1928년의 3호 옹관묘(이하 28M3)는 대형 무문토기호와 부형토기, 단경호가 조합된 것이어서 피장자를 토착주민으로 볼 수 있다. 소형 토광묘 3기와 28M3은 윤가촌 2기문화의 범위에는 벗어나나 피장자의 성격으로 보아 윤가촌유형에 포함된다.[13]

한편 윤가촌 유적에서는 층위 및 유구간의 중복관계를 통해 무덤의 주축방향(두향)의 변화상이 확인된다. 즉, 동서방향(M12:2기)→남북방향(M7·M8·M13:과도기)→남북방향(M15·M16·M17:3기)→동서방향(M11·M12:3기)의 순으로 바뀌는데, 특히 윤가촌 M11과 M12는 목곽묘일 가능성이 있어 묘제 역시 '적석목관묘(2기)→목관묘(2·3기)→목곽묘(3기)'의 변천 과정이 상정된다.

이와 같이 윤가촌 유적의 층위 관계와 출토유물 양상을 비교하면 3단계의 변화 과정이 상정된다. 대련 일대의 다른 유적들도 이와 같이 검토하면 단순히 윤가촌 M12와 같이 두형토기만이 공반되는 단계, 윤가촌하 북안(北岸)이나 서가구

---

13) 윤가촌 2기문화(전국 중후기)와 3기문화(전한문화) 사이에는 약간의 시간적인 공백이 있었던 것으로 이해되고 있다. 大貫靜夫, 2007,「戰國秦漢時代の遼東郡と牧羊城」,『遼寧を中心とする東北アジア古代史の再構成』, 297쪽.

유적처럼 전국계의 청동무기가 공반되는 단계, 윤가촌 28M3이나 후원대 유적처럼 진한대의 유물들이 추가되는 단계로 구별됨을 알 수 있다.

표 2 요동반도 세형동검문화의 변천과 분기

단계 \ 내용	주요 유구	비고
윤가촌 M12 단계	상마석(M2/M4) 윤가촌(M4,M12,28M1,H11), 대령저, 쾌마창 등	요동1기
서가구 단계	윤가촌하 북안, 윤가촌 M7, 서가구 등	요동2기
후원대 단계	윤가촌 28M3, 후원대	요동3기

윤가촌유형을 통해 본 요동반도의 세형동검문화에는 토착적인 분묘 구조에 전국연계로 대표되는 중원문화 유물들이 처음부터 복합되어 있는 점이 가장 큰 특징이다. 윤가촌 유적의 주변에는 목양성이 위치하고 있어 연문화와 윤가촌유형은 일정기간 공존했던 것으로 이해된다. 현재 자료로는 윤가촌유형을 고조선의 중심적인 문화양상으로 보기 곤란하다.

3) 윤가촌유형의 묘제(적석목관묘형 분묘)

요동반도의 적석목관묘는 여순 윤가촌 M12로 대표된다. 윤가촌 M12는 묘광 규모가 대략 장 240cm, 폭 130cm, 심 170cm이다. 구조는 중소형의 깊은 묘광(약 1.7m) 안에 목관을 안치하고, 그 사이에 장대형의 석재를 충전하여 목관을 고정하며, 그 과정에서 유물을 부장한다. 목관 상부에도 일정 높이만큼 석재를 쌓았는데 목관 바로 위는 석재 여러 개를 개석처럼 놓았으며, 그 위에는 다시 석재를 충전하여 넣는 구조이다. 석재들로 묘광 안의 일정 높이(약 0.8~1.0m)만큼 채워 넣은 것으로 보고되어 있다.

윤가촌 유적의 적석목관묘는 한때 목관과 묘광 사이만을 돌로 채운 위석식(圍

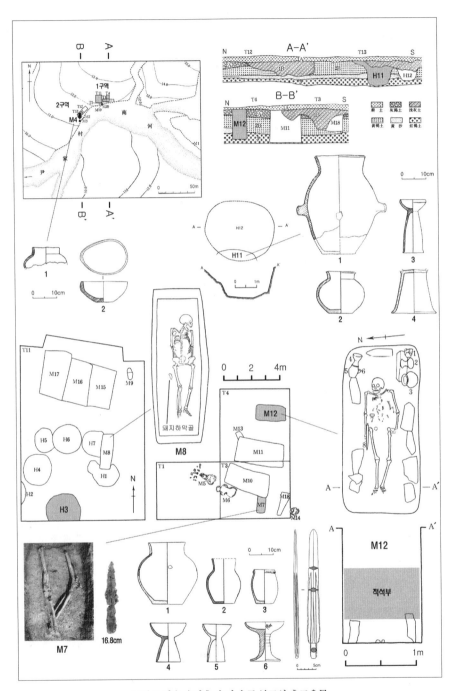

도면 3 여순 윤가촌 유적 유구 분포와 출토유물

石式) 구조로 알려진 바 있어 '석곽묘'나 '위석묘'로 이해하는 연구자도 있었으나[14] 묘광 상부의 일정 높이만큼 채워 넣은 적석식(積石式) 구조임에 틀림없어 목관의 존재를 고려하여 '적석목관묘'라 하는 것이 타당하다.[15]

요동반도 적석목관묘의 기원에 대해서는 한때 하가점상층문화 남산근유형 단계 석곽묘와 관련시켜 보았으나[16] 하가점상층문화는 늦더라도 춘추 후기에는 자취를 감추기 때문에 직접적인 기원으로 볼 수 없다. 그보다는 유적 입지, 분묘 구조, 출토유물 성격 등의 측면에서 유사성이 높은 요서지역의 전국시대 유적들이 주목된다.

요서지역의 건창(建昌) 동대장자(東大杖子) 유적과 조양(朝陽) 오가장자(吳家杖子) 유적은 천변 대지 혹은 하천 가까이의 낮은 둔덕 위에 입지하며, 묘광 상부에 적석부가 확인되는 점이 특징이다.[17] 특히 동대장자 유적에서는 적석 구조의 목관묘(M13 등)와 목곽묘(M6·M14·M17 등)가 다수 확인되었는데, 윤가촌의 것과 거의 같은 구조를 나타내고 있어 주목된다.

요서지역 무덤에서는 묘광 내의 적석 충전, 직인형에 가까워진 동검 형태, 두형토기의 부장 등을 특징으로 하는 문화요소가 모두 확인되고 있어 윤가촌유형의 성립과정에서 일정한 영향 관계가 있었던 것으로 판단된다.[18]

4) 윤가촌유형의 동검(윤가촌류 동검)

윤가촌유형의 동검은 직인형의 검신 형태가 가장 큰 특징으로 장해 상마석 M2 출토품을 제외하면 모두 '윤가촌류 동검'에 포함된다. 주로 요동 남단지역에서 확

---

14) 이건무, 1990, 「초기철기시대 유적」, 『북한의 문화유산』 I , 고려원.
15) 이청규, 2005, 앞의 글.
16) 이건무, 1994, 「한국식동검문화의 성격 - 성립배경을 중심으로」, 『동아시아의 청동기문화-유물을 통해 본 사회상』, 국립문화재연구소.
17) 중국학계에서는 토광묘의 상부 혹은 묘광 입구에 간단하게 돌이 충전되어 있는 것을 체석묘(砌石墓)라 부르기도 한다.
18) 요동반도의 특징적인 무덤으로 이해되는 '패묘(貝墓)'가 발해만을 따라 요서지역에도 분포하는 점은 이전부터 지속되어 온 문화교류의 측면에서 이해할 수 있다.

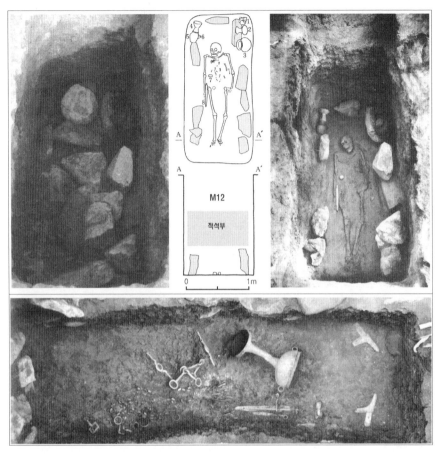

도면 4 요동반도 적석목관묘의 구조와 기원(상: 여순 윤가촌 M12, 하: 건창 동대장자 M13)

인되며, 주형(鑄型) 속성을 반영하는 검신 형태와 연마(研磨) 속성을 나타내는 등날 형태에서 특징적인 양상을 나타내고 있어 가장 전형적인 것은 '윤가촌식동검'으로 특정된다. 즉 윤가촌식동검은 검신 형태는 대체로 직인형에 가깝지만 하단쪽이 약간 오목하게 만입되어 있고, 등대 기부에는 연미형(燕尾形)의 세장한 등날이 형성되어 있는 점이 특징이다. 봉부가 길어 전체 길이에서 1/3 내외를 차지하는 것이 주류이다.

윤가촌식동검은 주형 속성에 해당되는 검신 형태만을 고려하면 유사 형식에 해당되는 것이 하북지역과 요서지역, 그리고 서북한지역의 무덤에서 출토되고 있어 그 성립과정과 변천과정을 추정해 볼 수 있다. 요서지역의 객좌(喀左) 북산근(北山根) 출토품과 하북지역의 신성(新城) 고비점(高碑店) M7110 출토품은 검신 형태가 동일하여 '고비점식동검'으로 명명되는 선행형식으로 볼 수 있다. 보란점 후원대 출토품과 평원 신송리 출토품은 검신 형태가 완전한 직인형을 이루면서 봉부 길이가 다소 줄어드는 점이 특징으로 '신송리식동검'으로 명명되는 후행 형식에 해당된다. 즉 윤가촌류 동검은 요서지역에서 처음 등장하여 요동 남단지역으로 전이되고, 다시 서북한지역으로 파급되는 과정에서 '고비점식(요동1기)→윤가촌식(요동1·2기)→신송리식(요동3기)'으로 변천되는 것으로 이해된다.

5) 윤가촌유형의 토기(윤가촌식토기와 두형토기)

윤가촌유형에서 확인되는 토기에는 외반구연의 파수부호, 평저소호, 완, 두형 토기 등이 있다. 이 가운데 가장 특징적인 기종은 중대형의 파수부호로 '명사리식 토기(호)'의 조형으로 이해된다. 다만 명사리식토기의 형태적인 특징은 이미 여순 윤가촌 유적에서 갖춰지고 있으므로 '윤가촌식토기'로 부를 수도 있다.

윤가촌식토기에는 뭉툭한 파수가 부착되어 있고, 원형에 가까운 구멍이 뚫려 있는 파수부호가 가장 보편적인 기종이다. 윤가촌식토기의 성립과정은 외반구연 호의 동체가 투공되고, 파수가 부착되는 등의 과정을 거쳐 중대형의 파수부호로 변천되는 과정으로 설명된다.

윤가촌식토기는 동체가 다소나마 세장해지면서 경부와 복부 연결부위 꺾임도 가 약화되고, 이 과정에서 파수가 부착되고, 투공의 위치가 다소 내려가는 방향 으로 변화하는 것으로 추정된다. 파수는 처음에는 끝단이 뭉툭하게 처리되어 '주 상(柱狀)'에 가까워진 형태이나 한반도에서는 '봉상(棒狀) → 설형(舌形) 혹은 우각 형(牛角形)'으로 변화하는 것으로 파악된다.

두형토기는 윤가촌유형에 전국연의 토기문화 영향이 있었음을 보여주는 대표 적인 유물이다. 한반도를 포함하여 요하 이동의 각지에서 세형동검문화 단계 크 게 유행하는 기종이다. 요서지역의 것은 단각식과 장각식이 모두 확인되나 요동 지역의 것은 장각식이 주로 확인된다. 요동반도에서는 대각 폭이 넓은 '나팔두'가

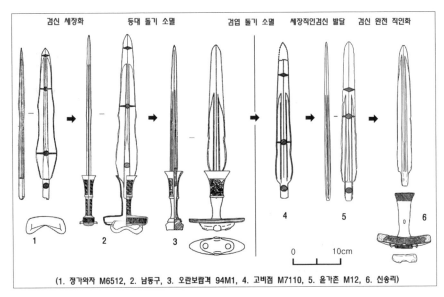

| 검신 세장화 | 등대 돌기 소멸 | 검엽 돌기 소멸 | 세장직인검신 발달 | 검신 완전 직인화 |

도면 5 윤가촌류 동검의 성립과 변천

(1. 정가와자 M6512, 2. 남동구, 3. 오란보랍격 94M1, 4. 고비점 M7110, 5. 윤가촌 M12, 6. 신송리)

유행하며, 그 외의 요동지역과 길림지역은 나팔두와 함께 대각 폭이 좁고 긴 '고병두'가 많다. 한반도의 것은 요동반도의 나팔두와 가장 비슷하다.

장각 두형토기의 파급 양상은 윤가촌의 연식 도두를 통하여 파악된다. 윤가촌 M12 출토품 가운데 연하도 낭정촌(郎井村) 10호공방 출토품과 거의 같은 전국 중기 도두가 포함되어 있다.[19] 또한 윤가촌 H11 출토품 가운데 배신 외측으로 단이 진 유단식의 속성을 나타내는 두형토기는 연하도 낭정촌 10호공방에서 전국 중기부터 확인되며, 전국 후기에는 더욱 증가한다. 그러므로 윤가촌유형의 두형토기들은 기원전 4세기 후엽 이후 등장하였다고 보는 것이 무난하다.

장각 두형토기는 요서지역에서 먼저 등장하여 요동지역으로 파급되었는데, 다만 일상용과 부장용은 서로 사용 맥락이 다르므로 시기 차이가 있을 수도 있다. 요서지역의 건창 우도구(于道溝)나 조양 원대자(袁臺子)의 전국시대 무덤에서 연식

---

19) 石川岳彦, 2001, 「戰國期における燕墓葬について」, 『考古學研究室研究紀要』16, 東京大學 大學院人文社會系研究科文學部考古學研究室.

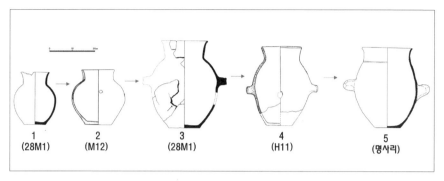

도면 6 윤가촌식토기(호)의 성립과 변천

도두가 출토되었는데, 대부분은 연하도의 전국 중기 전후의 것들이다. 그러므로 요서지역의 두형토기는 늦더라도 기원전 4세기 전엽에는 부장되는 것을 알 수 있다.

요서지역의 두형토기는 하북지역에서 제작기술이 전이된 것으로 추정되며, 두형토기를 다수 부장하는 관습 역시 이때부터 나타난다. 요동지역에서는 윤가촌유형에서 두형토기를 비롯한 토기를 다수 부장하는 관습이 보이는데, 부장 위치 역시 발치 위주에서 머리 주변으로 이동하는 양상이 확인된다. 다만 요동지역의 장각 두형토기는 요서지역의 경우와는 달리 처음에는 전국연계 금속유물을 수반하고 있지 않다. 그러므로 윤가촌유형의 연식 도두 역시 연의 영역에서 바로 입수되었다기보다 요서지역을 매개로 전해졌을 가능성이 높다.

3. 요동 동부지역의 세형동검문화

요동 동부지역의 세형동검문화는 석관묘나 대석개묘(大石蓋墓) 같은 단순 석묘가 주된 묘제이며, 검신 하부가 단이 진 세형동검(상보촌류동검), 점토대토기 등의 유물들로 구성되어 있어 특징적인 양상을 나타낸다. 다만 정가와자유형의 흑도 장경호가 승문타날단경호로 대체되고, 전국연계 유물에서 전한대의 유물이 복합되는 등의 시기와 지역에 따른 변화상이 확인되며, 전국말~전한초의 철기문화의 파급 이후에도 세형동검문화가 발달하는 점이 특징이다.

요동반도의 세형동검문화가 대련지구에 밀집되어 있고 문화 내용에서 강한 공통성이 확인되는 것에 비해 요동 동부지역의 세형동검문화는 지리적인 측면이나 문화 양상으로 보아 천산산맥 일대의 본계-단동지구와 장백산맥 일대의 집안-통화지구로 지역권이 세분되며, 본계(本溪) 유가초(劉家哨)나 단동(丹東) 망강촌(望江村) 유적으로 대표되는 이른 단계(요동1~2기) 유적과 본계 박보촌(朴堡村)과 집안(集安) 오도령구문(五道嶺溝門) 유적으로 대표되는 늦은 단계(요동3~4기) 유적으로 대별된다. 다만 청동유물의 구성이나 형식에서 유사성이 높고, 점토대토기문화의 분포권에 포괄되는 점을 고려하여 여기서는 세분하지 않고 살펴본다.[20]

1) 적석 시설 석관묘와 대석개묘

요동 동부지역의 세형동검문화 관련 묘제로는 토광묘(土壙墓)도 보이지만 주로 석관묘와 대석개묘가 확인되고 있다. 석관묘나 대석개묘는 묘광 주변 또는 입구에 적석 시설이 부가되어 있는 점이 특징인데 각기 적석석관묘(積石石棺墓)와 대석개적석묘(大石蓋積石墓)로 불리기도 한다.

적석석관묘형 분묘들은 봉성(鳳城) 삼가자촌(三家子村) 소진가(小陳家), 관전(寬甸) 사평가(四平街) 등의 이른바 석퇴(石堆) 유적에 해당되며, 대석개적석묘의 경우 환인(桓仁) 풍가보자(馮家堡子) 유적이나 통화(通化) 만발발자(萬發拔子) 유적의 일부 분묘에서 확인되어 있다. 적석부가 낮고 매장주체부가 반지하식 혹은 얕은 수혈식인 점이 특징인데 요동 동부지역 세형동검문화의 특징적인 묘제라고 할 수 있다.

보고 자료가 적어 구체적인 구조 분석에는 어려움이 있긴 하나 묘제의 출현 순서와 청동유물의 종류와 형식을 고려하면 묘제의 발달 과정은 '석관묘·대석개묘(요동1기)→적석석관묘(요동2기)→대석개적석묘(요동3기)'로 볼 수 있을 것 같다.

이와 같은 적석 구조의 석묘들은 고구려의 초기 적석묘와 관련된 것으로 추정

---

20) 요동 동부지역의 경우 세형동검, 점토대토기 등을 고려하면 기원전 3세기대에 해당되는 요동 2기~3기는 '상보촌유형'으로 설정 가능하다.

되나 구체적인 계보 관계에 대해서는 다양한 견해가 제기되고 있다.[21] 최근에는 요동반도의 청동기시대 적석묘나 요동 동부지역의 적석석관묘와의 문화적인 상관성보다는 통화 만발발자 유적 등의 대석개적석묘와의 관련성에 주목하고 있다. 초기 적석묘의 대표적인 사례로 지목되는 집안 오도령구문이나 위원(渭原) 용연동(龍淵洞) 유적 역시 제사유구나 매납유구일 가능성도 있다.[22] 다만 그렇다고 하더라도 오도령구문의 청동유물이나 용연동의 연식 철기들은 전한 중기까지 내려보기 곤란하다.

아무튼 요동 동부지역의 세형동검문화 관련 묘제는 처음에는 전통적인 석관묘를 매장주체부로 하여 이에 대형 개석이나 적석 시설이 부가되는 양상으로 변화되고, 나중에는 지상화된 매장주체부에 적석 구조가 정형화된 결과 적석묘가 출현하는 것으로 추정된다. 세형동검문화는 환인 망강루(望江樓) 분묘군과 같은 적석묘군이 조영되는 단계까지 지속되었다고 할 수 있다.

2) 상보촌류 동검과 쌍조형 검병

요동 동부지역의 세형동검은 직인형의 '윤가촌류동검'과는 달리 검신 하부가 불룩 또는 단이 지는 점이 특징으로 '상보촌류동검'으로 일괄된다. 북한학계에서 '불룩한'혹은 '턱이진' 부류[23]라고 하는 것이거나 남한학계에서 대청산-오도령구문식[24]이라 하는 것들 중에 한국식 세형동검에서 나타나는 등대 마디가 있는 것이 많아 상보촌류 동검은 등대 마디가 없는 길림지역 출토품과 다른 세부 분류안이 필요하다. 이에 따라 여기서는 검신 하부의 형태를 고려하여 양갑산식, 조가보자식, 상보촌식으로 3분하여 살펴본다.

양갑산식은 검신 하부가 다소 곡선적으로 불룩한 것으로 요양 양갑산과 같은

---

21) 여호규, 2011, 「고구려 초기 적석묘의 기원과 축조집단의 계통」, 『역사문화연구』39.
22) 오강원, 2012, 「고구려 초기 적석묘의 출현과 형성 과정」, 『고구려발해연구』43.
23) 박진욱, 1987, 「초기좁은놋단검문화의 내용과 발전과정에 대하여」, 『조선고고연구』1987-1.
24) 이청규, 1993, 앞의 글.

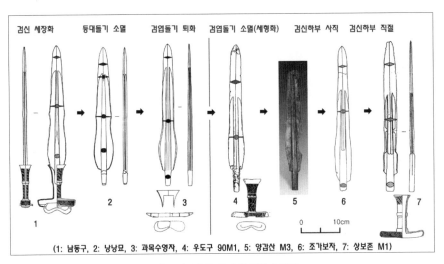

도면 7 상보촌류 동검의 성립과 변천

요동 서부지역에서 먼저 등장하여, 본계 남분(南芬)이나 상보촌(上堡村)과 같은 천산산맥 서쪽에만 분포한다. 다음으로 조가보자식은 검신 하부가 약간 단이 진 것으로 본계 유가초, 봉성 소진가, 관전 조가보자(趙家堡子) 등의 천산산맥 주변에만 분포한다. 상보촌식은 검신 하부가 급격하게 턱이 진 것으로 본계 상보촌과 박보촌, 수암(岫巖) 초자하(哨子河), 동구(東溝) 대방신(大房身) 등의 천산산맥 일대 유적뿐만 아니라 집안 오도령구문, 장백(長白) 비기령(飛機嶺) 등의 혼강-압록강 일대 유적에도 분포한다. 이와 같은 형식들은 서북한지역에서도 적지 않게 보이는데 한국식 세형동검과 공반된 예도 확인되고 있다.

이와 같은 상보촌류동검 세부 형식들은 변천 과정에 따라 천산산맥 서쪽 혹은 그 일대에서 혼강유역이나 한반도로 분포지가 확대되는 양상이 뚜렷하게 확인되고 있어 시·공간성을 잘 반영하고 있다. 즉 요동 동부지역의 세형동검은 '양갑산식(요동1~2기)→조가보자식(요동2기)→상보촌식(요동2~3기)'으로 변천하며, 이 과정에서 요령식 동과나 세신형동모가 수반되고, 결국 서북한지역으로 파급되는 것으로 이해된다.

요동 동부지역에서 이와 함께 주목되는 것은 청동검병이다. 청동검병에는 별주식의 T자형검병 외에 연주식의 쌍조형검병이 주목된다. 세형동검문화 단계의 쌍조형검병은 길림지역에서 '쌍환두식(雙環頭式)'병단을 특징으로 하는 아성 상뇌목둔 출토품을 시작으로 전(傳) 중국 출토품(일본 경응대학 소장)과 영길(永吉) 오랍가(烏拉街) 왕둔(汪屯) 출토품이 각각 그 다음 단계(요동2~3기)에 해당되는 자료이다.[25]

이에 비해 요동 동부지역의 것은 좀 더 간략화된 '원환두식(圓環頭式)'병단을 특징으로 한다. 검병 단부 형태와 검신 길이로 보면 본계 박보촌 출토품에서 통화 금창진(金廠鎭) 출토품으로 변화하는 것을 알 수 있다(요동3기). 장백 간구자(干溝子) 비기령 출토품은 길림~요동지역 쌍환두식 동병동검의 늦은 형식으로 상보촌식 혹은 금창진식 검신이 연접되어 있다. 평양 토성동 M486 출토품에 선행하는 형식이다(요동3~4기).

한편 신빈(新賓) 용두산(龍頭山) 대석개묘(M2) 출토품은 변형 쌍조형검병에 철제 장검이 연접된 동병철검(銅柄鐵劍)으로 요령식 철과와 소형 철부 등과 공반되어 주목된 바 있다. 대석개묘는 분묘 구조, 다인화장, 토기류의 다수 부장 양상 등이 '서황산둔식 대석개묘'를 계승한 것으로 생각되며, 동병철검에서 검병 중간에 마디 혹은 단이 지는 것과 공반되는 철부가 소형으로 장방형을 나타내는 것은 서풍(西豊) 서차구(西岔溝)나 동풍(東豊) 채람둔(彩嵐屯)의 것들보다 이른 속성이다. 채람둔 고분군에서는 쌍조형검병의 검신편이 출토된 바 있으므로 용두산 M2의 변형 쌍조형검병은 요동 동부지역에서 조형병식동검의 존속 시기에 등장한 것으로 추정된다. 철과는 주척식 구조여서 요령식 동과의 전통을 계승한 것으로 볼 수 있다.

3) 요령식 동과

요령식 동과는 요령지역의 세형동검문화 단계 유적에서 출토되며, 쌍호(雙胡)-단내(短內)-주척식(柱脊式)의 대칭 구조, 깊은 혈구, 등대 연마 상태 등의 속성에서

---

25) 쌍조형검병에서 주로 채용되는 쌍환두식 모티브는 하북북부~내몽고동남부지역 유병식동검의 병단장식에서 먼저 확인된다. 다만 북방초원계의 유병식동검이 보통 일주식인 것에 비해 요동동부~길림지역의 것은 연주식인 점이 특징이다.

중원식 동과와 특징을 달리하여 요서지역 토착집단에 의해 처음 제작, 사용된 것으로 이해된다.[26] 또한 이와 같은 특징들은 한국식동과와도 흡사하여 그 조형으로 인정되고 있다.[27]

최근 보고 자료가 급증하는 추세인데, 현재까지 요서지역에서는 건창 동대장자에서 4점, 건창 우도구에서 1점, 호로도(葫蘆島) 산금구(傘金溝)에서 2점, 객좌 양가영자(梁家營子)에서 1점이 각각 출토되었으며, 요동지역에서는 단동 망강촌과 관전 쌍산자(雙山子)의 두 유적에서 1점씩이 출토된 것으로 보고되어 있다.

요령식 동과는 난설(闌舌) 유무에 따라 크게 우도구형과 쌍산자형의 2부류로 구별되며, 이외에도 특이 형식으로 양가영자형이 있다. 우도구형과 양가영자형은 요서지역에, 쌍산자형은 요동지역에 각각 분포하며, 우도구형에서 쌍산자형으로 변화하는 것으로 이해된다.

한편 요서지역의 우도구형 동과는 호(胡)의 곡률, 난설의 너비 등에 따라 세분된다. 호가 볼록하고 난설이 뚜렷한 '우도구식'과 호가 평직하고 난설이 퇴화한 '산금구식'으로 세분되며, 호와 난설의 퇴화되어 우도구식에서 산금구식으로 변천하는 것으로 이해되고 있다.

요동지역의 쌍산자형 동과는 우도구형과 달리 호의 하단부가 오목하고, 난설이 사라지며, 천공 형태가 장방형을 탈피하여 부정형에 가까워진 점이 특징이다. 다만 망강촌 출토품은 무문동과이고, 쌍산자 출토품은 사격자문(斜格子文)이 주출되어 있는 유문동과라는 측면에서 무문식에서 유문식으로 변화되는 것을 알 수 있다.

이와 같이 요령식 동과의 변천과정은 결국 전체 길이에 비하여 너비가 줄어들어 세형화가 진척되는 과정으로 요약된다. 그러므로 요령식 동과는 요서지역에

---

26) 이후석, 2008, 앞의 글.

27) 조진선, 2009, 「한국식동과의 등장배경과 신장두 30호묘」, 『호남고고학보』32; 이후석, 2013, 앞의 글; 後藤直, 2007, 「朝鮮半島の銅戈-燕下都辛莊頭30號墓出土銅戈の位置づけ」, 『遼寧を中心とする東北アジア古代史の再構成』.

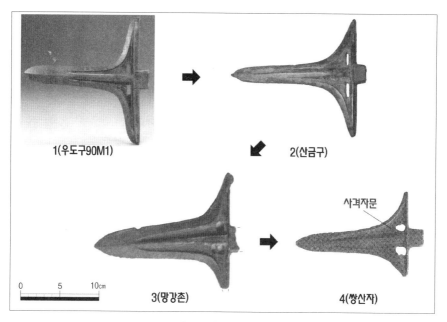

도면 8 요령식 동과의 변천

서 혈구가 있는 우도구형으로 등장하여(우도구식: 요서1기), 호와 난설이 퇴화되고 (산금구식: 요서2기), 요동지역으로 파급되어 난설이 사라져서 쌍산자형으로 변화하며(망강촌식: 요동1기), 끝으로는 문양이 채용되는 과정을 거치면서(쌍산자식: 요동2기) 점차 쇠퇴하는 것으로 판단된다.

한편 한국식 동과의 출현 과정은 요동 동부지역에서 무문식인 망강촌식과 유문식인 쌍산자식의 연대관과 직결되는 문제이다. 이에 대해서는 한국식 동과의 초기 형식은 무문동과라는 측면에서 쌍산자식보다는 망강촌식을 조형으로 보는 것이 타당하다.[28] 망강촌 출토품의 연대는 조가보자식에 선행하는 세형동검과 소형 선형동부가 공반되어 늦더라도 기원전 300년경으로 볼 수 있다. 그러므로 요령식 동과의 변천과정에서 한국식 동과의 출현 시기를 찾는다면 망강촌식에서

---

28) 이후석, 2013, 앞의 글.

쌍산자식으로 변화하는 단계, 즉 기원전 3세기 전엽으로 볼 수 있다.

한국식 동과에서 유문동과의 출현 계기 역시 유문식의 요령식 동과나 세형동모류와 관련됐을 가능성이 높다. 요령식 동과와 한국식 동과의 문양에서 사격자문이나 엽맥문과 같은 유사 문양이 확인되고 있어 한국식 동과의 출현 이후에도 요동 동부지역과 서북한지역은 청동무기에서 일정한 교류가 있었던 것으로 추정된다(요동 3기).

4) 세형동모류(유엽형동모와 세신형동모)

세형동모류는 유엽형동모와 세신형동모로 대별되며, 요동 동부지역의 세형동검문화에서 확인되는 특징적인 유물 중의 하나이다. 요동 동부지역에 주로 분포하나 길림 남부지역과 연해주지역에서도 일부 확인되며, 한국식 동모와 동일한 형태를 지닌 것도 있어 주목된다.

세형동모류는 중원식 동모와는 달리 고정구멍이 공부 측면에 뚫려 있고, 고리와 장식이 없다. 또한 세형동모류는 전체 길이에 비해 공부 길이가 길어 대부분이 전체 길이의 1/2 내외지만 한국식 동모는 공부 길이가 짧아 대부분이 전체 길이의 1/4~1/3정도에 불과하다.

요동 동부지역의 세형동모류는 현재까지 15개소 유적에서 19점이 확인되어 있다. 형태는 직인형에 가깝지만 약간 곡선적인 것과 직선적인 것, 그리고 문양이 있는 것과 없는 것이 확인된다. 이에 따라 유엽형(A류)과 세신형(B류)으로 대별하고, 다시 문양 없는 무문식(1식)과 엽맥문이 주출되어 있는 유문식(2식) 분류된다.

유엽형 무문식(A1)은 통화 소도령과 만발발자 출토품이 대표적인 사례이며, 길림 남부지역과 함께 연해주지역에도 분포하는 점이 특징이다. 엽맥문 청동기가 공반되기 이전, 즉 전국 후기 전에 등장하는 것으로 생각된다.

유엽형 유문식(A2식)은 본계 유가초와 관전 사평가 출토품이 대표적인 사례이며, 요동 동부지역에만 분포하는 점이 특징이다. A2식은 조가보자식동검과 함께 출토되고 있어 늦더라도 전국 후기에는 등장하는 것으로 판단된다.

세신형 무문식(B1식)은 본계 망성강자와 길림 장사산 출토품이 대표적인 사례

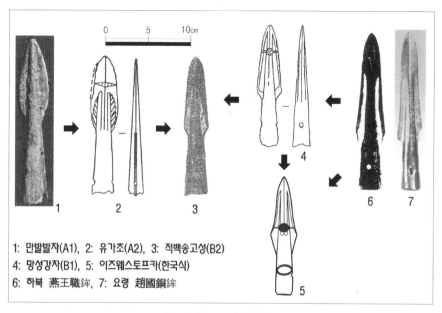

도면 9 세형동모류의 변천과 기원

이며, 기본적인 형태와 길이가 한반도의 세형동모와 흡사하여 주목된다. 한국식
동모의 초출형식이 공부 돌대가 없는 길이 20cm 미만의 소형인 점을 고려하면
더욱 그러하다. B1식 동모들과 같은 형태를 지닌 것은 연국(燕國)이나 조국(趙國)
동모(銅鉾)에서 일부 확인된다. 특히 '언왕직(郾王職)'모(鉾)는 연 소왕대(昭王代)에
제작되었으며, 동일 형식의 조국 동모(여순박물관 소장)가 요령지역에서 출토된 바
있어 그 등장 시기와 계기를 짐작할 수 있다. 이런 측면에서 한국식 동모는 연식
동모 또는 B1식 동모를 조형으로 연의 요동 진출 직후 등장했을 가능성이 높다.

세신형 유문식(B2식)은 통화 오도령구문과 적백송고성(赤柏松古城) 출토품이 대
표적인 사례인데, 전반적인 형태가 더 세형화되면서 크기가 커지고 있으므로 가
장 늦게 출현하는 것으로 생각된다. B2식 동모가 가장 늦게 출현하는 점을 고려
하면 전한 초기까지 사용되었다고 볼 수 있다.

이상에서 살펴본 바와 같이 요동 동부지역의 세형동모류는 세형동검과 함
께 등장하여 전개과정에서 엽맥문이 채용되는 등의 유문화 과정을 거치면서 전
한 초기까지 사용되었다고 할 수 있다. 세형동모류의 출현 순서는 'A1식(요동1

기)→A2식·B1식(요동2기)→B2식(요동3기)'로 정리된다.

요동 동부지역 세형동모류의 기원과 등장과정을 고려할 때 한국식 동모는 세신형동모와 거의 동시기에 출현하여 늦더라도 전국 말기에는 한반도의 남부지역까지 확산됐을 가능성이 높다. 그러므로 한국식 동모의 성립과정은 요동 동부지역과의 관계에서 파악해야 할 것으로 생각한다(요동2기).

5) 다뉴경과 엽맥문 청동기

요동 동부지역에서 출토되는 다뉴경은 엽맥문경(葉脈文鏡), 수조문경(水鳥文鏡), 성문경(星文鏡), 소문경(素文鏡) 등 다양한 사례가 확인되며, 엽맥문 청동기의 경우 다뉴경 외에 조형병식동검, 동모, 청동도자 등의 여러 기종에서 확인되고 있다. 엽맥문 모티브는 북방초원계 문화요소로도 볼 수 있겠으나 이미 요동 동부~길림 남부지역에서 지역화된 문양이다.

다만 다뉴경의 주연부가 돌기연을 이루거나 뉴가 중앙부에 위치하는 것은 전국경과의 교류가 있었음을 추정하게 한다. 이를테면 전 심양 다뉴소문경과 통화 소도령의 다뉴성문경은 제형 또는 반구연에 가까운 돌기연을 지닌 것이어서 연의 요동 진출 이전 이미 전국경이 유입됐을 가능성을 높여준다. 고조선이 연에 문피 같은 특산품을 수출하였다면 연으로부터는 동경 등을 수입했을 가능성은 충분하다. 한반도의 퇴화 형식 다뉴뇌문경이 보통 세형동검 이전 단계로 편년되고 있는 점도 참고된다.[29] 다뉴성문경의 경우 서북한지역과의 교류 관계도 상정할 수 있겠으나 문양 구성이나 제작기법을 일부 달리하고 있어 이미 출현 단계부터 형식이 분화되어 있었다고 보는 것이 타당하다.

수조문경과 동물형장식품은 다뉴경의 시간성과 엽맥문 청동기의 출현 계기 혹은 성격을 파악하기 위한 중요 자료이다. 본계 유가초 출토품이 대표적인 사례인

---

29) 이청규, 2009, 「한국 청동기와 다뉴경의 전개」, 『한국기독교박물관 소장 국보 제141호 다뉴세문경 종합조사연구』; 이양수, 2010, 「다뉴뇌문경의 등장과 한반도로의 파급」, 『부산대학교 고고학과 창설20주년 기념논문집』.

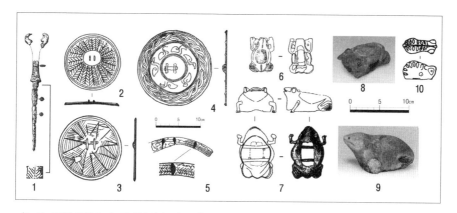

(1 · 5: 서황산둔 M1, 2: 조가보자, 3: 오도령구문, 4 · 10: 유가초, 6~8: 삼관전자, 9: 정가와자 3지점)

도면 10 엽맥문 청동기와 동물형 장식품

데, 엽맥문동모와도 공반되었다는 점도 주목된다. 동물형 장식품에 대해서는 이미 하북 북부지역 옥황묘문화(玉皇廟文化)와의 관련성을 언급하며, 요서지역에서 전국 초기 무렵 지역화된 것이라는 견해가 설득력이 있다.[30] 다만 개구리형 장식품의 경우 능원 삼관전자의 것은 청동제품이고, 심양 정가와자의 것은 토제품이라는 점을 고려하면 요동지역에는 전국 중기 이후에야 출현하는 것을 알 수 있다.[31] 수조문경은 3구식의 다뉴경으로 쌍뉴 형태는 다뉴경의 전통이며, 뉴의 중앙 배치와 돌기연은 전국계 동경의 영향으로 볼 수 있다. 무엇보다 외구의 타래무늬는 산서~하북지역에서는 춘추말~전국초 무렵부터 동경이나 청동예기에서 확인되는 문양으로 요서지역에서는 전국 중기까지 확인되고 있다.

이와 같이 요동지역의 수조문경과 동물형 장식품의 모티브는 전국 중기 이후 등장한 것으로 판단된다. 다만 유가초의 세형동검들은 조가보자식에 해당되는 형식이고, 엽맥문동모(A2식)가 유엽형동모(A1식)를 전제로 한 형식이란 점을 고려할 때 부장 연대는 전국 중기까지 올려보기 어렵다고 생각된다.

---

30) 강인욱, 2010, 「기원전 1천년기 요령~한반도 비파형동검문화로 동물장식의 유입과정」, 『호남고고학보』36.

31) 경기도박물관, 2010, 앞의 책.

이런 측면에서 보면 엽맥문 청동기는 기원전 300년경 이후 요하 이동지역에서 출현하였으며, 이는 연문화의 파급에 수반된 북방초원계 문화의 유입 현상과 관련되는 것으로 이해된다. 다만 요하 이동지역에서 토착화된 것으로 비파형동검문화 단계와는 구별되는 요동 동부지역 세형동검문화의 특징적인 양상이라 할 수 있다.[32]

6) 승문타날토기와 명도전 부장묘의 문제

요동 동부지역 세형동검문화의 분묘에서 승문타날토기가 출토된 예는 희소하나 생활유적에서 출토된 사례들로 양상을 추론하여 볼 수 있다. 앞서 언급하였듯이 전국연계 토기는 요동지역에서 세형동검과 함께 두형토기가 먼저 확인되며, 이후 청동무기나 전국연계 철기와 함께 승문타날토기의 부장이 확인된다.

본계 상보촌 석관묘에서는 점토대토기심발과 승문타날단경호가 공반되었는데, M1과 M2 출토품은 연하도 출토품과 비슷하고, 금서(錦西) 소황지고성(小荒地古城) 3기층(1단계) 출토품과 구연부의 형대와 타날 방식이 동일하여[33] 전국 후기의 연식 단경호로 판단된다. 늦더라도 기원전 3세기 후엽에는 타날문토기 부장묘가 조영될 정도로 연의 토기문화가 확산되었음을 알 수 있다.

환인 추수동(抽水洞) 주거지와 수혈에서는 승문타날단경호와 두형토기편, 주조철부, 반월형철도, 철도자, 철촉 등이 출토된 바 있다. 승문타날단경호는 한식 단경호로 추정되나, 명도전과 일화전, 그리고 포전(안양포)과 진의 반량전이 공반되는 양상으로 보아 기원전 3세기 후엽~기원전 2세기 전엽(요동3기)로 편년된다.[34] 그러므로 요동 동부지역에서 철제무기 일부는 이미 전한 초기부터 생산되고 있었다고 할 수 있고, 생활유적의 경우 승문타날토기류는 큰 시기 차이 없이 확산

---

32) 이후석, 2013, 앞의 글.

33) 吉林大學校考古學系 等, 1997, 「遼寧錦西市邰集屯小荒地秦漢古城址試掘簡報」, 『考古學集刊』11.

34) 古澤義久, 2010, 「中國東北地方·韓半島西北部における戰國·秦·漢初代の方孔圓錢の展開」, 『古文化談叢』64.

되었음을 알 수 있다.

영변(寧邊) 세죽리(細竹里)의 출토유물에는 전국연과 전한대의 문화요소가 섞여 있다. 이른바 고대문화층에 속해 있는 유물에는 다수의 승문타날토기편, 명도전과 각종 철제농공구류, 삼익유공동촉용범 등이 있다. 반량전이 출토되지 않아 상한 연대는 기원전 3세기 후엽으로 볼 수 있겠는데 철과가 반출되어 하한 연대는 기원전 2세기 후엽으로 볼 수도 있다(요동3~4기). 다만 철과가 요령식 동과의 전통에서 비롯되었다면 출현 시기는 더 이를 가능성도 있다.

길림 중서부지역과의 교류를 보여주는 금제이식과 동병철검이 출토되었다는[35] 환인 망강루 적석묘군까지 고려하면 요동 동부지역의 주민집단은 늦더라도 창해군(滄海郡)의 치폐 무렵에는 한과의 타협관계 속에서 철기문화를 적극 수용했던 것으로 생각된다(요동4기).[36]

한편 요동 동부지역에는 명도전 부장묘가 확인되고 있다. 본계 남분(M2)과 장가보자(張家堡子), 환인 대전자(大甸子)의 토착 무덤에서 철제농공구류 등이 공반되어 주목된다. 전국시대 화폐를 부장하는 풍습은 중국 내륙에서는 잘 확인되지 않는 풍속인데, 이를테면 연의 중심부나 제의 영역인 산동반도에서 전한시기까지 화폐 부장의 풍속은 잘 확인되지 않는다고 한다.[37]

요령지역에서 명도전 부장묘는 요서지역의 조양 원대자 무류(戊類) 묘장(M35·36)에서 처음 확인된다. 명도전은 2매 내외만이 부장되어 있다. 이와 달리 남분이나 장가보자에는 20~46매 등 수십여매가 부장되고, 대전자에서는 200여매, 용연동에서는 400여매가 각각 출토된 것으로 전해지고 있다.

명도전의 부장 수량이 시기에 따라 증가하며, 그 분포지가 요서에서 압록강 중상류지역으로 확산되는 현상이 주목된다. 명도전의 부장 현상은 연의 중심지와

---

35) 오강원, 2012, 앞의 글.

36) 창해군의 위치에 대해서는 여러 이견이 있을 수 있겠으나 현도군이 처음 설치되었다고 하는 혼강-압록강 일대를 크게 벗어나지 않을 것으로 생각된다.

37) 박선미, 2010, 『고조선과 동북아의 고대 화폐』, 학연문화사; 야자와 타나유키[矢沢忠之], 2008, 「전국 화폐로 본 진한시대 산동반도에 있어서의 전국 습속의 잔존」, 『역사교육논집』41.

화폐에 대한 인식이 서로 달랐음을 보여주는 사례인데, 특히 요동 동부지역에서 다량의 명도전을 부장한 피장자는 대외 교역을 주도했던 토착집단의 수장층일 가능성이 높다(요동3기).[38]

IV. 서북한지역의 세형동검문화와 고조선

1. 세형동검문화의 교류와 복합

1) 적석목관묘형 분묘의 확산과 한국식 세형동검문화

적석목관묘형 분묘는 한반도의 세형동검문화에서 확인되는 특징적인 묘제인데, 요동 서부지역과 요동 남부지역에서 먼저 확인되고 있어 주목된다. 한반도에서는 서북한지역과 서남한지역에서 이른 단계의 것이, 동남한지역에서 늦은 단계의 것이 주로 분포하며, 구조상의 차이점도 일부 확인되고 있다.

이를테면 정가와자 유적의 적석목관묘형 분묘들은 3지점의 묘지에서 토광묘와 함께 확인되고 있다. M656에서는 석재 시설과 이단 묘광 시설이, M6503에서는 석곽 같은 적석 혹은 위석 시설이 확인된다. 즉 요동 서부지역의 적석목관묘형 분묘에는 요서지역의 것과 같이 이단 묘광이 보이는데, 이는 철기 등장 이전 단계의 청주 가경동, 화순 대곡리 등의 서남한지역 유적에서 확인된 바 있다.[39]

한편 윤가촌 일대의 적석목관묘형 분묘들은 모두 단이 확인되지 않은 구조인데, 목관과 묘광 사이 뿐만 아니라 묘광 상부에도 돌이 충전되어 있는 점이 특징

---

38) 명도전 매납유구가 다수 분포하는 압록강 일대의 유적들을 고조선의 모피 중계무역과 관련시켜 본 연구자도 있다(강인욱, 2011,「고조선의 모피무역과 명도전」,『한국고대사연구』64).

39) 아산 남성리, 대전 괴정동, 예산 동서리 등의 세형동검문화 성립기의 분묘들도 보통 적석목관묘로 이해하나, 목관 사용을 부정하고 적석석관묘로 보는 연구자도 있다(박진일, 2005,「기원전 3·2세기대 묘제 고찰」,『국사관논총』106). 대부분의 분묘들은 이단 묘광 구조로 판단된다.

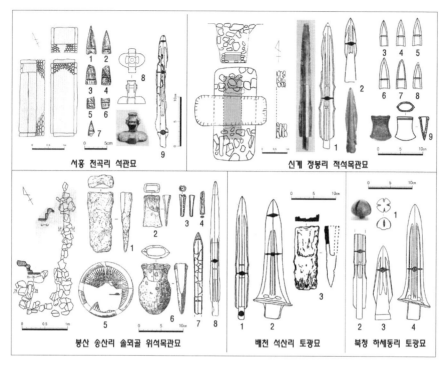

도면 11 서북한지역 한국식 세형동검문화의 분묘와 출토유물

이다. 즉 윤가촌을 비롯한 요동 남단지역의 적석목관묘형 분묘에는 단이 없는 대신 뚜렷한 적석 시설이 보이는데, 이는 철기 등장 이후 단계의 대구 팔달동 등의 동남한지역 유적에서 주로 확인되고 있다.

앞서 언급하였듯이 요령지역 세형동검문화에서 확인되는 적석목관묘형 분묘는 요서지역의 전국시대 분묘에서 먼저 확인되며, 전국 중기 이후에는 요동 지역에서도 확인되고 있다. 또한 한반도의 적석목관묘형 분묘들은 세부 구조가 다양하여 토착 지석묘의 하부구조와 연결되는 것도 있겠으나 요동지역의 것과 연결되는 것도 있다. 특히 철기 등장 이전에는 요동 서부지역의 것과 철기 등장 이후에는 요동 남단지역의 것과 친연성이 강한 것으로 나타난다.

한편 이와 같은 분묘 구조 외에 토기류의 부장 관습에서 차별성이 확인되고 있어 주목된다. 요동 남단지역 적석목관묘형 분묘에서는 두형토기를 비롯한 토기들이 다수 부장되는 점이 특징인데, 한반도에서는 철기 등장 이후 서북한지역과 동남한지역에서 두형토기 부장묘가 확인되고 있다. 이에 비해 요동 서부지역과 서남한지역에서는 점토대토기 부장묘는 확인되나 두형토기 부장묘는 뚜렷하게 확인되지 않고 있다.

이를 통해 보면 '요중지역-서북한지역-서남한지역'으로 연결되는 관계망과 '요동반도-서북한지역-동남한지역'으로 연결되는 교류망이 서로 구별되며, 여기에는 계보적·시기적 차이가 반영되어 있는 것으로 볼 수 있다. 즉 한반도의 세형동검문화에서 확인되는 적석목관묘형 분묘들은 처음에는 정가와자유형의 영향으로 점토대토기를 부장하며 조영되기 시작하였으나(요동1~2기) 나중에는 윤가촌유형의 피급으로 두형토기를 추가 부장하며 목관묘와 함께 더욱 확산되었다고 생각된다(요동3~4기).

서북한지역의 경우 신계 정봉리와 봉산 송산리 유적에서 적석목관묘형 분묘가 확인된 바 있다. 토기를 부장하고 있지 않아 구체적인 관계망을 파악하기 어려운데, 다만 정봉리의 동모에는 비파형동모의 퇴화 흔적이 남아 있긴 하나 세형동모류에 포함되는 것으로도 볼 수 있어 요동 서부지역이나 동부지역과의 교류 관계가 설정된다(요동2기). 송산리의 동사, 장방형동부, 주조철부 등을 보면 요동반도와의 교류 관계가 상정된다(요동3기).[40] 이와 달리 초기 형식으로 볼 수 있는 한국식 세형동검이 출토된 서흥 천곡리는 토착 석관묘의 구조를 나타낸다(요동 1~2기).

서북한지역의 중심지라 할 수 있는 평양 일대에서 한국식 세형동검문화의 초기 양상은 아직 뚜렷하게 확인되지 않고 있다. 한국식 세형동검 외에 다뉴세문경이 출토된 대동 반천리 유적과 주조철부가 출토된 배천 석산리 유적은 목관묘로 추정된다(요동3기). 고조선의 수장묘급 무덤으로 볼 수 있는 대형 무덤이나 후장묘(厚葬墓)는 아직 확인된 바 없다. 그렇지만 동북한지역에서 한국식 세형동검·동과·동모와 거여구가 출토된 토광묘가 확인 바 있어 서북한지역에도 그 보다는 높은

---

40) 신계 정봉리 유적의 동모가 한국식 동모의 전형에서 벗어난 선행 형식이란 점을 고려하여 '정봉리식동모'로 설정하는 연구자도 있다(미야자토 오사무, 2010, 『한반도 청동기의 기원과 전개』, 사회평론, 149쪽).

위계에 속한 목관묘가 존재했을 가능성이 높다.

2) 윤가촌유형의 파급과 변이

요동 남단지역의 세형동검문화, 즉 윤가촌유형의 서북한지역으로의 파급을 보여주는 자료로는 합구식 옹관묘를 비롯하여 파수부호, 두형토기, 윤가촌류동검(신송리식동검), 장방형동부 등의 토착계 유물과 중원식동검, 동사 등과 같은 중원계 유물이 있다.

앞서 언급하였듯이 중대형의 파수부호(윤가촌식토기)는 서북한지역에서 봉상파수부호(명사리식토기)로 정형화되면서 널리 파급된다. 신천 명사리 뿐만 아니라 평양 낙랑토성과 은율 운성리토성(주거지)에서도 출토된 바 있어 서북한지역에서도 널리 사용된 것을 알 수 있다. 두형토기 역시 윤가촌유형의 것은 한반도의 것과 같은 장각식의 나팔두로 유사성이 높고, 평원 신송리 유적에서 두형토기 부장묘가 확인된 바 있어 계통을 반영하는 것으로 생각된다.

윤가촌유형의 교류 혹은 서북한지역으로의 파급을 좀 더 뚜렷하게 보여주는 것이 신송리식동검과 장방형동부, 그리고 중원식동검이다. 신송리식동검은 윤가촌식동검의 퇴화형식으로 평원 신송리를 비롯하여 평양 석암리, 신천 청산리, 서울 영등포 등의 유적에서 확인된 바 있다. 특히 장해 서가구와 평원 신송리의 출토유물을 비교하여 보면 모두 윤가촌류의 직인형계 세형동검이란 점과 공반되는 T자형검병의 형태와 문양, 중원식동검의의 병부 형태에서 양자간의 긴밀한 관계가 엿보인다.

방제품으로 추정되는 중원식동검은 윤가촌유형의 장해 서가구 뿐만 아니라 재령 고산리, 평원 신송리, 함평 초포리 등의 유적에서 확인되고 있어 '요동반도-서북한-서남한'을 잇는 일정한 관계망이 상정된다. 동사와 주조철부의 경우에도 요동반도를 거쳐 접촉 가능성이 높은 서북한지역에서 먼저 사용되어 서남한지역으로 전이됐을 가능성이 높다. 이 외에도 위만조선의 토기문화와 관련하여 언급되는 화분형토기가 윤가촌유형에 이어지는 전한 초기문화에서 확인되는 '요동식부

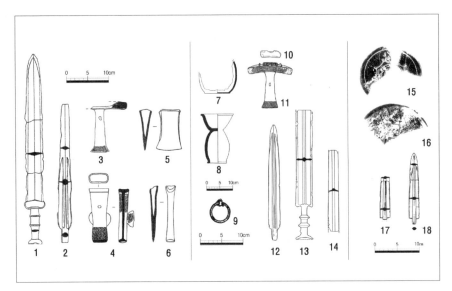

(1~6: 서가구, 7~14: 신송리, 15~18: 석암리))

도면 12 윤가촌유형의 파급과 변이 관련 자료

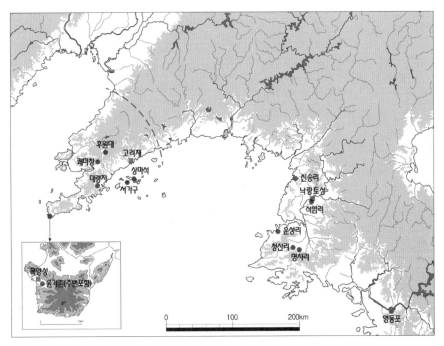

도면 13 요동반도~서북한지역의 윤가촌유형 관련 유적 분포

(遼東式釜)'에서 비롯되었다는 점을 고려할 때[41] 요동반도의 윤가촌유형은 주로 전국말~전한초(요동3기)에 전국연계 토기문화와 철기문화가 서북한지역으로 파급되는 주요한 통로 역할을 하였다고 할 수 있다.

3) 요동 동부지역 요령식 청동무기의 확산과 의미

요동 동부지역의 세형동검문화는 윤가촌유형과는 달리 일찍부터 서북한지역과 교류하였으며, 이로 인해 두 지역간의 청동유물 기종 구성이나 형식들은 유사성이 매우 높게 나타난다. 앞서 언급하였듯이 상보촌류 동검, 요령식 동과와 한국식 동과, 세형동모류와 한국식동모 등의 청동무기는 조세문경 등과 함께 요동 동부지역과 서북한지역의 고고문화가 매우 유사함을 단적으로 보여주는 요소이다.

요동 동부지역의 상보촌류 동검들을 검신 하부가 단이 지고, 한국식 세형동검과 같이 등대 마디가 형성되어 있는 점이 특징인데, 이와 같은 형식들은 서북한지역에서도 다수 확인된다. 재령 고산리와 평남 문덕, 평양 원암리와 동정리, 연안 오현리, 평양 토성동(M486) 등의 유적에서 출토되었는데, 특히 연안 오현리 유적에서는 요령식 세형동검과 한국식 세형동검이 공반되어 두 지역간에 문화 교류와 복합이 있었음을 보여주는 사례로서 주목된다. 최근에는 전주 원장동 유적에서도 한국식 세형동검과 요령식 세형동검이 공반되어 주목되고 있다(요동2~3기).

한편 요동 동부지역의 요령식 동과와 세신형동모는 각각 한국식 동과와 한국식 동모의 직접적인 조형으로 볼 수 있을 만큼 형식학적 유사성이 높다. 또한 전개과정에서 채용되는 문양, 이를테면 사격자문과 엽맥문은 서북한지역의 한국식 동과나 조세문경에도 표현되어 있어 역시 요령식 청동무기의 파급과 교류 측면에서 이해할 수 있다.

---

41) 宮本一夫, 2012,「樂浪土器の成立と擴散 : 花盆形土器を中心として」,『史淵』149.

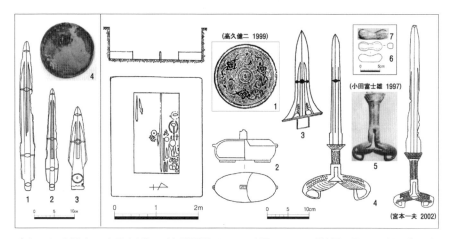

(좌 1∼3: 오헌리, 4: 소아리 / 우 1: 상해박물관, 2∼5: 토성동 M486, 6: 월성동 4호묘, 7: 부조예군묘)

도면 14 요동 동부지역 세형동검문화의 파급과 교류 관련 자료

이와 같이 세형동검문화 단계, 특히 기원전 3세기대의 요동 동부지역과 서북한지역에는 청동무기를 중심으로 한 여러 청동유물의 구성이나 형식에서 적지 않은 유사성이 확인된다. 이를 통해 볼 때 서북한지역에는 양 지역의 청동무기 제작집단을 통괄하는 상위집단이 존재했을 가능성이 높다. 더 나아가 일부 속성에서 확인되는 차이점은 동일 정치체의 내부 또는 연맹체적 관계하에 있는 지역집단의 차이 정도를 반영하는 것으로 추정된다. 또한 전국 말~전한 초에 서남한지역까지 요령식 세형동검이 파급되는 것은 서남한지역의 수장층이 서북한지역의 지배층과 교류하였음을 보여주는 사례라고 생각된다.

고조선의 중심지 이동설에 따르자면 전국 후기 연과 고조선의 경계지대, 즉 만번한(滿番汗)은 천산산맥의 서쪽 끝자락일 가능성이 높다.[42] 이런 관점에서 보면 요동지역의 세형동검문화 요소가 서북한지역에서 확인되는 것은 당연하며, 천산산맥 일대까지 여러 속성을 공유하는 청동무기류와 다뉴경이 분포하는 것도 상충되지 않는 문화 현상이다.

---

42) 서영수, 2008, 앞의 글.

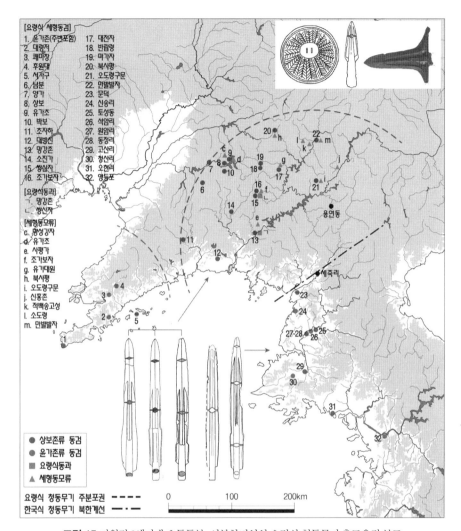

도면 15 기원전 3세기대 요동동부~서북한지역의 요령식 청동무기 출토유적 분포

2. 세형동검문화의 변동과 위만조선의 물질문화

위만조선이 서북한지역에 있었으며, 그 중심지가 평양 일대라는 것에 대해서
는 대부분의 연구자가 인정하는 것이지만 이에 대한 물질자료는 찾아보기 힘든
것이 사실이다. 이런 상황에서 위만조선의 물질문화는 보통 서북한지역 세형동

검문화의 연속선상에서 살피거나,[43] 낙랑 초기 자료, 특히 기원전 1세기 전반대의 단장목곽묘(單葬木槨墓) 출토 자료를 소급하여 위만조선의 물질문화를 반영하는 것으로 설명된다.[44] 여기서도 이와 같은 접근 방식을 크게 벗어나지 않고 일부 쟁점 사항을 검토하여 위만조선의 물질문화에 대해 접근하려 한다. 요동지역의 세형동검문화로 보면 위만조선 전기 단계(위만대)는 요동3기, 위만조선 후기 단계(우거대)는 요동4기에 각각 해당된다.

1) 세형동검문화의 변동과 연식·한식 철기문화

세형동검문화는 서한 초기 이후 연은 물론 한의 철기문화를 수용하여 급속하게 변동하는 것으로 추정된다. 요동 동부지역의 경우 세형동검은 쌍조형검병이 연접된 조형병식동검만이 잔존하며, 동병철검 등이 제작되고 승문타날토기가 사용된다. 그렇지만 서북한지역의 평양 일대에서는 이에 대응되는 한국식 세형동검문화 유적들이 거의 확인되지 않고 있다.[45]

기존 세형동검문화 전통이나 남한지역 수장급묘에서 확인되는 양상으로 보면 세형동검을 비롯한 청동무기, 다뉴세문경 등의 재지계 유물과 중원식동검이나 동탁, 철제농공구류 등의 중원계 유물이 복합되어 있는 유형으로 추정된다. 그렇지만 위만조선의 지방이나 중간 지배층과 달리 최고 지배층은 그 이상으로 위세와 대외 교섭력을 상징하는 유물들이 일부라도 부장되어 있었야만 문헌기록과도 상충되지 않게 된다.[46]

이를테면 다뉴세문경과 함께 혹은 이를 배제하고 진경이나 전국계 한경이 부장되며, 철제농공구에 연하도 무양대 44호묘나 용연동 출토품과 같은 연식 철검·철모 등의 철제 무기류가 추가되고, 거마구나 노기 등의 위세구가 함께 부장되어

---

43) 조진선, 2005, 「북한지역 세형동검문화의 발전과 성격」, 『한국상고사학보』47.
44) 정인성, 2013, 「위만조선의 철기문화」, 『백산학보』96.
45) 전국 말~전한 초 무렵의 중원식동검과 중원식동과·동모 등이 평양 석암리 출토로 전해지나 출토 맥락이 명확하지 않다.
46) 이청규, 2005, 앞의 글.

있을 가능성이 높다. 이와 같은 추정은 이미 남한지역에서 기원전 2세기대로 소급되는 철제단검·철모 등의 철제 무기류가 존재하고,[47] 연식 단경호나 화분형토기의 존재가 확인되기 때문이다.[48] 화분형토기는 평양 남경 옹관묘나 은파 갈현리 목곽묘 출토품의 경우 축약 저부를 지닌 고식으로 낙랑 설치 이전으로 편년 가능하다.[49] 최근에는 부조예군묘(夫租薉君墓)의 피장자를 예군(薉君) 남려(南閭)와 관련시켜 보는 견해까지 제기된 상태이다.[50]

이와 관련하여 마노관(馬弩關)이 폐지되는 기원전 82년 이후 철제무기의 유출이 진행되었으며, 그 이전에는 철제장검이나 노기 같은 한의 전략무기가 서북한지역에 거의 없을 것이라는 회의적인 입장은 일본학계의 일반적인 견해이다. 그렇지만 마노관의 설치와 폐지의 직접적인 계기는 흉노 때문이며, 조선과 동일한 사정에 처해 있던 남월(南越)의 사례에서 보면 전략무기의 대외 금수 조치는 한의 대외 전략에 따라 달라지는 가변적인 조치라고 할 수 있다.[51]

광동(廣東) 광주한묘(廣州漢墓)에서 남월왕요(기원전 122년경)와 기원전 2세기대의 관리 무덤에는 노기, 철검, 철모, 철극 등의 한식 무기류의 부장이 현저한데, 특히 남월왕묘에는 다수의 한식 청동무기류, 철제무기류, 마구류와 함께 토착 청동유물들이 적지 않게 부장되어 있는 것이 확인된 바 있다. 또한 운남(雲南) 석채산(石寨山) 전국묘지(滇國墓地)에서 역시 기원전 2세기 후반대의 무덤에는 재지적인 청동무기류와 함께 한경, 노기, 철검, 마구 등의 한식 유물들이 공반되고 있다. 철제장검의 경우 검신 대부분은 한식인데 부속장식은 전식(滇式)이다. 이는 마치 서북한지역의 동병철검을 연상하게 하는 대목으로 주목되는 부분이다.

47) 김상민, 2012, 「한반도 서남부지역 철기문화의 유입과 전개양상」, 『동아시아 고대 철기문화 연구-연국 철기문화의 형성과 확산』, 국립문화재연구소; 이동관, 2013, 「한반도남부 철기문화의 파동 -초기철기·원삼국기 철기의 계보와 획기」, 『중국 동북지역과 한반도 남부의 교류』, 제22회 영남고고학회 학술발표회.

48) 정인성, 2011, 앞의 글.

49) 中村大介, 2009, 「점토대토기문화의 토기부장 변화 및 국제관계」, 『호서고고학』21.

50) 秋山進午, 2008, 「夫租薉君墓'銀印」, 『高麗美術館研究紀要』6.

51) 岡村秀典, 1999, 「漢帝國の世界戰略と武器輸出」, 『戰いの進化と國家の生成』, 東洋書林.

이와 같은 맥락에서 요동 4기, 즉 위만조선 후기 단계에는 철제무기를 비롯한 한식 철기문화가 상당부분 유입되어 있었다고 할 수 있다. 낙랑 초기 목곽묘에서도 한국식 세형동검이나 철제단검이 연접된 동병철검의 형태로 지속되는 것을 고려하면 세형동검문화의 전통은 꽤 오랫동안 유지되었다고 할 수 있다. 이를 고려하여 서북한지역에서 위만조선 최고 지배층의 무덤 후보를 찾아보면 평양 토성동 486호묘, 석암리 목곽묘(1962년), 대동군 상리 등이 있고, 비교 자료로 평양 정백동 1호묘(부조예군묘)와 은파 갈현리 화석동 목곽묘가 주목된다.

위만조선 최고 지배층의 분묘 후보로서 토성동 486호묘의 출토유물은 석암리나 상리 등의 다른 무덤과는 달리 요령식 청동무기와 한국식 청동무기가 공반되며 한식 철제무기가 포함되어 있는 대신 거여구가 확인되지 않는 점이 특징이다. 한국식 세형동검 6점과 유문동과 1점, 동모 2점, 그리고 쌍조형검병과 상보촌식 검신이 연접된 조형병식동검, 반리문경(또는 세지문경) 등이 공반되는 양상은 다른 낙랑 분묘에서 찾아볼 수 없는 세형동검문화 전통으로 주목된다.

특히 조형병식동검의 쌍조형검병과 한국식 동과의 엽맥문은 요동 동부지역의 세형동검문화 요소이다. 다만 조형병식동검은 검병 문양, 단부 형태 등이 요동~길림지역 출토품과 약간 달라 전입품[52]이라기보다는 현지에서 제작됐을 가능성도 있다. 그러므로 위만조선 후기 단계(요동4기)로 보는 것이 무난하다. 반리문경은 상해박물관 소장품과 비슷한데,[53] 진경으로 추정된다.[54] 최근 전국~한대 동경의 제작과 부장 시점에 대하여 큰 시차를 두기 어렵다는 연구 성과를 고려하면[55] 역시 100년 이상의 전세 기간을 둘 수 없다. 철제무기 중에 철극(鐵戟)이나 철도(鐵刀)가 문제라고 할 수 있겠으나 연하도의 철제무기도 중요한 자료이나 한 무제

52) 이청규·김동일, 2013, 「청동검병의 초기철검에 대하여」, 『아세아주조기술사학회 연구발표자료집』7.

53) 高久健二, 1999, 「낙랑고분출토의 동경」, 『고고역사학지』16.

54) 鄭仁盛, 2013, 앞의 글; 岡村秀典, 2007, 「中國鏡からみた原三國時代の曆年代」, 『第19回 東アジア古代史·考古學研究交流會 予稿集』, 東アジア考古學會.

55) 岡村秀典, 2007, 앞의 글.

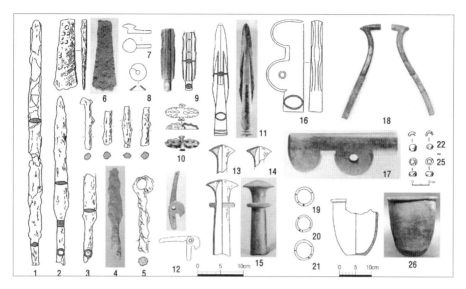

도면 16 위만조선의 물질문화 관련 자료(은파 갈현리 화석동)

대(武帝代)로 편년하면 상충되지 않는 자료라고 생각된다. 이와 같이 보면 토성동 486호묘의 피장자는 대외교역을 관장하는 최고 지배층일 가능성이 높다.

한편 토성동 486호묘는 방형 목곽묘인 점이 특징인데, 단장목곽묘의 형식 중에 가장 일찍 등장하여 빨리 사라지는 것으로 설명하고 있다.[56] 그렇지만 왜 그렇게 빨리 사라지는 것인지는 설명하지 않았으며, 이혈합장 목곽묘인 정백동 37호묘(북곽)와 구조와 직접 비교하여 연대를 기원전 1세기 후반으로 본 것도 설득력이 떨어진다. 이는 단장에서 합장으로 전환되는 하한 연대와 관련된 자료이다. 이는 같은 방형 구조인 은파 갈현리 목곽묘가 기원전 100년경 전후로 편년되는 것으로도 방증된다.

낙랑 초기로 편년되는 다른 분묘들과 비교하면 토성동과 같은 구조이며, 고식 화분형토기와 석제 침형검파두식이 부장된 갈현리가 바로 다음이며, 상리, 부조예군묘, 석암리(1962년)는 각기 그 뒤를 잇는 자료라고 생각된다. 이에 대해서는

---

56) 高久健二, 1999, 앞의 글.

거마구를 검토하는 과정에서 다시 살펴본다.

2) 이른바 비한식계 거마구의 문제

위만조선의 물질문화와 관련하여 그 동안에 을자형동기와 권총형동기, 석암리
식 마면과 상리식 프로펠러형 표비 등을 위만조선의 토착적인 거마구로 보고 비
한식계 거마구로 이해하였으나[57] 최근에는 전한 중기, 특히 낙랑설치 이후의 한
식 거마구로 주장되고 있다.[58]

서북한지역의 초기 거마구는 표비(鑣轡)와 이른바 비한식계(非漢式系) 거여구로
대표된다. 초기 거마구는 을자형동기, 삿삿형동기, 권총형동기 등의 청동서여구
와 2연식함(2절함), 프로펠러상S자형 표비(이하 프로펠러형표비), I자형 표비 등의 철
제 마구류가 대표적인 기종이다. 낙랑 설치 직전후의 것으로는 앞서 언급했던 평
양 상리, 석암리(1962년), 정백동 1호묘, 토성동 4호묘, 갈현리 화석동의 예가 있다.
이와 같은 거마구를 부장한 무덤들은 대개 기원전 1세기 전반대로 편년되나 그
출현 시기에 대해서는 낙랑군의 설치 이전으로 보는 입장[59]과 그 이후로 보는 입
장[60]으로 나뉘어져 있다.

먼저 거여구는 개궁모(蓋弓帽)가 논쟁인데, 단장목곽묘에 실용품이 부장되며,
양산과 함께 피장자의 신분을 상징한다. 다만 현재까지 최고 위계를 상징하는 금
제품은 아직 확인되지 않고 있다. 가장 이른 시기로 인식되어 왔던 전 평양 석암
리 출토품은 출토 맥락이 모호하고 형태가 특이하여 다양한 시각이 있을 수 있

---

57) 오영찬, 2001, 「낙랑 마구고」, 『고대연구』8; 岡內三眞, 1979, 「朝鮮古代の馬車」, 『震檀學報』
46·47.

58) 손로, 2012, 「한반도 북부지역 차마구의 등장과 성격」, 『한국상고사학보』76; 조진선, 2014,
「중국 동북지역의 청동기문화와 고조선의 위치 변동」, 『동양학』56.

59) 오영찬, 2014, 「기원전 2세기대 서북한 고고자료와 위만조선」, 『고조선 연구의 새로운 모색』,
제16회 한국고대사학회 하계세미나; 이상율, 2008, 「삼한시대 표비의 수용과 획기」, 『한국상
고사학보』42; 장은정, 2012, 「흉노계 표비의 확산과 고대 동아시아의 기마 문화 수용」, 『중앙
아시아연구』17-1.

60) 손로, 2012, 앞의 글; 조진선, 2014, 앞의 글.

다. 그렇지만 역시 서북한지역에는 금동개궁모를 비롯한 다양한 형태의 개궁모가 존재하였으며,[61] 동북한지역에도 수레굴대 등의 거여구가 존재하는 것 고려하면 거여구의 출현시점은 늦더라도 낙랑 설치 이전임에 틀림없다.

을자형동기에 대해서는 흔히 쌍두마차로 추정되어 토착적인 거마구를 대표하는 것으로 인식되나,[62] 수레를 끄는 방법이나 중원지역 거마구와 비교하면 외두마차의 멍에 부속으로 볼 수 있다.[63] 쌍원차는 한대 이후 본격 사용되고 있으므로 서북한지역의 거마구는 비한식이 아닌 한계 거마구로 인정된다. 그렇지만 '낙랑군의 영향을 받은 한식 거마구'[64]인지, '한식 거마구의 영향을 받은 위만조선 후기 혹은 낙랑 거마구'인지는 좀 더 구체적인 연구가 필요하다.

이와 같은 입장에서 보면 일단 그동안에 비한식계 거여구로 인식되어 온 을자형동기나 관상동기, 권총형동기 등은 쌍원차와 관련된 한식 또는 한계 거여구일 가능성이 높아졌다. 그렇지만 거여구의 출현시점을 낙랑 설치 이후라고 한정하는 것에 대해서는 아직 동의할 수 없는 점이 많다.

한편 서북한지역의 초기 마구는 2연식함과 프로펠러형·I자형 표비로 대표된다. 거여구와 달리 마구에서는 한식으로 볼 수 없는 것이 확인되고 있어 주목된다. 먼저 서북한지역의 특징적인 2연식 재갈과 프로펠러형 재갈멈치는 최근 연구를 통해 '연계(燕系) 표비'임이 밝혀졌다.[65] 프로펠러형 재갈멈치는 2연식 재갈과 세트를 이루는데, 2연식 재갈은 몸체 측면이 천공되어 있는 측면 2공식이 특징으로 연하도의 무양대 수습유물로 대표된다.

(61) 숭실대학교 한국기독교박물관, 2013, 『한국기독교박물관 소장 낙랑유물』.
(62) 岡內三眞, 1979, 앞의 글.
(63) 손로, 2012, 앞의 글. 쌍원차는 양쪽에 돌출된 2개의 채 사이에서 한마리의 말이 끄는 수레를 가리킨다. 쌍원차의 수래채는 굽은 것(곡원)에서 곧은 것(직원)으로 변화하며, 이에 따라 수래채의 연결방식도 멍애대의 아래쪽에 연결되는 방식에서 멍애 발치에 연결되는 방식으로 변화된다.
(64) 손로, 2012, 앞의 글, 100쪽.
(65) 이창희, 2007, 「영남지방으로의 철기문화 유입에 대한 재고 -표비를 중심으로-」, 『고고광장』 창간호; 이상율, 2008, 앞의 글.

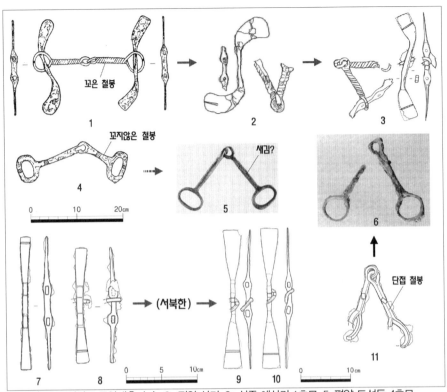

(1 · 4: 연하도 무양대촌 수습, 2: 평양 상리, 3: 성주 예산리 1호묘, 5, 평양 토성동 4호묘,
6: 평양 석암리(1962), 7: 몽골 도르릭나르스 2호묘, 8 · 11: 몽골 도르릭나르스 5호묘,
9 · 10: 경주 화천리 5호묘)

도면 16 위만조선의 물질문화 관련 자료(은파 갈현리 화석동)

 그러므로 이와 같은 형태의 표비들은 전국 말~전한 초(요동3기)에 수용됐을 가
능성이 높고 늦더라도 낙랑 설치 이전에는 사용되었다고 할 수 있다. 서북한지역
에서는 상리 유적, 동남한지역에서는 성주 예산리 1호묘 출토품이 고식이다. 앞
서 언급한 바 있는 광주한묘나 석채산 전국묘지의 기원전 2세기 후반 무덤에서
한식 마구류가 부장되는 것을 보면 서북한지역에서 한식 또는 한계 거마구류의
출현 역시 비슷했을 가능성이 높다.

 다음으로 I자형 재갈멈치는 서북한지역에서 아직 뚜렷하게 확인되지 않았으
나 몽골 도르릭나르스에서 동일한 형태의 것이 확인된 바 있어 흉노 계통으로 볼
수 있다. 한반도에서는 주로 동남한지역에서 출토되며, 경주 화천리의 것이 가장

유사하다. 특히 도르릭나르스 5호묘에서는 I자형 재갈멈치와 함께 철봉을 꼬지 않고 단접하여 만든 2연식 재갈이 공반되어 '흉노계(匈奴系) 표비'로 규정할 수 있다.[66] I자형 재갈멈치와는 달리 단접식의 2연식 재갈은 석암리 목곽묘(1962년)에서 확인된 바 있어 위만조선에도 흉노계 표비가 수용됐을 가능성이 제기된다.

이와 같이 서북한지역의 초기 거여구가 한식으로 추정되는 것과 달리 초기 마구류는 연한계(燕漢系) 표비와 흉노계 표비가 공존하였다고 할 수 있다. 또한 서북한지역에서의 출현 시기는 늦더라도 위만조선 후기 단계(요동4기)로 볼 수 있다.

V. 맺음말

기존 연구에서 세형동검문화 단계 고조선과 위만조선에 대한 고고학적 접근은 주로 서북한지역을 중심으로 이루어져 왔다. 이는 청천강유역을 경계 삼아 그 이북의 이른바 세죽리-연화보유형은 연문화에 속해 있는 지역이며, 그 이남의 한국식 세형동검문화는 고조선의 영역을 반영하는 문화라는 설명 방식이다. 또한 연의 요동 진출로 말미암아 고조선의 중심지가 이동하였는데, 이때 비파형동검이 한국식 세형동검으로 변화되었다는 것이 주된 논리이다.

그렇지만 이럴 경우 요령지역은 비파형동검문화에서 바로 전국연계 철기문화로 이행하는 과정으로 설명되어 중원문화에 대응하는 토착문화의 복합성과 역동성을 적절하게 설명할 수 없게 된다. 요령지역에도 한국식 세형동검에 병행하는 지역 형식으로 요령식 세형동검이 분명 존재하였으며, 이는 비파형동검문화의 퇴행적인 요소 혹은 한국식 세형동검의 선행 형식이 될 수 없다.

요령지역에도 세형동검, 동과, 동모 등의 무기류와 다뉴경과 같은 관련 유물들로 구성되는 토착 세형동검문화가 존재하였는데, 이는 요동 1기 전후 전국연과

---

66) 장은정, 2012, 앞의 글.

경쟁하며 성장했던 고조선의 시공간적 문화 범위를 일정부분 반영하는 것으로 이해된다. 연장 진개의 요동 경략으로 고조선의 중심지가 이동하였다면 요동 2기 서북한지역에서 등장하는 신종 청동무기는 한국식 세형동검이 아니라 요령식 동과와 세신형동모가 전이되어 만들어진 한국식 세형동과와 세형동모라고 할 수 있다. 전국 연의 요동 진출 전에 세형동검문화는 이미 분화되고 있었다고 할 수 있다.

요동 2기에는 서북한지역과 요동 동부지역에는 유사 형식의 청동무기가 일정한 분포정형을 나타내며, 양 지역에 형태와 제작기법에서 유사성이 높은 청동유물들이 존재하는 것을 보면 제작집단을 통괄하는 상위집단이 존재했을 가능성이 높다. 즉 서북한지역과 요동 동부지역의 세형동검문화는 고조선의 중심지 이동 후 기원전 3세기대의 고조선의 물질문화와 관련될 가능성이 높다.

이와 달리 요동 3기에는 요동반도의 윤가촌유형이 서북한지역으로 파급되어 직인형의 세형동검, 두형토기를 부장하는 적석목관묘, 파수부호를 사용하는 합구식 옹관묘가 등장한다. 방제된 중원식동검이 확산되는 관계망도 이와 관련된 것으로 추정되나 제(齊)가 위치했던 산동반도를 고려하면 이와 같은 관계망은 요동 2기부터 있었다고 볼 수도 있다. 요동식부에서 화분형토기가 성립하고, 한식 단경호가 전해지는 전파망도 이와 관련됐을 가능성이 높다. 즉 세형동검문화의 변동과 위만조선의 물질문화 형성과정에서 윤가촌유형은 일정한 역할을 하였다고 볼 수 있다.

요동 4기에는 서북한지역의 세형동검문화에서 토착적인 요소 외에 전국연계·한계·흉노계 등의 다양한 문화요소가 확인된다. 위만조선에는 전국연계 철기 제작기술이 수용되어 있었으며, 이를 바탕으로 한대 철기문화를 받아들여 철검·철모·철과 등과 같은 철제무기류를 생산하기 시작하였다고 생각된다. 조형병식동검이나 동병철검으로 대표되는 토착 동검문화의 전통 역시 지속되는 것도 확인된다. 연계 또는 한계 거마구는 늦더라도 이때부터 제작됐을 것으로 판단된다. 이때에는 세형동검문화 요소에서 요령식 청동기보다는 한국식 청동기가 우세한데, 이는 유이민계 위만 집단과 연합했던 토착 집단의 문화적인 정체성이 주로 한국식 세형동검문화에 기반했기 때문으로 추정된다. 이에 비해 준왕 이전 서북한지역의 고조선은 요령지역 세형동검문화의 전통이 강했다고 볼 수 있다.

위만조선 최고 지배층은 철제무기와 거마구를 이용하여 정치적인 권위를 표현하였는데, 여기에는 연계와 한계의 전통이 섞여 있었으며, 이후 흉노계 마구의 전통까지 수용하여 대외 교류의 정점을 이루었던 것으로 볼 수 있다. 평양 토성동 486호묘와 같은 일부 단장목곽묘에는 위만조선 물질문화의 전통이 반영되어 있었다고 생각된다.

| 참고문헌 |

■ 한국어

강인욱, 2010, 「기원전 1천년기 요령~한반도 비파형동검문화로 동물장식의 유입과정」, 『호남고고학보』36

강인욱, 2010, 「기원전 4~서기 1세기의 고고학자료로 본 흉노와 동아시아 -흉노학의 정립을 위한 토대구축을 겸하여-」『중앙 아시아 연구』15.

강인욱, 2011, 「고조선의 모피무역과 명도전」, 『한국고대사연구』64.

경기도박물관, 2010, 『요령 고대 문물전』(특별전 도록).

高久健二, 1999, 「낙랑고분출토의 동경」, 『고고역사학지』16.

김상민, 2012, 「한반도 서남부지역 철기문화의 유입과 전개양상」, 『동아시아 고대 철기문화 연구-연국 철기문화의 형성과 확산』, 국립문화재연구소.

미야자토 오사무, 2010, 『한반도 청동기의 기원과 전개』, 사회평론.

박선미, 2010, 『고조선과 동북아의 고대 화폐』, 학연문화사.

서영수, 2008, 「요동군의 설치와 전개」, 『요동군과 현도군 연구』, 동북아역사재단.

손로, 2012, 「한반도 북부지역 차마구의 등장과 성격」, 『한국상고사학보』76.

야자와 타다유키[矢沢忠之], 2008, 「전국 화폐로 본 진한시대 산동반도에 있어서 전국 습속의 잔존」, 『역사교육논집』41.

오강원, 2011, 「기원전 3세기 요령지역의 연나라 유물 공반 유적의 제유형과 연문화의 관계」, 『한국상고사학보』71.

오강원, 2012, 「고구려 초기 적석묘의 출현과 형성 과정」, 『고구려발해연구』43.

오영찬, 2001, 「낙랑 마구고」, 『고대연구』8.

오영찬, 2014, 「기원전 2세기대 서북한 고고자료와 위만조선」, 『고조선 연구의 새로운 모색』, 제16회 한국고대사학회 하계세미나.

이건무, 2003, 『한국식동검문화의 연구』, 고려대학교 박사학위논문.

이남규, 2006, 「한대 철제병기의 유입과 의미」, 『낙랑문화연구』, 고구려연구재단.

이동관, 2013, 「한반도남부 철기문화의 파동 -초기철기·원삼국기 철기의 계보와 획기」, 『중국 동북지역과 한반도 남부의 교류』, 제22회 영남고고학회 학술발표회.

이성주, 2007, 「청동기시대 동아시아 세계체계와 한반도 문화변동」, 『청동기·철기시대 사회변동론』, 학연문화사.

이양수, 2010, 「다뉴뇌문경의 등장과 한반도로의 파급」, 『부산대학교 고고학과 창설20주년 기념논문집』.

이청규, 2004, 「철기시대 전기의 중국 동북과 한반도의 금속기문화-세형동검문화를 중심으로-」, 『동북아시아 선사 및 고대사 연구의 동향』, 학연문화사.

이청규, 2005, 「청동기를 통해 본 고조선과 주변사회」, 『북방사논총』6.

이청규·김동일, 2013, 「청동검병의 초기철검에 대하여」, 『아세아주조기술사학회 연구발표자료집』7.

이후석, 2008, 「중국 동북지역 세형동검문화 연구 - 요령식세형동검을 중심으로 - 」, 『숭실사학』21.

이후석, 2013, 「세형동검 단계 중국 동북지역의 동과와 동모-요령식 동과와 유엽형동모·세신형동모를 중심으로」, 『한국고고학보』87.

이희준, 2011, 「한반도남부 청동기~원삼국시대 수장의 권력 기반과 그 변천」, 『영남고고학』58.

장은정, 2012, 「흉노계 표비의 확산과 고대 동아시아의 기마 문화 수용」, 『중앙 아시아 연구』17-1.

정인성, 2011 「전국시대 연의 확장과 고고학적 증거」, 『고고학연구 공개강좌』제49회, 영남문화재연구원.

정인성, 2013, 「위만조선의 철기문화」, 『백산학보』96.

조진선, 2004, 『세형동검문화의 전개과정 연구』, 전남대학교 박사학위논문.

조진선, 2005, 「북한지역 세형동검문화의 발전과 성격」, 『한국상고사학보』47.

조진선, 2009, 「한국식동과의 등장배경과 신장두 30호묘」, 『호남고고학보』32.

조진선, 2014, 「중국 동북지역의 청동기문화와 고조선의 위치 변동」, 『동양학』56.

한국고고학회 편, 2010, 『개정신판 한국 고고학 강의』, 사회평론.

■ 중국어

遼寧省文物考古研究所, 2011, 「遼寧建昌東大杖子戰國墓地取得重要考古發現」, 『中國文物報』2011年12月30日.

遼寧省文物考古研究所 編著, 2012, 『遼寧省文物考古研究所藏文物精華』, 科學出版社.

中國社會科學院考古學研究所, 1996, 『中國東北地域遺蹟發掘報告-雙打子與崗上-』, 科學出版社.

陳平, 2006, 『燕文化』, 文物出版社.

河北省文物研究所, 1996, 『燕下都』, 文物出版社.

■ 일본어

岡內三眞, 1979, 「朝鮮古代の馬車」, 『震檀學報』46·47.

岡村秀典, 1999, 「漢帝國の世界戰略と武器輸出」, 『戰いの進化と國家の生成』, 東洋書林.

岡村秀典, 2007, 「中國鏡からみた原三國時代の曆年代」, 『第19回 東アジア古代史·考古學研究交流會 子稿集』, 東アジア考古學會.

古澤義久, 2010, 「中國東北地方·韓半島西北部における戰國·秦·漢初代の方孔圓錢の展開」, 『古文化談叢』64, 九州古文化研究會.

宮本一夫, 1985, 「七國武器考 - 戈·戟·矛を中心にして -」, 『古史春秋』2.

宮本一夫, 2008,「細形銅劍と細形銅鉾の成立年代」『東アジア靑銅器の系譜』雄山閣.

宮本一夫, 2012,「樂浪土器の成立と擴散 : 花盆形土器を中心として」『史淵』149.

東亞考古學會 編, 1931,『牧羊城-南滿洲老鐵山麓漢及漢以前遺蹟』.

大貫靜夫 編, 2007,『遼寧を中心とする東北アジア古代史の再構成』東京大學大學院人
　　　文社會系研究科考古學研究室.

小田富士雄, 1997,「'一鑄式銅劍'覺書」『下關市立考古博物館研究紀要』1.

The Slender Bronze Daggers Culture & Gojoseon, in the Liaodong Area & the Northwestern Area of the Korean Peninsula

Yi, Who Seok

Lecturer, The History Department of Soongsil University

The Slender Bronze Daggers Culture was distributed not only in the Korean Peninsula, but also in the Liaodong Area. The northwestern area of the Korean Peninsula belongs to the Dot Zone of the Slender Bronze Daggers Culture of the Liaoning style and Korean style.

The Slender Bronze Daggers Culture in the Liaodong Area was developed in the southern and eastern area of Qianshan Mountain Range(천산산맥). Since assemblage such as tombs and bronze arms revealed the separate characteristics in time and space, it is possible that this area designates the regional culture of the The Yinjiachun Complex(윤가촌유형) and Jimingcheng Complex(상보촌유형).

The Yinjiachun Complex revealed the aspects of Slender Bronze Daggers Culture in the Liaodong Peninsula. And it was the key to understand in the material culture of Wiman Joseon(위만조선). The tombs with wooden coffin filled with stones(적석목관묘), the tombs with cymbal-style jar coffins(합구식옹관묘), the Yinjiachun-style Slender Bronze Daggers(윤가촌류동검) and pottery(윤가촌식토기), and mounted dishes called dou(두) also were main cultural elements.

The Liaoning-type bronze arms identified for the Slender Bronze Daggers Phase in the eastern Liaodong(belonging to the Jimingcheng Complex) are closely connected with the Korean type bronze arms. The Jimingcheng-style Slender Bronze Daggers(상보촌류동검), the Liaoning-type Bronze Halberd(료녕식동과) and bronze spearheads(세형동모류), and other objects identified for the Slender Bronze

Daggers Phase were principal cultural elements.

Weapons that share various attributes are distributed throughout eastern Liaodong and the northwest Korean Peninsula. These weapons include the bronze dagger, the bronze halberd, and the bronze spearhead. As a result, we can know that the spatial distribution of the Slender Bronze Daggers Culture in the third century BCE did not terminate at the Cheongcheon River(청천강). It must be the culture of late Gojoseon(고조선).

It is thought that the governor of Wiman Joseon showed political authority by using iron weapons and chariot fittings and harnesses. In the material culture of Wiman Joseon, there are various culture elements, such as the Zhongyuan style of Yan China(연) and Han China(한),.and the Xiongnu(흉노) style, including the native Slender Bronze Daggers Culture.

[Keywords] Liaoning type bronze dagger, Korean type bronze dagger, Slender Bronze Daggers Culture, Yan, Han, Gojoseon, Wiman

요동·서북한의 초기철기문화와 위만조선

李 清 圭

이청규 (李淸圭)
서울대학교 고고미술사학과 및 동대학원 졸. 문학박사.
제주대학교 교수, 한국상고사학회 회장, 한국청동기학회 회장 역임.
현) 영남대학교 문화인류학과 교수.

주요논저: 『제주도고고학연구』, 『고조선과 요하문명』, 『고조선 단군 부여』(공저),
　　　　『요하유역의 초기 청동기문화』(공저), 『한국 고고학강의』(공저), 『고대문명의 이해』(역저)

I. 머리말

상당수 고대사 연구자들에 따르면 위만조선(衛滿朝鮮)은 기원전 2세기 전 기간에 걸쳐 서북한 또는 요동(遼東)에 존재하는 것으로 알려져 있다.[1] 왕이 등장하고 관료조직이 있으며, 왕검성(王儉城)으로 불리는 도시를 갖춘 국가 수준의 정치체(政治體)로 추정되며, 한(漢)나라에서 병위재물(兵威財物)을 수입하였음을 문헌기록을 통해서 알 수가 있다.

당연한 지적이지만 그동안 위만조선에 대한 연구는 주로 문헌기록을 토대로 고대사학에서 주도하여왔다. 그러한 위만조선을 고고학적으로 설명하는데 무엇보다도 왕검성 등의 중심도시 시설과 지배층의 무덤 등이 조사되어야 하지만 그러지 못하고 있다. 다만 위만조선이 위치하였거나 관련이 있는 시공간적 범위 전역에 흩어져 있는 생활터, 매납유구(埋納遺構)와 무덤시설이 조사 보고되었을 뿐이다.

위만조선과 관련하여 지금까지 많이 논의되던 고고학적 자료가 기원전 3~2세기에 요동의 무순(撫順) 연화보(蓮花堡) 유적과 서북한의 영변(寧邊) 세죽리(細竹里) 유적을 표지로 한 연화보-세죽리 유형이라고 하는 유적유물갖춤새다.[2]

그러나 요동-서북한 지역에 동 유형의 갖춤새만 있는 것이 아니다. 동 유형은 이 지역에서 오히려 외래적인 연(燕)의 요소가 많고, 토착적인 요소가 많은 별개

---

* 본고는「요동·서북한의 초기철기문화와 위만조선」(이청규, 2014,『동북아역사논총』44)를 일부 수정·보완한 것임.

1) 단국대학교 동양학연구원, 2013,「고조선 위만조선과 동아시아의 고대문화」, 제4회 동양학 국제학술회의 발표요지; 조진선, 2013,「중국 동북지역의 청동기(靑銅器)문화와 고조선」, 41~72쪽; 조법종 2013,「고조선의 중심 및 도읍관련 논의와 쟁점」, 97~118쪽; 박대재, 2013,「고조선의 대중관계와 요동」, 119~144쪽; 이후석, 2013,「요동-서북한지역의 세형동검(細形銅劍)문화와 위만조선」, 159~178쪽; 박경철, 2013,「고조선 대외관계 진전과 위만조선」, 223~254쪽.

2) 사회과학원 고고학연구소, 1977,『조선고고학개요』, 새날출판사, 139~143쪽; 송호정, 2007, 「세죽리-연화보유형 문화와 위만조선의 성장」,『호서사학』48, 1~34쪽.

이청규 | 요동·서북한의 초기철기문화와 위만조선   309

의 유형이 있는 것이다. 이를테면 본계(本溪) 상보(上堡) 유적을 표지로 한 상보유형이 바로 그것으로 연나라계 철기(鐵器)·도기(陶器)와 함께 토착적인 청동기(靑銅器)·토기(土器)가 포함되는 갖춤새다.[3]

다양한 유형의 유물갖춤새가 위만조선 전후에 보급되었음에도 기종과 형식을 비롯하여, 공간적인 분포와 절대연대, 전개과정에 대해서 체계적이고 총체적으로 정리 파악되지 못하고 있다. 최근에야 비로소 이 지역의 고고학적 문화에 대하여 구체적으로 설명하는 노력들이 중국과 일본은 물론 한국의 연구자들에 의해 시도되고 있을 뿐이다.

특히 철기와 관련해서 주목할 만한 성과기 제시되었는 바, 공통된 부분도 있지만, 각각 조망하는 관점은 물론, 접근하는 방법에서 한·중·일 혹은 남북한의 연구자들 사이에서 일정한 차이가 있다.[4] 그러한 맥락에서 이들 연구성과를 토대로 이 지역의 철기갖춤새의 전개과정을 정리하여 위만조선을 설명하고자 하는 것이 이 글의 목적이다. 그렇게 하여 위만조선이 어떻게 성립하였고, 그 물질적 기반은 무엇이며, 주변지역과 어떻게 교류하였는지, 그리고 면망 후 그 주민과 문화가 어떤 상황에 처하게 되었는지 살펴볼 수 있는 고고학적 근거를 제시하고자 하는 것이다.

위만조선이 기원전 2세기 초에 시작하여 2세기 말에 붕괴하였으므로, 기원전 3세기와 1세기대는 그로부터 벗어난다. 그러나 편년 자체에 연구자들 간에 진폭이 있고, 또한 각각 이전과 이후의 문화로서 그 원형과 전통의 측면에서 조망될 수도 있다. 그러한 맥락에서 위만조선과 관련하여 논의할 시간적 범위를 기원전 3~1세기로 한다.

---

3) 오강원, 2011, 「기원전 3세기 요령지역 연나라 유물공반유적의 제유형과 연문화와의 관계」, 『한국상고사학보』71.
4) 이남규, 1999, 「한반도 고대국가 형성기 철제무기의 유입과 보급-중국과의 비교적 시각에서」, 『한국고대사연구』16, 59~88쪽.

Ⅱ. 시공간적 구분

1. 지역구분

초기철기문화와 관련하여 요동과 서북한의 지역구분에 대해서는 각기 다른 의견이 제시되어 있다. 우선 요동을 천산산맥(千山山脈) 서쪽의 저지대와 동쪽의 산록지대, 혹은 천산산맥 이서와 이동을 구분하고, 이서지역은 다시 요하 이동과 요동반도로 구분하고 있는 의견이 주목된다.[5]

또 다른 연구자는 요동과 서북한 지역을 묶어 살피면서 철령(鐵嶺)과 무순, 심양(瀋陽) 북부 등의 요녕(遼寧) 북부, 본계와 단동(丹東) 전체를 묶어 요녕 동부, 심양(沈陽) 남부·요양(遼陽)·안산(鞍山)을 포괄하는 요녕 중부, 그리고 대련(大連)·영구(營口)·반금(盤金) 등을 요녕 남부로 4대 구분하고, 압록강(鴨綠江) 이남에서 재령강까지를 서북한으로 구분하는 의견을 제시하였다.[6]

서북한 북부의 경우 학자에 따라서는 요남(遼南) 동부와 같이 묶거나 아니면 따로 떼어 서북한 남부와 함께 묶기도 한다. 두말할 것도 없이 지역구분은 강이나 산맥 등의 지리적 환경을 기준으로 이루어지지만, 그 자체만이 아니고 인간의 문화 구성 요소도 고려해야 한다. 또한 이 기간은 역사 기록에도 나름대로의 정황이 알려져 있는 바, 이를 감안해서 지역구분을 재조정하면 다음과 같다.

우선 지리적으로 보면 요동은 서쪽으로 요하(遼河)를 건너 의무려산(醫巫閭山)을 경계로 한다. 요하는 발해만(渤海灣)으로 흘러드는데, 고대로부터 요하와 혼하(渾河), 그리고 태자하(太子河)가 하류에서 서로 근접하면서 너른 저지대를 형성한다. 그 동쪽으로 천산산맥이 동북·서남 방향으로 뻗어 있어 지형상 구분되는데, 요

---

5) 이남규, 2011, 「료동지역 초기철기의 성격과 한반도 유입 및 전개: 전국말-한초의 양상을 중심으로」, 『한중철기자료집(I)-중국 동북지역 출토 철기』, 240~250쪽.
6) 이광명, 2010, 「료동-서북한 초기철기시대유적에 대한 고고학적 연구」, 부경대학교 석사학위 논문.

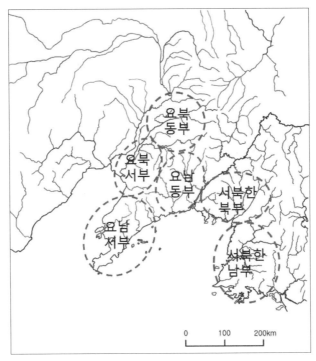

그림 1 요동 · 서북한의 지역구분

하는 북쪽으로 올라가다 다시 상류는 서쪽으로 거슬러가면서 천산산맥과는 멀어진다.

　그러나 혼하와 태자하는 동북쪽으로 거슬러 올라가면서 그 상류는 천산산맥의 산록지대로 들어가는바, 자연지리로 보면 같은 강 유역이라 하더라도 천산산맥의 산록지대와 요하의 저지대는 구분된다. 각각 편의상 요동 북부의 서쪽지역 혹은 요북(遼北) 서부, 요동 북부의 동쪽지역 혹은 요북 동부지역이라고 칭하는데, 오늘날 행정구획으로 보면 요북 서부에는 심양 · 요양 · 영구 · 안산 · 개주(蓋州) 지역, 그리고 요북 동부는 철령 · 무순 · 본계가 포함된다.

　기원전 3세기경으로 추정되는 전국 연대의 요양 서왕자(徐王子), 신성동(新城洞) 무덤과 2세기를 중심으로 한 요양 삼도호(三道濠) 등의 대규모 생활유적이 전자에 속하는 대표적인 유적이다. 그리고 후자에는 기원전 3~2세기의 무순 연화보와 기원전 2~1세기의 철령 구태(邱台)로 대표되는 생활유적과 기원전 3세기대의 본계 상보, 기원전 2~1세기대의 서풍 서차구(西岔溝)로 대표되는 무덤유적이 있다.

한편 요하 남부도 그 동쪽에 있는 천산산맥의 산록지대와 그 서쪽의 요동반도를 비롯한 해안 저지대로 구분할 수 있다. 요하 남부에 요동반도 남단에서 압록강 하구에 이르기까지 너른 저지대와 해안도서가 발달하고 있다. 대체로 요남 해안의 중간에 위치한 장하(庄河)를 기준으로 그 서쪽으로 요동반도를 포함하여 요남 해안 서부지역과 부속도서는 요남 서부지역, 그리고 그 동쪽은 요남 동부지역으로 구분할 수 있다. 요남 동부지역은 천산산맥 산록지대가 계속 동쪽으로 연장되지만, 혼강의 상류를 그 동쪽의 경계로 삼도록 한다. 행정구역으로 보면 대련·보란점(普蘭店)·장해(長海)·장하가 요남 서부에 포함되고, 수암(岫岩)·봉성(鳳城)·단동·관전(寬甸)은 요남 동부에 해당된다.

요남 서부를 대표하는 유적으로 기원전 3~2세기의 대련 목양성의 생활유적, 기원전 2~1세기의 보란점 강둔(姜屯)의 무덤유적이 있다. 그리고 요남 동부의 경우 기원전 2세기대의 봉성 유가보자(劉家堡子)와 수암 성남(城南)의 생활유적이 대표한다.

한반도의 경우 임진강 이북에서 압록강 이남 전 지역을 대체로 서북한이라고 이해한다. 그러나 청천강을 경계로 그 이북과 이남 양 지역 간의 고고학적 유물의 분포상황이 다르다. 북한에서 일찍이 청천강유역의 세죽리유적의 사례를 요동의 무순 연화보 사례와 묶어 연화보-세죽리 유형이라고 규정한 것이 그러한 지역차이를 반영한다. 따라서 그 북쪽을 서북한 북부, 그 남쪽으로 대동강유역을 포함하여 재령강유역에 이르는 지역을 서북한 남부로 삼는다. 그 동쪽은 남북으로 이어지는 낭림산맥을 경계로 하는데, 서북한 북부와 남부는 대체로 묘향산맥을 경계로 삼고자 한다.

서북한 북부와 남부를 대표하는 유적으로 전자의 경우 기원전 3세기의 영변 세죽리와 위원 용연동의 생활매납유적이 있다. 후자의 경우 기원전 3~2세기경의 봉산 송산리, 기원전 2~1세기의 평양 토성동 486호 무덤유적이 있으며, 기원전 1세기대의 평양 정백동과 강서 태성리 일대의 무덤군유적이 있다.

2. 시기구분

그동안 요동과 서북한을 묶어 초기철기와 관련하여 최근에 제시된 한·중 연구자들의 편년 안으로 우선 기원전 3세기대와 기원전 2세기대, 그리고 기원전 1세기대를 구분한 안이 확인된다.[7] 또 다른 연구자도 비슷한 맥락에서 요동 지역의 철기를 중심으로 기원전 3세기 이전의 전기, 기원전 2세기의 중기, 기원전 1세기의 후기로 구분하고 있다. 고고학적으로는 합당한 것으로 평가 되지만, 역사적 정황에 대응시키는 데 어려움이 있는 편년안이라고 할 수 있다.[8]

이와는 달리 이 지역에 중국 세력의 진출과정에 중점을 두고 제시된 편년 안은 기원전 4세기 말에서 기원전 3세기 중엽의 전국만기(戰國晚期), 기원전 3세기 말에서 기원전 2세기 말의 진(秦)과 서한(西漢) 전기, 그리고 기원전 2세기 말에서 기원 전후 한 서한 중후기로 3단계 구분한다.[9]

한편 요동과 서북한을 별개로 구분하고 각 지역에서 확인된 고고학적 사실 자체에 주목하여 시기를 구분한 안이 있다. 우선 요동의 경우 무덤에 부장된 철기를 중심으로 기원전 3~2세기 전엽인 분묘(墳墓) 1기, 기원전 2~1세기 전엽인 분묘 2기, 그리고 기원전 1세기 전엽 이후 기원 1세기까지를 분묘 3기로 구분하였다. 그리고 취락을 중심으로 취락 1기는 기원전 3세기 전엽에서 후엽, 취락 2기는 기원전 2세기에서 후엽, 취락3기는 기원전 2세기 후엽에서 기원후 1세기 중엽으로 구분하였다.[10] 서북한은 요동과는 별도로 기원전 2세기대의 1기, 기원전 1세기대의 2기로 구분하였다.

이러한 여러 의견을 보면, 요동과 서북한을 무대로 고조선과 관련된 역사 적

---

7) 이남규, 2011, 앞의 글, 240~250쪽.

8) 이광명, 2010, 앞의 책.

9) 白雲翔, 2013,「燕地鐵器文化的起源與發展及其東漸」,『동아시아 고대철기문화 연구-중국 전국시대 철기문화와 동아시아』, 국립문화재연구소, 11~26쪽.

10) 金想民, 2012,「東北アジアにおける初期鐵器文化の成立と展開」, 九州大學校 博士學位論文.

사실에 맞추어 시기구분 한다는 것은 매우 어렵다는 사실이 확인된다. 그것은 무엇보다도 실연대를 입증하는 고고학 자료가 충분하지 않기 때문으로, 요동과 서북한 지역에서 철기와 관련하여 기원전 2세기 전후한 절대연대를 가늠할 수 있는 사례를 찾기가 어렵다. 그것은 현지의 발굴 사례가 적어서도 그러하지만, 발굴되어도 보고가 제대로 되지 않거나, 보고되더라도 유물 갖춤새의 공반관계(共伴關係)나 층위적 선후관계가 명확하지 않기 때문이다.

편년을 시행할 때 중요한 사항은 자료가 출토되는 고고학적 맥락과 형식학적 접근 그 자체다. 무엇보다도 주의해야 할 사실은 유물 그 자체가 최종적으로 땅에 묻힌 시점이 제작 연대보다 일정 시간 늦다는 점이다. 묻힌 유구(遺構)가 무덤이라면 수십 년 동안 생전에 제작 사용되다가 부장된 것일 수 있어 같은 형식의 유물이라도 그 연대 차이는 수십 년일 수가 있는 것이다. 두 번째는 유물의 형식에 대한 편년으로 일정한 제작방식과 형태가 수십 년에서 수백 년 지속 될 수 있다는 사실을 고려해야 한다는 점이다. 그것이 단일 기종이 아닌 여러 기종을 포괄한 갖춤새 수준의 편년이라면 더욱 그러하다. 사정이 그렇다고 한다면 일정한 형식과 유형의 연대는 그 상한과 하한에서 1세기 이상 차이가 벌어질 수 있다.

또한 출토되는 상황과 유적 혹은 유구의 성격에 따라서 실제 당대에 보급된 것 중 잔존하여 전하는 철기의 기종과 양이 다르다는 사실을 유의해야 한다. 생활유적의 경우 사용하다가 용도 폐기되거나 분실 등으로 남아 전한다. 무덤유적의 경우 부장유물로 선정되거나, 장송의례(葬送儀禮) 중에 사용된 철기에 한정된다. 매납유적의 경우 미처 사용되지 않은 철기 중에서 보관 또는 은닉을 목적으로 묻은 것이어서 무덤은 물론 생활유적의 사례와 일정한 차이가 있을 수 있다. 따라서 기종의 유무에 대한 편년 또한 신중하지 않을 수 없다.

이러한 상황을 고려하면 요동-서북한의 철기문화에 대해서 시기구분을 한다는 것, 그것도 역사적 사실을 고려하여 적어도 1/2세기를 단위로 세분(細分) 한다는 것은 매우 어려운 일이다. 그럼에도 역사적 사실과 대응하여 고고학 자료의 변천을 살펴보려면 그에 걸맞게 세분된 시기구분의 틀을 마련하지 않을 수 없다. 그러할 경우 우선 절대연대의 기준자료를 무엇으로 할지, 그리고 그 기준이 정해지더라도 절대연대의 시간 폭을 어떻게 추정할지가 문제가 된다.

철기와 공반되는 사례가 충분하지 않지만, 어느 정도 주조년대(鑄造年代)를 확인할 수 있는 화폐가 있어 이를 절대연대의 기준으로 활용할 수가 있다. 화폐의 제작연대보다 훨씬 늦은 시기에 재활용되는 경우도 고려하여, 대체로 몇 단계로 구분하여 살필 수 있다. 실연대 추정의 주된 지표인 화폐의 연대에 대해서는 최근의 연구성과를 참고로 하였다.[11] 이들 화폐가 단독으로 출토하는 경우도 있지만, 철기·청동기와 공반되는 사례가 있어 편년에 큰 참고가 된다. 요동 지역 화폐유물에 대한 최근의 편년안에 따르면 크게 5기로 구분되는데, 1기는 기원전 3세기 전반의 명도전(明刀錢) 포전(布錢)이 출현한 시기, 2기는 일화전(一貨錢) 출현기로 기원전 3세기 후반, 3기는 진반량(秦半兩) 출현기로 기원전 3세기 말 2세기 초, 4기는 팔수반량(八銖半兩) 출현기로 기원전 2세기 전반, 5기는 사수반량(四銖半兩) 출현기로 기원전 2세기 전반에서 2세기 말로 편년된다. 이를 정리하면 <표 1>과 같다.

표 1 요동~서북한지역의 기원전 3·1세기 단계구분

시기	절대연대(B.C.)	중국계 화폐의 보급(古澤義久, 2010)
1기	3세기 초~3세기 중반	명도전·포전(1기)
2기	3세기 후반~2세기 초	명도전·포전·일화전·진반량 (2~3기)
3기	2세기 전반	명도전·명화전·팔수반량전(4기)
4기	2세기 후반	사수반량전(5기)
5기	2세기 말~1세기 전반	오수전(5기 이후)

이처럼 대체로 2분의 1세기를 단위로 하여 구분하는 것은 당대의 동향을 설명하는 최소한의 틀로써 그렇지 않으면 역사적으로 의미가 없거나 혼란을 초래할 수 있다. 이를 테면 진개(秦開)의 고조선으로의 동진(東進) 이전인 기원전 4세기 말

---

11) 古澤義久, 2010,「中國東北地方·韓半島西北部における戰國·秦·漢初代の方孔圓錢の展開」『古文化談叢』64, 九州古文化研究會.

과 동진 이후의 기원전 3세기 전반을 묶어 편년할 경우, 그리고 2세기 후반 낙랑군(樂浪郡) 설치 이전과 기원전 1세기 전반 설치 이후를 묶을 경우가 바로 그러하다. 무리가 없는 것은 아니지만, 이러한 사정을 고려하여 단계 구분을 시도하였는 바, 그것은 실제 여러 연구자들이 주장하는 각기 다른 편년의 범위에서 크게 이탈하지 않는다.

한편으로 이러한 다소 무리한 편년안을 제시하는 것은 이를 기반으로 한 철기 갖춤새의 변천과정의 틀을 구축하여, 장래 이를 지속적으로 수정보완하기 위한 계기를 마련하기 위함이다. 그렇지 않으면, 고고학적 자료에 대하여 편의주의적이고 무분별하게 역사적으로 대응시키는 작업이 지속될 것이기 때문이다.

이 편년적인 틀은 또한 단순히 요동뿐만 아니라, 서북한 북부는 물론 남부를 포괄한다. 잘 알려졌다시피 서북한 남부는 요동과 함께 후기고조선과 위만 조선의 중심지로 많은 연구자들이 주장하고 있다. 따라서 양 지역의 고고학적 문화에 대해서 단계별로 동기화(同期化)하여 살펴볼 필요가 있다. 이에 대해서 일찍이 북한 연구자들이 기원전 3~2세기대 양 지역의 문화를 동기화하여 련화보-세죽리 유형을 주장하였지만, 앞서도 지적하였듯이 여러 다른 유형이 있을 뿐만 아니라, 그 연대가 2세기에 걸쳐 있어서 역사적 설명에 크게 도움이 되지 못한다. 이러한 이유로 5단계론을 제시하고, 각 단계별로 유적유물 갖춤새를 가설적이나마 소속시켜 논지를 전개하고자 하는 것이다.

Ⅲ. 철기의 종류와 제작 보급

1. 철기의 기종 분류

기원전 3~1세기에 걸쳐 요동과 서북한에 걸쳐 확인되는 철기 전체를 아우른 분류안을 정리하고자 할 때, 중국 연구자들의 제안을 가장 많이 고려할 수밖에 없다.

그것은 그들이 생활과 매납유구, 그리고 무덤에서 다종다양하게 출토한 사례가 있는 요동지역의 자료를 직접 관찰할 수 있기 때문이다. 중국 연구자[12]의 분류안을 주로 참고하지만, 공구의 경우 남한의 출토예를 토대로 한 한국 연구자의 분류안[13]도 참고할 수 있다. 이들의 분류안에 따르면 용도별로 농기구·공구·무기 등의 철기군(鐵器群)으로 분류되고, 각각의 철기군에는 여러 기종이 포함된다.

한반도의 경우 서북한 남부에서 기원전 1세기 이후에 무기를 비롯한 다양한 기종이 보급되지만, 그 이전에 몇몇 공구와 농기구에 한정하여서 발견된다. 농기구·공구·무기의 철기군은 위의 요동지역과 같지만, 각 용도 군에 포함된 철기의 기종은 상대적으로 적은 편이다. 따라서 남북한 연구자의 분류안은 보완수준에서 고려가 된다.

이 글에서는 서북한과 요동 철기의 상호관계에 중점을 두고 있으므로, 서북한에 없는 요동의 사례를 지나치게 세분하는 것을 피하고자 한다. 이를 정리하면 <표 2>와 같다.

표 2 철기 기종의 분류

철기군	농기구									공구				무기				
기종	곽	삽	산	제형서	육각형서	궐	요구삽	쟁기	낫	반월도	부	착	사	도	검	모	과	극	촉

1) 농기구

농기구는 크게 땅을 일구거나 고르는 기경구(起耕具)와 곡물을 수확하는 데 사

---

12)   白雲翔, 2005,『先秦兩漢鐵器的考古學研究』, 科學出版社; 万欣, 2009,「東北亞地區的戰國兩漢鐵工-以遼寧地區爲中心」,『遼寧省博物館館刊』(4輯), 遼海出版社, 152~177쪽.

13)   金想民, 2012, 앞의 책.

용되는 수확구(收穫具)로 구분할 수 있다.

우선 기경구로 곽(钁)·삽(鍤)·산(鏟)·서(鋤)·궐(钁) 등이 있다. 곽은 한반도에 서는 부(斧)라고 부르는 것으로 횡단면 세장방형의 공부(銎部)가 있다. 대체로 길 이 12cm가 넘고 폭은 6~7cm 정도로서, 벌채 목공구(木工具)인 부가 길이 10cm 미 만인 것과 차이가 난 다. 평면 형태는 길이와 폭의 비율이 3:1인 장방형이 일반적 으로, 공부와 날의 폭이 같은 형식, 날이 좁은 사다리꼴, 날이 넓은 형식으로 각각 구분된다.

일자삽(一字鍤)은 가로 폭은 13~17cm, 세로 높이는 4~6cm 정도로서 가로단면 세장방형, 세로단면 삼각형(三角形)이며, 평면형태로 역사다리꼴 혹은 세장방형이 있다. 요구삽(凹口鍤)은 날부분에 별도로 측면이 연장되어 평면 요자형(凹字形)을 이루는 것이다.

산은 높이보다 폭이 넓은 가로 직린(直刃)의 날에 좁은 소켓이 달린 것으로, 몸 체의 양쪽 상단에 어깨가 형성된 모양이다. 소켓은 횡단면 장방형 혹은 방형을 이룬다.

평면모양이 사다리꼴인 제형서(梯形鋤)는 서판(鋤板)이라고도 불리는데, 판상(板 狀)으로서 날 쪽이 넓고, 머리 폭이 좁다. 높이 18cm 내외, 폭은 6~11cm 정도로 서 상부에 구멍이 2개 뚫려 있어 결박하게 되어 있다. 육각형서(六角形鋤)는 가로 20cm, 높이 10cm 정도의 장방형에 상면 양쪽 모서리를 비스듬하게 모양을 만든 것이다. 상반부 중심에 서판과 직교하는 방향으로 자루를 장착하기 위한 방형 구 멍이 있다.

궐은 세로로 긴 사다리꼴로서 길이 22cm, 날 폭이 7cm 정도다. 궐몸체와 직교 하는 방향으로 자루를 장착하기 위한 장방형 공(銎)이 상부에 조성되어 있다. 공 부 주위로는 돌대가 형성되어 있는 것이 특징으로 주조방식(鑄造方式)으로 제작된 다.

다음 수확구(收穫具)로 낫과 반월도(半月刀)가 있다. 낫은 꼬리 쪽에서 등쪽과 날 쪽이 일정 한 폭을 유지하며 직선으로 나아가다 봉부에서 굽어지는 형식이다. 너 비 4cm, 길이 24~26cm 내외로서, 주조와 단조제품 양자가 모두 있다. 반월도의

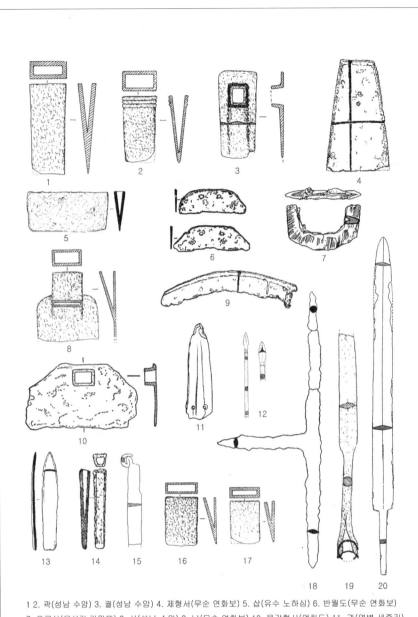

1 2. 곽(성남 수암) 3. 궐(성남 수암) 4. 제형서(무순 연화보) 5. 삽(유수 노하심) 6. 반월도(무순 연화보)
7. 요구삽(운성리 가말뫼) 8. 산(성남 수암) 9. 낫(무순 연화보) 10. 육각형서(연하도) 11. 과(영변 세죽리)
12. 촉(수암 성남), 13. 사(위원 용연동) 14. 착(무순 연화보) 15. 도(본계 괴석동) 16, 17. 부(수암 성남)
18. 극(석암리) 19. 모(수암 성남) 20. 검(대동군 상리)

그림 2 중국 동북지역과 서북한 철기의 종류

경우 주조방식으로 제작되었으며, 대부분 반월형이나 일부 사다리꼴도 있다. 날부 분이 직선 혹은 완만한 곡선을 이루는데 길이 13cm, 폭 4cm 내외다.

2) 공구

이를 대표하는 것은 부·착(鑿)·사(鉈)·도자(刀子)다. 우선 공부가 있는 도끼는 주조와 단조제품(鍛造製品)이 있는데, 대체로 길이 10cm 미만의 소형이다. 길이 12cm 이상의 농기구곽(農器具钁)과 구분하여 벌채도구(伐採道具) 혹은 목제(木製) 가공구(加工具)로 추정하고 있다.

착 또한 주로 목제 가공구로 추정되는데, 대부분 주조제품으로 긴 막대모양에 날이 달린 것으로, 길이 8~17cm, 너비 1~2cm 정도이다. 소켓은 횡단면 방형, 원형, 사다리꼴로서 날보다 폭이 약간 넓거나 좁다.

사는 횡단면 초승달형 혹은 V자형으로 끝이 뾰족하고 좌우변이 길게 평행 선을 이룬다. 폭 2~3cm, 길이 10~15cm 정도이다. 목간(木簡)에 쓴 묵서(墨書)를 지울 때 사용하는 문방구(文房具) 혹은 목공구로서 추정되며, 삭도로 불리기도 한다.

도자는 칼끝에 고리가 달린 것으로 대체로 길이 20~30cm인데 주조와 단조제품이 있다. 만능공구(萬能工具)로서 호신용(護身用), 수확구, 서도(書刀) 등으로 사용된 것으로 보이지만, 늦은 시기에 무기로도 사용되었을 가능성도 배제 못한다.

3) 무기(武器)

살상용(殺傷用) 무기로 검·모(矛)·과(戈)·극(戟) 등이 있다. 검은 끝이 뾰족한 봉부와 양날의 몸체에 슴베를 갖춘 것으로 횡단면이 볼록렌즈 혹은 마름모꼴을 이룬다. 검신(劍身)의 전체 길이가 70cm 이상은 장검, 40~70cm는 중장검, 길이 30cm 미만은 단검으로 분류된다.[14] 검의 자루는 대부분 목제지만, 일부 청동제도 있다. 그러한 동병철검(銅柄鐵劍)에는 중장검과 단검이 모두 확인된다.

---

14) 白雲翔, 2005, 앞의 책.

모는 역시 뾰족한 봉부(鋒部)에 양날이 있는 모신(矛身)을 갖춘 것으로 속이 빈 자루가 달려 있다. 모신의 횡단면이 마름모꼴 혹은 볼록렌즈 모양으로 평면은 장삼각형(長三角形)을 이룬 것, 편평세장(扁平細長)한 것, 월계수잎 모양을 이룬 것 등이 있다.

과는 두 가지 형식이 있다. 하나는 중원계(中原系) 동과(銅戈) 모양을 본딴 것으로 원(援)이 길며, 다른 하나는 이른바 요녕식 동과를 본딴 것처럼 원이 짧은 것이다. 극은 당초 과와 검 혹은 모를 조합한 형태로서 각각 자(刺)와 원이라는 부분으로 변형되었다.

IV. 각 지역의 초기철기문화

앞서 구분한 지역과 시기별로 확인된 초기철기의 출토상황에 대해서 살펴보고자 한다. 출토되는 유적은 크게 생활(성과 포함), 매납(埋納) 그리고 무덤 유적의 세 가지 형태로 나누어 볼 수 있다.

1. 요북 서부

생활유적으로 요양 삼도호, 안산 양초장(洋草場), 매납유적으로 태안(台安) 백성자(白城子)가 보고 된 바 있다.

요양 삼도호에서는 6기의 주거지, 포석대로, 7기의 벽돌가마, 우물터 11기가 확인되었다. 농기구로는 기경구로 육각형서·삽·낫, 공구로 환두도자(環頭刀子)·도끼, 그리고 무기로 화살촉이 수습되었다. 공반되는 벽돌과 와당(瓦當)의 형식으로 보아 3~5기에 걸치는 전한대(前漢代)의 기원전 200~25년 사이로 편년된다.[15]

---

15) 東北博物館, 1957, 「遼陽三道壕西漢村落遺址」『考古學報』57-1期, 119~126쪽.

표 3 각 지역의 초기철기문화 유적

		1기(B.C. 3C전반) 고조선후기 후반	2기(B.C. 3C후반) 고조선후기 말	3기(B.C. 2C전반) 위만조선 전기	4기(B.C. 2C후반) 위만조선 후기	5기(B.C. 1C전반) 한군현 초기
요북서부	생활		안산 양초장		요양 삼도호	요양 삼도호
	매납			태안 백성자		
	무덤	요양 서왕자묘 요양 망수대묘	요양 신성동			
요북동부	생활		무순 연화보	무순 연화보	철령 구태	철령 구태
	매납		철령 구태	본계 괴석동		
	무덤		본계 상보 본계 남분 창도 적가촌 본계 유가초	본계 박보	서풍 서차구	서풍 서차구 신빈 룡두산 무순 노동공원
요남서부	생활		대련 목양성 대련 고려채	대련 목양성 금주 대령촌	대련 목양성 금주 대령촌	금주 대령촌
	매납		대련 남산리			
	무덤	여순 윤가촌 7호 장해 서가구	여순 루상묘 대련 후원대		대련 대반가촌 보란점 강둔	대련 마산/이가구 대련 대반가촌 보란점 강둔
요남동부	생활			봉성 유가보자 수암 성남	봉성 유가보자 수암 성남	
	매납		관전 쌍산자			
	무덤	단동 조가보	화전서황산둔			
서북한북부	생활		영변 세죽리 박천 단산리			
	매납		위원 용연동			
서북한남부	생활				낙랑토성 어을동토성 소라리토성	낙랑토성 어을동토성 소라리토성
	무덤	신계 정봉리	함흥 이화동	봉산 송산리 배천 석산리	평양 토성동 486	평양 정백동군/ 석암리군 강서 태성리군 은율 운성리군 대동 상리 남포 후산리 재령 부덕리 황주 금석리/ 순천리 은파 갈현리

안산 양초장에서는 일천여 매의 명도전과 함께 산·서·곽·겸(鎌)·도 등 다양한 종류의 철기가 출토하였으나, 제대로 보고되지 않았다.[16] 하북성(河北城) 흥륭(興隆)의 거푸집 사례와 유사한 것으로 보고되고 있는데, 실물자료의 일부인 삽과 궐 등 전형적인 주조 농기구가 안산박물관에 전시 공개되어 확인할 수 있다.[17] 그 상한 연대는 공반하는 명도전으로 보아 2기 이전으로 거슬러 올라가는 것으로 이해된다.

태안 백성자에서는 중원계 청동무기와 함께 철기가 출토하는데, 동검은 슴베가 원통형으로 가운데 비었으며, 동과는 파편이어서 전체형식이 확실하지 않다. 청동비수(靑銅匕首)는 주조공인(鑄造工人)을 감독하는 관리를 뜻하는 명문(銘文)을 갖고 있다. 철기는 농기구로서 육각형서 1점, 곽 3점과 함께 무기로서 길이 108cm의 장검 1점이 확인된다. 청동무기의 형식으로 보아 2기에 속하는 것으로 추정되고 있는데 그렇다고 한다면 이 장검은 요동지역에서 가장 이른 사례가 된다.[18]

2. 요북 동부

생활유적으로 무순 연화보, 철령 구태, 매납유적으로 본계 괴석동(怪石洞), 무덤유적으로 본계 상보, 남분(南芬), 창도 적가촌(翟家村), 그리고 서풍 서차구(西岔溝), 신빈 용두산(龍頭山)등이 있다.

무순 연화보에서는 돌담기초를 비롯한 생활유구에서 철제농기구, 공구가 타날(打捺)무늬 호(壺)·옹(甕)·관(罐)과 사수반량전 1점이 공반 출토하였다. 농기구에는 기경구로 곽·궐·서, 수확구로 반월도·낫, 그리고 공구로 착, 무기로 촉(鏃)

---

16) 黃展岳, 1957,「近年出土戰國兩漢鐵器」『考古學報』3期, 93쪽; 富品寶·路世輝, 2010,「鞍山地區出土戰國鐵器的初步探論」『遼寧考古文集』2期, 322~330쪽.

17) 국립문화재연구소, 2011,『한중철기자료집I-중국동북지역출토 철기』, 75~78쪽.

18) 張喜榮, 1997,「台安白城子戰國遺址出土器物簡介」『遼海文物學刊』1997-1期, 158쪽.

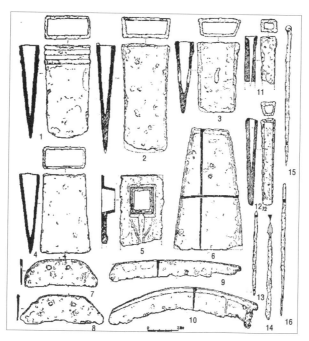

그림 3 무순 연화보 철기

이 있다. 철기의 형식으로 보아 그 연대가 전국 연나라 단계까지 올라갈 가능성이 있지만 서한 문제(文帝) 시기(기원전 175~140)에 제작된 사수반량전이 공반하는 것으로 보아, 그 일정시점이 서한 전기까지 내려오는 것임을 알 수 있다. 따라서 2~3기에 걸쳐 있는 것으로 추정된다.

철령 구태에서는 수차례 발굴조사를 통하여 생활, 매납과 무덤 유구가 확인되었다. 정식보고된 것은 1993년의 트렌치조사 결과로서, 농기구 중 기경(起耕)구로서 곽 11점 · 서 2점 · 산 3점, 수확구로서 반월도 2점, 공구로서 도자 등이 집자리, 무덤 등에서 확인되었는데 공반관계는 확실하지 않다.[19] 동 유적에서는 1973년에 회도(灰陶) 단지에서 연나라 포폐(布幣)와 도폐(刀幣) 15, 123점을 비롯해서 위(衛) · 조(趙) · 진(秦)의 화폐 반량 등이 출토된 바 있다.[20] 이로 보아 화폐와 반드시 공반

---

19) 鐵嶺市文物管理辦公室, 1996, 「遼寧鐵嶺丘家台遺址試掘簡報」, 『考古』1996-2, 36~51쪽.
20) 鐵嶺市博物館, 1992, 「遼寧鐵嶺丘家台發現窖藏錢幣」, 『考古』1992-4, 303 · 310~314쪽.

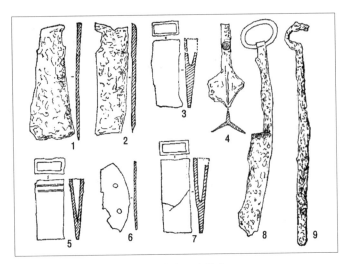

그림 4 철령 구태 철기

하는 것은 아니지만, 앞서 철기갖춤새의 연대가 2기에 속할 가능성도 있다.

일반 거주구역이 아닌 동굴인 본계 괴석동 유적에서 곽·도자와 함께 과가 출토되었다.[21] 과는 원이 길고, 날이 곡선을 이루며 내(內)가 있는 형식으로 전체길이 30.7cm 정도다. 보고자는 전국 말 서한 초라 하고, 다른 연구자는 기원전 2세기대로 추정하는바, 대체로 3기 혹은 4기에 해당되는 것으로 이해된다.

무덤유적의 사례를 시기 순으로 살피면 우선 본계 남분 화차점(火車店)의 B묘(墓)에서 명도전 46점과 함께 곽 5점이 부장된 사실이 확인된다.[22] 화폐로서 명도전만 공반된 사례로 보아 기원전 3세기 후반의 제2기 또는 그 이전에 속하는 것으로 추정된다. 본계 상보에서는 점토대토기와 회색 타날문호(打捺紋壺), 그리고 세형동검(細形銅劍)과 함께 주조철착(鑄造鐵鑿)이 부장되었다.[23] 창도 적가촌 무덤에서는 중원계 도씨검(桃氏劍), 토착계 세형동검·검병(劍柄)과 함께 주조철부(鑄造鐵

21) 苗麗英, 1997, 「本溪怪石洞發現靑銅時代及漢代遺物」, 『遼海文物學刊』1997-1期, 156~157쪽.

22) 梁志龍, 2003, 「遼寧本溪多年發現的石棺墓及基遺物」, 『北方文物』2003-1, 12~13쪽.

23) 魏海波·梁志龍, 1998, 「遼寧本溪縣上堡靑銅短劍墓」, 『文物』1998-6, 18~30쪽.

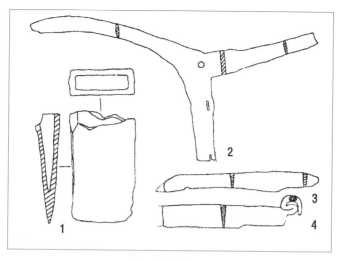

그림 5 본계 괴석동 철기

斧) 5점이 공반출토되었다.[24] 이들 사례는 중원계와 재지계의 토기·청동기의 형식으로 보아 대체로 2기로 추정되나 연구자에 따라서는 3기로 추정하기도 한다.

　서풍 서차구에서는 1956년에 63기의 무덤을 발굴 조사하였는데, 다량의 철기가 부장되었다.[25] 보고가 제대로 되지 않아 상세한 내용을 알 수 없지만 그 기종은 무기로 검·모·도를 비롯하여 공구로 도자와 추(錘), 마구(馬具)로 재갈과 표비(鑣轡) 등이 있다. 정식 보고되지 않은 채 철검(鐵劍)은 71점이 출토되었다고 전하는데, 병부(柄部)로 청동제와 목제 두 종류가 있다. 전자는 검신의 길이가 60~80cm 정도의 중장검으로 검파두식(劍把頭飾)이 쌍조식(雙鳥式)과 원주식(圓柱式)인 재지계통(在地系統)이고, 후자는 길이가 102cm의 장검으로서 한식계통(漢式系統)이다.

　공반(共伴)되는 동경(銅鏡)은 반리문경(蟠螭文鏡)·초엽문경(草葉文鏡)·성운문경(星雲文鏡)·일광경(日光鏡)·사금사리문경(四禽四螭文鏡) 등으로 총 77점이 전하는데 그중 반리문경이 가장 많은 수를 차지한다. 화폐로는 일화전 2점, 대반량(大半

---

24)　李矛利, 1993, 「昌圖發現靑銅短劍墓」, 『遼海文物學刊』1993-1期, 16~18쪽.

25)　孫守道, 1960, 「"匈奴西岔溝文化"古墓群的發現」, 『文物』1960-8·9, 25~32쪽.

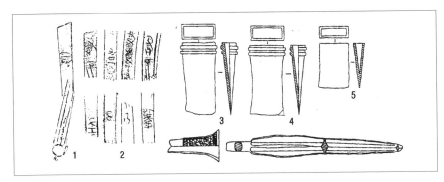

그림 6 본계 남분 청동기와 철기

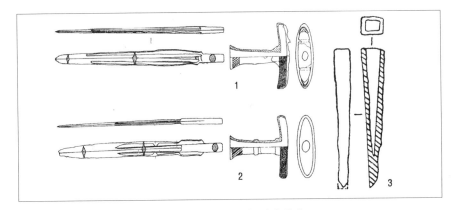

그림 7 본계 상보촌 청동기와 철기

兩) 2점, 반량 18점이 전하는데, 화폐와 동경으로 보아 한 무제(武帝)에서 소제(昭帝)에 이르는 기원전 2세기 후반에서 기원전 1세기 전반에 이르는 4~5기에 속하는 것으로 추정된다.

신빈 용두산에서도 서풍 서차구와 마찬가지로 쌍조형 검파두식 동병철검(銅柄鐵劍)이 부장된 무덤이 조사되었다. 3기의 대석개묘(大石蓋墓) 중 2호묘에서 다량의 재지계 유사점토대토기와 함께 전체길이 67.8cm 중장검 형식의 동병철검 1점, 등대가 있는 철과 1점, 그리고 철부 1점이 부장되었다.[26] 동병철검은 무순 노

---

26) 肖景全, 2010,「新宾旺清門鎮龍頭山石蓋墓」,『遼寧考古文集』2期, 142~164쪽.

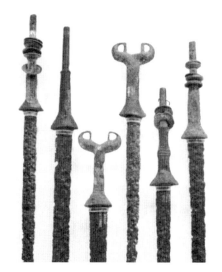

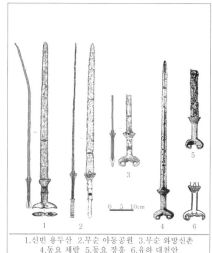

그림 8 서풍서차구출토동병철검(요녕성박물관)　　**그림 9** 쌍조형 검파두식 동병철검

동공원(勞動公園), 와방촌(瓦房村) 등에서도 출토한 것과 같은 형식으로, 대체로 5기에 속하는 것으로 추정된다.[27]

3. 요남 서부

이 지역의 성곽생활유적으로 여순(旅順) 목양성(牧羊城) · 금주(錦州) 대령둔(大嶺屯) · 보란점 고려채(高麗寨), 매납유적으로 대련 남산리(南山裡), 무덤유적으로 여순의 윤가촌(尹家村) · 누상(樓上) · 대련의 대반가촌(大潘家村), 영성자(營城子)와 이가구(李家溝) 패묘(貝墓), 보란점 후원대(後元臺), 신금(新金) 마산패묘(馬山貝墓) 등이 있다.

목양성에서는 81×131m의 범위 내에서 장락미앙(長樂未央)의 명문, 쌍조문 반와당(半瓦當) 등의 서한대 유물과 함께 다량의 부를 비롯하여 낫 · 도자 · 화살촉

---

27) 肖景全, 2010, 위의 글, 154 · 159쪽.

등이 출토되었다. 화폐로는 서한대 이전의 명도전 14점을 비롯하여 일화전·명화전·반량전 등이 공반하므로 2기까지 거슬러 올라갈 가능성이 있으나, 3~4기가 중심시기로 이해된다.[28]

금주 대령둔의 경우 출토상황은 전하지 않으나, 곽·부·도자 등의 철기가 보고되었다.[29] 후대의 화폐로서 화천(貨泉) 2점도 있지만 공반출토된 명도전 20점으로 보아 그 중심연대는 2기인 것으로 추정된다.

보란점 고려채에서는[30] 각종 회색도기와 동모·동촉 등의 청동기, 그리고 명도전·방족포(方足布)·일화전·반량전 등의 화폐와 함께 나오는 바, 대체로 제 2기 이전의 것으로 추정된다. 철기로서 곽·궐·서 등의 농경 기경구, 겸 등의 농경수확구, 그리고 무기로서 검이 출토되었다. 검은 횡단면 렌즈형으로, 길이 40cm 정도로서 2기 이전에 속하는 이른 사례로서 주목된다.

대련 남산리에서 인골과 함께 나온 대형 항아리에서 철기가 출토하였는 바, 보고자는 무덤으로 추정하고 있지만, 철기 자체는 부장된 것이 아니라 일괄 매납된 것으로 보여진다.[31] 농경 기경구로 곽과 함께 제형서(梯形鋤)·분(錛), 농경 수확구로 반월형도가 확인되는 바, 갖춤새로 보아 역시 2기 이전으로 추정된다.

1기에 속한다고 추정되는 여순 윤가촌 7호묘에서 검 혹은 사가 부장된 것으로 전하지만 확실하지 않다. 같은 시기에 속하는 무덤으로 토착계의 세형동검과 동부와 함께 중원계 도씨검이 공반되는 장해 서가구의 사례가 있는데, 철기는 부장되지 않았다.

여순 누상묘(樓上墓)는 앞선 시기의 비파형동검(琵琶形銅劍)과 혼재해 있어 정확한 출토상황은 알 수 없으나, 3호묘에서 2기 이전으로 추정되는 명도전과 함께

28) 東亞考古學會, 1931,『牧羊城-南滿洲老鐵山麓漢及漢以前遺蹟』.
29) 三宅俊成, 1933,『大嶺屯城址:漢及漢以前之遺蹟』.
30) 東亞考古學會, 1929,『篦子窩-南滿洲碧流河畔の先史時代遺跡』, 東方考古學總刊甲種 第1冊.
31) 東亞考古學會, 1931,『南山裡-南滿洲老鐵山麓の漢代墓』, 東方考古學總刊甲種 第3冊..

철제 낫 1점이 확인되었다.[32] 대련 대반가촌 4호 목곽묘에서는 4기에 속하는 서한대 도기만 출토되었을 뿐 철기는 확인되지 않았다. 이 무덤에 의해 중복 훼손되므로 3기에 속하는 것으로 추정되는 3호 목곽묘에서는 부장품으로 주조철부 흔적이 확인되었다.

보란점 후원대 무덤에서는 세형동검과 함께 중원계 동과와 청동예기(靑銅禮器)가 공반하고, 철부만 공반된 것으로 알려져 있다. 2기 혹은 3기에 속하는 것으로 추정된다. 다음 5기에 속하는 것으로 추정되는 사례로서 신금 마산패묘의 철부, 대련 영성자패묘 23·33·42호묘의 철삽·환두도자의 부장사례가 있다. 그 밖에 26기가 조사된 대련 이가구 패묘 중 20호묘에서 철기가 부장된 사례가 보고되었다. 이 무덤은 전후실(前後室)이 갖추어진 비교적 큰 무덤으로 다종다양한 토기·청동기, 그리고 송오신인(宋敖信印) 인장(印章)과 함께 검모양 철기 1점이 부장된 것이 확인된다.

앞서 패묘와 마찬가지로 철기가 거의 부장되지 않지만 4~5기에 속하는 무덤이 상당수 조사되어 정식 보고서로 출간된 보란점 강둔(姜屯) 유적이 있다.[33] 총 154기가 조사되었는데 그중 55기가 부장된 화폐와 거울을 통해서 그 실연대를 추정할 수 있다. 기원전 2세기 후반인 4기에 17기, 기원전 1세기 전반인 5기에 38기의 목곽묘와 목관묘가 축조되었다. 부장된 유물은 대부분 도기로 철기는 물론 청동기도 대구(帶鉤)와 동전을 제외하면 거의 없다시피 하다.

4. 요남 동부

이 지역의 성곽생활유적으로 봉성(鳳城) 유가보자(劉家堡子), 수암(岫岩) 성남(城南)의 사례가 대표적이고, 매납유적으로 관전(寬甸) 쌍산자(雙山子)가 있지만 무덤유적은 제대로 보고되지 않았다. 봉성 유가보자에서는 조사된 10여 개의 시굴갱

---

32) 許明綱, 1960, 「旅順口區后牧城驛戰國墓淸里」, 『考古』1960-8, 469~474쪽.
33) 遼寧省文物考古硏究所, 2012, 『姜屯漢墓』(上)(下).

에서 농기구로 곽·궐, 공구로 착·도자, 무기로 모와 족 등이 소량 수습되었다. 철모는 길이 23cm이고 공부 끝이 팽창된 형식이다. 같은 구역 내에서 권운문(卷雲文) 와당 다수를 포함한 한대 기와가 수습된 건축기단이 발견되어, 보고자는 서한 조기(早期)인 제3기 혹은 제4기에 속하는 것으로 추정하고 있다.[34]

수암 성남의 경우 4개의 시굴갱(試掘坑) 중 T3에서 확인된 1개의 화덕자리에서 15점의 철기가 집중 매립되어 있었다.[35] 출토상태로 보아 매납유적으로 볼 수도 있는데, 농경구 중 기경구로서 곽·삽·산·궐·요구삽·쟁기, 수확구로서 낫, 공구로 부, 무기로서 모와 촉이 공반되었다. 바로 인접한 회갱(灰坑)의 도기편(陶器片)이 그 형식으로 보아 전국말기까지 올라가겠지만, 일시에 퇴적된 것으로 보아 제4기 기원전 2세기 후반으로 추정하는 것이 무리 없어 보인다.[36] 1점의 철모는 공부 끝이 벌어진 것으로 모신 횡단면 마름모꼴로 남은 길이 38cm로 추정된다.

관전 쌍산자의 경우 동굴 안에서 가지런히 놓인 명도전 200여 점 아래에 곽 2점, 반월도 7점의 철제 농기구가 확인되었는바, 2기에 속하는 것으로 추정된다.[37]

무덤유적으로 1기에 속하는 것으로 추정되는 단동 조가보(趙家堡)의 사례가 있어 동검·동모, 그리고 조세문경(粗細文鏡)이 무덤에 부장되고 있지만, 철기는 공반하지 않고 있다.[38] 정확하게 요동지역에 속한다고 볼 수 없지만, 인접한 화전 서황산둔(西荒山屯)의 무덤에서 동검·조세문경과 함께 철기가 부장된 사실이 확인되어 참고가 된다.[39] 이 유적에서 총 8기의 무덤이 발견되었는데, 그중에서 6기의 무덤에서 곽·겸·도 등의 철기가 확인되었다. 쌍조형 검파두식 동검은 1·3호, 그리고 T자형 검파두식 동검은 1·2호에서 출토되었는바, 대체로 2기 전후로 추정된다.

---

34) 馮永謙·崔玉寬, 2010, 「鳳城劉家堡子西漢遺址發掘報告」, 『遼寧考古文集』(2), 遼寧省文物研究所.

35) 鞍山市岫岩滿族博物館, 2009, 「遼寧岫岩城南遺址」, 『北方文物』2009-2.

36) 金想民, 2012, 앞의 책.

37) 許玉林, 1980, 「遼寧寬甸發現戰國時期燕國的明刀錢和鐵農具」, 『文物資料叢刊』3期.

38) 許玉林·王連春, 1984, 「丹東地區出土的青銅短劍」, 『考古』1984-9.

39) 吉林省文物工作隊·吉林市博物館, 1982, 「吉林樺甸西荒山屯青銅短劍墓」, 『東北考古與歷史』1982-2, 141~152쪽.

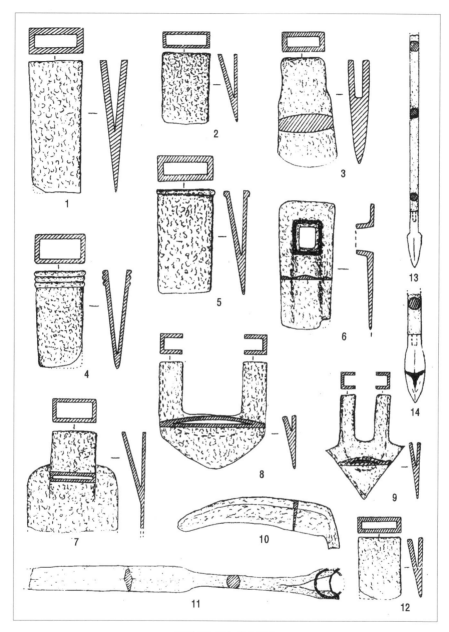

그림 10 수암 성남 철기

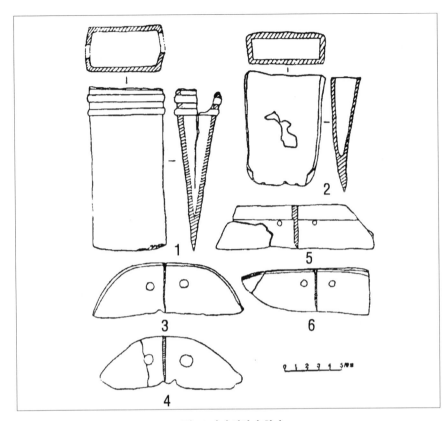

그림 11 관전 쌍산자 철기

5. 서북한 북부

이 지역에서 생활과 매납유적은 확인되지만 무덤은 아직 제대로 보고된 바가 없다. 생활유적으로 영변 세죽리·박천 단산리, 매납유적으로 위원 용연동이 있는데 명도전과 공반되는 철기갖춤새만 확인된다.

우선 생활유적인 영변 세죽리에서는 5기의 집자리에서 다량의 토기와 함께 철기가 출토되었다. 같은 문화층에서 네모난 상자에 50점씩 묶어 2,000점을 매납한 명도전이 발견되어 그 연대를 2기 혹은 그 이전으로 판단할 수 있게 한다.[40] 농기구 중에 기경구로서 곽과 궐, 수확구로서 낫, 공구로서 부와 도자, 무기로서 과가 확인되었다. 과는 요북 동부의 신빈 용두산의 사례가 있을 뿐 드문 예로서 주목된다.[41]

박천 단산리에서도 여러 시대 문화층 중에서 한 층위에서 다량의 막새기와·평기와와 함께 공구로서 부와 착, 무기로서 활촉이 출토되었다.[42] 막새기와 는 반원형의 고사리무늬가 장식된 연 계통이므로 이를 근거로 동 갖춤새가 2기 이전의 기원전 3세기대임이 확인된다.

위원 용연동에서 성격불명의 원형 적석시설에서 철기가 매납되었는데, 공반되는 화폐로서 명도전만 52점이 있어 1기 혹은 2기에 속하는 것임을 알 수 있다.[43] 농기구 중에 기경구로서 곽 2점, 궐 1점, 육각형서 1점, 수확구로서 반월도 1점, 낫 1점이 전한다. 공구로는 사 1점이 있으며, 무기로서 2점의 모가 전한다. 이를 통해서 제1~2기에 연의 농공구·무기 등의 각종 기종을 갖춘 철기갖춤새가 서북한 북부까지 전하는 사실이 확인된다,

특히 기종 수준에 주목할 만한 사실은 1~2기는 물론 3기에도 출토사례가 많지 않은 모가 공반한다는 사실이다. 봉부가 선미형(船尾形)을 이루고 신부(身部)의 횡단면이 볼록렌즈모양이며, 그 기부(基部)는 둔각을 이룬다. 자루는 횡단면을 보면 상부는 장방형(長方形)으로 속이 꽉 차 있고, 하부는 공부로서 원형을 이루면서 가운데가 비어 있다.

---

40) 사회과학원 고고학연구소, 1962,「영변 세죽리유적 발굴」,『문화유산』6; 조선유적유물도감편찬위원회, 1990,『조선유적유물도감 -고조선 부여 진국편』, 동광출판사, 91~94쪽.

41) 肖景全, 2010, 앞의 글.

42) 조선유적유물도감편찬위원회, 1990, 앞의 책, 95쪽.

43) 藤田亮策·梅原末治, 1947,『朝鮮古文化綜鑑』1.

6. 서북한 남부

이 지역에서는 철기가 출토하는 매납유적은 물론 생활유적의 사례가 거의 확인되지 않고 있다. 다만 토성유적으로 낙랑토성의 사례가 있을 뿐이다. 이 유적에서 농공구로 삽·부·도 그리고 무기로 활촉 등이 출토되었는데, 공반관계 와 출토위치가 정확하지 않다. 이른 것은 4기의 것도 있겠지만, 대체로 5기 이후의 것으로 추정된다.

무덤유적으로 이른 단계의 철기가 부장된 사례로 황해 봉산 송산리,[44] 배천 석산리 유적[45]의 사례가 있다. 둘 다 철부만 부장된 것으로 전자는 검·모·부·기울 등, 후자는 검·모 등의 청동기와 공반되었다. 대체로 3기에 속하는 것으로 추정되는데, 이르면 2기까지 거슬러 올라간다고 보는 의견도 있다.

서북한지역에서 한식의 초기철기가 다량 부장되는 무덤유적의 조사 사례가 적지 않다. 우선 평양 토성동 486호 무덤에서는 쌍조형 검파두식 동병동검·동과와 함께 검·도·과·노기(弩機)·촉 등의 무기와 부와 착 등 40여 점의 철기가 부장되어 주목된다.[46] 劍은 중장검으로 길이 68cm, 도는 59cm 정도다.

평양 정백동,[47] 석암리,[48] 강서 태성리,[49] 운율 운성리에서는 다수의 무덤이 군을 이루며 조사되었으며, 그 밖에 대동 상리,[50] 재령 부덕리,[51] 남포 후산리,[52] 황

---

44) 황기덕, 1962, 「황해북도 봉산군 송산리 솔뫼골 돌들림무덤」, 『고고학자료집』3.

45) 황기덕, 1974, 「최근에 새로 알려진 비파형단검과 좁은놋단검관계의 유적유물」, 『고고학자료집』4.

46) 윤광수, 1994, 「토성동 486 나무곽무덤 발굴보고」, 『조선고고연구』4.

47) 사회과학원 고고학연구소, 1978, 『고고학자료집』5; 사회과학원, 2001, 『평양일대 락랑무덤에 대한 연구』, 중심출판사; 국립문화재연구소, 2012, 『한중철기자료집(III)-한반도 북부지역의 초기철기』.

48) 백련행, 1965, 「석암리에서 나온 고조선 유물」, 『고고민속』4.

49) 사회과학원 고고학연구소, 1958, 「태성리고분군 발굴보고」, 『유적발굴보고』5.

50) 藤田亮策·梅原末治, 1947, 앞의 책.

51) 리순진, 1961, 「재령군 부덕리 수역동의 토광무덤」, 『문화유산』6.

52) 리영, 2012, 「후산리나무곽무덤 발굴보고」, 『조선고고연구』2012-1, 31~33쪽.

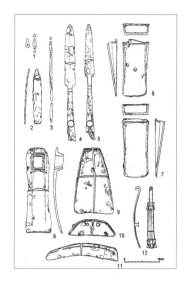
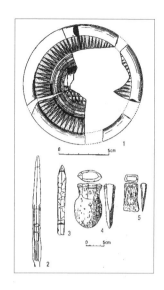

그림 12 위원 용연동 철기   **그림 13** 봉산 송산리 청동기 · 철기

주 금석리, 순천리, 은파 갈현리[53] 등이 있다.

이들 무덤에 부장된 철기를 보면 농기구로 궐 · 분 · 겸, 공구로 착, 무기로 장검과 단검, 모 · 극 · 과 · 촉 등이 있다. 이들 철기와 함께 청동기로 토착계 세형동검 · 세형동과를 비롯하여 각종 차마구가 공반된다.

이들 사례에 대해서 북한의 연구자들은 제4기인 기원전 2세기대로 보는 의견이 압도적인 데 반하여[54] 한중일의 연구자는 제5기인 기원전 1세기대로 보는 의견이 많다.[55] 이는 한 군현 이전, 이후 어디로 볼 것인가 하는 역사적 관점이 반영된 것이기도 하지만, 무덤에 부장되는 시점과 처음 보급 사용되는 시점이 일치하지 않기 때문인 것이다. 앞서도 지적하였듯이 제4기 말과 제5기 초는 절대연대상

---

53) 과학원 고고학및민속학연구소, 1959, 「황해북도 은파군 갈현리 하석동 토광묘 유적조사보고」, 『고고학자료집』2.

54) 사회과학원, 2001, 앞의 책.

55) 이영훈, 1987, 『낙랑목곽분의 일고찰』, 서울대학교 석사학위논문; 오영찬, 2006, 『낙랑군연구』, 사계절; 김상민, 2012, 앞의 책; 高久建二, 1995, 『樂浪古墳文化硏究』, 學硏文化社; 王培新, 2007, 『樂浪文化-以墓葬爲中心的考古學硏究』, 科學出版社.

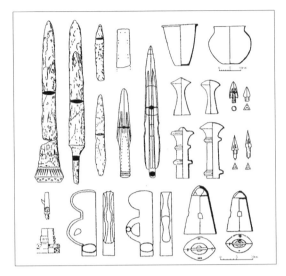

그림 14 평양 정백동 1호묘 철기   **그림 15** 대동 상리 철기

으로 10년 남짓 차이이므로, 그러한 연대상의 문제를 고려해야 한다. 크게 보면 최근에 남한 연구자들 사이에서도 기원전 2세기설이 주장되는 토성동 486호 무덤도 마찬가지인 것으로 이해된다.

V. 철기문화의 단계별 변천과 그 역사적 배경

1. 제1기(기원전 3세기 전반)

이 시기에 속한다고 단정할 만한 철기의 사례는 없지만 그렇다고 전혀 철기가 보급되지 않았다고 판단할 수는 없다. 제1기 이전인 기원전 4세기대에 연의 문화가 요동에 유입되었다는 주장이 제기되고 있는 바, 요남 서부의 여순 목양성 지점과 윤가촌 12호에서 발견되는 연의 도기 고배(高杯)가 바로 그것이다.[56] 이를 신뢰한다면 북경 연하도(燕下都)를 비롯한 여러 유적에서 확인된 바 있는 전국 중기의 철기가 요동지역에 유입되었을 가능성은 얼마든지 있다.

무엇보다 일본에서 발견되는 연 계통의 주조철부 혹은 철곽(鐵钁)이 일본 연구자들이 주장하듯이 기원전 4세기 혹은 기원전 3세기 이전임을 인정한다면, 그 최초 생산지와 최종 소비지 중간에 위치한 유통의 거점이라고 할 수 있는 요동 지역에 기원전 3세기 전반 이전에는 동 기종의 철기가 보급되었을 것으로 추정된다.

이 시기는 기록에 연과 고조선이 상호 경쟁하는 1단계와 연이 동진(東進)하여 고조선 영역을 점유하는 2단계로 구분하여 살필 수 있다. 1단계에 이미 연이 그 영향력을 동쪽으로 요동의 저지대까지 확대한 것으로 주장하는 의견도 있지만, 오히려 고조선이 이전부터 지속적으로 요서지역을 지배하였거나 혹은 새로이 진출하였다는 의견도 있다.[57] 어떤 의견을 따르던 간에 1단계에 일반 생업과 관련된 농공구의 간단한 기종이 유입될 가능성을 배제할 수 없다. 바꾸어 말하면 1기 초반에 소형 농공구가 일부 엘리트층이나 거점지역에 적은 양이나마 전달될 가능성은 얼마든지 있다는 것이다. 양 집단 간에 무력적 충돌이 아니고, 상호 경쟁하는 수준이라면 상호 위해를 할 수 있는 전쟁무기는 곤란하겠지만 비전투적인 일상생활 농공구는 일정수준까지 교역이 이루어졌을 가능성이 있다.

무엇보다도 명도전 화폐가 중국 동북지역과 한반도 서북한 북부에 대량 확산되는 현상이 주목된다. 그 하한은 다음 2기까지 내려가겠지만 상한은 1기 2단계라고 추정되는 바, 그 계기는 문헌기록에 알려진 진개가 주도하는 연의 동진일

56) 이후석, 2012, 「요동반도 세형동검문화의 양상과 변천 -윤가촌유형을 중심으로」, 『숭실사학』 28, 5~51쪽.

57) 石川岳彦・小林靑樹, 2012, 「春秋戰國期の燕國における初期鐵器東方擴散」, 『國立歷史民俗博物館硏究報告』 167, 1~40쪽; 박대재, 2006, 『고대한국 초기국가의 왕과 전쟁』, 경인문화사, 63~70쪽.

가능성을 부인하기 어렵다.[58] 명도전 화폐가 고조선에서 제작되었다고 한다면 기원전 3~2세기 고조선의 지배력이 미친 것이 분명한 한반도 서북한에서 화폐자료가 다수 출토되어야 하지만 그러지 못하다.

한편으로 지배영역의 변화 없이 국가 간의 폐쇄적인 경계를 사이에 유지한 채, 그렇게 많은 연나라 화폐가 유통되기 어렵다고 판단된다. 그러한 유통의 담당자로서 연나라 상인과 함께 지역특산물의 생산자로서 고조선계 집단이 있었음은 두말할 것도 없다. 따라서 그 화폐의 공간적 범위는 연의 영향력이 미치더라도 고조선 주민 혹은 유이민의 활동이 자유롭고 개방된 공간이어야 된다.

바꾸어 말하면 연의 화폐가 그렇게 많이 유통되었다고 한다면 요동지역과 서북한 북부에서 연과의 교역이 활발하였다는 것을 의미하고, 그 교역의 주요 대상 품목 중에 철기가 포함되었을 것이다. 그리고 그것은 연산(燕山) 이남의 연하도(燕下都), 흥륭(興隆) 등을 비롯한 여러 공방에서 생산된 제품으로서 그중에서도 농기구가 가장 적극적으로 유통될 가능성이 높다 하겠다. 그것은 토착집단(土着集團)이든 연의 세력이든 간에 새로 들어선 거점지에서 농업과 수공업의 효율을 높이고자 하기 때문이다. 무기는 유통 대상에서 제외되었을 것인 바, 연의 중심지역에서도 철제무기가 일정수준 이상 생산되지 않아서도 그렇지만, 집단의 안전을 위협하는 전략적인 품목이기 때문이다.

따라서 요동의 전 지역과 서북한 북부에 걸쳐 몇몇 거점을 중심으로 이들 농기구가 확산되었을 것이다. 이들 유적에서 확인되는 기경구와 수확구, 그리 고 생산공구(生産工具)의 상당수는 2기 이후라고 하더라도 그와 유사한 형식의 기종이 처음 보급되는 것은 적어도 1기 후반 2단계로 판단된다. 그렇다고 하여 동일한 명도전 철기분포 구역인 서북한 북부-요동 전 지역에 걸쳐 획일(劃一)된 유통 시스템이 작동하리라고 보기 어렵다. 그러한 시스템이 보다 강도 있게 작동되는 거점이 있는가 하면 그렇지 않은 곳도 있다는 것이다. 또한 서북한 북부와 요동 전

---

58) 송호정, 2007, 앞의 글, 1~34쪽.

지역에 걸쳐 제어할 수 있는 단일주체가 있는 것이 아니라, 개별적으로 성장한 다수의 지역주체 간에 상호 긴밀한 네트워크가 조성되어 앞서 열거한 각 거점에 화폐와 철기 등의 재화가 유통될 수 있다는 것이다.

다량의 중원계 위세품이 부장된 요북 서부의 요양 신성동, 서왕자 등의 지배층 무덤이 중국 연구자들이 주장하듯이 이 단계의 것이라고 한다면,[59] 연의 동진 직후인 기원전 3세기 전반에 요동 북부의 저지대에 연과 밀접한 관계를 맺은 거점이 마련되었음을 의미한다. 군사적 정복을 통하여 새로 편입된 영역에 제대로 작동되는 지방행정조직을 조성할 경우 철기의 제작공방이 설치되었겠지만, 요동에서 이에 대한 확실한 증거가 확보되지 않고 있어 이를 인정하기 어렵다.

한편 이 시기에 속하는 무덤으로서 철기가 없이 토착계 청동기만 출토하는 사례로서 요북 동부와 요남지역에서는 세형동검을 비롯한 무기와 공구를 부장한 목관묘 혹은 토광묘가 이 시기에 축조된 것으로 추정된다. 요북 동부지역에서는 본계 유가초(劉家哨), 요남지역 서부에서는 장해 서가구(徐家溝), 요남지역 동부에는 단동 조가보(趙家堡)의 사례 등이 바로 그것이다.

따라서 연의 철기와 화폐가 종전의 토착 청동기갖춤새를 전면 대체된 것은 아니다. 외래계인 연나라 주조 철기를 기본갖춤새로 한 연화보-세죽리 유형이 등장할 때 재지계 청동기를 기본갖춤새로 한 유가초-조가보 유형의 청동기 부장 무덤이 존재하고 있다. 바꾸어 말하면 일정 거점에 연의 철기 집단이 등장할 때, 그 외의 지역에서는 재지 청동기 집단이 존속하는 것이다.

또한 요녕식 세형동검과 함께 요서식 동과가 공반출토하는 단동 망가촌(望家村)의 사례도 이에 해당된다. 이들 사례는 다음 기원전 3세기 후반인 2기에 속할 가능성을 배제 못하지만, 적어도 동 형식의 청동기갖춤새가 출현한 것은 이 단계일 가능성도 충분히 있다.

한편 서북한 남부에서는 이 시기에 속하는 철기는 물론 전국계(戰國系) 청동기

---

59) 木啓文, 2009,「遼陽新城戰國墓發現與研究」,『遼寧省博物館館刊』, 115~121쪽.

가 부장되는 무덤은 물론이거니와 명도전도 거의 보급되지 않는다. 철기와 화폐가 동반하여 거의 유입되지 않았다는 것으로 서북한 북부와 대조가 된다. 이러한 현상은 다음 제2기까지도 지속되는데, 서북한 북부의 이북과 이남은 그러한 과정과 배경에서 차이가 있음을 분명히 보여주는 것이다. 그것은 遼北 서부에서 서북한 북부에 이르는 지리적 공간에 명도전과 주조철기를 통하여 작용한 기제가 그 이남에서는 작동하지 않았음을 말해준다.

2. 제2기 (기원전 3세기 후반 ~ 2세기 초)

이 시기는 기록으로 보아 두 단계로 나누어 볼 수 있는데, 1단계는 연이 멸망 직전, 2단계는 진한(秦漢) 전환기(轉換期)로서, 요동과 서북한지역에 연진한의 중원세력과 고조선의 지배방식과 그 경계에 여러 차례 변화가 있는 시기다. 1단계에는 앞선 시기에 구축되기 시작한 재화유통과 교역체계가 일부 변화가 있지만, 그 기본질서는 유지되었을 것이라고 판단된다. 2단계에는 이 지역에서 1단계까지 유지되었던 정치군사체제의 변화가 불가피하였을 것이라고 판단되며, 무엇보다도 연나라 화폐인 명도전의 유통에 변화가 있었을 것이다.

1단계부터 철기가 보급되는 공간적 범위가 앞선 시기보다 더욱 확대된 것으로 추정된다. 요북 동부의 무순 연화보·철령 구태, 요남 서부의 대련 고려채, 서북한 북부의 영변 세죽리, 위원 용연동 등이 이 단계에 속하는 생활유적 사례로 이해된다. 연의 와당이 발견되었다고 전하는 본계·철령 등의 사례를 통해서 지방 행정조직은 아니더라도 이 단계에 속하는 연문화의 거점이 요동 북부의 동쪽 산지에까지 파급되었음을 알 수 있다.[60]

요동과 서북한 북부에 보급된 기종은 더욱 다양해진 것으로 보이는 바, 이 미 1기에 보급된 농공구의 기종이라 하더라도 그 양도 대폭 늘어났을 것으로 추정된

---

60) 이광명의 미발표논문.

다. 이러한 현상은 공급처가 늘어났을 뿐만 아니라, 공급과정도 더욱 유연하였기 때문인 것으로 풀이된다.

늘어난 철기의 기종은 무기로서 모와 과가 있다. 모는 서북한 북부의 용연동 출토사례가 있는데, 모신의 횡단면이 단검과 유사한 단면 렌즈형이고, 기부는 수평을 이룬다. 이러한 형식의 철모는 연하도의 사례가 있다. 철과 또한 영변 세죽리에서 확인되는데 등대가 있는 형식이다. 이러한 과의 속성은 연나라 동과에서는 드물고, 요서지역의 현지 집단이 제작한 것으로 추정되는 이른 바 요서식 혹은 요녕식 동과에서 흔하게 보이는 속성이라는 사실이 주목된다.

이러한 철기와 함께 명도전이 매납되는 유구 자체 대부분 이 시기 1단계 말에 속하는 것으로 보인다. 매납유구에 대해서는 은닉과 보관, 폐기 등의 여러 관점에서 설명되고 있지만, 그 대부분은 정황이 불안하고 급박하여 운반이 어려울 뿐만 아니라, 원위치 복귀를 기대하며 은닉한 것으로 이해된다. 그렇다고 한다면 화폐를 통용하였던 연이 진나라에게 기원전 3세기 말 멸망할 즈음에 화폐 보유 집단이 위해(危害)를 피하여 피난하였다가 복귀하지 못한 상황 속에서 조성된 유구라 할 수 있다.

명도전이 고조선에서 주조하였거나 통용한 화폐라고 한다면 은닉된 상태로 화폐가 남아 있는 것은 고조선의 체제가 붕괴되어 더 이상 영향력을 행사할 수 없는 상황에서나 가능한 현상이다. 고조선 체제의 붕괴에 대해서는 기원전 2세기 초 위만조선의 성립 혹은 기원전 2세기 말 한군현 설치와 관련지어 설명 할 수 있다. 명도전 매납유적의 실 연대를 고려할 때 전자가 더욱 가능성이 있는 바, 그렇다고 한다면 위만조선은 여러 연구자들이 주장한 것처럼 명도전의 통용을 활성화시킨 것이 아니라, 오히려 중지시킨 형국이 되어 인정하기가 어렵다.

명도전 매납유구가 요녕성과 내몽고(內蒙古), 서북한 전 지역에서 확인되지만, 그 중에 특히 요동과 서북한 북부의 유적 수와 화폐 출토량이 가장 많은 것은 이 지역에서 그러한 특수한 상황이 더욱 두드러졌다는 것을 의미한다 하겠다. 따라서 철기와 함께 화폐가 은닉된 사례는 용연동 유적이 대표적으로, 그 상한은 1기까지 거슬러 올라가지만 그 중심과 하한연대는 2기에 해당될 가능성이 많다.

이 시기에 요동지역에 발견된 무덤으로서 첫 번째 외래계 유물만 부장된 무덤과 두 번째 외래계와 토착계 유물이 부장된 무덤이 있다. 우선 첫 번째 사례로 요북 동부에 위치한 요양 신성동 목곽묘가 있다. 부장유물은 순수하게 연의 청동기와 도기, 목기로 구성된다. 그중에서 청동기와 도기는 연의 계통으로서 전국시대 중기에 해당되고, 목기는 초나라 것으로 보고되고 있다. 중국 보고자에 따르면 이 무덤은 앞선 1기에 속하나, 2기에 속할 가능성도 배제 못한다. 그렇다고 한다면, 그것은 기원전 3세기 후반 혼란기에 이주해 온 연·제·조의 유이민 엘리트 무덤일 수도 있는 것이다.[61]

두 번째의 사례로 요북 동부지역에서 토착청동기와 함께 철기와 명도전 등 외래계 유물이 부장된 본계 화차점, 환인(桓仁) 대전자(大甸子) 유적이 있다. 철제공구 1~2 점과 토착청동기인 세형동검이 공반출토되는 본계 상보촌도 그 연대의 상한 으로 보아 이에 해당될 가능성이 있다.

한편 서북한 남부에서는 이 시기에 속하는 철기출토 생활·매납유적은 물론, 무덤유적도 제대로 확인되지 않고 있다. 그렇다고 하여 농공구조차도 전혀 유입되지 않았다고 보기 어렵다. 실제로 유입되었지만 전하지 않거나, 무덤에 부장되는 의례가 다만 이 지역에 조성되지 않았을 뿐이라고 생각한다. 그것은 위원 용연동을 포함하여 서북한 북부에 이 단계에 보급된 철낫이 다음 단계이지만 완주 갈동 등지의 한반도 서남부지역의 무덤에 출토되는 사례를 보아 더욱 그러하다. 무덤에 부장될 정도면 그 이전에 한반도 남부지역에 유입되었을 것이고, 그러한 사정은 서북한 남부도 마찬가지일 것이라고 추정되는 것이다. 다음 시기에 속하는 것으로 일단 설명된 봉산 송산리 무덤에서 세문경과 공반된 주조철기의 실제 사용연대는 이 시기에 속할 가능성이 많다.

또한 인접한 함흥 이화동 무덤에서 세문경·세형동검·세형동과와 함께 주조 철부가 공반출토하는 사례로 보아, 이 지역에 이 시기에 철기를 공반하면서 청동

---

61) 이종수, 2013, 앞의 글.

기가 더욱 형식을 발전시켜 보급된 것으로 추정된다. 한국식 세형동과의 제작 보급이 이 시기부터 시작되었을 가능성이 높은 것은 한반도에서 건너 간 세형동과가 기원전 3세기 후반일 가능성이 많은 연하도 신장두(辛庄頭) 30호묘에 서 출토되는 사실로 미루어 짐작할 수 있다.

3. 제3기(기원전 2세기 전반)

이 단계에 요동-서북한지역에 걸쳐 주목되는 사실은 그동안 제대로 보급되지 않았던 서북한 남부를 포함하여 전 지역에 농기구와 공구의 보급이 확산된다는 사실이다. 요동 전 지역에서는 궐·요구삽·육각형서 등을 포함해서 농공구의 전 기종이 보급된다. 요남 서부의 대련 목양성, 금주 대령촌(大鈴村)을 비롯하여 요남 동부의 봉성 유가보자, 수암 성남 유적의 사례가 이에 해당되는 것으로 추정된다.

그러나 서북한 남부의 경우는 부·착·사 등 공구의 일부 기종만 제한적으로 보급된 것으로 추정된다. 이 지역에서 주조철기가 제작되었을 가능성을 주장하는 연구자도 있지만,[62] 그렇다 하더라도 생산되는 기종은 앞서 본 것처럼 극히 한정되었을 것이다.

한편 단조(鍛造) 철제무기의 경우 이미 2기에 보급되기 시작한 모·검·과가 이 단계에 더욱 늘어났을 가능성이 충분히 있다. 요북 서부의 태안 백성자와 요북 동부의 본계 괴석동 등과 서북한 북부의 위원 용연동이 그 연대의 하한이 이 단계까지 내려온다면 이에 해당되는 사례라 할 수 있다. 서북한 남부에 철제무기가 전혀 보급되지 않았다고 단정할 수는 없지만, 그러할 가능성을 입증 하는 증거가 제시되지 못하고 있다.

또한 서북한 북부와 요동지역에 중원계 철제무기가 보급되는 상황과 달리, 요

---

62) 村上恭通, 2008, 「東アジアにおける鐵器の起源」, 『東アジア鐵器の系譜』, 雄山閣, 148~154쪽.

북과 요남의 동부, 그리고 서북한 남부에서 토착계 청동무기가 지속적으로 변형 발전하는 모습을 보여준다. 요북 동부지역의 경우 이른바 쌍조형검파두식 동병 동검이 부장된 본계 박보(朴堡) · 통화(通化) 금창진(金廠鎭)이 이에 속한다. 유사한 쌍조형검파두식의 합주식(合鑄式) 동병동검은 영길(永吉) 오랍가왕둔(烏拉街王屯) · 화전 서황산둔 · 장백(長白) 비기령(飛機嶺)의 사례에서 보듯이 길림지역에서 확인 되는데, 앞선 2기에 처음 등장한 것으로 추정된다. 서북한 남부의 경우 봉산 송산 리, 배천 석산리 등지에서 철부와 함께 공반되는 동검 · 동과도 바로 이에 해당된 다.

이러한 상황 속에서 위만조선의 철기갖춤새를 어떻게 설명할 것인가. 이와 관련하여 가장 중요하고도 당연한 전제는 그 지리적 영역을 어떻게 규정하는 가이다. 기원전 195년에 위만이 이끄는 집단이 요동외요(遼東外徼)에서 빠져나와 패수 (浿水)를 건너 이동하고, 고조선 준왕(準王)이 지키게 한 진고공지(秦故空地) 상하 장(上下鄣), 그리고 기원전 194년 위만이 정권을 장악한 고조선이 어디에 위치하 였는가의 문제다. 패수의 위치에 대해서 청천강 · 압록강 · 혼하, 나아가 대릉하 설 등이 있으며, 이에 따라 위만조선의 영역은 각각 달라진다.[63]

청천강설을 취한 경우 위만조선을 입증하는 고고학적 증거로 서북한 남부 의 무덤유적에서 세형동검 · 동과 · 동경과 공반하는 철제농공구가 있을 뿐이다. 위 만조선이 한에서 병위재물을 전수받았다는 기록이 전하는 바, 이에 상응하는 철 제무기 자료가 확인되지 않고 있어, 지나치게 확대 해석하는 것은 무리라는 의견 은 패수 청천강설을 염두에 둔 것으로 보인다.[64]

---

63) 리지린, 1962, 「고조선연구」; 윤내현, 1986, 『한국고대사신론』, 일지사; 노태돈, 1990, 「고조선 중심지의 변천에 대한 연구」, 『한국사론』23; 이종욱, 1993, 『고조선사연구』, 일조각; 서영수, 1999, 「고조선의 대외관계와 강역의 변동」, 『동양학』20, 단국대학교 동양학연구소, 93~118쪽; 송호정, 2003, 『한국고대사 속의 고조선사』, 푸른역사; 박준형, 2012, 「고조선의 성립과 발전에 대한 연구」, 연세대학교 박사학위논문.
64) 이남규, 2006, 「낙랑지역 한대 철제병기의 보급과 그 의미」, 『낙랑문화연구』, 동북아역사재단 연구총서 20, 193~238쪽.

그렇다고 하여 실제 사용되는 철기가 이들 기종에 한정되었다고 볼 수 없다. 그것은 장송의례상 선택된 기종으로 실제로 더 다양한 기종이 보급 사용되었을 가능성도 있으며, 그러한 상황은 앞서 연나라계 요양 신성동 무덤이나 다음 단계 의 한나라계 보란점 강둔묘(姜屯墓)의 예처럼 무덤에 철기가 발견되지 않는 요북 서부지역에서 생활유적에 다량의 철기가 확인되는 사실이 참고가 된다. 따라서 서북한 남부에서 실생활 유적 사례가 조사될 경우 이 단계의 다종다양한 철기가 확인될 가능성도 전혀 배제 못한다.

압록강설을 취한 경우 서북한 북부가 진고공지 상하장에 대응되는 셈인데, 이 지역에서 이를 뒷받침하는 고고학적 증거가 현재로서는 마땅하지 않다. 그러나 앞서 2기로 추정되는 용연동과 단산리 · 세죽리의 철기갖춤새가 이 단계까지 지 속된다면 사정은 다르다.

혼하설을 취하는 경우 앞서 설명한 거의 요동 전 지역의 고고학적 자료가 이에 해당한다 하겠다. 다시 말하면 전국 연과 진한계통의 철제 농공구와 무기를 내는 유적뿐만 아니라, 재지전통의 청동무기를 내는 유적 또한 이에 속한다고 볼 수 있다. 그렇게 되면 위만조선은 각기 다른 물질기반을 갖는 정치체를 연맹하거나 통합하는 광역적이고 복잡한 수준의 국가체제로 이해되어야 한다. 대릉하설에 따르면 혼하설을 뒷받침하는 고고학적 증거에 더해 요서지역의 사례를 추가함으 로써 고고학적인 관점에서 볼 때 위만조선은 더욱 복잡하고도 매우 이질적인 물 질문화 집단 다수를 포괄한 광역적 국가가 된다.

이와는 대조적으로 토착청동기와 연의 철기가 공반되는 본계 상보 무덤을 표 지로 한 상보유형(上堡類型)의 갖춤새만을 기원전 2세기대 3기로 판단하고 이를 위만 조선에 대응시킨 견해가 제기되어 주목된다.[65] 그것은 혼하 이남 중에서도 공간적으로 보면 요북 동부와 요남, 그리고 서북한을 아우르는 지역에 대응된다 고 설명한다. 이 의견을 택할 경우 혼하설을 기본으로 하지만 요북 서부지역이

---

65) 조진선, 2013, 앞의 글.

제외되므로 그보다는 위만조선은 축소되고 단순화된 수준의 국가가 된다.

이처럼 북쪽 경계에 대해서 제시된 다양한 의견에 따라 위만조선을 요남지역과 서북한 전 지역에 걸쳐 다양한 유형의 물질기반에 토대로 한 복잡한 수준의 국가인지 서북한 남부에 한정된 보다 단순한 수준의 국가인지 달라진다.

위만조선은 국가 단계에 이르렀으나, 4~5세기 삼국시대 수준의 광대한 영역국가에 이르렀다고 볼 만한 역사학적 근거가 부족하다. 따라서 요동과 서북한 전체를 아우르는 지리적 공간을 그 영역으로 상정하기 어렵다. 처음에는 준왕의 고조선 변방에 있다가 그 중심을 점유하였다고 기록에 전하므로 그 중심 거점 또한 준왕의 조선과 다르지 않을 것이다.

앞서 논의한 것처럼 기원전 3세기대에 청천강을 경계로 명도전 등의 연나라 화폐 분포가 크게 차이가 나므로, 서북한 북부와 남부를 똑같이 동일한 성격의 고조선의 영역으로 인정하기 어렵다. 따라서 기원전 3세기대 고조선의 중심을 청천강 이남이라고 한다면 위만조선 또한 그 북쪽 영역은 요남 동서부 지역에 이르지 못할 것이다.

그렇지 않는다면 요남지역과 서북한 전체를 아우르는 고고학적 문화 중에서 위만조선의 물질문화를 찾아야 한다. 기본적으로 고조선 토착의 청동기를 토대로, 연 지배하에서 습득한 주조철기와 한에서 받은 병위재물로서의 단조 철기를 갖추었다고 보는 것이 가장 무리가 없다 하겠다. 그렇지만 그 정확한 중심과 경계에 대해서는 고고학적으로 단정하기 어려운 것이 현재의 상황이다.

4. 제4기 (기원전 2세기 후반)

이 시기에 요북 동서부, 요남 동서부의 일정 거점에 대규모의 생활 혹은 성곽이 조성되어 농공구와 무기를 망라한 중원계 철기가 보급된 것으로 추정된다. 이들 유적은 요북과 요남 전 지역에 걸쳐 이미 3기에 형성하였을 가능성도 있지만, 철기갖춤새의 종류와 규모가 일정한 수준에 이른 것은 이 단계일 것으로 판단된다.

요북의 대표적인 예가 다량의 농공구와 함께 소량의 무기가 확인된 요양 삼도호, 안산 유적이다. 그중에 요북 서부와 같이 이미 앞선 단계부터 지속적으로 중원계 철기가 유입된 지역의 경우 농공구 일부를 비롯한 여러 기종은 직접 생산한 철 소재(素材)로 제작하였을 것으로 추정된다. 공반된 유물이 확실하지 않아 연대를 추정하기 어렵지만 요양의 태평구(太平溝)와 패로촌(牌路村)의 철광유적 등이 이와 관련되었을 가능성이 높다 하겠다.

요남의 경우 대련 목양성·금주 대령촌 등의 생활유적을 비롯하여 봉성 유가보자·수암 성남 유적이 이를 대표한다. 무덤유적으로 요남 서부의 보란점 강둔의 사례가 있는데, 이를 통해서 철기가 실생활에 널리 보급되었어도 무덤에 부장되지 않거나 확인되지 않음을 알 수 있다.

위만조선 초에 한과의 경계인 패수에 대해서 요북 서부의 혼하로 추정하고 그것이 후반에 들어서서도 변동되지 않았다고 한다면, 보란점 강둔에서 확인되는 한나라 계통의 묘지군 유적을 비롯하여 수암 성남 등의 중원계 철기를 내는 유적이 위만조선에 편입된다. 따라서 이들 자료가 위만조선이 중원계 물질문화와 인구집단을 적극적으로 수용하였음을 입증하는 고고학적 증거일 수 있다. 그러나 이를 동의하기에는 무덤의 양식은 물론 유물갖춤새가 지나치게 중원에 가깝다.

오히려 그러한 고고학적 문화의 존재 때문에 동 지역이 위만조선이 아닌 한의 지배영역으로 규정할 수도 있는 것이다. 이 무덤에 대해서 보고자는 한 무제가 요동에 대규모로 이주시킨 주민집단의 무덤으로 중하위 계층에 속하는 것으로 설명한다. 그렇다고 한다면 위만조선과 한의 경계가 압록강 혹은 그 이남으로 내려보는 근거로 활용될 수 있는 것이다. 현재로서는 이를 반박할 근거를 마련하지 못하고 있다.

한편으로 요북 동부와 서북한 서부를 중심으로 중원계의 철기 단조기술(鍛造技術)을 받아들이면서 지역 전통의 청동기 속성을 수용하는 철기의 사례가 확인된다. 나름대로 변형된 형식으로 제작된 철기 사례도 있는데, 그러한 철기가 확인되는 유적은 대부분 무덤으로 다음 5기에 그 사례가 더욱 늘어난다.

우선 요북 동부지역에서는 서풍 서차구의 사례에서 보듯이 동병철검이 널리 제작 보급되는 것은 다음 5기지만, 그 보급의 상한은 이 단계 4기일 가능성도 배제 못한다. 서차구의 쌍조형 검파두식 동병은 이미 요동 인근의 길림 서황산둔 무덤에 3기 이전에 등장한 사실은 앞서 본 바와 같다. 이 단계에 유사한 쌍조형 검파두식 동병동검은 길림의 영길 오랍가왕둔에서 출토된 바 있다. 또한 서풍 서차구의 동병철검에서 보이는 원주형(圓柱形) 검파두식의 동병동검 또한 길림 서란(舒蘭)에서 출토한 바 있는데, 이 또한 4기 이전에 속하는 것으로 판단된다.

바꾸어 말하면 요북의 동부에 재지적 전통이 강한 동검의 동병형식을 그 대로 수용한 서풍 서차구를 비롯하여 신빈 용두산, 무순 등의 동병철검의 상 한은 적어도 제4기 말인 기원전 2세기 후반까지 올라갈 가능성이 있다.

한나라의 단조기법의 신기술을 받아들이지만 전통의 재질과 디자인 속성을 채택한 것이다. 이것은 지역집단의 정체성을 강조하기 위한 목적으로 이에 대해서는 한의 지배를 받지 않는 독자적인 지역집단의 존재가 한에 복속되기 이전일 상황도 고려해야 한다. 요북 동부는 오환(烏桓)·선비(鮮卑) 혹은 부여 등 재지세력이 정체성을 유지하며 독자적으로 성장한 것으로 설명되고 있다.[66]

서북한 북부와 남부에서는 이 단계에 속할 가능성이 있는 토성과 생활유적 이 있지만, 철기출토 사례가 제대로 확인되지 않았다. 북한 연구자들은 다량의 철기를 내는 서북한 남부의 평양 정백동·강서 태성리 등의 목곽묘를 기원전 2세기대로 추정한다. 그러나 한중일 대부분의 연구자들은 이에 동의하지 않는 바, 이에 따르면 이 단계에 속하는 무덤유적의 사례는 없는 셈이다. 이러한 점에서 각종 철제무기와 함께 쌍조형 검파두식의 동병동검과 세형동과가 출토하고 기원전 2세기 후반에 속한다고 주장되는 서북한 남부의 평양 토성동 486호 무덤의 사례가 주목된다.[67] 이를 인정한다면, 한 군현 설치 이전에 다량의 철제무기가 서북

---

66) 林雲, 2000, 「西岔溝型銅柄鐵劍と老河深, 彩嵐墓地の族屬」, 『東夷世界の考古學』, 靑木書店; 이종수, 2007, 「서차구고분군의 성격과 사용집단에 대하여」, 『백산학보』77.

67) 정인성, 2013, 「위만조선의 철기문화」, 『백산학보』96, 39~78쪽; 宮本一夫, 2002, 「東北アジアにおける觸角式銅劍の變遷」, 『淸溪史學』16·17合輯.

한 남부에 보급되었음을 입증하는 것이 된다. 설혹 여러 연구자들이 주장하듯이 다음 5기의 기원전 1세기대에 해당한다 하더라도 부장된 동병동검과 세형동과는 그 이전 전통을 따른 재지형식이다.

서북한 남부에서 요북 동부의 철제장검과 다른 단검이지만, 단조방식의 철검이 본격적으로 제작되기 시작한 것은 이 4기 말 이전이라고 판단된다. 그러한 판단은 한반도 동남부지역에서 철제단검이 부장되는 대구 월성동·팔달동 등의 무덤 유적에서 공반하는 삼각형단면점토대토기와 청동무기의 사례로 보아 기원전 2세기 말, 늦어도 기원전 1세기 초로 추정되기 때문이다.[68]

동남한(東南韓)지역의 철제단검은 조합되는 검병 형식 등으로 보아 서북한에서 전래된 것이라고 누구나 인정한다. 그것은 기원전 2세기 말에 위만조선의 역계(歷谿) 경(卿) 남주(南走) 관계기사 혹은 위만조선 멸망 직후의 유이민(流移民) 관계 기사와 맞물리는 바, 그러할 가능성은 충분히 있다 하겠다.

5. 제5기 (기원전 2세기 말~1세기 전반)

정식으로 발굴되어 철기갖춤새가 제대로 밝혀진 사례는 드물지만, 요동과 서북한 전 지역에 이 단계에 해당하는 생활과 성곽 그리고 무덤 유적의 숫자가 급증한다.

생활유적으로 이미 전 단계부터 조성된 요북 서부의 요양 삼도호, 요북 동부의 철령 구태, 요남 서부의 금주 대령촌, 요남 동부의 봉성 유가보자가 그 대표적인 사례다. 동 유적에서는 각종 농기구는 물론 무기가 다량 확인되고 있다. 봉성 유가보자의 경우 한대 요동군 무차현(武次縣)의 소재지(所在地)로 추정되고 있듯이

---

(68) 임영희, 2011,「영남지역 원삼국기 철검·환두도의 지역별 전개과정」,『영남고고학』59, 영남 고고학회, 39~74쪽; 이동관, 2012,「한반도남부 철기문화의 파동-초기 철기 원삼국기 철기의 계보와 획기」,『중국동북지역과 한반도 남부의 교류』, 영남고고학회 제22회 학술발표회 요지, 77~98쪽; 박진일, 2013,「한반도 점토대토기문화 연구」, 부산대학교 박사학위논문.

중국 연구자들이 한대의 현성으로 보고하고 있는 성곽유적 그 대부분이 이 단계에 속한다.

단정할 만한 자료는 확인되지 않았으나, 앞선 단계에 조성된 것이 틀림이 없는 서북한 남부의 낙랑과 어을동 토성 등에는 이 단계 것으로 추정되는 철기가 크게 보급될 가능성이 높다. 그것은 인접한 서남한 북부지역의 인천 운북동·가평 대성리를 비롯한 여러 생활유적에서 이 단계의 철기가 보고된 것으로 보아 더욱 그러하다.

무덤유적으로 특히 요남 서부에서 대련과 보란점 일대에서 이 시기 한대 무덤이 발굴조사되고 보고된 바 있다. 대련 마산, 이가구, 대반가촌과 보란점 강둔이 그에 해당되는데, 철기의 부장사례는 드문 편이다. 보고서에 따르면 보란점 강둔의 수십 기 무덤이 이 단계에 속하는 것으로 보고되었지만, 철기는 거의 확인되지 않았다. 물론 이 단계에 실생활 농공구는 물론 무기 등의 다종다양한 철기가 보급되었음은 성곽과 생활유적의 정황으로 미루어 추정할 수 있다. 철기는 장송의례에 따라 부장되지 않았을 뿐으로 같은 단계의 요북 동부와 서북한 남부의 사례와 대조가 된다.

요북 동부에서는 서풍 서차구 등에서 철기가 다량 부장된 무덤군이 이 시기가 중심연대인 것은 모든 연구자가 인정하는 바다. 그리고 엄청난 양의 철기가 부장된 사실이 보고되었다. 전 단계에는 많지 않던 서북한 남부에서도 오히려 철기를 부장하는 무덤의 사례가 급증하였다. 평양 정백동과 석암리, 강서 태성리, 그리고 황해 운성리, 갈현리 등이 그 대표적인 예다.

이 두 지역의 무덤의 사례에서 공통되는 것은 우선 검·도·과·극 등의 한식의 단조 철제무기와 각종 차마구가 전 단계부터 이 단계에 이르기까지 다량 부장되는 것이다. 다만 요북 동부에서는 전 단계 동검과 같은 형식의 동병을 연접한 동병철검이 보급되는데 그치는 반면, 서북한 서부에서는 검·모·과 등 전 단계부터 현지에서 제작된 청동기 기종이 지속되는 점에서 차이가 난다.

이러한 철기갖춤새의 대규모 보급은 한의 영향인 것은 분명한데, 그것이 구체적으로 어떠한 과정과 계기를 거쳐 조성되었는가에 대해서 서로 다른 의견이 있다. 요동과 서북한 전 지역이 요동군과 낙랑군을 비롯한 한의 군현 영역이라는 주장을 받아들인다면 앞서 지적한 철기의 대규모 보급은 이로써 설명할 수 있다.

그렇지 않고 두 군의 위치를 한반도 이외의 요동 또는 요서라고 주장한다면 그러한 철기의 한화현상(漢化現象)은 한군현에 편입되지 않은 상태에서 이루어진 것이라고 할 수밖에 없다. 그러나 그것은 요동지역에 비해 전혀 뒤지지 않는 한 계통의 다종다양한 문물과 군현 관련 명문자료가 서북한 남부에 유입된 현상을 별도의 과정으로 입증해야 하는 부담이 있다.

요북 동부와 서북한 서부에서 전 단계 동검의 검병과 부속금구가 그대로 전용된 철검이 제작되는데, 전자에서는 장검에 합주방식(合鑄方式)으로 조립되지만, 후자에서는 장검이 아니라 단검에 별주방식(別鑄方式)으로 조립된다는 점에서 차이가 난다. 각기 다른 방식으로 자체의 전통과 정체성을 과시할 목적으로 재지 청동무기의 전통을 계승하고 있는 것이다.

양 지역에 철검 부장묘(副葬墓)가 대량 조성된 사실을 통하여 당연히 이를 기반으로 한 정치체가 들어섰음이 확인된다. 또한 동병철검 등에서 확인되는 재지적 전통의 요소를 통해 전 단계에 이미 나름대로 발전한 정치체가 존속한다는 사실이 주목된다. 그러나 요북 동부는 오환·선비 혹은 부여 등 재지세력이 독자성을 유지하지만, 서북한 남부는 전 단계의 위만조선 체제가 붕괴되고 조성된 한군현 체제로 변경된 것으로 설명되고 있다.[69] 한 군현에 복속되었다고 하더라도, 서북한 지역에 전통적인 물질문화의 요소가 이어지고 있음을 철검 의 형식을 통해서 확인할 수 있는 것이다.

---

69) 林雲, 2000, 앞의 글; 이종수, 2007, 앞의 글.

VI. 맺음말

기원전 2세기대 위만조선을 설명하는 고고학적 문화 중 중요한 것 하나가 철기갖춤새다. 이와 관련한 요동과 서북한의 기원전 3~1세기의 초기철기문화에 대해서 시간적으로 5단계, 공간적으로 6개의 하위지역으로 세분하여 설명할 수 있다.

제1기인 기원전 3세기 전반에 요동에서 서북한 북부에 이르기까지 각종 농기구와 공구가 보급되기 시작한다. 그러나 서북한 남부에 철기가 보급되었다는 증거는 확실치 않다. 이러한 철기의 분포상황은 명도전 등의 연나라 화폐의 그것과 같다. 따라서 고고학적인 자료만을 보면 청천강을 경계로 그 이남과 이북에 차이가 난다.

이와 같은 철기와 명도전의 요동과 서북한의 분포가 기원전 3세기 전반 연나라 장수 진개의 동진과 맥락을 같이하는 사실을 부인할 수 없다. 또한 동 유물갖춤새의 지역적 차이를 고려할 때 연과 고조선의 경계 만번한(滿番汗)을 청천강으로 이해하는 관점이 가장 타당한 것으로 받아들여질 수 있다. 그러나 만번한에 대하여 적어도 요남지역 이북으로 추정하는 의견이 강하게 대두되고 있는 바, 이를 따른다면 철기와 명도전은 연과 고조선 영역에 걸쳐 두루 분포하는 셈이 된다. 그렇다고 한다면 만번한 경계는 물자의 유통을 가로막는 기능을 못하는 셈이다. 철기와 명도전의 분포구역을 고조선에 편입시켰을 경우 무엇보다도 명도전이 고조선에서 제작되거나 통용되었다고 입증하여야 한다. 이에 대해서 남북한 연구자들의 주장이 있지만 그 근거가 충분한 것은 아니다.

제2기인 기원전 3세기 후반에 일부 거점지역에 농공구의 기종이 다량 보급되면서 아울러 검·모·과 등의 무기가 명도전과 함께 보급된 사례가 확인된다. 서북한 남부에도 무기를 제외하고 농기구 혹은 공구가 보급되지만, 그 기종은 소수에 국한된다. 여전히 청천강을 경계로 한 철기와 명도전 분포의 차이가 확연한 셈이다. 그러한 명도전과 철기의 보급상황에 변화가 생긴 것은 대체로 연의 멸망기일 가능성이 높다. 명도전이 연나라의 화폐라고 한다면 더욱 그러한 바, 압록강과 청천강 일대에 은닉(隱匿)된 명도전 매납유적은 이 즈음에 조성된 것으로 보인다.

제3기인 기원전 2세기 전반에 요동의 전 지역에 농공구는 물론 각종 무기가 본격적으로 보급된다. 서북한 남부에도 농기구와 공구의 일부 기종이 보급되는 사실이 무덤의 부장유물을 통해서 확인된다. 확실한 증거는 없지만 劍·矛 등의 무기도 소량 보급된 것으로 추정된다. 위만조선의 영역에 적어도 요동 지역이 포함되어 있다는 주장을 인정할 경우 요동의 다량의 철기 출토유적이 이에 포함된다. 철기로 볼 때 요동이 그 중심, 서북한 남부가 주변인 셈이 된다.

한편으로 요남 동부와 서북한 남부의 경우 이 지역의 독특한 동검을 비롯하여 동과·동모 등의 청동기가 제작 보급되는 것이 확인된다. 따라서 재지세력 등 다양한 물질문화가 동일한 정치체 내에 분포한다고 할 수 있는데, 그러할 경우 위만조선은 복잡한 국가체제를 갖추었다고 할 수 있다. 만약에 이들 재지 청동기의 제작 집단만을 위만조선과 관련시킨다고 한다면, 위만조선은 보다 단순한 국가체제를 갖춘 것으로 이해할 수 있을 것이다.

제4기인 기원전 2세기 후반에는 요동 서부를 중심으로 한 지역은 순수 한계(漢系)의 물질문화와 철기유물이 보급되어 있다. 아울러 농공구를 비롯하여 검·모·과 등의 철제무기가 요동은 물론 서북한에도 보급되었을 뿐만 아니라, 그 말기에는 각각 현지에서 제작되었을 가능성도 있다. 단조방식으로 제작된 철검의 경우 장검은 요동, 단검이 서북한에서 기원전 2세기 말에 제작에 착수되어 다음 단계에 널리 유행되는 것으로 추정된다. 그러면서 서북한 남부의 경우 종전의 청동무기가 그대로 제작 보급된다. 고대사학계의 주장에 따르면 이러한 재지전통의 청동기가 보급되는 요북 동부는 부여 혹은 오환, 그리고 서북한 남부는 위만조선 등 한나라와 구분되는 정치체가 위치한 것으로 추정된다.

문제는 요동 남부를 중심으로 한 순수 한계의 철기갖춤새의 분포지역을 어떻게 이해할 것인가이다. 이 또한 위만조선의 영역으로 이해할 것인가 아니면 한의 군현에 편입되었다고 볼 것인가 검토되어야 한다. 위만조선과 한의 경계를 요북 지역으로 규정하거나 더 나아가 그 서쪽의 요서지역이라고 판단한다면, 이 지역의 순수 한나라계의 단조 철기와 함께 재지적인 청동기를 공유한 금속 유물 갖춤새가 모두 위만조선에 속하는 셈이 된다.

제5기인 기원전 1세기 전반에 요동과 서북한 전 지역에 한식 단조철기의 전 기종이 골고루 분포한다. 그러나 요북 동부와 서북한 남부는 각각의 청동기 전통의 제작기술과 융합된 철기가 보급된다. 이를테면 요북 동부에서는 쌍조형검파두식의 동병 철제장검, 서북한 남부에서는 별주식의 동병철검이 제작 보급되는 지역성을 보여준다. 이제 단순히 농공구뿐만 아니라 무기도 단조기법의 철기가 제작되었을 가능성이 높다 하겠다. 적어도 청동 검병을 장착한 요북 동부의 장검과 서북한 남부의 단검이 그리하다.

이러한 철기갖춤새의 대규모 보급은 한의 영향인 것은 분명한데, 그것이 구체적으로 어떠한 과정과 계기를 거쳐 조성되었는가에 대해서 연구자들마다 의견이 다르다. 요동과 서북한 전 지역이 요동군과 낙랑군을 비롯한 한군현 영역이라는 주장을 받아들인다면 앞서 지적한 철기의 대규모 보급은 이로써 설명할 수 있다. 또한 동남한에 서북한 남부 형식의 철기가 보급된 사실에 대해서 한군현으로 대체된 위만조선에서 이주한 유이민과 관련있다고 설명될 수 있다.

그렇지 않고 두 군의 위치를 한반도 이외의 요동 또는 요서라고 주장한다면 서북한 혹은 요동에 보급된 철기의 한화현상은 한군현에 편입되지 않은 상태에서 이루어진 것이라고 할 수밖에 없다. 그러나 그것은 요동지역에 비해 전혀 뒤지지 않는 한 계통의 다종다양한 문물과 군현 관련 명문 자료가 서북한 남부에 유입된 현상을 별도의 과정으로 입증해야 하는 부담이 있다.

| 참고문헌 |

■ 한국어

국립문화재연구소, 2011, 『한중철기자료집(I)-중국 동북지역 출토 철기』.

국립문화재연구소, 2012, 『한중철기자료집(III)-한반도 북부지역의 초기철기』.

과학원 고고학및민속학연구소, 1959, 「황해북도 은파군 갈현리 하석동 토광묘 유적조사
　　　보고」.

박대재, 2006, 『고대한국 초기국가의 왕과 전쟁』, 경인문화사.

박준형, 2012, 「고조선의 성립과 발전에 대한 연구」, 연세대학교 박사학위논문.

박진일, 2013, 「한반도 점토대토기문화 연구」, 부산대학교 박사학위논문.

사회과학원 고고학연구소, 1977, 『조선고고학개요』, 새날출판사.

송호정, 1999, 『한국고대사 속의 고조선사』, 푸른역사.

오영찬, 2006, 『낙랑군연구』, 사계절.

이광명, 2010, 「요동-서북한 초기철기시대유적에 대한 고고학적 연구」, 부경대학교 석사학
　　　위논문.

이영훈, 1987, 「낙랑목곽분의 일고찰」, 서울대학교 석사학위논문.

이종욱, 1993, 『고조선사연구』, 일조각.

노태돈, 1990, 「고조선 중심지의 변천에 대한 연구」, 『한국사론』23.

리순진, 1961, 「재령군 부덕리 수역동의 토광무덤」, 『문화유산』6.

리영, 2012, 「후산리나무곽무덤 발굴보고」, 『조선고고연구』2012-1.

리지린, 1962, 『고조선연구』.

박경철, 2013, 「고조선 대외관계 진전과 위만조선」, 단국대학교 동양학연구원, 『고조선 위
　　　만조선과 동아시아의 고대문화』, 제4회 동양학국제학술회의 발표요지.

박대재, 2013, 「고조선의 대중관계와 요동」, 단국대학교 동양학연구원, 『고조선 위만조선
　　　과 동아시아의 고대문화』, 제4회 동양학국제학술회의 발표요지.

백련행, 1965, 「석암리에서 나온 고조선 유물」, 『고고민속』4.

서영수, 1999, 「고조선의 대외관계와 강역의 변동」, 『동양학』20, 단국대학교 동양학연구소.

사회과학원 고고학연구소, 1958, 「태성리고분군 발굴보고」, 『유적발굴보고』5.

사회과학원 고고학연구소, 1962, 「녕변 세죽리유적 발굴」, 『문화유산』6.

사회과학원 고고학연구소, 1978, 『고고학자료집』5.

사회과학원, 2001, 『평양일대 락랑무덤에 대한 연구』, 중심출판사.

송호정, 2007, 「세죽리-연화보유형 문화와 위만조선의 성장」, 『호서사학』48.

오강원, 2011, 「기원전 3세기 요령지역 연나라 유물공반유적의 제유형과 연문화와의 관계」, 『한국상고사학보』71.

윤내현, 1986, 『한국고대사신론』, 일지사.

윤광수, 1994, 「토성동 486 나무곽무덤 발굴보고」, 『조선고고연구』4.

이남규, 1999, 「한반도 고대국가 형성기 철제무기의 유입과 보급-중국과의 비교적 시각에서」, 『한국고대사연구』16.

이남규, 2006, 「낙랑지역 한대 철제병기의 보급과 그 의미」, 『낙랑문화연구』, 동북아역사재단연구총서 20.

이남규, 2011, 「요동지역 초기철기의 성격과 한반도 유입 및 전개: 진국말-한초의 양상을 중심으로」, 『한중철기자료집①-중국 동북지역 출토 철기』.

이동관, 2012, 「한반도남부 철기문화의 파동-초기철기 원삼국기 철기의 계보와 획기」, 『중국동북지역과 한반도 남부의 교류』, 영남고고학회 제22회 학술발표회 요지.

이종수, 2007, 「서차구고분군의 성격과 사용집단에 대하여」, 『백산학보』77.

이후석, 2012, 「요동반도 세형동검문화의 양상과 변천-윤가촌유형을 중심으로」, 『숭실사학』28.

이후석, 2013, 「료동-서북한지역의 세형동검문화와 위만조선」, 단국대학교 동양학연구원, 『고조선 위만조선과 동아시아의 고대문화』, 제4회 동양학국제학술회의 발표요지.

임영희, 2011, 「영남지역 원삼국기 철검 환두도의 지역별 전개과정」, 『영남고고학』59, 영남고고학회.

정인성, 2013, 「위만조선의 철기문화」, 『백산학보』96.

조법종, 2013, 「고조선의 중심 및 도읍관련 논의와 쟁점」, 단국대학교 동양학연구원, 『고조선 위만조선과 동아시아의 고대문화』, 제4회 동양학국제학술회의 발표요지.

조선유적유물도감편찬위원회, 1990, 『조선유적유물도감-고조선 · 부여 · 진국편』, 동광출판사.

조진선, 2013, 「중국 동북지역의 청동기문화와 고조선」, 단국대학교 동양학연구원, 『고조선 위만조선과 동아시아의 고대문화』, 제4회 동양학국제학술회의 발표요지.

황기덕, 1962, 「황해북도 봉산군 송산리 솔뫼골 돌돌림무덤」, 『고고학자료집』3.

황기덕, 1974, 「최근에 새로 알려진 비파형단검과 좁은놋단검 관계 유적유물」, 『고고학자료집』4.

■ 중국어

万欣, 2009, 「東北亞地區的戰國兩漢鐵工-以遼寧地區爲中心」, 『遼寧省博物館館刊』4輯, 遼海出版社.

木啓文, 2009, 「遼陽新城戰國墓發現與研究」, 『遼寧省博物館館刊』4輯, 遼海出版社.

苗麗英, 1997, 「本溪怪石洞發現靑銅時代及漢代遺物」, 『遼海文物學刊』1997-1期.

白雲翔, 2005, 『先秦兩漢鐵器的考古學研究』, 科學出版社.

王培新, 2007, 『樂浪文化-以墓葬爲中心的考古學研究』, 科學出版社.

遼寧省文物考古研究所, 2012, 『姜屯漢墓』(上)(下).

吉林省文物工作隊·吉林市博物館, 1982, 「吉林樺甸西荒山屯靑銅短劍墓」, 『東北考古與歷史』.

東北博物館, 1957, 「遼陽三道壕西漢村落遺址」, 『考古學報』57-1期.

白雲翔, 2013, 「燕地鐵器文化的起源與發展及其東漸」, 『동아시아 고대철기문화연구-중국 전국시대 철기문화와 동아시아』, 국립문화재연구소.

富品寶·路世輝, 2010, 「鞍山地區出土戰國鐵器的初步探論」, 『遼寧考古文集』(2), 遼寧省文物研究所.

孫守道, 1960, 「"匈奴西岔溝文化"古墓群的發現」, 『文物』1960-8·9.

鞍山市岫岩滿族博物館, 2009, 「遼寧岫岩城南遺址」, 『北方文物』2009-2.

梁志龍, 2003, 「遼寧本溪多年發現的石棺墓及基遺物」, 『北方文物』2003-1.

魏海波·梁志龍, 1998, 「遼寧本溪縣上堡靑銅短劍墓」, 『文物』1998-6.

李矛利, 1993, 「昌圖發現靑銅短劍墓」, 『遼海文物學刊』1993-1期.

林雲, 2000, 「西岔溝型銅柄鐵劍と老河深,彩嵐墓地の族屬」, 『東夷世界の考古學』, 靑木書店.

張喜榮, 1997, 「台安白城子戰國遺址出土器物簡介」, 『遼海文物學刊』1997-1期.

鐵嶺市文物管理辦公室, 1996, 「遼寧鐵嶺丘家台遺址試掘簡報」, 『考古』1996-2.

鐵嶺市博物館, 1992,「遼寧鐵嶺丘家台發現窖藏錢幣」,『考古』1992-4.

肖景全, 2010,「新宾旺清門鎮龍頭山石蓋墓」,『遼寧考古文集』(2), 遼寧省文物研究所.

馮永謙·崔玉寬, 2010,「鳳城劉家堡子西漢遺址發掘報告」,『遼寧考古文集』(2),遼寧省文物研究所.

許明綱, 1960,「旅順口區后牧城驛戰國墓清里」,『考古』1960-8.

許玉林, 1980,「遼寧寬甸發現戰國時期燕國的明刀錢和鐵農具」,『文物資料叢刊』3期.

許玉林·王連春, 1984,「丹東地區出土的青銅短劍」,『考古』1984-9.

黃展岳, 1957,「近年出土戰國兩漢鐵器」,『考古學報』3期.

■ 일본어

高久建二, 1995,『樂浪古墳文化研究』,學研文化社.

金想民, 2012,『東北アジアにおける初期鐵器文化の成立と展開』,九州大學校博士學位論文.

東亞考古學會, 1929,『篦子窩-南滿洲碧流河畔の先史時代遺跡』,東方考古學總刊甲種第1冊.

東亞考古學會, 1931,『南山裡-南滿洲老鐵山麓の漢代墓』,東方考古學總刊甲種 第3冊.

藤田亮策·梅原末治, 1947,『朝鮮古文化綜鑑』1.

古澤義久, 2010,「中國東北地方·韓半島西北部における戰國·秦·漢初代の方孔圓錢の展開」,『古文化談叢』64, 九州古文化研究會.

宮本一夫, 2002,「東北アジアにおける觸角式銅劍の變遷」,『淸溪史學』16賻合輯.

東亞考古學會, 1931,『牧羊城-南滿洲老鐵山麓漢及漢以前遺蹟』.

三宅俊成, 1933,『大嶺屯城址:漢及漢以前之遺蹟』.

石川岳彦·小林青樹, 2012,「春秋戰國期の燕國における初期鐵器の東方擴散」,『國立歷史民俗博物館研究報告』167.

村上恭通, 2008,「東アジアにおける鐵器の起源」,『東アジア靑銅器の系譜』,雄山閣.

The Early Iron Cultures of Eastern Liaoning and Northwestern Korea and Their Relations with the Wiman Joseon State

Lee, Chung Kyu

Professor, Yeungnam University

The author presents and explains the iron tools which were related with Wiman Joseon in the second century BCE. The iron tools in eastern Liaoning and northwestern Korea during the period from the third century BCE to the first century BCE are classified and explained. These can be classified into five phases in temporal terms and six subareas in spatial terms.

The cast-iron farming and woodcutting tools were distributed from before the early third century BCE with Mingdu currencies in eastern Liaoning and in the northern part of northwestern Korea. In the southern part of northwestern Korea, those tools are supposed to have been distributed from the late third century BCE.

The forged iron tools, including daggers and spears, were distributed from the late third century BCE in eastern Liaoning and the northern part of northwestern Korea, but in the southern part of northwestern Korea from the early second century BCE. From the early first century BCE almost all iron tools were made and used in all regions. But in the southern part of northwestern Korea, traditional bronze tools were made and supplied together with iron tool assemblages until the early first century BCE.

Therefore, Wiman Joseon, which was located in eastern Liaoning or in northwestern Korea, is supposed to have used and made all types of iron tools, including weapons in different patterns.

There are many opinions regarding where Wiman Joseon was located, from the Liaoning region to present-day North Korea. Some insist that Wiman Joseon was located in northwestern Korea, but others insist that eastern Liaoning was the center of that area.

According to the former opinion, Wiman Joseon had simple patterns of iron tools assemblages. But according to the latter opinion, Wiman Joseon had several patterns of iron tool assemblages, which means a complex state society.

[Keywords] Early Iron Culture, Wiman Joseon, iron tools, cast made iron toos, forged iron tools, Yan, Han, estern Liaoning region, northwestern Korea

위만조선의 영역과 인구

朴 峻 亨

박준형 (朴峻亨)

연세대학교 사학과 및 동대학원 졸, 문학박사.
현) 연세대학교 동은의학박물관 학예연구사.

주요 논저: 『고조선사의 전개』, 『중국의 동북공정과 한국고대사』(공저),
　　　　　『고조선사 연구 100년』(공저), 『고조선의 역사를 찾아서』(공저)

Ⅰ. 머리말

위만은 유이민 세력을 규합하여 준왕을 몰아내고 고조선의 왕권을 장악하였다. 위만은 집권 이후 내우외환에 시달리던 한(漢)과 외신관계를 맺는 조건으로 병위재물을 얻어 주변 지역을 복속하여 광역의 국가로 성장하였다. 이런 점에서 외신관계는 외형적으로 칭신하는 종속 관계였지만 실질적으로 독립국가를 유지하면서 위만조선 성장의 중요한 요인이었다.[1] 또한 위만조선은 예(濊) · 중국(衆國, 辰國) 등 주변 세력과 한과의 중계무역에서 이익을 통해 성장하였다.[2]

위만조선에 대한 연구는 위만의 출자를 비롯한 지배집단의 성격, 중심지의 위치와 영역, 한과의 대외관계 · 교역 등 다양한 측면에서 접근이 이루어졌다.[3] 이러한 주제들은 개별적으로 각기 독립된 것으로도 볼 수 있지만 넓은 의미에서 위만조선의 국가적 성격을 총체적으로 파악하기 위한 세부 주제로도 볼 수 있다.

국가의 성격을 파악하기 위해서는 기본적으로 국가를 구성하는 3대 요소인 영토 · 인구 · 주권에 대한 이해가 바탕이 되어야 한다. 이중 국가의 지배력이 미치는 공간적 범위인 영토는 국가의 가장 기본적인 요소라고 할 수 있으며, 그 영토 내에서 거주하는 국민은 국가의 통치 대상이 된다. 그리고 국가가 징세 · 인력동원[군역] 등 통치행위를 하기 위해서는 지역별로 호구(戶口)를 파악하는 것이 가장 기본적이라고 할 수 있다. 『한서』 지리지에는 한이 직접 지배하는 낙랑군과 현도군에 대해 군단위로 파악한 호구수가 있으며, 『삼국지』 동이전에는 영역과 함께

---

* 본고는 「위만조선의 영역과 인구」(박준형, 2014, 『백산학보』 99)를 일부 수정 · 보완한 것임.
1) 서영수, 1987, 「삼국시대 한중외교의 전개와 성격」 『고대한중관계사의 연구』, 107~108쪽.
2) 최몽룡, 1983, 「한국고대국가형성에 대한 일고찰-위만조선의 예-」 『김철준박사화갑기념 사학논총』.
3) 노태돈, 1989, 「고조선사 연구의 현황과 과제」, 『한국상고사-연구현황과 과제-』, 185~192쪽 ; 조법종, 1999, 「고조선 관계 연구의 현황과 과제」 『단군학연구』 1 ; 김정배, 2003, 「고조선 연구의 현황과 과제」 『단군학연구』 9 ; 박선미, 2006, 「근대사학 이후 고조선사 연구의 현황과 쟁점」 『한국사학보』 23 ; 동북아역사재단 · 고조선사연구회 편, 2009, 『고조선사 연구 100년-고조선사 연구의 현황과 쟁점-』.

부여를 8만호, 고구려를 3만호, 동예 2만호, 마한 54국 전체를 10여만 호로 기록되어 있다.

이처럼 위만조선의 국가적 성격을 이해하는 데에도 영토와 인구는 매우 중요다하고 할 수 있다. 이중 전자와 관련하여 위만조선 중심지의 위치와 영역 문제는 현재까지도 논란이 지속되고 있다.[4] 그것은 영역에 대한 이해에 따라 위만조선의 국가적 성격을 달라지기 때문이다. 따라서 영역에 대한 논쟁을 소모적으로 이해하기보다는 위만조선의 국가적 성격을 제대로 파악하기 위한 학계의 지속적인 노력의 결과로 볼 필요가 있다.

이에 비해 위만조선의 인구에 대한 논의는 그 동안 거의 이루어지지 못했다. 그것은 기원후 2년경에 작성된 『한서』 지리지 낙랑군·현도군의 호구수와 예군남려의 280,000구(口)라는 한정된 자료만으로 위만조선의 인구를 파악하기가 어려웠기 때문이다. 따라서 기존 연구에서는 인구에 대한 구체적인 이해 없이 영토와 지배구조와 관련된 것만으로 위만조선의 국가적 성격에 대한 논의를 진행시킬 수밖에 없었다.

그러나 최근 들어 평양 정백동 354호 목곽묘 출토 <樂浪郡 初元 4年 縣別 戶口簿>(이하 <낙랑군 호구부>로 함)에 초원 4년(기원전 45년) 25개현의 호구수가 기재된 것이 알려지면서[5] 위만조선의 인구에 대한 접근이 조금씩 이루어지고 있다.[6] 이를 통해 인구증가율을 계산하고 역으로 추정한다면 위만조선 멸망기의 인구

---

4) 서영수, 1988, 「고조선의 위치와 강역」, 『한국사시민강좌』2 ; 오강원, 1996·1997, 「고조선 위치 비정에 관한 연구사적 검토(1·2)」, 『백산학보』48·49 ; 송호정, 2000, 「고조선 중심지 및 사회 성격 연구의 쟁점과 과제」, 『한국고대사논총』10 ; 박선미, 2009, 「고조선의 강역과 중심지」, 『고조선사 연구 100년-고조선사 연구의 현황과 쟁점-』(학연문화사) ; 박준형, 2012, 「기원전 3~2세기 고조선의 중심지와 西界의 변화」, 『사학연구』108.

5) 손영종, 2006a, 「락랑군 남부지역(후의 대방군지역)의 위치-락랑군 초원4년 현별 호구다소□□' 통계자료를 중심으로-」, 『력사과학』198 ; 손영종, 2006b, 「료동지방 전한 군현들의 위치와 그후의 변천(1)」, 『력사과학』198 ; 윤용구, 2007, 「새로 발견된 樂浪木簡-樂浪郡 初元四年 縣別 戶口簿-」, 『한국고대사연구』46 ; 권오중 외, 2010, 『낙랑군 호구부 연구』, 동북아역사재단.

6) 김정배, 2010, 「고조선의 칭왕과 인구 문제」, 『고조선에 대한 새로운 해석』, 고려대학교 민족문화연구원.

규모를 어느 정도 짐작할 수 있게 되었다. 그렇다면 조선상 역계경이 이끌고 간 2,000호가 위만조선 전체 인구에 비해 어느 정도의 비중이었으며, 기원전 128년 280,000(口)를 데리고 한에 투항한 예군남려의 영향력이 어느 정도였는지 좀더 구체적으로 이해할 수 있을 것으로 기대된다.

본고에서는 위만조선의 국가적 성격을 파악하기 위한 기초 작업으로서 영역과 인구 문제에 대해 주목해 보고자 한다. 먼저 위만 집권 이전 고조선의 요동 수복 과정과 한과의 경계인 패수(浿水)에 대해 살펴볼 것이다. 이를 바탕으로 위만조선의 영역이 어떻게 구성되었는지를 살펴볼 것이다. 그리고 <낙랑군 호구부>의 자료를 통해 인구증가율을 살펴보고 이를 역으로 계산하여 위만조선 멸망기의 인구 규모를 살펴보고자 한다.

Ⅱ. 위만 집권 이전 고조선의 서계(西界)[7]

위만은 집권 이후 임둔·진번 등 연맹관계에 있던 주변 세력을 정치적으로 복속시켰을 뿐 사료상에 주변 이민족 국가와의 전쟁을 통한 영역의 확장 사실이 보이지 않는다. 따라서 위만조선의 영역을 확인하기 위해서는 위만 집권 이전 고조선의 영역을 확인할 필요가 있다. 이와 관련해서 주목되는 것이 위만집권 이전의 고조선의 서계이다.

고조선의 서계와 관련해서는

A-1) 한이 흥기하니 그곳[遼東外徼]이 멀고 지키기 어려우므로 다시 요동의 고새(故塞)[遼東故塞]를 수리하고 패수(浿水)에 이르러 경계로 하여 燕에 소속시켰다.(『사기』조선열전)

---

7) Ⅱ장은 필자의 이전 논문(박준형, 2012, 앞의 논문)의 Ⅰ장 일부를 수정·보완한 것이다.

2) 한이 흥기하니 그곳이 멀고 지키기 어려우므로 요수(遼水)를 새(塞)로 삼았다.(『전한기』 효무황제기)[8]

3) 한나라 때에 이르러 노관(盧綰)을 연왕(燕王)으로 삼으니 조선과 연은 패수(浿水)를 경계로 하게 되었다.(『위략』)

라고 되어 있다. 『사기』 조선열전에는 한이 일어서자 요동외요(遼東外徼)가 멀고 지키기 어렵다는 명분으로 요동의 고새(故塞)를 수리하여 패수로 고조선과 경계를 삼았다고 되어 있다. 여기에서 한초에 고조선과 한의 국경이 바로 패수였다는 것을 알 수 있다. 그리고 『위략』에는 노관이 연왕에 봉해진 뒤에 고조선과 한의 경계를 패수로 삼았다는 것으로 되어 있다. 한이 노관을 연왕에 봉한 것이 기원전 202년이므로 고조선과 경계가 확정된 것은 기원전 202년 즈음으로 볼 수 있다.

그렇다면 패수는 어느 강일까? 패수의 위치에 대한 논쟁은 고조선의 위치와 강역에 대한 논쟁과 긴밀하게 연결되어 있다.[9] 이제까지 패수의 위치에 대해서는 난하·대릉하·혼하·압록강·청천강 등 다양한 견해가 제시되었다. 이중 대체로 청천강설은 소위 고조선 중심 평양설과, 대릉하설·난하설은 요령설, 그리고 압록강설·혼하설은 대체로 이동설과 연관된다고 할 수 있다.

먼저 청천강설을 살펴보자. 이 견해에서는 문헌상의 근거로 연과 고조선의 경계였던 만번한(滿番汗)을 문현(文縣)과 번한현(番汗縣)으로 보고 번한현을 패수(沛水)인 박천강유역에서 찾는다. 대동강유역의 평양에 고조선이 있었기 때문에 연·한과 고조선의 경계인 패수는 그 사이에 있는 청천강에서 찾을 수밖에 없다는 것이다.[10] 또한 『한서』 지리지 낙랑군조에 패수현이 있고 그 강의 흐름이 청천강과 일치하는 점은 이를 뒷받침해 준다고 본다. 또한 고고학적으로 청천강 이북지

---

8) 『前漢紀』孝武皇帝紀5, 卷第14, "漢興以爲其遠難守 故遼水爲塞".

9) 오강원, 1998, 「古朝鮮의 浿水와 沛水」, 『강원사학』 13·14.

10) 이병도, 1976, 『한국고대사연구』, 70~71쪽.

역에는 전국계 철기문화인 세죽리-연화보문화가 나타나는 반면에, 청천강 이남 지역에서는 세형동검문화가 나타나기 때문에 청천강이 문화적 계선이 된다고 본다.[11]

이러한 청천강설에는 몇 가지 문제점이 있다. 먼저『한서』지리지 요동군조에는 문현과 번한현이 나란히 나온다. 문현 주민이 산동반도로 건너가 신문현을 세웠던 점을 비추어 볼 때 문현과 번한현, 즉 만번한을 요동반도 일대에서 찾는 것이 자연스럽다.[12] 또한 패수(沛水)로 본 박천강대령강은 남류(南流) 혹은 동남류(東南流)하는 강이다. 서남류(西南流)한다던 패수(沛水)의 흐름과는 전혀 다르다.[13] 따라서 번한현을 박천강으로 보기는 어렵다고 할 수 있다.[14]

이와 달리 문현을 요동반도 개평 일대로, 번한현을 청천강 일대로 보는 절충적인 견해가 제시되기도 하였다.[15] 그러나 이것은 당시 국경선을 산맥이나 강을 경계로 삼았던 일반적인 사례와 큰 차이가 난다. 천산산맥 이서지역인 요하 하류의 개평과 천산산맥을 넘고 압록강을 지나 다시 청천강에 이르는 지역을 국경선으로 삼았다는 것이 쉽게 납득되지 않는다.

또한 연·진·한과 고조선의 경계를 청천강으로 볼 경우 고조선이 진에게 빼앗긴 진고공지(秦故空地)를 청천강과 대동강 사이에서 찾아야 한다. 그러나 청천강과 대동강 사이가 너무 좁다는 문제가 있다. 또한 한초에 진대의 국경이 멀고 지키기 어렵다는 이유로 패수[청천강]로 국경을 삼았다고 했는데 청천강과 대동강 사이를 멀어서 국경선을 후퇴할 정도의 거리라고 이해하기는 힘들다고 본다.[16]

---

11) 송호정, 2003,『한국 고대사 속의 고조선사』, 307~310 · 345~347쪽.
12) 노태돈, 1990,「고조선의 중심지의 변천에 대한 연구」,『한국사론』23, 50~51쪽.
13) 노태돈, 1990, 앞의 논문, 50쪽.
14) 이 견해에서는 요동~청천강 이북지역에서 보이는 명도전을 비롯한 세죽리-연화보문화를 요동군 내지 그 영향이 강하게 미친 燕系문화로 보고, 청천강 이남의 한국식동검문화와 구분지어서 이해한다(송호정, 2010,「고조선의 위치와 중심지 문제에 대한 고찰」,『한국고대사연구』58, 54~55쪽). 따라서 연과 고조선의 경계인 번한현을 청천강유역으로 볼 수밖에 없다.
15) 송호정, 2010, 앞의 논문, 46~47쪽.
16) 노태돈, 1990, 앞의 논문, 26~27쪽 ; 오강원, 1998, 앞의 논문, 74~75쪽.

물론 이에 대해 『사기』 조선열전(A-1)에서 고조선과 경계가 되었던 지역의 장새(鄣塞)에 대한 관리를 포기하거나 패수 위치를 변경했다는 사실을 찾기가 힘들고 다만 관리상의 문제점 때문에 한이 직접 관할하는 장새를 요동지역으로 축소했던 것으로 이해해야 한다고 보기도 한다.[17]

그러나 『염철론』 비호편에는

B) 대부(大夫)가 말하기를, "옛날에 사이(四夷)가 모두 강성하여 다같이 중국을 노략질한 적이 있습니다. 조선은 변경을 넘어 연의 동쪽 땅을 빼앗았습니다."

라고 되어 있다. 여기에서 고조선이 한초에 연땅을 공격하여 영토를 확장한 사실을 알 수 있다. 이와 관련하여 『사기』 조선열전에서는 그곳[요동외요]이 멀고 지키기 어렵다는 이유로 다시 요동의 고새를 수리하고 패수를 경계로 삼았다고 되어 있다. 그러나 위의 기록을 보면 그것은 고조선에게 영토를 빼앗긴 것에 대한 수사적 표현에 지나지 않는다고 볼 수 있다.[18] 결국 진한교체기에 고조선이 패수 이동지역의 영토 즉, '진의 옛 공지'를 회복한 것을 알 수 있다.

청천강설의 이러한 문제점 때문에 압록강설이 상대적으로 설득력이 있는 견해로 주목을 받았다. 이 견해에서도 청천강을 연·진과 고조선의 경계로 이해한다. 청천강을 중심으로 이북지역에서 명도전을 포함한 세죽리-연화보문화가 분포한 점과 이남 지역에서 세형동검문화가 분포한 점을 문화적 계선으로 이해한다.[19] 이러한 점에서는 청천강설과 크게 차이가 없다. 그러나 한초에 고조선과의 경계가 청천강에서 후퇴한 점이 확실하고 한대 요동군이 양평[요양]이었던 점을 고려할 때 청천강과 양평 사이에 자연적인 경계가 될 수 있는 강은 압록강뿐이라는

---

17) 송호정, 1999, 「古朝鮮 國家形成 過程 硏究」(서울대학교 박사학위논문), 197쪽.

18) 서영수, 2008a, 「요동군의 설치와 전개」 『요동군과 현도군 연구』, 45~46쪽.

19) 노태돈, 1990, 앞의 논문, 24~31쪽.

것이다.[20] 이처럼 압록강과 청천강 사이를 진고공지로 봄으로써 청천강설의 문제점을 일부 극복했다는 점에서 상당한 설득력을 갖고 있다.[21]

그러나 『한서』 지리지 낙랑군 패수현조에 이미 청천강으로 비정되는 패수가 있다. 그리고 현도군 서개마현조에는 "마자수(馬訾水)는 서북으로 흘러 염난수(鹽難水)와 합류하고 또 서남으로 흘러서 서안평에 이르러 바다에 들어간다"고 하여 마자수는 압록강이고 염난수는 혼강임을 쉽게 알 수 있다. 따라서 압록강을 패수로 보면 같은 시기에 패수가 2곳에 있는 모순이 발생한다.

한편 『사기』 흉노열전에 의하면 한초에 흉노는 동호를 격파하여 동쪽으로 예맥·고조선과 접하게 되었다[東接穢貊朝鮮]고 한다. 만약 한초에 고조선과 한의 경계가 압록강이었다고 한다면 고조선·예맥과 흉노의 경계도 압록강이어야 한다는 논리가 성립되어야 한다. 그러나 당시 한의 요동군이 있는 이상, 흉노가 압록강까지 영역을 확대했을 가능성은 거의 없다. 따라서 패수는 서북한지역이 아닌 요동지역의 강일 가능성이 높다고 할 수 있다.

이런 점에서 혼하설을 주목해 보자. 이 설은 비교적 최근에 제기된 견해로 기존의 연구에서 언급하지 않았던 『전한기』의 패수 관련 사료를 적극적으로 활용한다.[22] 『한서』 조선열전에서는 한이 일어서자 요동외요(遼東外徼)가 멀고 지키기 어렵다는 명분으로 요동의 고새를 수리하여 패수로 고조선과 경계를 삼았다고 되어 있다. 『전한기』는 후한 헌제가 『한서』의 문장이 번잡하고 읽기가 난해하여 198년 순열(荀悅, 149~209)에게 명하여 기전체의 『한서』를 1/4분량의 편년체인 『(전)한기』로 개사(改寫)시킨 것이다.[23] 주지하듯이 『한서』 조선열전은 『사기』 조선열전을 그대로 전재한 것이다. 따라서 『전한기』에는 『사기』와 『한서』 저술 당시의 역사지리 인식이 그대로 반영되었다고 볼 수 있다.

---

20) 오강원, 1998, 앞의 논문, 74~76쪽.
21) 김한규, 2004, 『요동사』, 124~129쪽.
22) 서영수, 2008a, 앞의 논문, 44~50쪽 ; 김남중, 2001, 「衛滿朝鮮의 領域과 王儉城」, 『韓國古代史研究』22, 15~17쪽.
23) 薛明揚, 1994, 『中國學術名著提要(歷史卷)』, 復旦大學出版社, 120~122쪽.

그런데『사기』·『한서』조선열전에서 고조선과 경계로 삼았던 패수를『전한기』 효무황제기(A-2)에서는 요수를 새로 삼았다고 하여 패수를 요수로 보고 있는 것이다.『수경주』에 의하면 대요수(大遼水)와 소요수(小遼水)가 있는데 대요수는 "大遼水出塞外衛白平山 東南入塞東 過遼東襄平縣西"[24]라고 하여 오늘날 요하이며, 소요수는 "水出北塞外 西南流逕遼陽縣 注遼水"[25]라고 하여 오늘날 혼하라는 것을 알 수 있다. 이처럼『전한기』에서 요수는 소요수인 혼하를 가리킨다. 따라서『한서』·『사기』에 보이는 한초의 패수는 바로 혼하라고 할 수 있다.[26]

이와 관련하여 패수를 건너 망명한 위만에 대해서『사기』와『전한기』에는

C-1) (위)만이 망명하여 무리 천여 인을 모아 상투에 오랑캐의 복장을 하고 동쪽으로 새를 빠져나와 패수를 건너 진의 옛 공지인 상하장(上下鄣)에 머물렀다.(『사기』조선열전)

2) 연인(燕人) (위)만이 망명하여 무리 천여 인을 모아 요(遼)에 있었는데 진의 고지(故地)에 머물렀다.(『전한기』효무황제기)[27]

라고 되어 있다.『사기』에서는 위만이 패수를 건너 진고공지상하장(秦故空地上下鄣)에 머물렀다고 되어 있다. 이 부분을『전한기』에서는 위만이 "요에 있는 진고지에 머물렀다"고 되어 있다. 위만은 패수=혼하 이동의 요지역인 진고지=진고공지상하장에 머물렀던 것이다. 이처럼『전한기』에서는 위만이 요에 거주하였다고 정확하게 지적하고 있다. 그렇다면 평양설에서 주장하는 것처럼 청천강이 패수라고 한다면 위만이 머물렀던 청천강 이동 지역을 요라고 볼 수밖에 없는 모순에 빠지게 된다.

---

24) 『水經注』卷14 大遼水.
25) 『水經注』卷14 小遼水.
26) 김남중, 2001, 앞의 논문, 15~17쪽.
27) 『前漢紀』孝武皇帝紀5, 卷第14, "燕人衛滿亡命聚黨千餘人在遼 居秦故地".

한편『염철론』주진편에서는 진이 "동쪽으로 패수(沛水)를 넘어 조선을 멸망시켰다"고 했다. 진이 동쪽으로 넘은 패수에 대해서는 요동군 번한현을 지나는 혼하로 볼 수 있다. 여기에서『염철론』의 패수(沛水)와『사기』조선열전의 패수(浿水)가 같은 강인 것을 알 수 있다.[28] 이와 달리『한서』지리지 낙랑군 패수현조(浿水縣條)의 패수는 청천강을 가리키는 것이 확실하다.

이처럼 패수는 문헌 성립 연대에 따라 표기가 달라졌던 것을 알 수 있다. 패수의 대상이 바뀌었던 이유는 바로 고조선이 연의 공격으로 요동지역에서 한반도 서북부 지역으로 이동하였기 때문에 고조선계 지명인 패수도 같이 이동하였던 것으로 보인다. 이것은 고구려에서 평양이라는 지명이 여러 군데 나오는 것과 비슷한 현상으로 볼 수 있을 것이다. 따라서 전한 말기부터는 요동의 패수[혼하]와 대동강유역의 고조선 중심지에 가까운 패수[청천강]를 구분하기 위해 전자를 패수(沛水)로 고쳐서 부른 것으로 추정된다.[29]

그렇다면 고조선과 진의 경계는 어디였을까? 고조선과 한의 경계가 패수=혼하였기에 고조선과 진의 경계로 삼을 만한 자연계선은 청천강과 압록강으로 압축된다.

이와 관련하여 먼저 청천강설을 살펴보자.[30] 이 설에서는 세형동검문화와 세죽리-연화보문화의 경계가 청천강이고 명도전이 청천강 이북에서만 출토되는 점으로 보아 연·진의 요동군이 청천강에까지 이르렀다고 본다. 이러한 견해 중에서는 연·진·한 요동군의 경계를 모두 패수=청천강으로 일치시켜서 이해하기도 한다. 이럴 경우에 고조선의 중심지인 평양과 청천강 사이에 위만이 정착했던 진고공지를 찾을 수밖에 없고 그 공간이 너무 좁다는 문제점이 있다. 그래서 한초 국경선인 패수를 압록강으로 보고 진고공지를 압록강과 청천강 사이로 이해하기

---

28) 서영수, 2008b,『사기』고조선 사료의 구성 분석과 신해석」,『단군학연구』18, 80쪽.

29) 서영수, 1996,「위만조선의 형성과정과 국가적 성격」,『한국고대사연구』9, 99~105쪽.

30) 노태돈, 1990, 앞의 논문, 25~31쪽 ; 김한규, 1999,『한중관계사 I 』, 72~74쪽 ; 송호정, 2003, 앞의 책, 335~343쪽.

도 한다.[31]

다음으로 압록강설[32]을 살펴보자. 이 설에서는 연과의 경계였던 만번한을 천산산맥으로 보고 연의 공격으로 고조선의 중심이 평양으로 이동했다고 본다. 그리고 한초 고조선이 영역을 회복하여 패수=혼하로 경계를 삼았다고 이해한다. 이러한 견해는 본고의 입장과 기본적으로 일치한다. 당시 진이 패수=혼하를 건너 고조선을 공격했다는『염철론』주진편[33]의 기록을 볼 때 천산산맥 이동에서 청천강유역까지 고조선과 진의 요동군과 경계로 삼을 만한 자연계선으로 압록강이 가장 유력하다고 본다.[34] 그리고 진의 화폐였던 반량전이 서북한지역보다는 주로 요하유역에서 압록강에 이르는 지역에 집중적으로 분포하는 점[35]도 진과의 경계가 압록강이었을 가능성을 높여준다.

이런 점에서 위만이 집권하기 이전에 고조선은 진의 공격 이후에는 압록강을, 다시 한초에는 요동지역을 회복하여 패수=혼하를 서계로 삼았다. 따라서 준왕을 내쫓고 왕권을 장악한 위만이 집권한 이후 위만조선의 서계는 패수=혼하라고 할 수 있다.

Ⅲ. 위만조선의 영역과 그 이해

위만은 외신관계를 맺은 다음 한으로부터 얻은 병위재물을 통해 주변 소읍을 공격하자 진번·임둔 등이 모두 와서 복속하여 고조선의 영토가 사방 수천리가 되었다. 이렇게 위만에 의해 확장된 고조선의 세력범위는 어느 정도였을까? 한이 토착세력을 그대로 온존시킨 채로 고조선 지역을 군현으로 편제했던 점을 고려

---

31) 노태돈, 1990, 앞의 논문, 28~29쪽.
32) 서영수, 2008a, 앞의 논문, 40~44쪽.
33) 『鹽鐵論』卷8, 誅秦 第44, “秦旣并天下 東絶沛水 並滅朝鮮”.
34) 서영수, 1999,「고조선의 대외관계와 강역의 변동」,『동양학』29, 111~114쪽.
35) 박선미, 2009,『고조선과 동북아의 고대 화폐』, 226~231쪽.

한다면, 고조선의 영역은 대체로 한군현이 설치된 지역과 연결시켜서 이해할 수 있을 것이다.

먼저 낙랑군이 설치된 지역은 대체로 평안도 일대라고 볼 수 있다. 『한서』 지리지 낙랑군조에는 수현(首縣)인 조선현과 함께 염감(誦邯)·증지(增地)·점제(占蟬)·사망(駟望)·둔유(屯有) 등의 현명이 남아 있으며, 이는 최근 발견된 초원 4년(기원전 45년) <낙랑구 호구부>에서 제1구역의 범위와 같다고 할 수 있다.

진번군은 황해도와 경기북부 일대로 볼 수 있다. 진번은 진개의 침략 이전부터 고조선과 연맹체 관계를 맺고 있었는데 위만이 집권하면서 고조선에 복속하게 된 것이다. 『한서』 지리지 낙랑군조에는 남부도위가 관할하는 대방(帶方)·열구(列口)·장잠(長岑)·해명(海冥)·소명(昭明)·제해(提奚)·함자(含資) 등 7개 현이 남아 있는데 이것이 진번군에 해당되며, <낙랑군 호구부>의 제2구역의 범위와 같다고 할 수 있다. 『무릉서(武陵書)』에 의하면 진번군은 15개의 현으로 삽현(霅縣)이 수현이었다[36]고 한다. 그러나 기원전 82년 진번군이 낙랑군으로 편입되는 과정에서 삽현이 삽양부(霅陽部) 혹은 삽양장(霅陽障)으로 바뀌었다가[37] 기원전 45년 이전에 폐지되었던 것으로 보인다.[38]

임둔군은 단단대령을 중심으로 한 함경남도와 강원도 북부도 일대로 추정된다.[39] 임둔도 고조선과 연맹체 관계를 맺고 있었는데 위만이 집권하면서 고조선에 복속하게 된 것이다. 『한서』 지리지 낙랑군조에는 동부도위가 관할하는 동이(東暆)·잠태(蠶台)·불이(不而)·화려(華麗)·야두매(邪頭昧)·전막(前莫)·부조(夫租) 등 7개의 현이 남아 있는데 이것이 임둔군에 해당되며, <낙랑군 호구부>의 제4구

---

36) 『漢書』 卷7, 武帝紀, "茂陵書…眞番郡治霅縣 去長安七千六百四十里 十五縣".

37) 『集韻』 卷10, 入聲 下, 狎第33, "霅 衆言聲 一日 霅陽 地名 在樂浪", "霅 斬狎切 地名 霅陽障 在樂浪"; 『廣韻』 入聲, 卷第5, 32狎, "霅 衆言聲 又丈甲切 霅陽部 在樂浪", "霅 霅陽縣名".

38) 윤용구, 1990, 「낙랑전기 군현지배세력의 종족계통과 성격-토광목곽묘의 분석을 중심으로-」, 『역사학보』126, 19~20쪽.

39) 이병도, 1976, 『한국고대사연구』, 102~157·191~209쪽.

역의 범위와 같다고 할 수 있다. 『무릉서』에 의하면 군치는 동이현이고 15개의 현이 있었다고 한다.[40] 임둔군도 기원전 82년 폐지 이후 영서지역은 낙랑군으로 통합되고 영동지역은 낙랑군 동부도위의 관할로 이관되었다.[41] <낙랑군 호구부>를 통해서 제3구역으로 분류된 수성(邃成)·루방(鏤方)·혼미(渾彌)·패수(浿水)·탐열(呑列) 등 5개 현을 원낙랑군의 속현이 아니라 영서 지역에 있던 임둔군의 잔현[42]으로 볼 수 있다.[43]

마지막으로 현도군이 설치된 지역을 살펴보자. 『사기』 흉노열전에는 "是時漢東拔穢貊朝鮮以爲郡"이라고 하여 예맥과 조선을 정벌하여 군을 설치하였다고 되어 있다. 이 중에서 낙랑·진번·임둔군은 기원전 108년에 고조선의 직접적인 통치 영역에 설치된 것이며, 현도군은 기원전 107년에 예맥의 땅에 설치된 군이다. 즉, 현도군과 나머지 3군은 군현 통치의 대상과 목적이 서로 달랐던 것이다.[44] 이 현도군의 위치에 대해서는 논란이 많지만 『삼국지』 동옥저전에 옥저성을 현도군으로 삼았다[45]는 기록에 비중을 둔다면 현도군은 함흥방면의 동옥저를 중심으로 고구려가 있었던 환인지역에 이르는 광범위한 지역으로 설치되었던 것으로 보인다.[46]

또한 현도군과 관련해서 주목되는 것이 바로 예군남려의 세력이다. 예군남려는 기원전 128년 우거왕에 반발해 280,000구를 이끌고 요동군으로 가서 내속하였다. 한은 이 지역에 창해군을 설치하였다. 창해군의 위치에 대해서는 논란이

40) 『漢書』卷7, 武帝紀, "茂陵書 臨屯郡治東暆縣 去長安六千一百三十八里 十五縣".
41) 『三國志』卷30, 烏丸鮮卑東夷傳 第30, 濊.
42) 池内宏, 1940, 「樂浪郡考」 『滿鮮地理歷史研究報告』16(1951, 『滿鮮史研究(上世一册)』, 23쪽).
43) 윤용구, 2009, 「平壤出土『樂浪郡初元四年縣別戶口簿』研究」 『목간과 문자 연구』3, 288~294쪽 ; 윤선태, 2010, 「한사군의 역사지리적 변천과 '낙랑군초원4년 현별 호구부'」 『낙랑군 호구부 연구』, 248~259쪽.
44) 김미경, 2007, 「高句麗 前期의 對外關係 研究」(연세대학교 박사학위논문), 17~19쪽.
45) 『三國志』卷30, 烏丸鮮卑東夷傳 第30, 東沃沮.
46) 和田淸, 1955, 「玄菟郡考」 『東亞史硏究(滿洲篇)』 ; 김미경, 2002, 「第1玄菟郡의 位置에 대한 再檢討」 『實學思想研究』24.

많지만 『삼국사기』 고구려본기 태조왕 4년조에 고구려의 영토가 창해(滄海)에 이르렀다[47]고 한 점과 평양 정백동에서 출토된 부조예군의 은인의 사례를 비추어 볼 때 제1현도군의 범위와 부합되는 부분이 있다.[48] 이것은 예군남려 관련 기사가 『후한서』 동이열전 예조에 편제된 것과 무관하지는 않다고 본다.

예군남려는 후한대 순열(A.D. 149~209)이 198년에 편찬한 『전한기』에는 '東夷穢貊君南閭[49]'로 되어 있다. 즉, 예군남려는 고조선 · 부여를 제외한 당시 예맥사회를 대표하는 수장으로 볼 수 있다. 이러한 예군남려가 우거왕에 반대하여 요동군에 내속하였다는 것은 이전까지 대한교섭권을 장악한 위만조선을 통해 교역을 하다가 한과 직접 교역을 시도하였던 것으로 볼 수 있다.[50]

위만의 집권 이전의 고조선은 주변 예맥사회와 연맹체 관계를 유지하고 있었다. 이 연맹체는 각 지역별로 제집단이나 소국 간에 다수의 소국을 통솔하는 구심체로서 특정소국을 중심으로 정치 · 경제적 결속기반을 형성하면서 대외적으로 통일된 기능을 발휘하는 단계라고 할 수 있다.[51] 여기에서 연맹체의 맹주국과 연맹 구성체들 사이에 정치권력을 배경으로 지배 · 복속관계가 성립되는 단계가 아니라고 할 수 있다. 이런 점에서 고조선과 예군남려로 대표되는 예맥세력과의 관계는 지배 · 복속 관계가 아니라 연맹단계에서 대한교섭권과 같은 대외관계가 고조선에 종속된 상태였다고 볼 수 있다. 이와 달리 진번과 임둔은 고조선과 연맹 관계에 있다가 위만에 의해 복속되면서 고조선의 영역에 포함되어 지배 · 복속 관계로 들어가게 된 것이다. 이 때문에 고조선 멸망 이후 군현 설치 과정에서 낙랑 · 진번 · 임둔 3군이 먼저 설치되고 1년 뒤에 현도군이 설치되었던 것으로 볼

---

47) 『三國史記』卷15, 高句麗本紀3, 太祖大王 4年, "秋七月 伐東沃沮 取其土地爲城邑 拓境東至滄海 南至薩水".

48) 和田淸, 1955, 앞의 논문 ; 김미경, 2002, 앞의 논문, 20~32쪽 ; 秋山進午, 2008, 「<夫租薉君>銀印再考-2005年朝鮮北部旅行から-」『高麗美術館硏究紀要』6, 高麗美術館硏究所.

49) 『前漢紀』孝武皇帝紀3, 卷第12, "東夷穢貊君南閭等口二十八萬人降 以爲蒼海郡".

50) 김기흥, 1987, 「고구려의 성장과 대외교역」『한국사론』16, 10~12쪽.

51) 이현혜, 1984, 『삼한사회형성과정연구』(일조각), 170쪽.

수 있다.

지금까지 위만조선의 영역을 한사군과의 관계 속에서 살펴보았다. 그런데 이러한 견해는 패수가 압록강이라는 기존의 통설에 기반을 둔 해석이다. 그러나 II장에서 살펴본 것처럼 고조선과 한의 경계인 패수는 압록강이 아니라 혼하였다. 그렇다면 국경인 패수에서 압록강까지의 영역에 대한 해석이 문제로 남는다.

이와 관련하여 패수=압록강설의 문제점에 대해 좀더 살펴보자. 이 설의 주요한 근거 중의 하나는 요동군의 속현인 서안평현의 위치이다. 1976년 압록강의 지류인 애하(靉河) 하구의 삼각주 상류 유적에서 한대 기와편에 '安平樂未央'이라는 명문이 발견되었는데 '안평(安平)'은 지명이고 '낙미앙(樂未央)'은 한대 흔히 쓰이던 길상구로 본 것이다. 그래서 이 와당의 출토지점이 바로 한대 요동군 서안평현의 유적이라는 것이다. 따라서 한의 요동군과 고조선과의 경계였던 패수는 압록강이서 지역이 될 수 없게 된다.

물론 서안평현의 위치만을 기준으로 한다면 패수=압록강설은 충분히 설득력이 있다. 그러나 요동군을 포함하여 한대 군현의 이치와 치폐가 많이 일어났다. 『사기』강후주발세가에는

E) (高祖 12년, 기원전 195년) 연왕 노관이 반란을 일으키자, 주발은 상국(相國)의 신분으로 번쾌(樊噲)를 대신하여 부대를 이끌고 계현(薊縣)을 함락시키고 … 곧장 장성까지 추격하여 상곡 12현, 우북평 16현, 요서와 요동 29현, 어양군 22현을 평정하였다.[52]

라고 하여, 기원전 195년에 주발이 상곡군 12현, 어양군 22현, 우북평 16현, 요서 · 요동군 29현을 평정한 것으로 되어 있다. 그런데 기원후 2년을 기준으로 작성된 『한서』 지리지에 의하면[53] 상곡군은 15현, 어양군 12현, 우북평군 16현, 요서

---

52) 『史記』卷57, 絳侯周勃世家 第27.
53) 『漢書』卷28上 第8上 京兆尹條에 의하면 지리지의 인구통계 기준이 元始二年(기원후 2년)

군 14현, 요동군 18현이다. 두 군의 현수 중에 일치하는 것은 우북평군 16현뿐이다. 한초의 어양군은 22현에서 12현으로 줄었으며, 요서군과 요동군의 합인 29현은 32현으로 늘어났다. 이것은 약 200년 사이에 상곡군~요동군의 속현의 치폐가 지속적으로 이루어졌다는 것을 보여준다.

또한 한초에는 진대에 주변 민족을 군현으로 편제했던 세력들이 모두 독립하였고, 무제 이후에도 창해군의 치폐와 기원전 82년 담이(儋耳)·진번군의 폐지, 현도군의 이치는 전한대 군현의 치폐·이치의 양상을 잘 보여준다. 특히 이러한 현상은 주변 이민족과 접경하고 있는 변군지역에서 많이 나타난다. 그것은 한과 주변 이민족과의 군사적 충돌 혹은 운영상의 이유 등으로 변화될 수밖에 없었다고 본다. 『한서』지리지와 『후한서』군국지의 내용을 비교해 보면 이러한 양상은 후한대까지도 지속되었던 것을 알 수 있다.

이런 점에서 『한서』지리지의 요동군조의 속현의 수는 한초 혹은 한사군 설치 당시와 다소 차이가 난다는 것을 알 수 있다.[54] 즉, 『한서』지리지 요동군의 속현은 『한서』의 편찬시점인 기원후 2년 당시의 상황을 반영한 것이라고 볼 수 있다. 따라서 전한 말기의 『한서』지리지 요동군의 속현인 서안평현의 위치를 통해서 한초 요동군과 고조선의 경계가 서안평현[단동시] 이동에 있다고 보는 논리는 재고의 여지가 있다.

Ⅱ장에서 살펴본 것처럼 고조선과 진의 경계는 압록강이었다. 즉, 중국을 통일한 진은 압록강까지를 황제의 일원적인 지배체제가 관철되는 군현체제, 즉 요동군에 포함시켰다. 그러다가 한초에 고조선이 요동지역을 회복하자 한은 패수[혼하]를 고조선과의 경계로 삼을 수밖에 없었다. 이것은 한초 요동군의 범위가 패수=혼하 이서지역에 한정되었다는 것을 말해 준다. 고조선은 진의 군현지배를 경

인 것을 알 수 있다(권오중, 1996, 「고대 요동군의 위치문제 시론」, 『길현익교수정년기념 사학논총』, 71~72쪽.

54) 정찬영, 1963, 「고조선에 관한 몇 가지 문제들에 대하여」, 『고조선에 관한 토론 론문집』, 149쪽.

험했던 이 지역에 연·제·조 유이민들을 받아들였던 것이다.[55] 결국 한이 고조선을 멸망시키면서 이 지역을 다시 요동군으로 편제했던 것으로 보인다. 요동군을 처음 설치한 것은 전국 연이었지만 요동군을 현 단위로 실효적 지배를 했던 것은 바로 진대에 가서야 가능했던 것으로 보인다. 『한서』 지리지 요동군을 비롯하여 상곡·어양·우북평·요서군을 '진치(秦置)'라고 서술한 것은 바로 이러한 이유 때문이라고 판단된다. 따라서 패수=혼하 이동지역에서 압록강 이서지역에 이르는 곳은 진고공지로서 위만조선이 멸망한 이후에 한의 요동군으로 다시 편제된 지역이라고 할 수 있다.

이 진고공지와 관련해서 『위략』의 기록을 주목해 보자.

F) (진이 전국을 통일한 지) 20여년이 지나 진승(陳勝)과 항우(項羽)가 기병(起兵)하여 천하가 어지러워지자, 연·제·조의 백성들이 괴로움을 견디다 못해 차츰차츰 준왕(準王)에게 망명하였다. 준왕은 이에 이들을 서방에 거주하게 하였다. … 위만이 서계에 거주하도록 해주면 중국 망명자들을 모아 조선의 번병(藩屏)이 되겠다고 준왕을 설득하였다. 준왕이 그를 믿고 총애하여 박사로 삼고 규(圭)를 하사하여 100리 땅을 봉해 주어 서변을 지키게 하였다.

당시 진한교체기에 연·제·조민이 혼란한 정국을 피하여 고조선으로 망명하였고, 고조선 준왕은 이들을 고조선의 서방에 거주하게 하였다. 그리고 준왕은 위만에게 박사로 봉하고 고조선의 서변을 지키게 하였다. 여기에서 서방은 바로 패수 이동지역인 진고공지라는 것을 알 수 있다.

그러나 진고공지는 고조선의 영역으로 포섭되기 이전에 진의 군현통치를 직접 받은 지역이다. 게다가 연·제·조민과 같은 중국 망명자들이 계속 유입되었던 곳이다. 이처럼 중원계 문화와 군현체제의 통치 경험을 겪은 지역을 준왕이 고조

---

55) 김남중, 2002, 「燕·秦의 遼東統治의 限界와 古朝鮮의 遼東 回復」, 『白山學報』 62.

선의 통치 방식으로 효과적으로 다스리기 어려웠을 것이다.[56] 그래서 준왕은 중원계 문화에 익숙했던 위만에서 서변의 경계를 맡겼던 것으로 보인다. 이런 점에서 고조선의 서변에 해당하는 패수~압록강 지역, 즉 진고공지는 위만조선이 직접 통치하는 낙랑이나 진번·임둔과 같은 복속지역과는 그 성격을 달리 한다고 볼 수 있다. 결국 이 지역은 위만조선이 멸망한 이후 한사군이 아닌 요동군으로 편입되었다.

Ⅳ. 〈낙랑군 호구부〉를 통해 본 위만조선의 인구

이 장에서는 위만조선의 직접적인 영역이라고 할 수 있는 낙랑·진번·임둔지역을 중심으로 인구 규모를 살펴보고자 한다. 최근 평양 정백동에서 발견된 〈낙랑군 호구부〉에는 초원 4년(기원전 45년) 낙랑군 25개현의 호구수가 기재되어 있다.[57] 그 25개현이 『한서』 지리지 낙랑군의 현과 일치한다는 점에서 상호 비교가 가능하다. 따라서 두 자료의 통계수치를 이용한다면 낙랑군의 인구증가율을 산출하고 이를 역으로 계산하여 위만조선 말기 단계의 인구를 추산할 수 있다고 본다.

주지하듯이 〈낙랑군 호구부〉는 초원 4년(기원전 45년)에 25현에 대한 호구 기록이다. 이것은 원시 2년(기원후 2년)에 작성된 『한서』 지리지 낙랑군 25현의 호구와 비교가 된다. 또한 〈낙랑군 호구부〉는 전년도(기원전 46년)와 비교해서 작성된 것이기 때문에 모두 세 시기의 호구수를 비교할 수가 있다. 이를 정리해 보면 표1과 같다.[58]

---

56) 김남중, 2002, 앞의 논문.
57) 손영종, 2006a·b, 앞의 논문 ; 윤용구, 2007, 앞의 논문 ; 윤용구, 2009, 앞의 논문.
58) 윤용구, 2010, 「낙랑군 초기의 군현 지배와 호구 파악」, 『낙랑군 호구부 연구』, 197쪽의 표를 일부 수정한 것이다. 일부 수치가 변경된 것은 표2처럼 총구수의 변화에 의한 수치상의 변화를 반영했기 때문이다.

표 1 낙랑군의 호구 변화 대조표

연 도	戶口數 (호구수)		戶當口數 (호당구수)	縣當 戶口數 (현당 호구수)		호구(戶口) 증가율(%)	
	호(戶)	구(口)		호(戶)	구(口)	호(戶)	구(口)
初元 3년 (기원전 46년)	43,261	277,317	6.41	1,730	11,092	-	-
初元 4년 (기원전 45년)	43,845	286,261	6.53	1,754	11,450	1.35	3.23
元始 2년 (기원후 2년)	62,812	406,748	6.48	2,512	16,269	0.77	0.76

이에 따르면 초원 4년의 호수는 전년에 비해 호수는 584호가 늘어난 1.35%기, 구수는 8,944구가 늘어난 3.23%가 증가하였다. 이에 비해 47년 뒤인 기원 2년에는 해마다 호수는 0.77%, 구수는 0.76%가 증가한 것으로 나타난다.[59] 이러한 수치는 전한대 연평균 인구증가율 0.7~0.8%와 부합된다.[60] 초원 3년과 4년 사이에는 인구가 3.23%까지 갑자기 늘었지만 원시 2년까지 47년간의 장기적인 증가율은 전한대 인구 증가율과 비슷한 점을 알 수 있다. 즉, 반세기에 가까운 기간 동안 낙랑군에서 파악한 장부상의 호구상황은 비교적 안정된 모습을 보여준다.[61] 이처럼 낙랑군이 기원전 45년 이후 안정적으로 인구가 증가했던 점을 고려하여 역으로 인구를 계산하면 군현 설치 당시인 기원전 108년의 상황도 유추할 수 있을 것이다.

---

59) 인구증가율 공식은 인구증가율 = {(비교연도인구-기준연도인구)÷기준연도인구}×100이다. 그리고 이 인구증가율을 통해 n년 후의 인구를 구하는 공식은 Pn = Po×(1+r)×exp(n)이다 (Pn: n년 후 인구, Po: 기준년 인구, r: 인구증가율, n: 연수).
윤용구(2010, 앞의 논문, 196~199쪽)는 초원 3년과 4년 사이의 호구와 인구증가율을 각각 0.63%와 2.82%가 증가한 것으로 계산하였으나 이 수치에는 약간의 오류가 있다. 그가 제시한 수치에 의해 호구·인구증가율을 계산하면 1.35%와 2.86%가 나온다. 그가 제시한 인구증가율 2.82%는 인구증가분을 기준연도 인구수로 나누어야 하는데 초원 4년인 비교연도 인구수로 나누었기 때문에 나온 잘못 계산된 수치이다. 필자는 본문에서 그와 달리 낙랑군 총구수를 286,261구로 산정했기 때문에 인구증가율이 3.23%가 나오게 되었다.

60) 葛劍雄, 1986, 『西漢人口地理』(人民出版社), 72~83쪽(李成珪, 1998, 「虛像의 太平-漢帝國의 瑞祥과 上計의 造作-」, 『古代中國의 理解』4, 124쪽 재인용).

61) 윤용구, 2009, 앞의 논문, 295~296쪽.

그러나 인구증가율을 통해서 인구를 역으로 추정하는 데에 있어서는 몇 가지 변수를 고려하지 않을 수 없다. 첫째는 <낙랑군 호구부>가 과연 낙랑군 관할 범위에 있는 실제 호구 상황을 그대로 반영하고 있는가의 문제이다. 한대 작성된 정부 문서 중에 조작의 가능성이 이미 제기된 바 있으며,[62] 실제로 한무제대 남군(南郡)의 사례에서 보이듯이 관리가 호구의 수치를 일부 조작한 흔적을 확인할 수 있기 때문이다.[63]

실제로 어느 시대의 어떤 국가이든 무적자(無籍者)를 포함한 호구를 완벽하게 파악할 수는 없다. 그러나 국가가 징세·군역 등 통치 행위를 위해서는 지역단위의 호구 파악이 가장 기본적이라고 할 수 있다. 따라서 국가가 파악하고 있는 호구 자료는 실제를 그대로 반영한다기보다는 국가가 재원을 확보하기 위한 최대한의 근거 자료라고 할 수 있다. 특히 이민족사회에 설치된 낙랑군에서 토착세력을 지배하기 위해서는 호구 자료가 가장 기본이 되었을 것이다. 실제로 <낙랑군 호구부>에는 현별 호구를 전년도와 대비해서 구체적인 변동 사항까지 기록되어 있다. 이런 점으로 본다면 <낙랑군 호구부>가 토착사회의 실제 호구를 완벽하게 반영하지는 못할지라도 그 수치는 당시 호구 추세를 상당히 반영하고 있다고 볼 수 있을 것이다.

둘째로 낙랑군의 인구증가율을 통해 위만조선의 인구를 추정하는 것이 논리적으로 가능한가의 문제이다. 위만조선은 한과의 1년간 전쟁을 통해 인구가 많이 감소하였을 것이다. 또한 군현 설치 이후 낙랑군은 요동군으로부터 관리를 데려왔고[64] 상인을 비롯하여 한인들의 일부가 유입되었기 때문이다. 반면에 한의 군현통치를 거부하고 진국(辰國) 등으로 이주했던 집단들도 상정할 수가 있다.

이와 관련하여 한이 군현을 설치하는 방식과 그 지배 방식을 살펴봄으로써 위

---

62) 李成珪, 1998, 앞의 논문, 113~139쪽.

63) 李成珪, 2009, 「帳簿上의 帝國'과 '帝國의 現實-前漢 前 尹南郡의 編戶齊民과 그 限界-」, 『中國古中世史研究』22, 243~248쪽

64) 『漢書』卷28下, 地理志 第8下.

만조선 시기와 낙랑군 시기의 호구를 비교하는 것이 타당한지를 검토해 보자.

한대에 현을 편성하는 기준은 『한서』 백관공경표에 의하면 면적은 사방 100리를 기준으로 하고 호수는 1만호를 기준으로 하되 가감을 고려한다고 되어 있다.[65] 이에 비해 『한서』 지리지에서 낙랑군은 현당 평균 호수는 약 2,512호이다. 서북지역의 농서(隴西)·금성(金城)·천수(天水)·무위(武威)·장액(張液) 등 군현의 평균은 약 3,225호로 나타난다. 이러한 수치는 같은 시기 내군 총 39군에서 현당 평균 11,149호와 큰 차이가 있다. 이것은 호수에 관한 규정은 내군을 기준으로 삼았기 때문에 변군에서는 군현 설치 이전에 존재하였던 기존 세력 집단의 영역과 함께 산천 경계에 의한 지형적 구분이 비교적 잘 갖추어진 상황에서 면적에 의한 방백리의 규정을 기계적으로 적용하기 어려웠던 것으로 볼 수 있다.[66] 특히 표 2에 보이는 기원전 45년의 현별 인구수가 수백~수천에 걸쳐있는데, 이것은 한이 위만조선의 토착적 질서를 그대로 받아들여서 현을 설치했던 것을 알 수 있다.

이처럼 한은 내군과 외군의 군현 분정 기준이 달랐다. 이것은 군현지배 방식에 있어서도 차이가 난다. 한은 변군을 설치한 이후에도 기존 토착세력의 지배구조와 지배세력이 그대로 유지되었다. 익주군에는 전왕이 존재하고 있었고, 장가군에는 야랑왕·구정왕·누와후가, 영창군에는 애뇌왕 등이 여전히 있었다. 이들은 군현이 설치되었음에도 불구하고 여전히 자신의 지위를 인정받고 유지했으며, 민에 대한 통솔권은 물론 군태수와 현령이 통제할 수 없을 정도의 군사력까지 보유하고 있었다. 이로 보아 한은 이민족을 지배하는 방법의 하나로 기존 지배 세력의 지위와 기반을 온존시킨 위에서 군현 지배를 관철시켜 나갔던 것으로 보인다.[67]

이와 같은 한의 변군 통치 방식은 낙랑군에 있어서도 크게 차이가 없었다. 즉, 한은 위만조선 국가의 중앙권력 기구를 해체하고 중앙지배세력에 대한 정리 작

---

65) 『漢書』卷19, 百官公卿表, "縣大率方百里 其民稠則減 稀則曠 鄕亭亦如之", "萬戶以上爲令 秩千石至六百石 減萬戶爲長 秩五百石至三百石".

66) 오영찬, 2006, 『낙랑군 연구』, 68~69쪽.

67) 오영찬, 2006, 앞의 책, 70~71쪽.

업을 하면서도 한편으로 위만조선의 독자적인 세력 기반을 가진 다수의 재지세력을 그대로 온존시키면서 그들을 통제하면서 군현지배를 관철시켰던 것으로 볼 수 있다.[68]

한은 군현 설치 초기에 요동군으로부터 관리를 데려오기는 했으나 지속적인 것은 아니었다. 그리고 본토에서 대규모 사민을 시행하지는 않았다. 따라서 위만조선 멸망 이후 기원전 1세기대에 낙랑군 지역의 큰 인구 변동의 요인은 없었다고 볼 수 있다.

이처럼 한이 기존의 위만조선사회를 크게 해체하지 않고 군현지배를 했던 점을 고려해 볼 때, <낙랑군 호구부>와 『한서』 지리지에 나타난 호구증가율을 통해서 역으로 위만조선 멸망 시점(기원전 108년)의 호구를 추정하는 데에 큰 무리는 없을 것이다. 다만 이러한 시도는 대략적인 흐름을 추정하는 것일 뿐 그 수치가 절대적인 것은 아니라는 점을 밝히면서 논의를 전개하고자 한다.

<낙랑군 호구부>는 3개의 목독으로 이루어져 있다. 서술 방식은 각 현의 호수·구수를 전년도와 비교하였으며 마지막에는 전체 25개 현의 호수·구수의 총합과 전년도와 증감을 표시하였다. 현별 기재는 제1구역으로 조선현을 시작으로 원낙랑군의 7개 현(조선~둔유)을, 제2구역으로 옛 진번군의 7개 현(대방~함자)을, 제3구역으로 영서지역의 5개 현(수성~탄열)을, 제4구역으로 영동지역의 7현(동이~부조)의 순서로 이루어졌다. 이중에서 제3구역과 제4구역은 옛 임둔군의 속현으로 후자는 부조현과 함께 동부도위의 관할이었다.[69] 이처럼 <낙랑군 호구부>에는 『한서』 지리지 낙랑군의 기재 방식과 달리 원낙랑군, 옛 진번군, 영서, 영동의 순서대로 정연하게 기록되어 있다. <낙랑군 호구부>에 기재된 25개 현의 호구수를 기준으로 호구증가율 0.77%와 구수증가율 0.76%을 역으로 적용하여 계산하면[70] 표2와 같

---

(68) 오영찬, 2006, 앞의 책, 72~75쪽.
(69) 윤용구, 2010, 앞의 논문, 187~190쪽.
(70) 호구·인구증가율은 통계치의 정확성을 위해 소수점 4자리인 0.7677%와 0.7577%를 적용하였다.

이 정리할 수 있다.[71]

표 2 낙랑군의 호구 변화 대조표

郡 名	縣 名	기원전 108년		기원전 45년	
		戶 數	口 數	戶 數	口 數
1 樂 郞	朝 鮮	5,978	35,360	9,678	56,890
	誹 邯	1,411	8,917	2,284	14,347
	增 地	338	2,084	548	3,353
	占 蟬	642	3,936	1,039	6,332
	馹 望	792	4,594	1,283	7,391
	屯 有	2,981	13,616	4,826	21,906
	소 계	12,142	68,506	19,658	110,219
2 眞 番	帶 方	2,684	17,988	4,346	28,941
	列 口	505	3,258	817	5,241
	長 岑	422	3,065	683	4,932
	海 冥	209	1,549	338	2,492
	昭 明	397	2,757	643	4,435
	提 海	107	810	173	1,303
	含 資	212	1,748	343	2,813
	소 계	4,536	31,175	7,343	50,157
3 領 西	遂 成	1,856	11,866	3,005	19,092
	鏤 方	1,442	10,331	2,335	16,621
	渾 彌	1,086	8,240	1,758	13,258
	浿 水	712	5,493	1,152	8,837
	呑 列	1,228	10,150	1,988	16,330
	소 계	6,324	46,080	10,238	74,138
4 領 東	東 暆	172	1,251	279	2,013
	蠶 台	336	2,582	544	4,154
	不 而	966	7,675	1,564	12,348
	華 麗	797	5,665	1,291	9,114
	邪頭昧	768	6,393	1,244	10,285
	前 莫	330	1,866	534	3,002
	夫 租	710	6,732	1,150	(*1) 10,□76 (*2) 10,831
	소 계	4,080	32,163	6,606	(*3) 51,747
합 계		27,082	177,923	43,845	(*4) 28□,261 (*5) 286,261

※ *2와 *5는 필자가 산술적으로 계산하여 보정한 수치이다.

---

71) 이 표는 윤용구(윤용구, 2010, 앞의 논문)의 釋文과 통계표를 바탕으로 재구성한 것이다.

<낙랑군 호구부>에서는 마지막에 각 현의 호수와 구수의 총합을 적어 놓았다. 이론적으로는 이 총합이 각 현의 호수와 구수를 모두 합한 수치와 일치해야 한다. 윤용구의 석문과 통계치에 따라 계산해 보면, 각 현의 호수를 일일이 합한 값과 호수 총계가 일치한다. 그렇다면 구수도 마찬가지로 일치해야 할 것이다. 그런데 부조현의 구수와 구수 총계는 판독을 정확히 할 수 없어서 각각 10,□76(*1)과 28□,261(*4)로 추정할 수밖에 없다.

그러나 이 두 구수는 수학적으로 계산하면 복원할 수가 있다. 먼저 부조현을 제외한 24개현의 구수의 합은 275,430구이다. 여기에 부조현의 구수를 더하면 28□,261구가 나와야 한다. 즉, '총구수 28□,261(W) = (24현의 구수 합계 275,430)(X) + (부조현 구수)(Y)'로 요약할 수 있다. W의 백단위 이하가 261이므로 이를 만족하는 Y값의 백단위 이하는 831로 끝나야 한다. 또한 부조현의 구수의 석문이 "萬□百□□□"이므로 Y값은 1만 단위의 숫자이며 천단위에 해당하는 숫자는 없다. 그렇다면 이러한 조건에 해당하는 숫자는 10,831밖에 없다. 따라서 부조현의 구수(Y)는 10,831구(*2)이며, 4구역의 소계는 51,747(*3)이고, 낙랑 25개 현의 총구수(W)는 286,261구(*5)가 된다.

부조현의 구수(Y)를 석문에서 10,□76로 판독하였는데 여기에는 판독의 오류가 있었던 것으로 보인다. W값이 홀수로 끝나고 X값이 짝수이기 때문에 Y값은 당연히 홀수일 수밖에 없다. 물론 이것은 산술적인 계산에 의해 추정된 값이다. 따라서 판독자의 견해를 통계상의 수치로 일방적으로 무시할 수는 없다. 왜냐하면 산술적인 수치만을 의존하다 보면 판독문을 조작할 가능성이 있기 때문이다.

이처럼 수치가 일치하지 않는 원인에 대해서는 몇 가지로 나누어 살펴볼 수 있다. 첫째는 <낙랑군 호구부> 목독을 작성한 관리의 계산상 실수일 가능성이다. 그러나 25개현의 호수를 합계와 호구부의 총계가 정확히 일치하는 점에 비추어 본다면 관리의 실수라고 하기는 어렵다. 둘째는 <낙랑군 호구부>의 석문 중에서 다른 구수에 해당하는 부분에서 판독을 잘못했을 가능성이다. 이것은 부조현의 구수를 10,□76로 본 것이 정확하다는 전제에서만 가능하다. 셋째는 부조현의 구수에 해당하는 10,□76가 오독일 가능성이다. 이것은 나머지 현의 구수 판독이 정확하다는 전제에서만 가능하다.

필자는 <낙랑군 호구부>의 사진으로만 판독해야 하는 상황에서 둘째와 셋째 경우가 모두 가능성이 있다고 본다. 그러나 부조현의 구수 부분을 제외한 나머지 부분 전체에 대한 판독자의 견해를 존중할 때 부조현의 구수를 10,831(*2)로 보는 것이 옳다고 본다. 이에 따라 제4구역 구수 소계를 51,747(*3)로, 25개현 구수 총계를 286,261(*5)로 보고자 한다. 설사 부조현의 구수가 정확하지 않다고 하더라고 호수가 1,150호로 정확하기 때문에 당시 호당 평균 구수를 산정한다면 당시 낙랑군 25개현의 전체 호구수를 이해하는 데에 큰 지장은 없을 것이다.

이처럼 <낙랑군 호구부>를 이해했을 때, 위만조선 멸망 직전에 왕검성(조선현)은 5,978호, 35,360구 정도이었으며,[72] 낙랑 · 진번 · 임둔 지역은 전체적으로는 27,082호, 177,923구로 파악된다. 한편 기원전 128년에 예군남려가 속한 예맥집단의 280,000구를 낙랑군의 인구증가율을 적용하여 기원전 108년의 인구를 계산하면 325,628구 정도가 된다. 이를 다시 호당 구수인 6.5명으로 나누면 예맥집단의 호수는 약 50,097호로 추정된다. 이러한 수치로 근거로 볼 때, 위만조선의 영역 안의 인구보다 그 외곽에 있던 예맥집단의 인구가 약 2배 정도가 많은 것으로 추정된다.

한편, 3세기 중반 단계인『삼국지』동이전에 보이는 부여는 戶가 8만, 고구려는 3만, 동옥저가 5천, 예가 2만이었고, 마한의 대국이 만여 가(家), 소국이 수천 가이었으며 54개국이 총 10여만 호이었다. 위만조선의 호구가 약 77,179호, 503,551구이었는데 이것은 약 350년 정도의 시차가 있지만 3세기 중반 부여의 인구 규모와 비슷했을 것으로 추정된다. 또한 왕검성[조선현]이 5,978호고 낙랑지역이 12,142호인 점을 본다면 상대적으로 왕검성은 3세기 중반 마한 소국보다 컸고, 낙랑지역은 마한 대국 만여 가보다 훨씬 그 규모가 컸다고 볼 수 있다.

조선상 역계경이 진국으로 갈 때 2,000호가 따다 갔다. 대체로 위만조선의 상

---

72) 김정배는 기원전 108년 낙랑군 조선현의 인구를 35,151명으로 추산하였다(김정배, 2010, 앞의 책, 559~581쪽).

은 독자적 세력기반을 갖고 있던 수장적 존재였으며 중앙권력은 이러한 상들의 연합체적 성격을 띠고 있다고 한다.[73] 역계경의 사례에서 알 수 있듯이 조선상이 집단적으로 이탈했기 때문에 위만조선의 왕권이 상들을 제어할 수 있을 정도로 집권력이 강력하지 못한 것으로 이해하였다. 그러나 역계경의 2,000호가 위만조선 전체, 혹은 낙랑지역에서 차지하는 비율이 어느 정도인지는 구체적으로 파악할 수가 없었다.

이런 점에서 역계경의 2,000호를 위만조선의 호구와 비교할 필요가 있다고 본다. 당시 왕검성이 있던 조선현은 5,978호에 35,360구로, 낙랑지역 전체는 12,142호에 68,506구로 추정된다. 역계경의 2,000호는 당시 호당 구수인 6.5구로 계산하면 13,000구 정도로 추정된다. 이러한 규모는 왕검성[조선현] 전체 호수의 1/3에, 낙랑지역 전체 호수의 1/6 정도에 해당되는 규모라고 볼 수 있다. 따라서 조선상 역계경이 갖는 지역적 기반은 매우 컸으며 이들의 이탈로 인해 위만조선은 지배체제 유지에 매우 큰 타격을 입었을 것으로 추정된다.

『사기』 조선열전에는 한은 처음 위만조선을 공격할 때 5만명을 보냈다. 이에 비해 위만조선의 병사는 정확히 알기 어렵다. 패수를 건너는 태자를 호위했던 병사[人衆]가 만여 명이라고 했던 것으로 보아 대략적으로 추정할 뿐이었다. 그러나 위의 표에서 계산된 수치와 신라 진평왕대 설씨녀(薛氏女)의 사례에 비춰어[74] 호당 1명의 병사를 차출한다고 가정할 때,[75] 위만조선의 호수가 약 27,082호로 추정되므로 약 27,000여명의 군사 동원이 가능하다고 할 수 있다. 고대사회의 전쟁이 전인민을 대상으로 하는 총력전이라고 했을 때, 동원 가능한 병력이 훨씬 많았을 것이다. 『사기』 조선열전에서 태자를 호위했던 1만여명의 병력은 충분히 동원 가능한 것이라고 할 수 있다.

여기에서 한 가지 더 고려해야 사항이 진고공지에 거주하는 위만조선의 호구

---

73) 노태돈, 1998, 「위만조선의 정치구조-官名분석을 중심으로-」 『산운사학』8.

74) 『三國史記』 卷48, 列傳 第8, 薛氏女.

75) 서영교, 2011, 「『薛氏女傳』 嘉實 '防秋'의 視空間」 『한국고대사탐구』8.

이다. 『위략』에서는 "천하가 어지러워지자, 연·제·조의 백성들이 괴로움을 견디다 못해 차츰차츰 준왕에게 망명하였고 준왕은 이에 이들을 서방에 거주하게 하였다."고 하여 위만조선 성립 이전부터 패수 이동지역에는 한의 망명인들이 계속 유입되고 있었다. 그리고 『사기』 조선열전에는 "우거에 이르는 한의 망명인들을 유인하는 바가 점점 많아졌다(傳子至孫右渠 所誘漢亡人滋多)"고 하여 위만조선 말기에도 여전히 한의 망명인들이 계속 유입되었던 것을 알 수 있다. 이 유이민들은 대체로 패수 이동지역에 거주하였던 것으로 볼 수 있다. 그렇다면 이들 한계(漢系) 유이민들까지 위만조선의 호구에 포함시킨다면 위만조선 전체의 인구는 그 규모가 더욱 컸을 것이라고 볼 수 있다.

V. 맺음말

이제까지 위만조선의 영역과 인구 문제에 대해 살펴보았다. 여기에서는 본론의 내용을 요약하고 약간의 전망을 제시하는 것으로 결론을 대신하고자 한다.

먼저 위만조선의 서계는 준왕 단계의 서계를 그대로 승계하였다. 위만이 집권하기 이전 고조선은 진의 공격 이후에는 압록강을, 다시 한초에는 요동지역을 회복하여 패수=혼하로 서계를 삼았다. 따라서 위만이 집권할 당시 서계는 혼하였다고 할 수 있다.

위만조선의 영역은 대체로 한군현의 범위와 관련시켜서 이해할 수 있다. 위만조선의 직접지배대상이었던 낙랑은 평안도 일대이고, 지배·복속 관계에 있었던 진번은 황해도와 경기북부 일대, 임둔은 단단대령을 중심으로 함경남도와 강원도 북부일대라고 할 수 있다.

위만조선의 인구는 <낙랑군 호구부>의 호구증가율을 역으로 계산해 본 결과, 멸망 직전(기원전 108년)에 왕검성[조선현]은 5,978호, 35,360구 정도이었으며, 낙랑·진번·임둔 지역은 전체적으로는 27,082호, 177,923구로 파악된다. 여기에 혼하~압록강 지역[秦故空地]의 호수를 더한 다면 위만조선 전체의 인구는 훨씬 컸을 것으로 추정된다.

이처럼 위만조선 전체의 인구를 파악하기 위해서는 패수[혼하] 이동지역의 인구에 대한 접근이 필요하다. 그런 점에서 본고에서 검토한 위만조선의 인구 추정의 의미는 제한적일 수밖에 없다. 다만 본고에서는 <낙랑군 호구부> 석문의 오류를 시정하고 이를 통해 위만조선의 인구를 추정함으로써 사료상의 호구 관련 수치의 상대적 의미를 살펴보고자 했다. 또한 위만조선의 국가적 성격을 논의하는 데에 영역과 함께 인구 문제를 함께 논의해 보고자 하였다. 그러나 위만조선의 영역·인구와 국가의 상관관계에 대한 종합적인 해석을 하지는 못하였다. 이런 부분은 차후 연구를 통해서 보완하고자 한다.

| 참고문헌 |

■ 한국어

권오중, 1996,「고대 요동군의 위치문제 시론」,『길현익교수정년기념 사학논총』.

권오중, 2000,「창해군과 요동동부도위」,『역사학보』168.

권오중 외, 2010,『낙랑군 호구부 연구』(동북아역사재단).

김기흥, 1987,「고구려의 성장과 대외교역」,『한국사론』16.

김남중, 2001,「위만조선의 영역과 왕검성」,『한국고대사연구』22.

김남중, 2002,「燕·秦의 요동통치의 한계와 고조선의 요동 회복」,『백산학보』62.

김미경, 2002,「第1玄菟郡의 位置에 대한 再檢討」,『實學思想硏究』24.

김미경, 2007,「高句麗 前期의 對外關係 硏究」, 연세대학교 박사학위논문.

김정배, 2003,「고조선 연구의 현황과 과제」,『단군학연구』9.

김정배, 2010,「고조선의 칭왕과 인구 문제」,『고조선에 대한 새로운 해석』.

김한규, 1999,『한중관계사(Ⅰ)』.

노태돈, 1989,「고조선사 연구의 현황과 과제」,『한국상고사-연구현황과 과제-』.

노태돈, 1990,「고조선 중심지의 변천에 대한 연구」,『한국사론』23.

노태돈, 2000,「위만조선의 정치구조」,『단군과 고조선의 이해』.

동북아역사재단·고조선사연구회 편, 2009,『고조선사 연구 100년-고조선사 연구의 현황
　　과 쟁점-』.

박선미, 2006,「근대사학 이후 고조선사 연구의 현황과 쟁점」,『한국사학보』23.

박선미, 2009,「고조선의 강역과 중심지」,『고조선사 연구 100년-고조선사 연구의 현황과
　　쟁점-』.

박선미, 2009,『고조선과 동북아 고대 화폐』.

박준형, 2012,「고조선의 성립과 발전에 대한 연구」, 연세대학교 박사학위논문.

박준형, 2012,「기원전 3~2세기 고조선의 중심지와 세계의 변화」,『사학연구』108.

서영교, 2011,「「薛氏女傳」嘉實 '防秋'의 시공간」,『한국고대사탐구』8.

서영수, 1987,「삼국시대 한중외교의 전개와 성격」,『고대한중관계사의 연구』.

서영수, 1988,「고조선의 위치와 강역」,『한국사시민강좌』2.

서영수, 1996,「위만조선의 형성과정과 국가적 성격」,『한국고대사연구』9.

서영수, 1999,「고조선의 대외관계와 강역의 변동」,『동양학』29.

서영수, 2008a,「요동군의 설치와 전개」,『요동군과 현도군 연구』.

서영수, 2008b,「『사기』고조선 사료의 구성 분석과 신해석」,『단군학연구』18.

손영종, 2006a,「락랑군 남부지역(후의 대방군지역)의 위치-락랑군 초원4년 현별 호구다소
　　□□'통계자료를 중심으로-」,『력사과학』198.

손영종, 2006b,「료동지방 전한 군현들의 위치와 그후의 변천(1)」,『력사과학』198.

송호정, 1999,「古朝鮮 國家形成 過程 硏究(서울대학교 박사학위논문).

송호정, 2000,「고조선 중심지 및 사회성격 연구의 쟁점과 과제」,『한국고대사논총』10.

송호정, 2010,「고조선의 위치와 중심지 문제에 대한 고찰」,『한국고대사연구』58.

오강원, 1996·1997,「고조선 위치비정에 관한 연구사적 검토(1·2)」,『백산학보』48·49.

오강원, 1998,「古朝鮮의 浿水와 沛水」,『강원사학』13·14.

오영찬, 2006,『낙랑군 연구』.

윤선태, 2010,「한사군의 역사지리적 변천과 '낙랑군초원4년 현별 호구부'」,『낙랑군 호구
　　부 연구』.

윤용구, 1990, 「낙랑전기 군현지배세력의 종족계통과 성격-토광목곽묘의 분석을 중심으로-」, 『역사학보』126.

윤용구, 2006, 「고구려의 흥기와 책구루」, 『고구려의 역사와 대외관계』.

윤용구, 2007, 「새로 발견된 樂浪木簡-樂浪郡 初元四年 縣別 戶口簿-」, 『한국고대사연구』46.

윤용구, 2009, 「平壤出土「樂浪郡初元四年縣別戶口簿」研究」, 『목간과 문자 연구』3.

윤용구, 2010, 「낙랑군 초기의 군현 지배와 호구 파악」, 『낙랑군 호구부 연구』.

이병도, 1976, 『한국고대사연구』.

이성규, 1998, 「虛像의 太平-漢帝國의 瑞祥과 上計의 造作-」, 『古代中國의 理解』4.

이성규, 2009, 「帳簿上의 帝國'과 '帝國의 現實'-前漢 前 尹南郡의 編戶齊民과 그 限界-」, 『中國古中世史研究』22.

이현혜, 1984, 『삼한사회형성과정연구』.

정찬영, 1963, 「고조선에 관한 몇 가지 문제들에 대하여」, 『고조선에 관한 토론 론문집』.

조법종, 1999, 「고조선 관계 연구의 현황과 과제」, 『단군학연구』1.

최몽룡, 1983, 「한국고대국가형성에 대한 일고찰-위만조선의 예-」, 『김철준박사화갑기념 사학논총』.

■ 일본어

池內宏, 1940, 「樂浪郡考」, 『滿鮮地理歷史硏究報告』16.

和田淸, 1955, 「玄菟郡考」, 『東亞史硏究(滿洲篇)』.

秋山進午, 2008, 「<夫租薉君>銀印再考-2005年朝鮮北部旅行から-」, 『高麗美術館硏究紀要』6, 高麗美術館硏究所.

The territory and the population of Wiman Joseon

Park, Jun Hyoung

Curator, Dongeun Medical Museum, Yonsei University

The western boundary of Wiman Joseon taken from King Joon was Hunhe river.

The territory of Wiman Joseon can be understood in the relation with that of Han commanderies. Naklang which was directly ruled by Wiman Joseon was over Pyeung-an Province; subjugated Jinbun(眞番) was over Whanghae Province and the northern part of Kyeunggi Province; and Imdoon(臨屯) was over Hangeung Province and the northern part of Gangwon Province around Dandandaereung(單單大嶺). Yemek(濊貊) in alliance with Wiman Joseon covered the vast area of Hyundo county[玄菟郡] from Hamheung where Castle of Okje(沃沮城) was located to Whanin(桓仁). In addition, the area called the old territory of Qin[秦故空地] from Beishui or Hunhe river to Yalu river was reorganized into Liaodong county of Han after the collapse of Wiman Joseon.

The polulation of Wiman Joseon according to the result from inverse calculation of the rate of population growth was as follows. Just before the collapse (BC 108), the population of Castle of Wanggum(王儉城) was about 5,978 households or 35,360 persons; and that of Naklang, Jinbun and Imdoon was 27,082 households or 177,923 persons. Add to that, Wiman Joseon included the population of Hunhe-Yalu area, hence more households and persons.

[Keywords] Wiman, Wiman Joseon, Beishui(浿水), the old territory of Qin(秦故空地), populatin census of Naklang commandery(樂浪郡 戶口簿)

Part 3. 고조선과 위만조선의 대외교류

고조선과 제(齊)의 해상교류와 요동(遼東)

朴大在

박대재(朴大在)

고려대학교 한국사학과 및 동대학원 졸, 문학박사.
현) 고려대학교 한국사학과 교수

주요 논저: 『의식과 전쟁』, 『고대한국 초기국가의 왕과 전쟁』, 『중국 고문헌에 나타난 고대 조선과 예맥』

Ⅰ. 머리말

기존 연구에 따르면 고조선과 중국의 관계는 기원전 7세기 무렵 춘추시대 산동지역 제와의 교류로부터 시작된 것으로 이해된다.[1] 선진문헌인 『관자(管子)』에 보이는 제 환공(桓公)[기원전 685~643년] 시기 발조선과 제의 관계를 주목해 보는 것이다. 그런데 이에 대해서는 『관자』가 관중(管仲)의 저작이 아니라 전국시대 이후 학자들이 관중의 이름에 가탁해 부회한 위서(僞書)라고 보는 견해가 진 부현(晉 傅玄), 당 공영달 · 두우(唐 孔穎達 · 杜佑), 송 주희(宋 朱熹) 등 많은 의고파(疑古派) 학자들에 의해 제기되어 왔다.[2] 이에 따라 『관자』를 근거로 기원전 7세기 조선의 존재나 제와의 교류를 직접 설명할 수는 없다고 보기도 한다.[3]

『관자』의 시대적 배경을 춘추시대로 볼 것인가, 아니면 전국시대 이후로 볼 것인가에 따라 고조선의 역사는 크게 달라진다. 이것을 판단하기 위해서는 『관자』의 사료적 성격과 함께 춘추전국시대 제가 위치한 산동지역의 정세와 조선과의 교통로에 대해서 살펴보아야 한다. 이 글에서는 이를 통해 고조선과 제의 관계가 춘추시대가 아니라 전국시대에 개시되었음을 밝히고, 나아가 제와 교류했던 발조선의 성격과 위치 문제에 대해 검토해 보고자 한다.

기원전 4세기 후반부터 기원전 3세기 전반까지 고조선과 연은 군사적으로 갈등관계에 있었으며, 양자의 대립은 발해만을 사이에 두고 격해 있던 제와의 삼각

---

* 이 글은 「고조선과 제(齊)의 해상교류와 요동(遼東)」(박대재, 2014, 『한국사학보』57)을 일부 수정 · 보완한 것임.

1) 徐榮洙, 1999, 「古朝鮮의 對外關係와 疆域의 變動」, 『東洋學』 29 ; 송호정, 2003, 「고조선과 연의 관계」, 『한국 고대사 속의 고조선사』, 푸른역사 ; 박준형, 2004, 「古朝鮮의 대외교역과 의미-春秋 齊와의 교역을 중심으로-」, 『北方史論叢』 2 ; 박준형, 2006, 「古朝鮮의 海上交易路와 萊夷」, 『北方史論叢』 10 ; 박선미, 2009, 「고조선의 교역과 화폐」, 『고조선과 동북아의 고대 화폐』, 학연문화사.

2) 박대재, 2013, 『管子』의 發朝鮮과 穢貊」, 『중국 고문헌에 나타난 고대 조선과 예맥』, 경인문화사, 140~147쪽 참조.

3) 노태돈, 1990, 「古朝鮮 중심지의 변천에 대한 연구」, 『韓國史論』 23, 서울대 국사학과 ; 이성규, 2003, 「고대 중국인이 본 한민족의 원류」, 『한국사시민강좌』 32.

박대재 | 고조선과 제(齊)의 해상교류와 요동(遼東)　399

관계 속에서 이해할 수 있다. 전국시대 말 연과 제, 연과 조선이 서로 갈등관계에 있었던 한편, 조선과 제는 서로 우호적인 관계에 있었다. 연장(燕將) 진개(秦開)가 조선의 서방인 요동을 침공한 것도 조선과 제 사이의 교류관계를 끊기 위한 전략적 군사행동이었다고 파악된다.[4]

조선과 제의 교류는 그 사이에 위치한 연과의 갈등관계 속에 이해될 수 있다. 이 글에서는 기존 연구에서 충분히 다루지 못했던 전국시대 제와 조선의 해상을 통한 교류를 고찰해 보고자 한다. 이를 통해 전국시대 요동의 역사적 성격도 부분적이나마 드러날 수 있을 것이라 기대한다.

II. 『관자』에 나타난 발조선의 문피

고조선과 제의 관계를 전하는 『관자』에는 현전 문헌자료 중 제일 먼저 조선이 보인다. 『관자』는 선진제자(先秦諸子) 중 '난독(難讀)'의 문헌으로 알려져 있으며, 특히 그 편찬연대에 대해서는 일찍부터 의견이 분분했다. 역대 사서 저록에는 『관자』가 춘추시대 제(齊) 재상 관중(管仲, ?~기원전 645)의 유저(遺著)라고 되어 있다. 하지만 근세 곽말약(郭沫若), 풍우란(馮友蘭), 고힐강(顧頡剛) 등은 전국시대 저작으로 이해하였다.[5] 현전 『관자』는 전한(前漢) 말 유향(劉向, 기원전 79-8)이 편집한 것으로 당시 모두 24권 86편으로 이루어져 있었으나 10편이 산실되고 현재는 76편만 전한다.

『관자』는 법가 · 도가 · 음양오행가 등 전국시대의 사상이 종합된 제자서(諸子書)의 일종으로, 저작 연대와 작자에 대해서는 매우 이설이 많다. 대부분 선진(先秦) 문헌은 특정 개인에 의해서 일시에 이루어진 것이 아니라 오랜 시기에 걸쳐 여

4) 박대재, 2006, 「古朝鮮과 燕 · 齊의 상호관계」, 『史學研究』 83 ; 2006, 「古朝鮮의 왕과 燕과의 전쟁」, 『고대한국 초기국가의 왕과 전쟁』, 경인문화사, 57~82쪽.
5) 胡家聰, 1995, 「今世學者論≪管子≫」, 『管子新探』, 中國社會科學出版社, 425쪽.

러 사람에 의해 완성된 경우가 많다. 설사 선진 시기 저자가 명기된 경우라도 후대인에 의해 가탁된 부분이 적지 않다. 이 때문에 작자나 편찬연대를 꼬집어 말하기 어렵고, 때로는 사상적으로 상충되는 내용이 혼재되어 있기도 하다. 따라서 그 문헌 전체가 위서로 판정되거나 그 중 일부가 위작이라고 이해되는 경우가 많다.[6]

『관자』의 편찬 시기에 대해서는 기원전 3세기 이후 관중(管仲)의 이름을 빌려 만들어진 책이라는 견해, 전국시대 이후 여러 저작들을 총집한 것이라는 견해, 전국시대 제(齊) 직하학궁(稷下學宮)의 학사들이 편찬한 것이라는 견해 등 매우 다양하다. 대체로 현재 학계에서는 『관자』가 춘추시대 관중에 의해 직접 편찬되었다기보다 전국시대 제의 직하학사들에 의해 이루어졌다고 보는 데 공감하고 있다.[7]

직하학궁은 전국시대 제 환공이 기원전 375년에 도성(都城) 임치(臨淄)에 세운 관립(官立) 대학당(大學堂)으로 제의 국정을 기획하고 자문하던 제자백가들의 집합 기관이었다. 제 선왕 시기(기원전 319~301) 직하학궁에는 추연(鄒衍), 순우곤(淳于髡) 등 76인의 학사들이 상대부(上大夫)에 봉해져 행정실무는 맡지 않고 정치의논에만 참여하며 번성을 이루었는데, 당시 학사가 수백천인(數百千人)이었다고 한다. 이후 제 혼왕(湣王) 말년(기원전 284년) 연 악의(樂毅)가 제의 수도 임치(臨淄)를 함락함에 따라 일시 정지되었으나, 제 양왕[襄王(기원전 283~265)]이 복국(復國)하면서 다시 중건되었다가 진(秦)에 의해 제가 멸망되는 기원전 221년에 최종적으로 폐쇄되었다.[8]

특히 직하학사들 가운데 관중을 추숭했던 법가학자(法家學者), 소위 '관자학파(管子學派)'가 중심이 되어 편찬하였다고 보는 시각이 대세를 이루고 있다.[9] 『관자』

6) 鄧瑞全 · 王冠英 主編, 1998, 「管子」, 『中國僞書綜考』, 黃山書社.
7) 胡家聰, 1995, 앞의 글.
8) 胡家聰, 1981, 「稷下學宮史鉤沉」, 『文史哲』 1981-4, 25~33쪽 참조.
9) 張岱年, 1989, 「齊學的歷史價値」, 『文史知識』 1989-3 ; 1994, 「稷下學宮的歷史意義」, 『管子學刊』 1994-1, 25쪽 ; 胡家聰, 1995, 「稷下管子學派與≪管子≫其書」, 『管子新探』, 中國社會科

를 '직하총서(稷下叢書)'라고 부른 것도 이 때문이다. 이에 따라『관자』중 다수 편이 직하학궁이 흥성했던 제 선왕·혼왕 시기(기원전 319~284)에 제가 학사들에 의해 사성(寫成)되었고, 제 양왕 시기(기원전 283~265)에『관자』원본(古本)이 성서되면서 당시 법가 학사들에 의해「관자해(管子解)」,「군신(君臣)」,「칠신칠주(七臣七主)」등 법치설(法治說)이 부가되었다고 이해된다.[10]

한편 전국시대~한대에『관자』의 제편이 축차적으로 성립되었다고 이해되기도 한다. 전국시대 제 직하학궁에서 국가의 제도를 정리하면서 전반부 편들이 완성되었고, 그 후 전한(前漢) 문제(文帝)~무제(武帝) 시기에 국가경제건설의 분위기 속에 경중가(輕重家)들이 대두하여 기존『관자』에 축차적으로 경중 제편(輕重 諸篇)을 이어서 완성하였다는 것이다.[11]

특히『관자』경중편은 제와 발조선의 관계가 기록되어 있는 부분이어서 주목된다. 경중편은 문장이 착종되고 해독하기 어려운 부분이 많아 편찬 연대에 대한 의견이 가장 분분하다. 이에 전한 이후 왕망(王莽) 시기 저작이라고 보는 견해[12]가 제기되기도 했다. 경중편의 편찬연대는 전국설(戰國說)과 한대설(漢代說)로 나뉘는데, 전한 초 가의(賈誼)가 경중편을 이미 읽은 것으로 추정되며, 사마천이『사기』관안열전(管晏列傳)에서 경중편을 읽었다고 한 것으로 보아, 전국 말에는 이미 편찬이 완료되어 유전(流傳)되기 시작한 것으로 보인다.[13]

『관자』의 편찬 연대는 그 속에 나오는 기록의 역사성을 이해하는 데 중요한 근거가 된다.『관자』가 전국시대에 편찬된 것이라면, 그 안의 기록 역시 전국시대의 사정을 전하는 것일 수 있기 때문이다. 물론 관중의 시대인 기원전 7세기의 사실을 바탕으로 전국시대에 와서 정리하였을 가능성도 없지 않다. 이런 입장에서 국

學出版社, 21쪽 ; 孫香蘭, 1996,「管子」『中國歷史大辭典』先秦史, 上海辭書出版社.
10) 胡家聰, 1981, 앞의 글 ; 1995, 앞의 책, 397~399쪽.
11) 金谷治, 1987,「『輕重』諸篇の成立」『管子の研究 - 中國古代思想史の一面 - 』岩波書店.
12) 馬非百, 1979,「解題」『管子輕重篇新詮』中華書局.
13) 胡家聰, 1994,「再論≪管子·輕重≫不作于漢代而作于戰國」『社會科學戰線』1994- 3 ; 1995, 앞의 책, 375~376쪽.

내 학계에서는 『관자』의 내용이 춘추시대의 사실을 반영한다고 보는 연구자가 많다. 『관자』의 편찬 연대에 구애받지 않고 관중 시대의 사실로 보는 것이다.

하지만 진(晉)의 부현(傅玄)이 『관자』를 후대 학자들이 관중의 이름에 가탁해 지은 일종의 '위서'라고 주장한 이래 당(唐)의 공영달(孔穎達), 송(宋)의 주희(朱熹), 협적(叶適) 등 많은 의고파(疑古派) 학자들이 그 역사성을 비판해 왔다. 한편 청(淸)의 고고파(考古派) 학자들은 다소 절충적인 방향에서 관중과 『관자』의 관계를 이해하였다. 대표적으로 엄가균(嚴可均)은 『철교만고(鐵橋漫稿)』에서 기존 의고파와 달리 『관자』에 보이는 후대적인 요소들은 선진문헌의 일반적인 특징이라고 보면서, 『관자』와 관중의 관계를 부인하려는 경향에 반대하였다. 또한 『사고전서총목제요(四庫全書總目提要)』에서도, 『관자』 전체를 후대의 편찬으로 보았던 의고파와 달리 관중에 의해 직접 기록된 부분과 후대에 부회된 부분이 혼재한다고 구분해 보았다.[14]

이상의 검토를 통해 볼 때 『관자』는 관중의 저작이라기보다 관중의 업적과 학설을 전국시대 제(齊) 직하학궁의 학자들이 중심이 되어 집성한 제자서(諸子書)의 일종이라고 볼 수 있다. '관중에 의한 책'이라기보다 '관중에 대한 책'인 것이다. 그렇다 보니 춘추시대의 사실이 기록되기도 했지만, 다른 한편 전국시대의 사정이나 제자백가의 학설이 반영되어 있기도 하다. 『관자』의 역사성을 전면 부인하기도 어렵고 또한 무조건 따르기도 어렵다. 따라서 기록의 맥락을 분석하여 역사적 배경을 검토할 필요가 있는 것이다.

이러한 전제 위에서 발조선과 제의 관계를 전하는 『관자』 규탁(揆度)편과 경중갑(輕重甲)편의 기록을 살펴보자.

A. 桓公이 管子에게 물었다. "나는 海內 玉幣에 7가지가 있다고 들었다. 들을 수 있는가?" 管子가 대답하였다. "陰山의 礝珉이 한 가지입니다. 燕 紫山

---

14) 鄧瑞全·王冠英 主編, 1998, 앞의 책, 428~433쪽.

의 白金이 한 가지입니다. 發朝鮮의 文皮가 한 가지입니다. 汝水와 漢水의 오른편에 있는 黃金이 한 가지입니다. 江陽의 구슬이 한 가지입니다. 秦 明山의 曾靑이 한 가지입니다. 禺氏 邊山의 玉이 한 가지입니다. 이것들이 적은 것으로써 많은 것을, 좁은 것으로써 넓은 것이 되게 할 수 있습니다. 天下의 술책은 모두 輕重에 있습니다."[15]

B. 桓公이 말했다. "四夷가 복종하지 않으니, 그들이 정치를 거스르고 天下를 떠돌아다니면서, 寡人을 상하게 할까 두렵다. 寡人이 행하는데, 이를 위한 방법이 있는가?" 管子가 대답했다. "吳・越이 조공하지 않는 것은, 珍珠와 象牙을 幣物로 요구했기 때문입니다. 發朝鮮이 조공하지 않는 것은, 文皮와 毤服을 청하여 幣物로 요구했기 때문입니다. (중략) (발조선의 문피는) 한 장의 표범 [豹] 가죽이지만 금보다 더 가치가 있는 것입니다. 그러한 후에야 8천리 떨어진 發朝鮮에게 조공을 얻을 수 있습니다."[16]

『관자』에서는 조선(朝鮮)이 2번 확인되는데, 모두 '발조선(發朝鮮)'으로 보인다. 그동안 '발조선'에 대해 발(發)과 조선(朝鮮)으로 구분해 볼지 아니면 발의 조선으로 볼지 논의가 많았다. 발은 『일주서(逸周書)』와 『대대예기(大戴禮記)』에서도 확인된다. 전국시대 편찬된 『일주서』에는 서주 초기에 열린 성주지회(成周之會)에 사

---

15) 『管子』揆度, "桓公問管子曰 吾聞海內玉幣有七筴 可得而聞乎 管子對曰 陰山之礝瑉 一筴也 燕之紫山白金 一筴也 發朝鮮之文皮 一筴也 汝漢水之右衢黃金 一筴也 江陽之珠 一筴也 秦明山之曾靑 一筴也 禺氏邊山之玉 一筴也 此謂以寡爲多 以狹爲廣 天下之數 盡於輕重矣".

16) 『管子』輕重甲, "桓公曰 四夷不服 恐其逆政 游於天下而傷寡人 寡人之行 爲此有道乎 管子對曰 吳越不朝 珠象而以爲幣乎 發朝鮮不朝 請文皮毤服而以爲幣乎 (중략) 一豹之皮 容金而金也 然後八千里之發朝鮮可得而朝也." 경중갑편에는 착종된 부분이 특히 많은데 이 부분 역시 원문이 혼란되어 있다. 원문 교감은 郭沫若, 1956, 『管子集校』(四), 科學出版社; 1985, 『郭沫若全集』歷史編(8卷), 人民出版社 및 顔昌嶢, 1996, 『管子校釋』, 岳麓書社 참조.

승의 일종인 포포(鹿鹿)를 바치는 발인(發人)이 기록되어 있다. 한(漢) 선제[宣帝(재위 기원전 74~기원전 49)] 때 대덕(戴德)이 정리한 『대대예기』에는 순임금 때 해외 또는 북방 세력으로 숙신(肅愼)과 함께 발(發) 또는 북발(北發)이 각각 보인다.[17] 『사기(史記)』 오제본기(五帝本紀)에도 발이 식신(息愼)과 함께 보인다. 또한 『춘추좌씨전(春秋左氏傳)』에는 주(周) 경왕대[景王代(기원전 545~520)] 진(晉)에 사신으로 간 환백(桓伯)이 "肅愼燕毫 吾北土也"라고 하여, 숙신, 연, 박(毫)이 동주(東周)의 북토(北土)라는 인식을 보여준다. 이 박(毫)도 발의 다른 이름으로 이해된다.[18]

이처럼 발이 별도로 보이는 사례가 있어서 일찍부터 족칭(族稱)으로 이해되었다. 허유휼(許維遹)이 발과 예(薉)의 초서(草書)가 비슷하고 발과 예의 발음이 같다고 보기도 했지만, 곽말약(郭沫若)이 발과 맥의 발음이 비슷한 것을 근거로 發=貊을 주장[19]한 이래 대체로 후자에 따르는 연구자가 많다. 특히 『일주서』 왕회(王會)에서 직신(稷愼), 예인(穢人), 발인(發人)이 각각 보이고 있어서, 발은 맥으로 보는 것이 합당하다고 이해된다.[20] 발조선을 발과 조선으로 분별하고, 發(貊)은 조선과 구별되는 별개 세력이라고 보기도 한다.[21] 하지만 발의 조선, 즉 맥족의 조선으로 보는 경향이 더 강하다.[22] 발은 맥의 다른 족칭으로, 조선은 그 국호로 성격을 구분해 보는 것이다.

북한학계에서는 발에 대해 어원적으로 접근하였다. '부루', '불', '발', '박'은 다 같이 밝음, 광명을 뜻하는 옛 우리말로, 고대 중국인들이 처음에는 우리 소리에 따라 한자로 썼으나, 나중에는 점차 멸시하여 '박'에서 음부 '백(百)'을 취하고 여기에 짐승을 가리키는 '치(豸)'부를 첨가하여 맥(貊)자를 만들었다고 한다. 나아가 고조선의 단군은 '박달임금'의 뜻으로 박은 족명, 달은 거주 지역[산]을 가리킨다고

---

17) 『逸周書』와 『大戴禮記』의 해제 및 원문 주석은 박대재, 2013, 앞의 책, 203~244쪽 참고.

18) 馬德謙, 1996, 「'發'人 芻議」, 『北方文物』 1996-2.

19) 郭沫若, 1956, 앞의 책, 주석 참조.

20) 金貞培, 1973, 「朝鮮·肅愼의 民族的 性格」, 『韓國民族文化의 起源』, 고려대 출판부, 76쪽.

21) 송호정, 2003, 앞의 책.

22) 金貞培, 1997, 「고조선의 국가형성」, 『한국사』 4, 국사편찬위원회.

한다. 결국 발조선의 발은 족명이고 조선은 국호로 발족의 조선이라는 것이다.[23]

『춘추좌전(春秋左傳)』에서 발의 이칭인 박이 북토(北土)로 나오고, 『대대예기』의 북발을 보아도 발이 북방에 있었던 것은 분명하지만 구체적 위치는 알 수 없다. 그런데 청대 하추도(何秋濤)는 『왕회편전석(王會篇箋釋)』에서 발이 길림성 남부 휘발하 유역에 분포했던 것으로 추정한 바 있다. 휘발하의 지명이 발국에서 유래하였다고 본 것이다. 이에 따라 근래 중국학계에서는 발의 분포지역을 휘발하 유역으로 보는 입장이 종종 제기된다.[24] 하지만 발과 휘발하의 명칭 유사성으로 양자를 연결시키는 것은 설득력이 없다. 또한 『관자』에서 발이 문피 산지로 유명했다는 사실로부터, 대형 수렵용 석기가 출토된 눈강유역의 앙앙계(昂昂溪)유적을 발의 지역으로 보는 견해도 있다.[25] 그러나 앙앙계유적은 신석기시대 유적이라는 점에서 춘추전국시대를 배경으로 하는 『관자』와 연결시켜 보기 어렵다. 뿐만 아니라 대형 수렵용 석기를 근거로 발조선의 문피와 연결시켜 보는 것도 설득력이 없다.

『관자』에 나타나듯이 문피는 발조선의 특산품으로 해내 7보 가운데 하나였다. 문피는 무늬 있는 짐승 가죽으로 대체로 반점이 박힌 호랑이 가죽을 가리키는 것으로 추정된다.[26] 『관자』에 따르면 발조선은 문피의 특산지이다. 어떤 짐승의 문피인지 정확히 밝혀져 있지 않지만, B기록으로 보아 '豹'[표범]의 문피로 보인다. 『설문해자』에 "비표(貔豹)의 무리가 맥국에서 난다(貔豹屬出貉國)"고 하여 표(豹)의 산출지로 맥국이 확인되어 주목된다.[27] 비표는 표범을 가리킨다. 貊(貉)의 부수(部

---

23) 1991, 『조선전사』 2(고대편), 과학백과사전종합출판사, 11~13쪽.

24) 傅朗雲, 1995, 「東北發族源流及其活動地區系證」, 『中國邊疆史地研究』 1995-2, 102쪽.

25) 張碧波, 2002, 「再說北發族」, 『黑龍江社會科學』 2002-5, 54~56쪽.

26) 송호정, 2003, 앞의 책 및 박준형, 2004, 앞의 글.

27) 또한 『詩經』 大雅 韓奕편의 "王錫韓侯 其追其貊 奄受北國 因以其伯 實墉實壑 實畝實藉 獻其貔皮 赤豹黃羆"에 보이는 貔皮, 赤豹, 黃羆 등을 追(濊)貊의 특산물로 파악하기도 한다.(金貞培, 1973, 앞의 책, 69쪽) 하지만 한혁편은 韓侯가 貔皮 등을 周王에게 바치는 내용이며, 그 바로 앞에 韓土에서 羆, 虎 등이 난다는 내용이 있는 것으로 보아, 이것을 예맥의 貔皮라고 단정할 수 없다. 이에 대한 해석은 박대재, 2013, 앞의 책, 34~35쪽 참조.

首)인 '치(豸)'는 맥족을 비하하는 의미도 있지만, 다른 한편 표(豹)의 산지라는 것을 드러내는 의미도 있다고 보인다.

'맥'이 서주시대 청동예기인 맥자유(貉子卣), 백맥유(伯貉卣), 주맥궤(周貉簋) 등의 금문(金文)에서 족씨[族徽]로 나타나는 것으로 보아, 원래부터 비칭이었다고 보기는 어렵다. 맥자유의 '맥자'는 서주 초기 맥족의 군장으로 추정되기도 한다.[28] 산동지역 금문의 맥을 예맥과 관련시켜 보는 견해도 있지만,[29] 맥의 공통만을 근거로 모두 같은 존재라고 보기는 어렵다. 선진문헌에 보이는 맥[貊(貉)]의 분포가 섬서(陝西), 산서(山西), 산동, 요서, 요동 등 너무 산발적이고 광범위하기 때문이다.[30]

발의 기록 양상을 살펴보면 맥[貊(貉)]보다 구체적인 실체로 보인다. 『시경』 비궁(閟宮)과 『상서』 무성(武成)에서 보듯이 맥은 만맥(蠻貊)과 같이 주변 이종족에 대한 범칭으로 보일 때가 많다. 『대대예기』 예찰(禮察)과 권학(勸學)에서도 만맥, 융맥(戎貊)과 같이 특정 종족에 대한 지칭이라기보다 이종족에 대한 범칭으로 보인다. 반면 발은 『대대예기』 오제덕(五帝德)과 소한(少閒)의 용례에서 보듯이 숙신(肅慎), 거수(渠搜), 저(氐), 강(羌) 등의 구체적인 족명과 함께 열거되고 있다. 발조선 역시 구체성을 띤 명칭이다. 이런 점에서 발과 맥이 동일한 실체에 대한 이칭이라 하더라도 양자 간에 구별이 있다. 맥이 더 넓은 범위에서 동북지역의 종족을 포괄해서 명칭한 것이라면, 뒤에서 살펴보겠지만 발은 그 가운데 구체적으로 요동지역의 세력을 지칭한 것으로 보인다.

『설문해자』에서 비표(貔豹)의 산지로 보이는 맥국은 국이라고 한 것으로 보아, 포괄적인 종족보다는 구체적인 특정 세력을 가리키는 것이다. 『산해경』 해내서경(海內西經)에도 맥국이 보이는데, 한수(漢水) 동북쪽에 있으며 연과 가까워 그에 의해 멸망당했다고 한다. 이 역시 구체적인 세력을 가리키는 것으로, 이 맥국이 바로 제에게 문피의 산지로 유명하게 알려졌던 발조선의 다른 이름이 아닌가 추정

---

28) 林澐, 1999,「說'貊'」,『史學集刊』1999-4.
29) 文崇一, 1958,「濊貊文化及其史料」,『中央研究院民族學研究所集刊』5, 141쪽.
30) 박대재, 2013, 앞의 책, 266~267쪽 참조.

된다.[31] 국이라는 표현은 단순한 주민집단이 아니라 정치적 세력집단으로 산동지역의 제와 해상을 통해 교역할 정도의 대외적 체계를 갖추었던 복합사회였음을 시사해준다.

발조선의 위치와 관련하여 주목되는 것은 『관자』 규탁편에서 해내로 간주하고 있다는 점이다. 조선을 해내라고 기록한 데서 산동지역 제에서 그다지 멀지않은 발해 연안에 있었던 것으로 추정된다.[32] 산동지역의 제와 교류하던 발조선의 실체를 요동지역의 정가와자유형 비파형동검문화를 향유하던 심양일대 예맥계 주민집단으로 추정하는 견해[33]도 이러한 시각의 연장선상에 있다.

발조선의 문피는 『이아』에 보이는 '척산의 문피'와 관련해서도 일찍부터 주목받아 왔다. 전국 말~전한 초에 편찬된 어휘사전인 『이아』 석지(釋地)에는 9방(方) 산물 중 "동북의 아름다운 것으로 척산의 문피가 있다."(東北之美者 有斥山之文皮焉)라는 기록이 보인다. 이 문피에 대해 진(晉)의 곽박(郭璞)은 『이아』 주(注)에서, "호표(虎豹)의 가죽 중 무늬가 있는 것"이라고 설명하고 있다.[34]

발조선의 문피가 호표의 문피라면 발조선은 호랑이와 표범이 많이 서식한 지역이었던 것이다. 고대 동북아시아에서 호랑이와 표범이 많이 서식했던 지역을 문헌사료에 의해 파악하기는 어렵다. 근대까지도 중국 동북지방에 많이 서식하던 호랑이 이른바 '동북호'는 남쪽으로는 하북성 승덕지구의 연산산맥 북부로부터 북쪽으로는 대흥안령 산림지역에 이르기까지 넓은 지역에 분포하였는데, 특히 흑룡강성과 길림성의 소흥안령, 완달산맥, 장광재령, 위호령, 목단령, 장백산, 노야령 등의 산지에 집중 서식하였다.[35]

---

31) 박대재, 2013, 앞의 책, 260~262쪽.

32) 千寬宇, 1989, 『古朝鮮史 · 三韓史硏究』, 一潮閣.

33) 朴京哲, 2006, 「고조선 · 부여의 주민 구성과 종족」, 『北方史論叢』 6.

34) 郭璞 注 · 邢昺 疏, 『爾雅注疏』 卷7 釋地9, "東北之美者 有斥山之文皮焉[虎豹之屬皮有縟綵者]"(2010, 上海古籍出版社, 330쪽).

35) 汪玢玲, 2010, 『東北虎文化』, 吉林人民出版社, 7~9쪽. 요령 · 길림 각 지역에서는 虎를 '山神爺'로 부르는 민속이 자주 확인되는데, 이것은 호랑이를 山神으로 모시는 토착신앙과 관련된 전통으로 이해된다.(앞의 책, 157쪽)

최근 중국 동북지방에서 출토된 동물 뼈 분석을 통해 모피의 산출지를 고찰한 연구에 의하면, 통화 만발발자 유적 등 환인 일대에서 기원전 1천년기 중후반에 모피동물의 뼈가 증가한다는 점이 주목된 바 있다. 이에 고조선의 주요 활동시기인 기원전 7~3세기 모피산지는 길림성 중남부지역, 특히 압록강 중상류지역이며 이는 현대 모피의 산지인 백두산 일대를 포괄하는 지역이라고 추정되었다.[36] 문피로 유명했던 척산의 위치도 이러한 동북호의 분포 범위나 모피 동물 뼈 출토 범위와 무관하지 않을 것이다.

하지만 현재 학계에서는 척산을 문피의 산지가 아니라 문피가 제로 수입되던 통로의 집하지로 보는 것이 일반적이다. 척산은 제에서 유명했던 발조선의 문피와 관련된 지명이라는 점에서 양국의 교류를 이해하는 데 매우 중요한 지역이다. 척산의 위치에 대해서는 장을 달리하여 자세히 살펴보기로 한다.

Ⅲ. 산동-요동의 해상교통과 척산(斥山)

제가 위치한 산동반도(교동반도)와 요동반도 사이에 신석기시대부터 해로를 통한 문화전파와 주민이주가 이어져왔음은 이미 여러 연구를 통해 고찰되었다.[37] 요동반도와 산동반도는 직선거리상 약 120㎞ 떨어져 있지만, 30~40㎞마다 묘도열도로 연결되어 해상을 통한 인적·물적 교류가 일찍부터 이루어졌다.

산동성 서하(栖霞)지역에서 출토된 비파형동검의 존재가 고조선과 관련하여 주목되었고,[38] 요동반도를 통한 산동지역과 고대 한국간의 교류에 대한 고고학적

---

36) 姜仁旭, 2011,「古朝鮮의 文皮貿易과 明刀錢」,『韓國古代史研究』64, 256~260쪽.
37) 佟偉華, 1989,「膠東半島與遼東半島原始文化的交流」,『考古學文化論文集(二)』, 文物出版社 ; 李淸圭, 2003,「韓中交流에 대한 考古學的 접근」,『韓國古代史研究』32 ; 王錫平, 2004, 「從出土文物看膠東半島與遼東半島史前時期的海上交通」,『海交史研究』2004-2 ; 王子今, 2010,「秦漢時期渤海航運與遼東浮海移民」,『史學集刊』2010-2.
38) 吳江原, 2001,「春秋末 東夷系 萊族 木槨墓 출토 琵琶形銅劍」,『韓國古代史研究』23 ; 王

접근이 시도되면서,[39] 두 지역 간 교류를 살펴볼 수 있는 기반이 마련되었다. 이러한 기존 연구를 통해 춘추시대 제와 조선 사이의 문피 교역이 산동반도와 요동반도 사이의 해상 묘도열도를 통해 이루어졌음을 구체적으로 인식하게 되었다.[40]

발조선과 제 사이의 문피 교역 루트와 관련하여 주목되는 지명이 바로 척산이다. '척산의 문피'가 처음 보이는 『이아』는 중국 최초의 전문적인 훈고(訓詁) 사전인데, 선진문헌에 나타난 고어가 실려 있어 후대 학자들이 고서를 해독하는 데 중요한 참고서이다. 전한 문제대(기원전 179~157)에 처음 이아박사를 두었으며, 무제 때(기원전 142~87) 박사 종군(終軍(?~기원전 112))이 『이아』에 대해 상론하여 황제로부터 비단을 빌었다. 이로 보아 전한 초에 이미 『이아』가 유통된 것으로 보이며, 진의 곽박에 의해 주가 붙으면서 널리 전해지게 되었다.

『이아』의 편찬자에 대해서는 논란이 많은데, 주공(周公), 공자(孔子), 공자문인, 선진학자 등 다양한 의견이 제기되어 왔다. 대체로 편찬자와 편찬시기를 특정하지 않고 축차적으로 편찬되었다고 이해한다. 대표적으로 內藤虎次郎은 각 편마다 제작연대를 상세히 고찰하여, 석고편(釋詁篇)과 석언편(釋言篇)은 공자의 제자들에 의해 제작되었으며, 석훈편은 석언편과 더불어 대체로 한초에까지 이어지면서 수시로 보태어졌고, 석친편(釋親篇)에서 석천편(釋天篇)까지는 순자(荀子)를 전후한 시대로부터 한대에 제작되었고, 석지편(釋地篇)에서 석수편(釋水篇)에 이르는 각 편 역시 전국시대 말부터 전한 초에 이루어졌고, 석초편(釋草篇)에서 석수편(釋獸篇)까지는 『시경』을 해석한 부분이 보이므로 예로부터 존재했던 것이지만 역시 전한 초에 이르러 완성되었고, 마지막 석축편(釋畜篇)은 전한 문제·경제 시대에 편찬되었다고 파악하였다.[41] 『이아』의 내용을 보면 중복된 부분이 많다. 이것

青, 2006, 「산동 출토 동북계통 청동단검과 그와 관련된 문제에 대해」, 『東北亞歷史論叢』 13.

39) 李慧竹·王青, 2002, 「後期靑銅器~初期鐵器時代 中國 山東地域과 韓國間의 交流」, 『白山學報』 64.

40) 박준형, 2004, 앞의 글 및 2006, 앞의 글.
박선미, 2009, 앞의 책.

41) 福田襄之介, 1975, 「爾雅の性格-中国字書史研究の一環として」, 『岡山大学法文学部学術

은 여러 시대, 여러 사람을 거치면서 이루어졌기 때문에 일어난 현상이라고 이해된다.[42] 그렇지만 한 문제 때 이아박사가 설치된 것으로 보아 늦어도 전한 초에 이미 이루어진 것이다.

'척산의 문피'에 대한 기록은 『이아』보다 조금 늦게 편찬된 회남왕(淮南王) 유안[劉安(기원전 179~122)]의 『회남자(淮南子)』 타형훈(墮形訓)에도 동일하게 보인다. 『회남자』는 유안과 그의 문객들이 공동으로 저술한 도가 중심의 제자백가서인데, 대체로 전한 경제~무제 사이에 편찬된 것으로 이해된다.[43]

『이아』와 『회남자』에는 9방 특산물이 동일하게 기록되어 있는데, 시기적으로 보아 『회남자』가 『이아』를 참고한 것으로 보인다. 9방 특산물 기록은 앞서 본 『관자』의 해내 7보 기록과도 상통한다. 두 기록을 비교해 보면 다음 표와 같다.

두 기록을 비교해 보면 발조선과 척산이 모두 문피의 산지로 나온다는 점에서 양자를 동일한 지역으로 볼 수도 있다. 실제로 북한의 리지린은 척산은 원래 산 이름이 아니라 조선을 이르는 말인데, 『이아』의 편자는 문피가 산에서 나는 것이기 때문에 조선과 한음이 통하는 척산의 산명으로 바꾸어 놓았다고 추정하였다.[44]

표 1 『管子』의 海內 7寶와 『爾雅』의 9方 産物

| 『管子』 揆度 | | 『爾雅』 釋地 | |
지역	7보	9방	지역	산물
陰山	礝珉	東方	醫毋閭	珣玕琪
燕之紫山	白金	東南	會稽	竹箭
發朝鮮	文皮	南方	梁山	犀, 象
汝 · 漢水之右衢	黃金	西南	華山	金石

紀要』36.

42) 金鉉哲, 1995, 「中國 歷代 訓詁學의 繼承 關係 硏究 - 『爾雅』와 '雅學'類 書籍을 중심으로」, 『中國學論叢』4.

43) 楊棟曹, 2008, 「二十世紀《淮南子》硏究」, 『古籍整理硏究學刊』 2008-1.

44) 리지린, 1963, 『고조선연구』, 과학원출판사, 13쪽.

江陽	珠	西方	霍山	多珠玉
秦 明山	曾靑	西北	崑崙虛	璆琳 琅玕
禹氏 邊山	玉	北方	幽都	筋角
		東北	斥山	文皮
		中	岱岳	五穀, 魚鹽

이처럼 조선과 척산이 차자표기(借字表記)의 다른 지명인지는 확인하기 어렵지만, 『이아』에서 척산이 문피의 산지처럼 나온다는 점은 수긍할 만하다. 의무려산(醫毋(巫)閭山), 회계산(會稽山), 양산(梁山), 화산(華山), 대악[岱岳(泰山)] 등의 지명에서 보듯이, 9방 지명은 모두 특산물 산지라는 공통점이 있다. 그런데 현재 학계에서는 척산을 문피의 산지가 아니라 집산지로 보는 견해가 일반적이다. 이러한 견해는 다음에 제시된 장정랑(張政烺)의 추정으로부터 비롯되었다.

C.『관자』안에 「朝鮮의 文皮」가 한두 번 보이는데, 이것은 미려한 반점 무늬를 가진 범[虎豹] 가죽을 가리키는 것으로, 조선의 아주 유명하고 귀한 특산이다. 다만 이것이 중국에서 가장 오래된 사전인 『爾雅』에도 설명되어 있는데, 「동북의 아름다운 것으로 斥山의 文皮가 있다」라고 하였다. 여기서 말한 斥山은 지금 山東省 榮成縣 해안가에 있는 곳으로, 『隋書』地理志와 『太平寰宇記』 등에도 모두 기재되어 있다. 斥山은 작은 산으로 해변에 위치하며 범[虎豹]이 나지 않는다. 그것이 특별히 알려지게 된 까닭은 海口이기 때문이다. 斥山과 朝鮮은 물 하나 건넌 사이로, 9세기에 이르러서도 북부 중국에서 朝鮮, 日本으로 통하는 중요한 입구의 해안이었다.(일본의 승려 圓仁의 『入唐求法巡禮行記』를 보면 赤山이라 썼다) 「斥山의 文皮」는 곧 「朝鮮의 文皮」이며, 『관자』와 『이아』는 모두 先秦시기의 작품으로 춘추·전국시대에 조선과 齊國 사이에 밀접한 해상 교통 및 상업 왕래가 있었음을 알려준다.[45]

---

45) 張政烺, 1951, 「上古時代的中朝友好關係」 『五千年來的中朝友好關係』, 開明書店, 9쪽.

장정랑은 조선의 특산물인 문피가 범의 가죽이라고 보면서, 그것이 산동 영성 해안의 작은 항구인 척산을 통해 제에 수입되었기 때문에 '척산의 문피'로 알려졌다고 파악하였다. 그러면서 척산은 엔닌(圓仁)의 『입당구법순례행기』에 나오는 적산(赤山)과 같다고 하였다. 척산을 문피의 산지가 아니라 제로 수입되던 항구의 지명으로 본 것이다. 국내학계에서도 대체로 이와 같은 맥락에서 척산의 문피를 이해하고 있다. 아래는 그 대표적인 연구의 서술이다.

> D. 제나라가 조선으로부터 주로 수입한 반점 박힌 호랑이 가죽과 모피로 만든 의복 등 각종 특산품은 제나라의 유명한 海口인 斥山(현 산동성 영성시 해안의 작은 산)을 통해 들어 왔다. 『隋書』 지리지와 송대 樂史가 편찬한 『太平寰宇記』에는 '斥山이 조선과 왕래하는 입구'라고 기재되어 있고, 중국에서 가장 오래된 사전인 『爾雅』에는 "동북지방의 아름다운 것으로는 척산의 文皮가 있다"고 했다. 여기서 문피는 해로로 수입하여 척산에 도착한 조선의 호랑이 가죽을 말한다.[46]

이와 같이 학계에서는 척산을 장정랑이 추정한대로 산동 영성현 해안가의 척산으로 비정하는 것이 일반적이다.[47] 하지만 앞서 보았듯이 리지린은 『이아』에 기록된 방위에 주목하면서 이 설에 반대하고 있다. 즉 의무려산을 동방이라고 하였으니 산동성에 있는 산을 동북의 산이라고 쓸 수 없다는 것이다. 그리고 고대 척산이 만일 산동반도에 있는 산이라면, 『이아』 주석자 곽박이 몰랐을 리 없고 또 『수서』 이전 지리지들에 안 보일 리 없다는 것이다. 그런데 척산은 요동 · 요서지역에서 찾아볼 수 없으므로, 척산은 산명이 아니라 『이아』의 편자가 문피가 산에서 나는 것이기 때문에 '조선'과 한음이 통하는 척산의 산명으로 바꾸어 놓았다는

---

46) 송호정, 2003, 앞의 책, 93쪽.
47) 박준형, 2004, 앞의 글.
   박선미, 2009, 앞의 책.

것이다.[48]

척산의 위치는 조선과 제의 해상교역을 이해하는 데 아주 중요한 관건이며 발조선의 위치와도 관련된다. 장정랑이 척산을 산동 영성현으로 비정한 배경에는 『수서』와 『태평환우기』에 보이는 다음 기록을 감안했기 때문이다.

E-1. 文登[後齊置 有石橋 有文登山斥山之罘山][49]
E-2. 斥山 爾雅東北之美有斥山之文皮焉[50]

『수서』에서는 문등현에 척산이 있다고 언급하였고, 『태평환우기』에서는 문등현의 척산이 『이아』에 나오는 척산과 관련된다고 하였다. 기존 연구의 이해와 달리 『태평환우기』에는 '척산이 조선과 왕래하는 입구'라는 기록은 보이지 않는다. 다만 같은 책 문등현 도로에서 "현치(縣治) 동쪽으로 바다에 이르는데, 해동제국이 조공할 때 반드시 이 길을 경유한다."라는 기록이 보인다. 아마도 두 기록을 종합해 유추한 것으로 추정된다.

『태평환우기』의 척산 기록은 청말 역사지리학자 양수경[楊守敬(1839~1915)]에게 영향을 끼쳐, 문등현 동남 60리에 있는 척산이 바로 『태평환우기』에서 언급한 『이아』의 척산이라는 견해가 나오게 되었다.[51] 장정랑은 이로부터 척산이 바로 조선의 문피가 수입되던 항구였다고 유추한 것이다.

그러나 춘추전국시대에 문등현 척산 일대가 조선과의 해상 교통로상 관문 항구였는지는 다시 생각해 볼 문제이다. 장정랑은 9세기 엔닌의 『입당구법순례행기』의 적산 기록을 들어서 척산이 고대 조선과 일본으로 가는 해상 교통의 관문

---

48) 리지린, 1963, 앞의 책, 13쪽.
49) 『隋書』 卷30 志25 地理中 東萊郡.
50) 『太平寰宇記』 卷20 河南道 登州 文登縣 ; 2005, 『(文津閣) 四庫全書』 書部 地理類 160, 商務印書館, 59쪽.
51) 楊守敬, 「隋書地理志考證附補遺」, "【斥山】今文登縣東南六十里 寰宇記爾雅東北之美有斥山之文皮焉"; 1955, 『二十五史補編』 4, 中華書局, 4845쪽.

이라고 보았다. 하지만 『입당구법순례행기』의 시대와 춘추전국시대의 해상교통로 사이에 큰 변화가 있었다.

산동 등주 남부의 모평현(牟平縣)과 문등현(文登縣) 경내의 해구에서 출발하여 황해를 횡단, 한반도에 이르는 이른바 '황해횡단항로'는 당 후기에 가서야 본격적으로 이용되기 시작하였으며, 당 전기까지는 등주 북부의 봉래(蓬萊), 황현(黃縣) 경내의 해구에서 출발하여 요동반도 남단에 이른 후 연안을 따라 동진하는 '황해 연안항로'가 주로 이용되었다. 당 전기에도 등주 남부에서 출발하는 황해횡단항로가 일부 사용되기는 했으나, 그것은 신라가 당과 연합하여 삼국을 통합한 7세기 후반에 나타난 새로운 현상이었다.[52] 9세기에 원인이 장보고 선단의 도움을 받아 문등현 적산 법화원(法華院)에 머물렀던 것도 바로 이와 같은 7세기 후반 이후의 항로 변화와 관련이 있다.[53]

위진남북조시기까지 중국 동해안에서 한국 서해안에 이르는 일반적인 항로는 황해횡단항로가 아니라 육지를 따라 항해하는 연안항로였다. 중간에 산동반도와 요동반도 사이의 묘도열도를 따라 발해를 횡단하기는 하지만, 산동 봉래[蓬萊 (東萊)]에서 출발하여 육안으로 열도를 보면서 항해하여 요동 여순의 도리진[都里鎭(老鐵山, 旅津)]에 도착한다는 점에서 연안항로에 해당한다.[54] 가탐[賈耽(730~805)] 『도리기(道里記)』의 「등주해행입고려발해도(登州海行入高麗渤海道)」가 바로 이것으로,[55] 산동 등주(봉래)에서 출발하여 대사도[大謝島(長山島)]-귀흠도[龜歆島(砣矶島)]-말도[末島(廟島)]-오호도[烏湖島(隍城島)] 등을 지나 요동반도 남단의 마석산[馬石山(旅順 老鐵山)]에 이르는 항로이다.[56] 최근 제기되고 있는 4세기 후반부터 백제

---

52) 樊文禮, 2005, 「唐代"登州海行入高麗道"的變遷與赤山法華院的形成」, 『中國歷史地理論叢』 20-2, 114~119쪽.

53) 권덕영, 2012, 『신라의 바다 황해』, 일조각, 80~86쪽.

54) 王綿厚・李健才, 1990, 「漢魏時期的遼東水路交通」, 『東北古代交通』, 瀋陽出版社 ; 張興兆, 2008, 「魏晉南北朝時期的北方近海水運」, 『青島大學師範學院學報』 25-2.

55) 『新唐書』 卷43下, 地理志33下 入四夷之路與關戍走集 登州海行入高麗渤海道, "登州東北海行 過大謝島 龜歆島 末島 烏湖島 三百里 北渡烏湖海 至馬石山東之都里鎭 二百里".

56) 「道里記」의 항로에 대한 최근의 연구사 검토는 아래의 논문들을 참고하라.

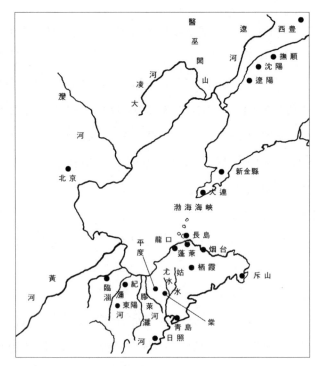

지도 요동반도와 산동반도의 주요 지명

가 황해중부 횡단항로를 이용해 동진과 교섭하였다는 새로운 시각[57]을 따른다고 할지라도 고조선과 제의 해상교류에서 이 항로는 시기적으로 도저히 고려될 수 없다.

이와 같은 항로의 변천 과정을 이해하면, 등주 남부의 문등현 척산(赤山)이 고대 조선과의 문피 교역에서 해로상 중요한 관문이었다고 보기 어렵다. 그보다 요동반도 남단과 해로로 연결되는 등주 북부의 봉래(동래) 지역이 임치(臨淄)에 도읍

최근식, 1999,「道里記」「登州海行道」의 검토와 장보고 交關船의 항로」,『史叢』49, 5~10쪽 ; 정진술, 2009,『한국의 고대 해상교통로』, 韓國海洋戰略研究所, 240~245쪽 ; 전덕재, 2013,「新羅의 對中·日 交通路와 그 變遷」,『역사와 담론』65, 110쪽.

57) 孫光圻, 1989,『中國古代航海史』, 海洋出版社, 213~214쪽 ; 2013,「漢唐時期 中國과 韓半島의 海上航路」,『百濟研究』57, 9쪽 ; 신형식, 2005,『백제의 대외관계』, 주류성, 98~101쪽.

이 있던 제로 들어가는 산동반도 쪽의 해구였다고 보아야 한다. <지도>[58]에서 보듯이 산동 문등현 척산은 등주 남부인 교동반도 동남부에 위치하기 때문에, 요동반도 남단 여순(대련)에서 열도를 따라 발해를 건넌 후 임치로 들어가는 교통로상 경유하기 어려운 지점이다. 장정랑이 『태평환우기』를 참고하여 문등현 척산(적산)을 조선의 문피가 수입되던 해구로 인식한 것은 고대 해로의 변화에 대한 이해가 충분하지 못했기 때문이다. 따라서 이를 좇아 척산의 위치를 문등현 적산으로 비정하는 것은 설득력이 부족하다.

『이아』의 9방 산물 가운데 척산의 문피만 중국 쪽의 집산지를 기준으로 기록했다고 보기는 어렵다. 설사 척산이 문피의 집산지였다고 하더라도 교통로상 문등현 척산이 될 수는 없다. 그런데 일찍이 松田壽男은 『태평어람(太平御覽)』의 다음 기록에 근거해 발조선의 문피가 요서의 도하[屠何(徒河)] 지역을 경유해 중국에 수입되었다고 파악하였다.[59]

F. 東北方之美者 有徒格山之文皮焉[60]

『태평어람』의 기록은 『회남자』의 기록을 인용한 것인데, 여기서는 원전과 달리 척산이 '도격산(徒格山)'이라 되어 있어 주목된다. 松田壽男은 이 산명의 도격을 『관자』 소광편에서 제 환공의 북벌 중에 나오는 '도하'에 상당한 것으로 추정하고, 요서군의 도하현 즉 지금의 금주(錦州) 서북부에 비정하였다. 나아가 『진서(晉書)』에 모용외(慕容廆)의 근거지로 보이는 도하의 청산(靑山)을 지목하면서, 이 지역은 만주·조선방면과 중국을 연결하는 교통간선상의 중요 지점으로 예맥·조선

---

58) <지도>는 박준형, 2013, 「산동지역과 요동지역의 문화교류 – 산동지역에서 새로 발견된 선형동부를 중심으로-」, 『韓國上古史學報』 79, 40쪽의 <그림1> 산동지역과 요동지역 지도를 전재한 것이다.

59) 松田壽男, 1957, 「蘇子の貂裘と管子の文皮」, 『早稻田大學大學院 文學硏究科紀要』 3(創立七十五周年記念號), 206~207쪽.

60) 『太平御覽』 卷36, 地部1 地上(1960, 中華書局, 제1책, 173쪽).

에서 산출된 문피가 요서의 도하徒河(徒格)]를 경유해 중원으로 수입되었기 때문에 이런 기록이 남게 되었다고 추정하였다. 한대에 문피의 원산지가 불명확해지면서 문피의 중계지였던 도하를 문피의 산지로 속단하게 되었고, 그것이 『태평어람』에 흔적으로 남긴 것이라 보는 것이다.[61] 즉 척산은 문피의 산지로, 도격산은 문피의 중계지로 파악한 것이다.

그런데 도격과 도하屠何(徒河)]의 관계에 대해서는 지명의 유사성 외에 다른 근거가 제시되지 않아 납득하기 어렵다. 하지만 『태평어람』에 보이는 도격산을 문피의 중계지로 해석한 것은 탁월한 추정이라고 할 수 있다. 척산과 도격산으로 서로 다르게 보이는 기록을 전자는 산지로, 후자는 중국으로 수입되던 중계지로 추정하여 두 기록을 모순 없이 이해한 것이다. 그러나 발조선의 문피가 중국으로 수입되는 경로를 육로로만 생각하고 있다는 점에서 한계가 있어 보인다. 앞서 살펴본 바와 같이 발조선과 제 사이의 교류는 중간의 연에 의해 육로가 막혀 있었기 때문에 해로를 통해 왕래하였을 가능성이 더 높기 때문이다.

『이아』에는 오악의 하나인 대악[岱岳(泰山)]을 중심으로 동방, 동남, 남방, 서남, 서방, 서북, 북방, 동북의 8방으로 나누고 각지의 특산물을 기록하였다. 주지하듯이 동방의 의무려산[醫毋(巫)閭山]은 요서와 요동의 분수령이다. 그렇다면 동북의 척산은 방위상 그보다 동북쪽인 요동 북부나 길림지역에 있어야 한다. 하지만 현전하는 고지명 중 요동이나 길림지역에서 척산이 확인되지는 않는다. 하지만 의무려산 동쪽에 위치한 요동의 간선산맥인 천산이나 산동반도와 해로로 연결되는 요동반도 남단의 노철산도 척산의 위치로 검토해 볼 만한 곳이다. 특히 요동에서 가장 험준한 산령인 천산은 문피의 산지로, (노)철산은 산동으로 건너가기 전에 요동에서 문피가 집하되던 지역으로 고려해 볼 만하다.

요동반도 남단의 여순 강상묘에서 아열대산 보배조개인 자안패(子安貝)가 출토되었는데,[62] 이곳은 산동반도와 해상교통에서 가장 중요한 항구인 요동반도 남단

---

61) 松田壽男, 1957, 앞의 글, 207쪽.
62) 조중공동고고발굴대, 1966, 「강상」, 『중국동북지방의 유적발굴보고』 및 朝・中合同考古學發

의 노철산과 인접한 지역이다. 기원전 8~7세기의 강상묘에서 출토된 보배조개를 고조선이 춘추시대 제를 통해 들여온 위신재로 보는 견해도 있다.[63] 더 나아가 고조선이 묘도열도를 건너 산동반도 동단의 척산(문등현 적산), 즉 지금의 영성시 석도항을 거쳐 제 도성인 임치로 이어지는 육로 교통로를 이용했다고 보기도 하였다.[64]

여순 강상묘에서 출토된 자안패(보배조개)는 남방산 조개라는 점에서 당시 노철산 일대가 남방지역과의 교류에서 거점이었다는 것은 인정할 수 있다. 하지만 앞서 보았듯이 석도항(적산)을 『이아』의 척산으로 비정하고 발조선의 문피가 여기를 거쳐 임치로 들어갔다고 보는 것은 당시 해상 교통로상 받아들이기 어렵다. 또한 산동반도 동해안에서 제의 수도 임치로 들어가는 육상 교통로가 과연 기원전 7세기 무렵에 활성화되어 있었는지도 의문이다. 왜냐하면 춘추시대 산동 동부, 즉 교동지역은 제국(齊國)이 아니라 그와 적대적인 관계에 있던 래국(萊國)의 영역이었기 때문이다. 이것은 고조선과 제의 해상교류가 어느 시기의 사실을 반영한 것인가에 대한 문제이기도 하다. 이에 대해서는 다음 장에서 구체적으로 살펴보고자 한다.

Ⅳ. 산동의 정세와 제-발조선의 교류

조선과 제는 연의 지역인 발해만 내륙을 지나가는 육로를 경유하지 않고도 요동반도와 산동반도 사이의 해로를 통해 왕래할 수 있었다. 제와 조선의 입장에서는 양국이 서로 국경을 직접 접하고 있지 않았고, 또 중간의 연을 배후에서 공동

掘隊 著, 東北アジア考古學硏究會 譯, 1986, 『崗上·樓上-1963-1965 中國東北地方遺蹟發掘報告-』, 六興出版.
63) 박준형, 2004, 앞의 글.
64) 박준형, 2006, 앞의 글.

견제할 수 있는 지정학적 이점으로 인해 비교적 우호 관계를 유지하기 쉬운 상황
이었다.[65]

　기존 연구에서는 기원전 7세기 춘추 제와 고조선이 문피를 교역한 해상교통로
를 "요동반도 여순↔발해해협↔묘도열도[황성도↔흠도↔타기도↔장산도]↔산동
반도 봉래↔영성시 척산↔제 임치"로 추정하였다.[66] 그런데 산동의 해구였던 봉
래가 과연 기원전 7세기 당시 제의 영역이었는가 하는 문제점이 있다. 상대(商代)
이래 산동반도 일대에는 동이계통의 토착세력이 거주하고 있었다. 이중 산동의
동부지역인 치(淄) · 미(瀰) 유역 이동(교래평원~교동반도) 지역에는 래이(萊夷)가 거
주하였고, 이들은 시주 초기에 래국을 건립하여 영구(營丘) 부근에서 서쪽의 제와
대치하고 있었다.[67] 교동반도의 토착세력인 래이에 대해서는 국내학계에서도 주
목된 바 있다.[68] 래국의 역사와 문화에 대해서는 1980년대 후반부터 집중적으로
연구되기 시작하였다. 래국의 지리는 다소 논란이 있으나, 대체로 치박(淄博) · 유
방(濰坊)[淄河 · 瀰河] 이동 지역을 래국의 범위로 보고 창락(昌樂) · 임구(臨朐) 일대
가 그 중심지였다고 보는 것이 일반적이다.[69]

　『사기』 제태공세가(齊太公世家)에 의하면, 주가 상을 멸망시킨 후 태공을 제에
분봉하자, 영구[지금의 치박시(淄博市) 제국고성(齊國故城)] 인근에서 래이가 제와
교전하였다. 분봉 초기 제의 강역은 영구를 중심으로 겨우 사방 100리 정도로 매
우 미약했다. 제는 주공이 삼감(三監)의 난을 평정하고, 상엄(商奄) · 박고(薄姑) 등
동이의 거점지역을 정벌한 후에야 영토를 넓힐 수 있었다.[70] 하지만 제는 양공대
[襄公代(기원전 697~686년)]까지 래이를 비롯한 주변 동이족의 압력에 시달렸다. 제

---

65) 박대재, 2006, 앞의 책.
66) 박준형, 2006, 앞의 글.
67) 杜在忠, 1984, 「萊國與萊夷古文化探略」, 『東岳論叢』 1, 74~75쪽.
68) 吳江原, 2001, 앞의 글 ; 박준형, 2006, 앞의 글.
69) 丁鼎 · 程紅, 2005, 「萊夷及萊國史研究綜述」, 『齊魯文化研究』, 山東師範大學 齊魯文化研
　　究中心, 273~274쪽.
70) 楊寬, 1999, 『西周史』, 上海人民出版社, 549~551쪽.

는 이러한 주변 이족의 침입으로 인해 춘추 초기까지 정치적 · 경제적으로 열악한 상황에 놓여 있었다.[71] 그런데 제 양공을 이은 환공이 관중을 등용하면서 제는 대내외적으로 급격히 성장하였다. 환공대 제의 강역은 남으로 태기산맥(泰沂山脈) 이북, 북으로 발해, 서로 제수[濟水(지금의 黃河)], 동으로 기[紀(壽光縣)] · 휴[鄘(臨淄 安平 부근)]까지 확대되었지만, 더 이상 동쪽 교동지역으로는 확장하지 못하였다.[72]

기원전 602년 제 혜공과 노(魯) 선공(宣公)이 연합하여 래이(래국)를 공격하였으나 별 소득이 없었다.[73] 2년 후 제는 단독으로 래이를 공격하여 근모(根牟)지역(지금의 沂水縣)을 획득하였다.[74] 이에 따라 래이는 교래하 이서 지역을 상실하고 영토가 교동반도 지역에 국한되었다. 결국 제 영공(靈公) 15년(魯 襄公 6년, 기원전 567)에 이르러 래국을 정벌하여 래이를 예(郳)로 이주시켰다.[75] 이때 비로소 제의 영토가 동쪽으로 교동반도로 확장되기 시작한 것이다.

그러나 제가 교동반도를 완전히 장악하는 것은 제 경공대(기원전 547~490년)에 가서야 가능하였다. 이와 관련된 기록이 『안자춘추』 내편(內篇) 문상(問上)에 전한다. 경공이 래[萊(來)]를 정벌하고 행한 논공행상에 대한 기록이다. 경공 때 정벌한 지역은 황현(黃縣) 일대의 동래[76] 세력을 주요 대상으로 한 것이다. 그것은 이후 래이가 더 이상 사료에 독자적으로 나타나지 않는 것과도 관련이 있다. 따라서 제가 래이를 정복하여 교동반도를 완전히 장악한 것은 춘추시대 말기인 경공 때라고 이해할 수 있다.[77]

---

71) 顧德融 · 朱順龍, 2001, 『春秋史』, 上海人民出版社, 72~73쪽.
72) 張光明, 2004, 『齊文化的考古發現與研究』, 齊魯書社, 28~29쪽.
73) 『春秋』宣公 7年, "夏 公會齊侯伐萊 秋 公至自伐萊".
74) 『春秋』宣公 9年, "齊侯伐萊 秋 取根牟".
75) 『春秋』襄公 6年, "十有二月 齊侯滅萊 … 遷萊于郳".
76) 萊와 東萊의 관계에 대해서 중국학계의 설이 다소 갈리지만, 대체로 기원전 567년 齊가 萊國을 1차 정벌한 이후 동쪽 郳(黃縣 歸城)지역으로 옮겨진 萊夷를 '東萊'라고 불러 구분하는 것이 일반적이다.(王獻唐(遺書), 1983, 「山東古代的姜姓統治集團」 『山東古國考』, 齊魯書社, 210쪽 및 遲克儉, 1984, 「古萊國初探」 『齊魯學刊』1984-1, 82쪽)
77) 張光明, 2004, 앞의 책 ; 박준형, 2013, 앞의 글, 59~60쪽.

춘추시대 제의 도성은 임치였다. 따라서 제가 발해만으로 진출하기 위해서는 래국의 영역을 경유해야만 했다. 기원전 567년 제가 래국을 1차 정벌하였지만, 래이는 다시 동쪽으로 이동하여 세력을 유지하였다. 이 동래 세력이 위치한 황현 일대는 바로 묘도열도를 통해 해상으로 요동반도와 연결되는 지점이었다.

춘추시대 제 환공 때 그 동계는 기국(紀國)이 위치해 있었던 오늘날 미하(濔河) 유역의 수광현(壽光縣) 남쪽 지역까지였다. 그 동쪽 지역은 래국의 영역이었다. 그리고 제 영공(靈公) 때인 기원전 567년 제의 동계가 소고하(小沽河)·대고하(大沽河) 서쪽 유역인 평도현(平度縣) 일대까지 이르렀다.[78] 그 동쪽 지역은 동래의 지역으로 계속 남아 있다가 기원전 6세기말~5세기초 경공 때 가서야 제의 영역으로 편입된 것이다.

춘추시대 제국과 래국은 줄곧 군사적으로 대립하던 관계에 있었다. 래국은 산동지역에서 제국과 유일하게 충돌할 수 있었던 강국이었다. 제국이 여러 번 주변국과 회맹하였으나 오직 래국만은 참가하지 않았다.[79] 앞서 보았듯이 기원전 602년 제와 노가 연합하여 래국을 공격하였고, 기원전 600년에는 제 단독으로 래국을 공격하였다. 기원전 571년 제 영공이 래국를 공격하자 래후가 대부를 파견하여 제 영공의 행신(幸臣)인 숙사위(夙沙衛)에게 우마 각 100필씩을 보내 제의 병사를 물리치기도 하였다.[80] 하지만 래국은 장기간 전쟁 끝에 결국 기원전 567년에 제에게 멸망되고 그 주민이 옮겨져 동래(黃縣) 지역에서 지속하였다.

이상 춘추시대 산동지역의 정세를 통해 볼 때 제 환공 때인 기원전 7세기에 제가 동래 지역을 경유해야만 하는 묘도열도를 통해 요동반도의 발조선과 직접 교류했다고 보기는 쉽지 않다. 기존 연구에서는 춘추시대 제와 조선의 교역이 교동의 래이와 요동의 예맥을 통해서 이루어진 것으로 이해하였다. 고조선과 춘추 제

---

78) 王獻唐, 1983,「山東古代的姜姓統治集團」,『山東古國考』, 174쪽 ; 周昌富, 1990,「齊國疆域考略」,『東夷古國史研究』2, 三秦出版社, 210~21쪽.

79) 孫進, 2010,「萊國與周邊國族的關係」,『東岳論叢』31-3, 89~92쪽.

80) 遲克儉, 1984, 앞의 글.

의 교류는 예맥과 래이의 교류망을 이용하여, 고조선↔예맥↔래이↔제로 이어지는 중층적인 관계 속에서 이루어졌다고 보는 것이다.[81]

그러나 위에서 보았듯이 기원전 568년까지 제국과 래국은 장기간 전쟁에 종사하고 있었으며, 그 이후에도 기원전 6세기말~5세기초 제가 동래를 정벌하기까지 교동반도는 아직 제의 영역이 아니었다. 이런 상황에서 임치에 도성이 있던 제가 래이지역을 경유해 요동반도와 교류한다는 것은 불가능한 일이다.

동래지역이 제에 병합되기 이전부터 교동과 요동 사이에 교류가 있었던 것은 고고학적으로 확인된다. 특히 요동지역의 비파형동검문화와 관련된 유물들이 장도(長島), 용구(龍口), 서하(栖霞) 등지에서 출토되었는데,[82] 모두 래국과 동래의 고지에 해당한다. 따라서 고조선과 직접 교류가 있던 세력은 제가 아니라 래국이나 동래라고 보아야 한다. 기존 연구에서는 『국어(國語)』 제어(齊語)에 제의 어염(魚鹽)을 동래에 유통시켰다는 기록을 근거로 래이와 제 사이의 교류가 어렵지 않게 이루어졌다고 추정하고 있다.[83] 하지만 일반적으로 이해하듯이 춘추시대 제국과 래국은 적대적인 관계에 놓여 있던 시기가 대부분이라는 점에서,[84] 래국을 통한 조선과의 교역이 어느 정도 가능했을지는 의문이다.

이상의 검토에 의하면 『관자』에 전하는 발조선의 문피 기록은 기원전 7세기 춘추시대 제와 조선 사이의 직접적인 교류를 알려주는 기록으로 이해하기 곤란한 점이 있다. 일단 제가 요동반도 남단을 경유해 발조선과 교역하기 위해서는 교동반도의 동래를 편입해야만 했다. 그러나 기원전 6세기말~5세기초까지 교동반도에는 동래가 세력을 유지하고 있었다. 이러한 상황에서 제가 해로를 통해 발조선의 문피를 직접 수입하는 일은 불가능했을 것이다.

제의 도성인 임치에서 선형동부나 비파형동검 등 요동 계통의 유물이 보이지

---

81) 박준형, 2013, 앞의 글, 63쪽.
82) 박준형, 2013, 앞의 글.
83) 박준형, 2013, 앞의 글, 63쪽.
84) 遲克儉, 1984, 앞의 글, 81~83쪽.

않는 반면 동래의 중심지인 황현(黃縣) 귀성(歸城) 내성(內城)에서 선형동부가 수습되었다[85]는 점은 발조선의 교역대상이 제국이 아니라 래이(동래)였음을 시사해준다. 발조선과 제 사이의 직접적인 교류는 동래가 멸망하여 교동반도지역이 제에 완전히 편입된 춘추시대 말부터 가능했다고 추정된다. 결국 제와 조선 사이의 직접 교류는 전국시대에 들어가서야 본격적으로 이루어지기 시작했던 것이다.

최근 산동지역에서 발견된 중세형동검, 즉 비파형동검과 세형동검의 과도기적인 형태의 동검으로 일조시(日照市) 출토 동검, 서하시(栖霞市) 금산촌(金山村) 수습 동검 등이 있다. 이들은 모두 전국시대 동검으로 편년되고 있다.[86] 산동지역의 중세형동검들은 대련 윤가촌 출토 동검과 유사한 형태를 띠고 있는데, 전국시대 제와 요동반도 사이의 교류를 시사해주는 유물로 이해할 수 있다.

『전국책(戰國策)』 연책(燕策) 및 『사기』 연소공세가(燕召公世家)에 의하면, 전국시대 연의 정세에 가장 큰 변수로 작용한 것은 산동지역 제와의 전쟁이었다.[87] 기원전 4세기 말 연과 조선이 칭왕하고 국가로서 면모를 갖춘 것도 제의 '칭왕'에서 영향을 받은 것이었다. 기원전 280년대 말 연장 진개가 조선의 서방을 침공하기 바로 직전에도 연은 진·조 등과 연합하여 제의 수도 임치를 함락시키기도 하였다. 지리적으로 연은 제의 북쪽과 조선의 서쪽에 위치해 있으면서 제와 조선 사이의 중간지대에 해당하게 된다.

앞서 살펴보았듯이 제와 발조선은 두 반도를 연결하는 해상 열도를 통해 육로상의 중간지대인 연을 경유하지 않고도 직접 교류할 수 있었다. 연은 2국과 서로 영역을 접하고 중간에 끼어 있는데다가 제와 조선이 해상을 통해 상호 교류하는 관계에 있었기 때문에 지정학적으로 양국의 견제를 받을 가능성이 높았다. 전국시대 요동지역과 조선의 관계를 이해하는 데 중요한 사료가 『전국책』 연책에 다음과 같이 전한다.

---

85) 박준형, 2013, 앞의 글, 44~45쪽.

86) 王靑, 2006, 앞의 글.

87) 裵眞永, 2003, 「燕昭王의 政策과 '巨燕'의 成立」, 『中國史研究』 25, 1~35쪽.

G. 蘇秦이 장차 합종하고자 북쪽으로 燕文侯에게 유세하며 이르기를, "燕은 동쪽으로 朝鮮과 遼東에 접해 있고, 북쪽으로는 林胡와 樓煩이 있으며, 서쪽으로는 雲中과 九原이 있고, 남쪽으로는 呼沱와 易水가 있습니다. 땅은 사방 2천 여리에 帶甲은 수만 명이며, 車 7백승에 騎馬는 6천 필 게다가 곡식은 10년을 지탱할 만합니다. 남쪽으로는 碣石과 鴈門의 풍요로움이 있고, 북쪽으로는 棗栗의 산출이 풍부하여 민이 비록 경작을 않아도, 대추와 밤만으로도 능히 백성이 먹는 것에 충분합니다. 이를 소위 '천부'의 땅이라 이릅니다.

위 기록에서 소진(蘇秦)이 유세했던 연 문후(文侯)의 재위 시기는 기원전 361년 ~333년 사이이다. 『사기』 연소공세가와 『전국책』 연책에 의하면 소진은 연 문후 다음의 이왕(易王(기원전 332년~312년)] 때에도 유세하였다. 최근 소진의 활동 시기에 대해서는 새롭게 밝혀지고 있는데, 1973년 장사(長沙) 마왕퇴(馬王堆)에서 출토된 한묘(漢墓) 백서(帛書) 『전국종횡가서(戰國縱橫家書)』에 의하면 소진은 기원전 312년에서 284년까지 대체로 연의 전성기였던 소왕(기원전 311년~279년) 초기에 활동한 인물로 이해된다.[88]

위 기록에서 연의 동쪽 지역인 "조선요동(朝鮮遼東)"을 "조선과 요동"으로 읽을지, 아니면 "조선의 요동"으로 읽을지 논란이 있다. 하지만 문면만 놓고 보면 함께 기록된 동호(林胡)와 누번(樓煩), 운중(雲中)과 구원(九原)처럼 병칭(並稱)되었을 가능성이 높다. 즉 조선의 요동이 아니라 조선과 요동으로 읽어야 되는 것이다. 그런데 기록의 순서가 조선과 요동이라고 나오고 있어서 연과 요동 사이에 조선이 끼어있는 것처럼 보이기도 한다. 서쪽의 운중과 구원의 지리 관계를 보면 먼저 기록된 운중이 연과 더 가까이 위치한다. 이런 맥락에서 보면 조선과 요동도 조선이 요동을 넘어 연에 가까이 진출하였다고 추정할 수도 있다. 하지만 남쪽의 호타(呼沱)와 이수(易水)의 경우는 멀리 있는 호타가 먼저 기록되어 있다.[89] 따라서

---

88) 陳平, 1995, 『燕事紀事編年會按』, 北京大學出版社.
89) 雲中, 九原, 易水, 呼沱 등의 위치에 대해서는 譚其驤 주편, 1982, 『中國歷史地圖集』 제1책,

조선과 요동의 기재 순서만 가지고 조선의 위치를 추정하는 것은 다소 무리가 따른다.

위 기록은 기원전 282~280년 진개가 요동을 공격하여 만번한까지 즉 천산산맥 서쪽 지역을 차지하기[90] 직전의 사정을 전하는 것이라고 이해된다. 『사기』 흉노전에 따르면 연장 진개의 동정에 의해 설치된 연의 5군 가운데 가장 동쪽에 요동군이 보이기 때문이다. 만약 연장 진개의 침공 이후 연의 판도에 대해 기록한 것이라면 연의 동쪽은 요동이 아니라 조선이라고 해야 한다. 『사기』에 따르면 요동지역은 요동군의 설치로 연의 영역으로 편제되었기 때문이다. 연의 동쪽에 조선과 함께 요동이 병칭된 것은 아직 요동이 연의 영역으로 편입되지 않았음을 시사해 준다.

하지만 『사기』 흉노전에 의하면, 연장 진개의 동정에 의해 설치된 5군 중 요동군 서쪽 지역에 상곡(上谷), 어양(漁陽), 우북평(右北平), 요서군(遼西郡) 등이 더 설치되므로 연의 동쪽에 요동만 보이는 것도 문제이다. 상곡, 어양, 우북평은 연의 북방이니까 제외한다고 하더라도 요서는 요동과 함께 연의 동방이기 때문에 보여야 한다. 이런 정황 때문에 조선의 위치를 요서에 비정하기도 했던 것이다. 하지만 항간에 전해지는 이야기를 집록한 일종의 '속서(俗書)'였던 『전국책』에 수록된 소진의 고사를 문면대로 역사적 사실로 받아들일지는 문제이다. 일단 이 기록을 통해 연 소왕 때 조선과 요동이 서로 병칭되어 나온다는 점으로부터 당시 조선의 중심지가 요동은 아니었다는 사실을 유추할 수 있다.

'요동' 개념이 역사상 처음 등장한 문헌은 『관자』이다. 『관자』 지수(地數)편에 관중이 제 환공에게 제에는 거전(渠展)의 염(鹽)이 있고, 연에는 요동의 자(煮)가 있다고 한 말이 전한다. 이 『관자』의 기록을 제외하면 대체로 요동은 전국시대 이후 기록에 등장하는 지명이다. 이로 보아 기원전 4세기 후반~3세기 초 연의 전성기

中國地圖出版社, 37~38쪽 참조.

90) 燕將 秦開의 朝鮮 西方(遼東) 침공에 대해서는 박대재, 2006, 앞의 책, 72~82쪽 참조.

때부터 '요동'이 인지되었던 것으로 추정된다.[91] 『관자』의 '요동' 역시 사료적 성격을 감안할 때 전국시대의 사정을 전하는 것이라고 이해된다. 기원전 282~280년 연장 진개가 침공하기 이전의 요동은 조선의 서방이었다. 『위략』에 따르면 진개가 침공한 지역은 조선의 중심지가 아니라 다음과 같이 그 서방이었다.

> H. 그 뒤 (조선의) 자손이 점점 교만하고 포학해지자, 燕이 장군 秦開를 보내그 西方을 침공하여 2천여 리의 땅을 빼앗고 滿番汗에 이르러 경계로 삼았다.마침내 朝鮮이 쇠약하게 되었다.[92]

이와 같이 연장 진개의 침공 당시 요동의 지정학적 성격은 조선의 '서방'이었다고 이해된다. 『위략』의 전후 문맥으로 보아 진개가 침공한 지역은 조선의 중심지는 아니었다. 하지만 그 영향력 아래에 있던 서방으로 이 지역을 연이 점령하면서 조선의 세력이 약화되는 결과가 초래되었다. 그렇다고 요동이 완전히 조선의 직접지배 영역이었던 것도 아니었던 것 같다. 앞서 본 『전국책』의 기록에서 요동과 조선이 일단 별도로 나오며, 또 『위략』에서도 그 지역을 조선의 '서방'으로 표현하기 때문이다. 서방을 고조선 영내의 서방으로 볼 것인지 아니면 영외의 서방으로 볼 것인지 논의가 나뉠 수 있지만, 서방의 상실로 인해 조선이 약화되었고 조선과의 경계가 만번한으로 바뀌고 있는 것으로 보아 조선의 영향력 아래에 있던 서방이라고 보는 것이 순리일 듯하다. 즉 요동은 조선의 서방으로 그 영향력 아래에 있었지만 완전히 귀속되지 않은 지역 세력이 아니었나 생각된다. 이것이 바로 산동의 제와 교류하였던 요동의 발조선이었다고 추정된다.

발조선에 대해서는 앞서 살펴보았지만 발의 조선, 즉 맥족의 조선이라는 뜻으로 이해된다. 조선 앞에 발이 관칭되었다는 점에서 '조선' 자체와는 구분되는 존재로 생각된다. 『일주서』나 『대대예기』에서 '발'로만 나오는 예도 있는 것으로 보

---

91) 賀政權, 1987, 「遼東一詞的由來及其他」, 『東北地方史研究』 1987-2, 76~77쪽.
92) 『三國志』 卷30, 東夷傳 韓 所引 魏略.

아 또한 발이 곧 조선은 아니다. 앞서 발조선의 실체에 대해『산해경』에 보이는 맥국[93]을 언급해 둔 바 있다. 연과 인접해 있다가 연에 의해 정벌되었다고 하는 맥국의 실체에 대해서는 연장 진개의 공격에 의해 멸망된 국(國)이라고 본 견해가 제기된 바 있다.[94] '맥국'이라는 표현으로 보아 정치체를 가리키는 것으로 보이는데, 연과 인접하였다는 점에서 지리적으로『전국책』의 '요동'에 해당한다고 여겨진다. 즉 요동에 위치해 있던 맥족의 정치체였던 '맥국'이 연에 의해 멸망되었던 것인데, 이것은 연장 진개가 침공한 조선의 '서방'이기도 한 것이다. 그리고 이 '맥국'은 지금까지 살펴본『관자』의 '발조선'과도 같은 존재라고 파악된다.

발조선의 명칭과 관련해『사기』평준서(不準書)의 "彭吳賈滅朝鮮置蒼海郡 則燕齊之間 靡然發動"에 보이는 '예조선(濊朝鮮)'이 주목된다. 통행본『사기』에는 '멸조선(滅朝鮮)'이라고 보이지만, 멸(滅)은 濊의 오자임은 일찍이 선행 연구를 통해 지적된 바 있다.[95] 이와 관련하여『한서』한무제 원삭(元朔) 원년(기원전 128)조에는 "東夷濊君南閭等 口二十八萬人降 置蒼海郡"이라고 예(濊)가 보인다. 창해군과 관련된 예조선[濊朝鮮(濊)]은 발조선[發朝鮮(貊國)]을 이해하는 데 중요한 단서가 된다. 발조선이 조선의 서방이었던 것처럼, 조선의 지방 세력으로 예조선(예국)이 존재하였다고 짐작된다. 예조선(예국)의 위치는 일단 창해군의 위치와도 관련되는데 이에 대해서는 향후 별도로 검토해 보고자 한다.

이상과 같이 이해한다면『관자』에 보이는 산동 제와 요동 발조선의 교류는 춘추시대 말~전국시대 말, 즉 기원전 5세기 초~기원전 3세기 초 사이에 진행되었을 가능성이 높다고 보아야 한다. 다시 말해『관자』에는 기원전 7세기 제 환공 시기

---

93) 『山海經』海內西經, "貊國在漢水東北 地近于燕 滅之".

94) 劉子敏, 1992,「戰國時期燕國在遼東地區的貨幣經濟」,『松遼學刊』1992-3. 이와 달리 劉子敏 · 金榮國, 1995,「≪山海經≫貊國考」,『北方文物』1995-4에서는 貊國을 秦開 침공 이후 한반도 북부에 위치했던 貊國이라고 보아 입장 차이가 보인다. 한편 기원전 3세기 東遼河 유역의 토착집단을『산해경』의 '貊國'과 관련해 이해하는 시각도 있다.(오강원, 2011,「歷史와 考古學的 측면에서 본『山海經』「海內西經」貊國의 實體」,『동아시아문화연구』49, 223~255 쪽)

95) 今西龍, 1937,「眞番郡考」,『朝鮮古史の硏究』, 近澤書店, 250~251쪽.

에 조선과의 교류가 있었던 것처럼 기록되어 있지만, 이것은 사실 전국시대의 사정이 투영된 것이라고 이해된다. 그리고 기원전 280년대 말 전국 연 소왕이 진개를 보내 조선의 서방을 침공한 배경에는 이와 같은 요동 발조선과 산동 제 사이의 교류를 차단하기 위한 전략이 작용하였다고 추정된다.

앞서 보았듯이 『관자』의 주요 내용은 제의 직하학궁이 흥성했던 선왕·혼왕 시기(기원전 319~284)에 이루어졌다고 이해된다. 이 시기는 바로 연의 조선 서방 즉 요동 발조선 침공이 있기 직전에 해당한다. 이때에 산동의 제와 요동의 발조선이 교류하면서 문피의 존재가 『관자』에 채록되게 되었다고 보인다.

V. 맺음말

이상에서 『관자』에 보이는 제와 발조선의 교류에 대해 살펴보았다. 기왕에 학계에서는 『관자』의 기록을 근거로 기원전 7세기 춘추시대 제와 고조선 사이에 문피 교역이 있었던 것으로 이해하는 입장이 많았다. 하지만 『관자』에 전하는 발조선 기록은 춘추시대의 사정을 반영한다고 보기 어렵다. 제와 발조선의 교류는 산동반도(교동반도) 북부 동래와 요동반도 남단 노철산을 연결하는 해상의 묘도열도를 통해 이루어졌다. 그런데 춘추시대 산동반도 동래지역은 제국과 적대적인 관계에 있던 래국의 영역에 포함되어 있었다. 동래지역이 제의 영역으로 편입된 것은 춘추시대 말기인 제 경공 때(기원전 547~490년)에 이르러서이다. 따라서 기원전 7세기 춘추시대에 제가 이 지역을 경유해 해상으로 발조선과 교류하였다고 보기 어렵다.

제와 교류하였던 발조선은 문피의 산지로 유명하였는데, 제와의 교통로를 고려할 때 요동반도 남단과 인접한 요동 천산 산간지역에 위치했을 가능성이 높다. 그동안 학계에서는 『이아』에 보이는 척산을 발조선의 문피 산지가 아니라 문피가 중국에 수입되던 해구로 추정하면서, 산동 문등현의 척산斥山(赤山)과 연결해 보았다. 하지만 4세기 이전 산동지역과 고대 한국 사이의 해상교통로가 요동반도를 경유하는 황해연안항로를 중심으로 전개되었다는 점에서, 춘추전국시대에 등주 남부의 문등현 지역이 해상교통로상 해구가 될 수는 없다. 문등현 지역이 조선과의 해구로 등장하는 것은 황해중부횡단항로가 본격적으로 이용되기 시작하는 7세기 후반 이후부터이다. 척산은 발조선 쪽의 문피 산지이며, 그 위치는 산동과 해로로 연결되는 요동 산간 지역에 위치하였을 가능성이 높다.

전국시대 제와 해상으로 교류하던 요동의 발조선은 조선의 '서방'으로 조선의 영향력 아래에 있던 지역세력으로 판단된다. 기원전 280년대 말 연장 진개의 조선 서방 침공 직전의 상황을 기록한 『전국책』 연책에 연의 동쪽에 조선과 구분되이 요동이 따로 보인다. 연장 진개의 침공을 받은 조선의 '시방', 즉 요동의 발조선은 『산해경』 해내서경에서 연에게 멸망당한 '맥국'의 다른 이름이라고 이해된다. 다시 말해 발조선은 요동지역에 있던 조선의 별종이라고 추정된다. 요동은 조선-연-제에게 전략적으로 중요한 지역이었다. 요동을 경유해 조선과 제가 서로 연결될 수 있었는데, 기원전 280년대 말 연이 조선의 서방인 요동을 공략한 배경에는 이러한 요동의 지정하저 성격이 자용되었던 것이다.

| 참고문헌 |

■ 한국어

姜仁旭, 2011, 「古朝鮮의 文皮貿易과 明刀錢」, 『韓國古代史研究』 64.

金貞培, 1973, 『韓國民族文化의 起源』, 고려대 출판부.

金貞培, 1997, 「고조선의 국가형성」, 『한국사』 4, 국사편찬위원회.

노태돈, 1990, 「古朝鮮 중심지의 변천에 대한 연구」 『韓國史論』 23, 서울대 국사학과.

리지린, 1963, 『고조선연구』, 과학원출판사.

朴京哲, 2006, 「고조선 · 부여의 주민 구성과 종족」, 『北方史論叢』 6.

박대재, 2006, 「古朝鮮과 燕 · 齊의 상호관계」, 『史學研究』 83.

박대재, 2006, 『고대한국 초기국가의 왕과 전쟁』, 경인문화사.

박대재, 2013, 『중국 고문헌에 나타난 고대 조선과 예맥』, 경인문화사.

박준형, 2004, 「古朝鮮의 대외교역과 의미 – 春秋 齊와의 교역을 중심으로 – 」, 『北方史論叢』 2.

박준형, 2006, 「古朝鮮의 海上交易路와 萊夷」, 『北方史論叢』 10.

박준형, 2013, 「산동지역과 요동지역의 문화교류 – 산동지역에서 새로 발견된 선형동부를 중심으로 – 」, 『韓國上古史學報』 79.

박선미, 2009, 『고조선과 동북아의 고대 화폐』, 학연문화사.

徐榮洙, 1999, 「古朝鮮의 對外關係와 疆域의 變動」, 『東洋學』 29.

송호정, 2003, 『한국 고대사 속의 고조선사』, 푸른역사.

吳江原, 2001, 「春秋末 東夷系 萊族 木槨墓 출토 琵琶形銅劍」, 『韓國古代史研究』 23.

오강원, 2011, 「歷史와 考古學的 측면에서 본 『山海經』 「海內西經」 貊國의 實體」, 『동아시아문화연구』 49.

王靑, 2006, 「산동 출토 동북계통 청동단검과 그와 관련된 문제에 대해」, 『東北亞歷史論叢』 13.

이성규, 2003, 「고대 중국인이 본 한민족의 원류」, 『한국사시민강좌』 32.

李淸圭, 2003, 「韓中交流에 대한 考古學的 접근」, 『韓國古代史研究』 32.

千寬宇, 1989, 『古朝鮮史 · 三韓史研究』, 一潮閣.

■ 중국어

郭沫若, 1956, 『管子集校』(四), 科學出版社.

郭沫若, 1985, 『郭沫若全集』 歷史編(8卷), 人民出版社.

杜在忠, 1984, 「萊國與萊夷古文化探略」, 『東岳論叢』 1.

馬德謙, 1996, 「'發'人 芻議」, 『北方文物』 1996-2.

文崇一, 1958, 「濊貊文化及其史料」, 『中央研究院民族學研究所集刊』 5.

傅朗雲, 1995, 「東北發族源流及其活動地區索證」, 『中國邊疆史地研究』 1995-2.

孫進, 2010, 「萊國與周邊國族的關係」, 『東岳論叢』 31-3.

孫光圻, 1989, 『中國古代航海史』, 海洋出版社.

王綿厚·李健才, 1990,『東北古代交通』, 瀋陽出版社.

汪玢玲, 2010,『東北虎文化』, 吉林人民出版社.

王獻唐(遺書), 1983,『山東古國考』, 齊魯書社.

張光明, 2004,『齊文化的考古發現與研究』, 齊魯書社.

陳平, 1995,『燕事紀事編年會按』, 北京大學出版社.

胡家聰, 1995,『管子新探』, 中國社會科學出版社.

劉子敏, 1992,「戰國時期燕國在遼東地區的貨幣經濟」,『松遼學刊』1992-3.

劉子敏·金榮國, 1995,「≪山海經≫貊國考」,『北方文物』1995-4.

林澐, 1999,「說'貊'」,『史學集刊』1999-4.

張岱年, 1989,「齊學的歷史價値」,『文史知識』1989-3.

張岱年, 1994,「稷下學宮的歷史意義」,『管子學刊』1994-1.

張碧波, 2002,「再說北發族」,『黑龍江社會科學』2002-5.

張政烺, 1951,「上古時代的中朝友好關係」,『五千年來的中朝友好關係』, 開明書店.

丁鼎·程紅, 2005,「萊夷及萊國史研究綜述」,『齊魯文化研究』, 山東師範大學 齊魯文化
　　　研究中心.

周昌富, 1990,「齊國疆域考略」『東夷古國史研究』2, 三秦出版社.

遲克儉, 1984,「古萊國初探」『齊魯學刊』1984-1.

■ 일본어

金谷治, 1987,「『輕重』諸篇の成立」『管子の研究 − 中國古代思想史の一面 − 』, 岩波書店.

松田壽男, 1957,「蘇子の貂裘と管子の文皮」『早稻田大學大學院 文學研究科紀要』3(創
　　　立七十五周年記念號).

Old Joseon and Qi's Maritime Exchange and Liaodong

Park, Dae-Jae

Professor, Korea University

According to previous researches, it is widely accepted that the relationship between Old Joseon(古朝鮮) and Chinese dynasties began from an exchange with Qi(齊) at the Shandong area in the seventh century B.C., a time which was in the Spring and Autumn period(春秋時代). This study is to examine the relationship between Pal-Joseon(發朝鮮) and Qi in the reign of Duke Huan of Qi(685~643 B.C), indicated from a record of Guanzi(管子). Yet, it is implausible that the record about Pal-Joseon in Guanzi was an account of the circumstance exactly in the Spring and Autumn period. The exchanges between Qi and Pal-Joseon was conducted through Miaodao Archipelago(廟島列島), a series of islands connecting Donglai(東萊) in the northern Shandong Peninsular to Mountain Laotie(老鐵山) in the southern Liaodong Peninsular. Still, Donglai area was a territory of Lai(萊), which had a hostile relation with Qi during the Spring and Autumn period. The time when the area became Qi's territory was only at the end of the period, the Duke Jing(景公) of Qi's reign(547~490 B.C.). Thus, it is hard to conclude that Qi conducted a maritime exchange with Pal-Joseon through this area in the seventh century B.C..

Pal-Joseon, a partner of Qi's maritime exchange, was famous as spotted leather(文皮)-producing area. Considering routes to Qi, it would be the most probable that the country was located in the mountainous region of Liaodong. Until now, our academic circle has suggested that Chishan(Mountain Chi, 斥山) from the record of Erya referred to the present Chishan(斥山 or 赤山) in Wendeng county(文登縣) of Dengzhou(Deng province, 登州). This assumption was based on an inference that Chishan was a term for the mouth of a harbor where spotted leather was imported to Chinese mainland, rather than its producing area in Pal-Joseon. Yet, taking sea lanes in the ancient time into consideration, Wendeng county of the southern part of Dengzhou could not be a mouth of a harbor at the Spring and Autumn period. For the area introduced as a mouth of a harbor, it had to be after the late seventh century when an "Oblique Route to the Middle of the Yellow(黃海中部橫斷航路)" was used in full-scale. It is more possible that Chishan was a producing area or marketplace of spotted leather, and its location was in the Liaodong area, a place where was connected to Shandong through a sea route.

[Keywords] Old Joseon(古朝鮮), Pal-Joseon(發朝鮮), Qi(齊), Yan(燕), Maekguk(貊國), Guanzi(管子), Chishan(斥山, Mountain Chi), spotted leather(文皮), Liaodong(遼東), Sandong(山東)

고조선 대외관계 진전과 위만조선

朴 京 哲

박경철 (朴京哲)
고려대학교 법학과 및 동 대학원 사학과 졸, 문학박사
현) 강남대학교 교양학부 교수

주요 저서: 『고구려의 국가형성연구』, 『동북아시아 선사 및 고대사 연구의 방향』(공저),
　　　　　『고조선사 연구 100년』(공저), 『고조선, 단군, 부여』(공저)

Ⅰ. 머리말

종래 우리 학계의 고조선[1] 대외 관계에 대한 연구는 주로 '중심지와 강역' 문제 인식과 관련한 대외적 계기를 해명함에 초점이 맞추어져 논의 되어 왔다.[2] 그리고 이 문제와 관련 우리 학계는 흔히 '대동강 중심설 - 요동 중심설 – 중심 이동설'의 당부(當否)를 에워싸고 논의를 진행해 온 바 있다. 이러한 논의들이 문헌사학자들 각자의 입장과 시점에 따라 연역적 논지 전개를 바탕으로 진행되고 있어오고 있음은 주지의 사실이다. 본고 또한 이러한 점에서 자유로울 수 없음은 부인 할 수 없다. 최근 연구자들은 이에 대한 돌파구로서 중국 측 동북 지방의 고고학 자료의 활용을 시도하고 있다. 그러나 이러한 노력조차 현장으로의 접근이 어렵고, 이 분야 전문가들의 수적 한계성, 그리고 연구 역량의 미축적으로 아직 신뢰할 수 있는 대안으로 자리 잡지 못하고 있다. 그러나 무엇보다도 고조선사 대외관계 해명에 걸림돌이 되는 것은 문헌자료 자체가 질량적으로 한계가 있다는 사실이다. 즉 고조선사 인식의 상한은 올라가고 있지만, 자료가 파편화된 형태로 존재 할뿐 아니라 그나마 사료적 가치에 대한 논의마저 쟁점이 되고 있다는 점에서 어려움은 더욱 커진다. 먼저 필자는 이러한 어려움 속에서 온축(蘊蓄)된 선학들의 연구 성과를 바탕으로 위만조선의 대외관계 해명을 위하여 본고를 작성했음을 밝혀두고자 한다.

고조선사는 예맥 · 고조선 · 중원 제세력 · 유목 제세력의 관계망 속에서 일정한 진전상을 시현(示顯)하고 있다. 이들은 관련 문헌자료 상에서 주로 중원 제세력

---

* 본고는 「古朝鮮 對外關係 進展과 衛滿朝鮮」(박경철, 2014. 6, 『북방사논총』44)을 일부 수정 · 보완한 것임.

1) 본고에서의 '고조선'은 『삼국유사』 상의 '단군-기자조선'과 위만조선을 포함한 개념이다. 그리고 '조선'이란 이 '고조선'에서 위만조선을 제외한 시기의 그것을 특칭하는 것으로 사용하기로 한다.

2) 고조선사 및 위만조선사에 관한 연구사는, 고조선사연구회·동북아역사재단 편, 2009, 『고조선사 연구 100년-고조선사 연구의 현황과 쟁점-』, 학연문화사 참조.

의 인식 지평 상에서 '예맥(濊貊)·발조선(發朝鮮)·조선·위만조선' 등의 존재로 포착되고 있다. 그리고 이들은 문헌 자료 상 B.C. 7세기 이래, 그리고 고고학 자료로는 B.C. 12~10세기 이래 동북아시아 일우(一隅)의 동질적 문화 기반을 바탕으로 한 주민 집단으로 파악되고 있다. 따라서 본고의 주제는 위만조선의 대외관계이지만, 그 자체는 이러한 고조선사 전개의 흐름 속에서 배태(胚胎)된 결과물이 아닐 수 없다. 이 점은 위만조선의 중심과 강역을 논의 할 때마다 반드시 고조선사 전반의 '중심지와 강역'의 변화상이 검토되고 있는 사실에 비추어서도 그러하다. 따라서 필자는 본고에서 고조선사 대외 관계 진전의 흐름 속에서 또 그것의 대내외적 계기와 의미항(意味項)을 파악해가면서 위만조선의 대외 관계 진전상을 파악해보고자 한다.

필자는 고조선사 대외 관계의 전개상의 매개 꼭지점마다 당시 동북 아시아 국제 관계를 구성한 중원 측과 고조선·유목계 제세력이라는 제 당사(當事) 세력의 내적 계기와 이들 상호 간의 길항(桔抗) 관계라는 외적 계기가 작용했다고 파악한다. 이러한 관점에서, 필자는 먼저 B.C. 7세기 이전부터 비파형동검문화 담당 집단으로 규정되는 예맥의 존재 양태와 이들과 B.C. 7세기 경 제(齊) 환공(桓公)의 북벌과의 관련성, 그리고 B.C. 6~5세기 경의 '발조선'의 실체를 해명해 보고자 한다. 다음으로 필자는 B.C. 4세기 말 ~ 3세기 초 고조선 국가형성과 조선과 연의 충돌에 대한 구명을 시도하고자 한다. 마지막으로 필자는 B.C. 2세기 말 진과 조선의 관계와 위만조선의 성립 및 한과의 갈등 문제를 검토 해 볼 것이다.

Ⅱ. B.C. 4~3 세기 이전 예맥사회와 '발조선'

1. 요서 비파형동검문화의 진전

종래 우리 학계는 선진문헌들 가운데 나오는『묵자(墨子)』[3] 겸애편(兼愛篇)의 "맥(貉)",『일주서(逸周書)』의 "직신(稷愼)·예인(穢人)·양이(良夷)·발인(發人)·고죽(孤竹)",[4]『주례(周禮)』의 "구맥(九貉)",[5]『시경(詩經)』대아(大雅) 한혁편(韓奕篇)의 "기추기맥(其追其貊)"[6] 등의 존재와 관련, 그 자체가 갖는 사료적 한계성 혹은 문제점으로 인하여 직접적으로 활용하기를 조심스러워 하는 경향이 없지 않았다. 그러나 이들 자료는 B.C. 11세기 경 이래 서주 시대에는 다수의 집단으로 구성된 예와 맥으로 분별되는 종족 혹은 주민집단의 존재가 당시 중원 세력의 인식선 상에 포착·인지되고 있었음을 확인해 주는 정도로서 의미는 부여할 수 있을 것으로 판단된다. 이처럼 예맥은 문헌 자료상 매우 불안한 근거 위에서 서주 초 (11세기 B.C.)에서 춘추 중기(8~7세기 B.C.)에 이르는 기간 동안 예와 맥으로 분별되는 형태로 그 모습을 드러내고 있는 실정이다.[7]

한편 고고학 자료 상 예맥은 이 시기 중국 동북 지방에서 나름대로 주변의 다른 주민집단과 분별성을 가진 문화를 갖고 있는 존재로 역사의 무대에 등장하고 있었다. 즉 이들 예맥의 문화는 이후 비파형동검·다뉴경·무문토기·석관묘-지석묘를 그 문화적 내포로 하여 시·공간 상 단계적으로 확산·발전되어 가게 된다. 특히 비파형동검은 중국의 요녕성·길림성 및 한반도 등을 포섭하는 청동기시대 예맥문화의 표지 유물로서 위상을 점하고 있다. 또 최근 이것과 더불어 다뉴경의 존재에 주목하는 입장도 제기되고 있다. 오늘날 우리 학계에서는 비파형동검문화와 중심지 구명 및 그것과 무관하지 않은 고조선 실상 파악을 둘러 싼 제반 논의가 진행되고 있다.[8]

---

3)『묵자』겸애편
4)『일주서』권7 제59 王會解篇
5)『주례』夏官 · 职方氏
6)『시경』大雅 蕩之什 한혁편
7) 박경철, 2005,「고조선·부여의 주민구성과 종족」『북방사논총』6, 105~113쪽.
8) 이와 관련된 제 논의는, 靳楓毅, 1982·1983,「中国東北地区含曲刃青銅短劍的文化遺存」(上·下),『考古学報』, 82-4·83-1, 김영수 옮김, 1994,「곡인청동단검을 포함하는 중국 동북지구의 문화유존론」, 김영수 주편,『고대 동북아시아의 민족과 문화』, 여강출판사, 289~310,

필자는 요하 이서 지방의 청동기문화를 '하가점상층문화(夏家店上層文化)'라 총칭하면서, 그 문화의 성격과 주민 문제를 일괄적으로 해명하고자 함은 타당성이 희박하다고 본다.[9] 오히려 필자는 요하 이서 지방 가운데 노로아호산맥 이남 대릉하 유역(오늘날의 '요서 지방')에서의 비파형동검과 다뉴경을 공반하는 청동기문화인 '십이대영자유형문화(十二臺營子類型文化)'를 예맥이 향유 주체가 되는 '요서 비파형동검문화'의 중심 문화라 파악하고 있다.[10] 즉 요서 지방 및 내몽고의 청동기

335~367쪽; 박진욱·황기덕, 1987, 『비파형단검문화에 관한 연구』, 평양, 과학백과사전출판사 ; 노태돈, 1990.8, 「고조선 중심지의 변천에 대한 연구」, 『한국사론』23, 37~38, 42~49쪽; 김정학, 1990, 「고조선의 기원과 국가형성」, 『한국상고사연구』, 범우사, 171~177쪽; 임병태, 1991, 「고고학상으로 본 예맥」, 『한국고대사논총』1, 81~94쪽; 이청규, 1993, 「청동기를 통해 본 고조선」, 『국사관논총』42, 특히 19~22쪽; 강인욱, 1996.4, 「요녕지역 비파형동검에 대한 일 고찰」, 『한국상고사학보』21, 173~247쪽; 오강원, 1997.10, 「서요하상류역 청동단검과 그 문화에 관한 연구」, 『한국고대사연구』12, 368~369쪽; 송호정, 1999.2, 「고조선 국가형성 과정 연구」, 서울대학교 대학원 국사학과 박사학위논문, 35~38, 43쪽; 박경철,1999, 「요서비파형동검문화」의 재인식」, 『선사와 고대』12: 오강원, 2002.9, 「비파형동검문화의 성립과 전개과정 연구」, 한국정신문화연구원 박사학위논문, 133~134, 143~153, 273~284쪽; 이청규, 2005, 「청동기를 통해 본 고조선과 주변사회」, 『북방사논총』6, 14~16쪽, 27~32쪽; 박경철, 2005, 앞의 글, 115~125쪽; 송호정, 2010, 「고조선의 위치와 중심지 문제에 대한 고찰」, 『한국고대사연구』58, 35~38쪽; 박준형, 2012, 「대릉하-서북한지역 비파형동검문화의 변동과 고조선의 위치」, 『한국고대사연구』66, 174~191쪽; 오강원, 2012, 「동북아시아 속의 한국청동기 문화권과 복합사회의 출현」, 『동양학』51, 141~154쪽: 오강원, 2013, 「청동기-철기시대 중국 동북지역 물질문화의 전개와 상호작용 및 족속」, 『고구려발해연구』46, 19~23쪽.

9) 이 문제를 둘러싸고 대립하는 여러 견해에 관한 정리는, 박경철, 1999, 앞의 글, 231~245쪽; 박경철, 2005, 앞의 글, 115~125쪽 참조.

10) 우리 학계 일각에서는 대체로 노로아호산맥 이북의 내몽고 지방과 그 이남 요하 이서의 요녕성 관할 구역 양 지역의 고고문화의 차별성을 담당주민과 문화 성격의 분별성으로 연결하는 논의가 이루어지고 있다. 이를 따를 경우, 필자는 현재 주로 요녕성 관할 구역 내에서 비파형동검-다뉴경을 표지 유물로 갖는 예맥을 향유 주체로 하는 청동기 문화를 '요서 비파형동검문화'로 개념 정의코자 한다. 또 필자는 이 문화를 동질적인 종족적 - 문화적 기반을 공유하면서도 시기 별-지역 별 차별성을 보이며 전개 된 요녕 지역 중에서도 요동 지역의 '요동 비파형동검문화'와도 분별하고자 한다. 이 경우 '요서 비파형동검문화' 가운데서도 십이대영자 유적을 중심으로 시기별-지역별로 특화 되어 하나의 유형화된 고고문화 현상을 '십이대영자 유형 문화'라 보고 있다. 즉 필자는 요녕 지역에서 전개된 요녕 지역 비파형동검문화에는 시기 별-지역 별 차별성을 보이는 '요서비파형동검문화'와 '요동비파형동검문화'가 있고, 전자의 하위 유형 문화로서 '십이대영자 유형 문화'가 존재한다고 보고 있다. 朴京哲,

문화 즉 종래의 '요서청동기문화'의 제 유형은 '십이대영자 유형 · 남산근(南山根) 유형 · 대정(大井) 유형'으로 분별·인식되는 바,[11] 이들 중 산융이 담당 집단인 남산 근 및 대정 유형을[12] 제외한 십이대영자 유형 문화가 예맥계의 '요서비파형동검 문화'의 중심 문화인 셈이다.

B.C. 8~6세기로 편년되는 십이대영자 유형문화는 비파형동검을 비롯하여 말 재갈 · Y자형 동기 · 십자형 동기 같은 마구류 및 동끌·도끼와 같은 공구류, 그리 고 무엇보다도 기하학 무늬 동경과 사람 얼굴 모양과 동물 모양 장식 등 장식품 들을 그 주요 출토 유물로 갖춘 유형의 문화라 파악된다. 이 유형 문화에서 눈여 겨 볼 것은 만주·한반도 출토품 가운데 가장 오래된 형식으로 평가 받고 있는 연 속 'Z자' 무늬의 동경의 존재이다. 그리고 이와 유사한 거울이 요동 지방 본계(本 溪) 양가촌(梁家村)에서도 출토되고 있다는 점은[13] 양 지역이 요하를 사이에 두고 문화적으로 서로 연계되어 있었음을 확인시켜 주고 있다.[14]

중국 동북 지방에서 이른 단계 다뉴경이 부장된 무덤 중 지금까지 조사된 최대 급 무덤은 요동과 요서 모두에 존재한다. 그 중 요서에는 조양(朝陽) 십이대영자, 포수영자(炮手營子) 등이 있다.[15] 그런데 조양 십이대영자의 인근 수 ㎞ 이내에는 다수의 청동기 부장묘(副葬墓)가 조사된 바 있어 이 일대에 초기단계의 '국(國)'이 형성되었던 것으로 판단된다.[16] 곧 십이대영자 유형 문화 하담 집단은 B.C. 8~6 세기 경 국가(state) 직전의 '군장사회(chiefdom)' 수준의 복합사회(social complexity)로

1999, 앞의 글, 247~253쪽.

11) 이청규, 1993, 앞의 글, 10~11쪽: 이청규, 2005, 앞의 글, 14~16쪽.

12) 하가점상층문화의 담당 주민 = 산융을 중심으로 융적이라고 파악한 대표적 견해는, 송호정, 1999.2, 앞의 글, 35~38쪽. 이와는 달리, 이 문화 담당 주민 = 동호라 파악한 대표적 견해는, 오강원, 1997, 앞의 글, 404~415쪽.

13) 이청규, 1993, 앞의 글, 10~11쪽: 이청규, 2005, 앞의 글, 14~16쪽.

14) 박경철 ,1999, 앞의 글, 250~251쪽.

15) 이청규, 2005, 앞의 글, 27쪽.

16) 이청규, 2005, 위의 글, 37~38쪽.

접어들고 있었을 것으로 추정된다.[17] '군장사회(chiefdom)'란 수장을 중심으로 한 특정 혈연 집단에 의하여 지배되는 지연에 바탕한 '지역집단(regional group polity)'을 일컫는 용어이다.[18]

조양은 그 서쪽의 중원 청동기문화와 북쪽의 하가점 상층문화의 남산근 유형 문화권과의 접속 지대로서 일찍부터 요하 유역에서 중원과 북방 내몽고 지역으로 연결되는 교통 요충지였다. 대릉하 상류로 거슬러 올라가 건평의 포수영자 등지에서도 다뉴경 부장묘가 있으므로, 이곳은 십이대영자 유형 분포권 내의 주변으로서 하위의 '국'이 형성되어 있을 가능성이 높다. 곧 B.C. 8~6세기 경 다뉴경을 표지로 한 십이대영자 유형의 권역에서 그 중심은 조양 십이대영자이고, 주변의 서쪽은 건평으로서, 상호 일정한 네트워크(net work)를 형성하고 있었을 것으로 추론된다.[19]

그리고 이곳 주민들이 내몽고 지역 산융 등과 폭 넓게 교류하고 있었음이 여러 고고문화 현상을 통해 검증되고 있다. 즉 2,000년 현재 국내 학계에 소개된 내몽고-동북3성-한반도에서 확인된 비파형동검 개체 수는 모두 331 점으로서 내몽고

---

17) 박준형은 이를 "자체적으로 교역권을 갖는 정치단위"인 "국가성립 이전 단계인 소국 단계"로 규정하고 있다. 박준형, 2012, 앞의 글, 191쪽. 최근 오강원 또한 십이대영자를 포함한 노호산하유역권의 이 시기 복합사회 수준을 '발달된 군장사회'로 자리매김 하고 있다. 오강원, 2013, 「요녕지역 청동기-초기 철기시대 복합사회의 형성과 사회변동」, 『선사와 고대』38, 164~174쪽.

18) 최근 정치인류학계 일각에서는 인류의 정치·경제·사회 발전의 진전 상을 (family level society(group)→local group(국지적 집단)→regional group polity(지역집단)→state(국가)) 로 파악, regional group polity의 실체를 'simple and complex chiefdom(군장사회)'으로 적시하고 있다. 고구려의 '那'는 물론 흔히 '국'·'성읍국가'·'소국'도 그 실체는 군장사회인 것이다. Allen W.Johnson & Timothy Earle, 1987, 『The Evolution of Human Societies: From Foraging Group to Agrarian State』Stanford,Stanford University Press, pp.15~22; Timothy Earle ,1994,「Political Domination and Social Evolution」, Edited by Tim Ingold , 『Companion Encyclopedia of Anthropology : Humanity · Culture and Social Life』, New York, 1994 , Routledge , pp.940~961, 박경철 역, 1999.12,「정치적 지배와 사회진화」,『사총』50, 고사회, 해제.

19) 이청규, 2005, 앞의 글, 37~38쪽; 박경철, 2005, 앞의 글, 125쪽: 박준형, 2012, 앞의 글, 185~191쪽.

지역에서만 19 개가 출토되었다.[20] 그 중 노합하 유역 남산근 M101 석곽묘에서
는 곡인(曲刃)과 직인식(直刃式) 동검 7 점과 더불어 비파형동검 1 점이 공반된 바
있다. 이 무덤에서 출토된 비파형동검은 전체 출토 동검 수량의 1/8에 불과한 점
에 비추어, 이것은 피장자의 위세품으로서 요서 지방으로부터 유입된 것으로 추
정된다.[21] 혹자는 청동 제품의 원료 취득과 관련하여 요서 지방과 하가점 상층문
화와 일정한 교섭 관계가 있었다고[22] 추론하기도 한다. 뿐만 아니라 비파형동검
은 동부 내몽고 호륜패이맹(呼倫貝爾盟) 악온극족자치기(鄂溫克族自治旗) 이민하(伊
敏河) 매광유적(煤鑛遺蹟)에서도 발견된 바,[23] 요서 지방 비파형동검문화 담당 세력
들과 대흥안령산맥 북록 초원 지역 주민들과의 교류 양상이 의외로 깊고 광범위
했음을 시사하고 있다.

문헌 자료 상 그 존재의 확인이 어려웠던 B.C. 12~7세기 경 예맥은 고고학 자
료 속에서 나마 노로아호산맥 이남 대릉하 유역 청동기 문화의 향유자로서 그 실
체를 서서히 드러내고 있다. 그리고 그 문화의 중심지는 현 단계로서는 조양 십
이대영자 일대로 추정된다. 또 바로 이들이 후술할 사료 (1-b) 상에 적시된 '예맥'
과 무관하지 않았을 것으로 추정된다.

2. 제(齊) 환공(桓公)의 북벌(北伐)과 예맥(濊貊)

사료(史料)

(1) 「ⓐ於是桓公東救徐州 ,…, 中救晋公, 擒狄王, 敗胡貉, 破屠何, 而騎寇始
服, 北伐山戎, 制令支, 斬孤竹, 而九夷始聽, 海濱諸侯, 莫不來服, …, ⓑ桓公

---

20) 김정배, 2000, 「동북아의 비파형동검문화에 대한 종합적 연구」, 『국사관논총』88 , 2~6쪽.
21) 박경철, 2005, 앞의 글, 119 쪽.
22) 오강원, 2002.9, 앞의 글, 133~134, 143~153, 273~284쪽.
23) 김정배, 2000, 앞의 글, 2쪽. 필자는 이 비파형동검이 현재 호륜패이시(구 해납이시)에 위치
한 '호륜패이민족박물관'에 이민 출토 "청동단검"으로 전시 중임을 2012 년도의 현지 답사
당시에 확인한 바 있다.

日「余 乘車之會三, 兵車之會六, 九合諸侯, 一匡天下, 北至於孤竹山戎穢貉」

(『管子』卷 8 小匡篇 第20)

(2)「(桓公)二十三年(663 B.C.), 山戎伐燕, 燕告急於齊, 齊桓公救燕, 遂伐山戎,

至于孤竹而還…」(『史記』卷32 齊太公世家 第2)

(3)「(莊公)二十七年(664 B.C.), (a) 山戎來侵我, 齊桓公救燕, 遂北伐山戎而還,

(b) 燕君送齊桓公出境, 桓公因割燕所至地予燕, 使燕共貢天子, 如成周時職,

使燕復修召公之法」(『史記』卷34 燕召公世家 第4)

(4)「桓公問管子曰, 吾聞海內玉幣有七筴, 可得以聞呼, 管子對曰, …, 燕之紫白

金一筴也, 發朝鮮之文皮 一筴也」(『管子』卷23 揆道篇 第78)

(5)「(a) 管子曰, 陰王之國有三 而齊與在焉, 桓公曰, 若此言可得聞乎, 管子對

曰, 楚有汝漢之黃金, 而齊有渠展之鹽, 燕有遼東之煮, 此陰王之國也…(b)

桓公曰, 四夷不服, 恐其逆政, 游於天下, 而傷寡人, 寡人之行, 為此有 道

乎, 管子對曰, 吳越不朝, 珠象而以為幣乎, 發朝鮮不朝, 請文皮毤服而以

為幣乎, …, 一豹之皮容金而金也, 然後八千里之發朝鮮可得而朝也」(『管子』卷

24 輕重甲篇 第80)

『관자』는[24] 제 환공의 패업 곧 "천하를 바로 잡는(一匡天下)" 과정(사료 1)이 다른
여러 자료들, 예컨대 사료 (2와 3)과도 합치한다는 점에서 선진 문헌들 가운데서도
비교적 신뢰도에 있어 후한 평가를 받고 있다. 따라서 춘추시대(770~475 B.C.), 특히

---

24) 『관자』(사료 5·8·9)는 제 환공(685~643 B.C.) 당시 재상 관중의 언행을 모아 놓은 글로서, 한대
유향(77~6 B.C.)이 교정한 것으로 알려져 있다. 선진 시기 자료들의 실제 저작 시기는 빠른
순으로 정리 해 보면『관자』(7 C B.C: 사료1-4-5) → 『시경』(470 B.C) → 『묵자』(390 B.C.) →『맹
자』(280 B.C: 사료 12) → 『여씨춘추』(237 B.C: 사료 11))가 된다. 선진 문헌 자료들 가운데 가
장 이른 시기에 저술된 것이『관자』라 할지라도, 비록 서주 대의 역사적 사실을 적시한 기사
가 실린 자료들의 예맥에 관한 인식에도『관자』이후 형성·정립된 예맥에 대한 그것이 적지
않게 투영되어 있다는 점을 유념해야 한다. 김시준 외, 1980,『중국의 고전 100선』, 동아일보
사; 피석서, 이홍진 역, 1984,『중국경학사』, 동화출판공사; 유권종·방준필, 1995 ,『함께 가보
는 중국고전여행』, 사민서각; 박준형, 2001.2, 앞의 글 참조.

B.C. 7세기 경을 전후한 예맥과 조선의 존재 양태를 알아보기 위해서는, 먼저 이 자료의 검토가 필요함은 물론이다.

이 책의 조선·예맥 관련 기사는 '일광천하(一匡天下)' 관련 자료(사료 1)와 '발조선' 관계 자료(사료 4와 5) 두 계통으로 분류되며, 그들이 시사하는 역사적 제 사상의 함의 또한 각기 달리 새기는 것이 타당함은 물론이다. 특히 후자 즉 사료 (4와 5)는 선진 문헌들 가운데서 '조선'이라는 명칭이 처음 보인다는 점에서 한층 주목에 값하는 자료이다.[25]

B.C. 7세기 경 제는 천하의 패업을 도모 할 만큼 강국인 반면, 연의 사정은 이와는 매우 달랐다. 연은 서주 중기 이후 춘추시대에 걸쳐 거의 그 존재가 드러나지 않는다. 당시 연의 입지인 연산(燕山) 지역에는 군도산(軍都山) 일대의 옥황묘문화(玉皇廟文化)·내몽고의 하가점상층문화·태행산 일대의 백적(白狄) 계통의 문화를 기반으로 한 제 세력집단이 웅거하고 있었다. 따라서 연은 이들의 압박 속에서 중원 제국의 일원으로서의 '소공지법(召公之法:사료 3)'의 실행이 거의 불가능 할 정도의 고단한 처지를 감내하고 있었다. 춘추 연의 상황은 그 도성이 유리하(琉璃河) 유적 → 임역(臨易) : 하북(河北) 용성현(容城縣) 남양(南陽) 유적 → 임역:고현촌(古賢村)으로 세 차례나 옮겨 다닌 사실을 통해서도 방증된다.[26] 사료 (1과 2 및 3)의 B.C. 663년 제 환공의 북벌은 B.C. 664년의 '산융벌연(山戎伐燕)' 상황에 대응한 군사행동이었던 것이다.[27] 현재 사료 (1)에서의 '예맥'의 존재에 대한 신빙성에 관한 논란이 없지 않다. 그러나 사료 (1)은 최소한 제 환공 천하 평정의 결과 '예맥'과 중원 세력이 일정한 관계(사료 4와 5)를 갖게 되었음을 시사하고 있다. 이 경우 사료 (1)의 시점은 B.C. 660년대 어간으로 추정된다. 곧 환공은 "적왕(狄王)을 생포하고, 호맥(胡貉)을 패배시키며, 도하(屠何)를 공파함으로써 말 타고 침구하는 적을 처음으로 복속시켰고, 북으로 산융을 정벌하고, 영지(令支)를 제압하며, 고죽을 벰으로

---

25) 박경철, 2005, 앞의 글, 126쪽.

26) 배진영, 2008, 「춘추 연의 도성 천도와 의미」, 『이화사학연구』36, 133~159쪽.

27) 배진영, 2002, 「춘추시기 연국 대외관계의 변화」, 『중국사연구』17, 2~5쪽.

써, 구이를 처음으로 받아 드렸다"(사료1-a)고 한다. 따라서 환공 스스로도 이런 사실을 북으로 고죽과 산융 그리고 '예맥'에 이르렀다고 술회하고 있다(사료1-b). 한편 사료(2)를 보면, 환공은 "산융을 정벌하고 고죽에까지 이르렀다가 돌아왔으며", 사료(3)에서는, 이를 "북으로 산융을 정벌하고 돌아왔다"고 표현하고 있다.

이 경우 예맥은 산융·고죽 등의 동쪽 곧 대릉하 이동 지역에 위치하여[28] 환공의 북벌 대상에는 포함되지 않았다고 볼 수도 있다. 또는 제 환공의 북진이 난하(灤河) 유역에 그쳐 그 동쪽의 예맥과는 직접 접촉하지 못했던 것으로 이해할 수도 있다. 따라서 제는 이 북벌을 계기로 '예맥'에 관한 지식과 정보를 직접적인 접촉·교류보다는 언을 통해 입수하거나 전문(傳聞)하였을 가능성도[29] 없지 않은 것이다.[30]

그러나 제가 북벌 과정에서 원튼 원치 않았든 간에 예맥과 직접 접속·교전하였을 가능성도 지나쳐 볼 수 없음은 사료(1-a)의 '패호맥(敗胡貊)' 기사를 통해 추정할 수 있다. 본래 산융(내몽고 방면)과 영지(난하 유역) 및 고죽·도하(대릉하 유역)는 내몽고와 요서 방면에 거주하던 종족들이었다.[31] 그런데 사료(1-b)에서는 이들 외에도 '예맥'이 분별 언급되고 있는 바, 이것의 존재는 사료(1 a)에서의 '호맥'에 대응 된다. 이는〔호맥=예맥〕이 이들과 요서 지방에서 뒤섞여 살면서도 종족적으로 준별되는 존재였음을 시사한다.[32]

이 지역의 고고학 자료들은 요서 지역의 주민 집단 분포와 그에 따른 종족적·문화적 지형도가 매우 뒤섞여 있음을 보여 주고 있다. 특히 이곳의 능원(凌源)·건평(建平)·객좌(喀左)·북표(北票)·조양 등지의 비파형동검 관련 유적지들의 존재는[33] 이점을 분명히 해주고 있다. 제 환공의 북벌 시 예맥계 주민집단과의 조우·교

---

28) 송호정, 1999.2, 앞의 글, 76쪽.
29) 김정배, 2000, 앞의 글, 75쪽.
30) 박경철 ,2005, 앞의 글, 126~127쪽.
31) 송호정, 1999.2, 앞의 글, 23~26쪽; 김정배, 2000, 앞의 글, 75쪽; 송호정, 2003, 앞의 책, 78~91쪽.
32) '호맥'의 맥이 晉의 북방에서 연의 북방에 걸쳐 있던 것으로 파악하는 견해도 있다. 박준형, 2002,「예맥'의 형성과정과 고조선」,『학림』22, 21~22쪽.
33) 김정배, 2000, 앞의 글, 14~28쪽.

전의 가능성을 전적으로 부인할 수만 없는 것도 이런 까닭에서 비롯되는 것이다. 어째든 B.C. 7세기를 기점으로 제와 연 등의 중원 세력이 산융·고죽 등의 적대 제력 너머에 존재하는 예맥에 관한 구체적 지식·정보와 적극적 관심을 갖게 된 것은 분명하다. 사료(1-a)에서의 "시청(始聽)"은 이를 가리켜 하는 말로 짐작된다.[34] 한편 이후 연은 중원 제국의 질서에 재편입하는 "복수소공지법(復修召公之法)"을 기대할 수 있게 되었다(사료 3).[35]

B.C. 663년 제 환공의 북벌 이후 B.C. 6~4세기 요서 지방에서의 연을 포함한 중원 세력 및 북방계 제 세력과의 상관성이 보다 뚜렷해진다. 그리고 이런 현상은 아마도 제 환공의 북벌 이후 연의 중심 지역인 연산 일대에 대한 유목 제 세력의 압박이 약화됨에 반하여, 요서 지역에 대한 이들 세력 및 문화의 침투 강도가 제고 되고, "연복수소공지법(燕復修召公之法)(사료 3)"의 결과 연의 요서 지방에 대한 영향력이 증대된 것과 유관한 것으로 추정된다. 대릉하 유역의 객좌 남동구(南洞溝), 능원 삼관전자(三官甸子) 유적에서는 동과·동정·동궤·차축두·재갈과 같은 중원적 요소와 직인동부·동물장식과 같은 북방적 요소가 많이 나타나는 것이 특징이다. 무기 체계에서도 여전히 비파형동검을 고수하고 있지만 중원식 동과가 공반된다. 건창(建昌) 우도구(于道溝) 토광묘 유적에서는 비파형동검이 대표적인 중원식 동검인 도씨검 및 동과와 함께 출토되었다. B.C. 5세기 이래 대릉하 유역에서는 비파형동검 문화의 영향력이 약화되기 시작하면서 전국계와 일부 북방계 문화 요소가 토착적 요소를 압도하는 단계로 진전된다. 특히 B.C. 4세기 건창 동대장자(東大杖子) 유적에서 나타나는 중원 문화의 영향력은 주목에 값한다. 즉 요서 지역에서는 비파형동검 문화의 정체성이 퇴색하는 고고문화 현상이 지속적으로 진행되게 되었던 것이다.[36]

---

34) 박경철, 1999, 앞의 글, 247~253쪽.
35) 배진영, 2002, 앞의 글, 25~30쪽.
36) 그러나 오강원은 B.C. 6~5세기 십이대영자문화의 중심이 객좌 중심과 심양 중심으로 다극화됨을 주장하고 있다. 오강원, 2012, 앞의 글, 22쪽.

3. 요동 비파형동검문화와 '발조선'

예맥계 주민집단을 주체로 하는 비파형동검문화는 요서 지방에서 B.C. 10세기 경 성립한 뒤, B.C. 8~7세기 경 이래 요녕 지역에서 한반도에 이르기까지 각 지역 별 생태적·지정학적·생업경제적 조건에 즉응한 '발전의 부균등성'이나 생태적 적응 전략의 차별성에 따라 이형동질적 종족·주민집단으로 분별되면서, 여러 하위 문화권으로 분화·발전해 나간다. 필자는 이를 '예맥문화권'이라 지칭한 바 있다. B.C. 8~7세기 경 이래 예맥문화권의 중심 지역은 요동 지방 곧 태자하와 혼하를 중심으로 하는 요하 유역으로 옮겨 가게 된다. 즉 십이대영지 유형 문화를 중심으로 하는 요서비파형동검 문화가 요동 지방 심양(瀋陽) 지역 일대에 직접 영향을 주면서, B.C. 6~5세기에 접어들어 심양 지역이 새로운 중심지로 부상하게 되는 것이다. 즉 '요동 비파형동검문화'의 주요 내포가 되는 정가와자(鄭家窪子) 유형 문화가 바로 그 중심 문화로 새로이 성장하게 된 것이다.[37]

B.C. 6~5세기 경이 되면 동북아 최대급의 다뉴경 부장묘는 요하 유역을 중심으로 한 정가와자 유형에서 나타난다. 즉 이 시기 요동 지역 심양 일대의 정가와자 유형 문화가 요동비파형동검문화의, 나아가 새로운 예맥문화권의 중심 문화 - 중심지로 부각되게 되었다.[38]

한편 요동반도 남단 대련시(大連市) 일대에는 심양 지역과는 별개의 요동 비파형동검 문화 집단이 '요동 조기 청동기문화'의 하나인 '쌍타자문화(雙砣子文化)'의 전통을 잇는 적석묘를 조영하며 발전하고 있었다. 이곳 주민집단은 석관묘와 지석묘를 기본묘제로 삼는 여타 예맥계 집단들과 준별되는 강상묘(崗上墓)로 표상되는 자기 특유의 매장관행을 견지할 수 있는 독자적 역량을 갖춘 세력집단이었

---

37) 오강원, 2002.9, 앞의 글, 295~303쪽: 이청규, 2005, 앞의 글, 38~39쪽, 박경철, 2005, 앞의 글, 132~135쪽.

38) 이청규, 2005, 앞의 글, 38~39쪽.

던 것임은 분명하다.[39]

『관자』의 사료 (1)에 적시된 제 환공의 북벌 사실과 사료(4와 5)의 '발조선' 관련 기사가 모두 환공 당대 사실의 기록이라고는 볼 수는 없다.『관자』는 한대(漢代) 유향(劉向:77~6 B.C.)이 교정할 당시 B.C. 7세기 이후 제국의 주변 제 세력 관계가 환공 대의 사실로 가탁되어 서술되었을 가능성은 충분히 예상된다. [사료(1) →사료(4와 5)]는 제를 포함한 중원 제국의 대 동북아 인식이 춘추시대의 '예맥'에서 그 이후 '발조선'으로 보다 구체화 되어 갔음을 시사해 주는 자료이다. 더구나 사료 (4)에 서의 '해내=천하'론이나 (5의 b)의 "발조선부조(發朝鮮不朝)" 논의 자체는 B.C. 5세기 이후의 전국시대 통일론 형성 과정에서 제기된 '중국=구주(九州)=천하'론의 관념 적 표현으로 이해된다.[40] 사료로서의 『관자』 역시 중국 천자의 당위적인 지배 범 위를 '천하'로 상정하고, 이민족 세계를 그 천하의 일부에 포함시켜 주변 민족의 역사를 사실상 중국 왕조사의 일부로 편입시키고자 하는 중국 측 문헌 자료의 문 제점을[41] 그대로 드러내고 있는 셈이다. 따라서 필자는 사료(1)의 제 환공의 북벌 은 B.C. 7세기 경 춘추시대의, 사료(4와 5)의 '발조선'은 전국시대의 상황을 기술한 것으로 보고자 한다.

사료(5 의 b)에는 '발조선'이 사료(1-b)의 '예맥'에 갈음하여 부각되고 있다. 지금 까지의 고찰이 크게 틀리지 않는다면, ['발조선'='예맥']이 될 것이다. 이 자료들에 서 발조선은 문피 곧 표피(豹皮) 혹은 '문피타복(文皮毨服:표범 가죽과 그것으로 만든 옷)' 의 특산지로 기록되어 있다. 여기서 '발'은 종족·주민의 개념과 유관한 듯하며, '조 선'은 지역 혹은 집단에 대한 호칭의 성격이 강한 것으로 보인다. 따라서 사료(4·5 의 b)의 '발조선'은 곧 '발족(맥족)의 조선'이라는 뜻일 것으로 추정할 수 있다. 그리

---

39) 박경철, 1997.9,「기원전 1000년기 후반 적석총축조집단의 정치적 존재양식」,『한국사연구』 22. 2~12쪽.

40) 이성규, 1975.11,「전국시대 통일론의 형성과 의미」, 동양사학연구』9·10(동양사학회),86~89 쪽. 이에 대해서는 박경철, 2005, 앞의 글, 130쪽.

41) 이성규, 2004.5,「중국 고문헌에 나타난 동북관」, 이성규 외 ,『동북아시아 선사 및 고대사 연 구의 방향』, 12~13쪽.

고 이런 사실은 맥족이 조선을 구성하는 중심적 주민들이었음을 시사해 주고 있다.[42]

사료 (5의 a와 b)는 당시 발조선이 문피를 매개로 제와, 같은 계통의 요동 지역의 주민들은 구운 소금을 가지고 연과 교역을 하고 있었음을 적시해준다. 사료 (5의 a)는 당시 연이 인접한 요동에서 구운 소금[자(煮)]을 교역함을 통하여 많은 수익을 올리고 있었고, 제도 이 교역에 상당한 관심을 갖고 있음을 시사해 주는 자료이다. 실제로 요동의 소금은 시기는 떨어지지만 한 대에는 염관(鹽官)이 설치될 정도로 역대 중원 세력들에게 탐나는 자원이 되어 왔던 것이다.

한편 논자에 따라서는[43] 사료 (5의 a)에서 "연유료동지자(燕有遼東之煮)" 기사를 당시 제가 요동을 연의 통치범위에 포함시켜 이해했던 것으로 보면서, 이 당시부터 요동과 조선이 별개의 존재로 인식되고 있었다고 파악하는 경우도 있다. 그러나 이 기사는 당시 제가 연과 인접한 요동에서 구운 소금(자)이 산출됨을 인식할 정도로 연을 넘어선 요동 지역에 대한 상당한 정보와 관심을 갖고 있음을 엿볼 수 있게 해주는 대목 정도로 이해해야 할 것이다. 연이 요동으로 직접 세력을 뻗친 것은 그보다 시기가 떨어지는 전국시대 B.C. 4C 말~ 3C 초 경의 일이다.

발조선의 문피는 중원에 익히 알려진 특산물이었다. 따라서 사료 (5의 b)는 제의 환공이 이에 관심을 보이고, 제와 발조선으로 표방되는 예맥 제 집단 사이에 문피를 매개로 한 교역이 행해지고 있었음을 짐작케 해준다.[44] 고고학 자료를 통해 확인되듯이 요동반도와 산동반도(특히 교동반도) 사이의 묘도열도를 통한 해상교류는 이미 청동기시대 초기부터 이루어지고 있었다.[45] 당시 강국이었던 제는 환공의 북벌을 빌미로 연을 제치고 동북아 일우 요동에 자리한 예맥 제 세력과 일정한 관계를 맺게 되는 계기를 마련 할 수 있었던 것으로 추정된다. 이후 산동 지

---

42) 김정배, 2000, 앞의 글, 71쪽. 이하 '발조선'에 관해서는, 박경철, 2005, 앞의 글, 128~131쪽.
43) 송호정, 2003, 『한국 고대사 속의 고조선사』, 푸른역사, 165쪽.
44) 송호정, 2003, 위의 책, 92~93쪽.
45) 이청규, 2003 「한중교류에 대한 고고학적 접근」, 『한국고대사연구』 32, 105~107쪽.

역에 위치하고 있던 제는 춘추시대 이래 요동반도와 산동반도를 연결하는 묘도열도를 이용해 조선과 활발한 교역 활동을 전개해 왔던 것이다.[46] 이 묘도열도를 이용하는 해상로는, 산동의 등주[登州:지금의 봉래(蓬萊)]에서 출발하여 대사도[大謝島(장산도(長山島)]-귀흠도[龜歆島(타기도(砣矶島)]-말도[末島(묘도(廟島)]-오호도[烏湖島(황성도(隍城島)]의 열도를 지나 요동반도 남단의 마석산[馬石山:지금의 여순(旅順) 노철산(老鐵山)]에 이르는 길이었다.[47] 제와 조선은 요동-산동 양 반도를 연결하는 열도의 해상교통로를 통해 육로상의 중간지대인 연을 경유하지 않고도 상호 직접 교류할 수 있었던 것이다.[48]

사료(4·5)에서 제·연 등 중원 제 세력과 교역을 매개로 일정한 관계를 갖게 된 '발조선'의 실체는 요동 비파형동검 문화권 내에서 정가와자 유형 문화를 향유하는 심양 일대를 중심으로 하는 예맥계 주민집단으로 추정된다.[49]

발조선의 '문피'는 대체로 호랑이와 같은 얼룩무늬의 맹수를 지칭하며, 옷보다는 깔개나 수레를 장식하는 용도로 쓰였던 것이다. 따라서 이것은 제환공이 주변의 제후들을 위무하고 통제하기 위하여 공급하는 위신재로서의 역할을 했을 것으로 보인다.[50] B.C. 7~3세기 대의 모피는 길림성 중남부 지역, 특히 압록강 중상류 유역이 그 중심 산지이다.[51]

여기서 주목되는 것은 요동반도 남단 강상 집단의 존재이다. 이곳 유적지들이 거의 전부 해안에 조영되었다는 점에서 이들은 해상교통로와 유관한 집단으로

---

46) 박준형, 2004, 「고조선의 대외 교역과 그 의미-춘추 제와의 교역을 중심으로-」, 『북방사논총』 2, 63~93쪽.

47) 박준형, 2006, 「고조선의 해상교역로와내이」, 『북방사논총』 10, 177~178쪽.

48) 혹자는 춘추시기 교래하 이동지역 즉 교동반도 일대에는 내이 세력이 존재하고 있었다. 이들 내이가 춘추시대 이래 척산(산동성 영성시)을 중심으로 제와 조선간의 교역의 매개자 역할을 하였을 가능성이 크다고 본다. 박준형, 2006, 위의 글, 179~183쪽; 박대재, 2006, 「고조선과 연·제연의 상호관계-기원전 4세기말~3세기초 전쟁 기사를 중심으로-」, 『사학연구』83, 5쪽.

49) 박경철, 2005, 앞의 글, 137~138쪽.

50) 강인욱, 2011, 「고조선의 모피무역과 명도전-」 『한국고대사연구』64, 244~245쪽.

51) 강인욱, 2011, 위의 글, 260쪽.

추정된다. 따라서 당시 발조선의 중심 세력인 심양 지역 집단과 대련 지역 집단 사이에는 원거리 국제교역을 담보하는 net work가 운용되었을 가능성은 충분히 있다. 예컨대 모피의 국제 교역로는 [압록강 상·중류 유역 → 심양 정가와자 집단 → 대련 강상집단 → 제도(齊都) 임치(臨淄)]로 상정되어 진다.

연-조선의 교역 품목인 구운 소금은 생필품으로서 그 부가가치가 제-조선 간의 그것인 문피에 비하여 현격한 차이가 난다. 더구나 연의 요동으로 연결되는 육상 교역로 자체가 내몽고-요서 방면의 제이족(諸夷族)의 위협에 항시 노출된 상황인 까닭에 제에 비해 무척 불리한 교역조건을 강요받고 있었다. 따라서 연의 제 - 조선 관계에 대한 의구심과 당혹감은 커질 수밖에 없었고, 이후 연은 그에 대한 특단의 해결책을 찾게 된다.

B.C. 6~5세기 경 발조선으로 인식됐던 이들 요동의 예맥계 제 집단들은 제·연 등 중원 제 세력과 육상과 해상의 원거리교역 mechanism을 무리 없이 가동·운용할 수준의 정치·경제·사회적인 net-work를 갖춘 사회였을 것으로 추정된다. '발조선'이라 인식되던 심양 일대의 정가와자 유형 문화에 바탕 한 요동 지역 예맥계 제 주민집단은 복합군장사회(complex chiefdom) 수준의 정치적 삶의 양식을 영위하고 있었을 것으로 추정된다.[52]

Ⅲ. B.C. 4~3세기 동북아 정세변동과 조선과 연의 충돌

1. B.C. 4세기 말 ~ 3 세기 초 고조선 국가형성

사료

(7) 「蘇秦將爲從, 北說燕文侯曰, 燕東有朝鮮遼東, 北有林胡 樓煩」(『戰國策』卷

---

52) 오강원, 2012, 앞의 글, 164~174쪽.

29 燕1 燕文公)

(8)「說燕文侯曰, 燕東有朝鮮遼東, 北有林胡樓煩」(『史記』卷69 列傳 第9 蘇秦)

(9)「魏略曰, (a) 昔箕子之後, 朝鮮侯見周衰, 燕自尊為王, 欲東略地, 朝鮮侯
亦自稱為王, 欲興兵逆 擊燕以尊周室. 其大夫禮諫之, 乃止, 使禮西說燕,
燕止之, 不攻, (b) 後子孫稍驕虐, 燕乃遣將秦 開攻其西方, 取地二千餘
里, 至滿番汗為界, 朝鮮遂弱」(『三國志』卷30 魏書30 東夷傳30 韓條)

(10)「燕襲走東胡, 辟地千里, 度遼東而攻朝鮮」(『鹽鐵論』第45 攻伐篇)

전장(前章)에서 B.C. 6~5세기 경 요동 지역 예맥계 주민집단은 복합군장사회(複
合君長社會 : complex chiefdom) 수준의 정치적 삶의 양식(樣式)을 영위하고 있었을 것
으로 추정한 바 있다. 그런데 이 요동 지역 예맥계 주민집단의 문화는 B.C. 4세기
경에 이르러 말기 비파형동검단계 혹은 다음의 전형적(典型的)인 세형동검 단계
로 넘어가기 전의 과도기적 양상을 시현하고 있었다. 따라서 이후 이곳에서 청동
기문화의 철기문화(鐵器文化)로의 계기적(繼起的) 진전 과정 가운데서 창출된 역동
성(dynamics)은 고조선 국가형성(國家形成)의 원동력이 되었던 것으로 파악할 수도
있다.

우리 학계에서도 사료 (9)를 요동에서의 고조선 국가형성과 직결시켜 이해하는
입장이 일찍이 제시된 바 있다. 이 견해는 사료 (9)가 조선의 "조선후(朝鮮侯)"가 조
선의 "왕(王)"이 되며, 조선이 "대부(大夫)"와 같은 일정한 관료체계를 갖추고, 전국
칠웅(戰國七雄) 중 하나인 연(燕)과 대등한 외교 및 전쟁(戰爭)의 당사자로까지 성장
했음을 적시하고 있다고 이해한다. 따라서 이 견해는 예맥의 나라 '조선(朝鮮)'은
예맥문화권의 선진 지역인 요동 지방에서 B.C 4세기 말~3세기 초 초기국가 / 원
시국가(pristine state)를 형성하게 된 것으로 본다.[53] 이 경우, 이 조선은 청동기시대
이래 축적된 제 역량을 토대로 철기시대에 진입하면서 성립된 우리 민족 최초의

---

53) 김정배, 1986, 『한국고대의 국가기원과 형성』, 고려대학교출판부, 79~81쪽.

'국가(state)'였던 것이다.

한편 이와 관련 우리 학계에서는 이때의 고조선이 연맹왕국(聯盟王國) 단계의 '국' 수준으로 발전하였다고 파악하는 견해와[54] 당시 고조선이 연과 대결할 수 있었던 것은 주변의 진번(眞番)·임둔(臨屯)과 같은 소국(小國)과 연맹체(聯盟體)를 결성하여 대외적으로 통일된 힘을 발휘했기 때문이라는 견해도 개진되고 있다.[55] 그러나 우리 학계 일각에서는 전쟁을 통해 성장한 군사 지도자가 제사권(祭祀權)까지 확보하여 군장(chief)으로 발전하고, 한 걸음 더 나아가 그 지위를 자신의 후계자에게 세습시키면서 등장한 최고 통치자(統治者)가 바로 국가의 '왕'인 것으로 이해한다. 또 이 견해는 국왕(國王)이 직전 단계의 군장과 다른 점은 바로 권력을 세습하는 측면이라고 보면서, 이 세습적인 최고 권력자가 등장하는 시점이 바로 국가의 형성기라고 파악하고 있다.[56] 이러한 점에서 B.C. 4세기 말 고조선의 지배자는 중국 측 사료에 따르면 연왕(燕王)과 상호작용하는 과정에서 '조선왕(朝鮮王)'으로 한 단계 상승했으며, B.C. 282년 무렵 연의 반격(反擊)으로 점차 세력이 약화되어 갔지만, 왕호(王號)는 계속 이어져 비왕(否王)-준왕(準王)으로 계승되었던 점에 주목해야 한다.[57] B.C. 4세기 말은 고조선이 전국 7웅의 하나인 연왕국(燕王國)에 대한 공격을 도모할 정도로 정치-군사적 역량이 축적된 시기로서, 당시의 조선왕을 군사통수권자로서의 국왕(king)에 상정해도 무리가 없는 시기였던 것이다. 당시 고조선은 본격적인 국가(state) 단계로 발전하였다고 판단된다.[58]

그럼에도 불구하고 『전국책(戰國策)』(사료 7)에서 B.C. 4세기 말 경 소진(蘇秦)(?~317 B.C.)은 연이 동으로 "조선요동(朝鮮遼東)"을 갖고 있다고 인식하고 있다. 이런 관점은 사료 (8)를 통해서도 확인 할 수 있다. 그러나 이런 인식이 실제 동북아 정세와 다른 관념론에 불과함은 사료 (9의 b)와 (10)에서 연이 실제로 그보다 다소 시

54) 이청규, 2005, 앞의 글, 41쪽.
55) 박준형, 2012, 앞의 글, 201쪽.
56) 박대재, 2005, 「고조선의 '왕'과 국가형성」, 『북방사논총』7, 187쪽.
57) 박대재, 2005, 위의 글, 164~165쪽.
58) 박대재, 2005, 위의 글, 165~166쪽.

기가 떨어지는 B.C 282~280년에 이르러서야 진개(秦開)의 동정(東征)을 계기로 "度遼東而攻朝鮮(사료 10)"하게 됨을 통해서 확인할 수 있다.

따라서 사료 (7)과 (8)에서의 "燕東有朝鮮遼東"이란 사료 (5의 b)의 "燕有遼東之煮"와 다름없는 의미를 가질 따름이다. 즉 이는 정확히 말해서 "연의 동쪽에 조선과 요동이 있다"고 새겨야 할 것이다. 다만 사료 (9)에 비추이는 바, 당시 연과 조선의 관계는 '발조선(사료 5의 b)' 때와는 달리 단순한 교역 수준 이상의 정치·외교·군사 상의 관계망 속에서 매우 복합적인 성격을 갖고 있었던 것으로 추정된다. 이런 상황이 조선-연 사이의 전쟁 발발(勃發)의 배경이 되었다고 볼 수 있다.

2. 조선과 연의 충돌

사료

(11) 「往者四夷俱强 幷爲寇虐 朝鮮逾徼 劫燕之東地」(『鹽鐵論』卷7, 備胡)

(12) 「箕子居朝鮮 其後伐燕」(『博物志』卷8)[59]

(13) 「蘇秦將爲從 北說燕文侯曰 燕東有朝鮮遼東北有林胡樓煩 西有雲中九原 南有嘑沱易水 地方二千餘里 帶甲數十萬 車七百乘 騎六千匹 粟支十年」

(『戰國策』卷29, 燕1)

(14) 「昭王二十八年 燕國殷富 士卒兵鐵輕戰」(『史記』卷34, 燕召公世家)

(15) 「太史公曰 燕北迫蠻貉 內措齊晉 崎嶇彊國之間 最爲弱小幾滅者數矣」

(『史記』卷34, 燕召公世家)

(16) 「其後燕有賢將秦開爲質于胡 胡甚信之 歸而襲破走東胡 東胡却千餘里」

(『史記』卷110, 匈奴列傳)

(17) 「自始全燕時 嘗略屬眞番朝鮮 爲置吏 築障塞」(『史記』卷115, 朝鮮列傳 第55)

(18) 「燕亦築長城 自造陽至襄平 置上谷漁陽右北平遼西遼東郡以拒胡」(『史

---

59) 『염철론』과 『박물지』는 각각 전한 선제(74~49 B.C.) 때 환관이 편찬 하였고, 후자는 서진 때 장화(232~300년)가 편찬한 바 있다.

記』卷110, 匈奴列傳 第50)

(19)「燕王亡 徙居遼東 斬丹以獻秦 … 三十三年 秦拔遼東 虜燕王喜」『史記』

卷34, 燕召公世家 第4)

(사료 9-a)는 연과 조선은 '칭왕(稱王)' 문제에서 비롯된 전쟁 발발 일보직전의 상황이 외교적 타협을 통해 모면했음을 보여 주고 있다. B.C. 334년 제의 '칭왕'에 뒤따라, B.C. 323년 즈음에 연 등 전국기(戰國期) 제 열국(列國)은 다투어 칭왕 하게 된다. 이는 각국의 제후(諸侯)가 국내체제 안정 및 국력신장을 확보함으로써 명실상부한 영역국가(領域國家)의 군주로서 권위와 권력을 괴시하고 더 나아가 '왕천하(王天下)'의 열망을 표출한 결과였다.[60] 이러한 연 등 중원 제 국의 동향에 대응하여 조선 역시 ['조선후'→조선왕]으로 스스로 '칭왕'하게 된다. 이 B.C. 323년 무렵이 고조선 국가 형성의 시점이 됨은 상술한 바 있다.

당시 연은 북쪽으로는 '만맥(蠻貊)'에게 막혀 있고 중국 내부(서·남쪽)로는 제와 진(晉)에 의해 교착(交錯)되어 있어 세력을 뻗어나가기가 어려운 형세였다(사료 15). 그런데 B.C. 323년 무렵은 제-연 간의 무장충돌이 소강상태(小康狀態)에 처한 시기였던 까닭에, 연은 국세(國勢) 팽창의 돌파구로서 조선에 대한 강경정책을 시도할 수 있었다. 그러나 조선 역시 그 이전부터 다져온 제와의 우호적인 교류관계에 힘입어(사료 5), 그리고 축적된 역량을 바탕으로 전쟁도 감수하는 대연 강경책을 구사하게 된다. 이러한 조선 - 연 간 갈등의 이면(裏面)에는 B.C. 5세기 이래 요서 지역에서 예맥계 제 세력의 퇴조(退潮) 현상과 이를 계기로 한 연 측의 이곳에서의 영향력확대 시도에 대한 조선 측의 반발이 내재되어 있었다. 이러한 군사적 긴장상황은 양국 간의 외교적 교섭의 결과 잠정적으로나마 해소될 수 있었다(사료9-a).

그러나 제-연-조선 사이의 소강상태가 깨지게 된 것은 연에서 일어났던 '자지

---

60) 박대재, 2006, 앞의 글, 7쪽.

(子之)의 난(亂)(314 B.C.)'을 빌미로 제가 연에 군사적으로 개입, 침공하면서 부터이다. 연의 이 내란(內亂)과 그로 인한 대혼란, 그리고 그 틈을 탄 제의 침공과 연왕 쾌(噲)의 사망 등으로 연은 거의 멸망 상태에 이르게 되었다.『사기(史記)』연세가(燕 世家)에 의하면 연에 왕이 없는 극심한 혼란 상태가 그 후 2년간 지속되었다고 하는데, 바로 이 무렵에 조선이 연의 동쪽 땅을 침공했던 것으로 추정되는 기록이 있다.[61] B.C 311~314년 경 조선은 이러한 연의 망국 위기 상황을 틈타 "燕之東地 (사료 11)"를 "伐燕(사료 12)"하는 군사행동을 단행한다. 요서 지역은 서쪽 중원의 화 북(華北) 농경문화권(農耕文化圈)과 노로아호산맥(努魯兒虎山脈) 이북 내몽고 일대의 유목(遊牧) 문화권과의 접속 지대로서 요동에서 이들 방면으로 접근하는 지정학 적 요충지 였던 것이다. 따라서 조선의 "朝鮮逾徼 劫燕之東地"하는 "伐燕"은 아 마도 요서 지역에서의 영향력을 보다 강화시키려는 목적에서 행해진 강공수(强攻 手)였던 것으로 짐작된다. 이러한 조선 측의 의도가 어느 정도 실현되었는지는 사 료(13)이 시사해주고 있다. 그런데 당 사료 상 소진이 합종설(合縱說)을 유세한 대 상은 연 문휘(文侯:문공(文公)]가 아니라 사실은 연 소왕(昭王 : 311~279 B.C.)이다. 즉 이 사료는 연 소왕 즉위 초기 소진이 연이 처해 있는 국제 정세에 대해 이야기하 고 있는 대목이다.[62] 물론 소진은 이 사료에서 주군(主君)의 부국강병(富國强兵) 의 지를 자극하고자 다소 과장된 내용을 말했겠지만, 당시 연 측마저도 조선의 상대 적 강세를 의식하고 있었음을 짐작케 해준다. 실제로 우리 학계 일각에서는 사료 (13)의 "朝鮮遼東"을 '조선과 요동'으로 새기면서, 연의 대혼란기에 조선이 요하를 넘어 연의 동쪽 요서 지역을 침공하여 점거하게 되었으며, 이 변화를 계기로 소 진이 소왕 즉위 초기에 연의 동쪽 정세에 대해 "조선(요서)과 요동"이라고 설명했

---

61) 박대재, 2006, 위의 글, 11~14쪽. 한편 서영수는 이 사료를 진한교체기 조선이 진에게 빼앗 겼던 패수 이동의 땅을 회복한 사실을 적시한 것으로 보고 있다. 서영수, 1999,「고조선의 대 외관계와 강역의 변동」,『동양학』29, 114~115쪽; 서영수, 2006,「고조선의 발전과정과 강역변 동」,『백산학보』76, 475쪽.
62) 박대재, 2006, 앞의 글, 17~18쪽.

다고 보기도 한다.[63]

　연인(燕人)들은 B.C. 311년에 이르러서야 조(趙)의 원조 하에 공자(公子) 직(職)을 소왕으로 옹립할 수 있었다. 소왕은 체제 개혁 곧 '변법(變法)'과 이를 바탕으로 부국강병정책, 연하도(燕下都) 경영을 통하여 '거연(巨燕)' 정책을 성공적으로 수행하였다(사료 14). 특히 합종책(合縱策)을 빙자(憑藉)하여 제를 고립시키고 견제하는 소왕의 대외 정책은 벌제(伐齊)를 위한 외교적 포석이었다.[64] 소왕 28~29년(284~283 B.C.)에 연은 '벌제'를 단행, '제서지전(濟西之戰)'을 치루면서 제의 왕도인 임치를 포함 70 여 성을 함락시켜, 즉묵(卽墨)·거(莒)·요(聊)를 제외한 제의 전역(全域)을 차지하여, 지난 B.C. 314년의 수모를 설욕(雪辱)하게 되었다.

　연은 합종론을 구사하여 제를 고립시키는 한편 동호(東胡)와 조선에 대한 현상 유지(現狀維持) 정책을 추진하는 등 자기들의 제일의적 과제인 '벌제'를 달성하기 위한 국제환경 조성에 부심(腐心)하고 있었다. 그러나 연 소왕은 남벌(南伐) 직후인 B.C 282~280년 동호와 조선에 대한 북벌과 동정을 감행한다.[65] 전국시기(5~3 세기 B.C.) 내몽고 주민은 동호라고 볼 수 있다. 동호란 동부 내몽고의 서림곽륵(錫林郭勒 : Xilingol) 초원(草原)과 대흥안령지구(大興安嶺地區) 호륜패이(呼倫貝爾) 초원을 중심지로 삼는 유목민족인 바, B.C. 3세기 말 흉노(匈奴)와의 충돌에서 패배, 이후 선비(鮮卑)와 오환(烏桓)으로 분기(分岐)된다. 사료 (16)에 따르면, 진개(秦開)는 동호에 머무르는 동안 깊은 신임을 얻어 그곳의 여러 제도나 혹은 주변과의 관계를 충분히 감지할만한 위치에 있었던 것으로 보인다. 이점에 비추어, 이 두 세력은 항상 친연(親緣) 관계를 맺고 있지는 않았을지라도, 파제(破齊) 이전까지 동호와 연 상호간에는 인질(人質) 교환관계를 바탕으로 서로 큰 위협이 될 존재는 아니었을 것으로 추론된다.[66] 그럼에도 동호는 사료 (11)에서 적시된 바처럼 항시 "구학(寇虐)"

---

63)　박대재, 2006, 위의 글, 18쪽.
64)　배진영, 2003, 「연소왕의 정책과 '거연'의 성립」, 『중국사연구』25, 3~8쪽.
65)　진개의 동정 시점에 대해 중국 학계 일각에서는 연 소왕 B.C. 284년 경으로 추정하기도 한다. 李治亭 主編, 2003, 『東北通史』, 鄭州, 中州古籍出版社, 60~63쪽.
66)　배진영, 2003, 앞의 글, 21~22쪽.

의 가능성이 있는 "사이(四夷)"였던 것이다. 즉 동호란 연에게 있어서는 조선과 더불어 항시 잠재적 적대 세력으로 자리 매김되었던 것이다. 따라서 연은 사료 (10)의 "습(襲)"이나 사료 (16)의 "습파(襲破)"에서 엿볼 수 있는 바처럼 이제까지의 상황에 안주하여 방심하고 있던 동호를 기습적으로 공격하여 이들을 천여리(千餘里) 가량 패주시키는 데 성공하였다.

연은 B.C 282~280년 동호 "습파"에 잇달아 지난 B.C 311~314년 이래 조선의 영향권 아래 놓여 있던 요서 지역과 그 너머 요동의 조선에 대한 반공(反攻) 작전을 성공적으로 수행, "지이천여리(地二千餘里)"를 차지하고, "만번한(滿番汗)"을 경계로 삼았다(사료 9-b).

연의 대조선 군사행동의 구체적 성과는 "만번한"을 경계로 "略屬眞番朝鮮(사료 17)"이었다. 당시 연장 진개의 동정은 요서를 장악함으로써 고조선의 동호 등 유목 세력과의 연계 가능성을 사전에 차단하고, 요동 지역으로 진공하여 당시 조선의 중심지인 심양 지역에 타격을 가하며, 나아가 제와의 해상 교역로를 끊고 이를 자기 통제 하에 두기 위해 만번한까지 군사작전을 벌이게 된다. 한편 우리 학계의 일각에서는 연장(燕將) 진개는 동호 경략에 이어 요서 지역까지 들어와 있던 조선 세력을 요동 지역으로 몰아내고 요하(遼河)를 건너 진군을 계속했고, 그 최종 공격 목적지는 제와 조선의 주요 해상 연결 거점이었던 요동반도 서남부 해안지역의 만번한을 지향했던 것으로[67] 파악하기도 한다.

그리고 연은 이러한 동호 - 조선에 대한 북벌과 동정의 결과 연5군의 설치와 조양(造陽)~양평(襄平) 사이의 연장성(燕長城) 축조 역사(役事)를 벌릴 수 있었다(사료 18). 이를 전후한 연상도(燕上都)인 계성(薊城:북경 일대) 천도(遷都)는 소왕의 거연 정책의 마무리였던 셈이다.

오늘날 우리 학계에서 쟁점이 되는 것은 '만번한(사료 9의 b)'의 실체, 그리고 연 측 요동 지배의 실상 곧 사료 (17)의 "略屬眞番朝鮮 爲置吏 築障塞"의 구체적 해

---

67) 박대재, 2006, 앞의 글, 28쪽.

석의 문제이다.

그런데 우리 학계에서는 진개가 침공했다고 한 서쪽 2,000여 리 땅(사료 9의 b)을 모두 고조선의 그것으로 보기보다는 동호의 지역 1,000여 리까지 포함된 의미로[68] 이해하고 있다. 연군(燕軍)은 현재 북경 지역에서 산해관(山海關)이 아닌 희봉구(喜峰口)를 거쳐 조양으로 들어와 요서 지방을 확보 하였던 것이다.[69] 이어 연군은 의현(義縣)을 거쳐 당시 요동과 요서를 가르는 의무려산(醫巫閭山) 남록을 통과 요동에 진입, 요하를 넘어 당시 조선의 중심지인 혼하변(渾河邊)의 심양을 제압하고, 만번한에까지 이르렀을 것이다. 이 경우 요서에서 만번한에 이르는 진개의 진공로(進攻路)의 거리가 1,000여 리(里)라는 셈이다.

『한서(漢書)』 지리지(地理志)에는 요동군(遼東郡)의 속현(屬縣)으로 문현(文縣, 汶縣)과 번한현(番汗縣)이 붙어서 기록되어 있는데, 현재 우리 학계는 '만번한'은 바로 이 두 현의 연칭(連稱)이라고 본 정약용(丁若鏞)의 견해[70]에 주목하여, 그것을 문현과 번한현이 위치했던 요동반도 서남부 개주시(蓋州市) 일대[천산산맥(千山山脈) 서쪽 지역]로 비정하고 있다. 이를 따른다면, 필자는 조선과 연의 계선(界線)으로 천산산맥의 존재에 주목하고자 한다. 천산산맥은 태자하(太子河) 상류 유역 본계 일대에서 발원하여 남서향하여 남북으로 요동반도의 척추(脊椎) 형세로 뻗어나간 거대한 산맥이다. 이 산맥 이서 지역에는 요하평원(遼河平原)이, 그 이동 지역은 심양-봉성(鳳城)-단동(丹東)-신의주(新義州)로 연결된 통로를 제외하고, 대부분 험한 산지(山地)이다. 개주 역시 이 천산산맥 서측 즉 요동반도의 서안에 자리하고 있다. 결국 고조선이 만번한을 연과의 계선으로 삼았다면, 결국 천산산맥이 그 경계가 됨을 상정할 수 있다.[71] 실제 B.C. 3세기 대 요동 동부 및 서북한지역의 요녕식 및 한국식 청동무기[세형동검(細形銅劍)·유엽형동모(柳葉形銅鉾)·요녕식동

---

68) 서영수, 1988, 「고조선의 위치와 강역」, 『한국사 시민강좌』 2.
69) 이용범, 1996, 「대륙관계사 고대편 (上)」, 『한민족의 대륙관계사』, 백산학회, 5~11쪽.
70) 정약용, 『아방강역고』, 권1, 조선고.
71) 서영수, 1999, 앞의 글, 110쪽; 서영수, 2006, 앞의 글, 470쪽; 박준형, 2012, 앞의 글, 204쪽.

과(遼寧式銅戈)·세신형동모(細身形銅鉾) 등가 출토되는 유적지의 분포는 주로 천산산맥 남·북록의 본계·신빈·봉성·관전(寬甸)·환인(桓仁)·통화(通化)·집안(集安) 등에, 특히 그 남록에 집중 분포하고 있음이[72] 본 소론(所論)의 고고학적 방증이 된다고 본다. 현재 본계박물관에 전시된 유물들 중 전국기에 해당하는 중원 계통의 그것을 찾아보기 힘듦도 이와 무관하지 않다. 또 'Google Earth'에 따르면, [조양~심양 = 317km] + [심양~본계 = 74.7km] = 391.7km, 곧 [조양~본계 = 약 400km, 1000리]가 된다는 점도 참고가 될 것이다.

사료 (17)의 "略屬眞番朝鮮 爲置吏 築障塞"에서의 '진번'의 존재가 주목된다. 오래전부터 학계에서는 진번의 위치와 실체에 대해서 많은 논란이 있었다. 후한(後漢)의 주석가인 응소(應劭)가 "옛 진번은 조선의 호국(胡國)"이었다고[73] 지적했듯이 조선과 밀접한 관계에 있던 주변세력으로 이해할 수 있을 것 같다.[74] 그 시기 여하를 불문하고 '북·남진번 이동설(移動說)'이[75] 맞다면, 필자는 '호국'이라는 표현에 따라 진번이란 요동 지역에 거주하면서 남하(南下) 전 조선과 친연 관계를 갖는 예맥계의 유력한 세력으로 보고자 한다. 여기서 한사군(漢四郡)의 진번군(眞番郡)에 관해서는 별도의 논의가 필요함은 물론이다.

여기서 가장 문제가 되는 것은 "약속(略屬)"이 의미하는 바가 과연 연이 진번과 조선을 정치·군사적으로 복속시켜 실질적 지배를 행하였는가의 여부이다.

종래 학계에서는 연장성의 서쪽 끝인 조양은 상곡군(上谷郡)의 군치(郡治)인 회래현(懷來縣)에 비정되며, 동쪽 끝인 양평은 요동군의 군치인 지금의 요양(遼陽) 일대로 추정하고 있다. 또 종래 학계는 연5군의 군(郡)과 군치는 상술한 두 군 외에도 어양군(漁陽郡)(군치: 밀운현(密雲縣) - 회유현(懷柔縣))·우북평군(右北平郡)(군치: 하

---

72) 이후석, 2013, 「요동~서북한지역의 세형동검문화와 위만조선」, 2013.9/27 고조선사연구회 발표문, 29쪽.

73) 『한서』 권28하, 지리지 현토군조 주 "應劭曰 故眞番朝鮮胡國".

74) 이 논의에 대해서는, 박대재, 2006, 앞의 글, 29쪽.

75) 천관우, 1975, 「삼한의 성립과정」, 『사학연구』26; 1989, 『고조선사·삼한사연구』, 일조각, 147~148쪽; 박준형, 2012, 앞의 글, 199쪽.

북성(河北省) 평천(平泉) - 요녕성(遼寧省) 능원현(凌源縣) 안장자고성지(安杖子古城址) - 내몽고(內蒙古) 영성현(寧城縣) 전자향(甸子鄕) 흑성고성지(黑城古城址) - 보지현(寶坻縣)·요서군(遼西郡)(군치: 조양시(朝陽市) 십이대영자(十二臺營子) 원대자(袁臺子) 유지)]으로 파악해 온 바 있다.[76]

그런데 최근에 알려지기 시작한 연 장성 유적의 분포 현황을 보면,[77] 연이 동호를 몰아내고 설치했다는 5군 가운데 요동군의 존재에 의심을 가지게 된다. 현재까지 조사된 연 장성[적봉(赤峰) 남장성(南長城)]의 동단(東端)은 요하를 건너지 못하고 당시 요서와 요동의 실질적인 분수령인 의무려산 서쪽 부신(阜新)에서 그치고 있다. 사실 그동안 연이 양평에 설치했다는 요동군의 실체에 대해 그 실재(實在)를 인정하는 쪽[78]과 회의적으로 보는 쪽으로[79] 시각차가 있어 왔다.[80] 실제로 우리 학계의 일각에서는 연의 요동군이 지목(地目)만 있을 뿐 실제로는 설치되지 않았다는 주장이[81] 제시된 바 있다.

이 문제와 관련, 당시 연의 요동군 치소인 '양평(襄平)'을 과연 요양(遼陽)이라 비정할 수 있는지에 대한 의문[82]은 이미 선학에 의해 제기 된 바 있다. 즉 진한(秦漢) 교체기 항우(項羽)는 구연(舊燕) 지역에서의 봉국(封國) 체제를 정립하는 과정에서 옛 연장(燕將) 출신인 장다(臧荼)를 '연국(燕國)'의 연왕에, 한광(韓廣)을 '요동국(遼東國)'의 왕으로 봉한다. 그런데 장다가 한광을 5 개 월 후 요동국 수도인 무종(無終)

---

76) 배진영, 2005, 「연국의 오군 설치와 그 의미-전국시대 동북아시아의 세력관계-」, 『중국사연구』36, 5~11쪽.

77) 요서지역에서도 내몽고 적봉 지역과 마찬가지로 3도의 장성 유적이 동서방향으로 나란하게 발견되는데, 연 장성은 동쪽으로 의무려산 서록의 부신에서 멈추고 있다. 다시 말해 연이 동호를 몰아내고 쌓았던 장성이 실제로는 遼河를 건너지 못하고 요서지역에 머물러 있었던 것이다. 박대재, 2006, 위의 글, 25쪽.

78) 배진영, 2005, 앞의 글.

79) 서영수, 1988, 앞의 글, 41쪽; 서영수, 1999, 앞의 글, 110쪽 각주(60); 서영수 , 2006, 앞의 글, 470쪽 각주(38).

80) 박대재, 2006, 앞의 글, 25~26쪽.

81) 박대재, 2006, 위의 글, 26쪽.

82) 권오중, 1995, 「전한시대의 요동군」, 『인문연구』29(영남대), 273~274 쪽.

에서 살해 한다. 무종의 현재 위치는 하북성 계현(薊縣)으로서 산해관 - 준화(遵化) - 평곡(平谷)으로 이어지는 현존 만리장성 이남에 위치한다. 전국기 연 소왕은 연 상도(燕上都)인 계성(薊城; 북경 일대)으로 천도한 바 있다. 그 이후 연은 요동군의 군 치를 인근의 무종(하북성 계현)에 설치하고 이를 '양평'으로 칭했을 가능성이 없지 않다.[83]

이 견해의 당부와 관련, B.C 3세기 말 당시 숨 가쁘게 진전되던 진(秦)의 천하통 일(天下統一) 과정을 검토해 볼 필요가 있다.

B.C. 228년 진은 조(趙)를 공멸(攻滅)하게 된다. 그러나 B.C. 227년 유목왕(幽穆王) 의 아우 조가(趙嘉)는 왕도 한단(邯鄲)이 함락되었음에도 불구하고 대(代)땅(하북 장가구(張家口) 위현(尉县))에 대국(代國)를 세우고 진에 대항하고자 하였다.[84] 이 과 정에서 진의 왕전(王翦)은 '자지의 난(314 B.C.)' 이래 연-조 관계의 추이를 감안하여, 연조 접계(接界)인 역수(易水)로 진공, 양국 간 제휴(提携) 가능성을 사전에 차단(遮 斷)하다는 조치를 취함은 주목에 값하는 대목이다.[85] B.C 227년 진은 연태자(燕太 子) 단(丹)의 진왕(秦王) 암살 미수 사건을 빌미로 연을 정벌하게 된다. 이 전쟁 중 에 대국 조가는 연과 연합하여 진군에 대항하였다. 그러나 진장 왕전이 역수 상 류 우회작전(迂回作戰)을 실시 양군의 전열(戰列)을 와해시키자, 대군(代軍)은 철병 하고, 연왕 희(喜)는 왕성을 포기하고 요동으로 물러나 단을 죽이고 화의를 청할 수밖에 없었다. 이러한 연의 헌수구화책(獻首求和策)은 조가의 서신을 받고 행한 고육지책(苦肉之策)이었던 것이다.[86] 사료 (19)는 B.C. 227년 연왕 희가 왕도(王都)인 계성(북경 일대)에서 진을 피해 요동으로 사거(徙居)하였다고 한다. 'Google Earth'에 따르면, [북경~요양은 약 750 여 km인데, 과연 그렇게 먼 거리로 연왕의 천사(遷 徙)가 가능할지 의심이 든다. 또 대국의 중심지인 장가구에서 북경까지는 228km

83) 권오중 ,1995, 위의 글, 273~276 쪽.
84) 『사기』권43, 趙世家 第13.
85) 慕中岳 · 武國卿, 1992, 『中國戰爭史』, 金城出版社, 北京, 24쪽.
86) 『사기』권46, 진시황본기 제6; 『사기』권43, 연소공세가 제4; 『사기』권68, 자객열전 제26; 慕中岳 · 武國卿, 1992, 앞의 책, 26쪽.

에 달한다. 이 정도 거리에서 연-대국 연합은 어느 정도 실현가능성이 있음은 사실이다. 그러나 연왕 희의 "사거요동(徙居遼東)" 후에도 조가가 진군의 공세 앞에 속수무책인 연에 대해 서신으로 필요한 조치를 상의함에는 이야기가 달라진다. 곧 장가구에서 요양까지는 978km, 약 1,000km나 상거(相距)하고 있는 셈이다. 이 경우 연왕의 천사처가 오늘의 요동이 될지는 재고를 요하는 문제이다.

더구나 B.C. 222년 '요동'에 잔존했던 연의 공멸을 전후한 진의 행보는 여러 가지를 생각게 한다. 애당초 진이 요동 연을 방기하고 철군한 것은 연이 더 이상 자국의 위협 대상이 안 될 정도로 약체화되었고, 대국 또한 그러한 존재로 판단함에서 비롯된 조치였을 것이다. 당시 진은 초(楚) -제 공멸 전쟁을 더욱 큰 현안으로 인식했던 것 같다. 과연 진은 B.C. 225년에는 위(魏)를, B.C. 224년에는 초를 멸하게 된다. 마지막으로 진은 제를 마지막 전략적 목표로 삼아 군사행동을 실시하게 된다. 진은 이 전쟁의 하위 전략의 하나로서 잔존한 요동 연 과 대국의 공멸을 꾀하게 된다. 실제로 진은 [B.C. 222 요동 연 → 대국 → B.C. 221 제] 순으로 천하 통일 전쟁을 마무리 짓게 된다. 그런데 만일 요동의 연의 위치가 현재 요양이라면 진의 작전선은 북경을 기점으로 하더라도, [북경→요양→북경→장가구→임치[산동성 치박(淄博)]라는 매우 무리한 군사행동을 벌릴 수밖에 없게 된다. 곧 그 작전선의 총 연장은 [(북경~요양)약 750km×2]약 1,500km + [(북경~장가구)228km× 2] 456km + [(북경~치부)448km]= 2,404km에 달하게 된다.

그런데 B.C. 222년 진장 왕분(王賁)은 요동을 공격, 희를 생포, 연을 멸망시키고, 곧이어 돌아오는 길에 대국을 공습하여 조가를 자살케 한다. 그런 다음 진군은 B.C. 221년 곧장 남하하여 돌연 산동반도 임치로 진공하여 쉽게 제를 멸하게 된다.[87]

만일 사료 (19) 상의 '요동'이 요양이라고 본다면 당시 진의 작전선은 상술한 바처럼 2,404km에 달한다. 이 경우 진 측의 실효적인 연대에 대한 연속적 군사행동

---

87) 『사기』권46, 전경중완세가 제16.

과 돌출적 대제 군사행동을 담보하기에는 그 공간적 범위가 지나치게 광범위하다 볼 수밖에 없다.

그러나 연의 요동군의 위치를 무종(無終:하북성 계현) 일대로 상정할 경우, 그 작전선은 900여 km가 된다. 따라서 필자는 이러한 조건 하에서 진이 '요동' 즉 하북성 계현 일대의 연과 다시 장가구 방면의 대국을 공멸시킨 직후 곧바로 병력을 산동 방면으로 남하시켜 제도(齊都)인 임치를 기습적으로 공격하였다고 파악하고 있다. 따라서 필자는 연의 요동군의 입지를 현재의 요양(양평)으로 비정하는 것보다, 오히려 무종(하북성 계현) 일대로 볼 수 있을 가능성이 없지 않다고 본다. 이러한 견해가 앞으로 좀더 신중한 검토가 필요한 것임은 두말할 나위가 없다.

이러한 논의를 고려해 볼 때, 연의 요동 지배란 "약속(略屬)" 수준의 일정한 지배기제가 구동(驅動)하는 강력한 그것은 아니었다고 본다. 특히 소왕 사후에 혜왕(惠王)과 악의(樂毅) 사이의 갈등과 이 틈새를 타서 제의 복국(復國)이 이루어지고, 이후 연의 약체화가 급속히 진행된다는 점에서 더욱 그러하다. 따라서 연이 요동에 선상(線狀)의 장성은 물론 점렬상(點列狀)의 그것조차 구축하였다고 단정하기 어려우며, 요동 대부분 지역에 연장성이 처음부터 축조되지 않았다고 봄이[88] 타당할 것이다. 실제 요동군치인 양평으로 알려진 요양의 '연진한' 유적이란 것도 대부분 한 대의 그것임이 이 사실을 뒷받침해주고 있다.

종래 관련 학계는 B.C. 3세기 이후 요하~청천강 유역에서 철기를 위시한 전국 연계(戰國燕系) 유물이 공반되는 고고문화를 '세죽리-연화보유형(細竹里—蓮花堡類型)'이라 지칭하며, 이를 연의 요동~청천강 이북에 대한 실질적 지배의 근거로 개념 해 왔다. 그런데 본고의 [만번한=천산산맥]론이 맞다면, 이 종래의 논의는 재고의 필요성이 있다. 특히 연화보 유적이 천산산맥 훨씬 북쪽 혼하 북안 무순 외곽에, 세죽리 유적은 천산산맥과는 동떨어진 서북한 영변에 위치하는 점은 이러

---

88) 오강원, 2010, 「戰國時代 燕나라 燕北長城 동쪽 구간의 構造的 實體와 東端」, 『先史와 古代』33, 95~196쪽. 한편 중국학계의 '長城'조사 및 인식의 문제점에 대해서는 이종수, 2011, 「中國의 遼東地域 燕秦漢 長城 調査現況 및 問題點 檢討」, 『한국사학보』 참조.

한 고고문화 유형의 내용 여하를 떠나 그 문화유형 개념의 정당성에 일말의 의문을 던지고 있는 셈이다. 또 세죽리-연화보유형의 철기문화 향유 지역이 연의 영토가 되기 위해서는 이곳에서 연국 경내(境內)의 유물 공반상에 비견되는 유적 및 성지(城址)와 같은 연 문화의 특성이 온전히 드러나는 유적이 대량으로 발굴되어야만 하지만, 철제 농기구와 화폐(貨幣)를 제외하면 예맥 문화계 유물에서의 점진적인 변화상이 더 크게 나타나기 때문에, 이 문화의 존재를 일괄적으로 연의 요동 지배의 증거로 채택할 수는 없다.[89]

다만 현재 요녕과 서북한 지역에서 연나라 유물이 공반되는 유적이 516 개소이라는 점은[90] 연의 세력이 이띠한 형태로든 간에 천산신맥 이동 지역 주민들에 일정한 영향력을 행사하고 있었음은 부인하기 어렵다. 그러나 철령현(鐵嶺縣) 신태자진(新台子鎭) 신태자촌(新台子村)의 연나라 건물유지인 '구대유지(邱臺遺址)'와 이수(梨樹) 이용호(二龍湖) 성지 등의 요동 외곽 주변부에서 확인된 예외적인 사례는[91] 사료 (17)의 "爲置吏 築障塞"가 정치적인 이유에서 기인한 것만은 아니라는 심증을 준다.[92] 즉 당시 연은 군현제(郡縣制)와 같은 강고한 지배기제를 바탕으로 이 지역에 대한 "약속"을 행했다기보다는, 오히려 '구대유지'와 같은 "爲置吏 築障塞"한 점재(點在)하는 거점을 중심으로 자국 상고(商賈)들이 개척한 교역로를 통제하는 방식으로 이 지역에서의 일정한 세력 부식과 영향력 행사를 꾀하고 있었던 것으로 판단된다.

당시 이 지역 제 집단들의 사회적 복합도(複合度)는 지속적으로 제고 되고 있었다. 따라서 이곳에서의 연의 철기문화와 새로운 기술-지식-정보에 대한 수요는 예맥계 주민들 사이에도 무시할 수 없는 영향력을 발휘하였을 것으로 짐작 된다. 즉 이곳 주민들의 연의 문화 등에 대한 수요와 이 지역의 문피·구운 소금 등 특산

---

89) 강인욱, 2011, 앞의 글, 267쪽.
90) 오강원, 2010, 앞의 글, 『先史와 古代』33, 173~191쪽.
91) 오강원, 2010, 「연나라 요동군과 동요하유역 토착집단의 독특한 교류방식: 이용호 성지」, 『백산학보』88.
92) 오강원, 2010, 위의 글,196~197쪽.

물에 대한 연 측의 경제적 동기가 상승 작용을 하면서 이 지역에서의 연의 세력과 영향력이 일정하게 확산되었을 것으로 추측된다.

그 고고 문화적 증거가 명도전(明刀錢) 유적인 것이다. 이와 관련, 한때 명도전이 청천강 이북지역에서 집중 출토된다고 하여 연과 조선의 새로운 경계가 된 '만번한'이 그곳에 위치했다고 보기도 했었다. 그러나 근래 국내학계에서도 명도전을 조선과 연의 경계 기준보다는 양국 사이의 교역과 관계된 유물로 보는 경향이 강하다.[93] 그리고 최근에는 요하 동쪽 명도전 유적의 담당자를 연이 아니라 조선의 주민이라고 보는 좀 더 진전된 견해가[94] 제기되기도 했다. 이상의 고찰을 볼 때 명도전 관련 유적들은 대체로 천산산맥 이동 지역에서 다수 확인되며, 이것은 고조선 내부의, 혹은 연의 상고와 고조선인들 간의 교역의 과정의 결과물로 이해함이 바람직하다. 혹자(或者)는 이 지역 명도전 매납(埋納) 유적들을 모피무역(毛皮貿易)과 관련된 중계무역(中繼貿易)의 증거들이라 파악하기도 한다. 이러한 입장은 이 명도전 관련 유적에서 발견되는 화폐들의 다수가 명도전이긴 하지만 진한대의 화폐가 일부 섞여있다는 점을 들어 연의 이 지역 지배 사실의 증거가 될 수 없다고 본다.[95]

조선은 B.C. 282~280년 진개의 동정 이후 만번한을 경계로 요서-혼하- 천산산맥에 이르는 1,000여 리(약 400 km)에서 영향력과 지배력을 상실하고 천산산맥 이동으로 웅크려 들게 되었다. 사료 ⑨의 b)에서 적시한 "朝鮮遂弱"이란 바로 이러한 상황을 표현한 것이다.

---

93) 최몽룡, 1997, 「고조선의 문화와 사회경제」, 『한국사』 4, 국사편찬위원회.
94) 박선미, 2000, 「기원전 3~2세기 요동지역의 고조선문화와 명도전유적」, 『선사와 고대』 14; 박선미, 2005, 「전국~진·한초 화폐사용집단과 고조선의 관련성」, 『북방사논총』 7.
95) 강인욱, 2011, 앞의 글, 262~270쪽.

Ⅳ. B.C. 2세기 위만조선의 성립과 한과의 갈등

1. 진의 천하통일과 조선

사료

(20) 「自始全燕時 嘗略屬眞番朝鮮爲置吏築障塞 秦滅燕屬遼東外徼 漢興爲
其遠難守 復修遼東故塞 至浿水爲界」(『사기』권115, 조선열전 제55)

(21) 「築長城 因地形 用制險塞 起臨洮至遼東」(『사기』권88, 몽념열전 제28)

(22) 「魏略曰 ─(a)朝鮮遂弱 及秦幷天下 使蒙恬築長城到遼東 (b) 時朝鮮王否
立, 畏秦襲之, 略服屬秦, 不肯朝會」(『삼국지』권30, 오환선비동이전 제30 한조 소인 『
위략』)

(23) 「(a)三十二年 (B.C.215), 始皇之碣石, (b)二世皇帝元年 (B.C.209), 年二十一
…… 春, 二世東行郡縣, 李斯從. 到碣石」(『사기』권6 진시황본기 제6)

　진은 B.C. 221년 천하를 통일한 뒤에 몽념(蒙恬)을 시켜서 장성을 쌓게 하여 요
동까지 이르렀다(사료 21과 22의 a). 이때 조선왕 비(否)가 즉위하였는데, 진의 습격
을 두려워하여 진에 복속하였다고 기록은 전하고 있다.(사료 22의 b).
　진의 대조선 정책은 연의 그것에 비해서도 매우 소극적이었다. 사료 (23)은 진
시황(秦始皇)과 진이세(秦二世)의 순행(巡幸) 관련 기사인데, 그들의 여정(旅程)의 동
쪽 한계는 '갈석(碣石)'이었다. 이 갈석은 현재 발해만(渤海灣)을 연(沿)한 하북성 산
해관 ─진황도시(秦皇島市)─ 북대하(北戴河) 지역과 이서의 갈석산이 있는 창려(昌
黎) 일대를 일컫는다. 특히 창려 서쪽으로는 난하(灤河)가 흐르는 바, 이 난하는 중
원과 새외(塞外) 문화의 계선으로 주목 받는 하천이다. 사료 (23)은 진이 이곳 갈석
지방을 자기들 통치권의 동한으로 인식하고 있었음을 시사한다.

사료(20)의 "秦滅燕屬遼東外徼"는 이 점을 분명히 해주고 있다.[96] 곧 진은 연을 멸한 후 그곳을 "요동외요(遼東外徼)"에 속하게 했음을 기록하고 있다. '요(徼)'란 "순찰(巡察)하다 - 순행(巡幸)하다"라는 뜻의 글자이다. 즉 진은 구 연나라 지역을 '요동순찰지역(遼東巡察地域)'이라는 특수 관리 구역 정도로 인식·규정하였던 것이다. 진나라는 전국을 36개 군으로 나누는 군현제도를 실시하였다는 점에 비추어, 진의 요동에 대한 이러한 인식과 조치들은 자못 이해하기 힘든 대목이다.

먼저 추측해 볼 수 있는 것은 대외정책에서의 우선 순위 문제이다. 진의 제 1차 과제는 흉노(匈奴) 문제였다. B.C. 4세기 무렵 흉노는 이미 중국의 북방 초원 지대의 강력한 세력으로 등장했으며, 전국기의 조·진·연에 대한 위협적인 존재로 성장하고 있었다. 특히 흉노는 진의 중심부인 관중(關中) 지방에 인접해 출몰한 까닭에 매우 위험한 존재였다. 따라서 진시황은 B.C. 215년 몽념의 지휘 하에 30만 대병을 동원하여 흉노를 토벌하여 전국 말에 빼앗겼던 Ordos 지역을 수복하고, 구원군(九原郡)을 설치하였다. 이어 진시황은 B.C. 214~213년 '직도(直道)'라는 군사도로망(軍事道路網)을 구축하고, 만리장성(萬里長城)을 축조하였다. 또한 B.C. 214년 진은 남방의 '백월(百越)'을 정벌하는 등 동북의 요동과 조선 문제까지 손 댈 여력이 없었을 것으로 추정된다. 그러기에는 진의 치세(治世:221~207 B.C.)가 너무 짧았던 것이다.

이 시기 고조선은 B.C. 3세기 전반 중심지 이동에 따른 정비과정을 거쳐 상당한 역량을 축적시킨 것으로 보인다. B.C. 214~213년에 조선왕 비가 즉위하였는데, 진의 습격을 두려워하여 진에 복속하였으나, 입조(入朝)하지는 않았다(사료 22의 b)고 한다. 그러나 진에 복속하였다는 사실 자체가 역설적으로는 대제국 진과 일정한 정치-외교적 관계를 맺는 주체로 성장하였음을 시사한다. 평양(平壤)에서

---

96) 서영수는 이 사료가 진의 조선 정벌을 서술하고 있다고 보면서, 당시 조선은 천산산맥에서 압록강에 이르는 땅을 상실한 것으로 파악하고 있다. 서영수, 1999, 앞의 글, 112~114쪽; 서영수, 2006, 앞의 글, 473~474쪽.
서영수는 "요"를 "이적을 막기 위해 강가에 설치한 서남쪽의 요새"를 뜻한다고 새기고 있다. 서영수, 1999, 앞의 글, 112쪽 주67).

발굴된 진 명문(銘文) 동과(銅戈)가 이러한 조선-진 교류의 물증이 된다.[97] 그러나 위만(衛滿)이 한때 머물렀다는 패수(浿水) 이동의 "秦故空地 上下鄣"[98]의 존재는 진의 조선에 대한 인식이 그다지 우호적인 것만은 아니었음을 짐작케 해준다. 혹자는 진이 연을 멸망시킨 후 이곳을 변방 혹은 공지(空地)로 남겨 두어 일종의 완충지대로 기능케 한 것이라 보고 있다.[99] 그런데 '장(鄣)'이란 산간 지역에 설치된 소형 성보(城堡)나 전략적인 필요에 따라 장성 본체 외에 별도로 요충지에 축조해 놓은 성보-성보군을 일컫는다.[100] 당시 진은 패수 이동의 땅을 일종의 자기 영역으로의 제 적대 세력의 침투를 차단해주는 방패의 땅, 곧 '차단지(遮斷地:cordon sanitaire)' 혹은 '방위전지(防衛前地:glacis)'로 운용하고 있었던 것이다.[101] 당연히 진은 이곳에 2중의 성보[상도하(上下鄣)]를 구축하여 조선에 대한 감시의 끈을 늦추지 않았던 듯하다. 이처럼 당시 조선의 동향은 진의 눈에도 심상치 않게 보였을 것이다. 아마 조선은 연과의 전쟁으로 상실한 천산산맥 즉 '만번한' 이서 지역을 잠식(蠶食)하려는 움직임을 보이기 시작한 것이 아니었을까 추측해 본다. 사료 (22-b)의 "진의 습격을 두려워하여 진에 복속하였으나 입조하지" 않음도 이런 점과 유관한 기록일 것이다. 그러나 진은 이러한 조선의 동향에 대하여 "상하장"을 운용하는 위기관리 수준의 대응에 그치고 있었던 것이다.

한편 요동 지역에 존속되었던 명도전 관련 연화보-세죽리 유형의 철기문화는 변화를 겪게 된다. 고조선계 청동기(세형동검), 점토대토기(粘土帶土器)의 갖춤새와

---

97) 이청규, 2005, 앞의 글, 48~49쪽.
98) 『사기』권115, 조선열전 55.
99) 이청규, 2005, 앞의 글, 49쪽.
100) 오강원, 2010, 앞의 글, 198쪽.
101) 여러나라와 인접해 있는 나라는 그 領土가 확대되는 경우, 자국의 변경, 나아가서는 자국 전토의 보호와 안전을 위해서 자기 나라 주위에 타국이면서 자국에로의 외침을 막아줄 수 있는 방패의 땅이 필요한 것이다. 이러한 방패의 땅을 정치지리학에서는, 외침을 차단해 준다는 의미에서 「차단지」(cordon sanitaire)라고 부르거나 자국 앞에 있는 땅이 자국을 방어해 준다는 뜻에서 「방위전지」(glacis)라 부른다. 임덕순, 1985, 『정치지리학원론』, 일지사, 237~239쪽.

연나라 계통의 철기, 회색도기의 갖춤새가 융합된 상보촌(上堡村)유형의 문화가 이 시기의 요동 지역에 존재하는 것이 확인된다. 그리고 이 지역에서 흔히 발견되는 명도전 매납 유적은 조선-연과의 교역 관계망 아래에서 유지되었던 명도전의 화폐 기능이 상실되면서 퇴장되었을 것으로 판단된다.[102]

2. 위만조선의 成立

사료

(24) 「(a) 盧綰者, 豊人也, 與高祖同里—高祖已定天下, 諸侯非劉氏而王者七人—(b)燕王綰悉將其宮人家屬騎數千居長城下—, 四月, 高祖崩, 盧綰遂將其衆亡入匈奴, 匈奴以爲東胡盧王. 綰爲蠻夷所侵奪, —(c)太史公曰, 韓信·盧綰非素積德累善之世, 徼一時權變, 以詐力成功, 遭漢初定, 故得列地, 南面稱孤. 內見疑彊大, 外倚蠻貊以爲援, 是以日疏自危, 事窮智困, 卒赴匈奴, 豈不哀哉! 」(『사기』 권93 한신로관렬전 제33)

(25) 「(a) 朝鮮王滿者, 故燕人也—秦滅燕 屬遼東外徼 (b) 漢興爲其遠難守 復修遼東故塞 至浿水爲界 屬燕 (c) 燕王盧綰反 入匈奴 滿亡命 聚黨千餘人 魋結蠻夷服而東走出塞 渡浿水 居秦故空地 上下鄣稍役屬 眞番朝鮮蠻夷及故燕齊亡命者王之 都王險 (『사기』 권115, 조선열전 55)

(26) 「燕丹散亂遼閒, 滿收其亡民, 厥聚海東, 以集眞藩, 葆塞爲外臣」(『사기』 권130, 태사공자서)

(27) 「會孝惠高后時天下初定, 遼東太守卽約滿爲外臣, 保塞外蠻夷無使盜邊, 諸蠻夷君長欲入見天子, 勿得禁止. 以聞, 上許之, 以故滿得兵威財物, 侵降其旁小邑, 眞番臨屯皆來服屬, 方數千里」(『사기』 권114 조선열전3)

---

102) 이청규, 2005, 앞의 글, 47쪽.

B.C. 3세기 말 동북아 정세는 급변하고 있었다. B.C. 207년 진제국(秦帝國)이 붕괴되고, 유방(劉邦)의 한이 B.C. 202년 항우(項羽)의 초를 제압함으로써 중원은 다시 통일되었다. 바로 이 무렵인 B.C. 206년 북방 초원 지대에서도 흉노 모돈선우(冒頓單于)가 내몽고 Siramuren 유역으로 추정되는 '기지(棄地)'에 대한 지배권 갈등을 빌미로 동쪽의 동호를 강습(强襲)하여 이를 대파, 이들을 선비와 오환으로 분산(奔散)하게끔 만들었다. 이제 동아시아 패권(霸權)을 둘러싼 한과 흉노의 장기간의 각축전(角逐戰)이 시작된 것이다.

한은 고조(高祖)가 B.C. 200년 평성[平城:산서성(山西省) 대동(大同)] 인근 백등산(白登山)에서 흉노에게 침패한 이후, 문제(文帝)~경제(景帝) 대(179~141 B.C.)에 이르기까지 대흉노화친책(對匈奴和親策)에 매달리면서 국내에서의 군현제를 기반으로 한 중앙집권적 통일제국 정립에만 부심하고 있었다. 곧 건국기(建國期) 한 고조의 제일의적 과제는 군국제(郡國制) 하 다수의 이성제후왕(異姓諸侯王:사료 24의 a)을 정리하여 중앙정부의 안정성을 제고하는 일이었다. 고조의 이러한 정책은 B.C. 203년 초왕 한신(韓信)으로부터 시작되어 한왕(韓王) 신(信) 등을 거쳐 마지막으로 B.C. 195년 연왕 노관(盧綰)에 대해서 차례로 관철되었다. 이들 이성제후왕들의 존재는 사료(24의 c)의 "內見疑彊大, 外倚蠻貊以爲援"처럼 중앙정부에 대한 위협이 되었을 뿐만 아니라, 이들이 흉노·'만맥(蠻貊)' 등과도 연결되어 자기 생존기반을 공고히 할 것을 도모하고 있었다. 실제로 한왕 신·진희(陳豨)·노관이 모두 흉노로 망명하고 있다. 특히 노관은 사료(24의 b)처럼 "宮人家屬騎數千"을 이끌고 흉노로 투항하여, 그들의 '동호노왕(東胡盧王)'이 되어 오히려 한을 공격하고 있다.

그런데 상곡(上谷) 이동으로 부터 요동에 이르는 동북 제군(諸郡)은 흉노의 좌방왕장[左方王將:좌현왕(左賢王)]의 소재지에 인접해 있어 흉노의 피해가 심한 지역이었다. 그럼에도 문제-경제 시대에는 동북지역의 안정 확보를 위한 출정이 실현되지 못하였다. 문제의 시기 흉노의 피해가 가장 극심했던 지역으로는 운중군(雲中郡)과 아울러 요동군이 꼽히고 있다. 무제기(武帝期) 이전의 요동군은 중앙의 군사적 지원도 받지 상황 아래에서 매우 불안한 지역이자 열악한 군으로서 명맥을

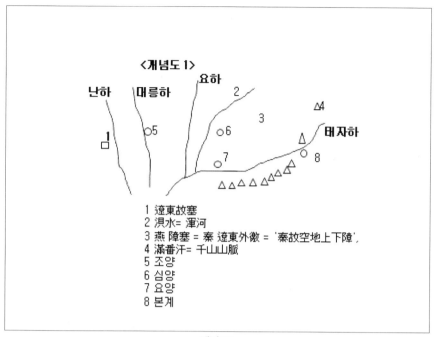

<개념도 1>

난하 　 대릉하 　 요하

태자하

1 遼東故塞
2 浿水 = 渾河
3 燕 障塞 = 秦 遼東外徼 = '秦故空地上下障'
4 滿番汗 = 千山山脈
5 조양
6 심양
7 요양
8 본계

개념도1

유지하였던 것이다.[103]

　사료(25의 a와 b)는 한이 진의 "요동외요" 관할(管轄) 지역이 멀어서 지키기 힘들다 하여 요동의 고새(故塞)를 다시 고쳐 사용하면서 패수(浿水)를 조선과 경계로 삼아 그 이서의 땅을 [장다(臧荼) → 노관]이 다스리던 연국에 소속하게 하였음을 말해준다. 주목할 것은 한초(漢初) 요동 방면에서의 한의 세력 위축상(萎縮相)이다. 한은 본래 있던 "秦故空地 上下鄣(사료25의 c)"을 포함한 "요동이 멀고 지키기 힘든 까닭"에 요동의 옛 거점을 수리하여 사용하고, 그 계선을 과거 조선과 연의 경계에서 더 후퇴하여 패수로 정한 것이다. 이 사실은 당시 조선이 본래 '만번한(천산산맥)' 이동으로 밀려 났다가, 진의 소극적 대 동북아 정책과 진한교체기의 혼란 그리고 이 방면에서의 흉노의 강세와 발호(跋扈)를 틈타 천산산맥 이서 지역으로

---

103)　권오중, 1995, 앞의 글.

세력을 확장했음을 적시해주고 있다.[104] 따라서 필자는 '요동고새(遼東故塞)'는 전국 연기의 요동 군치인 하북성 계현의 무종 일대에 위치했다고 본다. 진이 대조선 '차단지' 혹은 '방위전지'로 운용한 바 있던 "진고공지상하장(秦故空地上下鄣)"은 만번한 이서 패수 사이에 있었고, 여기서 더 서쪽에 '요동고새'가 있었던 것이다. 그러면 패수는 지난 국가형성기 조선의 중심지로 추정되는 심양에 연하여 흐르는 혼하가 아닐까 추정해 본다.[105] 이를 도시(圖示)한 개념도가 <개념도1>이다.

사료 (25의 b)와 (26)과 (27)은 B.C. 194년 유(流)"고연인(故燕人)"인 위만이 "眞番朝鮮蠻夷及故燕齊亡命者"을 규합하여 고조선의 왕권을 장악하였고, 위만조선은 대외적으로 한과의 외신관계(外臣關係)를 맺음으로써 "병위재물(兵威財物)"을 얻어 주변 지역을 복속하여 광역(廣域)의 영역국가로 성장하였다고 보는 통설(通說)의 근거가 된다.[106]

"고연인"인 위만이 쉽게 조선에 받아들여져 중용된 것은 그의 역량을 뛰어 넘는 시대적 상황과 맞물린다. 위만과 그가 속한 집단의 정체성은 고조선사 전개의 유전(流轉) 속에서 그 답을 구할 수 있다. 대릉하 유역 요서 지역의 문화가 요녕 비파형동검문화 초기의 한 축(軸)으로 구실했음은 이미 알려진 사실이다. 그러나 이 지역 문화는 특히 B.C. 5~4세기를 기점으로 연 문화의 영향으로 그 내용이 점차 변용되어 갔다. 특히 대릉하 유역의 남동구·동대장자 유형은 전국계·북방계 문화의 영향을 강하게 받았지만, 기본적으로 비파형동검을 무기체계의 근간으로 삼는다는 점에서 요서 비파형동검문화의 전통을 계승한 문화라고 볼 수 있다.[107] 그러나 B.C. 282~280년 연 진개의 동정은 이 지역 주민들에게 정치적 존재 양식의 변화마저 강요하게 된다. 특히 B.C. 3세기 초 이후 이곳 예맥계 요서 집단은 급

---

104) 서영수도 본고의 논지와는 다소 차별성이 없지 않지만, 고조선이 한초 실지를 회복했다고 본 바 있다. 서영수, 1999, 앞의 글, 114~116쪽; 서영수 , 2006, 앞의 글, 474~476쪽.
105) '혼하=패수설'은, 서영수, 1999, 앞의 글, 115쪽; 서영수, 2006, 앞의 글, 476쪽 .
106) 박준형, 2011, 「위만조선의 지배구조와 대외관계」, 고조선사연구회 2011.9/30 발표문, 1쪽.
107) 오강원, 2004, 「중국 동북지역 세 청동단검문화의 문화지형과 교섭관계」, 『선사와 고대』20, 68~73쪽: 박준형, 2012, 앞의 글, 201~202쪽.

격한 문화 변동을 겪으면서 점진적으로 연 세력권 아래로 편입 되어 갔던 것이다. 따라서 이곳 지역 주민들은 예맥-연-진-한 등 지배 세력의 빈번한 교체 하에서 자기들 상호 간 일정한 관계망을 구성하면서 다양한 정치-문화적 경험을 통해 나름대로 역량을 온축한 집단 이었다. 진한교체기 중국인들의 시선에서 위만을 "故燕人(사료 25의 a)"이라하고, 사료 (26)에서 사마천(司馬遷)의 눈에 그가 연의 망민(亡民)을 거두었다는 기록은 여기에서 비롯된 것이다.[108]

위만집단 역시 이 요서 지방에 거주하면서도 '피발좌임(被髮左衽) 추결만이복(魋結蠻夷服)'의 전통을 지켜온 예맥계 주민들이었을 것으로 추론 된다. 이들은 위만을 수장으로 연-진 및 진-한 교체의 동란기(動亂期) 속에서 장다-노관으로 이어지는 연왕의 지배기제 속에서 일정한 역할을 수행하였던 것이라 추정 된다. 사료 (24의 b)에서 노관이 흉노로 망명 시 함께 움직인 "宮人家屬騎數千"의 규모에 비추어 볼 때, 위만의 "聚黨千餘人(사료 25의 b)"은 이들이 결코 만만한 세력이 아님을 적시해 준다. 특히 노관이 위기 시 흉노로 망입한 것이 "外倚蠻貊以爲援(사료 24의 c)"했다는 사실과 관련 있다는 점에 비해, 위만은 종래부터 종족적-문화적 친연성이 깊은 조선으로 망명했던 것이다. 이 점에서 위만의 정체성이 더욱 분명해진다. 그런데 사료 (25의 c)와 (26)은 "眞番朝鮮蠻夷及故燕齊亡命者"들이 진번에 일단 집결한 것으로 읽힐 수 있는데, 이 경우 '진번'은 만번한과 패수 사이에 위치한 '연 장새(障塞) = 진 요동외요 = 진고공지상하장(<그림 1>의 3)'에 자리한 것으로 판단된다.

위만조선은 위만계를 중핵(中核) 집단으로 하는 예맥계 유이민 중심의 왕권과 재지 토착세력에 바탕 한 상권(相權)이 연합한 과두제적(寡頭制的) 지배구조(origarchy system)하에 운영되었다.[109] 따라서 우리 학계는 이러한 2중적인 불완전한

108) 김정배, 1972, 「고조선의 민족구성과 문화적 복합」, 『백산학보』21, 45쪽.
109) 위만조선의 지배구조 전반에 대한 검토는, 박준형, 2012, 「고조선의 성립과 발전에 대한 연구」, 연세대학교 대학원 사학과 박사학위논문, 194~198쪽.

지배 구조가 위만조선이 갖는 한계성으로 지적하고 있다.[110] 예컨대 우거왕 때 조선상(朝鮮相) 역계경(歷谿卿)처럼 언제든지 스스로 국가 지배권 밖으로 자의적 퇴출을 감행한다든지, 한의 왕검성(王儉城) 공위전(攻圍戰) 당시 드러난 지배 집단의 자중지란 등이 그 호례가 된다. 그리고 이러한 국가의 지배구조 형해화(形骸化)의 계기는 언제나 대외 관계 진전의 고비 고비에서 찾아온다.

위만조선의 국가적 성장은 보통 대외교역(對外交易:중계무역)과 영역화(領域化) 과정[정복전쟁(征服戰爭)]으로 설명되고 있다. 이 가운데 주목되는 것은 세형동검 문화 요소의 대외교류 측면이다. 하북·산동 지역과 연해주(沿海洲)에서 확인되는 한국식 청동기, 요녕-길림(吉林) 지역에서 확인되는 세형동검문화 요소들은 위만조선 성립기의 교류 양상을 대변한다. 한편 요동-서북한 지역에서 나타나는 명도전과 반량전(半兩錢) 등의 중원계 화폐와 거마구(車馬具), 그리고 전국시대 북방 초원계 문화에 기인하는 동물 장식이나 조형검파두식(鳥形劍把頭飾)은 이 시기 대외교류의 일면을 잘 보여준다. 결국 위만조선 문화의 특징은 중원계 문화요소와 동북계 혹은 북방 초원계 문화 요소가 세형동검문화 속에 복합, 변형되고 있다는 점에서 구할 수 있다. 이러한 문화 요소의 지역 간 교류는 주민 이주와 모방경쟁(模倣競爭), 전쟁 등 다양한 기제로 이루어질 수 있다. 위만조선이 다양한 문화적 기반 위에 성립, 발전하였다는 지적은 이와 무관하지 않다. 당시 위만조선의 문화는 세형동검문화를 바탕으로 한 철기문화로의 진전 상황 아래에서 질·양 면에서 압도적이며 침투력과 동화력(同化力)에서 빼어난 중원 문화와의 만남 가운데서도 자기 정체성을 상실하지 않을 수 있었다. 이들은 오히려 중원문화를 자기들 문화 역량 증대를 위한 전략적 자원으로 활용할 수 있게 되었던 것이다.[111]

국초(國初) 위만은 요동태수(遼東太守)를 통해서 한과 외신 관계를 맺었다. 외신의 의무는 새외의 만이(蠻夷)를 지키고("保塞外蠻夷"), 변경에서 노략질하지 못하

---

110) 노태돈, 1998, 「위만조선의 정치구조-관명 분석을 중심으로-」 『산운사학』8: 송호정, 2008, 앞의 책; 박준형, 2012, 앞의 글.
111) 박경철, 2005, 앞의 글, 148쪽.

게 하며("無使盜邊"), 모든 만이의 군장이 천자를 입견 할 때 막지 않는다("諸蠻夷君 長欲入見天子, 勿得禁止")는 세 가지 약속을 지키는 것이었다(사료 27).[112] 그러나 학계 에서 흔히 논의 되고 있는 위만조선의 성장의 계기가 된 한과의 사이의 "병위재 물" 수수(授受) 관계는 외신 관계 체결 당시의 한시적인 것이었다. 또 이 때 한으 로부터 받은 발달된 강철제(鋼鐵製) 무기류가 위만 군사력을 강화했다는 주장은 고고 문화적으로 뒷받침 되지 않고 있다. 따라서 사료 (27)의 내용은 위만이 성장 하는데 있어서의 한의 역할을 강조하기 위한 수사적(修辭的)인 표현이라 봄이 타 당하다고 본다.[113] 오히려 이 경우 위만은 외신의 직위를 감수하는 대가로 한으로 부터 왕권을 공식적으로 인정받았으며, 위만조선의 주변 세력과의 대외 교섭권 을 독점할 수 있게 되었다는 점에 더 주목해야 한다. 한이 내우외환(內憂外患)으로 외신의 의무를 강제하지 못하는 상황을 틈 타 위만조선은 주변 제 세력을 압박하 며 광역의 영역국가로 성장할 수 있었던 것이다.[114]

3. 위만조선과 한의 갈등

사료

(28) 「夫燕亦勃碣之間一都會也, ……, 北隣烏丸夫餘, 東綰穢貉朝鮮眞番之利」 (『사기』 권129 화식렬전)

(29) 「諸左方王將居東方, 直上谷以往者, 東接穢貉朝鮮」(『사기』 권110 흉노렬전)

(30) 「孝武皇帝愍中國罷勞無安寧之時, 乃遣大將軍驃騎伏波樓船之屬, 南滅 百粵, 起七郡. 北攘匈奴, 降昆邪十萬之衆, 置五屬國, 起朔方, 以奪其肥饒 之地. 東伐朝鮮, 起玄菟樂浪, 以斷匈奴之左臂. 西伐大宛, 竝三十六國, 結烏 孫, 起敦煌酒泉張掖, 以鬲婼羌, 裂匈奴之右肩. 單于孤特, 遠遁于幕北. 四垂

---

112) 박준형, 2011, 앞의 글, 3~6쪽.
113) 박준형, 2011, 위의 글, 5~6쪽.
114) 박준형, 2011, 위의 글, 18쪽.

無事, 斥地遠境, 起十餘郡」(『한서』 권73 위현전 제43)

(31)「衛滿擊破準, 而自王朝鮮, 傳國至孫右渠. 元朔元年, 濊君南閭等畔右渠,
率二十八萬口, 詣遼東內屬, 武帝以其地爲蒼海郡」(『후한서』 권85, 동이렬전 제
75, 예조)

(32)「彭吳穿穢貊朝鮮, 置滄海郡, 則燕齊之間靡然發動」(『한서』 권24下, 「식화지」
제4하)

(33)「武帝以其地爲蒼海郡, 數年乃罷」(『후한서』 권85, 동이렬전 제75, 예조)

(34)「傳子至孫右渠 眞番旁衆 國欲上書見天子, 又擁 閼不通」(『사기』 권115, 조
선얼전 55)

사료(28)은 한 초 이성제후왕(異姓諸侯王)으로서 분봉(分封)된 연국이 "예맥조선
진번(穢貉朝鮮眞番)"과 일정한 경제적 관계망 속에서 상당한 부(富)를 축적하고 있
음을 보여 주고 있다. 특히 이곳의 장다-노관은 중앙정부의 통제를 벗어나 흉노
좌현왕("좌방왕장")과 일정한 연계 하에 조선 등과 교역을 행하고 있었음을 짐작케
한다. 그리고 이러한 연결고리의 일익(一翼)을 요서의 위만 집단이 담당하고 있었
을 것이다. 당시 흉노의 좌현왕은 상곡군과 그 이동의 예맥 및 조선 방면을 통할
하고 있었다(사료 29). 그런데 B.C. 195년 연왕 노관의 흉노 망입 이후 문제-경제 대
(179~141 B.C.)까지 상곡 이동으로 부터 요동에 이르는 동북 제군에서의 흉노의 발
호가 더욱 극심하게 된다. 이 틈을 타 조선이 패수 선까지 세력을 확장 할 수 있었
음은 상술한 바대로다. 이후 이런 정황을 숙지하고 있는 위만조선도 한과의 기왕
의 외신 관계를 무시·파기(破棄)하고, 흉노와 제휴하여 자국과 그 지배 집단의 이
익 제고에 진력하였을 것이다.[115]

위만조선과 흉노 관계는 사료 (30)을 비롯한 관련 사서(史書)에 "조선 = 흉노좌
비(匈奴左臂)"라는 기사(記事) 외에는 이렇다 할 기록이 없는 실정이다. 다만 몇 가

---

115) 권오중, 1992, 『낙랑군연구』, 일조각, 27~28쪽.

지 방증(傍證)이 간취(看取)될 뿐이다. 흉노에 있던 '비왕(裨王)'이라는 관직(官職)이 [116] 위만조선의 그것에도 있다는[117] 점이다. 또 고조선 태자가 왕검성 공위전 시 항복 교섭 차 "헌마오천필(獻馬五千匹)"을 시도한 사실이[118] 있는데, 전략물자인 말의 이런 물량의 수급은 오직 유목 세력 즉 흉노와의 교섭을 통해서만 가능하다. 당시 위만조선에게 말을 대량공급 해 줄 수 있는 route는 [심양→통요(通遼)→오란호특(烏蘭浩特)→ 아이산(阿爾山)→ 호륜패이 초원이나 석림곽륵(Xilingol) 초원]인데 이 대흥안령 일대 또한 흉노 좌현왕이 통제하는 지역이었던 점에서 더욱 그러하다. 비록 동 시기는 아니지만 호륜패이시 '호륜패이민족박물관(呼倫貝爾民族博物館)'과 통요시 '과이심박물관(科爾沁博物館)(Horqin Museum)'에는 비파형동검이 전시되어 있는 바, 이전부터 이곳이 예맥계 주민과 초원 유목민들 간의 접속 route임을 짐작케 해준다. 또 『회남자(淮南子)』에서 "以匈奴出穢裘"는[119] 흉노가 예(穢)에서 산출되는 가죽 옷[예구(穢裘)]를 다시 중국과 교역한 것으로, 당시의 흉노와 예맥과의 교역을 방증해 주는 자료이다.[120]

그러나 위만조선과 흉노와의 관계에 대한 중국 측의 인식과 속뜻은 B.C. 128~126 창해군(蒼海郡) 설치 문제에 드러나 있다. 무제기(147~87 B.C.)에 이르러 한의 대 흉노 정책은 공세적으로 전환 된다. B.C. 133년 한군(漢軍)의 첫 출병이 단행되었다. 그런데 B.C. 129년에는 한이 장군(將軍) 한안국(韓安國)을 파견하여 어양-우북평-요서군에 주둔하도록 하였다. 중앙에서 파견된 장군이 동북 지역에 주차(駐箚)하였음은 이제까지 방치해 온 요동군을 비롯한 동북 제 군을 강화하려는 조치였다.[121] 곧 한의 동북지역에 대한 이러한 군사력 전개는 흉노의 좌측방 전선(戰線)을 위협하기 위한 포석이었다고 판단된다. B.C. 128년 예군남여(穢君南閭)가 내

---

116) 『사기』권110 흉노렬전에서의 곽거병에게 투항한 흉노 혼사왕의 비왕 호독니가 그이다.
117) 『사기』권115, 조선열전 55.
118) 위의 책.
119) 『회남자』권 1 원도훈
120) 박준형, 2004, 앞의 글, 85쪽.
121) 권오중, 1995, 앞의 글, 278쪽.

속(內屬)하였다는 사실(사료 31과 32 그리고 33)은 바로 이 1년 전의 한의 조치와 유관한 것이다.[122]

오늘날 우리 학계는 이 예군 남여의 존재를 고구려(高句麗) 국가 형성사 문제와 결부시켜 이해하려는 견해가 우세한 것도 사실이다. 그러나 필자는 창해군의 입지는 부여사(扶餘史)의 맥락에서 검토함이 타당함을 주장하는 견해를 개진 한 바 있다.[123] 즉 첫째, 맥(貊) 족의 주지(住地)를 '예'라 하지 않고, 예의 그것을 일부 '예맥'이라 지칭하기는 했어도 '맥'이라 한 적이 없다는 점, 둘째 압록강 유역 창해군의 경영 비용 과다로 이를 포기한 한이 예군 남여 세력에 비해 보다 강력했고 훨씬 먼 곳에 위치한 위만조선과 치열한 교전상태를 2년간이나 끌면서 어떻게 끝내 승리할 수 있었는지 의문이 아닐 수 없다는 점, 마지막으로 B.C 2세기 말 당시 고구려사회의 정치적 통합 노력이 아무리 활발히 또 급속히 진전되었다 할지라도, 이 지역에서 한에게로의 '내속' 같은 정치적 운명을 같이 하는 수준의 응집력을 가진 28만 구(口)의 대규모 집단을 통할하는 예군 남여의 존재를 상정함은 무리라는 점이 그것이다.

당시 예군남여 집단은 위만조선이 흉노와의 유착(癒着) 관계에 기대어 주변 예맥계 제 집단과 한 및 흉노 간의 교섭을 제어하면서(사료 34) 자기 지배 집단의 이익만을 추구함에 반발하였던 것으로 판단된다. 상술한 '예구'는 본래 훗날의 동예(東濊)가 되는 지역의 특산물이었다. 위만조선이 이를 공납(貢納) 받아 흉노에게 매매(賣買)하고, 흉노가 다시 이를 중원에 전매(轉買)하여 수익을 취하고 있던 것이다. 이 사실은 위만조선이 주변 제 세력에 대한 자원 수탈 구조를 구동시키고 있었음의 방증이 된다. 이러한 위만조선의 수탈적 공납제(貢納制)는 비단 동예 뿐 아니라, 송화강(松花江) 유역의 예군 남여 집단에게도 강요되었을 것이다. 예군 남여 집단 - 옥저 - 동예 - "진번방중국(眞番旁衆國)" 같은 주변 예맥계 제 집단은 한

---

122) 권오중, 1995, 위의 글, 280쪽.
123) 박경철, 1992, 「부여사전개에 관한 재인식시론」, 『백산학보』40; 박경철, 1994, 「부여사의 전개와 지배구조」, 『한국사2:원시사회에서 고대사회로-2』,한길사.

이나 흉노와의 직접 교섭을 막는 위만조선의 존재에 불만을 가졌을 것이다(사료 34). 이에 한은 흉노와 위만조선을 측방(側方)에서 견제 할 수 있는 예군 남여 집단의 지정학적 가치를 고려하여 이곳에 창해군을 설치하였던 것이다. 이러한 한의 조치가 "燕齊之間(사료 32)"의 위만조선이 운영하는 수탈구조와 이해관계를 가진 제 세력에게는 한 측의 새로운 동북 정책의 시행을 알리는 전조(前兆)로 받아들여져 파문을 일으켰을 것이다. 창해군은 B.C. 126년 경영 비용 문제로 폐지되지만, 이후에도 한의 예군 남여 집단에 대한 관심과 배려는 각별했던 듯하다. 위만조선은 장검 아닌 세형동검이라는 단검(短劍)을 상용(常用)한데 비하여, 부여의 선행(先行) 집단인 예군 남여 집단(채람(彩嵐)·서란(舒蘭)·서차구(西岔溝)·유수(榆樹) 등)은 [쌍조형검병(雙鳥形劍柄)의 동병동검(銅柄銅劍) → 쌍조형검병의 동병철검(銅柄鐵劍) → 원주식 검병의 동병철검(3세기 B.C. ~ 1세기 A.D.)]이라는 장검을 사용하고 있다. 이는 예군남여 집단이 한 측으로부터 '병위재물' 곧 장검 제작 기술을 이전 받은 결과일 수도 있다고 추론된다. 이처럼 창해군 설치는 한이 흉노와의 전쟁이 진행되는 와중(渦中)에서 단행한 위만조선과 흉노의 연대(連帶)에 쐐기를 박는 조치였다. 그만큼 한의 양 세력 관계에 대한 의구심과 우려는 컸다고 짐작된다. 당시 한 측의 이러한 인식이 여러 사서에 투영(投影)된 것이 "조선=흉노좌비"라는 기사인 것이다.

우리 학계 일각에서는 위만조선 건국기 한과 체결한 외신 관계에 대해 한 측이 주도권을 쥐고 상대방에게 신이라는 호칭을 강제한다는 점은 분명하지만, 특정한 유력 군장에게만 외신의 지위를 부여한 것이 아니라 정치적 친선 관계를 맺을 수 있다면 모든 만이를 그 외신의 대상으로 삼았던 것이라고 본다. 이렇게 외신이 비교적 일반적 의미로 사용되었다면, 그들에게 특수한 의무가 부과되었을 가능성은 그다지 많지 않다.[124] 문제는 그 외신 관계의 내용에 대한 해석권이 언제나 한 측에 유보(留保)되어 있었다는 점이다. 이 점에서 위만조선과 한 사이에는

---

124) 김병준, 2008,「한이 구성한 고조선 멸망 과정-'사기'조선열전의 재검토-」,『한국고대사연구』 50, 15쪽.

갈등의 가능성이 구조적으로 상존(常存)하고 있었던 셈이다. 오히려 외신이라는 개념 자체에 특정한 의무가 없기 때문에 한은 시대적 상황에 따라 자의적인 요구를 강요 할 수 있었다. 전한 초기는 전란이 막 평정된 시기이므로 외신들에게 무리한 요구를 한다는 것 자체가 불가능했다. 외신에 대한 요구는 경제 시기 오초칠국(吳楚七國)의 난을 전후로 제후국에 대한 한의 우세가 본격화되면서 크게 달라졌고, 더욱이 황제권이 크게 강화된 무제 시기가 되면 내신에 대한 통제가 강화됨과 동시에 외신의 의무 또한 더욱 강화되었던 것이다.[125]

한 무제(147~87 B.C.)의 세계정책(世界政策 : world policy)은 한-흉노를 기축으로 한 2원적 동아시아 국제질서(國際秩序)를[126] 지국 중심으로 재편함을 목적으로 추진되었다. 이를 통하여 한은 자국의 안전보장의 담보와 주변 제 세력을 통제-관리하는 과정에서 그들의 부존(賦存) 자원에 대한 접근의 기회를 포착하고자 했던 것이다. 이러한 무제의 세계정책은 주변 제 국가·민족·집단의 무장 해제와 세력 재편 심지어는 공간적 생존 영역의 재조정을 강제하는 매우 폭력적인 강제 기제(機制)로 작용하였던 것이다. 이것이 한 제국을 중심으로 한 동아시아 세계체제 곧 한을 중심으로 한 억압적 평화체제(平和體制 : pax-Scinica system)의 실상이었다.

B.C. 133~119년 간에 벌린 제 1 차 흉노와의 전쟁과 잇달은 B.C. 112~109년 간의 대월전(對越戰) 그리고, B.C. 108년의 조선정벌과 연이어 108년 이래 지속된 서역 정벌 등이 모두 이러한 정책의 구현 과정이었다. 특히 위만조선에 대한 한의 군사행동은 주변 제 민족을 흉노로부터 분리시킴을 통해 그들을 고립화시키려는 전략의 일환으로 추진되었다. 즉 한은 자국의 '외신'에서 '흉노좌비'로 전신(轉身)한 조선에 대한 응징과 흉노와의 소강기에 그들을 간접적이며 우회적으로 공격하고자 전쟁을 도발했던 것이다.[127] 결국 사료 (30)처럼, 한은 "伐朝鮮, 起玄菟樂

---

125) 김병준, 2008, 위의 글, 17~18쪽.
126) 권오중, 1992, 앞의 책, 26~27쪽.
127) 권오중, 1992, 앞의 책, 29~30쪽.

浪, 以斷匈奴之左臂"하게 된다.[128]

위만조선은 B.C. 2세기 말 동북아시아 방면의 유력한 무장세력(武裝勢力:armed power)으로 부각되게 되었다. 당시 위만조선을 선두로 한 예군남여 집단 - 옥저 - 동예 - "진번방중국" 등 예맥계 제 집단의 정치적 성장은 교역권의 확대와 동아시아 교역 net-work 형성을 촉진하는 계기가 되었던 것이다. 그러나 동아시아 역학(力學) 구조 상의 위만조선의 위상과 이에서 비롯된 교역망 통제를 둘러싸고 한제국과의 갈등이 증폭되게 된다. 따라서 위만조선은 자기를 '흉노지좌비'로 인식하던 한 측과의 전면적 군사대결을 벌리면서 붕괴되었던 것이다. 이 위만조선과 한제국과의 전쟁은 한민족(漢民族) 제 1 차 팽창기인 진·한제국 시기에 우리 민족이 감당해야 했던 동아시아 국제정치에서의 기회비용이었던 것이다. 그러나 위만조선을 중심으로 한 예맥계 제 집단은 여러 부문에서 압도적 우위를 점하며 동아시아의 국제적 재분배system으로 관념되는 '조공-책봉체제(朝貢─册封體制)'을 매개 고리로 압박해 오는 한 세력의 패권주의(覇權主義)에 대한 길항작용(拮抗作用)을 벌리면서, 꾸준히 자기 발전의 길을 추구하고자 하였음에 유의하여야 한다. 아울러 동Asia사의 진전이 중국 문화의 수용과 이를 자기역량화(自己力量化)한 주변 제국·세력의 저항이라는 상호 관계의 역동성의 결과물이라는 사실도 함께 유념해야 한다.

V. 맺음말

이상의 논의를 정리함으로써 결어(結語)에 갈음하고자 한다.

B.C. 12~7세기 경 예맥은 고고학 자료 속에서 나마 노로아호산맥 이남 대릉하 유역 청동기 문화의 향유자로서 그 실체를 서서히 드러내고 있다. 그리고 그 문

---

128) 위만조선-한 전쟁의 경과에 대해서는, 김병준, 2008, 앞의 글 참조.

화의 중심지는 현 단계로서는 조양 십이대영자 일대로 추정된다. 또 십이대영자 유형문화 하담집단은 B.C. 8~6세기 경 국가(state) 직전 단계인 군장사회 수준의 복합사회로 접어들고 있었다.

B.C. 7세기 제 환공의 북벌을 기점으로 제와 연 등의 중원 세력이 산융·고죽 등의 적대 제력을 너머에 존재하는 예맥에 관한 구체적 지식·정보와 적극적 관심을 갖게 되었다. 그러나 B.C. 5세기 이래 요서 지역에서는 비파형동검문화의 정체성이 퇴색하는 고고문화 현상이 진행되어 가게 된다. B.C. 6~5세기에 접어들어 심양 지역이 비파형동검문화의 새로운 중심지로 부상하게 된다. 즉 요동 비파형동검 문화의 주요 내포가 되는 정가와자유형문화가 바로 그 중심문화로 새로이 성장하게 된다. 따라서 제·연 등 중원 제 세력과 교역을 매개로 일정한 관계를 갖게 된 '발조선'의 실체는 요동 비파형동검 문화권 내에서 정가와자 유형 문화를 향유하는 심양 일대를 중심으로 하는 예맥계 주민집단으로 추정된다. B.C. 6~5세기 경 발조선으로 인식됐던 요동 지역 예맥계 제 주민집단은 복합군장사회 수준의 정치적 삶의 양식을 영위하고 있었을 것이다.

B.C. 4세기 말은 고조선이 전국 칠웅의 하나인 연에 대한 공격을 도모할 정도로 정치-군사적 역량이 축적된 시기로서, 당시의 조선왕을 군사통수권자로서의 국왕에 상정해도 무리가 없는 시기였다. 당시 고조선은 본격적인 국가 단계로 발전하였다.

B.C. 311~314년 경 조선은 연의 망국 위기 상황을 틈타 "燕之東地"를 "벌연"하는 군사행동을 단행한다. 조선의 "벌연"은 아마도 요서 지역에서의 영향력을 보다 강화시키려는 목적에서 행해진 강공수였다. 연은 B.C. 282~280 년 동호 "습파"에 잇달아 지난 B.C. 311~314년 이래 조선의 영향권 아래 놓여 있던 요서 지역과 그 너머 요동의 조선에 대한 반공작전을 성공적으로 수행, "지이천여리"를 차지하고, "만번한"을 경계로 삼았다. 고조선이 만번한을 연과의 계선으로 삼았다면, 결국 천산산맥이 그 경계가 됨을 상정할 수 있다. 연의 요동군치인 양평을 현재의 요양으로 비정하는 것보다, 오히려 하북성 계현의 무종 일대로 볼 수 있을 가능성이 없지 않다. 당시 연은 군현제와 같은 강고한 지배기제를 바탕으로 이 지

역에 대한 "약속"을 행했다기보다는, 오히려 '구대유지'와 같은 "爲置吏 築障塞"한 점재하는 거점을 중심으로 자국 상고들이 개척한 교역로를 통제하는 방식으로 이 지역에서의 일정한 세력 부식과 영향력 행사를 꾀하고 있었다. 요동 주민들의 연의 문화 등에 대한 수요와 이 지역의 특산물에 대한 연 측의 경제적 동기(動機)가 상승(相乘) 작용을 하면서 이 지역에서의 연의 세력과 영향력이 일정하게 확산되었을 것으로 추측된다.

진의 대조선 정책은 연의 그것에 비해서도 매우 소극적이었다. "秦故空地 上下鄣"의 존재는 진의 조선에 대한 인식이 그다지 우호적인 것만은 아니었음을 짐작케 해준다. 진은 패수 이동의 땅을 일종의 자기 영역으로의 제 적대세력의 침투를 차단해주는 방패의 땅, 곧 '차단지' 혹은 '방위전지'로 운용하고 있었던 것이다. 조선은 본래 '만번한(천산산맥)' 이동으로 밀려 났다가, 진의 소극적 대 동북아 정책과 진한교체기의 혼란 그리고 이 방면에서의 흉노의 강세와 발호를 틈타 천산산맥 이서 지역으로 세력을 확장했다. 패수는 혼하로서 조선과 한의 경계가 된다.

B.C. 194년 위만이 고조선의 왕권을 장악하였다. B.C. 5~4세기 이래 요서 지역 주민들은 예맥-연-진-한 등 주도세력의 빈번한 교체 하에서 자기들 상호 간 일정한 관계망을 구성하면서 다양한 정치-문화적 경험을 통해 나름대로 역량을 온축한 집단 이었으며, 이들이 바로 위만의 출자가 된다.

위만조선과 흉노와의 관계에 대한 중국 측의 인식과 속뜻은 B.C. 128~126년 창해군 설치 문제에 드러나 있다. 당시 예군남여 집단은 위만조선이 흉노와의 유착 관계에 기대어 주변 예맥계 제 집단과 한 및 흉노 간의 교섭을 제어하면서 자기 지배 집단의 이익만을 추구함에 반발하였던 것이다. 한 무제(147~87 B.C.)의 세계정책은 한 - 흉노를 기축으로 한 2원적 동아시아 국제질서를 한 중심으로 재편함을 목적으로 추진되었다. 이를 통하여 한은 자국의 안전보장의 담보와 주변 제 세력을 통제-관리하는 과정에서 그들의 부존 자원에 대한 접근의 기회를 포착하고자 했던 것이다. B.C. 108년 위만조선에 대한 한의 군사행동은 주변 제 민족을 흉노로부터 분리시킴을 통해 그들을 고립화시키려는 전략의 일환으로 추진되었다. 한은 자국의 '외신'에서 '흉노좌비'로 전신한 조선에 대한 응징과 흉노와의 소강기에 그들을 간접적이며 우회적으로 공격하고자 전쟁을 도발했던 것이다. 결국 한은 "伐朝鮮, 起玄菟樂浪, 以斷匈奴之左臂"하였게 된다.

| 참고문헌 |

■ 한국어

강인욱, 1996.4, 「요녕지역 비파형동검에 대한 일 고찰」, 『한국상고사학보』21.

강인욱, 2011, 「고조선의 모피무역과 명도전-」, 『한국고대사연구』64.

권오중, 1992, 『낙랑군연구』, 일조각.

권오중, 1995, 「전한시대의 요동군」, 『인문연구』29(영남대).

김정배, 1972, 「고조선의 민족구성과 문화적 복합」, 『백산학보』21.

김정배, 1986, 『한국고대의 국가기원과 형성』, 고려대학교출판부.

김정학, 1990, 「고조선의 기원과 국가형성」, 『한국상고사연구』, 범우사.

김정배, 2000, 「동북아의 비파형동검문화에 대한 종합적 연구」, 『국사관논총』88.

김병준, 2008, 「한이 구성한 고조선 멸망 과정『사기』조선열전의 재검토-」, 『한국고대사연구』50.

노태돈, 1990.8, 「고조선 중심지의 변천에 대한 연구」, 『한국사론』23.

노태돈, 1998, 「위만조선의 정치구조-관명 분석을 중심으로-」, 『산운사학』8.

박경철, 1992, 「부여사전개에 관한 재인식시론」, 『백산학보』40.

박경철, 1994, 「부여사의 전개와 지배구조」, 『한국사2:원시사회에서 고대사회로-2』, 한길사.

박경철, 1997.9, 「기원전 1000년기 후반 적석총축조집단의 정치적 존재양식」, 『한국사연구』22.

박경철, 1999, 「요서비파형동검문화'의 재인식」, 『선사와 고대』12.

박경철, 2005, 「고조선·부여의 주민구성과 종족」, 『북방사논총』6.

박대재, 2005, 「고조선의 '王'과 국가형성」, 『북방사논총』7.

박대재, 2006, 「고조선과 연·제연의 상호관계-기원전 4세기말~3세기초 전쟁 기사를 중심으로-」, 『사학연구』83.

박선미, 2000, 「기원전 3~2세기 요동지역의 고조선문화와 명도전유적」, 『선사와 고대』14.

박선미, 2005 「전국~진·한초 화폐사용집단과 고조선의 관련성」, 『북방사논총』7.

박준형, 2004, 「고조선의 대외 교역과 그 의미-춘추 제와의 교역을 중심으로-」, 『북방사논총』2.

박준형, 2006, 「고조선의 해상교역로와 내이」, 『북방사논총』10.

박준형, 2012, 「고조선의 성립과 발전에 대한 연구」, 연세대학교 대학원 사학과 박사학위논문.

박준형, 2012, 「대릉하 -서북한지역 비파형동검문화의 변동과 고조선의 위치」, 『한국고대사연구』66.

박준형, 2012, 「'예맥'의 형성과정과 고조선」, 『학림』22.

박진욱·황기덕, 1987, 『비파형단검문화에 관한 연구』, 평양, 과학백과사전출판사.

배진영, 2002, 「춘추시기 연국 대외관계의 변화」, 『중국사연구』17.

배진영, 2003, 「연소왕의 정책과 '거연'의 성립」, 『중국사연구』25.

배진영, 2008, 「춘추 연의 도성 천도와 의미 」, 『이화사학연구』36.

서영수, 1988, 「고조선의 위치와 강역」, 『한국사 시민강좌』2.

서영수, 2006, 「고조선의 발전과정과 강역변동」, 『백산학보 』76.

송호정, 1999, 「고조선 국가형성 과정 연구」, 서울대학교 대학원 박사학위논문.

송호정, 2003, 『한국 고대사 속의 고조선사』, 푸른역사.

송호정, 2010, 「고조선의 위치와 중심지 문제에 대한 고찰」, 『한국고대사연구』58.

오강원, 2004, 「중국 동북지역 세 청동단검문화의 문화지형과 교섭관계」, 『선사와 고대』20.

오강원, 1997.10, 「서료하상류역 청동단검과 그 문화에 관한 연구」, 『한국고대사연구 』12.

오강원, 2002, 「비파형동검문화의 성립과 전개과정 연구」, 한국정신문화연구원 박사학위논문.

오강원, 2010, 「전국시대 연나라 연북장성 동쪽 구간의 구조적 실체와 동단」, 『선사와 고대』33.

오강원, 2010, 「연나라 요동군과 동요하유역 토착집단의 독특한 교류방식: 이용호 성지」, 『백산학보』8.

오강원, 2012, 「동북아시아 속의 한국청동기 문화권과 복합사회의 출현」, 『동양학』51.

오강원, 2013, 「청동기-철기시대 중국 동북지역 물질문화의 전개와 상호작용 및 족속」, 『고구려발해연구』46.

오강원, 2013, 「요녕지역 청동기-초기 철기시대 복합사회의 형성과 사회변동」, 『선사와 고대』38.

이성규, 1975.11, 「전국시대 통일론의 형성과 의미」, 『동양사학연구』9·10.

이성규, 2004.5, 「중국 고문헌에 나타난 동북관」, 이성규 外, 『동북아시아 선사 및 고대사 연구의 방향』.

이용범, 1996, 「대륙관계사 고대편 (上)」, 백산학회, 『한민족의 대륙관계사』, 백산학회.

이종수, 2011, 「중국의 요동지역 연진한 장성 조사현황 및 문제점 검토」, 『한국사학보』.

이후석, 2013, 「요동-서북한지역의 세형동검문화와 위만조선」, 2013.9/27 고조선사연구회 발표문.

이청규, 1993, 「청동기를 통해 본 고조선」, 『국사관논총』42.

이청규, 2003, 「한중교류에 대한 고고학적 접근」, 『한국고대사연구』32.

이청규, 2005, 「청동기를 통해 본 고조선과 주변사회」, 『북방사논총』6.

이치정 주편, 2003, 『동북통사』, 정주, 중주고적출판사.

임덕순, 1985, 『정치지리학원론』, 일지사.

임병태, 1991, 「고고학상으로 본 예맥」, 『한국고대사론총』1 .

천관우, 1975, 「삼한의 성립과정」, 『사학연구』26;

　　　　1989, 『古朝鮮史·삼한사연구』, 일조각.

최몽룡, 1997, 「고조선의 문화와 사회경제」, 『한국사』4, 국사편찬위원회.

The Ancient Chosun's Development of the foreign relations and Wi-Man Chosun

Park, Kyung Chul

Professor, Kangnam University

The central area of Ye maek(예맥) culture is supposed to be in B.C. 12~7C around Yo Seo(요서), Jo Yang(조양) Sip Yi Dae Young Ja(십이대영자). This Ye maek group was advanced around B.C. 8~6C to the complex society at the level of chiefdom. And the residence group in Lao Dung(遼東) area of the Ye maek group which was perceived around B.C. 6~5C as Bal Chosun(발조선) with the Jeong Ga Wa Ja(정가와자) culture type in Sim Yang(심양) area, should live a political life type such as the complex chiefdom. At the end of the 4th century B.C. Ancient Chosun had entered to the State level according to the State formation theory.

Around the B.C. 311-314 Ancient Chosun attacked the Eastern area of Yan(연) China. To this attack Yan replied in B.C. 282-280 to have a successful counter attack to seize the wide area around 800 km, and to keep as the border line the Man Beon Han(만번한), that is, Cheon San(천산) Mountains. Yang Pyeong(양평), the central area of Yan's Lao Dung(遼東郡) should be Gye Hyun(계현) in Ha Buk Province(하북성) rather than the present Lao Yang(요양). The Yan's domination policy to Lao Dung Area was the strategy to control the trade route in depending on the scattered main places.

Jin(진), the succeding dynasty of Yan, was very negative to Ancient Chosun. So Ancient Chosun could expand its power to the western part over the Cheon San(천산) Mountains during the changing times of Chinese dynasty from Jin to Han, and in the meantime Huns also could have the same chance as Ancient Chosun to expand its power. So Ancient Chosun became to keep Pae Su(패수), that is, Hon Ha(혼하)as the national border to Han Dynasty.

Mu Emperor(무제) of Han Dynasty adopted his world policy to re-arrange the two dimensional - East Asian international order, to partake the hegemony with Huns. So he waged the war to attack directly Ancient Chosun who transformed its position from Han's outside subject(외신) to the left arm of Huns(흉노지좌비), and indirectly Huns to weaken its power.

[Keywords] Ancient Chosun, Sip Yi Dae Young Ja, Bal Chosun, Jeong Ga Wa Ja, Yang Pyeong, Pae Su, the left arm of Huns

완충교역모델에 대한 이론적 검토
-위만조선의 교역양식 복원을 위한 시론-

朴 善 美

박선미 (朴善美)

서울시립대학교 대학원 국사학과 및 동대학원 졸, 문학박사.
현) 동북아역사재단 연구위원

주요논저:『고조선과 동북아의 고대 화폐』, 『한국상고문화 기원연구』(공저),
       『고조선사 연구 100년』(공저), 『고조선의 역사를 찾아서』(공저)

Ⅰ. 머리말

고대 한국에서, 그리고 고대 동아시아에서 국가와 국가 간 혹은 정치체와 정치체 간의 교역을 설명하기 위한 이론적 모델은 무엇인가? 국내학계에도 잘 알려져 있다시피 1970년대 초 월러스타인(Immanuel M. Wallerstein)의 세계체제모델(World-System Model)은 근대 자본주의 경제체제하의 국가간 상호작용을 핵심과 주변이라는 비대칭적 관계의 확장으로 설명한 것이었고, 이것을 고대국가의 경제체제에까지 확대 적용해 보기 위한 여러 가지 시도와 비판이 있어 왔다.[1] 여전히 그 유효성에 대한 논란이 진행 중이지만 세계체제모델에 대한 핵심적 비판 가운데 하나는 주변지역에 위치한 교역 당사자의 능동성과 내부의 역동성이 간과되었다는 점이었으며, 이를 위한 대안모델로 거리-균등모델(Distance-Parity Model)과 무역-디아스포라모델(Trade-Diaspora Model), 동급 정치체 상호작용 모델(Peer Polity Interaction Model)이 제기되었다.

국내학계에서는 월러스타인의 세계체제모델을 원용하여 한반도의 문화변동을 설명하려고 한 시도가 있었고,[2] 진·변한 정치체의 상호작용을 동급정치체 상호작용 모델로 설명하려는 노력이 있었다.[3] 서구학계의 교역모델을 원용하여 국내 사례연구에 적용한 것은 1980년대 초 위만조선의 교역을 중심지교역이론으로 설명한 것이[4] 처음이었는데, 이러한 일련의 시도는 한국고대사회가 수행한 교역을 서구이론에 대입하여 보편사적 관점에서 이해하기 위해서였으며, 나아가서는

---

* 이 글은「완충교역모델에 대한 이론적 검토-위만조선의 교역양식 복원을 위한 시론-」(박선미, 2014,『동양학』57)을 일부 수정·보완한 것임.

1) 박선미, 2014,「서구학계의 고대교류사 이론의 현황」,『한국고대사연구』73, 191-230쪽.
2) 이성주, 1996,「청동기시대 동아시아 세계체계와 한반도의 문화변동」,『한국상고사학보』23, 7-78쪽.
3) 우병철·김민철, 2009,「궐수형철기를 통해 본 진·변한 정치체의 상호작용-대등 정치체 상호작용 모델(peer polity interaction model)의 적용-」,『한국상고사학보』65, 75-105쪽.
4) 최몽룡, 1985,「고대국가성장과 무역-위만조선의 예」,『한국 고대의 국가와 사회』, 일조각, 57-76쪽.

한국고대사회에 적용할 교역이론의 모색과 탐색의 의미가 있었다. 그럼에도 불구하고 이 과정에서 서구이론에 대한 치밀한 검토 없이 이론의 일부 내용을 전부인 것처럼 해석하여 적용함으로써 교역의 외향적인 양식에 집중하게 된 결과를 낳았고 실제 한국고대사회가 수행했던 교역의 성격이나 내용을 이해하는 데에는 다소 소홀했던 감이 없지 않았다. 또한 서구학계의 교역에 대한 이론적 동향과 논의를 살피고 이를 한국고대사회에 적용시켜보려는 것에 만족하고 한국고대사 고유의 모델이나 이론을 개발하고자 하는 노력은 미진하였다고 생각된다.

이에 필자는 한국고대사회에 적용시킬 수 있는 고유의 교역모델 정립을 위한 하나의 시도로서 완충교역모델을 가설로 세워 동북아시아를 무대로 전개된 위만조선의 교역 내용과 성격을 설명하고자 시도한 바 있었다. 학계의 일부에서는 완충교역모델이 서구학계에서 제기된 것으로 오인한 경우도 왕왕 있었던 바, 본고에서는 기왕의 위만조선을 사례로 하여 완충교역모델에 대한 이론적 검토를 진행하고자 한다. 이것이 향후 이 모델이 다른 지역의 고대 교역사례에도 적용가능성이 있는가를 타진해 보는 계기가 되기를 희망한다.

본문에서는 위만조선을 둘러싼 교역 논의를 살펴본 후, 가설로 세운 완충교역의 결과가 고고학 자료에 어떻게 나타나는가를 일별함으로써 필자가 제기한 기존의 견해를 보강하는 방향으로 논지를 전개하고자 한다. 개별 고고학 자료에 대한 논의는 이미 별고[5]를 통해 다루어졌으므로 이에 대해서는 상론(詳論)하지 않기로 한다. 현학들의 질정(叱正)을 바란다.

Ⅱ. 위만조선의 교역 관련 논의

위만조선에 초점을 맞춘 교역 논의는 많지 않다. 이 분야의 논의는 1980년대

---

5) 박선미, 2011, 「교역품의 양적 분석을 통한 위만조선의 완충교역 연구」, 『동양학』50, 93-117쪽.

이후 가히 독보적이라고 할 만큼 최몽룡의 중심지무역론[6]을 중심으로 전개되어 왔다. 중심지무역론은 미국 하버드대학교 램버그 칼롭스키(C. C. Lamberg-Karlovsky) 교수[7]가 메소포타미아의 고대사회가 수행한 교역을 설명하기 위해 제안한 세 가지 무역양식 가운데 하나인 중심지무역이론을 원용하여 위만조선에 적용시킨 연구이다.

중심지무역론은 위만이 한반도 북쪽이라는 지리적 요충지의 이점을 이용하여 막대한 흑자를 보고 이를 토대로 국가를 세우고 성장하는데 중요한 요인으로 삼았다고 보는 견해이다. 한(漢)과 진국(辰國)(또는 중국(衆國)) 사이에 위치한 위만조선이 두 나라 사이의 무역을 중개하였고 한편으로는 이들 사이의 무역을 통제하였던 것으로 해석한다. 이 견해는 램버그 칼롭스키가 제안한 직접접촉교역(Direct Contact Trade), 교역(Exchange, 또는 Indirect Contact Trade), 중심지교역(Central Place Trade) 이론 중에서 중심지교역 부분을 도입하여 위만조선의 교역을 설명하고자 하였다. 『사기』 조선열전에 기록된 '眞番旁辰(衆)國欲上書見天子 又擁閼不通'을 위만조선이 중국 내륙의 한(漢)과 한반도의 예(濊)·진국 사이에서 무역을 통제하였다는 것으로 해석하고 이를 위만조선이 교역과정에서 중심지로서의 역할을 수행하였다고 본 것이다.

엄밀하게 말해 중심지무역은 상품이나 자원이 어느 한 쪽에서 생산되었거나 획득되었을 때 뚜렷하게 나타나게 되는데, 중심지로서의 C는 A와 B지역의 영향권 밖에 위치하여 A와 B장소에서 원하는 생산수단이나 자원을 임의로 통제할 수 있다. C는 다른 중심지에서 생산된 물품들을 옮겨주거나 자신들의 물품이나 자원들을 수출할 수 있다. 여기서 중요한 점은 중심지로서의 C가 A와 B의 영향권 밖에 위치한다는 점으로 A와 B지역에서 원하는 생산수단과 자원을 통제한다는 부분이다. 즉 중심지인 C는 상품을 필연적으로 확보할 수 있어야 하며 이를 담보

---

6) 최몽룡, 1985, 앞의 글, 57-76쪽.
7) C. C. Lamberg-Karlovsky, Trade Mechanisms in Indus-Mesopotamian Interrelations, *Journal of the American Oriental Society*, Vol.92, No.2, 1972, pp.222-229.

로 하여 정치적으로 교역 대상국을 통제할 만한 위치에 있어야 한다는 것을 의미한다.

이러한 논리에 근거할 때 당시 동북아시아에 한을 중심으로 형성된 대단위 교역망 안에서 위만조선이 한과 대등한 중심지로서의 지위를 확보하였는가는 의심스럽다. 중심지무역론은 고조선의 교역을 한반도와 그 주변이라는 틀에서 설명할 경우에 적용가능하지만 고조선의 주요 교역대상지역인 중국 내륙을 포괄할 경우에는 한계가 많은 것이 사실이다. 또한 고조선이 중심지로 기능했느냐의 여부를 차치하고라도 남만주와 한반도에서 발견되는 명도전의 차별적 분포는 물론 교역의 당사국인 한, 위만조선, 진국 (혹은 중국) 에서 나타나는 고고학 자료를 중심지무역론으로는 설명할 수 없다. 다음 장에서 살펴볼 바와 같이 위의 세 정치체가 대표적으로 존재했던 중국 내륙, 한반도 서북부, 한반도 중부 이남에는 화폐와 철기 등에서 차별적인 분포를 보이기 때문이다.

그럼에도 불구하고 중심지무역론이 학계에 미친 영향은 컸으며 학사적 의미도 있었다. 외국의 교역이론을 도입하여 처음으로 고조선의 교역문제에 접근하였다는 점 외에도 명도전을 위만조선과 한의 교역관계를 보여주는 고고학 자료로 제시함으로써 명도전의 출토를 연의 강역범위와 연결시키려는 기존의 경향을 극복하고자 하였다는 점에서 시사하는 바가 컸다.

한반도를 중심으로 하는 교역망 안에서 위만조선은 한 혹은 외부의 선진문물을 먼저 수용하고 이웃 정치체들에게 전달했다. 이 점에서 중심지적 위치에 있었다고 볼 수 있다. 그러나 위만조선이 수행한 교역의 주요 대상이 한이라고 한다면, 이것을 설명하기 위한 틀도 한반도에서 벗어나 동북아시아라는 좀더 넓은 무대에서 이루어진 교류라는 측면에서 접근하여야 하며, 이러한 관점에서 볼 때 중심지무역론은 극복되어야 한다고 생각한다.

위만조선의 교역을 본격적으로 다룬 또 하나의 연구는 최근에 필자에 의해서 제기된 것으로 완충교역모델[8]을 가설로 세워 설명한 것이다. 이 견해는 기원전 3-2세기대 한반도 서북부와 중부이남에서 발견되는 고고학 자료의 차별적 분포를 주목하고 이를 문헌기록과 함께 교류의 관점에서 종합적으로 접근한 것이다. 다음 장에서 논의된 바와 같이 완충교역모델은 향후 보완해야 할 과제가 많지만 동북아시아를 무대로 하여 펼쳐진 한, 위만조선, 진국 사이의 교역을 외면적인 형태와 내면적인 내용 및 성격을 이론적으로 규명하고자 한 것이다. 연구사적으로는 한국고대사 고유의 교역모델을 시범적으로 제안하였다는 점에서 의의를 찾을 수 있겠다.

위만조선에 대한 전론(專論)연구는 아니지만 최근에 고조선의 교역과 관련하여 매우 흥미로운 견해가 발표되었다. 모피무역과 명도전을 연결하여 고찰한 강인욱의 글인데[9], 이 글은 위만조선을 명기하지 않고, 연대도 기원전 7-3세기대의 교역을 검토한 것이지만,『관자(管子)』규도편(揆度篇)[10]에 기록된 발조선(發朝鮮)의 문피와 명도전을 연결시킨 것을 보면 위만조선 전후 시기의 교역과도 상관성을 갖는다. 어쨌든 이 글에서 주목되는 점은 압록강유역에서 한반도 서북부에 분포하는 명도전유적을 고조선 내부에서 이루어진 산악지역과 고조선 사이의 모피무역에 의한 산물로 파악하고, 고조선은 모피를 산지에서 구해서 취합하는 소매상 (Tradesman)과 모피를 가공하거나 취합해서 공급하는 중개인 (Middleman)이 존재하는 이중교역체제(Dual Trade System)를 가지고 있었다고 본 부분이다. 고고학적으로는 평안북도 위원군 용연동유적, 요령성(遼寧省) 관전(寬甸) 쌍산자(雙山子)유적 등과 같이 주변에 별다른 주거의 흔적이 없이 교통로 근처에서 철기 및 위신재 등과 함께 발견되는 경우는 소매상의 존재를, 길림성(吉林省) 환인(桓仁) 추수동(抽水洞)유적과 같이 수계에 위치하며 산간지역에서 다소 거리가 있는 소형의 주거유

---

8) Park Sunmi, Buffer Zone Trade in Northeast Asia in the Second Century BC, *The Journal of Asian Perspectives* Vol.51-2, University of Hawaii Press, USA, 2012, pp. 221-250.
   박선미, 2011, 앞의 글, 93-117쪽.
9) 강인욱, 2011, 「고조선의 모피무역과 명도전」, 『한국고대사연구』64, 243-284쪽.
10) 『관자』23, 규도편 제78. '桓公問管子曰 吾聞海內玉幣七筴 … 發朝鮮之文皮一筴也.'

적의 경우는 중개인의 존재를 나타낸다고 보았다.

이 연구는 모피를 중심으로 하는 교역에서 소매상과 중개인을 상정하고 이들이 각각 다른 지리적 위치를 점유하면서 누층적으로 존재했음을 보여줌으로써 고조선의 모피무역을 구체적으로 복원하려고 시도했다는 점에서 의의가 있다. 모피가 일종의 위세품이자 부의 상징품으로서 지배층에 의해 장기간 교역되었을 가능성이 있으므로 명도전을 매개로 거래되었을 가능성은 있다. 그러나 모피의 산지와 명도전의 분포관계를 통해 소매상과 중개인을 상정할 만한 근거가 부족하고, 이를 바탕으로 제기한 '이중교역체제'의 개념도 모호하다. 본문에서 제기한 '고조선의 무역시스템이 가졌던 복잡한 이중적인 구조'를 이중교역체제라고만 명명하였을 뿐 이에 대한 명확한 개념정의와 설명이 결여되어있다. 향후 보다 진전된 연구를 기대해 본다.

이상의 연구 가운데 중심지교역론은 사실상 교역의 외면적 양식을 설명하기 위한 개념이라고 할 수 있다. 이 개념으로는 교역의 내용과 성격을 설명할 수 없다. 당시 교역망을 구성했던 한, 위만조선, 진국 사이에서 진행된 교역은 특정 유물의 지역적 분포에서 차별성을 낳게 하였고 지역 정치체의 권력과 연결되어 있었다. 따라서 동북아시아 교류사적 관점에서 이를 설명할 교역모델이 필요한 것이다. 완충교역모델은 이러한 학문적 요구에서 제안된 것이다. 다음 장에서 이를 위한 작업틀과 이론적 배경에 대하여 구체적으로 살펴보도록 하자.

Ⅲ. 완충교역모델의 이론적 배경

동북아시아의 경우 핵심지역에 근접해 있던 반주변부의 정치체는 핵심지역의 정치체보다는 덜 복잡하지만 주변부의 정치체보다 좀더 중앙화된 복합사회로 특징된다. 이러한 지위에 있는 경제를 Dendritic Political Economy라고도 부르는

데,[11] 이들은 핵심지역에 의해 지배됨으로써 피동적 수용자로 묘사되는 월러스타인의 반주변지역에 대한 개념과는 달리 자치성을 가지면서 스스로의 필요에 의해 핵심지역과 주변지역 사이에 오가는 물자의 흐름을 조절, 혹은 통제함으로써 정치, 경제적인 완충 역할을 하는 것으로 나타난다.

필자는 이들 정치체가 특정 정치체에 의한 지배를 받지 않고 독립적이며, 능동적 수용자로서 중심지와 접촉하는 한편 주변의 이웃 정치체와의 교역을 일부 통제하였다는 점에서 준중심지로 부른다. 중심지역, 준중심지역, 주변지역에 위치한 이웃한 정치체들 사이에는 매우 독특한 형태의 교역이 이루어졌고, 이는 곧 사회, 정치적 변동으로 연결되었다고 본다.

완충교역모델의 개념은 다음과 같다.

상대적으로 덜 발달된 B (Buffer Zone)가 고도로 발달된 국가 C (Center)와 복합사회 단계에 있는 주변지역 P (Periphery) 사이에서 교역을 수행한다. C는 재화와 용역의 집산지로서 주변지역에 이를 공급하는 센터, 즉 중심지로 정의된다. B는 지리적으로 C의 배후에 있거나 혹은 C와 P 사이에 위치한다. P는 지리적으로 C에서 멀리 떨어져 있다. 각 지역에는 하나 혹은 다수의 정치체가 존재할 것이지만 중심지에는 강력한 중앙집권화된 정치체가 핵심부로 등장한다.

이 모델에서 B는 C로부터 재화와 물자를 공급받고 그 일부를 이웃 정치체들에게 공급한다. B와 C 사이에는 직접교역이 이루어지며, B는 조약과 같은 것을 통해 C의 상품에 대한 독점권을 어느 정도 획득할 수 있다. C가 B와 교류관계를 맺는 이유는 경제 외에 정치, 사회적 측면에서 복합적일 수 있다. 주변에 위치한 P는 B의 중개를 통해 C의 상품을 조달한다. 이 경우 B와 C 사이 및 B와 P 사이에는 직접교역이, C와 P 사이에는 간접교역이 이루어진다.

이러한 교역형태에서 B는 P로 제공되는 재화의 양을 조절하고, 주변지역에 대

---

11) Robert S. Santley and Rani T. Alexander, The Political Economy of Core-Periphery System, *Resources, Power, and Interregional Interaction*, edited by Edward M. Schortman and Patricia A. Urban, New Your Plenum Press, 1992, pp.25-31.

하여 우위를 점하게 된다. 이를 통해 B는 세력을 확장시킨다. P는 B와 제한적인 교류를 하지만, 결과적으로 신문물(新文物)에 의해 받게 될 문화충격이 B를 거치면서 완화되므로 자신의 세력과 토착문화를 지속시키기 위해 B를 이용하게 된다. 이 교역체계 안에서 C와 B와 P는 모두 서로의 필요에 의해서 완충교역을 유지하게 된다. 그러나 B가 멸망하면 C와 P사이에 완충지대가 사라지고 P는 C와 직접교역을 하게 된다. 이것은 P의 정치, 사회, 문화 등 다중적이고 복합적인 변동으로 이어질 수 있다.

고고학적으로 완충교역체계 안에서 B와 P로 수입된 C의 상품을 비교해보면 B에 더 많을 것이라는 가설이 성립된다. B와 C사이에는 완충지대가 없기 때문에 B는 C의 물질문화에 상대적으로 많이 노출되고, 이것은 B의 물질문화가 어느 정도 C와 유사하게 되는 결과를 낳는다. 교역의 규모나 직접 혹은 간접교역을 막론하고 모든 교역에는 교환되는 물질뿐만 아니라 상징이나 가치체계, 정치와 종교적 개념들, 예술 등 정신적 문화 요소들이 수반되기 때문이다. P에서는 적은 양의 외래물품이 발견되는데, 이는 B가 거래에 개입하기 때문이다. 물론 중심지에서의 거리에 따라 수입량도 반비례할 것이라고 생각할 수도 있겠으나, 이것은 당시의 교역관계를 너무 단순화시키는 우려를 범할 수 있다. 실제로 위세품이나 희귀한 소재의 경우 원산지와의 거리에 상관 없는 분포를 보이기 때문이다. B가 소멸된 이후 P에는 재화 도달범위와 상관없이 C에 대한 수입량이 증가한다. 이는 C와 P의 거래에서 B가 관여하고 있었음을 간접적으로 보여준다. 또한 B가 단순한 중개무역이나 중계무역[12]을 하였다면 C의 물품은 최종 목적지인 P에서 더 많이 발견되게 될 것이다. C의 물품이 P보다는 B에서 더 많이 출토되는 것도 B가 완충교역을 하였음을 방증하는 자료가 될 수 있다.

---

12) 중계무역과 중개무역은 서로 다른 용어이자 개념이다. 전자는 무역의 주체가 되는 의미가 있는 반면 후자는 양자의 거래를 성사시킨다는 의미가 강하다. 그동안 이를 구분하지 않고 사용하는 경향이 있어 혼란을 보여온 바도 없지 않은데, 이를 엄격히 구분하여 볼 필요가 있다.

교류에서 완충지대라는 용어를 사용한 사례는 두 가지가 발견된다. 첫째는 로마와 자유독일 사이에 이루어진 교역에 대한 롯데 헤데아거(L. Hedeager)의 연구이고, 다른 하나는 중앙아메리카에서 마야 저지대와 고지대에 위치한 초기사회의 교역을 다룬 윌리엄 라쩨(William L. Rathje)의 연구이다.

헤데아거[13]는 유럽에서의 교역양상을 알아보기 위해 로마와 자유독일 사이에 분포하는 교역품을 검토하였다. 그는 로마산 수입품이 자유독일에 이르는 과정에서 로마로부터 거리가 멀어질수록 적은 분포를 보이고 자유독일에 와서야 다수가 발견된다는 것을 발견하였다. 그리고 로마산 수입품이 희소 혹은 부재한다는 측면에서 로마와 자유독일 사이의 지역을 정치적으로 중앙집권화 되지 않은 일종의 정치적 공백지대로서의 완충지대로 산정하였다.

라쩨[14]는 하나의 정치체가 어떻게 복합사회로 발전하는가를 보여주기 위하여 중앙아메리카의 마야 저지대와 고지대 사이의 교역을 검토하였다. 그는 자원이 빈약한 저지대에 위치한 정치체가 자원이 풍부한 고지대의 정치체와 교역하는 과정에서 독특한 사회-정치 조직을 가진 마야문명을 발전시킨 것으로 보았다. 그는 저지대를 완충지역(Buffer Zone)과 완충지대에 의해 둘러싸인 중심부(Inner Core 또는 Central Area)로 구분하고, 중심부의 정치체가 고지대와의 교역을 위해 완충지대의 정치체와 경쟁하는 과정에서 지리적 불리함을 극복하고 완충지대와 고지대의 구매력을 극대화할 수 있는 복잡하고 다양한 조직들을 만들어냈는데, 이것이 저지대의 정치체로 하여금 복합사회로 발전할 수 있도록 작용했다고 본 것이다. 사실 라쩨의 중심부는 보통 세계체제론에서 말하는 가치평가된 핵심 혹은 중심적 역할이라는 의미가 들어있지 않고, 다만 발달된 외부세계와 지리적으로 떨어

---

13) L. Hedeager, A Quantitative Analysis of Roman Imports in Europe North of the Limes (0~400A. D), and the Question of Roman-Germanic Exchange, *New Directions in Scandinavian Archaeology* (K. Kristiansen & C. Paluden-Müller eds.), National Museum of Denmark, Copenhagen, 1978, pp.191-216.

14) William L. Rathje, The Origin and Development of Lowland Classic Maya Civilization, *American Antiquity* 36, no.3, 1971, pp.275-285.

져 있는 '내부'라는 지역-지리 및 공간적 개념이다. 그리고 완충지대는 '내부' 사회와 '바깥' 사회의 사이에 존재하는 지대를 가리킨다.

따라서 헤데아거와 라쩨는 비록 교역에서 완충지대를 주목하기는 하였으나 완충지대에 존재했던 정치체가 교역에서 담당한 역할은 고려하지 않았다. 이들의 완충지대는 1) 통합된 국가가 부재(不在)한 일종의 정치적 공백지대이며, 2) 자원집산지와 접경된 바깥쪽에 있으면서 외부로부터 한 지역을 격리시키는 지대를 의미한다. 즉 지리적으로 두 지역 사이에 끼어 있는 지대를 의미하는 것으로서, 본고에서 제기하는 가치평가 된 의미로서의 '완충'과는 다르다.

완충교역모델의 핵심은 히나의 교역망에 존재했던 정치체를 모두 고려하면시 완충지대에 존재하는 B라는 정치체가 준중심지로서 중심지 C로부터 공급받은 재화와 물자를 주변 P에게 전달해주되, 그 흐름을 일부 조절하고 통제하며, 이 과정에서 B는 세력을 확장하게 되고, P는 자신의 세력과 토착문화를 보지(保持)하고 운영한다는 점이다. 말그대로 두 개의 서로 다른 수준의 발전단계(혹은 같은 수준의 발전단계)에 있는 정치체 사이에 또다른 정치체가 존재(혹은 개입) 함으로써 교역의 흐름과 토착문화 사이의 균형을 조성한다. C가 B와 교역하는 동인은 경제적인 측면 외에도 다양하다. 현대사회와는 달리 고대사회에서 경제는 정치, 사회, 이데올로기적인 측면에서 요구되는 경우가 허다하기 때문이다. 따라서 완충이라는 용어 혹은 완충지대라는 용어는 지리적 개념뿐만 아니라 문화적인 개념으로서의 완충을 의미한다. 지리적 의미에서 B는 완충지역 전체를 의미할 수도 있고 혹은 B의 일부가 완충지대임을 의미할 수도 있다.

완충교역모델에서 각 지역의 위치와 교역품의 흐름을 그림으로 나타내면 다음과 같다.

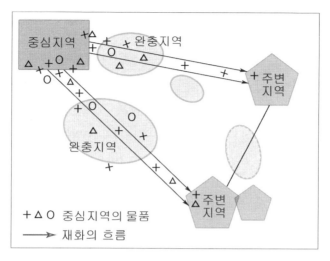

그림 1 완충교역모델에서 중심지 물자의 흐름

Ⅳ. 모델의 적용: 위만조선

1. 기원전 3-1세기대의 고고학적 배경

위만조선 이전과 위만조선 시기 남만주와 한반도의 고고학적 환경은 다음과
같이 특징지울 수 있겠다. 첫째, 남만주의 경우 주거지, 무덤, 철기, 청동기, 토기
등에서 전국시대 이래의 특징과 토착적인 요소가 복합적으로 나타난다. 일종의
복합문화지대가 형성된다. 둘째, 한반도 서북부의 경우 무기류와 농공구류를 중
심으로 하는 전국계(戰國系) 철기가 다량으로 분포하는 한편 주거지, 무덤, 토기,
청동기는 여전히 토착의 전통을 따르고 있다. 셋째, 한반도 중부 이남의 경우 간
단한 형식의 농공구류를 위주로 하는 철기가 소량 발견된다. 넷째, 중국 내륙에
서 제작, 유통된 화폐가 남만주와 한반도 서북부로 확산되고, 한반도 중부 이남

으로는 확산되지 않는다.[15]

비록 위만조선과 한의 경계가 여전히 논쟁 중이지만, 중국 동북부와 한반도의 고고학 자료는 위만조선이 요하 이동 지역에 대하여 일정정도 영향력을 행사하였음을 시사하고 있다. 요하 이동의 고고학 자료는 토착문화에 전국계통과 북방 유목민 계통의 요소가 혼합된 형태로 나타난다. 필자가 위만조선이 이 지역의 일부를 관할하였다고 보는 이유이기도 하며, 이 지역을 화이잡거(華夷雜居)의 지역으로 보거나[16] 혹은 연, 제, 조의 유이민들에 의해 점유되었을 것으로 추정하는[17] 근거가 되기도 하다.

위만조선의 수도로 지목되는 평양일대와 주변의 시북한 지역은 세형동검문화라는 기존의 토착 청동기문화를 기본으로 하되, 다량의 철제 무기와 농공구류가 추가된다. 이들 철기는 전국시대의 전통을 이은 한식(漢式) 철기들이다. 이와 함께 포전, 명도전, 반량전, 오수전과 같은 중국계 화폐도 광범위하게 분포한다. 무덤에서도 기원전 3세기 후반부터 나무곽무덤이라는 새로운 형식이 첨가되며 기원전 2세기부터는 다수를 차지하게 된다.[18] 주거지의 경우도 一자형의 외구들을 가진 주거지에서 ㄱ자형, 혹은 두개 이상의 구들을 가진 주거지로 발전한다.[19] 성곽도 평양지역에 다수 분포하는데, 이중에서 평양시 대성구역에 자리잡은 청암동토성을 위만조선의 수도인 왕검성으로 비정하기도 한다.[20]

기원전 2세기 경의 한반도 중부 이남의 고고학 자료는 이 지역에 아직 국가로 발전된 정치체가 없었음을 보여주고 있다. 기존의 세형동검과 세문경, 이형동기 등을 위주로 하는 청동기문화가 전성기를 보이고, 여기에 수입된 간단한 철기가

15) Park, Sunmi, op. cit, 2012, pp.226-236.
16) 田村晃一, 1994, 「樂浪郡設置前夜の考古學(1) -淸川江以北の明刀錢出土遺跡の再檢討」, 『東アジア世界 史の展開』(靑山學院大學東洋史論集), 汲古書院.
17) 박선미, 2000, 「기원전 3~2세기 요동지역의 고조선문화와 명도전유적」, 『선사와고대』14.
18) 리순진, 1983, 「우리나라 서북지방의 나무곽 무덤에 대한 연구」, 『고고민속논문집』8, 99-158쪽.
19) 최성락, 1997, 「철기시대의 유적」, 『한국사』3, 국사편찬위원회, 396-403쪽.
20) 백종오, 2006, 「북한학계의 고조선 성곽 연구 동향」, 『단군학연구』14, 333-360쪽.

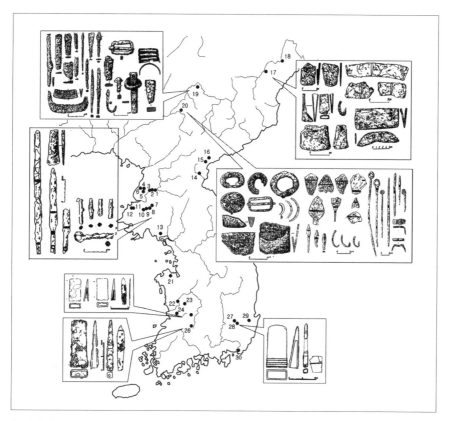

(1.평양 낙랑리 2.평양 정백동 3.평양 토성동 4.평남 대동군 5.평남 강서군 6.평남 증산군 7.황남 봉산군 8.황남 은파군 9.황남 재령군 10.황남 신천군 11.황남 은율군 12.황남 운성리 13.황남 배천군 14.함남 영흥군 15.함남 함주군 16.함남 함흥시 17.함북 무산시 18.함북 회령군 19.자강도 토성리 20.자강도 시중군 21.충남 당진군 22.충남 부여시 23.충남 논산시 24.전북 익산시 25.전북 완주군 26.전북 장수군 27.대구시 28.경산시 29.경주시 30.부산시)

지도 1 기원전 2세기 한반도의 철기 분포도

산발적으로 첨가된다. 무덤의 경우도 기존의 토광묘와 적석토광묘 등이 주를 이루며 목관묘가 소수 혼재한다. 주거지의 경우도 방형과 장방형의 평면을 가진 수혈식 위주이며, 취락의 규모도 앞 시기에 비하여 커지기는 하였으나 왕성을 상징할 만한 성도 발견되지 않는다.[21]

---

21) 최몽룡, 1997, 「철기시대의 시기 구분」, 『한국사』3, 국사편찬위원회, 325-342쪽.

다음의 <지도 1>은 위만조선과 그 이웃 지역에서 나타나는 차별적인 철기제품의 분포상을 잘 보여주고 있다.

철기 이외에 위만조선에서 발견된 외래물품으로는 동전, 청동제품, 전국계통의 회색 도기, 유리제품 등이다. 이것들은 대부분 토착의 청동기와 철기를 공반하는 무덤, 주거지, 성곽 등에서 출토된다. 한반도 중부이남에서는 철기 외의 외래물품 역시 극히 제한적으로 발견된다. 이 점은 앞에서 살펴본 철기의 사례와 상통한다. 즉, 한반도 중부 이남으로 수입된 것으로 추정되는 교역품은 한경(漢鏡), 정(鼎) 등의 청동제품이 있으며, 최근에 발굴된 울산 장현동 및 완주 신풍 등의 예와 같은 유리제품이 있다. 전국계 및 한계의 회색도기는 발견되지 않고 그 영향이 미약하게 나타날 뿐이다. 한반도에서 발견되는 외래물품의 특징을 정리해보면 무기류와 농공구류를 위주로 하는 철기, 한 스타일의 도기, 한경, 청동합, 유리제품 등이 한으로부터 위만조선을 통해 수입되었고, 소량의 철제 농공구류와 청동기, 유리구슬 등이 제한적으로 위만조선을 통해 진국으로 2차 교역되었음을 알 수 있다.

한편 위만조선이 멸망한 기원전 1세기대의 고고학 자료에는 극적인 변화가 감지된다. 한반도 서북부에서는 전국시대와 한대에 주조된 화폐의 분포가 평양일대에 집중되는데, 이는 위만조선 시기 압록강에서 대동강에 이르는 일대에 넓게 산재되어 있는 것과는 다른 양상이다. 한 스타일의 무덤과 유물도 증가한다. 중부 이남에서는 처음으로 한의 화폐가 유입되고 소위 낙랑토기·한경 등과 같은 한 스타일의 유물이 급증하기 시작한다. 철기의 경우도 수량면에서 현저히 증가한다. 반면 세형동검문화는 쇠퇴하는 양상을 보이는데, 흥미롭게도 문헌에는 진국이 더 이상 등장하지 않고 삼한이 이를 대신한다.

이상과 같이 위만조선 시기와 위만조선 멸망 이후의 시기에 고고학 자료에서 발견되는 차별성을 어떻게 설명할 수 있을까? 위만조선의 멸망을 기점으로 하여 나타나는 고고학 자료에서의 변화는 위만조선이 한과 주변정치체들 사이에서 어떠한 형식으로든 개입하였음을 보여주고 있다.

2. 위만조선이 갖는 준중심지로서의 교역

기원전 3세기에 고조선은 연(燕)과 서쪽 경계를 접하고 있으면서 강역을 다투고 있었다. 중국 내륙에서 진(秦)과 한이 대립하고 있었을 때는 연 · 제(齊) · 조(趙)의 유이민들이 고조선으로 이주해갔고, 그 수가 수만에 이르렀다. 위만은 이들 이주민들 가운데 하나의 집단을 이끈 우두머리였다. 고조선의 왕 준(準)은 위만을 신임하고 그를 박사에 임명하여 서부경계를 지키며 한으로부터의 공격에 대비하도록 하였다. 위만은 서변에 체류하면서 이주세력을 규합하고 세력을 키웠으며, 마침내 준에게 한이 침략한다고 거짓으로 고하고 수도를 침략해 스스로 왕이 되었다. 이 때 준은 바다로 도주하였다. 이상이 위만조선의 성립배경이다.

당시 한은 화폐를 기본으로 거래가 이루어지는 고도로 발달된 화폐경제시스템을 발전시켰다. 한의 철기제작은 오랫동안 분권화된 상태로 운영되었지만, 한제(漢製) 철기는 이웃한 정치체에 대해 독점적 지위를 가지고 있었다.[22] 또한 한은 이웃 종족들을 오랑캐로 규정짓고 자신을 중심으로 하는 이상적 국제질서를 세웠으며, 이것은 한이 맺은 국제관계에서 오랫 동안 기본원리로 작동하였다.[23] 바로 이 점이 한으로 하여금 위만조선을 완충세력으로 이용하여 병위재물(兵威財物)을 증여하면서까지 주변 만이(蠻夷)들의 입조(入朝)를 필요하게 하였을 것이고 동시에 이를 통해 변경의 안정을 도모하게 하였을 것이다.

위만조선은 한이라는 중심지와 진국으로 대표되는 주변지역 사이에 위치하면서 한의 선진문물을 수입한 뒤, 이를 이웃 정치체들에게 제한적으로 공급함으로써 세력을 확장시켰다고 생각된다. 『사기(史記)』권(卷)115 조선열전(朝鮮列傳)의 '眞番旁辰(衆)國欲上書見天子 又擁閼不通'이나 '滿得兵威財物'이라는 기록을 통해

---

22) Donald B. Wagner, 2001, The State and the Iron Industry in Han China, *Nordic Institute of Asian Studies*, pp.33-52.

23) Marshall Sahlins, 1994, Cosmologies of Capitalism: The trans-pacific sector of the world system, *Culture/Power/History : A Reader in Contemporary Social Theory* edited by Nicholas B. Dirks, Geoff Eley, and Sherry B. Ortner, Princeton University Press, pp.412-455

위만조선이 주변의 여러 나라가 중원지역과 통교하고자 하는 것을 어느 정도 제어하는 위치에 있었음을 유추할 수 있다. 『사기』권115 조선열전은 또한 '侵降其旁小邑 眞番臨屯 階來服屬 方數千里'라 하여 위만이 주변의 소읍을 병합하였고 진번과 임둔이 스스로 내속해 왔다고 전하고 있다. 이러한 문헌기록은 위만조선이 준중심지로서의 면모를 갖추고 있었음을 보여준다. 농공구류를 주요 품목으로 하는 철기와 화폐 등의 존재는 위만조선이 전쟁 등의 무력적인 환경보다는 한의 화폐를 교환매개로 사용하면서 평화적인 수준에서 무역하였을 가능성을 시사하고 있다.

진국은 국가 이전의 복합사회 단계에 있었다. 진국의 정치 엘리트들은 주민들을 통치하고 세력을 유지하기 위하여 자신의 권력을 과시할 상징적 도구로서 위세품이 필요하였고, 위만조선을 통해 부분적으로 조달할 수 있었다. 한과 직접교역을 하지 않은 진국으로서는 대외교역에서 한의 화폐를 필요로 하지 않았다. 그러나 위만조선이 멸망하고 한군현이 설치되면서 이 둘 사이에 직접교역이 이루어지고 부분적으로 한의 화폐를 수입하게 되었다. 그러나 화폐는 소량이 유입되어 부를 상징하거나 장신구로 사용되었고 상업 거래를 위한 매개물로 통용되지는 않았다. 하천과 내륙 교통로에 형성된 유적에 산발적으로 분포해 있거나 한두 닢의 동전이 출토되는 맥락으로 보아 한에서 유입된 동전은 경제적 의미에서의 화폐라는 기능을 탈각하고 사회적, 이데올로기적 기재로서 전용(轉用)되었다고 보여진다.

한편 한동안 위만조선은 한과 우호적인 조약을 체결하고 한편으로는 이웃 정치체들을 통합하면서 비교적 평화로운 변경을 유지시켰다. 이러한 평화는 위만조선의 손자 우거왕이 만이의 입조를 방해하는 등 조약에 위반되는 활동을 벌이자 흔들리기 시작하였고, 화친과 유화적인 태도를 보인 한은 결국 침략을 단행하고 위만조선은 멸망을 맞게 되었다.

이와 같은 위만조선과 한의 관계에서 주목할 부분은 한이 우세적인 지위를 이용해 일방적으로 무역을 지배했다거나 위만조선의 내정에 관여하였다고 볼 수 있는 증거가 없다는 점이다. 오히려 위만조선은 '외신의 약'을 맺을 정도로 한과는 정치적으로 대등한 관계를 가졌을 가능성이 높다고 보여지며 주요 무역 파트너로서 상당한 경제적 영향력을 행사하였던 것으로 추정된다. 한반도 중부 이남에서도 한의 영향력은 발견되지 않는다. 한에 의해 행사된 어떠한 정치·경제적 혹은 군사적 지배는 찾아보기 어렵다. 다만 위만조선 멸망 후 한반도 중부 이남에 존재했던 정치체의 통합 및 분할이 목격되는데, 이 경우도 교역이 중요한 인과관계의 한 요소로 간주될 수 있겠으나, 한이 중심지역으로서 적극 개입했다고 볼 증거는 없다. 한반도 내에서 발견되는 한대 화폐의 산발적 분포를 통해 볼 때 오히려 삼한이 한군현과 교역하면서 선택적으로 한물(漢物)을 수용하였다고 보인다.

위만조선이 멸망하고 완충교역이 와해된 이후 한반도의 교역체계는 낙랑을 중심으로 하는 새로운 국면을 맞게 된다. 이때는 낙랑과 삼한 사이에 직접적인 상호작용시스템으로의 변화가 이루어진다.

V. 맺음말

본고에서는 필자가 그동안 제기해 온 완충교역모델을 보완한다는 측면에서 위만조선을 테스팅 모델로 하여 이에 대한 이론적 접근을 시도해 보았다. 완충교역모델에서는 세계체제론적 개념인 중심지-준주변(혹은 반주변)-주변이라는 용어를 지양한다. 대신 중심지와 주변지역 사이에 이루어진 교역에서 소위 준주변으로 불리는 정치체를, 필자는 그 내부의 독자성과 자치성 및 능동성을 강조하는 입장에서 준중심지로 부른다. 본문에서는 한국초기국가 중 위만조선에 대한 사례연구를 통해 준중심지로서 수행한 교역의 특징과 그 의미를 완충교역이라는 모델로 설명하였다.

서두에서도 언급하였다시피 완충교역모델은 한국초기국가의 교역을 설명하기 위한 고유의 모델을 만들어보자는 학문적 요구에서 제안된 것이다. 이것이 하나의 이론적 모델로 받아들여지기 위해서는 다양한 사례연구를 통해 검증되어야한다는 과제가 남아 있다. 그럼에도 불구하고 이 모델은 하나의 교역망 안에 포괄된

교역 당사자들을 중심과 주변, 지배와 피지배라는 비대칭적 관점에서의 이분법적인 접근을 극복할 수 있고, 교역 당사자들 각자가 자발적으로 교역에 가담하면서 특정 교역시스템을 발전시키고 유지시켰음을 설명할 수 있다는 점에서 한 사회의 내적 역동성과 내재적 발전성을 부각시킬 수 있는 장점이 있다고 생각된다.

모든 사회와 국가가 똑 같은 발전단계에 있을 수 없기 때문에 시대를 통틀어 사회, 지역, 정치체 사이에는 문화적인 면에서건 혹은 물질적인 면에서건 차별성을 갖는 중심지역과 주변지역이 있을 수 밖에 없고, 이들 사이에 때로는 완충지역이 형성되어 중심지역과 주변지역 사이의 관계에 관여했을 것이라고 추측하는 것은 어렵지 않다. 이들 세 권역의 정치체들은 지배와 예속이라는 비대칭적 관계보다는 오히려 독자성을 가지면서 능동적으로 스스로의 필요에 의해 중심지역, 완충지역, 주변지역 사이의 물자의 흐름을 조절, 혹은 통제함으로써, 정치·경제·문화적인 균형을 맞추었다. 한, 위만조선, 진국이 형성한 교역망은 이를 잘 보여주고 있다고 생각한다.

| 참고문헌 |

■ 한국어

강인욱, 2011, 「고조선의 모피무역과 명도전」, 『한국고대사연구』 64.

리순진, 1983, 「우리나라 서북지방의 나무곽 무덤에 대한 연구」, 『고고민속논문집』 8.

박선미, 2014, 「서구학계의 고대교류사 이론의 현황」, 『한국고대사연구』 73.

박선미, 2011, 「교역품의 양적 분석을 통한 위만조선의 완충교역 연구」, 『동양학』 50.

박선미, 2000, 「기원전 3~2세기 요동지역의 고조선 문화와 명도전유적」, 『선사와고대』 14.

백종오, 2006, 「북한학계의 고조선 성곽 연구 동향」, 『단군학연구』 14.

우병철·김민철, 2009, 「궐수형철기를 통해 본 진·변한 정치체의 상호작용-대등 정치체 상호작용 모델(peer polity interaction model)의 적용」, 『한국상고사학보』 65.

이성주, 1996, 「청동기시대 동아시아 세계체계와 한반도의 문화변동」, 『한국상고사학보』 23.

최몽룡, 1997, 「철기시대의 시기 구분」, 『한국사』3, 국사편찬위원회.

최몽룡, 1985, 「고대국가성장과 무역-위만조선의 예」, 『한국 고대의 국가와 사회』, 일조각.

최성락, 1997, 「철기시대의 유적」, 『한국사』3, 국사편찬위원회.

■ 일본어

田村晃一, 1994, 「樂浪郡設置前夜の考古學(1) -淸川江以北の明刀錢出土遺跡の再檢
討」, 『東アジア世界 史の展開』(靑山學院大學東洋史論集), 汲古書院.

■ 영어

Donald B. Wagner, 2001, The State and the Iron Industry in Han China, *Nordic Institute of
Asian Studies*.

Hyung Il Pai. *Constructing "Korean"Origins: A Critical Review of Archaeology, Historiography, and Racial
Myth in Korean State-Formation Theories*, Cambridge: Harvard Univ. Press, 2000.

L. Hedeager, 1988, The Evolution of Germanic Society 1-400 A.D., *First Millennium Papers:
Western Europe in the First Millennium A.D.*, edited by R. F. J. Jones, Oxford, England.

Lamberg-Karlovsky C.C., 1972, Trade Mechanisms in Indus-Mesopotamian Interrelations,
Journal of the American Oriental Society, Vol.92, No.2.

Marshall Sahlins, 1994, Cosmologies of Capitalism: The trans-pacific sector of the world
system, *Culture/Power/History: A Reader in Contemporary Social Theory,* edited by Nicholas
B. Dirks, Geoff Eley, and Sherry B. Ortner, Princeton University Press.

Robert S. Santley and Rani T. Alexander, 1992, The Political Economy of Core-Periphery
System, *Resources, Power, and Interregional Interaction*, edited by Edward M. Schortman
and Patricia A. Urban, New Your Plenum Press.

Sunmi Park, 2012, Buffer Zone Trade in Northeast Asia in the Second Century BC, *The
Journal of Asian Perspectives* Vol.51-2, University of Hawaii Press, USA.

William L. Rathje, 1971, The Origin and Development of Lowland Classic Maya Civilization,
American Antiquity 36, no.3.

The Theoretical Study of Buffer Zone Trade Model
for Restoring Wiman Choson's Trade Mode

Park, Sunmi

Research Fellow, Northeast Asian History Foundation

This paper examines the model of Buffer Zone Trade in the semi-core named Wiman Choson from the perspective of local polities on the Korean peninsula. I termed the semiperiphery in the world system theory "semi-core", focusing on the internal dynamic of polities, which does not include the trade network of a core.

In the second century BC, Han was a center for flowing of goods, commodities, and services in the northeast Asia. Its neighboring polities, directly or indirectly, obtained Han products and exotic materials of western societies by trading with Han. Wiman Choson was one of those kinds of neighbors. Wiman Choson, bordering with Han, concluded a formal agreement with Han, and partially monopolized Han products and luxury goods. It imported advanced materials and passed small amounts of them to its neighbores like the Chin, controlling the quantity and manipulating local leaders. Thereby, it expanded its power and territory.

The archaeological data in the third century to the first century BC shows the Buffer Zone Trade of Wiman Choson as a semi-core on the Korean peninsula.

[Keywords] Wiman Choson, Han, Chin, Buffer Zone Trade, World Sytem Theory, Core, Semi-core, Peripery

낙랑군(樂浪郡)과 중국내지(中國內地)의 문화관계
— 고고학자료를 중심으로

王 培 新

왕페이신 (王培新)

지린대학 역사계 및 동대학원 졸, 역사학박사.
현) 중국 지린 대학 변강고고연구센터 교수

주요논저 : 『樂浪文化──以墓葬爲中心的考古學硏究』, 「奉節寶塔坪」, 「樂浪文化與周邊地區的聯系」)

Ⅰ. 낙랑군 성립의 역사적 배경

문헌기록에 의하면 서한 초, 연왕(燕王) 노관(盧綰)이 배반하여 흉노(匈奴)로 들어가자 연인(燕人) 위만(衛滿)이 무리를 이끌고 조선(朝鮮)으로 피난하였다. 초기에 조선은 위만의 세력을 이용하여 한(漢)의 동진을 제어하고자 하였으나, 위만은 세력을 결집하여 조선 왕 준(准)을 몰아내고, 스스로 왕이 되어, 3대를 전하니 "위씨 조선(衛氏朝鮮)"이다.

《三國志 · 東夷傳》注引《魏略》: 及漢以盧綰爲燕王, 朝鮮與燕界於浿水。及綰反, 入匈奴, 燕人衛滿亡命, 東度浿水, 詣准降, 說准求居西界, 收中國亡命爲朝鮮藩屛。准信寵之, 拜爲博士。滿誘亡黨, 衆稍多, 遂還攻准。准與滿戰, 不敵也。

《後漢書·東夷列傳》: 漢初大亂, 燕·齊·趙人往避地者數萬口, 而燕人衛滿擊破准而自王朝鮮, 傳國至孫右渠。

원봉(元封) 3年(BC108), 한무제(漢武帝)는 위만조선을 공격하여 멸망시키고, 한반도 북부지역에 한사군(漢四郡)을 설치한다.

《史記 · 朝鮮列傳》: 傳子至孫右渠, 所誘漢亡人茲多, 又未嘗入見 ; 眞番旁重國欲上書見天子, 又擁閼不通。元封二年, 天子募罪人擊朝鮮。其秋, 遣樓船將軍楊僕從齊浮渤海, 兵五萬人, 左將軍荀彘出遼東, 討右渠。元封三年夏, 尼谿相參乃使人殺朝鮮王右渠來降。

《漢書 · 武帝紀》: (元封三年)夏, 朝鮮斬其王右渠降, 以其地爲樂浪·臨屯·玄菟·眞番郡。

---

* 이 글은 「樂浪郡與中國內地的文化聯系─以考古學遺存爲視角的動態觀察」(王培新, 2014, 『史學志』48)를 일부 수정 · 보완한 것임.

한사군이 설치되고 얼마 되지 않아 변동이 생긴다. 한소제(漢昭帝) 시원(始元)5年(BC 82)에 임둔·진번군(臨屯·眞番郡)을 통폐합하여 현도군(玄菟郡) 안으로 옮긴다. 조정 후에 낙랑군(樂浪郡)의 규모를 확대하여 25현(縣)을 관할한다.

《後漢書·東夷列傳》: 至昭帝始元五年, 罷臨屯·眞番, 以並樂浪·玄菟。玄菟郡復徒居句驪。自單單大領已東, 沃沮·濊貊悉屬樂浪。後以境土廣遠, 複分領東七縣, 置樂浪東部都尉。

동한(東漢) 건무(建武)6年(AD 30), 광무제(光武帝)는 변군도위(邊郡都尉)를 폐지하며, 낙랑군 영동칠현(嶺東七縣)을 포기하고 낙랑군의 규모를 축소하여 18현을 관할한다.

《後漢書·東夷列傳》: 建武六年, 省都尉官, 遂棄領東地, 悉封其渠帥爲縣侯, 皆歲時朝貢。

동한 말, 요동군수(遼東郡守) 공손도(公孫度)는 초평원년(初平元年, AD190)에 스스로 요동후(遼東侯)와 평주목(平州牧)이 되어, 요동을 할거하고 또한 현도와 낙랑 두 군(郡)을 다스린다. 그 아들 공손강(公孫康)은 건안(建安) 연간(AD196~219)에 낙랑 남부의 황무지를 나누어 대방군(帶方郡)을 설치하였다.

《三國志·魏書·東夷傳》: 桓·靈之末, 韓濊強盛, 郡縣不能制, 民多流入韓國。建安中, 公孫康分屯有縣以南荒地爲帶方郡, 興兵伐韓濊, 舊民稍出, 是後倭韓遂屬帶方。

위(魏)는 경초(景初) 2年(AD238)에 공손씨(公孫氏)가 할거하던 정권을 무너뜨리고 낙랑과 대방군을 수복하여 변군질서(邊郡秩序)를 정돈한다. 서진(西晉)시기에는 또다시 평주(平州)가 낙랑과 대방 두 군을 관할하도록 나누어 설치하였다. 서진말년,

고구려 세력이 끊임없이 남쪽으로 침입을 하면서 기원후 313년에는 낙랑과 대방 군을 점령하였다.

《三國志 · 魏書 · 東夷傳》: 正始六年(AD245), 樂浪太守劉茂·帶方太守弓遵以 領東濊屬句麗, 興師伐之, 不耐侯等擧邑降. 其八年, 詣闕朝貢, 詔更拜不耐濊王.
《資治通鑒》卷88《晉紀》10(湣帝建興元年): 遼東張統據樂浪·帶方二郡, 與高 句麗王乙弗利相功, 連年不解. 樂浪王遵說統帥其民千餘家歸廆, 廆爲之置樂浪 郡, 以統爲太守, 遵參軍事.

낙랑 등 사군은 한의 변경지역 통치 질서를 안정시키기 위해 무력을 통해 정 복해 세운 변군(邊郡)이다. 한무제는 중원의 군현제도를 주변 민족들에게 까지 널 리 시행하고자 재차 시도하였다. 그러나 한사군이 관할하는 지역의 인구에 서 로 다른 민족들이 포함되면서, 각 지역의 사회 발전단계 역시 균형을 이루지 못 한다.『한서·지리지(漢書 · 地理志)』에 기재되어있는 것처럼, "현도와 낙랑은 (한)무제 때 설치되었는데, 모두 조선(朝鮮)·예맥(穢貊)·구려만이(句驪蠻夷)지역이다." 이로 인 하여 한사군의 폐지와 병합·옮겨 다스리고·땅을 포기하는 등의 사건이 발생되고 결국 낙랑 단 한 군(郡)만 남게 된다.

BC 108年, 한무제가 처음 조선 사군을 설치할 때, 그 범위는 거의 한반도 북부 지역을 포괄하고 있었다. BC 82年, 한소제(漢昭帝)는 임둔과 진번 두 군을 철수시 켜 현도군내로 통합시키며, 한반도(북부)에는 겨우 낙랑 단 한 군만 존재하게 된 다. 또한 AD 30年, 동한의 광무제는 낙랑 동부도위(東部都尉)를 제거하고, 영동칠 현(嶺東七縣)을 폐지하면서, 낙랑군의 범위는 초창기 설치 당시의 구역으로 되돌 아간다. 이러한 조시(措施)의 실시는 군현제 관리체제가 서로 다른 사회발전단계 에 있는 민족들에게는 적합하지 않으며, 한사군의 변경(邊遠)지역은 "이맥소침(夷 貊所侵)"을 견디지 못하고 방치된다. 그리고 낙랑군 남부지역은 동한말기에 이르 면 "한과 예가 강성하여 통제가 불가능한(韓濊強盛郡縣不能制)" 국면이 된다.

처음 낙랑군은 위만조선의 중심지역에 설치되었다. 이지역은 전국(戰國)말기부

터 중국의 북방 민족들이 지속적으로 이주하였는데 위만조선시기에는 중원지역
으로부터의 이주민 수가 대폭 증가한다. 서한시기 평양을 중심으로 한 서북한지
역의 사회발전단계는 이미 중원과 유사해진다. 이는 낙랑군의 군현제 관리체계
가 오랫동안 유지될 수 있었던 중요한 사회적 배경이 되었다.

Ⅱ. 낙랑문화의 형성과 변화

낙랑문화란 낙랑시기(후에 설치한 대방군을 포함)의 유물·유적으로 구성된 고고학
적 문화개념이다. 낙랑군은 한무제 때 무력으로 개척한 한나라의 변경지역으로,
해당지역에 본래 존재하였던 토착적 전통문화는 군의 설치이후에도 오랫동안 지
속될 수밖에 없었다. 한문화는 이 지역 전통문화와 공존하면서 점차적으로 융합
되는 과정을 거치는데 낙랑문화가 발전되는 과정 중 점차 한·위·진(漢魏晉)의 중원
문화 체제로 편입되긴 하지만 상당정도의 독자성과 자체적인 발전법칙 또한 확
인된다. 이러한 현상은 같은 시기에 존재하였던 주변의 군현지역에서도 유사하
게 발견되었다.

낙랑문화에는 현지의 전통문화 요소와 변군(邊郡)과 중원본토의 연계를 통해
끊임없이 전입되어진 한·위·진 문화요소가 모두 포함된다. 중앙정권의 변군 관리
체계의 강화와 군현관리체제가 공고히 되면서 한·위·진 문화요소는 점차 낙랑문
화의 주체가 되었다.

낙랑문화와 관련된 유적으로는 무덤유적이 가장 대표적이다. 지금까지 조사된
낙랑관련 무덤자료들은 낙랑문화시기(대방포함) 전체를 포괄할 수 있을 만큼 풍부
하여 이시기를 연구하는 가장 중요한 자료로 활용된다. 무덤의 형태와 구조 변화
등에 근거하여 낙랑문화를 전체 6시기로 구분할 수 있다.

제1기, 무덤양식은 단인장(單人葬)을 한 목곽묘 위주이다. 관내(棺內) 머리 위쪽
에는 부장품을 담는 상자(頭箱)를 두거나 혹은 부장품을 놓을 수 있는 공간을 남
겨둔다. 시대는 서한 중기로 약 BC 1세기 전반기에 해당된다.

제2기, 여전히 단인 목곽묘 위주이며, 시신이 안치된 관의 측면부에 부장품을 놓을 수 있는 공간을 두거나 혹은 상자(邊箱)를 설치한 형식이 새롭게 등장한다. 매장방식은 2인합장(二人同墳 異穴合葬)이 유행하기 시작한다. 시대는 서한말기로 약 BC 1세기 후반기이다.

제3기, 부장품을 담아두는 두상(頭箱)이 있고 변상(邊箱) 혹은 관상(棺箱) 윗부분과 옆쪽에 부장품을 놓아두는 합장 목곽묘가 유행한다. 매장방식은 동분(同墳) 이혈합장(異穴合葬)에서 2인 동곽합장(同槨合葬)으로 변한다. 시대는 동한전기로 약 AD 1세기이다.

제4기, 무덤의 형태와 구조는 제3기와 기본적으로 서로 같으며, 매장방식은 다인동곽합장(多人同槨合葬)으로 변한다. 이 시기에는 개별적으로 전실묘(磚室墓)가 출현한다. 시대는 동한후기로 약 AD 2세기이다.

제5기, 목곽묘가 소실되고, 묘실의 네벽이 외호궁륭정(外弧穹窿頂)한 단실묘(單室墓)와 전후 2실의 전실묘(磚室墓)가 유행한다. 매장방식은 2인 합장 혹은 다인 합장이 많았다. 시대는 동한 말에서 조위(曹魏) 전기로 약 AD1 90~240년이다.

제6기, 장방형의 단실 전실묘가 유행하고, 매장방식은 2인 합장이었다. 시대는 조위 정시(正始) 연간(AD 240~248년)에서 낙랑과 대방군이 고구려에 점령당한 이후까지로, 약 AD 3세기 중반~4세기 전후이다.

Ⅲ. 낙랑군과 중국 내지(內地)의 관계

1. 낙랑문화 제1기

BC 2세기(위만조선시기), 서북한지역의 무덤양식은 대부분 토광묘(土壙墓) 계통으로, 부장품은 고조선식의 청동무기와 차마구 위주였다. BC 1세기 초반에 이르면 평양일대에 목곽묘가 출현하였고, 토광묘에서 발견되는 부장품 역시 변화가 생기는데 한식(漢式) 유물의 종류와 수량이 증가한다. 이러한 현상은 낙랑 등 한사군의 설치를 통해 중국내지와 변방지역의 관계가 보다 밀접해졌음을 나타내준다.

낙랑문화 제1기 목곽묘는 이미 낙랑지역의 무덤양식의 주류가 되었으며, 부장품중 무기와 차마구는 현지의 전통문화 요소(청동기)와 한문화의 영향(철제품) 등 두 갈래의 계통성을 가진다. 또한 중국 내지에서 생산된 칠기(漆器)와 동경(銅鏡)은 소량만 발견되는 단계이다. 무덤의 형태와 구조 및 매장방식은 요동 및 경진당(京津唐)지역 서한 초기와 중기 무덤과 밀접한 연관성이 있다.

처음 한사군이 설치되었을 때의 낙랑문화는 현지의 전통문화가 매우 강하게 존속하였으니, 낙랑계열의 무덤양식(한문화 요소)이 매우 빠른 속도로 증가하는 현상을 통해 볼 때 군현의 설치는 변군(邊郡)과 중국 내지(內地)의 관계를 한층 강화시킨 결과로 작용하였다. 낙랑군은 지금의 요녕(遼寧)과 하북 북부(河北北部)일대로 한대의 유주(幽州)에 속한다. 낙랑군의 관리들은 대부분 요동군에서 선출되었고, 한초에 발생한 대량의 유이민 역시 바로 이 지역에서 유입된 것이다. 『후한서(後漢書)』 및 『한서(漢書)』에는, "한초에 크게 어지러워, 연·제·조인(燕·齊·趙人)의 피난민이 수만 명이었다." "군초(郡初) 요동(遼東)에서 관리를 취하였다."고 기록되어 있다. 낙랑군이 설치되던 초창기에 낙랑문화의 한(漢)계 요소와 요동 및 인근지역의 한(漢)문화가 매우 유사하다는 사실은 위의 기록을 통해 볼 때 역사적 사실과 부합되는 것이다.

2. 낙랑문화 제2기

한사군은 폐지와 통합 등 수차례의 조정을 거친 후, 낙랑군이 한(漢)왕조의 유일한 속군이 되었다. 따라서 한왕조의 입장에서는 변군(邊郡)에 대한 관리 강화의 필요성이 대두되었다. 고고학 조사자료를 통해 볼 때, 이 당시 낙랑군과 중국 내지의 문화연관성은 이미 유주(幽州) 이외의 지역까지 확대되었고, 무덤에서 출토되는 유물은 한식(漢式)계열이 증가하며, 군현(郡縣) 관리(官吏)의 무덤에 등급화 현상이 출현한다.

이 시기에 확인되는 유변상(有邊箱) 단인목곽묘(單人木槨墓) 및 2인동분(二人同墳) 이혈합장(異穴合葬)의 매장방식은 요동(遼東)과 경진당(京津唐) 및 산동(山東)지역 서한 중·말기 무덤양식과 동일하다. 그리고 유변상목곽묘(有邊箱木槨墓)의 기원(文化淵源)은 산동 및 소북(蘇北)지역에서 시작된다. 서한시기, 이미 산동반도와 고조선간에는 해상을 통한 교통노선이 활발하게 이용되었는데 낙랑군 경내의 유이민은 이러한 해상노선을 통해 산동으로부터 대량으로 유입되었다.『후한서(後漢書)·왕경전(王景傳)』에 의하면, "王景은 字가 仲通이며 낙랑 詽邯사람이다. 8대조 仲은 本琅邪不其人. 及濟北王興居反, 欲委兵師仲, 仲은 화를 입을까 두려워 바다를 건너 동쪽 낙랑의 산중으로 도망쳐 집안을 이루었다."고 한다.

낙랑문화 제2기 무덤에는 부장품 중에 칠기·무기·차마구·동경 등 한식 유물이 증가하고, 부분적으로 청동예기가 발견되기도 한다. 칠기·무기·차마구·청동예기 등은 묘주인의 신분지위를 나타내는 위신재이다. 예를 들어 정백동 2호묘에서는 "高常賢印"의 은인(銀印)과 "夫租長印"의 동인(銅印)이 출토되었고, 묘실내 칠기·차마구·무기 등이 여러점 부장되었다. 석암리 219호묘에서는 "王根信印"의 은인(銀印)과 "王野之印"의 동인(銅印)이 출토되었으며, 많은 수량의 칠기·차마구·무기와 청동예기 등이 부장되었다. 이러한 무덤의 주인은 낙랑군의 한인(漢人) 관리였다. "夫租長印"이 출토된 정백동 2호묘의 묘주인은 일찍이 부조현(夫租縣) 장관(長官)을 역임하였는데, 이때 부조현은 낙랑군 동부도위(東部都尉)에 속하였으며, 사망후 고향에 돌아와 매장되었다. 석암리 219호묘에서 출토된 "王根信印"은 서간인(書柬印)으로, 비록 개인적인 인장의 성격을 가지고는 있지만, 한대에는 서간인(書柬印)으로 公事已合하는 제도가 행하였기에, 이를통해 묘주인 역시 당시 군현(郡縣)의 관리였다는 것을 알 수 있다.

3. 낙랑문화 제3기

서한말 왕망(王莽)이 찬권(纂權)하고 주변민족(邊疆民族)에 대해 고압적인 정책을 실시하였는데, 임의로 행정구획을 정리하고 민족 및 군현의 이름을 변경하여, 몇

몇 민족의 반발을 불러일으켜 변군(邊郡)의 관리가 혼란해졌다. 낙랑군유적지에서 출토된 "樂浪大尹章"과 "邪頭昧宰印" 봉니(封泥) 및 "貨泉"과 "大泉五十" 동전 등 신망(新莽)시기유물은 왕망의 신정이 낙랑군에 영향을 미쳤다는 사실을 보여준다. 신망말년의 정국은 혼란하였다. 낙랑군에는 현지에서 권세를 믿고 횡포를 부리는 왕조(王調)가 군수를 살해하고 자립하는 할거국면이 출현한다.『후한서(後漢書)·왕경전(王景傳)』에는 "更始敗, 지역출신 왕조(王調)가 군수 유헌(劉憲)를 살해하고 스스로 대장군과 낙랑태수라 칭하였다. 건무(建武) 6년, 광무제가 태수 왕준(王遵)을 파견하여 군사로 그를 무찔렀다"고 기재되어 있다.

동한이 건립된 후, 정국의 안정을 위하여 주변민족(邊疆民族)에 대해 화목징책을 취하고, 변군(邊郡)의 정돈에 힘썼다. 건무 6년(AD 30), 광무제는 왕준을 낙랑태수에 임명하고, 군사를 일으켜 왕조의 할거세력을 무찌르며, 낙랑 동부도위를 없애버리고, 영동7현(嶺東七縣)을 포기하였으며, 현지 민족의 우두머리를 "현후(縣侯)"에 봉하였다. 이 단계에서 낙랑군과 중국 내지의 문화관계를 보면 중앙정권이 변군지역에 대한 통제를 더욱 공고히 하였고, 군현관리체제를 보다 안정적으로 발전시키게 된다.

낙랑문화 제3기 무덤의 부장품 중에는 현지 전통문화에 속하는 청동무기와 차마구는 없어지고, 중국 내지에서 생산되는 한식 기물이 급증한다. 부장품이 풍부한 최상급의 무덤에는 칠기와 청동예기가 출토된다. 낙랑유적에서 출토된 칠기는 대부분 "蜀郡西工"과 "廣漢郡工官" 등 관영(官營) 칠기생산부에서 만들어지는데 그중 품질이 훌륭한 "乘輿" 어용구기(禦用扣器)가 일정한 비율을 차지하는 것은 조정으로부터 하사되었음을 보여준다. 낙랑유적에서 출토된 칠기의 제작연대는 대부분 서한말에서 동한 전기로, 동한시기의 고급 무덤에 집중되어 있다. 동한이 건립된 이후 변군 및 주변민족에 대한 유화정책이 실시되고, 칠기 및 청동예기 등은 신분지위를 증명하는 중앙정권으로부터의 변군 속리에 대한 하사품이었다. 예를 들어 정백리 127호묘에서는 "樂浪太守掾王光之印"이 출토되었고, 칠기 80여점이 출토되었는데, 묘주인은 일찍이 군수에게 속한 관원이었다.

4. 낙랑문화 제4기

동한전기의 변군 정돈을 거쳐, 중앙정권이 실시한 유화정책은 낙랑군으로 하여금 사회질서를 회복하게 만들었다. 동한 후기 중앙정권의 변군에 대한 관리와 통제가 비록 감소되는 측면도 있었으나, 낙랑군의 군현관리체계는 일정 수준의 자동제어 능력을 갖추게 되었고 낙랑문화 또한 성숙한 단계로 진입하 된다.

낙랑문화 제3·4기에 유행한 목곽묘의 구조는 산동과 소북(蘇北)지역 서한말에서 동한시기에 유행한 목곽묘의 구조에 가장 근접한다. 매장방식의 전환시점 또한 중원의 한묘와 서로 부합하는 것은 낙랑군과 중원문화의 관계가 줄곧 유지되었고, 여전히 산동과 소북지역에 편중되었다는 것을 의미한다. 동한 후기 외척과 환관의 횡포가 횡행하고, 지방에서는 권세를 믿고 횡포를 부리는 세력이 팽창하면서, 중앙정권의 지방에 대한 관리와 통제력이 약화된다. 이러한 상황은 낙랑문화 제4기 무덤에서 부장품의 종류와 그 문화내용이 변화되는 점 등을 통해서도 일련의 상황을 유추할 수 있다. 이 시기 무덤의 형태와 구조 및 부장품의 내용은 제3기와 별반 차이가 없다. 다만 청동예기와 차마구를 부장하는 무덤이 감소하며 더불어 칠기를 부장한 무덤 및 각 무덤내에서 발견되는 칠기의 수량 또한 눈에 띄게 감소한다.

서한말기에서 동한초기 중국내지의 묘제는 목곽묘에서 전실묘로 전환되는데, 낙랑의 무덤에는 그다지 커다란 영향을 미치지는 않는다. 동한시기 낙랑지역은 여전히 목곽묘가 유행하여 지역적 특징을 형성한다. 그러나 낙랑문화 제3기 단계에는 목곽묘의 외벽에 포전하는 방식이 출현하고, 전곽묘(磚槨墓) 역시 소량 출현한다. 제4기에는 개별적으로 전실묘가 유입되는데, 이러한 현상은 중원의 전실묘가 제한적인 영향을 미친 결과이다. 본 단계에 낙랑의 무덤은 중원의 묘제를 수용하며 주로 매장방식의 전환으로 나타난다.

5. 낙랑문화 제5기

때마침 공손씨(公孫氏) 정권이 요동을 할거하는 시기가 되면서, 낙랑군은 공손씨 정권의 세력범위에 편입되는데, AD 3세기 초에는 다시 낙랑군 남부가 나뉘어 대방군이 설치된다. 이 시기 낙랑의 묘제에는 중대한 변화가 발생하는데, 목곽묘가 소실되고 전실묘가 본격적으로 등장하면서, 부장품의 수량이 감소하고, 토기와 차마구 명기(明器)가 나타나며, 무덤에 박장(薄葬)을 실행한 흔적이 확인된다.

낙랑문화의 전실묘는 요동 및 산동 북부지역에 그 연원관계가 있으며, 이 지역은 바로 공손씨 정권이 장악한 세력범위였다. 공손씨의 낙랑지역에 대한 통제는 낙랑군과 요동 사이의 관계를 강화시켰고, 이 단계에 낙랑의 묘제에 전환이 생긴 것은 바로 이러한 역사적 배경아래에서 완성된 것이다.

6. 낙랑문화 제6기

위·진시기 고구려와 선비의 세력이 강해져 변군을 침범하고 분란을 일으키자, 한의 중앙정권은 낙랑과 요동군에 대한 통제에 어려움을 겪는다. 이 시기 낙랑계 무덤의 수량이 감소하고, 전실묘의 형태와 구조는 단일화되며, 규모도 작아지고, 등급의 표현도 불명확해진다. 전후 2실 전실묘는 보통 발견되지 않으며, 묘실 양측벽이 외호(外弧)인 장방형의 단실묘가 존재하는데, 형태와 구조는 산동과 강소(江蘇)지역 동한말기에서 위진시기의 전실묘에 가깝다. 공손씨 정권이 멸망한 뒤에 낙랑과 대방군의 중국내지와의 문화 관계는 여전히 산동과 강소지역에 치우친다.

고구려가 낙랑, 대방군을 점령한 초기에는 선비와 요동을 두고 분쟁을 다투다 보니 낙랑지역까지 신경 쓸 여력이 없었기에 당지(낙랑지역)의 전통문화는 유지될 수 있었다. 낙랑의 전실묘는 묘전명문(墓磚銘文)을 통해 볼 때 제6기에 유행한 묘실 양측벽 외호(外弧) 장방형 단실의 전실묘가 4세기 중엽이후까지 지속되었고, 묘주인은 원래의 군현 혹은 동진 정권이 부여한 관직을 사용하여 신분을 표기하였다. 무덤의 연대를 기록하는 데에는 동진 혹은 중국 북방 정권의 연호를 사용하였던 것으로 이해된다. 이로 인해 고구려가 낙랑군을 점령한 뒤에도 약 한 세기의 기간 동안 중원지역과 긴밀한 관계를 유지하고 있었다.

낙랑군과 중국 내지의 문화관계는 두 가지 측면으로 나눌 수 있는데, 첫 번째는 변군과 중앙정권의 관계이고, 두 번째는 변군과 중원의 민간교류이다. 첫 번째 관계는 변군지역 사회 안정의 기초이며, 민간교류는 곧 낙랑의 문화발전을 촉진하였다.

| 참고문헌 |

王培新, 「樂浪遺跡的考古發掘與研究」, 『北方文物』, 2001(01)

王培新·傅佳欣·彭善國, 「吉林敦化敖東城及永勝遺址考古發掘的主要收獲」, 『邊疆考古研究』 2003.

王培新, 「公元2~4世紀西北朝鮮磚室墓初步研究」, 『邊疆考古研究』, 2003.

王培新, 「渤海早期都城遺址的考古學探索」, 『吉林大學社會科學學報』, 2003-3期.

王培新, 「高句麗封土石室墓文化淵源之樂浪因素初探」, 『邊疆考古研究』, 2004.

王培新, 「西北朝鮮地區木槨墓研究」, 『邊疆考古研究』, 2005.

王培新, 「西北朝鮮地區古代城址的文化屬性及年代」, 『邊疆考古研究』, 2006.

王培新, 「靺鞨·女眞の帶飾り研究の現狀と課題——生産と流通問題」 『北海道大學
總合博物館研究報告』第四號, 2008.

王培新, 「樂浪文化與周邊地區的聯系」, 『考古學志』特輯號, 韓國國立中央博物館, 2009年3月.

王培新, 『樂浪文化——以墓葬爲中心的考古學研究』, 科學出版社, 2007.

王培新, 『奉節寶塔坪』, 科學出版社, 2010.

趙俊傑, 「大同江下遊高句麗封土石室墓的等級」, 『邊疆考古研究』, 2009.

劉萱堂·劉迎九, 「集安高句麗古墓壁畵的裝飾特色·紋樣演變及與漢文化的聯系」, 『北方

文物』, 2006(02) .

張碧波·喻權中, 「漢四郡考釋」, 『學習與探索』, 1998(01).

傅佳欣, 「王陵及貴族墓葬:從積石塚到封土壁畫墓的演繹」, 『中國文化遺產』, 2004(02)

魏存成, 「近年來我國高句麗考古的主要發現與研究」, 『東北亞論壇』, 2001(01)

苗威, 「樂浪郡研究綜述」, 『中國邊疆史地研究』, 2006(03)

薑維東, 「樂浪國傳說研究」, 『北華大學學報(社會科學版)』, 2006(06)

鄭君雷·趙永軍, 「從漢墓材料透視漢代樂浪郡的居民構成」, 『北方文物』, 2005(02)

李健才, 「關於漢代遼東·樂浪兩郡地理位置問題的探討」, 『社會科學戰線』, 1993(01).

李健才, 「評漢代樂浪郡在今遼河以西說」, 『中國邊疆史地研究』, 2001(01)

林沄, 「夫餘史地再探討」, 『北方文物』, 1999(04).

The Cultural Relationship of Nakrang and China Heartnland

Wang, Peixin

Professor, Jilin University

Nakrang(lelang; 樂浪) culture is the archaeological cultural concept which consists of relics and sites of Nakrang period. Nakrang culture includes the cultural aspects of its original local area as well as the cultural aspects of Han(漢)·Wei(魏)·Jin(晉) dynasties which unceasingly came into Nakrang area through the connection between the outer rim and the Chinese heartland. Among the sites related to Nakrang culture, the burial sites are the most representative. The burial sites investigated by today are as abundant as they can cover the entire Nakrang era, so they are used for the most important materials to research the era. Depending on the forms and the structures of the burial systems, Nakrang culture can be assorted into 6 periods.

In the first period, the burial style was mainly of the wood-receptacle tomb for a single corpse. The second period was still mainly of the wood-receptacle tomb for a single corpse, but a grave style with a space or a container beside a coffin for grave goods newly appeared. In the third period, the wood-receptacle tomb with the head-container(头箱) for grave goods and/or with grave goods above or beside the side-container(边箱) or the coffin-container(棺箱) became popular. The tomb's form and structure of the fourth period was the same as that of the third period, but the burial style got changed to the burial of muti-corpses in a receptacle. In this period also appeared the brick-chamber tomb. It covered the late eastern Han period, approximately the 2nd century AD. In the fifth period, the wood-receptacle tomb disappeared, and the brick-chamber tomb either with a single chamber or with double chambers which consisted of front and back chambers became popular. The majority of the burial style was the burial of two or more corpses in a tomb. It covered from the late eastern Han to the early Wei period, approximately 190~240 AD. In the sixth period, the single oblong brick-chamber tomb became popular, and the burial style was the burial of two corpses together. It covers from Wei dynasty's Zhengshi years(240~248 AD) to some time after Goguryeo's capture of Nakranggun(Lelangjun; 樂浪郡) and Daebanggun(Daifangjun; 帶方郡), approximately from the mid-3rd century to the 4th century AD.

[Keywords] Nakrang culture, the wood-receptacle tomb, the brick-chamber tomb, Goguryeo, Nakranggun, Daebanggun